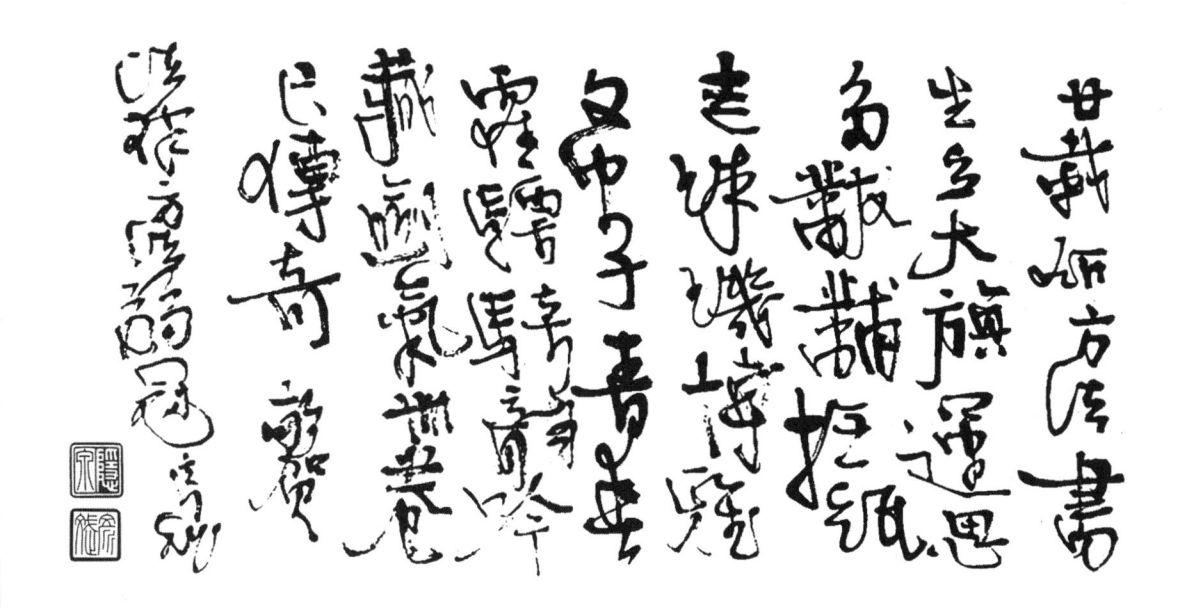

祝贺与纪念《法律方法》创刊 20 周年　出版 40 卷

本刊受上海市高水平地方高校（学科）建设项目资助

CSSCI来源集刊

法律方法
Legal Method
第40卷

主　编·陈金钊　谢　晖
执行主编·蒋太珂

中国出版集团有限公司
研究出版社

图书在版编目(CIP)数据

法律方法.第40卷/陈金钊,谢晖主编.——北京：研究出版社,2023.4
ISBN 978-7-5199-1464-6

Ⅰ.①法… Ⅱ.①陈… ②谢… Ⅲ.①法律－文集 Ⅳ.① D9-53

中国国家版本馆CIP数据核字(2023)第065459号

出 品 人：赵卜慧
出版统筹：丁　波
责任编辑：张立明

法律方法（第40卷）

FALV FANGFA（DI 40 JUAN）

陈金钊　谢　晖　主编

研究出版社 出版发行

（100006 北京市东城区灯市口大街100号华腾商务楼）
北京中科印刷有限公司印刷　新华书店经销
2022年9月第1版　2023年4月第1次印刷
开本：787mm×1092mm　1/16　印张：33.25
字数：697千字
ISBN 978-7-5199-1464-6　定价：128.00元
电话（010）64217619　64217652（发行部）

版权所有·侵权必究
凡购买本社图书，如有印制质量问题，我社负责调换。

法律方法
（第40卷）

主 编

陈金钊　谢　晖

学术顾问

（以姓名拼音为序）

郝铁川　胡玉鸿　蒋传光　季卫东
李桂林　刘作翔　舒国滢　沈国明
孙笑侠　王　申　熊明辉　叶　青
於兴中　张斌峰　郑成良　张继成

编辑委员会

（以姓名拼音为序）

陈金钊　戴津伟　杜文静　黄　涛
金　梦　蒋太珂　刘风景　吕玉赞
孙光宁　宋保振　杨铜铜　杨知文
俞海涛

本卷执行主编

蒋太珂

序　　言

　　人们不能总是消费别人的信任而不断地进行压服，司法裁判只有阐明裁判结论的形成过程和正当性理由，才可能提高裁判的可接受性，实现法律效果和社会效果的有机统一。法律方法就是站在维护法治的立场上，把法律作为修辞进行说服的纠纷解决方法，其包括但不限于法律发现、法律解释、利益衡量、漏洞填补、法律推理以及法律论证。而法律方法论则是对法律如何被运用的一系列解释、论证和推理的技巧、规则、程序、原则的系统思考。由于对逻辑思维的轻视，我国对法律方法论的研究起步较晚。但自21世纪初以来，随着对思维方式的体系化改造，法律方法论研究逐渐成为我国法学研究中的一门显学。

　　创刊于2002年的《法律方法》，迄今已经出版40卷，为法律方法论人才的培育，法律方法论研究的普及、深化、繁荣，提供了专业化的学术交流、切磋平台。多年来，幸赖学界同仁的支持、出版界同仁的合作，《法律方法》与学界同仁一道，共同推动了中国法律方法论的研究，见证了法律方法论研究的繁荣。

　　法律方法论研究的持续繁荣蕴含着研究契机的转换。随着裁判文书上网、案例指导制度的建立，学界越来越关注司法实践发展出来的教义规则及其方法支撑。法律方法论的研究正从以译介消化域外相关理论为特色的学说继受阶段，转向以本国立法、司法实践的教义学化为契机的本土化时代。面对这一新的发展趋势，我们认为，促进法治中国建设、生成法学教义规则，理应成为今日法律方法论研究的出发点和落脚点。法律方法论研究也应当在继续深挖法律方法的基础理论之上，提炼能够回应我国实践需求的命题。

　　因而，我们需要继续深挖法律方法的基础理论，拓展法律方法论的应用研究。

　　一是法律方法与法治的关系。法律方法依托于法治，没有法治目标，要不要法律方法都无所谓。基于何种法治立场、实现何种法治目标、讲述何种法治故事，是奠定法律方法论价值取向的前提性问题。如果忽略对这些问题的研究，法律方法的研究、运用必将沦为方法论上的盲目飞行。

　　二是法律方法与逻辑的关系。逻辑是思维的规律和规则。法律方法表现为各种具体的法律思维规则，法律思维规则构成了法律方法的骨架。如今，逻辑学经历了传统的形式逻辑向实质逻辑的转向。结合逻辑学的新变化，建构法律解释、法律推理、法律论证模型，对夯实法律方法论的逻辑基础、强化法律方法论的实践指向，具有重要的理论和实践意义。

三是回应实践的需要，提炼新的命题。面对法律供给不足的现实，我们应当坚持"持法达变"思维，把法律当成构建决策、裁判理由的主要依据，重视体系思维，将宪法中的"尊重和保障人权"原则融入法律思维或者法律方法之中，以防止"解释权"的误用、滥用。这意味着法律规范的供给不足隐含的是法律方法或者说法律思维规则供给不足。因此，面对法治实践的需要，应不断提炼出反映中国法治实践需要、满足中国法治实践需要的新的理论命题或者规则。

在法律方法研究重点发生转向的新时代，《法律方法》将"不忘初心、牢记使命"，继续秉持"繁荣法律方法研究，服务中国法治实践，培养方法论学术新进"的宗旨，为我国法律方法研究的繁荣、法律方法研究的实践取向，以及法律方法人才的培养做出应有的贡献。同时也希望各位先达新进不吝赐稿，以法律方法论研究为支点，共同推动中国法治建设。

是为序。

陈金钊

目　录　　法律方法（第40卷）

序　言　　　　　　　　　　　　　　　　　　　　　　　　陈金钊 / I

域外法律方法

解释中的意图　　　　　　　　　　［英］约瑟夫·拉兹著　张　琪译　朱　振校 / 3
解释与制定法解释　　　［加］沃尔顿　［葡］马卡诺　［意］沙托尔著　陈　杰译 / 29
怀疑论与法律解释　　　　　　　　　　　　　　　　［美］纳迪尔·内森著　龙　敏译 / 55
目的解释的理论基础　　　　　　　　　　　　　　［以色列］阿哈龙·巴拉克著　潘　璐译 / 71
法律价值评价和规范性建议的法学研究范式　　　　　　［荷］维布伦·范德堡著　孙嘉伟译 / 91
法学研究的方法论　　　　　　　　　　　　　　　　［美］汤姆·R.泰勒著　赵　宝译 / 112

法律方法前沿

大数据与法律解释的准确性　　　　　　　　　　　［美］布莱恩·G.斯洛克姆著　张　骥译 / 129
基于法律发现的人工智能逻辑理路分析　　　　　　　　　　　　　　　　　　赵玉增 / 153
强人工智能刑事责任主体地位之证成　　　　　　　　　　　　　　　　　　　房慧颖 / 168
赋权视域下"立法批准权"嬗变解读　　　　　　　　　　　　　　　　　　　李佳飞 / 179
公益诉讼视域下环境权的司法救济
　　——基于首例"雾霾"案的展开　　　　　　　　　　　　　　　　　　　李　宁 / 195
拉斯克的法律价值证立理论研究　　　　　　　　　　　　　　　　　　　　　赵　静 / 206

法律方法的基础理论

语用学视角下的立法意图分析
　　　　　　　　　　　　［意］达米亚诺·卡纳莱　弗朗西斯卡·波吉著　崔新群译 / 223

作为法律推理工具的概念
——语用学如何提升国际法律话语和国际法学者们工作的合理性

[瑞典]乌尔夫·林德福克著 胡海龙译 / 234

法律学说的概念及相关用语辨析 周晓帆 / 256

法理在法律类推中的作用 谭 婷 / 279

动态体系论：一种方法的祛魅 任我行 / 295

论经济分析在法律推理中的局限性 张志朋 / 321

中国传统法律法律适用的实质：基于方法论的考察 管 伟 / 332

论法律解释的义理
——从"道德支持法治"切入 朱 瑞 / 345

部门法方法论

私法中理性人建构的困境与出路 李 鼎 / 363

"客观情况发生重大变化"的教义学阐释 张珍星 / 386

论违约方合同解除权的规范定位与法律适用 李晓旭 / 403

罚金刑量刑失衡问题实证研究
——以诈骗罪为切入点 宋久华 / 421

刑法解释视角下国家禁止进出口的货物、物品的理解 池梓源 / 438

编造、故意传播虚假信息罪认定标准之考辩 安 然 / 451

被害人教义学视角下故意伤害罪中被害人过错实证研究 江 雪 / 465

法秩序统一视角下贪贿犯罪从宽处罚规定的冲突与化解 郑 慧 / 478

特殊职责人员自我避险行为研究
——以《刑法》第21条第3款为中心 徐长江 / 491

美术作品刑法保护中复制行为的实质性相似标准界分 孙 宇 / 508

附：《法律方法》稿约 / 519

域外法律方法

解释中的意图

[英] 约瑟夫·拉兹[*]著 张琪[**]译 朱振[***]校

摘 要 法院在司法裁判中应当如何处理立法意图与法律解释的关系，这一问题已然引发了诸多理论争议。解释是带有意图的，否则就不是在进行解释。关于意图在解释中的作用，存在着不同的看法。"激进意图论"认为一个解释当且仅当反映了作者的意图在法律层面上才是正确的。"激进意图论"是一种过强的主张，"权威意图论"才能得到支持，即法院在对源自审慎立法的法律予以解释时应当反映最低限度的立法意图。"权威意图论"中的意图是一种最低限度的意图，而不包括各种额外的意图，比如法律要实现的各种社会经济目标等。"权威意图论"不仅有利于确保法律解释的解释属性，还有助于维护立法观念以及立法的正当性。

关键词 法律解释　立法意图　权威意图

立法意图对于法律解释的重要意义已经成为一个政治争论的问题。或许理应如此。毫无疑问的是，法院让立法意图在法律解释中发挥怎样的作用，这会产生重要的政治后果。可以说，这些后果应该会影响到意图在法律解释中被赋予的作用。也就是说，意图是否应该在法律解释中发挥作用，如果是的话又应当发挥什么样的作用，这些问题在一定程度上是由法院裁判的政治后果决定的。在临近本章的结尾处，我将会回头谈论这一点。但是，

---

[*] 约瑟夫·拉兹（Joseph Raz），法哲学家，主要从事法律、政治与道德哲学的研究。本文译自 Joseph Raz, "Intention in Interpretation", in his *Between Authority and Interpretation: On the Theory of Law and Practical Reason*, Oxford University Press, 2009, pp. 265 - 298. 中文摘要和关键词为译者所加。

[**] 张琪，女，山东青岛人，吉林大学理论法学研究中心讲师，主要研究方向为法哲学。

[***] 朱振，男，江苏徐州人，吉林大学理论法学研究中心教授，主要研究方向为法哲学。本文曾作为研究生课堂参考资料研读过，刘小平、朱振、张琪和蔡宏伟共同主持课堂讨论，先由张琪参考研讨结果翻译出一个版本，最后由朱振对照原文修订定稿。译文可能出现的任何错误皆由张琪和朱振负责，感谢参与讨论的蔡宏伟、刘小平以及吉林大学理论法学研究中心 2020 级法理学专业硕士研究生。

围绕着意图在法律解释中的作用所展开的政治争论通常与本章的论证无关。这一章的主题是意图在立法解释中必然具有的作用,即意图不可能不具有的作用。本章的论证与法院别无选择必须要做的事情有关,也就是说,与法院只要遵从立法就不能不做的事情有关。在必然性发挥支配作用的地方,有关道德可欲性和政治可欲性的因素就起不了任何作用。

不可否认,许多解释性实践是具有地方性的。在某些司法管辖区内,相较于那些与著名法学家们的著述不相符的解释,人们更偏好与其相一致的解释;就此而言,这类著述是解释的一种辅助手段。而在其他国家,法庭甚至不能援引这类学者著述。在英国,"可初步推定议会无意以违反国际法(包括其中特定的条约义务)的方式行事",① 而对成文法规的解释也受到这一推定的影响。别的国家可能遵循着不同的实践。一些国家允许把议会辩论作为解释的辅助手段。其他国家则完全不考虑议会辩论,或者仅仅允许它们以一种非常有限的方式辅助解释,② 还有其他诸如此类的例子。由于本章是对法律解释中的意图进行一种法理反思,所以它并不讨论某些法体系或某些类型的法体系(普通法系或民法法系等)所特有的解释实践。本章的目的是探究法律解释的某一面向,因为该面向有助于加深我们对于一种法律理论的认识。"法律是什么"的问题与"如何解释法律"的问题交织在一起。这样说并不意味着必定存在普适性的法律解释惯例,这些惯例的内容足够明确,以便为诸种解释问题提供具体答案。即使存在此类明确的普适性解释规则,相关研究也没有穷尽本章的主题。因为即使不存在任何具体明确的普适性解释规则,不同法域的不同解释惯例也很有可能表现出诸多共性,这些共性是法律解释必不可少的特征。至于这些共性是否是法律解释所特有的,抑或是与音乐演奏及其他类型的解释所共享的,就本章的讨论而言,仍是一个未予解决的问题。

一、解释的某些一般性特征

"解释"与说明密切相关。这两个概念在其适用的许多场合中是可以互换的。一个明显的例外是表演性解释——也就是说,这类解释存在于对剧本、歌剧或音乐作品的表演中,存在于舞蹈表演中,或者存在于散文或诗歌朗诵中,等等。因此人们难免会认为"解释"具有多义性。"解释"可能或者意指一项说明(也许是一项特定类型的说明),或者意指一场表演。但这是一个草率的结论。同样有可能的是,"解释"具有单义性,它与说明或特定类型的说明密切相关,并且还在以相同的方式与表演性解释密切相关。毕竟,一项说明所带来的那种效果同样也会由一场表演产生——也就是说,表演使得演出作品被人所理解。我将要探究的对象正是与后一进路相仿的。

把检视原生意义上的"解释"作为探究的基础,其前景尚不乐观。该术语的正确使用

---

① 迪普洛克(Diplock)法官(他时任上诉法院的法官)在 Salomon 诉 Commissioners of Custom and Excise 一案中的判词,参见 *Salomon v Commissioners of Custom and Excise* [1967] 2 QB 116, at 143.

② 最近英国关于使用此类材料的规则有所改变, see *Pepper v Hart* [1992] 3 WLR 1032.

界限太不固定，而且语言对于可能被严苛的人视为反常的某些用法也太过宽容，以至于无法让探究原生性"解释"的工作具有哲学上的（相对于词典编纂学的）重要意义。①因此，尽管本章的研究针对通常所理解的解释，就像其在法律中被人们惯用的那样，但我还是冒然把用以表达一种活动的解释观念作为自己的关注点，这一观念所表达的活动在人文学科中具有特殊作用，原因在于此种活动可能是理解历史、文学作品或视觉艺术的最为独特的方式。这并不意味着，当在缺乏此种内涵的情况下使用该术语时，或在其他语境中（例如"对于实验的最佳解释表明……"）使用该术语时，它就具有不同的含义或易受不同分析的影响。这所意指的全部内容是，我遵循着一项为人们所尊重的传统，并会把以下方面作为后续研究的重点：解释何以能被视为人文学科中达致理解的一种特别重要的方式。就实验或类似对象所做的解释是否适于这种分析，对我们所关切的问题而言无足轻重。

在遵循这一路径的过程中，我们不会把"解释"视为一个专业术语。我的目的是要把该术语及其派生词的某一类语境（或者说是某一类用法）单独拿出来予以专门研究，这一语境或这一用法是我们所有人都熟悉的，是我们在直觉上理解了的，也就是通过掌握该术语的英文含义与正确用法就能获得的那种理解。我将不予置评该术语在某些哲学著作中的用法；只有当假定"解释"一词在这些著作中是被当成一个具有规约意义（stipulated meaning）的专业术语时，人们才会去着重关注此种用法。在本章中，"解释"一词具有其自然意义（natural meaning），该词的一类典型使用语境就是此处研究的对象。

也许以下四个要素可以被视为解释所具有的、相对无争议的重要特征，只要不是被当作必要条件或充分条件，这些特征就有助于让人们关注到解释所具有的某些最为重要的特征。应该补充一点，这些要素倾向于把解释说明为从事解释活动。如果解释活动获得成功，那么其产物就是对被解释之物形成了一种理解。在我看来，当"解释"用于指称一个产物时，解释的用法就比指称一种活动更为泛化，也具有更少的独特性。

（1）解释是对某一件原作品的解释。始终存在某个被解释的事物。实际上，在许多情况下，存在不止一个可供解释的事物。例如，法律解释可能主要针对的是法律或是一项实践、一种（立法的或做出裁判的）行为或是一个成文法规或司法判决、成文法规或司法判决的文本或是语言表达。许多混乱产生于论者们没有认清楚他们或别人所提出或批评的那一解释针对的是哪个原作品。

（2）一个解释陈述了或（如在表演性的解释中）表明了原作品的意义。

（3）解释要受到对与错（正确与不正确）或好与坏（或一些近似表达，诸如"差之毫厘"）的评价。我会经常把"有效性"作为横跨这两类评价之间界线的一个术语来使用。根据解释在陈述、表明或显现原作品的意义方面所取得的成效，解释被判定为对的或

---

① 更不用说，在法理学或其他某个学科中存在着研究解释这一专业术语的哲学兴趣。自从解释成为热宠以来，该术语已被用来表达任何人所喜欢的任何一种意思。

错的、好的或坏的。我们要把此类判断区别于以其他维度为根据对解释的成效所做的评价。例如，当评判解释的根据在于它成功地对其所识别出的意义进行有效传达时，我们就可以把这个解释说成是清楚的、可理解的，等等；而当评判解释的根据在于它所显现或说明的那一意义的品质时，我们就可以把这个解释说成是有趣的、刺激的，等等。

（4）解释是一种有意图的行动。除非一个人意图要做出解释，否则他没有在做解释。我朋友昨晚对我说的话有可能成为对我上周梦境的一种解释。但他并没有在解释我的梦。如果我用他的话对梦作了一番解读，那么我也许就是在解释我的梦。①

解释是对一件原作品的意义进行说明或阐发，在这一方面，它有别于其他与原作品建立关联的方式。例如，受到原作品的启发。一位雕塑家受到一块大理石纹理的启发，创造出由他所雕刻的塑像，此时他并不是在解释那块石头。② 对于受到一块大理石的启发而创造的塑像，或者受到议会争论的启发而创作的戏剧，在对它们进行好坏评判时，评判根据并不是它们在说明灵感来源物所具有的意义方面取得的成效。

我们可以把一种特殊类型的解释称为保守性解释。如果一个解释坚持认为自身成败的根据在于，该解释在多大程度上成功找回或重述原作品对于某人所具有的意义，或者该解释在多大程度上成功找回或重述原作品于过去某个时候在文化中所具有的意义，那么它就是一个保守性解释。如果一个解释力求说明或展示原作品对于原作者所具有的意义（要是有这种意义的话），或是对于原听众或其他某个参照群体所具有的意义，那么这个解释就是保守性的。并非所有的解释都一定是保守性解释。我可以说明一个原作品的含义是什么："autodidact"的含义是自学。在给出此种说明时，我没有说这是"autodidact"专门针对你或任何一个人所特有的含义。自学就是这个词所具有的含义。在此意义上讲，我的说明不是一个保守性解释。同时似乎有理由认为，任何事物都不可能具有某种意义，除非它对某人具有这种意义。意义是被揭示出来的。它可能对某些人隐而不显，但是不可能对所有人都隐而不显。当然，对于原作品具有那一意义来说，任何人都无须有能力清楚地说出一件原作品所具有的意义；或许，任何人也都无须能够察觉出原作品在所有方面具有的意

---

① 我已在一篇文章中简要地讨论了这一点，see 'Morality as Interpretation: on Walzer's "Interpretation & Social Criticism"' (1991) 101 *Ethics* 392. 比如，举一个反例。约翰说："许多议员让人恶心。"吉尔无意中听到了这句话。当杰克问她约翰说了什么时，她回答说："他说许多议员令人厌恶。"这个例子告诉我们吉尔是如何解释约翰的话的。但她并没有意图要作出解释。她只是想要把约翰的评论转告给杰克。这是否意味着解释不必具有意图？如果人们聚焦于我所提及的那个解释的适用范围，那么答案就是否定的。在这个例子中，解释仅仅意味着理解，这是恩迪科特（Timothy Endicott）给我提出的建议，我对他表示感谢。这个例子完全不涉及任何行动。吉尔向杰克解释了约翰的评论，这种表述为假。她解释（=理解）约翰在说"恶心"时意指"厌恶"，这种表述为真。即使吉尔对杰克未发一言，对她来说情况也是如此。她对杰克所说的话并不是解释性的言语（而且也没有意图要成为解释性的言语）。它仅仅在向听她说话的人（以及对当下语境足够了解的人）显示吉尔是如何解释（=理解）约翰的。解释的标记意在抓住解释作为一类活动（有时只是一种心理活动）的意义，人们是经由此类活动来达致理解的。当解释与"理解"可以互换使用时，它就不适合用到我所说的"解释"一词。

② 有的人可能受到一个事件的启发，比如说，由此创作了一部话剧，它提供了一种对该事件的解释，但并非所有的启发都会带来解释。

义。原作品的意义可能是合成了或抽象提取了它针对不同人的意义。然而，在某物对于某人或其他人不具有某个意义或某个类似意义的情况下说它拥有此一意义，这似乎毫无道理。"geap"的含义是拯救，即使直到今天我发现了这一事实时人们方才知晓它具有此种含义，这样说能是什么意思呢？

因此，解释如果不是保守性的，那么就有可能是惯习性的——也就是说，解释阐明了原作品在人们（即处于解释当时与当地的人们）的通常理解中会具有的那种意义。如果解释在说明原作品的意义时与共识性观点保持一致，那么该解释就是惯习性的。仅当解释着手说明原作品对于一个参照群体所具有的意义，且该意义可能是、也可能不是"现今人们的共识性观点"，该解释才是保守性的。

有些解释是新颖的或创新性的。这可能涉及两种方式。首次说明原作品所具有的意义（或者原作品在以前某个时刻所具有的意义或对某个不同群体所具有的意义），这样一个解释可以是新的或原创的。然而那个意义却并非是新的。它是原作品所具有的惯习性意义。不过该意义从未被人明确地表达过或说明过，至少没有以这种方式被表达或说明。在此意义上讲，（不仅是保守性解释）一个惯习性解释也可能是新的或原创的。我将把"创新性"这个术语专门留作指称这样一些解释：除了原作品通常对人们所具有的那种意义（或者过去通常对人们所具有的那种意义），它们表明原作品还具有一个意义。成问题的正是创新性解释的可能性。如何才能把我所主张的以下三个命题调和在一起？(1) 一件原作品的意义是它对某些人或某些群体所具有的意义。(2) 除了原作品通常所具有的那种意义，一个创新性解释表明原作品还有一个意义。(3) 解释并非自由的创造；它说明了原作品所具有的某一意义。解决这一难题是其他场合要做的工作。

上面这些评论指出了更进一步的复杂性。如果被解释的事物可能具有多种意义，那么就可以对它做出数个不同但都有效的解释。更进一步的区分能帮助我们澄清这个想法。如果两种解释能够并存于对原作品的一个更为复杂与更为全面的理解中，且不使该理解自相矛盾，那么这两种解释就可以说是相容的。例如，对某部小说的一种解释可能强调的是小说的社会意义，把小说解释成以一种独特的叙事声音描写了新兴产业工人阶层的崛起。另一种解释可能强调的是女主人公对其父亲的复杂心理反应以及这些反应对其余生的影响。第三种解释则可能关注作者对作为一种叙事技巧的"作者型叙述声音"的运用及改造方式。尽管就我们说到这些事时所用到的方式而言，我们可能会说上述每一位文学评论家都对小说有着不同的解释，但是我们都知道，这些解释之间并无冲突。如果确实如此，那么这些解释就可以并存于对小说的一个更宽泛即更全面的理解中。当具备并存的可能性时，这些解释就是相容的。

互不相容的解释提供了彼此冲突的理解原作品的观点。它们不能被看作是一个"完整"或"详尽"解释中互补的各部分。①因此，如果诸多解释赋予小说人物的动机并不一致，而且还都认为他们（即那些人物）是始终如一的，那么这些解释就是不相容的。倘若可以把被解释的事物表演出来，并且不同解释所需要的各表演部分不能并存于一个表演中，那么这些解释就是不一致的。所以，如果对一首诗的一种解释所要求的朗诵方式与另一个解释所要求的不一致，那么这两个解释就是不相容的。任何两个不相容的解释中至少有一个解释必定是错误的吗？正如我们看到的那样，未必如此。如果一件原作品可以有好几种意义，那么两个不相容的解释就可能都是有效的。倘若每一个解释都成功地揭示了原作品诸多意义中的一种，那么它们就都是有效的解释。

由于手头有了这个相容与不相容的区分，我们就可以说，当判断标准排除了"多个不相容解释皆有效"这一可能性时，一个解释就可被判断为正确的或不正确的，对的或错的。当判断标准允许不相容的解释皆可有效时，解释就被判断为好的或坏的。

有趣的是，我们不说一个解释是真的，尽管它可能忠实于原作品或别的东西（例如解释者的老师所采取的进路）。然而，解释性命题（"哈姆雷特嫉妒他的叔叔"）可以为真或为假，其真假取决于它们所提供的那一解释是否是对的（或好的）。当解释性命题是真的，且它们所表达的解释是唯一正确的解释时，不难理解解释性命题为真这件事。当一个解释性陈述表达的是某种有效解释（的一个要素），且该解释容许互不相容的解释亦可有效时，该解释性陈述的真必须被理解成是相对于这个解释的，否则会陷入矛盾。例如，有人会说："根据对哈姆雷特的一种精神分析解释，他之所以不采取行动，是因为在欲望与由此而生之罪恶感之间存在着的冲突。"在这个例子中，我们有一个无条件为真的关联化命题。更为常见的情况是，被断言的解释性命题并不会明确地提及它所（不完全地）表达的那一解释。

互不相容的解释如何能是有效的，以及说它们有效意味着什么，这是就本章的目的来说未予解决的又一项任务。解决这些任务对于检视意图在解释中的作用而言并不是必要的。为避免错误地理解本章所得出的结论，重要的是在一开始时就要画出更广阔图景中的某些组成要素。创新性解释是可能的，而且多个互不相容的解释可能均为好的解释，在我们的常识中经常会遇到这些可能性。我在上文澄清术语的目的就是要承认这些事实的存在。在对解释作出一种论述方面，这些事实提出了一些本章无法探讨的难题。不过难题不在于是否可能存在两个互不相容且都有效的解释。我们知道有时这是可能的。难题在于何时有这种可能，以及说一部作品有两种意义，这意味着什么？意义是被发现的抑或是被强加于作品之上的？一个解释如何既能忠实于原作品又能具有创新性？这些问题指向如何去理解关于解释的那些常见事实。它们并不怀疑这些事实是存在的。这就是为什么即使在本

---

① 我给这些词加上引号，原因在于稍后会出现的一些独立理由（independent reasons），它们否认存在下述意义上完整或详尽的解释的可能性：再没有任何别的解释，既与上述那个解释相容，也同样为真。

章也要承认这些事实的重要意义所在,尽管对作出一种解释的论述而言,本章只是一个开端而已。

二、意图

(一) 对意图论的简单论证

一些论者断言,所有的解释必然都针对着作者的意图;或者断言,对任何原作品的解释只有在抓住了原作者的意图时才有效。有些人在作出上述断言时指的就是他们所说的字面意思——也就是说,如果与作者意图的相符程度不被承认为评判的依据,就没有什么能算作是一个解释了。其他人则认为该观点只是形式上的。只有在某件事能够被恰当地说成是揭示了一种作者的意图时,它才能算作是一种解释,尽管不必从字面上来理解这个所谓的"作者的意图"。当原作品并不是任何作者意图的产物时,它可以指该作品的虚构作者,就像我们参照人们的意图来解释某项实践一样。而当解释的是一个具有真实作者的原作品时,它同样也可以指一个虚构作者。例如,它可以促成一种对于成文法规的正确理解,因为它代表的是一个理想的立法者在制定该法时本该具有的那种意图。[①]

我觉得这个观点别扭造作,也毫无助益。那些对二十世纪八十年代文化思潮作出解释的评论者并不认为这些文化思潮表达了任何人的意图,而了解到这些解释的人们也不认为它们揭示了任何意图。他们探究的是文化思潮所具有的意义,以及文化思潮的起因与影响所具有的意义。诚然,每当我们谈论某件事的意义时,都能想象出一个真实的或虚构的作者,对于该作者意图要创造的事物而言,无论它是什么,都将具有此种意义。有时以这种方式来描述解释是有趣的。其他时候则不然。然而,除非涉及真实的意图,否则谈论虚构的人的假想意图很少会有任何真正的意义。这样的谈论不会以任何方式促进我们的理解。

可以说,与法律解释有关的原作品(宪法、成文法规、先例、表达了前三者的文本、法律规则与学说以及法律本身)仅限于人之特定行动的产物,而这些行动的意图是要创设宪法、成文法规、先例等等。但是不能在一开始就把这一点视为理所当然的。另外,这一常规至少存在一种例外情况。法律实践和司法实践是法律解释的可能对象;此外,尽管这些实践随着人们有意图的行动而产生变化,但显然它们并不必然就是(事实上几乎从来不是)由采取行动想要创造它们——即想要创造出来的这些实践与已经出现的实践具有相同的特征——的任何人所创造的。不过,考虑到法律解释大多针对的是审慎创造的产物,下述主张作为竞争"法律解释理论"头衔的一个当然角逐者就不足为奇了:法律解释的目的

[①] 除了其他的讨论之外,参见:S Knapp and W Michaels, 'Against Theory' (1982) 8 *Critical Review* 723; 除了 Fish 在其他场合的讨论, S Fish, *Doing What Comes Naturally: Change, Rhetoric and the Practice of Theory in Literary and Legal Studies* (Durham: Duke University Press, 1989) 296, and 'Play of Surfaces: Theory and Law', in G Leyh (ed), *Legal Hermeneutics: History, Theory and Practice* (Berkeley, Calif: University of California Press, 1992); A Marmor, *Interpretation and Legal Theory* (Oxford: OUP, 1992)。

是要确定立法者的意图。我将把这一主张的极端版本称为**激进意图论**（*the Radical Intention Thesis*）。它宣称：

当且仅当一个解释反映了作者的意图，它在法律层面上才是正确的。

这个学说有许多错误之处。然而，并非所有指责它的反对意见都有道理。这意味着，即使有许多论者①已经对这一学说做过精妙的讨论，但仍需再做研究。通常有三类反对意见被提出来反驳这一论题。第一类反对意见是：没有理由把解释建立在作者意图的基础上。第二类反对意见是：基本不可能确定相关的作者意图，且通常并不存在此种意图。第三类反对意见是：正如法院所践行的以及司法实践所认可的那样，解释不在于或者不完全在于确定作者的意图。

第一类反对意见显然是错误的。但它所具备的真实性足以让我们转向一个更为有限的论题。我先评论第一类反对意见，直到第二部分（最后一小节）再重新讨论另外两种反对意见。存在着充分的理由要求根据其作者意图来解释成文法规与先例等事物。如果我把关于该理由的一种错误说明作为接下来讨论的开端，那么这将会有助于我们说明这个理由。让我们把对成文法规的解释作为一种典型情况。有些人会说，存在一种民主论证用以支持激进意图论。根据该论证，民主理论要求法律应当取决于人民的意志，而该意志是由民主选举产生的人民代表予以表达的。因此，既然制定法是通过对成文法规的解释而确立的法律，那么民主理论就要求对成文法规的解释应当遵照民选立法机构成员的意图。我以一种极为粗略的方式表述了这一民主论证。该论证的许多错误都可以被轻易修正且不削弱其力量。但是它碰到了一个大麻烦。民主论证只适用于民主政体（实际上只适用于特定类型的民主政体）。法律也存在于许多非民主国家，而且由于我们寻求的是在一般层面上理解对于立法行为创制的法律所作的法律解释，所以这种民主论证将无法胜任。至少就它目前的形态看是行不通的。必须要让民主论证也能扩大适用于非民主政体。这应该并不难。只需要指出一点即可：除非被授予立法权的任一机构所制定的法律是这些机构意图要制定的法律，否则无论对授权这些机构去立法的做法进行何种（真实的或假定的）正当性证明，都将毫无意义。接下来就陈述这个广义的论证：

赋予一个人或者一个机构以立法权，就是授权它们通过意图立法的行动去制定法律，或者至少明知自己在从事立法从而采取行动去制定法律。② 除非人们假设某个人或某个机构制定的法律就是它们意图要制定的那一法律，否则授予它们以立法权就毫无意义可言。再假设与之相反的情形。假设经由立法所制定的法律与立法者意图要制定的那一法律毫无

---

① 我发现其中特别有帮助的是 GC Maccullum Jr, 'Legislative Intent', in R Summers (ed), *Essays in Legal Philosophy* (Oxford: Blackwell, 1968); R Dworkin, *A Matter of Principle* (Cambridge, Mass: Harvard University Press, 1985) 第三章。

② 通常情况下，立法权伴随着一项义务，即须谨慎行使立法权。此类义务会在针对立法活动的司法审查中发挥作用。不过，这是一些偶然性特征。该论证并不依赖于这些特征的存在。

关系。这一假设要完全成为可能，立法者就必须对其行动会制定出什么法律一无所知。倘若立法者能够进行预测，比如说，能够预测要是他做某事税收会有所增长，而做另一件事税收则会有所削减，那么立法者就将采取能够产生其所期待效果的行动——也就是说，他所制定的法律会是他意图要制定的那一法律。

因此，要假设通过立法活动所制定的法律并非立法者所意图的法律，我们就必须假定，当立法机构通过任何一项立法议案时，立法者都无法预测他正在制定什么法律。但若如此，立法机构的成员是谁又为何至关重要？他们是否是民选的又为何至关重要？他们是否代表国家中的不同区域或人口中的不同阶层，这一点又为何至关重要？他们是成年人还是孩子、心智健全的还是不健全的，这又为何至关重要？既然立法机构的成员最终制定的法律并不体现其意图，那么他们的意图是愚蠢的或明智的，偏颇的或公允的，自私的或有公心的，这一事实都无关紧要。也本将会出现截然不同的局面，条件是倘若有某种看不见的手的机制或者某种投票程序存在，该机制或程序在不依赖立法者信念和意图的情况下获得可欲的法律，或者它所获得的可欲的法律虽然可能与这些信念和意图密切相关，但并不等同于其中的任一意图。但是并不存在这样的机制，① 而且我们的立法概念是由我们所知晓的或认为有可能在现实世界中存在的制度性安排的样式塑造而成的。因此，立法机构正是指向这样一种理念的：这些机构能够创制出他们意图制定的法律。任何据称是对立法机构所做的正当性证明，如果其中不包括"该机构所制定的法律正是其意图要制定的法律"这一假设，那么就都是没有道理的。这样的正当性证明都不具有可信性。

由于在支持解释应当反映立法者意图这一观点方面，上述论证是据我所知最好的一般化论证，因此我们必须立刻承认，该论证并不足以证明激进意图论的全部力道。这一论证所支持的结论是：

就法律源自审慎的立法而言，对它所做的解释应该反映其立法者的意图。

请允许我称为权威意图论（the Authoritative Intention Thesis），以便强调对该论题的论证如何依赖于我们对权威观念的理解以及辩护权威的各种可能的正当理由。法律是否全然建立在立法者（们）的权威之上，目前并无定论。就习惯法而言情况并非如此，这似乎是相当清楚的。而远非清楚的是，普通法是否与制定法更为类似，因为如果一个法院拥有约束自身与其他法院的权威，那么由其审慎做出的裁判就会成为先例。抑或普通法是否实际上是习惯法，因为它是由法院的诸种实践所构成的。也没有任何理由认为普通法一定非此即彼。可能二者都有一点，原因是不同的普通法管辖区也许盛行不同的习惯做法。同样，

---

① 据我所知，只有两种看不见的手的机制——一是民主论证，表明议会代表往往会表达其所代表的人民的意愿；二是哈耶克式论证，其大意是普通法在市场效率方面具有优势——假定了该机制通过立法者和法官的信念与意图发挥作用。最近，沃尔德伦（J Waldron）提出，对一种看不见的手的机制有可能作出三种不同的说明。三者都不可取，这一事实强化了我的结论；然而限于篇幅，我无法在此对该事实进行讨论。See 'Legislators' Intentions and Unintentional Legislation', in A Marmor (ed) *Interpretation and the Law* (Oxford: OUP, 1995).

在成文宪法根深蒂固且有违宪审查原则的国家,有理由不把宪法视为制定法,而是将其视为一个特殊的、即享有特别待遇的普通法分支。这究竟意味着宪法超出了权威意图论的范围,还是仅仅意味着相关意图就是宪法法院的意图,这取决于要如何理解所涉国家的法官所造之法。

因此,我将舍弃激进意图论,它在法的性质这一层面上通常为假;尽管激进意图论也许适用于某些法体系,但我们没有理由相信,它也适合于像我们这样的法体系。相反,但凡下文涉及意图论的地方,所要讨论的正是权威意图论。①

(二) 权威意图论的价值预设

在处理若干针对权威意图论的反对意见之前,我先要强调它的一个预设,该预设在本章中都会占据显著位置。我们拒绝了民主论证,因为它依赖于一个特定的规范性理论。这种依赖被视为一种缺陷,即使民主论证所依赖的那一理论是有效的。这是否意味着一种解释理论必定是价值无涉的?并非如此。上文提出的有关权威意图论的广义论证,本身就依赖一个规范性前提。该前提就是这样一个假设:尽管法律可能在道德上无法得到辩护,但必须把法律理解成这样一个体系,即许多人都相信该体系在道德上是正当有理的。我们要拒绝对法律性质或法律解释所作的任何这样的说明:仅当法律在道德上是良善的,这些说明才为真;在这样做时,我们也必须拒绝任何使得法律不具有可理解性的说明。这意味着,关于法律与法律解释的一种说明若要能够被人们接受,就必须说明人们何以能够相信他们的法律(即他们国家的法律)在道德上是良善的。

有一种错误的想法认为,由于人们对其法律的道德品性所持的信念有可能完全被误导,因此我在关于法律说明的可接受性问题上描画出来的这项限制不可能太重要。无论这些信念如何被误导,它们都必然是易于辨认的道德或政治信念;而且,并非每一种对于他人的态度或关于他人的信念,或者每一种关于社会实践与社会制度的信念,都能符合这一条件。对权威意图论所做的那个广义论证,是在理解法律方面成效卓然的一个论证典范,此种论证只不过作出了如下假定,即法律具有道德上的可理解性——也就是说,人们对于法律所持的态度在道德上是可以理解的,亦即"人们相信法律具有道德上的约束力"这一点是可以理解的。

从表面上看,这个假定并不是一个道德假定。它既没有假定法律是良善的,也没有假定人们对于法律的道德信念是合理的。然而,基于两点理由,该假定是规范性的。第一,对道德上可理解之事与不可理解之事所作的区分本身就是一种依赖于价值的区分。一个人的道德观影响着他对于什么是道德上可理解之事的看法。当然,一个人对道德上为真之事

---

① 为了便于表达,我将交替提到立法(legislation)和制定法律(law-making)。然而应该明白一点:就当下目的而言,"立法"需被宽泛地理解为,其所涉及的无非就是审慎地制定法律。制定具有约束力的先例是一种制定法律的行为,尽管事实上并不是一种立法行为,但在随后的讨论中"立法"这一用法会涵盖它。

的观点与道德上可理解之事的观点之间并不存在直接的联系。彼此不同且相互矛盾的道德观点至少可以在道德上可理解之事的主要轮廓上达成一致。这就是道德可理解性观念之所以能够在对法律——即一类社会制度,其特征是,生活于其间的许多人都认为该制度是道德上良善的,尽管这些人持有不同的道德观——所作的一个说明中具有助益的原因。但这并不能掩盖下述事实:最终道德可理解性观念本身是一项道德观念,即一项在运用时预设了诸多实质性道德观的观念。

当我们转向考察法律得以被接受的诸多根据时,就揭示出了法律的道德可理解性这一前提之所以是一个规范性前提的另一个理由。这些根据就是:尽管法律可能存在严重的道德缺陷,甚至毫无权威,但法律主张自己具有(道德上的)权威,因此那些把法律接受为有约束力的人必然也是这样看待法律的。法律具有道德上的可理解性源自这样一个事实:在法律治下生活的许多人都相信法律具有道德上的合理性或可接受性。如果事实上任一法体系中的许多受众必然相信法体系具有道德上的合理性或可接受性,那么法律就一定具有道德上的可理解性,因为这些主体对其法律持有此种态度这一点必定是可以被理解的。以上所述与广大民众的境遇(不幸的是此种境遇屡见不鲜)并不矛盾:他们在压迫性法律的枷锁中生活,而自己并不拥护该法律。即使相信法律具有道德效力的只有大部分执法参与者,即政府运作过程的参与者,以及一些从法律中获益的人,以上所述也是真的。① 为什么那些参与制定法律或适用法律的人一定相信法律在道德上是可以接受的? 原因在于,法律声称自己确立或反映了法律受众的(道德)权利与义务。② 除非人们相信或表现出相信其行动确实具有他们所声称具有的那种道德效果,否则他们就不可能如此声称。我的这番话几乎没有给"法律声称自己确立或反映了道德义务"这项前提添加什么内容,因为要是一个人并没有看似相信存在着证成"法律拥有此一意义"这个事实的正当理由,那么他的行动也就不可能是以一种法律具有此种意义的方式作出。

这条推理路径给下述可能性留有了余地:当立法者、法院与执法者看起来像是相信法律的道德可接受性时,他们正在假惺惺地行动。然而,且不说事实上根据经验来说,不可能所有人都在伪装;而且单就我们的讨论而言,上述可能性也并不重要。法律在道德上必定是可理解的,即使对于那些表达了虚假信念的法律机构负责人员而言也是如此。不真诚与真诚需要同样的可信性。

我已经详细阐述了权威意图论所预设的论证,这样做部分是为了把那些导出权威意图

---

① 当然,哈特法律理论的核心就是:只有当"官员们"接受了某一法体系(即法体系的承认规则),该法体系方可在一国内部生效;此外,尽管在正常情况下大多数民众也接受它,但不必须如此。然而哈特认为,此种接受并不必然表达了"法律具有道德可接受性"这一信念。

② 当立法声称自己创制了一项新的权利或义务时,法律声称自己确立了法律受众的(道德)权利与义务。当立法声称自己将独立于法律而存在的那些道德权利与义务纳入法律之中时,法律声称自己反映了道德权利与义务。我和其他论者过去太经常地辩护这一观点,以至于这里就不再讨论了。See J Raz, 'Law, Morality and Authority', *Ethics in the Public Domain* (Oxford: OUP, 1994).

论的假定呈现出来，因为这些假定告诉我们许多有关法律性质的东西；同时，这些假定又以各种方式预设了诸多规范性假定，而我这样做的另一部分目的就是为了阐明其中的一种方式。法律声称自己反映和确立了道德，这一观点本身就依赖诸多规范性假定。其中有些假定涉及道德的性质（例如，对一个道德事项所持的观点，就是一种道德观）。有些假定是与（有意图的）人之行动的性质有关的规范性观点（例如，除了意志薄弱之外，人们都是在相信其行为并不违背理由的情况下作出那一行动的）。这里所预设的另一些规范性假定则涉及关于社会制度与社会实践之说明的目的，因而也涉及关于这些说明的成功标准（例如，有一些说明呈现出了那些制度和实践对于参与者或参与其运行的人们所具有的意义，它们在同类型说明当中享有某种特定的优势地位；如果没有这些说明，就不能对这些实践与制度作出恰当的说明。）因此，权威意图论依赖于许多规范性前提。于是下文所要得出的其他结论也依赖于规范性前提。

（三）谁的意图？什么意图？

在舍弃了激进意图论而支持一种更为合理版本的意图论后，我们可以回过头来简要考察一下针对意图论的其他几个反对意见。反对者们经常花费大量聪明才智来讨论权威意图论指涉什么意图这一问题，他们试图表明，该主题充斥了各种各样的含混不清，而这妨碍了对权威意图论所进行的任何一种有益辩护。他们有时候会暗示说，最大限度能够予以挽救的就只有下面这个无害的虚构：法律解释确立了一个虚构的作者意图。尽管虚构确实可能没有什么害处，但它们几乎不能增进人们的理解，还常常容易把人们搞糊涂。在法理学讨论中，我们最好避免虚构。仅当权威意图论指涉真实的意图，它才是有帮助的。暂且抛开是否有充分理由凭借作者意图来解释审慎制定的法律这一问题，另一个凸显出来的问题是：是否存在着一个能够指导法律解释的作者意图？而且，人们能否知道该意图是什么？我将简要地处理一下这些问题，会避开一些详尽的论证，这些论证对于诸多后续结论的证明而言是必不可少的。

我尤其希望尽量少谈认识论问题。没有什么充分的一般性理由认为，我们不可能认识到过去所采取的行动有着什么样的意图。有时候我们的确无法形成关于人们意图的确切知识，但这并不影响权威意图论的辩护理由。上述认识论问题表明，我们有时可能并不确定所采取的解释是否正确。而无论人们采纳什么样的解释观，情况都是这样。[①]

下述事实引发了大量争论：多数情况下立法者是机构而不是单个的人。机构如何能有意图？答案是：如果它们能够有意图地行动，也就是说，在极为审慎的思考后行动（例如，"经过长达七小时的议事，下议院通过了委员会所修订的这项法案"），那么它们就能

[①] 有人可能会认为，并不是所有的解释观都易于受到同等程度的质疑，都容易犯下同等程度的错误，并认为有充分的政策理由要求遵循一种不大容易出错、不大容易受到质疑的解释方法。然而，正如下文所要看到的那样，意图论不是一种解释方法，也不会受到这种异议。

够具有意图。在日常生活中，把意图归于法人、团体和机构，我们不会认为这样做有什么问题；法律也假定，法人与其他一些非人的法律主体能够有意图地行动。一些理论家认为，提及法人或机构行动者只不过是提及个人行动者（"董事长""执行董事之一""在年度股东大会上投票的过半数股东"等）的简略表达式而已。这种观点（被称为本体论个人主义）是错误的，但在此处无法展开讨论。① 我将继续假定机构是能够有意图地行动的行动者。

这样的假定会让人们注意到若干命题，它们都是关于机构的行动与机构成员或官员的行动这二者之间的关系。其中一个必须被认真对待的命题是，机构只有凭借某一人或某些人有意图地行动，才可能有意图地行动。换言之，只有当机构的某些成员或官员行动时，机构才能行动；也只有当前者有意图地行动时，机构才能有意图地行动。我并不确定能否把这一命题当成普遍有效的。（例如，一个机构的规章通过确保其成员和官员的不作为，甚至是使他们不知情，从而让某些特定结果变得极有可能发生；也许在某些情境下，该机构仍然会被认为是有意图地导致了这些结果的发生。）不过当把这一命题适用于法律制定时，即至少当法律制定包含着投票表决或其他表达赞成的方式时，该命题看上去是合理的，因此我愿意信赖它。有时人们会说，是成员或官员们的意图被归诸机构之上。这种表达方式有可能助长以下观点：机构并不存在，提及机构只不过是在以一种简略方式提及人罢了。但我们接受"只有当立法机构的官员或成员行动时，也就是说，只有凭借其官员或成员的行动，该机构才能行动"这一命题，并不一定就使我们因此坠入上述错误的陷阱。

立法者凭借谁来行动这一问题取决于他们的组织构成。因而，不存在对于该问题的一般性法理解答。该问题完全依赖于立法者是谁。而且解答该问题也就是解答谁的意图被"归诸"立法机构之上这一问题。有些人觉得下述事实是困惑的一个来源：如果（在通常情况下）立法机构的多数成员投票赞成一项法律，那么该机构就通过了这项法律。这里的多数并非是一个人。某一回构成了多数的那些人并不是另外一回构成多数的人。不存在需要让人困惑的任何东西。这仅仅意味着，不同人的行动和意图在不同时刻被归诸该立法机构之上。

这引发了接下来一连串的问题：各种不同的意图中，哪一种是重要的？当人们有意图地行动时，他们显露了不止一种意图。人们意图要检查冰箱里的存货、到厨房、离开客厅、散步、跨过某段间距等。投票赞成一项法案的一位立法机构成员可能意图要讨好选民、在他孩子们面前表现得勇猛果决、缓解单身父母们所遭受的痛苦（我假定该法案在以某种方式保护单身父母），诸如此类。所有这些意图中，哪一种对于立法解释来说是至关重要的？有人会认为，此处的回答也取决于立法机构的组织构成。这一构成决定着，为了使行动能够成为有效的法律创制行为，人们必须采取什么样的行动，以及必须持有什么样

---

① 其中的精彩讨论参见 D Ruben, *The Metaphysics of the Social World* (London: Routledge, 1985)。

的意图。在一定程度上确实如此。不过这次需要从一个法理的视角多讨论一些东西。立法观念正是一个一般性的而非地方性的法律概念。尽管每一个法体系都能决定在其司法管辖区内谁拥有立法权以及他们应该如何行使该权力，但它并不能决定什么是立法。阐明立法的观念是一项理论任务。而且，这是一项若不涉及立法意图就不可能完成的任务。

尝试一下在不涉及立法意图的情况下来识别立法。以下述假设为例：如果根据法律，采取某一行动的后果是让一部新的法律生效，那么该行动就是一项立法行为。行动所具有的这一后果原本并不会使该行动成为立法行为。想想一个人有可能通过吃甜瓜来立法的情形。如果他在吃甜瓜，那么一项禁止罢工的法律就会生效。这是一个荒谬可笑的例子，因为我们所找的这些例子针对的是一种虽有可能、但绝无现实实例的现象。那么就让我们假定，立法机关已然通过了一项法律，规定如果某甲在圣诞节前吃甜瓜，那么罢工就要被禁止。假如存在着这样的法律，那么它就会类似于一项做出如下规定的法律：任何地区如果发生六级及以上的地震，政府就要补偿其居民因地震遭受的一切损失。也就是说，被赋予了法律意义的事件（地震或吃甜瓜）本身并不是立法事件。立法是议会按照通常的方式完成的。立法决定了立法事件将产生某些特定的法律后果。

这个例子应当基于下述假定来理解：某甲对于其饮食习惯已然具有的法律权力浑然不知。基于该假定，某甲的行动引发法律上的或人们权利义务上的变动这一事实并没有把该行动转变成立法活动；同样，自然事件的发生导致法律上的或人们权利义务上的变动这一事实也没有把自然事件转变成立法事件。只有那些带有立法意图的行动才可能是立法行为。理由是：立法观念表达了把掌控法律的权力委托给一个人或一个机构这一理念，而这意味着委托立法者去主动掌控法律的发展或法律某一方面的发展。这与非意图的立法理念相抵触。①

再继续这么想下去，我们逐渐意识到立法不仅要有打算立法的意图，还需要知晓立法的内容。如果一个人打算改变法律，且能够通过具有此种意图的行动改变法律，然而却无法知晓其行动为法律带来怎样的改变，那么这个人就几乎没有掌控住法律任一方面的发展进程。一个意料之中的提议就是：立法者制定的法律就是他们意图要制定的，而且他们通

---

① 该要件可能过于严格。如果立法的基本理念是将一定程度上掌控法律的权力委托给立法者，那么要使一个行动成为立法行为所需要的全部要件就是，该行动是在行为人明知行动会影响法律的情况下作出的。这会让立法者能够仅当他愿意容忍此种变动的情况下采取该行动。我认为这个论证所作的权衡侧重于意图要件而非明知要件。然而事实上难以拆分二者。基于诸多极富说服力的理由，大多数法体系都把立法行为区隔开来——也就是说，立法行为赋予某些行动（如表决、签署、公布等）以立法效果，而这些行动除了源自其立法效果（或源自一个立法意图的表达）的某些后果之外，再无任何后果（或只有尽可能少的后果）。粗略地说，通常情况下一个立法行为除了表达立法意图外再无其他。在此情况下，除了为立法而立法，并无进行立法的任何理由。立法行为被精准地区隔开来以便达到上述效果。

过表达想要制定该法的意图而制定了它。遵照言语行动理论的权威性研究成果①，并避开那些过于专业的复杂难题，我们可以这样来说：A 是一位行动者，他拥有法律权威使 p 成为法律，其通过实施一项表达特定意图的行动来对 p（p 是对法律内容进行陈述的一个变量）进行立法（换言之，使 p 成为法律），而该行动意图就是要让 p 凭借这一明确表达了的意图而成为法律。②

然而，这样来界定必备意图的特征，很容易招致一种显而易见的异议：立法者对于他们投票赞成的立法，并不必定知晓其确切详情。很多立法者可能只对法律的大概情况有所了解，而有些人则可能对于自己在投票赞成什么所知甚少。该异议建立在一个有效观点的基础上，但必须小心地解释这个异议。如果在必备意图公式中，有人用一个关于立法内容的陈述取代 p，那么该异议就是有效的，因为这个异议表明此类意图对于立法而言并非必要。因此，若要合理地界定必备意图的特征，就必须对"p 是对法律内容进行陈述的一个变量"这个括号内的说明进行修正，以便表明：尽管意图必须确认正在制定中的法律，但意图并不需要通过详细陈述出该法律的内容来完成确认。关于此要件最为宽松的形式将会是这样的：存在对于法律的某种描述，即 p，从而使得一个获得了适当授权的人、通过实施一项表达特定意图的行动来进行立法，而该行动意图就是想让 p 凭借这一明确表达了的意图而成为法律。

总是存在这样一种描述吗？一项行动必须具备某种意图才有资格算是立法行为，而对意图的特征描述要能成功地把握到该意图的性质，情况一定得是这样的：无论何时只要一个人在立法，那么按照某种描述，他意图要制定的法律就是他正在制定的那一法律。我相信情况确实如此，并且相信，除了最为反常的情形外，接下来的描述存在于所有情形中。③ 一个人正在通过表达下述意图来进行立法（来投票赞成一项法案，等等），即意图想让他正在表决的这份法案文本成为法律，此时对于该文本的理解方式就像对于诸多此类

---

① 尤其是格莱斯（Grice）和斯特劳森（Strawson）的研究成果。See P Grice, *Studies in the Way of Words* (Cambridge, Mass: Harvard University Press, 1989) and PF Strawson, 'Intention and Convention in Speech Acts', in *Logico - Linguistic Papers* (London: Methuen, 1971)。

② 作出以下几点澄清。首先，"立法使 p 成为法律"这一陈述，以及"一个立法行为显露出想要 p 成为法律的意图"这一陈述，应被理解为不具有以下通常含义：在立法行为发生时，p 并不是、且/或不被认为是法律。一项法律制定行为可能只是为法律 p 提供一种新的法律来源而已（这个新法源被添加到既有的法渊之中或是取代它们）。其次，因为立法行为的宣示性似乎是其本质，所以我谈到了下述意图：明确地表达此种意图这一事实本身就会是一种法律渊源。但宣示有可能是秘密的，因为立法并没有向一般大众公开。要否认只是以下这点：立法能够存在于一种私人的心理活动中。遵循着格莱斯，有人可能认为立法依赖于一种意图，即想要人们承认立法就是如此，也就是说承认它是一种立法行为或一种立法意图。然而该要件不仅在其他一些言语行动场合，而且在此情境下，都可能过于严苛了。有关把格莱斯模型应用于立法方面的一种批判性评价，请参见 H Hurd, 'Sovereignty in Silence'（1990）99 Yale Law Journal 945. 我个人认为，赫德（Hurd）表明为了使沟通得以进行，有必要放宽格莱斯所断言的那些要件。很明显，她指出的诸多难题不仅影响立法，还影响（非面对面）沟通的其他一些日常实例。

③ 请注意，我此处的主张要强于该论题所要求的条件。该论题仅仅要求，任一立法者从事立法行为都要具有某种满足上述要件的意图。它并不要求存在着一种意图，能为所有此类立法行为共有。

文本的理解方式一样，都是当其颁布时①（此类文本与该文本的颁布情境相同）在本国的法律文化中来理解它们。②

根据这一理解，必备意图是最低限度的，它并不包含对于立法内容的任何了解。我们可以猜到，这种意图几乎普遍存在于各种立法行为中。③ 然而，由于必备意图的限度如此之低，有人就会反对说，它不足以充当上文所说明的那个要求的理论基础，即要求完全应当存在一种意图——也就是说，立法是对一个人意图所立之法加以制定的一种活动。不过，该反对意见毫无根据。最低限度的意图足以维持由立法者来掌控法律这一本质性理念。具有此种意图的立法者知道（如果他们赢得多数赞成的话）他们是在制定法律，也知道如何去发现他们是在制定什么样的法律。他们要做的只是去确定面前的文本所具有的意义就可以了，此时立法者对于文本所采取的理解方式，就像该文本被假定会在此种场合中得以颁布时立法者根据其法律文化对它所做的理解一样。当然，很难想象一种权威理论不会再设置更多的要求，即不会要求权威持有者在赞成立法提案之前要对提案形成一种合理的判断。但是，对于一个人为了满足这一道德上的要求而确需知道什么以及意图什么的问题，法律本就将其留给立法者自己去做判断，这样做是可以被理解的。因此，不对具体意图设置更多要求的一个法体系是可以被理解的。

正如我们之前所看到的，这样界定相关立法意图的特征，是一个行动要成为立法行为所必须具备的最低限度的意图。法律往往会使立法的有效性取决于一些额外的智识要件，这种现象并不罕见。在普通法国家，附属立法具备有效性的一个典型先决条件在于，批准相关立法的意图是为了促成一系列法定目标当中的某一个。在此种情况下，也可以依赖这些额外的意图去解释此类立法。因此，对于何种意图关乎既定法律规则的解释这一问题，其答案包括两个部分。第一个部分涉及上文详加阐述的那种意图，任一行动必须具备此种意图才算作立法行为。第二个部分涉及诸多的额外意图（如果有的话），各国法律经由立法、普通法或仅仅是在该国已获接受的法律文化方面，使得这些意图与制定法的解释息息相关。

---

① 这个限定条件极为重要。可以这么说，法律是言语在特定语境下所具有的意义，而非一个缺失语境的文本所具有的意义。

② 这里的意图不等于说：那个法案的文本必须成为一国之法（the law）。这里的意图是想要那个法案成为一项法律（a law），也就是成为一个初步的（prima facie）法律理由，这个理由与其它有时是相互冲突的诸多法律规则和学说（legal rules and doctrines）共同发挥作用。为简化起见，在此处我并未提及一个要求：意图应当就是通过公开表达该意图而使那个法案成为法律。

③ 存在两种例外情况：其一，人们并不知道自己正在投票支持一项法案，就像有可能发生的那样，无意间碰触了投票机器的操纵杆，或者在醉酒状态下通过了表决动议；其二，虽然一个人知道自己的行动是投票行为，但行动的目的不是通过投票使法案成为法律，而是为了摆脱一个勒索他的人或某种其他意外后果。正如已经谈论过的那样，法体系竭尽所能要把发生这些情况的可能性降至最低。因此，考虑到理顺立法行为发生与否这一问题所具有的利害关系，法体系有理由推定，在既已说明的那种意义上，所有投票表决的行动都表达了一种立法的意图。正是这个绝对性推定的存在，使得下述情形更为可能：仅当立法者具有相关意图时，他们才是在进行投票表决。

三、解释与正当性

到目前为止，我已经设法为权威意图论提出了就我所知最为有力的辩护。然而，正是该论题的这一支持性论证，即这一论证赋予该论题的外观形式，提出了以下质疑：权威意图论到底确立了什么。我们之前看到，由于权威意图论的这一支持性论证是权威信条的一个方面，因此解释立法所应当依凭的意图，就是立法时必须具备的那个意图。仅当权威所立的法律是以这样一种方式被解释时，权威才真正掌控着法律。如果不考虑各个国家关于立法实践的特定法律规制，那么用更易于理解的说法来解释上述内容就是：那个意图就是一个人想要说些什么的意图，而他意图要说的，就是人们鉴于他的言说情形而通常认为他所说出的话。有人可能觉得这个答案或许是真的，但离自己所要寻求的有用答案还差那么一点。

考虑一下针对权威意图论的下列反对意见。假定承认，几乎每一个可能的立法者都**能够**具有权威意图论所要求的那种标准意图。但是，立法者必定全都持有该意图吗？假如立法者属于某个宗教派别，其经文是用一种神秘代码来解释的，那么有什么能够阻止该立法者意图用这种代码作为解释手段来理解他正投票赞成的那项法案？对此的回答大概就是，他不可能意图用这种方式来理解该法案，因为他知道法案不会被如此理解，而且知道一个人（至少在这些情形下）不可能有意图去做某件自己明知不会发生的事。然而，反对者会反驳我们说，应当假定不会发生此类事态吗？如果立法者的意图为人们所知晓，并且如果我的如下主张是对的，即仅当用立法机关的意图来解释立法时该立法才具有可理解性，那么，法官与民众通常就一定会遵从立法者想要根据神秘代码来解读法案的那个意图吗？这一推理思路在一定程度上具有合理性，但它并不构成对权威意图论的一个反对意见。立法者有能力使神秘代码成为解释的方法，或者成为其部分或全部行事的方法。他只要表达出想要如此这般的意图就可以了。不过，在表达该意图时，他要凭借一项行动来完成这一表达，而对该行动就像对此类诸多行动一样，通常都是依据当时盛行的惯习来进行解释的。也就是说，尽管立法者能够改变解释惯习，但他们必须通过表达一种大致如此的意图来实现，而该意图自身必定是以符合权威意图论的方式来加以表达的。

在惯习与意图的这一循环链中，惯习更为重要。这并非意指我们遵从惯习而非意图，而是说，任何意图的内容，都是在人们参照诸种惯习进行解释时该意图所具有的那种内容，而这些惯习是当时用来解释此类表达型行动的。而且，甚至对于一旦得以表达就会改变这些惯习的那种意图而言，亦是如此。

请假设一下，我们不是在探究意图与通过表达意图所制定的法律二者之间的关系，而是在探究"人们所意指的（即意图想说的）"与"人们实际所说的"二者之间的关系；并假设对此所作的回答如下：他们意图要说的就是其已然说出口的那些话。即使这是真的，该回答也几乎对"参照说话者的本意来解释其说了什么"这一点无所助益。确实如此。这种状况并没有揭露出上文详述的论证中存在的任何缺陷。而只是表明，权威意图论尽管有效，但在立法解释中并没有任何实际作用。我们可以通过聚焦于日常言语（或书写）的解释来开始检视这一点。诚然，有时候人们说出口的并非是他们想要说的，而想要说的却没有被他们说出口。这些情况源自没有完全掌握这门语言、暂时丧失对于说话的生理机能方面的控制或是关于此种控制的永久性缺陷，源自瞬间的思想混乱（就像一个人在想说"烤箱开着呢"时，实际上却说成"冰箱开着呢"，或者各种无意识的首音误置情形）。但是，并不能由此得出以下结论：在说话时，我们首先要意图说些什么，然后再尝试把它说出来；这样一来，一个人是否说出了他意图要说的话这个问题就会始终悬而不决。相反，除了上文所列的那些例外情况外，人是心口如一的。一个人原本意图要说的话 p，就是他说出来的那些话 p，此外无它。这一点不应当被理解为它表明了存在着某种数目有限的例外情形列表。一项例外就是对出现何种差错所作的任何一种说明，而这种说明要么证实了一个人曾经尝试或已经形成说某些话的意图，但终未说出；要么证实了即便一个人没有表示任何特定意图时，被他说出的那些话也并非是他想要说的。[①] 然而，这两类状况都不承认下述内容：正常情况下，说出自己意图要说的话，这是在两个独立变量即意图与行动之间确立对应关系的一个问题。

因此，确定一个人意图说什么的常规方法是去证实他说了什么。认为该过程可逆的那种想法是把例外情形错当成了常规情形，而在例外情形中，行动没有取得预期效果，人们没有说出自己想要说的话。对于立法亦是如此，而且情况只会有过之而无不及。通常，立法是以某种方式被加以制度化的，该方式几乎消除了口误、身体失控以及关于行为失效的其他说明这类风险，而且任何可以想见的权威理论都极为重视在什么算作与不算作行使权威之间作出相对明晰的区分，鉴于这两点，那么就鲜有可能需要进一步斟酌人们所说的话以证实其意图。事实上这种可能性或许全然不复存在。

由此可知，权威意图论虽然有效，但没有为解释提供什么帮助。一旦我们知晓了立法意指什么，也就知道了其立法者曾经的意图。立法者所意图的就是该立法所意指的内容。因而可断定权威意图论虽是真的、但却是空洞的吗？并不完全如此。

首先，请记住立法者持有数个意图。我们正在考虑的是立法所必需的最少意图，我称其为最低限度意图。有些法体系会指明诸多与解释相关的额外意图——例如，实现某些社会目标这一意图。在具有此等状况的国家中，当这些国家的法院解释立法时，它们会被指示允许那些额外意图凌驾于最低限度的意图之上。也就是说，法院可能被授权或被允许做出如下决定：由一项成文法规所确立的法律，并不等于该成文法规实际说了些什么，而是该成文法规为实现立法者的那些其他意图将会说些什么。我将在有关内容简要讨论民主政体中法院一再被如此授权的理据。

---

① 这一点总体上适用于意图与行动之间的关系。

不过，就最低限度的意图而言，这一回应仍然没能把权威意图论从空洞无物中拯救出来。除非是明确指示法院去考虑其他立法意图，否则就无法逆转该过程，而且既无法诉诸最低限度的意图、也无法独立于立法者所制定的文本来查明立法者的意图。然而不能由此断定权威意图论是空洞的。它对于立法的正当性而言至关重要。如果不按照一项法令的本意所是或意图所是来解释它，那么这项法令就不可能以立法机构的权威为基础（至少该法令不可能只以这种权威为基础）。但是权威意图论不被用作解释的一个工具或方法。

有一种错误的想法认为：如果权威意图论"仅仅"具有正当化的作用而无助于解释，那么它对解释的实践就无甚影响；也就是说，哪怕权威意图论不对，解释的运作方式也本将会完全一样。权威意图论要求人们把立法所立的法律理解成意指立法者说过些什么。而立法者所说的就是他的言词在法律颁布的情境中以及鉴于当时盛行的解释惯习所具有的意思。① 然而，表明立法具有这种意思，这是要对立法施加一种严格的限制。并非所有可以想见的解释都会满足这一条件。许多解释理论都与解释的这项指导标准相悖。同时，权威意图论本身也确实不是一种解释的方法。更确切地说，该论题是提请法院参考立法时所盛行的诸种解释惯习。②

四、权威意图论的种种限制

对权威意图论所作的论证与如下看法并不矛盾：有些时候人们很可能会相信，良好的法律可以出自不以立法为目的的人类活动——通常出自持续性的社会实践、司法实践或商业实践。不过该论证却假定下述情况甚是罕见，以至于可以忽略不计：有人可能会认为，即使所立之法不符合立法者的意图，立法活动也能产生出良法。权威意图论甚至并未声称自己适用于以实践为基础的法。但它对所有立法制定的法都适用吗？我将考虑针对这一假定的三项现实挑战，它们均获得了部分的成功。没有哪一项挑战遍及审慎地制定的法律的所有情形。但每一项都涉及其中一类重要的情形。

重要的是不要误解针对权威意图论的三项反驳的性质。它们并不否认权威意图论。毋宁说，它们是对依赖权威意图论从事法律解释的正当理由加以限制，甚至当唯一的法律关切在于某项立法应被实施时，亦是如此。我们可以说，权威意图论决定着针对所有立法所作的、最为基本的保守性解释；也就是说，它决定着什么才算是成功地阐发了立法在其颁

---

① 当然，并非所有盛行的解释惯习都与解释立法者的言词有关。有些惯习是关于在何时可以根据其他因素——比如社会或经济状况的改变、犯下各种立法"错误"的证据、诸种相冲突的法律规则或学说——忽略掉立法的意思。

② 例如，这些惯习可能认为，立法要通过偶然盛行的（而非立法时所盛行的）诸种解释惯习加以解释。如果这样的话，这些惯习就摧毁了如下两类解释之间的区分：一类是找回立法的原初意义，正如意图论所界定的那样；另一种解释则表明，立法拥有一种日后所获得的意义。一个遵循这些惯习的法体系一定会使立法者明白，他说的话具有一种即便自己尽力而为也都无从预见的意义。正如我在上文指出的那样，这不符合权威信条的基本原理。然而按照下一节的说明，立法所具有的力量并不完全依赖于立法者的权威。

布之时所具有的意义。下文将详加讨论的这些论辩指出,在哪些条件下最佳解释并不是这种最为基本的保守性解释。它们提示,有些时候最好背离立法的基本意义。这就标示出这些论辩与权威意图论之间的关系;它们一边对权威意图论进行确证,一边又为支持那些在某些情境下背离权威意图论的解释提供正当性证明。

上一段还标示出接下来的这些论辩所具有的道德性质。在这一点上,它们不同于对权威意图论本身所作出的论证。诚然,就援引道德考量因素以支持某一解释方法而反对其他方法而言,只要这些被援引的因素及其所支持的结论对所有法体系中的法律解释都具有普遍的有效性,那么这种援引就合乎作为一般法理学之组成部分的探讨方式。然而,重要的是意识到,在为权威意图论进行论证时,我不曾援引任何道德理由来支持该论题。之所以能够做到这一点,原因在于下述事实:该论题并非是为了支持这一种或那一种法律解释方式而提供理由。权威意图论仅仅是在主张:如果人们正在从事的是理解一项由立法创制的规则所具有的意义,那么在这个层面上,他们就必须依据(权威意图论识别出来的)立法者意图进行解释。该论题并不处理是否有足够理由遵从立法所创制的规则。它只是主张,如果有此类理由的话,那么为了遵从这些规则,解释活动就应遵循权威意图论。

有时立法者缺乏权威,或者他们的立法如此邪恶以至于没有足够理由去遵从由其制定的法律。对于此类议题的考察从属于正当性权威理论,不必在此占用我们的时间。下文假定立法权威具有正当性,因此有足够的理由遵从其法律,并有足够的理由依据权威意图论来解释法律。不过,接下来的前两种考量因素指出,有时正是支持权威意图论的那些理由同样也为在某些情境下背离该论题提供了根据。我将要检视的第三种考量因素在性质上更为激进。它声称在某些情境下支持权威意图论的理由消失殆尽。当这些理由耗尽时,权威意图论也就不起作用了。该论题失去力量的原因在于其依靠的是服从立法者的理由,而此类理由有时消失不见。重申一下:此类理由消失不见的原因不在于立法者没有权威,也不在于我们没有理由服从立法所制定的规则,而在于服从所立之法的理由与立法者的权威在某些特定情形下分离开来。

(一) 鼓励协作

在很多情况下,法律是什么并不重要,只要在有关问题上存在着一项相当明确的法律即可。在这些情形中,法律的要旨就在于确保获得协作性的惯习。有时候,如果人们协调其行动,那么就能最大程度地保护整个社会的重要利益(即公共善与集体善)或其某些成员的重要利益;而有时候,一项指明了以何种方式实现协作的法律,就是确保实现协作的最为有效的方式。法律能够让人们明白当前事态需要协同行动,并会限制不合作的与搭便车的人数以使他们安心。① 既然无论人们围绕哪一种方案来协调其行动都无关紧要，那么为实现协作而进行的立法无论被解释成确保哪一种协作方案也都是无关紧要的。因此，对于其目的只为确保获得一种协作性惯习的立法而言，无需依据立法者的意图加以解释。只要对立法的解释是以确保获得一种协作性惯习的方式进行的，不管在解释中被赋予法律约束力的惯习是否是立法者想要的那种惯习，被解释的立法就是完全符合立法者意图的。这同样可以适用于协作利益虽非法律的唯一理由、但也是其主要理由的诸多情形。

（二）与额外意图不一致

其次，立法者通常不止一种意图。② 除了标准意图之外，还有一种意图看上去与权威信条密切相关。立法者有时也许会通过创制某一特定的法律，想要确保实现特定的社会效果与经济效果，而遵守和适用该法律就会形成或者引发这些效果。正如我们所知，此种意图常常受挫。因为社会或经济形势发生变动，或者因为立法者对于境况实际如何、或鉴于当时环境法律的社会或经济效果将会如何存有误解并在此基础上从事立法工作，或者因为立法者误解了成文法规鉴于它将在其中运行的（教义式与科层式）法律环境而产生的法律影响，再或者是出于其他某个原因，所以，如果按照立法者的标准意图来解释成文法规，那么该法规将不会产生立法者更想确保实现的那些后果。在这种情况下，以符合立法者意图的方式来解释成文法规就显得毫无意义了。权威信条表明，立法者被赋予了权威去制定他们有充分理由认为是正当的法律。当法律显然无法取得或不会取得那些（根据权威信条）实际上促使法律得以制定的效果时，法院所从事的法律解释工作难道不应该背离立法者的标准意图而与其额外却正当的意图相一致？

一个肯定的作答远非是定论。第一，让我们注意到，经常并没有任何一种合适类型的额外意图能被归诸立法机构。要么立法机构缺乏额外意图（它的行动理由可能是不适当的，抑或没有行动理由，或者其不同的成员具有不同的额外行动理由以致不可能把任何明确的理由归诸立法机构自身），要么不可能确切查明立法机构的理由。这个考量因素本身并没有推翻上文的那个论辩，即否弃立法机构的标准意图，而支持其适当的额外意图。它只是表明，即使该论辩被人们所接受，其影响也将是有限的。此项论辩常常无甚用处。不过，除了这一点以外，下述事实是一个彻底拒斥此项论辩的有力理由，即人们将不得不深

---

① 参见我在 *The Morality of Freedom*（Oxford：OUP，1986）第三章和'Facing Up'（1989）(62 Southern Californian Law Review 1154 – 1179) 中对协作与法律的讨论。Marmor 在 *Interpretation and Legal Theory* 一书中指出了"一项立法旨在确保协作"这一事实对于解释该立法的重要意义。

② 近来有一种论点认为，有些时候应该采纳立法者的额外意图，以便支持一种符合此类意图的解释；我觉得这一论点在总体上极其具有说服力，关于这一论点，请参见 Marmor 所著的 *Interpretation and Legal Theory* 第八章。我在这一节所关注的问题与 Marmor 的相类似。我的关注点并不在于，当就相关问题存在数个均适合的法律解释时，立法者的额外意图应该对法律解释产生影响；而是说，当立法者的标准意图与其额外意图相冲突时，不应采纳标准意图，虽然在适用法律的某些情形中，若采纳标准意图，法律的适用将是清楚明确的。

陷有关立法者实际意图的复杂难解的各种事实性议题中。根据标准意图进行解释，相比根据适当的额外意图进行解释，要更容易确定立法的内容。因此，倘若遵循后一种做法，得出错误解释的可能性就会大大增加。忽视立法机构的额外意图，会比使该意图成为解释的基础，更能让立法机构的意志在大多数时候占据上风。第二，虽然成文法规或许未能体现出立法者的某些额外意图，但实现了另外一些额外意图，而这些得以实现的额外意图足以证明根据权威意图论解释该成文法规的正当性。在了解到该成文法规与某些额外意图不一致时，我们怎么知道它是否就不符合其他的额外意图呢？第三，在法庭上处理立法者额外意图这一问题，不仅在宪法意义上可能并不妥当，而且还可能会出现许多不良后果。例如，私人通信会成为具有相关性的证据，等等。

然而，如果我们采纳了某些特定惯习，那么这三条反驳就会受到限制——比如像这样的惯习：只能从特定范围的官方文件中推导出额外意图。也许我们的结论应该是：假定已经采取措施来避免那些反驳所指出的诸多不良后果，那么在原则上，额外意图而非标准意图就是进行解释的一个适当基础。当然，要在多大程度上采取上述措施，以及要在多大程度上法院会被授权依赖这一支持额外意图的论辩，不同的司法管辖区情况会有所不同，这取决于各地的法律及其（法律）惯习。在有些国家看来，让全部或部分法院有权力探究立法者所追求的社会目标，并不可取；这或是因为总体而言这会导致许多错误裁判而使此项权力适得其反，或是因为关于立法机关和法院所处地位或所具威信的诸多考虑因素。不过，只要上述支持额外意图的论辩看起来是合理的，只要法院依靠该论辩而享有的权力没有受到法律或惯习的限制，那么法院就应该以符合立法者额外意图的方式来解释法律，条件是假定存在着一些指导原则用以避开反驳所表明的那些缺陷。

然而，有一项更为有力的论据反对依赖额外意图。权威信条确实把权力赋予拥有权威任一权威，以便该权威机构可以运用自身的判断力批准通过某些法律，而这些法律具有该权威机构认为是正当或可欲的后果。不过，权威信条还要求合理明确地界定立法的方式。即便依宪法程序制定的法律通过适当的（即按照权威意图论）解释无法实现法律所意图的结果，这一点也不能成为法院以其它方式解释法律的理由。法院没有理由认为：要是权威机构相信，为了获得其想通过实际所立之法来确保的结果，就必须批准一项与实际所立之法不同的法律，那么权威机构就将会批准与之不同的法律。实现该结果的法律可能会具有一些可预料的额外后果，这些后果会令立法者倾向于避免采取任何措施，而不是以这些额外后果为代价来实现其所向往的那一结果。在许多情形下还出现了另一个难题。或许有不同的方式来实现立法者的额外意图，而这些方式全都具有各种可预料的与不可预料的额外后果。要是立法机构曾意识到，它所赞成的法律无法实现其所意图的目标，那么它本将会认可这些方式；但是，法院又如何知晓它会认可其中的哪一种方式（如果有的话）呢？

为了处理这一反对意见，我们需要在背弃权威意图论的各项提议中区分出两种论辩：

一种论辩是,当标准意图与适当的额外意图相冲突时,法院不应遵循标准意图;另一种论辩是,法院应当为实现上述额外意图而解释法律。该反对意见驳斥了"权威信条要求实现立法者额外意图"这一看法,在这一点上它是有说服力的。权威信条并未提出过此种要求。① 但是该反对意见根本没有否定第一种论辩所具有的力量,其大意是,权威信条并未涵括(以合乎权威意图论的方式加以正确解释的)成文法规与立法者适当的额外意图不相一致的诸多情形。这一信条的基础在于相信立法机构有能力使其所作的决定值得服从与尊重。但是当这一能力明显不足时,上述确信就会被否定,权威信条就不再对该成文法规起作用。由此可知,就对尊重权威的普遍因素而言,法院在解释该成文法规时可以不受约束地背离权威意图论。由此并不能得出结论说,法院必须实现立法者的额外意图。法院具有作出一个创新性解释的自由裁量权,这是一个需要另做文章予以思考的主题。②

(三) 旧的法律

对权威意图论的上述两项限制表明:在某些特定条件下,尊重立法者的额外意图可以证成对标准意图的背离,或者证成对此类背离的无视。对于权威意图论的这些限制,都是通过关注立法者的意图——权威信条使得这种意图具有了重要性——所施加的。第三项限制则与立法者的额外意图关系不大。与第二项限制相类似,它对标准意图的重要性提出质疑,因为它怀疑对立法者的尊重是否总有赖于权威信条。

当我们考虑的是对新近法规的解释时,支持权威意图论的广义论证似乎具有令人信服的力量。但当我们考虑的是具有二三百年历史的一部成文法规或一项普通法裁判,该论证就不那么具有信服力了。以民主国家为例。由二三百年前的立法者的意志来统治,这并不是每个人都会持有的民主治理理念。首先,现今大多数民主国家当初并不是民主的。但即便它们当初就是民主的,也不存在任何令人信服的理由认为民主包含着一代人中的多数人具有约束后代人的力量。后代人有能力废除旧的立法,这一事实并不是问题的答案。他们为什么非要耗费稀缺的资源(立法所需的时间就是一种非常稀缺的资源)来废除旧法呢?尽管这个问题需要给出比此处的讨论更加谨慎的思考,但我还是认为,民主论证无法为依照立法者意志来解释非常古老之法律的做法提供正当性证明。再者,尽管并非所有国家都是民主国家,但仍有充分理由认为,无论国家支持什么样的权威理论,该理论都将同样不

---

① 除非在一些情形中,忠实于额外意图的解释并不牵涉任何这样的后果:会被任何一个明智的人认为是不可欲的那些后果,以及当依据权威意图论加以解释时也同样不会与实施相关法令有所牵连的那些后果。如果满足了这一条件,那么就具有了遵从额外意图的理由。

② 即使有了此处表达的所有保留意见,"立法者的额外意图"这一观念也还是成问题的。可以说,除非存在固有惯习把某些个人的意图归于一个机构之上,否则它不可能具有立法意图。一旦存在着这一惯习以及其他所有相关惯习(对于那些反对倚重上文所述意图的意见而言,这些惯习是克服此种异议所必需的),那么额外意图本身就被纳入那些应被视为立法文本一部分的文件中。因此,那些文件所表达的意图就是标准意图,或是标准意图的边缘情形。此类质疑并不会削弱本节所得出的结论。但它们可能表明,标准意图与额外意图之间的区分依赖于看待意图的诸种惯常方式,而这些方式并没有太多的理论上的正当理由。

会赞同权威意图论。

也许该论辩过于笼统了。这里有一项对它的反驳。有些法律处理的是长久存在着的人类问题——例如，刑法的核心部分、合同法或财产法的诸种基本原则就是如此。在此种情形下，权威信条很有可能证实了权威机构具有约束后代人的任一适当的权威。权威信条会认为说，如果一种权威对于其同时代人而言是适当的，那么它也同样适合于后代人，原因在于法律所涉及的诸如谋杀等问题以相同的方式影响着每一代人。任何立法者的权威都具有时间限制这一论辩，其效力只关系到下述状况：不断改变的意见、喜好或境况会对"何为一项合理的法与不合理的法"产生影响。

这项反驳的核心洞见是无可否认的。然而不太确定的是，它怎样影响法院的解释功能。一个关键问题在于，谁拥有权威来确定旧法的权威？伴随新法而来的是立法者已然确立起来的权威。在这里，除了司法审查程序所处理的问题外，立法者毫无疑问具有权威。然而在更旧的立法方面，法院必定要面对下述问题：旧法是否依然具有其曾经所有的那种权威地位。除非作为法院运作范围的特定管辖权禁止其探查这一问题，否则法院一定会提出该问题，因为它们不应当遵从一个已然失效的权威。这意味着，在解释旧法时，旧法的约束力问题会以某些方式出现；而在解释新法时，这些问题则不会以此类方式出现。当然，这种差异是个程度问题；如果其他条件不变，法院在解释旧法时所拥有的自由会随着法律年代的久远而逐渐增大。① 此外，即使是对于那些具有长期重要性的法律而言，人们也必须区分法律或法律所创设之犯罪或诉因的核心部分（如禁止杀人）与它们的细节部分。尽管在涉及法律所处理的核心问题时，立法机构的权威或许未被削弱，但其在处理细枝末节问题时的权威则可能并不那么稳固。事实上，这种情况极为常见。其表现形式为：当法院处理更早一些的立法时，不同司法管辖区内的解释实践都会给予法院更大的自由权。该自由包括了以背离权威意图论的方式去解释法律的自由。更早一些的立法，自通过之日起，其权威就受到各种环境变动的影响；这种情况与权威意图论的根本原理（即权威信条）并不矛盾。

正如我在本节开头所说的那样，这三类情形都没有完全否认权威意图论所具有的力量。第一，它们并不否认，就权威信条要求法院应当尊重立法机构的权威（或一个上级法院创制具有约束力的先例这一权威）而言，权威意图论通常是有效的。它们只是表明，服从立法并不总是只依赖立法机构的权威，而在它不依赖此种权威的场合下，某些额外意图会证明对于标准意图的无视。第二，旧法不是突然而是逐渐丧失其权威的。这一点有一种表达形式，它体现在下述法律实践中，即随着法律通过的时间渐渐远去，法院据此实践获得了越来越多的权力以使立法适应不断变动的社会经济环境。第三，甚至在尊重权威意图

---

① 新与旧之间的差异是渐进式的，正是这一事实使得法官享有适当的权威去处理该差异可能造成的影响——尽管不可否认的是，并非每一个法体系都需要这样对待该差异。

论的理由不再适用之后，在正常情况下，我们仍会期望法院有足够的理由尊重立法者所制定的——也就是按照权威意图论加以解释的——法律。其中最明显的理由就是，按照事态的正常发展趋势，人们届时已经根据以意图为基础的法律解释牢固确立起自己的预期，而这些预期不应被过于草率地打乱。

有一个没有什么用处的说法认为，如果在上述所列的三类情形中，立法者全都采取不尊重权威意图论的实际做法，那么人们就不会形成任何预期，也就不会产生任何失望。鉴于这些被我们详加讨论的因素并不确定何时开始起作用，想要推翻以意图为基础进行解释的任何强烈意愿确实会阻止预期的形成，但实现起来在方式上却可能存在偏差。因此，有时人们预料不到法院的裁判竟会推翻以意图为基础的解释，此时他们就会对此种裁判感到意外。而其他一些时候，即使人们应该依赖基于意图的解释，此时人们也将不会依赖它——从而这至少在一定程度上使立法目的遭受挫败。

以上所说绝不表明法院应当全然无视前面三项挑战性论辩所具有的力量。但它的确意味着，法院行事应趋于谨慎，应倾向于重视以意图为基础的解释；即便基于意图的解释并不依赖以权威为导向对权威意图论（它构成了该解释的根基）所做的论证，法院也应当那样去做。

（四）一些临时性结论

为什么解释在裁判中发挥着作用？法院难道不应该只以道德为指引从而放弃任何解释吗？这种提问方式也许有误导性。法院当然应该以一种合乎道德的方式裁决争议。当法院没能做到这一点时，并不一定是因为法院相信自己不受道德的约束，或相信约束自己的准则高于道德并优先于道德。当法院的裁判与道德不一致时，这是因为法院误解了道德要求或允许其所做的事。这里的问题在于：要求法院借助解释手段来裁断案件的道德究竟指的是什么？此外，法院应当解释什么？又应当如何进行解释？

我们对权威意图论的考察得出了以下三个主要结论。首先，对于承认立法是一种法源的法体系而言，其所具有的一项普遍特征就是以符合创制者意图的方式对成文法规等文本进行解释，因为这正是立法观念所蕴涵的。换言之，任何现实中可以想见的权威理论都要求解释符合立法意图。① 其次，尽管权威理论表明，对立法所创制的（即基于权威的）法律而言，其正当性取决于按照创制者的意图来解释法律，但权威理论所指明的解释指导标准却依赖于解释此类相关立法文本所需的惯习，这是那些在相关立法颁布之时盛行于法律文化中的惯习。意图关乎正当性，但惯习则关乎解释。再次，也是最后一点，权威信条不可能为解释性论证在裁判中发挥重要作用的所有方面都提供一种完备且全面的基础依据。人们发现，即使在所要讨论的法律规则是立法创制的规则这一情况下，权威信条以及由此

---

① 基于天启的权威可能是该规则的一项明显例外。在本章中，我忽略所有以神学为基础的学说。

而对意图的倚重，也未能包含这类规则之所以具有效力的所有理据。①

更不用说在下述情境中，解释必须另觅他途，必须寻找不同的正当性理由（或者不得不放弃解释）：相关的法律规则是以实践为基础的而不是以权威为基础的；尽管相关的法律规则是依权威制定的，但由于解释性惯习在系争要点上具有不可克服的模糊性或歧义性，故而参照惯习对法律规则所作出的解释是不完全的，或根本无法进行解释。

换言之，权威信条为保守性解释在司法裁判中的作用提供了根据。在司法裁判的实践中，即使是在权威信条未涉及的地方，以及在保守性解释要么不可能、要么没道理的场合，解释都在其中发挥着重要作用。法院为何以及何时应该把创新性解释用作道德上正确裁判案件的方式，这一问题尚待回答。当法院的裁判是创新性的（即并非以尊重权威为基础的）时候，为什么这类裁判在根本上还应该是解释性的？

（编辑：杨知文）

---

① 这些论证最终证实了前文舍弃激进意图论而赞成权威意图论的做法。

解释与制定法解释

[加] 沃尔顿　　[葡] 马卡诺
[意] 沙托尔[*]著　陈杰[**]译

摘　要　法律解释既指涉"法官们进行推理和讨论，从而确定文本意义的过程"这一社会认知活动，又指涉这一活动的结果。法律解释有着特殊的实践意义，即它是可能影响个体和社会利益的方式。这种实践意义由以下事实决定：法律规范在公民和官员的决策过程中发挥作用。三分法将法律解释的语义场域分为理解、严格意义上的解释以及建构，其强调了在确定权威性文本的法律意义方面的重要差异。尽管如此，我们还是很难对这些概念的范围进行清晰划界。因此，我们应当使用"解释"一词涵盖所有规范性文件的意义归属，既包括自主的意义归属（理解），也包括基于非语言线索的意义归属（建构）。从论辩视角来看，解释性陈述是能够得到论证支持的主张。解释的证成过程可能属于一个涉及由论证和反论证构建的论辩过程。解释性论证型式具有两重性质：一方面，它们可能仅仅被视为法律推理的惯例；另一方面，解释型式可能被视为实现法律确定的合适方式。

关键词　制定法解释　意义归属　解释的证成　论证型式

---

[*]　道格拉斯·沃尔顿（Douglas Walton）（1942-2020），是论辩领域的世界知名学者，独著或合著超过50本专著和超过400篇期刊论文；法布里奇奥·马卡诺（Fabrizio Macagno），新里斯本大学哲学与传播学助理教授，发表多篇关于定义、情绪语言、预设、论辩型式和对话理论的论文和专著；乔瓦尼·沙托尔（Giovannni Sartor），博洛尼亚大学法律信息学教授，佛罗伦萨欧洲大学研究所法律信息学和法律理论教授，在法律哲学、计算逻辑、立法技术和计算法学等领域发表大量文献。本文原载 Douglas Walton, Fabrizio Macagno & Giovannni Sartor, *Statutory Interpretation: Pragmatics and Argumentation*, Cambridge University Press, 2021, Chapter 1. 因篇幅所限，译者对所译章节的一些介绍性内容进行了删减，并将被删减部分的参考文献列于脚注。感谢马卡诺教授授权译者翻译本书的节选。

[**]　陈杰，男，江苏盐城人，华东政法大学法学理论专业硕士研究生，研究方法为法理学、法律方法论。

一、解释的理念

英语中的"interpretation"一词源于拉丁语 *interpreatio*、*interpres*,其最初的意义是中间人、经纪人或代理人,后来也有解释者(explainer)或译者(translator)的意思。① 而 *interpres* 似乎是由 *inter*(在……之间)和 *praes* 结合而成的,后者可能与拉丁语 *pretium*(价格)有着相同的词根,因此,它与一种经济交易(借、买或卖)的观念联系在一起。"interpretation"的语义区域也涵盖了起源于希腊的术语,如"exegesis"和"hermeneutics",而这些词通常被置于宗教的语境下。在拉丁语中,*intepretatio* 通常被当作 translation 的同义词,② 它同时包括"将文本转换成另一种语言"以及"向不理解文本之人说明文本意义"这两层意思(《法律篇》1.14.9)。③ 然而,*intepretatio* 也在更广泛的意义上使用,除了解释语言的活动之外,它还涉及解释法律、梦、预兆的活动,尽管传递人事之间或神事与人事之间的种种信息一直是它的关键用法。④

在中世纪的论辩传统中,尤其是在阿伯拉德(Abelard)那里,*interpretatio* 是一个专业术语。特别是,通过参考语词的词源(etymology)或分析其组成语素(morphemes)⑤,*interpretatio* 被应用于说明完全未知语词——如(通常情况下)一个外来词——意义的活动中。⑥

intepretatio 和 translation 之间的严格关系在随后的几个世纪中也一直保持着,⑦ 保留"解释转述(*intepretatio paraphrastica*)"的规范来说明原文的语言,阐明晦涩的语词和段落。

"interpretation"一词今天用于相当广泛的领域:每当关于对象 X 的一种说明(account)Y 被行动者 A 认可,我们就可以说行动者 A 将 X 解释为 Y,或说 Y 是 A 对于 X 的一个解释。省略行动者(解释者)这一要素,我们可以说 X 被解释为 Y,或者 Y 是 X 的一个解释。例如,在"谷歌西班牙案"(*Google - Spain*)⑧ 中,欧洲法院(ECJ)确认了 1995 年《欧盟数据保护指令》中"个人数据的处理"也包括搜索引擎对网页的处理,无论这种处理(收集、索引和搜索所有可用内容)涉及哪种数据,也无论这种处理是否区分

---

① Michiel De Vaan, *Etymological Dictionary of Latin and the Other Italic Languages*, Brill, 2008, p. 307.
② Siobhan McElduff, *Living at the level of the word*: *Cicero's rejection of the interpreter as translator*, Translation Studies Vol2: 133, pp. 133 - 146 (2009).
③ Marcus Tullius Cicero, *On the Commonwealth and on the Laws*, James Zetzel ed., Cambridge University Press, 1999 (该书中译本参见 [古罗马] 西塞罗:《国家篇 法律篇》,沈叔平、苏力译,商务印书馆 2002 年版)。
④ Siobhan McElduff, *Living at the level of the word*: *Cicero's rejection of the interpreter as translator*, Translation Studies Vol2: 133, p. 136 (2009).
⑤ Petrus Abaelardus, *Dialectica*, Lambertus Marie de Rijk ed., Van Gorcum, 1970, pp. 583 - 584.
⑥ Petrus Abaelardus, *Dialectica*, Lambertus Marie de Rijk ed., Van Gorcum, 1970, pp. 583 - 584.
⑦ Frederick Rener, *Interpretatio*: *Language and Translation from Cicero to Tytler*, Brill, 1989, pp. 273 - 280.
⑧ Case C - 131/12. 判决日期:2014 年 5 月 13 日。

了个人数据与其他信息。我们可以说，在该案中，欧洲法院将"个人数据的处理"这一表述，解释为同时涵盖搜索引擎的操作，或者说欧洲法院对"个人数据的处理"的解释同时涵盖了搜索引擎的操作。我们将在下文讨论，这个例子展示了对某一文本或表述的解释（也即语言项目*的用法）不必是对其意义的详尽说明（full account）；它也可能解决的是该文本或表述的详尽说明的部分面向。尤其是，对语言表述的解释可能仅在于确认该表述包含或不包含某类实体。

名词"interpretation"和动词"to interpret"既可用于指涉一种认知过程，即传递某种关于对象的说明，也可指涉该过程的结果，即被传递的说明。① 因此，在我们的例子中，在"欧洲法院对'个人数据的处理'的解释"这样的措辞中，一方面，"解释"一词可以指一项社会认知活动，即法官们进行推理和讨论的过程，法官们在这一过程中确定"个人数据的处理"这一表述的意义。另一方面，同一措辞也指涉这一活动的结果——欧洲法院基于这一活动所认可的结论，即"个人数据的处理"这一规范也包括搜索引擎的活动。在这方面，"解释"一词所表现的与其他用于指涉个人或集体认知过程及其结果的语词，如"理解"或"感知"，并无差别。

二、法律解释**

（一）法律解释的对象

法律有诸多渊源：制定法（立法机关制定的法律）、宪法及其修正案、行政法规、国际条约、司法裁决、行政决定、软法（如指南和建议）、私人行为（如遗嘱和合同）、法律习俗，以及其他的规范性社会实践。所有的这些渊源都必须进行解释以确定其内容，从而确定其对法律的贡献。

然而，这里我们只关注广义的立法，即，旨在通过建立新规范、可能修改和删去原有规范来改变法律体系的明确的权威陈述。这些陈述由立法权威（通常是集体机构）制定，其指向多重受众（addressees），即公民、行政机关和执法人员。

这些陈述的一个典型例子就是立法机构制定的制定法文件，如国会和其他立法议会制定的制定法文件。制定法文件是程序的结果，这一程序以通过这些文件为终点。它们自通过之时就具有拘束力，更确切地说，通常是在它们公布之后，并且可能是一段时间之后，这意味着公民能够了解并适应这些新规范（这种时间间隔在民事裁判中被称为"待生效时

---

* 语言项目（linguistic item）指语言中任一层次的一个或一组单位，其可以是音位、词汇或句子结构。——译者注

① Tarello, Giovanni. 1980. L' Interpretazione della Legge. Milano, Italy：Giuffrè. 39ff.

** 原文在论述法律解释前，首先论述了法外的解释（interpretation outside of the law），其包括科学中的解释、意向系统的解释、交际中的解释、艺术中的解释。受篇幅所限，译者将该部分予以省略，感兴趣的读者可参见原文第18 – 22 页。——译者注

间"（*vacatio legis*））。

既然制定法表达了法律规范，那么它们就为所有倾向于受到法律指引的人提供了指引。制定法主要指向它所引入的规范的受众，即，由制定法直接或间接赋予规范地位——权利、权力、资格、义务和责任——的相关人。但是，制定法也指向适用这些规范的案件裁判者，特别是法官。

受众的解释和裁判者的解释相互作用，结果就是它们往往趋于一致。一方面，受众的解释受到裁判者预期解释的引导，因为，受众要想在将来的诉讼中胜出，就不得不遵循或者至少是使用裁判者所解释的规范。另一方面，裁判者的解释在某种程度上受到规范受众的解释的引导，因为裁判者也不想使善意受众的预期受挫。①

（二）立法解释的实践意义

为了扩充法律解释的实践意义，我们考察一下最近涉及 Facebook 的一些案例。Facebook 不仅跟踪其用户的行为——特别出于向他们发送目标广告和信息的目的——它还将其所控制的不同服务（如通信服务 WhatsApp 和 Messenger）的所获数据进行整合。用户为了访问 Facebook 社交网络而接受的协议（服务条款）包括一项条款，即 Facebook 可以选择将 Facebook 内获取的用户个人数据同 Facebook 控制的其他服务中获取个人数据进行合并。这种做法受到了一些 Facebook 用户的质疑，他们向数据保护部门和竞争部门提出，这种做法违反了欧盟数据保护法（《一般数据保护条例》—GDPR），因为在此情形下，用户对于整合他们数据的同意是无效的。

根据欧盟法（GDPR 第 6 条），只有存在法律依据*时才允许个人数据的处理，而同意（consent）则是 Facebook 合并用户数据所能适用的唯一的法律依据：若用户未对（收集于不同服务的）数据的整合表示有效同意，这些数据整合将没有法律依据。结果就是，这类整合是非法的，Facebook 将因非法处理个人数据受到民事和行政处罚。因此，要确定 Facebook 的行为的合法性，需要解决的问题是：用户的协议——对收集于不同业务的数据进行整合——是否构成一项有效的同意。出于此目的，我们必须考察 GDPR 是如何定义"同意"的。根据第 4 条 11 款，数据主体的"同意"的是数据主体通过一个声明，或者通

---

① 富勒描述了这些预期的互动过程，参见 Lon Fuller, *The Principles of Social Order*, Kenneth Winston ed., Duke University Press, 1981.

* GDPR 第 6 条第 1 款："只有满足至少如下一项条件时，处理才是合法的，且处理的合法性只限于满足条件内的处理：（a）数据主体已经同意基于一项或多项目的而对其个人数据进行处理；（b）处理对于完成某项数据主体所参与的契约是必要的，或者在签订契约前基于数据主体的请求而进行的处理；（c）处理是控制商履行其法定义务所必需的；（d）处理对于保护数据主体或另一个自然人的核心利益所必要的；（e）处理是数据控制者为了公共利益或基于官方权威而履行某项任务而进行的；（f）处理对于控制者或第三方所追求的正当利益是必要的，这不包括需要通过个人数据保护以实现数据主体的优先性利益或基本权利与自由，特别是儿童的优先性利益或基本权利与自由。"此处及下文有关 GDPR 条文的翻译参考了中国人民大学丁晓东副教授的译文。参见《欧盟〈一般数据保护条例〉全文》，丁晓东译，载微信公众号"法学学术前沿"（2019 年 12 月 30 日）。——译者注

过某项清晰的确信行动而自由作出的、充分知悉的、不含混的、表明同意对其相关个人数据进行处理的意愿。毫无疑问，Facebook 的用户肯定是同意（agree）了合并不同业务所获数据的这种处理方式。然而，我们想知道该同意是否是用户自由作出的，因为 Facebook 要求用户同意这种处理方式的目的在于，在 Facebook 市场支配地位的条件下，使用其所提供的社交网络服务并交付其他服务所不需要的数据。

因此，为了确定 Facebook 行为的合法性，需要思考的解释性问题是，"数据主体意愿的自由作出"这一待解释的概念是否包含了数据主体对个人数据处理的同意：就像 Facebook 案那样，在市场支配地位条件下，Facebook 所提供的服务以用户同意这种处理为条件，而这种处理对于提供服务来说并非必要。

对这一问题的回答具有相当的现实意涵。我们假定"数据主体意愿的自由作出"这一表述是以如下方式进行解释的：它包含上述条件下一项给定协议。那么用户对 Facebook 条款的同意就将产生法律效力，Facebook 就能够依法整合收集于不同服务的数据，用户应满足于在以下两者之间进行自由选择：完全不使用 Facebook 社交网络；使用它且允许 Facebook 整合数据。

相反，我们假定"数据主体意愿的自由作出"这一表述在如下意义上进行解释：该指示条件下的一项特定协议并不被这一表述所包含。那么如果 Facebook 要想遵守法律，它就应该停止所有基于这一协议的处理，并使其用户无需同意"收集于不同服务的数据整合"就能使用 Facebook 社交网络。遵循这一解释的数据保护部门（或司法机关）应责令 Facebook 终止所有基于无效协议的处理，并因非法处理而对其进行高达数百万欧元的处罚。

后一种解释最近被德国竞争部门（联邦卡特尔局）（Bundeskartellamt）所采纳，其局长 Andreas Mundt 作出了如下声明："自愿（Voluntary）[自由作出] 同意意味着使用 Facebook 的服务必然不能受制于用户的这种同意——其数据以这种方式被收集和整合。若用户不同意，那么 Facebook 不得将其排除出相关服务，而是必须避免收集和合并不同来源的数据。

关于法律解释，另一个具有现实意涵的简单例子是"残酷与异常的刑罚"这一表述——其描述了美国宪法《第八修正案》所禁止的刑罚——是否也包括死刑。如果是，那么美国宪法禁止施加死刑、施加这一刑罚的法律是无效的、禁止法官判处死刑、罪犯有权不受死刑。相反，如果这句话被理解为不包括死刑，那么死刑是宪法所允许的、施加它的法律是有效的、当刑法要求时法官有义务施加死刑、适当条件下对罪犯可处死刑。对于"残酷与异常的刑罚"的法律解释关乎生死。

（三）法律解释与法律决定

这些例子展现了法律解释特殊的实践意义，即它是可能影响个体和社会利益的方式。

这种实践意义由如下事实决定：法律规范在公民和官员的决策过程中发挥作用。① 一方面，公民和官员都倾向于视法律规范为思考和行动的理由；当他们确信一个法律规范存在时，他们往往依其行事。② 另一方面，他们倾向于视有效的法律文本（法律渊源）为法律规范的生产者（generators），即规范是这些文本恰当解释的结果。这就意味着一个守法的受众/裁判者将会倾向于尊重规范，在他看来，规范就是有效法律文本（正确）之解释。

事实上，一个善意的守法者会采取一个具有如下结构的推理型式：

（1）一般前提1：如果一个规范X是一部有效法律文件Z中条文Y的正确解释，那么X就是一个有效法律规范。

（2）一般前提2：如果X是一个有效法律规范，那么我会将X作为我的行为准则，并依要求遵守或适用它。

假定一个规范的受众或裁判者认可前提1和2，他也相信一个特殊规范是某一有效法律文件中某一条文的正确解释。该受众或裁判者最终将接受该规范并依其行事（例如，对Facebook开出罚单）。

例如，假定一个接受一般前提1和2的雇主面临这样一个情况，他的一个的员工，一位处于同性关系中的女性（woman in a same - sex relationship），她的伴侣生了一个孩子，她根据一项法条"父亲在孩子出生时享有15天的带薪假（paid leave）"请求15天的带薪假。

假设这个雇主认为，该条中"父亲"一词的解释必须更为宽泛，以这种方式进行解释，"父亲"也可能包括作为孩子母亲之同性伴侣的女性。因此，他的结论是，该条文确立了"父亲（被解释为包括母亲的同性伴侣）在他（或她）孩子出生时享有15天的带薪假"的规范。通过适用该规范，守法的雇主将会准假。

相反，假设这个雇主认为，该条中"父亲"一词只能解释为包括作为生父的男性。在这种情况下，通过对同一条文适用后一种解释，这位守法的雇主会拒绝批假。假设这位遭遇拒绝的女性起诉了她的雇主。那么，法官会根据她解释该条文的方式，裁定雇主准予或不准予批假。

法律解释的实践意义说明了为何法律解释是如此重要且富有争议：关于法律解释的辩论不光是理论交流（就像其他类型的解释一样），不同的法律解释也促成不同决定的作出，然后由公权力来实施这些决定。法律解释的实践相关性不仅关涉遵守、适用和实施规范的行动者，它还关涉建议或拒绝某些解释的行动者，特别是法教义学者。

（四）描述性解释断言与评价性解释断言

我们必须区分两种解释主张。第一种包括描述性断言（descriptive assertion），其意思

---

① Rosaria Conte and Cristiano Castelfranchi, *The mental path of norms*, Ratio Juris, Vol.19：501，pp. 501 - 517（2006）.

② Enrico Pattaro, *The Law and the Right*, Springer, 2005.

是：事实上某一表达已经或很可能将以某种方式被（某些个人或团体）解释。例如，我们可以如实地说，在谷歌—西班牙案中，欧洲法院将1995年的《数据保护指令》中的"控制者（controller）"一词解释为也包括搜索引擎，而其他法官此前曾将该词解释为不包括搜索引擎。类似地，我们会说，直到20世纪80年代，意大利法官都将《民法典》中的"损害"一词解释为只包括金钱损失。自那以后，解释发生了演变，现在这个术语还包括不涉及收入能力（earning capacity）下降的健康损害，以及其他各种非金钱损害。

第二种解释性主张包括评价性断言（evaluative assertion），其意思是：以某种方式解释某一条文或表达是更好、更可取或最正确的。例如，在谷歌西班牙案之前，许多作者认为欧盟《数据保护指令》中的"控制者"一词不应当被解释为包括搜索引擎，因为搜索引擎对开放网络上的所有数据进行索引，且无法控制第三方将哪些数据上传到网络。在欧洲法院对谷歌西班牙案作出裁决之前，这一观点也得到了欧盟总检察长（EU Advocate General）的认可。相反，其他作者认为，"控制者"应该被解释为包括搜索引擎，因为搜索引擎选择处理所有出现于开放网络的数据，也因此，它们也选择处理任何恰巧出现在那儿的个人数据。

描述性解释断言和评价性解释断言都具有独立的可断言性条件（assertability conditions）。我们可以一贯地认为，（某些行动者）以某种方式对某一表述进行解释，同时主张，同一表述最好应当以不同方式得到解释。例如，我们可以一贯地说，在谷歌西班牙案中，欧洲法院以这种方式将控制者的概念解释为包括搜索引擎，但它本不应以这种方式解释"控制者"这一概念。在欧洲法院的裁决之后，关于这一表述法律解释的正当性，情势发生了变化。结合"欧洲法院的先例具有某种拘束力或说服力"的观点，现在有了一个额外的、更有力的论证可以像欧洲法院那样解释"控制者"，即欧洲法院的裁决本身。因此，人们可以一贯认为，在法院的裁决之前，"控制者"本应被解释为不包括搜索引擎，但是现在，它应被解释为包括搜索引擎。

当谈到解释主张以及支持它们的解释性论证时，我们将聚焦评价性主张，其认可了一种解释相对于特定或不特定的其他解释的法律优位性（legal preferability）。当我们反对这两种断言（某些解释者已经或很可能将采用何种解释以及在新案件中应采用何种解释才是可取的）时，描述性解释主张和评价性解释主张之间的区分是比较清楚的。当涉及基于某些目标、价值、态度或偏好来证成某些解释的主张时，这两者的区分就不太清楚了。在这种情况下，解释主张往往转变为关注何种解释才能更好地达到某些结果技术性规定。例如，有人可能主张，如果我们想要阻止搜索引擎参与网络审查（因为它们的控制权要求其承担禁止访问由第三方非法发布的个人数据的义务），那么我们应将"控制者"一词解释为不包括搜索引擎；或者相反，如果我们想要对网络隐私提供更强有力的保护，那么我们应将其解释为也包括搜索引擎。

断言的意思是，某一法律解释者"可能会"或"可能已经"采用的某一法律解释，或者某一法律体系中所采用的某一法律解释，也会存在歧义。试想一下这个断言，欧洲法院不妨（might as well）将控制者解释为不包括搜索引擎。这种断言可以用来表达一种评价，即这种解释在法律上也是可接受的，其处于欧洲法院合法享有的自由裁量地带。同样的断言也可以用来表达一种不那么有选择性和评价性的信息，它仅仅指出，存在于欧盟法律体系的资源能够构建支持这一断言的论证（尽管这些论证可能收效甚微）。或者，同一断言也可以用更经验性的口吻来表达，只是为了指出欧洲法院在该问题上裁决的不确定性。

在第六章中，我们将提供一种断言的逻辑刻画，以确定在某一法律语境中，某一命题可以或必须作为一种可能或必要的解释而被采用（以一套被接受的解释为特征）。

三、法律解释的范围

法律解释的概念，在宽泛意义上，涵盖了确定制定法条文意义的每一种尝试，以及这些尝试的每一种结果。然而，也有人提出了"解释"一词更为有限的用法，并试图划分"解释"一词所涵盖的语义场域，以区分不同类型的解释。

（一）解释与理解

"interpretation"一词的范围（扩展）可以被控制在两个相对的方向：在其中一端，简单而直接的确定可以看作仅仅是"理解"（understanding）的实例，而不是解释的实例；而在另一端，复杂而理由充分的（reasoned）/评价性的确定可被看作"建构"（constructions），而不仅仅是解释。（图 1.1）

理解	严格意义上的解释	建构
宽泛意义上的解释		

图 1.1　理解、解释和建构

理解与解释的区别在于，从法律文件中的语言表述到该表述的意义之间的转变是否是"自主"和"未经反思的（unreflected）"。更确切地说，这种转换是否包含了怀疑阶段（a stage of doubt），即在怀疑后有意识地选定一种可用选项（available option）。"自主理解与决疑解释必须区别开来"的理念源于这种观察，即合格的语言使用者通常可以毫不费力理解大多数句子的意义，而不会有意识地质疑其内容。在这方面，句子理解（sentence comprehension）与其他认知机制的识别和分类——如物体或人脸的知觉识别——并无不同：快速反应是通过自主和无意识的机制来实现的，并且只有当这种机制无法提供确定结果，或出现怀疑其结果的理由时，才会要求理由充分的反思。

即使是句法上有歧义的句子（比如"光阴似箭"），通过句子理解的心理语言学机制，我们通常会默认地自动选出最为似真的（plausible）意义。几分之一秒内，这些无意识机制执行了部分并行分析的复杂整合（涉及所读句子的音位、句法和语义方面），并产生了读者不会有意识质疑的输出（outputs），除非出现这样做的理由。① 这同样适用于对立法陈述的理解：只有当我们意识到有理由怀疑这种初显（prima facie）输出时，这种陈述的初显意义——其由句子理解的"自主"机制实现——才会受到挑战。

因此，理解与解释的分野要求我们区分清晰情境（situations of clarity）和怀疑情境（situations of doubt），这一理念用传统说法来说就是"*in claris non fit interpretatio*"（明确之事无需解释）。有一种观点认为，当语义规则明确了法律文本的意义时，法律文本是清晰的；当需要语用学——考察语境——来解决不确定性时，法律文本是不清晰的。然而，这一观点并不适于区分意义的自主确定和意义的反思确定（也不适合区分语义和语用之间的复杂关系）。一方面，当涉及语用面向时，我们也可能自主确定表述的意义，这些面向被我们的无意识的句子理解机制处理；另一方面，当该语言表述的语义似乎明确了其意义时，我们同样可能需要反思，但是这种意义似乎与读者熟悉的语用面向并不相容。例如，在带薪陪产假的例子中，英文语义会排除对女同伴侣适用"父亲"一词，但是，意识到语用—目的论的法律考量（有关同性伴侣的平等，或有关恋人对子女的需求）的读者可能会立刻质疑这种意义的归属。

Dascal 和 Wróblewski 确实认为，理解与严格意义上的解释（决疑解释）的区分不应当映射到语义与语用的区分。当一个语言符号的意义"在交际情境中可疑时，例如，在其'直接理解'对于眼下的交际目的并不充分的情况下"，严格意义上的解释就需要"赋予该语言符号以意义"。② 因此，清晰与否的判定最终属于语用范畴，因为它需要确定对文本意义进行语境上的充分查证是否会引起合理怀疑。"初显的、'自动的'理解提供了一种意义的归属"这一事实并不排除怀疑在之后基于语境线索而被提出的可能（如果初显意义引起了不想要的后果或与出自议会辩论的立法者意图相冲突，等等）。例如，《意大利宪法》中"基于婚姻的自然家庭"这一概念，几十年来一直被理解为指的是一男一女的婚姻，但是最近关于同性恋婚姻的争论挑战了这一概念，从而引发了怀疑。这个例子表明，对法律条文的初显理解可能会受到新信息的挑战，以至于看上去清楚的内容可能会受到怀疑，因此，其意义的确定可能需要严格意义上的解释。

总之，从严格意义上讲，理解与解释的区分指向确定意义的不同方法：一种是直接、自主、未经反思的理解；另一种是严格意义上理由充分、居间、决疑的解释。当需要一种或另一种意义归属的方式时，上述区分并没有为我们提供一种语境无涉的确定方式。

---

① Newman, Randy, Kelly Forbes & John Connolly, *Event-related potentials and magnetic fields associated with spoken word*, in Michael Spivey, Ken McRae & Marc Joanisse eds., The Cambridge Handbook of Psycholinguistics, Cambridge University Press, 2012, pp. 127–156.

② Marcelo Dascal & Jerzy Wróblewski, *Transparency and doubt: Understanding and interpretation in pragmatics and in law*, Law and Philosophy, Vol. 7: 203, p. 204 (1988).

例如，试想我们如何将这种理解与解释之间的区分运用于一个广为人知的条文"禁止车辆进入公园"。① 仅仅理解——而不涉及有意识的决疑——会让我们认为汽车是该条所称的车辆，而轮椅或孩童的轮滑车则不是。这种未经反思的意义确定与其说源于"车辆"一词的语义——相反，根据一些词典的定义，车辆也可以包括轮椅和轮滑车——毋宁说源于我们所熟知的一个事实，即，私家车通常禁止进入公园，而轮椅或轮滑车通常可以进入公园。这种意义归属为一个事实所证实，即公园中这些车辆的存在不会引起消极的情绪反应，因为它们不会造成任何麻烦。另一方面，单车可能会引起怀疑（"车辆"是否只包括机动载体（carriers），还是说也包括一些人力载体?），考虑到其大小、其可能影响行人的方式，以及有些公园的确禁止其进入的事实。

（二）解释与建构

严格意义上的解释概念也与建构的理念相对立，后者涉及的结果超出严格意义上的解释。②

索伦（Solum）③ 认为，建构与解释的区分在于确定条文的语言意义（包括语义和语用惯例）与确定其法律效果之间的对立。作为解释的实例，索伦提及斯卡利亚大法官在"哥伦比亚诉海勒"④ 一案中的结论，即美国宪法《第二修正案》的文本"持有和携带武器的权利"意味着"个人在对抗情况下有权持有和携带武器。"在索伦看来，这种确定仅仅是解释的实例，而非建构的实例，因为这一结论侧重于该表述在其言说时——根据当时语言和文化——如何得到理解。另一方面，法律建构"使得法律文本的语义内容具有法律效果"。作为法律建构的实例，索伦列举如下，关于第一修正案：

（1）先行制止说（the prior restraint doctrine），* （2）定义通过广告牌管理表达的言论自由学说的规则，以及（3）区分基于内容的规则与内容中立时间、地点、方式的限制。

可以说，这些由美国法律学说和司法判决发展起来的理论，远远超出了第一修正案的语义意义，即"国会不得制定法律……限制言论自由"。

另一建构实例是欧盟法下的相互承认原则（principle of mutual recognition）。该原则在著名的"第戎黑加仑案"（Cassis de Dijon）⑤ 中得到确立，该案涉及一类酒品（第戎黑加

---

① H. L. A. Hart, Positivism and the separation of law and morals, *Harvard Law Review* Vol. 71: 593, pp. 593 – 629 (1958).

② 参见本书第 3 章我们对于该主题的进一步讨论。

③ Lawrence Solum, District of Columbia v. Heller and originalism, *Northwestern University Law Review*, Vol. 103: 923, pp. 923 – 982 (2009).

④ District of Columbia *v.* Heller, 554 U. S. 570 (2008).

* 先行制止（prior restraint）指在言论实际发表前政府官员即对其言论或公开予以限制的制度。美国宪法第一条修正案规定不得剥夺公民的言论自由。先行制止的办法冒极大的违宪风险，政府必须负责证明其必要性。先行制止只有三种情况才被认可，即：对国家构成明显的、现实的危险，侵犯个人隐私或淫秽出版物。——译者注

⑤ Rewe – Zentral *v.* Bundesmonopolverwaltung für Branntwein (1979), Case C – 120/78.

仑）在德国的销售，其酒精含量低于德国的果酒法律的要求。* 欧洲法院裁决指出，"在某一成员国合法生产和销售"的产品原则上可以"进入任何其他成员国"，即使它们未能满足后者产品生产的规定要求。这一原则是法院根据《条约》第 34 条所提出的，该条规定"进口数量限制以及所有与此具有同等效果的措施应当在成员国之间禁止"。在该案中，同样可以说，法院的裁决远远超出了第 34 条制定时的语义意义。

索姆斯（Soames）提出，识别（identify）立法者采用某一语言表述所断言的法律内容与修正（rectify）该法律内容之间的区分也可映射解释与建构之间的区分。[①] 前者（识别）在于确定"立法者的意旨，以及任何理解语词、公众可知的事实、立法方面的近况以及现行法的历史背景（预期新条文与之相符）语言意义的理性人所认为的意思。"[②] 后者（修正）在于改变法律，即通过修正立法上所断言的内容来引入新法。索姆斯支持规范的谦抑主义进路（deferentialist approach），他认为只有当存在"使得立法内容精确化、使立法内容与其他法律内容或该法律所采纳的目的相协调"这样的需求时，这一情形才会发生。索姆斯认为，在某些重要案件无法采用这种谦抑主义进路，如美国最高法院认识到存在于美国宪法中的不计其数的新宪法权利。

解释与建构之间的区分趋向于分开评价性选择（evaluative choices）领域与事实查证（factual inquiry）领域，旨在确定制定者意在陈述的内容与其受众合理理解的内容。然而，不能简单地将这种区分映射到对意义的经验性分析与评价性分析的区分之上。这里的难点与目的论解释尤其相关。在一些案件中，一种支持制定者目的的解释与这种理念相符：使用语用推论（pragmatic inference）充实一项规定的内容。例如，一项城市法规要求餐厅具备"干净整洁的室内洗手间"。这一项规定一定隐含了这些洗手间不仅应当是干净整洁的，而且，对于餐厅的顾客来说，它们应当是开放和可使用的。[③] 然而，语用推论的通常理念似乎并不适用于这种情况，即制定者的目标和实现目标的方式不是制定者显而易见的交际意图的一部分，尽管它们可以不诉诸道德评价而确定，而仅仅依靠反事实推理——如果制定者考虑到所涉案件的某些特征，他将如何陈述？请看"圣三一教会诉美国案"[④] 这一经典案例，它涉及的是，帮助"任何种类的劳动力或服务"进入美国的禁令是否也包括禁止运送一名受雇于圣三一教会的外国牧师。美国最高法院将该条解释为仅涉及体力劳动，任何情况下都不涉及宗教牧师。这一解释得到了目的论考量的支持，一方面与法规的经济目

---

* 第戎黑加仑（Cassis de Dijon）是一种酒精含量在 15%～20% 间的法国红酒，但是德国法律规定酒精含量不低于 35% 的酒类（因为低酒精含量的酒类更具成瘾性）才能进入德国市场。——译者注

① Scott Soames, Deferentialism: A post-originalist theory of legal interpretation, *Fordham Law Review*, Vol. 82: 597, pp. 597 – 618 (2013).

② Scott Soames, Deferentialism: A post-originalist theory of legal interpretation, *Fordham Law Review*, Vol. 82: 597, p. 598 (2013).

③ Andrei Marmor, The pragmatics of legal language, *Ratio Juris*, Vol. 21: 423, p. 441 (2008).

④ Church of the Holy Trinity v. United States, 143 U. S. 457 (1892).

的（防止廉价劳动力的竞争）有关；另一方面与维护和支持宗教活动的需要有关。尽管与立法者的所追求的目标有关，但该考量并不在立法者（制定该条文时并不关心神职人员的情况）以及其受众所理解的语言意义中。①

（三）法律建构与创制新法

解释与建构的区分总是被映射到发现实定法与创制新法的区分中。然而，建构是否涉及创制新法并不仅仅取决于输入文件的语言意义与建构的输出之间的鸿沟，还仰赖于对法律与政治道德之间的关系的看法（例如，关于正义、国家运作、国家与公民之间关系的理念）。

事实上，建构往往是基于与政治道德有关的规范考量，原则上，这些考虑与语言意义的确定无关。然而，这种建构是否可以被视为新的法律还取决于对法律的性质及法律与道德关系的假定。如果我们假定法律已经包含（包括）道德—政治的理由（moral‐political reasons），那么我们也可以假定它已经包括（蕴含）为这些理由所证成的建构，甚至在这些建构被相关机构采纳或成为共同法律文化的一部分以前。相反，如果我们假定法律仅仅立基于社会渊源，那么我们应该得到这样的结论：法律不包括任何尚未被决策者或法律专家共同体采纳的建构，尽管这些建构符合好的道德原则。

请看美国最高法院在"罗伊诉韦德案"②的判决。最高院认为，美国宪法所蕴含的隐私权包括妇女的堕胎自由。这一判决可以说是立基于美国宪法的"政治"观点，其强调个人自治、国家权力受限以及司法能动主义。如果我们假定这些理念属于当时最合适的美国政治道德（关于国家应如何组织，国家与公民的关系应当如何的观点），那么我们可以得出这样的结论：罗伊诉韦德案的判决的确是一个好的判决。如果我们进一步假定法律包括政治道德的面向，那么我们可能会说，根据有效的政治道德原则，在某种程度上，甚至在裁决之前，对于这种情形的裁决就是美国法律的一部分，其由该法的"最佳建构"所支持。请注意，这种观点在某种程度上假定了元伦理认知主义（metaethical cognitivism），即认为知道政治道德需要什么是可能的（政治道德不仅仅是一个偏好问题）。

因此，"法律包含原则和道德价值"这一观点让我们得出了这样的结论：正确建构并不创制新的法律，毋宁说是"对法律已经是什么"（what the law already is）的发现。特别是罗纳德·德沃金（Ronald Dworkin）③发展了这一理念，他认为，在疑难案件中，法律推理的目的是通过平衡契合（fit）（历史与社会渊源的融贯）和正当性（政治道德）的考

---

① 参见 Andrei Marmor, The pragmatics of legal language, Ratio Juris, Vol. 21：423, pp. 427–429 (2008)。
② Roe v. Wade 1973. 410 U. S. 113.
③ Ronald Dworkin, *Is there really no right answer in hard cases?*, In Ronald Dworkin ed., A Matter of Principle, Harvard University Press, 1985, pp. 119–145.

量,来发现法律的最佳建构。罗伯特·阿列克西(Robert Alexy)[1] 也提出了相似的观点,他认为法律与道德之间存在必然联系,因此,当从法律体系的参与者视角来研究法律时,法律渊源最具道德正当性的解释(the most morally justified interpretations)就是法律的一部分。

相反,如果我们假定道德原则不包含在法律中(不管它们的实质价值如何),那么我们必须得出这样的结论:罗伊诉韦德案的判决并不蕴含在先存的美国法律中,毋宁是对那项法律的改变。有些人可能认为,考虑到问题的紧迫性和立法者的惰性,这种改变是受欢迎的;另一些人则认为,同样的改变不应被作出,要么由于它的实质错误,要么由于它违反了司法谦抑原则。然而,在这两种情况下,拒绝将法律与政治道德相结合的法律理论家会得出这样的结论,罗伊诉韦德案的裁决不是先存法律的一部分。

因此,"法律建构创制新法"这一观点通常得到那些排他性实证主义者的支持,他们认为法律只由社会事实确定,特别是由权威性法律渊源确定。[2] 这些社会事实可能包括法律上相关的价值和原则,其由共同体成员、法律学者和决策者共享。考虑到法律共同体中各种政治偏好并存,这些共享的价值和原则很难支持某一法律建构而排除其他所有可能建构。

(四)对于理解、解释和建构的结论

三分法将法律解释的语义场域一分为三,即理解、严格意义上的解释以及建构,其强调了在确定权威性文本的法律意义方面的重要差异。

理解的概念指向这一事实:在法律推理或常识推理中,某一语言表达意义的确定常常是未经反思的自主认知过程的结果。只有当怀疑产生之时,无意识的句子理解认知机制才需要对其他可能的解释的有意识的、理由充分的分析作为补充,并且有望从中选择其一。在这一视角下,理解和解释之间的对立可能在描述上相关(descriptively relevant),以此区分不同的意义确定过程。然而,这种对立并没有提供一个标准,让我们能够预先确定某一文本是需要未经反思的理解还是需要有意识的解释,因为从理解转向解释的需求之有无仰赖于对文本意义的怀疑产生与否,其不仅取决于文本的语义,还取决于其语境以及读者可获取的信息。

建构的概念指向这一事实:在某些情况下,确定权威性文件的法律效果所需要的输入超出了这些文件制定过程中制定者和受众可用的语言资源。特别是,这些输入可能包括宽泛意义上有关政治道德的考量。严格意义上的解释和建构之区分在描述上之所以相关,是因为这种区分指向意义归属过程的不同面向,涉及不同前提和推论。然而,这种区分也未

---

[1] Robert Alexy, *The Argument from Injustice. A Reply to Legal Positivism*, Oxford University Press, 2002.
[2] Andrei Marmor, *Exclusive legal positivism*, In The Oxford Handbook of Jurisprudence and Philosophy of Law, edited by Jules Coleman, Kenneth Einar Himma & Scott Shapiro, Oxford University Press, 2002, pp. 105 – 124.

能提供一个清晰的标准以确定哪种进路是需要的,因为即使语言分析给出了一种清晰的结果,进一步的考量也可能得到不同的结论,究竟是语言优先还是其他考量优先则取决于评价性评估(evaluative assessments)。

综上,尽管对理解、严格意义上的解释以及建构的区分为我们观察法律领域中的意义归属提供了有益视角,我们还是很难对这些概念的范围进行清晰划界。因此,我们使用"解释"一词涵盖所有规范性文件的意义归属,既包括自主的意义归属(理解),也包括那些基于非语言的线索的意义归属(建构)。然而,我们偶尔也会分别使用"理解"和"建构"指出一些解释实例,这些实例涉及意义的自主确定或非语言要素。

(五) 解释和语义

理解、严格意义上的解释以及建构三者之间的区分立基于解释性推理中所使用基础(ground)的类型和用途,即自主理解中不考虑任何有意识的基础、严格意义上的解释中只考虑语言—语用基础(linguistic-pragmatic grounds),以及建构中所使用的言外基础(extralinguistic grounds)。

民法法系中常常使用的另一种分类方式则侧重于解释结果,更准确地说是解释结果与被解释文本的语义之间的关系,因其是语言规则的结果。相应地,它区分了三种意义归属:(1) 陈述性解释,其根据语义规则和普遍认同的预设,将最直接和最似真的意义赋予被解释之表述;(2) 扩张性或限制性解释,其偏离陈述性意义,但仍符合语言惯例;(3) 类推或限缩(例外)。当法律规范范围的扩张或限制不符合通常的语言惯例时,它们得以发挥作用(见图1.2)。在刑法中,扩张解释和类推的区分尤其重要,刑法中禁止使用类推。

	限制性	陈述性	扩张性	
限缩	严格意义上的解释			类推
宽泛意义上的解释				

图 1.2 解释的范围

以"禁止车辆进入公园"的规则为例,我们会说,将这一规则适用于所有能够搭载成年人的机动车辆的解释可被视为是陈述性的。一个包含禁止单车进入的解释可被视为是扩张性的,而一个不包含禁止电力轮滑车进入的解释可被视为是限制性的。最后,一个包含禁止独轮手推车进入的解释可被视为一种类推,而一个不包含禁止高尔夫球车进入的解释可以被视为一种限缩。

作为区分扩张性解释和类推的实例,我们来看一个未经授权的软件复制问题,它本该在意大利的一项(1983年的)新法颁布之前就得到解决。意大利法官参照了未经授权复制文学作品的条款来处理该问题,该条款规定了民事赔偿和刑事制裁。他们对未经授权的软件复制适用民事赔偿,将其类比为未经授权的文学作品复制。但是他们并没有适用刑事制裁,因为他们认为"文学作品"一词不能被解释为包括软件,即便是根据最具扩张性的解释。

在另一个意大利案件中,我们可以看到区分类推与扩张性解释的困难。案涉无线电台(梵蒂冈电台)发射强烈的电磁波,据称对附近的居民造成妨害和伤害。法官们对电台经理们发出了(轻微的)刑事制裁,通过扩张适用(尽管依其评估,无须类推)一项因"投掷物(throw things)"而造成伤害和妨害的刑事禁令:他们认为可将无线电波看作一种"物",而将发射无线电波看作是"投掷"这类"物"的一种方式。这究竟是一种扩张性解释还是一种乔装的类推,我们在这里无法回答(而且很可能无法找到无可争议的答案)。

作为超出最具限制性语言解释的限缩的实例,我们再来看"圣三一案",在目的论解释下,美国最高法院从"任何种类的劳动力或服务"这一表述的范围中排除了"牧师的服务",而后者似乎无疑应包含在该短语的语义中。

(六) 认知解释和决断解释

严格意义上的解释和建构的区分与汉斯·凯尔森①提出的科学解释和政治解释的区分以及瓜斯蒂尼(Guastini)②提出的认知解释和决断解释的类似区分有关,但不完全相同。这种区分的基础是,在法律实践的背景下,识别立法语言所提供的不同的、可能的解释选项,并在这些选项中选定一个。③

在凯尔森看来,科学解释是"对待解释对象的意义进行认知性确定(cognitive ascertainment)",它只能确定"待解释法律所表征的框架,从而对框架内的几种可能意义进行认知。"④ 相反,为了判决的目的而选择这些意义中的一个,这样的行为并不是认知行为,而是受政治偏好影响的意志行为。因此,沿着凯尔森的分析,科学确定上面例子中"车辆"一词的意义在于区分多种可能的车辆概念,例如,所有能够运送人力的设备或仅以马达驱动的设备等等。对这些意义的选择属于一种政治性决定,从广义上讲,是解释者将某些评价性考量放在突出的位置而促成的。这样的考量可能导致解释者将单车也纳入"车辆"的范围,从而使其禁止进入公园。

凯尔森的科学解释进路可以用两种方式进行理解。根据第一种观点,通过科学解释来识别的备选意义(alternative meanings)包含在待解释条款的语法和语义所提供的机会中。

---

① Hans Kelsen, *Pure Theory of Law*, University of California Press, 1967, Chapter8.

② Guastini, Riccardo. 2015. "A realistic view on law and legal cognition." Revus. Journal for Constitutional Theory and Philosophy of Law/Revija Za Ustavno Teorijo in Filozofijo Prava, 27: 45 – 54.

③ 也可参见 Pino, Giorgio. 2013. "Interpretazione cognitiva, interpretazione decisoria, interpretazione creativa." Rivista di Filosofia del Diritto 2 (1): 77 – 102。

④ Hans Kelsen, *Pure Theory of Law*, University of California Press, 1967, p. 351.

而第二种观点认为，通过科学解释来确定的意义属于由使用中的各种法律论证所提供的解释结论。这些解释结论可能不包括一些在语法上可能的意义，也可能超出在语法上可接受的范围（如涉及类推或限缩时）。第二种进路为瓜丝蒂尼所支持，即认知性解释旨在"识别规范性文件的各种可能意义（将语言规则、所运用的各种解释技巧、法学家之中普遍存在的教义学观点等纳入考量），但并不对其进行选择"。① 相反，决断解释在于选择并论证其中一种意义。

凯尔森在分析解释时提供了一种解释的描述性进路，这种进路在于描绘某一语言或法律文化背景下可容许的（admissible）内容。然而，这种分析可能是规定性解释进路的基础，考虑到法律为个人选择留下了广泛的空间，这种进路激励决策者在作出基本的解释决定时参考其个人的良知或道德/政治偏好。博比特（Bobbitt）② 发展了这一观点，他认为，根据可用的论证，当可能出现解释的冲突时，选择应是决策者的良知问题。

"语言意义为法律解释提供了一系列的可能性"这一理念也可与哈特对一般术语的"核心"意义（涵盖其应用的标准或原型案例）和边缘地带（surrounding penumbra）之间的著名区分联系起来。边缘地带包含"争议情形"，该术语既无法确定地适用于这些情形，也无法确定地将其从这些情形中排除。这些情形中"每一种都具有一些与标准情形共有的特征，而该概念确定适用于这些标准情形；这些情形缺乏其他特征，或者具有标准情形中不存在的特征。"遵循这一观点，我们可以说，通过包含或排除位于一般术语的意义边缘地带的任何类型，我们获得了该术语语言解释的可能范围。例如，在扩张"车辆"一词时将单车包括在内与将其排除在外可视为不同的、在语言上可能的解释。在一个边缘情形中存在与该术语应用的标准情形相同的特征，可以支持将该边缘情形（penumbral case）纳入该术语的意义（扩张），而不同特征的存在可以支持将其排除在外的论证（见下文3.1节）。富勒③对比了哈特的立场，主张目的和语用在法律解释中发挥主导作用。因此，他指出，法律解释不能局限于立法者所用术语的日常语言意义的边界内。

四、解释中的理由：从文本到目的和价值

法律或其他规范文本的解释，自古以来就是理论反思的对象。例如，在罗马法中，我们可以看到塞尔苏斯（Celsus）的著名建议，即解释者不应只关注待解释文本的字面意义，而是要处理其目的："知晓法律并不意味着知晓法律的文本，而是理解它的力量和权力。"保鲁斯（Paulus）指出，当"文字"与"精神"相抵触时，不应一味地遵循"文字"。

---

① Guastini, Riccardo. 2011. *Interpretare e Argomentare. Milano*, Italy：Giuffrè：27-28.
② Philip Bobbitt, *Constitutional Interpretation*, Blackwell Publishers Ltd, 1991.
③ Lon Fuller, Positivism and fidelity to law - A reply to Professor Hart, *Harvard Law Review*, Vol. 71：630, p. 630（1957）.

在本文中，我们并不提供解释性论辩的完整描述，而是简要思考我们能够提出哪些主要理由来支持一种解释。

(一) 解释的理由和动机

我们可以一方面反对解释的动机，即可能引发解释者选择一种或另一种解释的心理因素，另一方面反对解释的理由，即在某种法律文化中支持某种解释的那些面向，换句话说，为某种解释提供适当基础的那些面向。解释的动机可能包含在任何类型的心理决定因素（psychological determinants）之中：它们可能包括任何诱使一方采用一种而非另一种解释的因素，它们可能涉及个人利益和社会价值，它们可能是非法的，也可能是合法的。

例如，在 2001 年，巴勒莫上诉法院（the Court of Appeal of Palermo）判决最高法院的一名意大利法官与黑党（the Mafia）合作的行为有罪。巴勒莫法院称，该法官对一个法律条文进行了特殊的解释，从而裁定释放四十二名被指控参与有组织犯罪的人（其中一些人是著名的黑手党头目）。该法官为了偏袒这些人而采取了这种解释。该条文涉及计算定罪前拘留时间的方式，目的是确定是否达到了定罪前的最长拘留期限，超过该期限则应当释放被告人。它规定了，在计算被告人定罪前的拘留时间时，不包括审理时间（the time of trial sessions）。制定这一条文是为了解决以下问题：被告人采用各种拖延战术延长审理时间，以便在诉讼程序结束前达到定罪前的最长拘留期限，从而使其获释。然而，这位被指控的法官对这一条文的解释是，不包括审理时间需要有具体的司法裁定。由于在涉及四十二名被告人的诉讼程序中没有经过这样的裁定，因此在计算他们的定罪前拘留时间时，包括了他们的审理时间。其结果就是，法院认定他们的拘留时间超过了最长期限，他们因此获释。

巴勒莫法院认为，被指控的法官采用这种解释正是为了偏袒与他有关系的黑手党头目，构成"外部参与黑手党组织罪（external participation in mafia association）"（意大利语"*concorso esterno in associazione mafiosa*"）。意大利最高法院随后撤销了对他的这一定罪，最高法院认为，没有决定性的证据表明法官是为了这一非法目的而采用该解释；他可能真的认为这是对争议法律条文的法律上的正确解释，这一意见得到了适当的——尽管不是明确的——法律线索的支持。

就我们的目的而言，只需指出争取释放黑手党头目的目的可能是采用该解释的一个（非法）动机，但在当时的意大利法律背景下，不可能构成该解释的理由。

(二) 解释的理由

现在我们来考察哪些内容可以作为法律解释的可接受输入，这些输入不仅仅促使解释者采取该解释，而且也是证成采取该解释的有效理由。

在欧洲大陆，卡尔·冯·萨维尼①对法律解释的分析尤其具有影响力。许多有关法律解释的论述常常再现萨维尼的分析，有时也会对其进行改进和补充。萨维尼认为解释的目的是"重构居于法律的思想"，而后他区分了解释的四个"要素"：语法、逻辑、历史的和体系。语法要素涉及立法者根据语言学规则所使用语词的语义。逻辑要素在于结合语词的意义来确定整个条款的意义。历史要素涉及文本在其制定的历史背景下所要产生的变化。体系要素则涉及被解释的文本与整个法律体系之间的关系。

除了这四个要素，萨维尼还增加了第五个要素，即"法律基础"（the ground of law）（法律目的）（*ratio legis*），并区分了其中两个面向：先前的上位法则（previous high - level laws）——其通过正在解释的法律来实施，以及立法者所追求的目标。他认为，虽然基础不属于严格意义上的法律之内容，但它可以谨慎地用于确定该内容。

在萨维尼的论述之后的若干年里，人们提出了诸多进路和观点来推进或攻击他的分析。特别是，各种解释进路都集中在萨维尼所说的"法律基础"，即被解释文本的目标或目的。自十九世纪末以来，这一理念在大陆法系和英美法系的法律文化中非常显著，它们倾向于所谓的法律实用主义，即认为法律条文是立法者用以实现某些目的的工具，应当根据这些目的对其进行解释。②

在民法和普通法领域，法律理论和司法实践的各种趋势确实强调了目的在解释中的作用，以及，为了实现某些社会目标或保护某些利益，可能会推翻法律文本的初显意义。起初，"目的"这一概念集中于立法者所追求的目标，或立法者意在如何在相互竞争的利益之间进行裁决。③ 二战后，萨维尼所指出的"法律基础"的第一个面向，即上位法则，已经非常显著。在国际和区域人权宪章以及国家宪制的背景下，目的论的分析是由这些文件中的权利和社会目标所驱动的。由于解释旨在实现多种目的——涉及相互竞争的权利和价值，合比例性（proportionality）④ 成为它的一个关键面向。⑤ 目的解释已成为主导性的解释，它倾向于吸收所有其他的解释要素。⑥

---

① Savigny, Friedrich Carl von. 1840. *System des Heutigen Römischen Rechts*. Berlin, Germany: Veit. （中译本参见［德］萨维尼：《当代罗马法体系 I》，朱虎译，中国法制出版社 2010 年版）。

② Rudolf von Jhering, *Law as a Means to an End*, The Boston Book Company, 1913. 以及 Oliver Wendell Holmes, *The theory of legal interpretation*, Harvard Law Review, Vol. 12: 417, 417 - 420 （1899）。

③ 根据所谓的利益法学, 参见 Heck, Philipp. 1914. "Gesetzesauslegung und Interessenjurisprudenz." Archiv Für Die Civilistische Praxis 112（1）: 1 - 318。

④ Robert Alexy, *A Theory of Legal Argumentation: The Theory of Rational Discourse as Theory of Legal Justification*, Neil McCormick & Ruth Adler eds., Clarendon Press, 1989.

⑤ Bongiovanni, Giorgio & Chiara Valentini, *Balancing, proportionality and constitutional rights*, in Giorgio Bongiovanni, Gerald Postema, Antonino Rotolo, Giovanni Sartor, Chiara Valentini & Douglas Walton eds., Handbook of Legal Reasoning and Argumentation, Springer, 2018, pp. 581 - 612.

⑥ Aharon Barak, *Purposive Interpretation in Law*, Princeton University Press, 2007.

(三) 语词的语义及其结合

根据萨维尼的论述，解释的第一个要素涉及法条中所使用的单个术语的意义。通常情况下，没有必要指出规定这些意义的语义规则，这些规则是共有的、无可争议的预设。然而，对语言意义的讨论在有些争议案件中是相关的。例如，在"ACLU 诉 Clapper 案"[①]中，美国公民自由联盟（the American Civil Liberties Union）（以下简称"ACLU"）认为，美国政府大规模收集电话元数据的行为没有得到《爱国者法案》（the Patriot Act）第 215 条的授权，该条只授权收集"与调查有关的"数据。在同意 ACLU 的观点时，法官援引了《牛津词典》中"调查（investigation）"一词的定义："系统或仔细地检视（examine）（一个问题）；对其查证（inquiry）或检视。"根据这一语言规范，他们认为，为了识别有待查证的嫌疑人或支持将来的查证从而大规模收集数据的做法不包括在"调查"一词的语义中。

在萨维尼的清单中，第二个要考虑的要素是语词结合进句子的方式。将词义结合到句法结构中所产生的"组合（compositional）"意义通常情况下不存在争议，因为仅有一个这样的组合在句法上是正确的，或者起码有一个组合明显比其他组合更加合理。然而，在某些情形中，句法问题就凸显出来了；当法条允许多种同样似真的句法结构时，对这些结构的选择就是法律上相关的（进一步的分析，请看本书第 3.2 节）。例如，在 C–486/12 号案件中，欧洲法院必须解释 1995 年《数据保护指令》第 12 条，该条规定，数据主体有权在"没有过度的延迟和费用（without excessive delay or expense）"的情况下获取其数据副本。需要解决的问题是：数据控制者是否可以要求数据主体支付少量费用以获取数据。对问题的回答取决于是将"没有过度的延迟和费用"这一措辞理解为"没有过度的延迟且不收取过度的费用"，还是"没有过度的延迟且不收取任何的费用"，即"过度"的范围是涵盖"延迟"和"费用"两者，还是仅涉及"延迟"。根据第一种解释，适度收费（nonexcessive fees）的要求是被允许的；根据第二种解释，这种要求是被禁止的，也就是说，数据主体有权免费获取数据。

法院检视了这一条款在其他语言中的表达方式（在欧盟法中，法律文件以所有官方语言发表，每个版本都具有同等法律价值）。同那些将形容词置于被修饰词之后的其他语言一样，法语所采用的表述（"*sans délais ou frais excessifs*"）清楚地表明，"过度"一词也适用于费用。因此，法官采纳了后一种解释，这也是欧洲法院经常采用的解释原则所要求的，即最好能赋予多语言立法文件的所有版本以相容的意义。

(四) 立法文本通过的历史背景

"法律解释在多大程度上仰赖于历史背景"处于所谓原旨主义和演化（也称活树

[①] ACLU *v.* Clapper, 785 F. 3d 787 (2015).

(living tree)）学说争论的中心。根据原旨主义观,对法律文本的正确解释是由文本制定时所存在的法律—文化—社会背景所永久固定的;而根据演化学说,解释可能会随着时间而变化,反映法律、政治和文化的演变。一个受原旨主义进路影响的例子,我们想到了美国最高法院于 2008 年 6 月 26 日宣判的"哥伦比亚特区诉海勒案"①。该判决以五比四的多数票驳回了哥伦比亚特区"禁止在家中持有可用手枪"的法令,其所根据的是该禁令违反了美国宪法《第二修正案》。《第二修正案》写着"管理良好的民兵是保障自由州安全所必需,人民持有和携带武器的权利不得侵犯。"根据斯卡利亚大法官的多数意见,该条款还包括个人以自卫目的而持有武器之权利,依斯卡利亚所述,结论的得出考虑了当时的英国法律,其包括有权携带武器自卫。②

众所周知,原旨主义观可以通过多种方式来达成,关键在于区分"原始意图"(original intent)和"原始意义"(original meaning)。"原始意图"指立法者所追求的目的,其可以通过议会辩论和准备材料获取;"原始意义"指当时的人们对当时的文化和法律制度的理解。在美国最高法院在 1873 年判决的"屠宰场案"(Slaughter-House Cases)中,可以发现原始意图解释的实例。这些案件涉及路易斯安那州的一项法令,该法令授予一家公司对新奥尔良屠宰业的垄断权。法官认为,既然《第十四修正案》在制定时只有一个"普遍目的"(pervading purpose),即保护新解放的奴隶(它并不适用于商业公司),那么这个法律与《第十四修正案》是一致的,它给予所有公民"法律的平等保护"。

关于如何理解原旨主义,或者如何将其与对法律、文化和社会态度的演进需求的考量相结合,存在诸多进路。③ 对原始意图的考量可以被假设性意图的考量所取代(假如立法者是理性的或是尊重基本法律原则的,那么他们意在通过所涉条款来规定什么),或者被今天的立法者(今天的立法者意在通过该条款规定什么)所取代。例如,有人可能谈到禁止"残酷与异常的刑罚"时会说,如果当时美国的立法者像我们今天一样已经意识到执行死刑所造成的痛苦及其当下的异常,他们会认为这是残酷与异常的。

(五)与其他规范相融贯和与规范和体系之目的相融贯

最后,规范必须放在整个法律体系的语境下并与之相融贯。这一理念在解释性推理中发挥了关键作用。④ 这一传统要求在基本权利以及更广泛的宪法背景下获得了特别的相关性,在这一背景下,它支持选择最符合宪法原则的解释。

---

① District of Columbia v. Heller 2008. 554 U. S. 570.

② 对于该案的批判性讨论,参见 Lawrence Solum, *District of Columbia v. Heller and originalism*, Northwestern University Law Review, Vol. 103: 923, p. 923-982 (2009)。

③ 参见巴尔金的实例,参见 Jack M. Balkin, *Arguing about the constitution: The topics in constitutional interpretation*, Constitutional Commentary, Vol. 33: 145, p. 145-255 (2018)。

④ 关于融贯性,参见 Aleksander Peczenik, *Scientia Juris: Legal Doctrine as Knowledge of Law and as a Source of Law*, Springer, 2005, Chapter4。

最近的一个例子，我们来看欧洲法院在"Scarlet 诉 Sabam 案"① 中作出的判决。在该案中，欧洲法院必须确定，比利时法官是否可以裁定互联网服务提供商**（Scarlet）过滤所有通信，以识别非法下载版权材料的行为。欧洲法院必须解释 2000 年《电子商务指令》（eCommerce Directive 2000）第 15 条，该条禁止成员国确立"提供商的一般义务……以监测他们传输或存储的信息"或"以寻求显示非法活动的事实或情况"。欧洲法院——通过在欧盟关于保护知识产权和基本隐私权、经济主动权和知识产权的指令背景下考虑这一条款——得出结论，欧盟法排除强制提供商过滤所有通信以识别受版权保护内容传输的禁令。

一个颇具争议的例子是意大利最近的一项立法（第 113/2018 号立法令第 4 条），该条规定，依据庇护申请而发放的居留许可"不等同于居民登记"。正如多数党领导人在议会辩论和媒体上明确指出的那样，该条的目的是防止庇护申请人被登记为居民（并享有基于居民身份的社会福利）。然而，佛罗伦萨民事法院（第 361/2019 号裁定）却裁定一个市政当局接受一个庇护申请都未办好的人所提出的登记请求。法官认为，为了与意大利的其他规则——基于在城市定居的确定决心授予居住权——相融贯，以及与意大利宪法中的平等和非歧视要求相融贯，新的条文不应被解释为将庇护申请人排除在居住登记之外。法官认为，该条应当这样进行解释：确认仅仅提出庇护申请不足以达到这一目的；申请必须与申请人在其申请居住的城市的居住决心相结合。通过采用一种与制定出该被解释条款的立法者的明确意图相矛盾的解释，本案中的法官拒绝作为该立法者的代理人行事，正如这位法官的解释，他的拒绝立基于与其他法律（由过去的立法者所颁布）和宪法规范相融贯的考量。

"一个特定条款与法律体系中的其他条款相融贯"这一理念在麦考密克所讨论的"Dunnachie 诉 Kingston‐upon‐Hull City Council 案"中同样有所呈现。③ 这个案件涉及一名遭遇不公正解雇，并因此声称蒙受屈辱、感情伤害和痛苦的雇员主张非金钱损害赔偿。该案要解决的关键问题涉及对英国 1996 年《就业权利法案》（the UK Employment Rights Act 1996）第 123 条第 1 款的解释，该条规定："赔偿金额应为法庭在考虑到原告因被解雇而遭受损失后，在所有情况下所认为的公正和公平的金额"。为了确定原告是否应该既得到金钱损失的赔偿，又得到心理创伤的赔偿，必须确定"损失"一词的范围。雇员辩称，根据该法案所有相关章节的脉络并与之相融贯的角度来解释该条款，就可以使其获得狭义

---

① Scarlet Extended SA v. Sabam 2012 ECLI：EU；C；2011；771.
** 互联网服务提供商（Internet Service Provider，简称 ISP），即向广大用户综合提供互联网接入业务、信息业务、和增值业务的电信运营商。在互联网应用服务产业链"设备供应商——基础网络运营商——内容收集者和生产者——业务提供者——用户"中，ISP 处于内容收集者、生产者以及业务提供者的位置。——译者注
③ Neil MacCormick，*Rhetoric and the Rule of Law*，Oxford University Press，2005.（麦考密克对该案进行了全面而细致的分析，该书中译本参见［英］麦考密克：《修辞与法治：一种法律推理理论》，程朝阳，孙光宁译，程朝阳校，北京大学出版社 2014 年版，第 169–185 页。——译者注）

金钱损失以外的损失赔偿。而雇主辩称,英国现行法律的相关章节只允许赔偿金钱损失,这一解释符合"损失"一词的日常意义。

五、法律解释中的论证型式

从论辩的视角来看,解释性陈述——即,某一立法表达应当以某种方式得到解释的主张——是能够得到论证支持的主张。这些论证可以受到其他论证的攻击,反过来,后者也可能成为进一步攻击的对象。例如,意大利法律多年来一直在逐步扩大可依据民法进行赔偿的损失种类。争论的出发点是"可赔偿损失(indemnifiable loss)的概念只涵盖金钱损失"的既有看法,因为这通常是日常语言和法律传统中"损失"的意义。一个反论证[①]认为:立基于身体完整和健康是《意大利宪法》中某些条款规定的权利,那么非金钱"损失"(如,永久性的身体损伤,如残疾或毁容,不影响一个人通过工作赚取收入的能力)也应该得到赔偿,可直接在法院强制执行。该反论证得到了意大利司法部门的认可,尽管有人提出异议,认为承认针对非金钱损失的赔偿会导致诉讼、保费的增加,等等。而后反论证又遭受了反—反论证的攻击,后者一方面认为实现宪法价值应当是一个普遍关注的问题,另一方面也认为可以通过界定精确的规范化标准(standardized criteria)来计算非金钱损失的赔偿数额,从而减少非金钱损害赔偿所带来的不便。

正如这个例子所展示的,解释的证成过程可能属于一个涉及论证和反论证构建的辩证过程(dialectical process)。这一过程的结果是一个论证和反论证的架构,这一架构作为一个整体支持解释性主张。[②]

在下文中,我们将介绍几位不同时期(1980年、1991年和2018年)的重要法律理论家——乔瓦尼·塔雷洛、尼尔·麦考密克和罗伯特·萨默斯以及杰克·巴尔金——针对不同文化背景(意大利、全球比较美国宪法)所提供的三个论证类型清单(我们称为"论证型式")。*

(一)立法者意图

麦考密克所谓的"诉诸立法者意图"[③]在解释性推理中起着重要作用。然而,这一理念存在争议,它可以通过不同方式进行理解。

[①] 在论辩语境之下,正方的论证称为 argument,而反方的称为 counterargument,当然这里的(counter)argument 都是相对于论辩的对手来说的。——译者注

[②] 我们将在第六章提供一种精确的分析。

* 1.6.1、1.6.2 与 1.6.3 分别是这三位法律理论家的论证清单,因篇幅所限,故略去。具体可参见 Tarello, Giovanni. 1980. *L'Interpretazione della Legge*. Milano, Italy:Giuffrè. Chapter 8. 也可参见 Neil MacCormick & Robert Summers, Interpreting Statutes:A Comparative Study, Dartmouth, 1991. 以及参见 Jack M. Balkin, *Arguing about the constitution:The topics in constitutional interpretation*, Constitutional Commentary, Vol. 33:145,pp. 181 – 183 (2018)。——译者注

[③] Neil MacCormick, *Rhetoric and the Rule of Law*, Oxford University Press, 2005.

首先，我们需要区分有助于立法机关个别成员选择的私人的、有时是非法的目标（例如，通过对某些个人或公司有利举措来换取财政资助）和这些成员旨在通过其选择而实现的社会目标。只有第二种目标可以视作作为公共机构的立法者之意图。

其次，我们需要区分立法者所追求的目标（goals）和立法者为了实现这些目标而意图规定的手段（means）。可能发生的情况是，一项规定只有在赋予它不同于立法者意图的意义时，才会实现立法者的目标。例如，只有当对所引入的一项新税条款其进行不同于立法者明显意图的适用，这一条款才可能发挥效果，以此对抗立法者未曾考虑的逃税方式。

最后，我们需要区分那些立法者事实上追求的社会目标和应当追求的目标。前者依据政治意识形态和公众善之愿景，后者则依据法律原则、宪法要求和共同的政治道德标准。

上述三个议题促成了以下两种意图的区分：颁布某一条文时，历史上的立法者所具有的经验意图与能够被归为理想的或理性的立法者所具有的意图。真实的立法者意图与理想的立法者意图之区分是复杂的，因为可归为理想的立法者的意图也取决于解释者对下述议题的看法：（1）实现立法者目标的最有效率的途径；（2）依据宪法要求和政治道德，立法者应当或不应当追求的目标；以及（3）政治道德和宪法要求在多大程度上应凌驾于立法者的偏好之上。这一问题在上述有关移民获得居留权的案件中表现得很明显，在这一案件中，法官根据他对可适用的宪法原则的观点，拒绝充当意大利立法者的代理人。

据麦考密克的观察，支持基于立法者意图解释的论证往往具有跨类别的性质；[1] 它们倾向于涵盖所有解释型式，因为语言、系统或目的论—评价考量均可支持将意图归于立法者（参见第6章）。例如，我们假定立法者在制定条文时，已经恰当地使用了日常语言来表达其意图。在这种情况下，对于符合日常语言的条文的解释也将充分把握立法者的意图。类似地，如果我们假定立法者在制定条文时有能力意识到它将如何与其他法律条款和原则相适应，那么与这些条文和原则最为融贯的解释将最符合立法者的意图。

（二）解释性论证的比较标准

正如卡尔·卢埃林（Karl Llewellin）的著名观察，不同的法律解释准则可能适用于同一条款，并导致相反的结果。[2] 这种情况下，需当要在可供选择的解释结果中作出选择。例如，在上述"Dunnachie案"中，需要在日常语言论证的结果与目的论论证的结果之间进行选择。依前者，"损失"可能被解释为"金钱损失"，依后者，"损失"一词也可能被解释为包括非金钱伤害的类别。

当解释性论证出现冲突时，需要决定的问题是：哪种论证应占主导地位。法律可能为处理这类冲突提供一些一般的标准，尽管这些标准往往不能提供决定性线索。阿列克西和

---

[1] Neil MacCormick, *Rhetoric and the Rule of Law*, Oxford University Press, 2005.

[2] Karl Llewellyn, Remarks on the theory of appellate decision and the rules or canons about how statutes are to be construed, *Vanderbilt Law Review*, Vol. 3: 395, pp. 395–406 (1950).

德莱尔（Dreier）① 所引用的标准如下：（1）在刑法中，日常意义论证优先于专门意义论证；（2）在刑法中，基于立法者意图的通用论证（generic argument）优先于基于非权威的论证，但不优先于语言论证。类似地，我们可以认为，有关宪法原则的考量在涉及基本权利之处最有价值，而与有关立法意图或目的考量在涉及经济或社会政策之处最有价值。

有两种进路来处理解释性论证之间的冲突，并解决由于缺乏对如何裁决这类冲突的决定性指示而导致的法律不确定性。

第一种是比较乐观的进路。其认为所有的不确定性都是由这一事实造成的：解释的强度是语境依赖的，而且确实与每一基本原理适用于所思考的情况的程度有关。例如，我们可能会同意，法律文本中的日常语言意义越明确、尊重人们的预期越重要（如在对犯罪的定义中），那么基于日常语言的论证往往强度越大。因此，即使不能在所有情形中抽象地确定哪一应当胜出，也可能在任一特定语境中就某一为何应当胜出建立合理论证。

第二种是不那么乐观的，却更符合法律理论中的现实传统的进路。其认为每当法律不能为解释的冲突给出清楚的答案时，就没有共同或合理的方式来处理问题：处理问题的方式仰赖于基于伦理或政治偏好的司法裁量权或司法良知。

（三）解释规准的基本原理

解释性论证型式具有两重性质：

一方面，它们可能仅仅被视为法律推理的惯例，即某一法律体系（参与法律传统和文化）的实在组成部分（positive components），其确定了何者通常为该体系中的相关论证。在这一视角下，解释性论证型式无需证成；在法律体系中，使用它们的正当性仅在于这一事实——它们是法律体系的一部分，因此，它们的使用的确得到该法律体系的惯例或"语法"的授权。② 依此进路，无法对当前在法律推理中所使用的这些型式提出法律上相关的批评。因此，如果在某一司法体制下采用一种原旨主义解释进路，那么这将是该司法体制当下所使用的语法或语言游戏的一部分，并且无法从法律视角对其进行批判性处理。

另一方面，解释型式可能被视为实现法律确定的合适方式，我们可以根据使用这些型式所获得结果，相对于所涉的法律和社会价值，对其进行评估。在这一方面，批判的、全面的、解释性的论证型式及其相对重要性既可能得到理由的支持，也可能遭致批评，而这些理由和批评可能与它们的法律使用有关。解释型式会因指向有利结果的基本原理而得到支持，也会因不利结果而遭遇辩驳。前者源于解释型式在有利语境中的运用，后者源于解释型式在不利语境中的运用。

---

① Robert Alexy & Ralf Dreier, *Statutory interpretation in the Federal Republic of Germany*, in Neil MacCormick & Robert Summers eds., Interpreting Statutes：A Comparative Study, Dartmouth, 1991, pp. 95 – 98.

② 关于这一理念，参见 Dennis Patterson, *Law and Truth*, Oxford University Press, 1996。

后一种进路是由沃尔顿和沙托尔①提出的,他们认为,为了确定对话中是否应当采用一种论证型式,对话的一方可以考虑:

(1) 一方在何种程度上采用该型式才可能得出适当认知或实际结论;(2) 该型式能够在何种程度上促进对话中该方的目标;以及 (3) 该型式能够在何种程度上促进对话本身和嵌入其中的实践所蕴含的目标(和价值)。

以上所列论证型式确实能够提供关于法律过程与法律体系运作的恰当的基本原理。例如,日常语言可以得到以下考量的支持:法律确定性(基于立法文本的日常语言,公民倾向于对法律规则的适用和执行形成预期)、权力分立(尊重日常语言会限制司法裁量权以及司法权滥用)、形式平等性(日常语言的普遍性可能会阻碍特殊解释)等等(对日常语言重要性的考量)②。日常语言论证也可以得到尊重立法意图的基本原理的支持,只要在一定程度上假定立法者谨慎地使用日常语言来表达其意图。

类似地,融贯性论证可以得到以下考量的支持:基于不同法律规范的预期、(公民、行政官员和法官)遵守和适用这些规范的行为不应相互干涉,而应以协同的方式进行运作。

在法律推理中,对推论型式的依赖经常受到批评。例如,美国法中一直存在着对不同类型原旨主义的优劣之争,而在大陆法系中,先例应在多大程度上得到遵循的争论仍在继续。在这两场争论中,与法律确定性和限制司法自由裁量权相关的理由,与支持创新、实验和适应新的情境和价值的理由是对立的。

当考虑使用某些论证型式的优点时,我们应当考虑到,法律论证可能被正确或不正确地使用,它们可能适用于某一特定语境而不适用于其他语境。特别是,当考虑到那些应该使用论证型式的推理者的制度性角色、权限和资源时,我们需要考虑的是,他们否具有正确运用论证型式的认知能力。例如,有人可能认为,法官的解释不应立基于具有争议的道德评价或复杂的经济评估,因为他们既没有资源,也没有进行这种评估的合法性。③

在评价共有的论证型式时,我们必须要考虑到,论证中的协调(coordination)本身就可以是一种价值,即一个适当的论辩惯例可以提供坚持该惯例的理由,即使该惯例相对于其他可能的惯例来说并不是最佳的。因此,相较于没有论证型式,只要法律汇编(legal repertoire)中有一种论证型式,且无法向一个更好的论证型式的平稳过渡,那么这种额外的论证型式得到普遍采用这一事实就可以支持其持续采用,④ 这可以解释为什么在法律推

---

① Douglas Walton & Giovanni Sartor, *Teleological justification of argumentation schemes*, Argumentation, Vol. 27: 111, pp. 111 – 142 (2013).

② 参见 Beccaria, Cesare. 1764. *Dei Delitti e delle Pene. Livorno.* Livorno, Italy: Coltellini. Chapter 4。

③ 参见 Cass Sunstein & Adrian Vermeule, Interpretation and institutions, *Michigan Law Review*, Vol. 101: 885, pp. 885 – 951 (2003)。

④ 参见 Douglas Walton & Giovanni Sartor, *Teleological justification of argumentation schemes*, Argumentation, Vol. 27: 111, pp. 111 – 142 (2013)。

理中论证型式的使用既表现出了惯习性（conventionality），又表现出了路径依赖性（path dependency）。一旦建立了某种推理型式，那么我们不仅可以便捷地独立使用它，而且它的普遍使用有助于形塑互动、支持对话、提供相互认同与稳定性。

（编辑：侯竣泰）

怀疑论与法律解释

[美] 纳迪尔·内森[*]著　龙敏[**]译

摘　要　一些疑难案件的判决难免产生争议与分歧，其根源在于对法律或判例解释的差异。在涉及法律解释的争议时，人们很容易扮演怀疑论者的角色。德沃金等反怀疑论者认为，任何法律解释之外的外部怀疑论与法律解释争议的解决无关。本文作者对外部怀疑论无用性的观点提出反驳，认为这种立场错误地否认了对法律解释框架的外部挑战的重要性，忽略了怀疑论的力量，不能充分应对怀疑论的挑战。反怀疑论者不能因为外部事实在逻辑上与法律解释的客观性无关，就否认外部事实对法律解释的重要性。人们需要一种激进的批判对整个实践提出质疑，以及为任何行为或观点提供根本的理性支持。如果法律解释未能显示出满足广泛的外部统一标准的任何迹象，那么谈论解释方法论就是徒劳的，必须能够证明它满足一些广泛的理性可接受性标准。从批判性法律研究到法律现实主义和行为主义等背后的论点需要予以重新审视。法律解释需要一个完整的理论，法律解释与社会科学及自然科学之间的关系和可能的相互依赖必须得到阐明。

关键词　法律解释　内部解释　外部解释　内部怀疑论　外部怀疑论

有时候，资深且理性的法律工作者对案件应当如何判决会产生分歧。更重要的是，有时他们甚至在完全同意案件的所有事实、法律条文以及已有的司法判决之后，也依然对案件应当如何判决产生分歧。对于这些样的分歧，我们应当如何去理解呢？争议的主要根源似乎在于法律工作者对法规或判例的解释之间的差异。这些解释上的差异是否可以得到合理的解决？这些分歧与争议是真实存在的，还是可以通过争议各方在基本概念上的差异来解释或

---

[*]　纳迪尔·内森（NADIEL O. NATHAN），德克萨斯理工大学教授。本文中的摘要与关键词系译者在翻译过程中根据文章内容予以添加。

[**]　龙敏，女，江西吉安人，华东政法大学助理研究员，研究方向为刑法基础理论、法律方法论。

解决这一问题？简言之，在这类疑难的法律案件中，是否能够得到正确的答案？最近出现了一组重要的论据，即疑难案件确实存在正确的答案。这种分歧，即反映在解释理论上的分歧是真实存在的，并且原则上也是可以得到合理解决的。① 但是有许多理由认为，在这种情况下，人们可能对于理性解决这一问题的前景并不那么乐观。即使人们一般不会对法律判决持怀疑态度，但当涉及对法律的深层解释性争议时，也很容易扮演怀疑论者的角色。

在针对怀疑论者所提出的争论中，一个特别引人注目的论点指出，我们所熟知的对广泛事物都持怀疑态度的那类人所提出的质疑与正确解释这一问题并无关联。这一观点出现在罗纳德·德沃金（Ronald Dworkin）的《法律帝国》（Law's Empire）一书中，同时在德沃金著作的其他地方以及其他与政治哲学相关的语境下也显而易见。② 该观点的核心主张是，任何（在某种意义上可以解释的）法律解释之外的怀疑论，都与法律解释争议的解决无关。一旦驳斥了这种所谓的"外部怀疑论"，该论点就将自己局限于"内部"领域，并继续使用解释性（"内部"）论点本身来消除对法律解释的所有剩余怀疑。但这是第一步，也就是将外部怀疑论视为无关紧要的一步，这是本文的重点。我想辩驳的是，这种反对怀疑论者的立场，既忽略了怀疑论的力量，也使在法律解释中建立一种理性的、直观的目标面临风险。

一、内部解释与外部解释

虽然有很多结果都是取决于内部解释与外部解释的差异，但在一些文献中，内部解释与外部解释的区别并不是完全清楚的。尽管如此，正如法哲学中的许多其他重要论点一样，人们可以在 H. L. A. 哈特的《法律概念》中以某种更为清晰的形式看出其根源。哈特在这里既讨论了他所说的规则的"内在"方面，也讨论了与之相对应的关于社会规则的内在观点。哈特认为，一个社会规则的内在方面的意义就在于它对行为的约束力，肯定了社会规则内在方面作为判断标准的地位。他将此与由符合规则的一般行为模式组成的社会规则外在方面进行对比。事实上，规则的内在方面在很大程度上不同于单纯的行为习惯、外部可观察到的行为模式和对社会规则的服从。对规则内部层面的认识，既包括将其作为一个由社会群体内部的所有成员共同遵循的标准，也体现在其规范术语的使用和对规则的符合性要求上。③ 对此，作为不同的观点，哈特认为："……人们都能关注到规则，要么作为并不接受规则的旁观者，要么作为接受并以其作为行为准则的社会成员。我们可以分别

---

① 罗纳德·德沃金在其以下文献中提出了这些论点：Law's Empire（Cambridge：Harvard University Press，1986）；Natural Law Revisited，University of Florida Law Review，1982，34：165 – 188；A Matter of Principle （Cambridge：Harvard University Press，1985），特别是其中的论文五、论文六和论文七；以及 Taking Rights Seriously （Cambridge：Harvard University Press，1977），特别是论文四和附录。

② 参见罗纳德·德沃金的如下文献：Law's Empire（Cambridge：Harvard University Press，1986）；Natural Law Revisited，University of Florida Law Review，1982，34：165 – 188；A Matter of Principle（Cambridge：Harvard University Press，1985），特别是其中的论文五、论文六和论文七；以及 Taking Rights Seriously （Cambridge：Harvard University Press，1977），特别是论文四和附录。

③ H. L. A. Hart，The Concept of Law，Oxford：Clarendon Press，1961，pp. 55 – 56.

将其称为'外部的'和'内部的观点。"① 他后来还指出,那些持内部观点的人"不仅是记录和预测符合规则的行为,更是将规则作为评价自己和他人行为的标准……"而那些持外部观点的人只会"以普通的或'科学的'、事实陈述或预测性话语"进行分析。②

在这样一种观点截然不同的模式上,可以(与德沃金一起)将"内部法律怀疑论"描述为从解释自身内部的角度,即基于对其基本解释规则和词汇的接受和使用的角度,质疑在疑难案件中正确解释的可能性。内部法律怀疑论者接受解释性规则,但认为这些规则并不会导致特定案件或某类案件的任何结论或解释。因此,文学批评中一个相对"内在"的怀疑论者可能会基于对卡夫卡《变形记》的一系列可能同样合理但前后矛盾的解释来质疑正确解读该作品的可能性。

在这种情况下,怀疑论者会得出结论,任何可能的阅读都不可能完全符合文学批评实践的公认标准。一种更广泛的内部文学怀疑论可能会在一般的解释基础上质疑像弗洛伊德对文学的解释那样的整体实践。无论在何种情况下,其本质特征都是内部怀疑论者假定了可以称为"一般解释性态度"的东西,这可以理解为牢记解释实践本身所特有的原则和前提。③ 在这种方式下,德沃金将内部怀疑论者界定为认为所有解决方案都失败的人,因为它们都同样无法满足解释实践本身所建立的标准。④

另一方面,德沃金的外部怀疑论不需要挑战任何解释性主张,也不需要接受任何解释性原则。这种观点当然不会从发现任何具体的解释性主张开始。相反,其出发点是对解释性原则本身提出一种特殊的挑战。与直接参与解释不同,这种怀疑论者是只从哈特所谓的外部观点,即"普通或'科学'、事实陈述或预测话语的角度"质疑解释。现在,从这个外部视角来看,怀疑论者引用了一些关于价值获得依赖于文化或阶级背景的事实,可能会否认任何真实事物的存在来构成解释过程所预设的道德、社会和审美价值。基于价值主张不像物理学那样是可测试或可验证的这一信念,持怀疑态度的观点认为价值是投射在现实中的,而不是在现实中发现的。如此,同样适用于解释者所寻求的结果意义:它们被读者嫁接到一个可塑的、或许是无限可塑的文本上。用他自己的术语来说,外部怀疑论者可能

---

① H. L. A. Hart, *The Concept of Law*, Oxford: Clarendon Press, 1961, pp. 86 – 88.

② H. L. A. Hart, *The Concept of Law*, Oxford: Clarendon Press, 1961, p. 96. 哈特继续利用这种区别来拒绝某些类型的规则怀疑论,这些怀疑论也可以被称为"外部的"怀疑论,因为它们是从外部角度产生的。他似乎声称,规则的内在因素不仅决定了它的可接受性,也决定了它的合理性。(p. 106) 有人可能会说,在这样做的时候,他很容易受到我将在这里对德沃金提出的反驳,即他不适当地忽视了理性论证的问题。约瑟夫·霍洛维茨(Joseph Horovitz) 在《法律与逻辑》(New York: Springer Verlag, 1972; p. 176) 中提出了这样的反驳,尽管我认为这对哈特的法律实证主义来说可能比对德沃金的理论来说更不成问题。

③ 在所有这一切中,我必须撇开核心问题,即哪些原则(以及为什么是这一组原则而不是另一组原则)应被理解为解释实践的特征。也许是假定实践者会简单地知道这个问题的答案,德沃金并没有对解释行为的原则、假设或词汇给出一般性的解释。在具体谈到文学或法律解释时,他也没有直接描述它们的要素。不幸的是,人们可能会假设"最坏的情况":界定解释观点的内容因每个读者而异,以至于读者认为是基本的,则任何原则和预设都是基本的。关于任意性的这些问题将在下文讨论。

④ Cf. Ronald Dworkin, *Law's Empire*, Cambridge: Harvard University Press, 1986, pp. 78 – 79.

会否认除了解释过程本身之外,作为宇宙"结构"一部分的美学价值或意义的存在。德沃金将这种观点称为"外部的",既因为它涉及一个超解释性的空间,也因为这种怀疑论似乎没有触及批评的真实实践,所以它仍然是"游离的"。①

一些外部怀疑论者认为法律解释只不过是一种发明,并希望以此得出这样的结论:正确的解释性答案是不可能存在的。或者对于更激进的怀疑论者来说,他们认为无论是在疑难还是简单的案件中,既不存在客观的标准,也不可能有理性的判决。这种质疑行为本质上是否认了人们所认为的事实与真正的事实之间、观点与真理之间、信念与知识之间存在一种现实主义的区别。显然,德沃金希望在法律解释中保持理性决议的可能性和法律解释的客观性。问题在于,要做到这一点,是否需要反驳(驳斥)外部的怀疑论。

德沃金对这个问题的回答是"不"。他声称,外部怀疑论者实际上不会对他的立场构成威胁,因此,即使外部怀疑论者的形而上学立场是正确的,在疑难案件中仍然是可以有正确答案的,对理论争议也可以理性地解决。为了进一步表明他的观点,德沃金说,他不需要外部怀疑论者所怀疑的形而上学基础,而是需要一种"非个人化"所主张的客观性。从这个意义上说,客观的观点只是他所说的对每个人都适用的观点,而个仅仅是"对有特定信仰、关系、需要或兴趣的人"的观点。② 这里的基本思想似乎是将客观性与一种被广泛接受意义上的普遍性联系起来,这样也就可以说,每个法律解释者都应该承认疑难案件都是可以解释的。客观性的语言强调并且限定了可解释性观点的内容,就像在谈论冰激凌口味的偏好时味觉报告被删除了一样。

相反,内部怀疑论是否会威胁到正确解释(或者,就这一点而言,正确的道德或美学价值观)的问题将完全取决于怀疑论者能够收集的解释性论点的强度。因此,内部怀疑论者局限于以解释性(或道德或美学)的论据来建立其对解释(或道德或美学)的怀疑观点。由此,这很大程度上取决于所谓的外部怀疑论的无用性。如果外部怀疑论确实是无用的,那么哲学家所要做的就是回应对其道德立场真实性作出道德反对的观点,对其美学观点正确性的美学反对的观点,以及对其法律解释准确性的法律解释性反对的观点。③

二、外部怀疑论

正如德沃金所说,外部怀疑论"不是解释内部的立场,而是关于解释的立场"。④ 这

---

① Cf. Ronald Dworkin, *Law's Empire*, Cambridge: Harvard University Press, 1986, p. 80. 这一描述似乎适用于斯坦利·菲什这样的怀疑论者,他错误地继续过分强调在宇宙结构中独立存在的业务,提供了一种属于下文讨论的一般形而上学怀疑论范畴的观点。See Fish, "Working on the Chain Gang: Interpretation in Law and Literature", 60 *Texas Law Review* 373 (1982), and "Wrong Again", 62 *Texas Law Review* 299 (1983).

② Ronald Dworkin, *Law's Empire*, Cambridge: Harvard University Press, 1986, p. 81.

③ 德沃金接着说,还没有提出好的内部论据来表明在疑难的案件中不可能有正确的答案,后来当他更直接地处理法律解释时,他提出并拒绝了一些内部怀疑的尝试。(See Ronald Dworkin, *Law's Empire*, Cambridge: Harvard University Press, 1986, pp. 266 – 274.) 但是,在完全确定外部怀疑论确实像德沃金所说的那样无能为力之前,考虑反对内部怀疑论的论点还为时过早。

④ Ronald Dworkin, *Law's Empire*, Cambridge: Harvard University Press, 1986, p. 176.

是否因为外部解释与解释行为（行为）并不相关？我认为，关于外部怀疑论无关紧要的广泛断言是有问题的，至少在一定程度上是有问题的，因为有几个截然不同的立场似乎符合外部怀疑论的条件。①

当一个人专注于否认解释价值和解释对象的存在时，则会被引入到外部怀疑论的特定情境。在这个情境中，外部怀疑论者对独立于思想的解释和价值观的存在提出了质疑。当然，阐明"独立于思想"的相关含义将进一步区分关于独立于感知、思想或偏好等实体存在的怀疑论。就目前来说，探索这些由进一步的规范产生的不同的怀疑构想并不是必须的，尽管这样做可能很有趣。把这种一般类型的外部怀疑论者的概念具体化，要么否认所有外部形而上学现实，要么仅仅拒绝解释和价值观的独立形而上学现实，这并不重要。无论其他种类的事物是否以及哪些是从现实的形而上学领域中被驱逐出来的，第一种外部怀疑论（简称 ESo）的关键是它所预设的本体论：它将自己置于德沃金所认为的客观的解释实体从形而上学的现实中排除出来的基础上。因此：

（ESo）我们无法证明解释性和评价性判断是正确的，因为在他们所提到的"意义"和价值中，并不符合所有独立于思想的客观事实。

应当注意到，将潜在的本体论主张与关于客观性的主张联系起来似乎十分自然。这种联系可能大致如下：由于形而上学现实主义在两种"事物"的现实之间呈现出一种尖锐且直接的区别，即独立于思想的和依赖于思想的，并且因为在许多人看来，前者在某种意义上似乎比后者更不易变和更具稳定性。这种模式提出了一种相应的且直接的方法来区分案件的事实真相和法律真相，区分事实和观点、知识和信仰。如此，所谓真相的概念将是另一个熟悉的相似的概念，即一个陈述当且仅当它对应某个独立于思想的事实时才是真实的。在否认来自这种外部怀疑论者的任何质疑时，挑战在于阐明基本的认识论区别，而不以这种关于解释和价值的形而上学现实主义为先决条件。②

当然，有一个非常值得尊敬的哲学传统，至少可以追溯到康德，它为否定 ESo 与德沃金这样的观点的相关性提供了潜在的支持。因为长期以来，哲学界对形而上学现实主义的整个概念及其对客观真实的影响一直存在怀疑，而且，很明显，我们不必局限于狭隘的（尽管是熟悉的）真理符合论，因此，可能没有必要在这里进一步演练这些策略。只需说，存在着一些看似合理且受人尊重的客观性概念，但这些概念并不依赖于这种独立于思想的事实之概念。

如果德沃金所断言的所有内容确实是形而上学的现实主义可能是错误的，并且解释性判断仍然是合理的，那么他的主张就没有什么可反驳的。然而，尽管这种主张可能是真的，

---

① 在不同的地方，德沃金也否认了外部怀疑论的真实性，通常是通过驳斥传统上被赋予的论点（比如争议中的论点）。同样，我不能在这里讨论这些论点，但我认为，从我在本文中的论点来看，我认为这样的策略是更可取的。

② 在其理论的更大范围内，德沃金旨在将司法意见的事实主张建立在适当性和政治/道德价值的理想组合上，这一抽象的标准原则上可以提供一种好与坏、正确与错误的法律解释的区分方法。

但它并没有给法律解释带来更广泛的外部挑战。还有一种更大的"外部"含义,仍然与德沃金所描述的外部怀疑论的本质相当一致,这就产生了关于法律解释的更为困难的问题。

德沃金本人还暗示了另一种外部怀疑论,他认为在这种怀疑论中,怀疑论者将科学中的理性可接受性标准视为法庭上的理性可接受性的标准。在这样一种观点下,由于道德主张与物理学主张的证明方式不同,而且道德主张并不涉及疑难事实,它们根本不涉及任何事实,因此道德主张无法承认客观事实的决定性。也许这看起来与 ESo 的区别还不够明显,不易受到之前策略的影响。但在这里,尽管有"事实"和"疑难事实"的说法,但没有必要诉诸形而上学。事实证明,对德沃金来说,"疑难事实"包括物理学和社会科学上的事实。这里的问题可以转化为讨论理性可接受性的外部标准,甚至也可以转化为外部"事实"(外部确认的事实)。这种更广泛形式的外部怀疑论(ESm)提出了方法论问题,而不是本体论问题,因此可以描述为:

(ESm)我们无法证明解释性和评估性判断是合理的,因为它们不能通过外部方法进行检验,即无法通过某种特定判断的实践之外的理性方法进行检验。

然后,我们应该理解所谓的"外部"在这里是指所关注的特定实践的外部,但不一定是所有意向性(如人类的欲望、信仰和目标)的外部,也不一定是所有人类实践、观点,甚至所有其他评价观点的外部。① 从"脱离"的意义上说,观点将是外部的:可以脱离法律解释,但并不是说任何关于宇宙"结构"的形而上学观点都是外部的。在这种更广泛的现实概念下,将有空间在特定的实践中发展出一种真理的连贯性理论,这种理论或者在其他一些或大或小的实践子集中定义真理。

这种不同类型的外部怀疑论旨在包括第一种形式没有涉及的重要怀疑立场。例如,想象一种道德怀疑论,相当于否认道德价值观最终在理性上是站得住脚的。人们可能会将其与 ESo 下的道德怀疑论进行对比,即否认存在我们所谓的"道德价值"一词所指的任何形而上学实体的存在。否认道德主张的合理性的怀疑论者(也许是因为关于人类或社会的某些事实可能表明道德与理性方法论的可能性不相容)根本不需要在本体论问题上采取任何立场。我将试图证明,如果这种外部的解释性或评价性怀疑论找到了任何根据,它将直接削弱像德沃金这样的解释性项目的合理性。②

---

① 因此,就连道德和美学的观点也会是外在的,与心理学、人类学、物理学等社会科学和自然科学的观点相结合。

② 考虑到道德(政治)价值观在解释中的中心地位,特别是德沃金所考虑的那种"建设性"解释,人们可以马上意识到这一说法的合理性。对于德沃金的建设性解释请参见《法律帝国》,特别是第 52 – 53 页和第 90 页。(see Ronald Dworkin, *Law's Empire*, Cambridge: Harvard University Press, 1986, esp. pp. 52 – 53, and 90)关于政治中立的解释性立场不可能的具体提及(虽然这一点在整个过程中都很清楚),参见他对赫拉克勒斯(Hercules)对其批评者之一的回复的讨论。(see Ronald Dworkin, *Law's Empire*, Cambridge: Harvard University Press, 1986, pp. 259 – 260)德沃金也承认与其他种类的信仰有着广泛的外部联系,从意识形态到形而上学(see e. g., Ronald Dworkin, *Law's Empire*, Cambridge: Harvard University Press, p. 101),但如果怀疑论者在这些相关领域是正确的,他似乎忽略了潜在的影响。

即使从最初的说明中,我们也可以看到,ESm 与解释的相关性问题不能像 ESo 的相应问题那样轻易地被驳斥。这里有两点值得注意:首先,从法律实践中获得的信息必须而且确实会影响法律解释的实践。也就是说,法律解释的内部实践从根本上依赖于物理学、心理学和其他自然科学和社会科学领域所建立的对宇宙的事实描述。因果关系和历史描述不仅影响具体案件的事实认定,而且对人性的广泛描述也影响着一般的法律、政治和道德理论。显然,从表面上看,人性理论的变化应该引起道德理论的相应变化。法律理论和道德理论一样,必须对人性的"外部"事实作出反应,因为这些事实在一定程度上被心理探究的最佳光芒所照亮,因此我们必须推断出,某些外部批评至少在这方面与解释项目有关。① 例如,罗尔斯的建构主义(在同样否定任何形而上学独立的价值领域的假设的情形下,德沃金也许是一个典范)明确地依赖于道德实践之外的事实。对罗尔斯来说,这些外部事实起到了约束人们在原有立场上可以做出选择的作用。建构者们利用他们关于人类一般事实的知识提出正义原则。② 然而,就其本身而言,外部事实对解释的重要性尚未证明某种形式的外部怀疑论也具有相关性。为了建立联系,有必要研究特定的怀疑论论题。

其次,在法律解释之外的领域,理性可接受性的基础(既包括现有的方法标准,也包括关于如何以及何时扩大或限制这些标准的严格性和适用性的决定)当然应该与解释和评估事项的合理性认定相关联。从根本上说,我希望表明,就法律解释的目的而言,就像对许多其他人类事业一样,必须仍然能够从存在于实践框架之外的实质性方面的合理性的角

---

① 法律解释对道德理论的依赖既是直接的,也是间接的,而道德理论本身也依赖于这些事实。

② Cf. John Rawls, *A Theory of Justice*, Cambridge: Harvard University Press, 1971, Part Three, and "Kantian Constructivism in Moral Theory", *The Journal of Philosophy* (1980), pp. 564 – 572. 这里需要注意一下。罗尔斯特别否认基本立场以人性理论为前提,尽管他承认关于人类的一般事实必须在基本立场的讨论中发挥作用。(See "Justice as Fairness: Political Not Metaphysical", *Philosophy and Public Affairs* (1985), pp. 534 – 535.)实际上,至少在一个层面上隐含地假设了关于人类的心理事实:由建构者们为了确保所选择的原则的实用性(即考虑正义概念的稳定性),以及在识别初级商品时,双方假定的商品是他们所代表的人所需要的;而且,虽然不那么直接,但心理事实是在人格概念中假设的,罗尔斯从人格概念中产生了他关于建构的主体本身是自由和平等的概念。在第一个层面上,罗尔斯纲领必然预设的关于人的事实包括人能够基于合理和理性的理由修改和改变目标。(See John Rawls, "Kantian Constructivism in Moral Theory", *The Journal of Philosophy*, vol. 77, no. 9, pp. 521 – 522; "Justice as Fairness: Political Not Metaphysical", *Philosophy and Public Affairs*, p. 239; and John Rawls, "Social Unity and Primary Goods", *Utilitarianism and Beyond*, Cambridge: Cambridge University Press, 1982, p. 167)在另一个层面上,规范性的概念,即在将建构者本身描述为代表自由和平等的人时起作用的人,"实际上是一个政治概念,考虑到正义的目的是公平,是一个公民的概念",因此,他说,与"自然科学或社会理论对人性的描述"不同。(John Rawls, "Justice as Fairness: Political Not Metaphysical", *Philosophy and Public Affairs* 14 〈1985〉, p. 232, n. 15)而且,它必须从我们更普通的人性论开始,正如罗尔斯所承认的,人性论部分是由社会和自然科学的发现形成的。因此,举例来说,人们首先必须有可能认为自己(和他人)对善有概念,认为自己是负责任的和自由的。罗尔斯不那么抽象地指出,他在基本的善与道德人格力量的关系中,预设了"关于人的欲求和能力的各种一般事实,它们的特征阶段和对自然的需求,社会独立关系等"。(John Rawls, "Social Unity and Primary Goods", *Utilitarianism and Beyond*, Cambridge: Cambridge University Press, 1982, p. 166)基本的善必须至少与这样的社会事实相容,而基本的善的确定,用罗尔斯的话来说,"需要对社会生活的一般情况和要求的了解"。(Ronald Dworkin, *Law's Empire*, Cambridge: Harvard University Press, 1986, p. 167)因此,罗尔斯的观点并不是否认社会事实的关联性,而是坚持特定的人格化政治理念将在一定程度上决定其中哪些事实与正义原则的基础有关。本文考虑的部分原因是德沃金需要做出类似的适当让步。

度来质疑一整套实践的合理性。显然，将注意力限制在严格的内部批评上，只会引出太多有利于任何框架合理性的问题。

（1）怀疑论者首先可能会试图证明，疑难案件的法律判决事实能够表明，如果疑难案件中给出理由是虚假的，那被视为"判断"的东西最终就只是个人反应而已。一些外部事实是否能说明这一点？首先，很明显道德怀疑论的真相会起到这种作用；根据德沃金的观点，法律判断取决于道德判断的合理性。支持一种解释而排斥其他解释的前提是某些形式的道德相对主义是不真实的。如果是这样的话，我们同样必须认真审视任何外部怀疑论者的断言，即解释性判断"仅仅是主观的"判断，就像冰激凌的口味判断一样，我们既不期望也不承认客观的、理性的理由。在这里，为了支持他的观点，怀疑论者可能会利用某些心理事实来破坏理性和客观解释的可能性。① 事实上，关于司法判决的假设性发现可以显示出司法判决与普遍认为是"主观"的判决之间的重要相似之处，这在一定意义上会损害德沃金的反怀疑论。根据经验发现的相似之处可以用来作为类比论证的基础，旨在表明法律判决确实是主观的。这样做的重要性在于，像 ESm 这样基础更广泛的外部怀疑论至少可以为反怀疑研究设置新的障碍。这将表明，不能因为在逻辑上与正确答案的可能性或法律解释的客观性无关，而将相当广泛的法外事实排除在外。这怎么可能呢？

关于对食物味道的判断，我们知道的一点是气味受体的存在与否在食物偏好中起着至关重要的作用。例如，研究表明，只有大约一半的人能闻到化学物质雄烯酮（存在于雄性猪的唾液、人类腋下汗液和松露中），这一群体进一步被分为两类：一类人觉得它令人讨厌，另一类人觉得它令人愉快。对松露的偏好仅仅取决于雄烯酮气味受体的存在和性质，这一观点有一定的合理性。如果这种偏好如此确定，是否会破坏关于松露味道的分歧的真实性？不一定。然而，对其原因的解释却不至于显得相当复杂。首先，考虑到一个方面，有些事实的发现确实表明一些关于松露的分歧不是真实的。从某种意义上说，要求缺乏相关受体的人应该发现松露是令人愉快或不愉快的（他可能只是发现自己对它们漠不关心），或者对于有受体的人，让喜欢松露的人不去接受它或让不喜欢松露的人去接受它都是不合适的。当被理解为对体验本身的判断时，这些关于松露的判断似乎直接导致一个问题，即其中正确性仅与一个人的气味感受器的拥有和特性有关，因此，各群体之间关于松露的争论不会是真实的。另一方面，人们仍然可以坚持认为松露被正确地描述为无味或有味（然后是味道好坏），令人遗憾的是，很大一部分人对松露的味道是不敏感的，就像人们可能会坚持认为 x 是绿色的，尽管色盲的人看不到 x 的绿色。这样的断言是否合乎逻辑取决于如何证实它。可以想象的是，人们可以试图通过先为这里所说的合格观察者的标准争辩来为自己的主张打下基础。在这种情况下，这一标准可能基于某种原则，即一个人的辨别能

---

① 这应该不足为奇。如果所有人在宪法上都无能为力，比如说，无法对他们除了自己的短期自身利益之外的任何事情采取行动，那么可能对罗尔斯的建构产生怀疑的影响。

力越强，他就越合格。但在松露的例子中，辨别能力的判断并不能完全接受这一论点，因为事实证明，那些经历过不愉快感觉的人和那些经历过愉快感觉的人，作为辨别者的地位是相同的。每个争议方都有相关的气味受体，每个人都能很好地区分是否存在雄烯酮。（就本例而言，我假设其他辨别能力不会进一步区分这两个群体。）因此，即使有人可以根据这些理由将具有雄烯酮受体的人列为更好的判断者，但仍有一个悬而未决的问题，即给松露贴上令人满意的标签的正确性，这一结果对于我们的目的来说更有趣。

关键是，为了进一步区分本案中的裁判者，人们必须建立一个额外的标准来判断什么是合格的观察员。松露案例强调需要一个单独的标准，因为正如我们所见，简单而标准的应试者根本不行。辨别能力不足以表明两个群体之间的差异，而且同样显而易见的是，在这种情况下，大多数人的呼吁也不能提供任何帮助。

现在想象一下，在疑难案件中，司法判决也有类似的发现。假设，关于麦克劳林（McLoughlin）案的案情，① 律师关于合理解释的意见与律师是否存在某些看似无关的、偶然的生理特征之间存在对应关系，因此，如果律师具有某种生理机能，他会判断麦克劳林夫人应该得到精神损害赔偿，如果他有另一种生理机能，他会判断她不应该得到赔偿。在这里，怀疑论者会指出，现在味觉辨别力和法律解释之间存在着多层对应关系。疑难案件中的解释性意见首先存在着严重的分歧，分歧的深度实际上对疑难案件是具有决定性的，而多数主义的考虑似乎既无用又不合时宜。有鉴于此，必须强调相关的一点，即任何合格或正常的法官的标准本身都需要证明。我们对谁是这里的适当观察者也存在分歧，就像松露案所反映的一样，不仅没有多数或歧视性的理由（其中任何一个理由的重要性都会引起争议），也没有对这种理由的普遍需要，而且还反映了所涉分歧的根本性质。对于松露品尝者来说，没有进一步的数据可供他们收集，他们直接且不假思索地进行判断，正如人们在感觉器官发挥如此重要作用的情况下所期望的那样。同样，怀疑论者可能会继续提出，在司法案件中没有进一步的数据需要收集；即使我们不是在处理直接使用感觉器官的问题，但在掌握了事实之后，法官也会立即跳出事实来做出判断。之所以如此，是因为，即使期望法官为他们的判决给出理由，但定义一个疑难案件的是，即使在显然充分考虑了相同的综合考虑因素之后，两名法官也会做出相反的判决。与颜色感知不同，无论是松露还是疑难案件，都没有任何无可争议的资格标准或感知"正常性"来确定只有一个答案是正确的。最后，为了挽救客观标准的希望，似乎最迫切需要特别解释的是味觉中的生理差异。同样，鉴于有关法律判决生理学的想象性发现，对生理和解释性"正常"标准的新需求也将出现。

至少可以说，人们还可以根据老年人味觉感知的变化（嗅觉感受器的功能减弱会降低

---

① 英国 McLoughlin v. O'Brian 案（1983），涉及车祸后精神伤害赔偿金的判决。这是一个典型的疑难案例，在《法律帝国》中进行了详细讨论。See Ronald Dworkin, *Law's Empire*, Cambridge：Harvard University Press, 1986, esp. pp. 23 - 29, 240 - 250, 258 - 259, 268 - 271。

老年人的味觉能力）或不同文化之间的味觉差异，对味觉做出怀疑（或极端相对论）的解释。① 虽然辨别能力的价值可能会被援引来回应一位以衰老为例的味觉怀疑论者，但更难看到如何回应关于味觉基本文化差异的断言。已经清楚地表明，背景环境因素在个人对食物的好坏口味的判断中起着重要的作用，如何确定几种不同的教养方式中哪一种在口味方面具有先天优势尚不清楚。（法国人的口味比中国人的口味好吗？）这些问题不仅仅是因为存在分歧的事实而提出的，更是由表明分歧背后的不同概念基础的社会历史事实提出的。环境因素影响的证据似乎使得对具有不同背景的个人的品味进行客观评判的目标显得更加遥远，也许遥远到不可能，因此它引起了对这种分歧真实性的怀疑。以这种方式"加深"分歧的另一个后果是，即使有合理的理由在味觉之间进行选择，即在不同和不相容的味觉判断之间进行选择，也会发现这种争论根本上是外在的。② 与法律判决的相似之处显而易见。

提出这一问题的另一种方式是指出，如果社会心理研究表明选择性味觉是一种后天习得的特质，那么人们必须立即面对为什么一个人要获得这种特质的问题。这同样需要对这种获得的价值进行某种外部论证。在缺乏获得这种特质的独立理由，或其与观察者正常状态或资格的联系的情况下，人们只剩下一个循环的说法，即鉴于法国人对调味料等的假设法国人的口味更好，在中国的标准下中国人的口味更好，等等。③ 如果人们设想进一步的实证发现，即味觉判断是严格特殊的，那么反怀疑论的计划最终将变得更加复杂。

这些考虑所引发的问题可能会使客观裁决的目标看起来很愚蠢。这当然正是怀疑论者的观点。为了证明认真对待食品口味判断的彻底客观性这一目标的合理性，必须讲述一个实质性的情况，说明在口味方面制定正确标准的性质和重要性，这些标准跨越了文化障碍，超越了人与人之间生理差异的影响。像这样的正确标准似乎既不太可能实现，又给人一种不舒服的矫揉造作的感觉。这表明，在某些味觉争议中，与人的判断的因果基础有关的生物学事实，或关于他们判断的起源和社会原因的历史事实，可能会导致对此类争议真实性的质疑。这并不是说这些外部事实本身就足以证明人们对口味上的分歧持怀疑态度，而是说这些事实确实给那些声称可以有客观的、理性的理由说某个判断是错误的人带来了新的负担。在所有这一切中，分歧的深度、个体差异的深度似乎很重要。客观主义者不仅需要展示一种解决公开分歧的方法，而且这种方法还必须对发现与冲突观点相对应的进一步的生物学或历史事实有一定的意义。反怀疑论者必须通过表明法律解释与其他更明显客观的项目足够相似来证明法律解释不同于纯粹的主观解释。这体现了疑难案件解释和使用

---

① 后者开始更接近于人们对法律解释持怀疑态度的各种理由。

② 应该指出的是，人们可以提出关于味觉判断的这些问题，而不否认品味够进行一些客观的改进，或者某些人确实比其他人更敏感，或者味觉可以在有限的范围内被扩大，或者说厨师通常都是经过成功训练而拥有更好的"鼻子"的。我们必须小心地认识到，其他每一种事实（都指向客观的、非个人的应用的一个限定领域）都是相容的，就像这里的品味一样，原则上仍然无法解决广泛的分歧。

③ 还有更多关于循环性和外部批评与内部批评的问题参见本部分的第二点，见下文。

更普遍接受的标准来确定真假的学科之间的表面差异。更准确地说，它需要证明标准（至少类似于这些其他学科的基本方法标准）也非常适合法律解释。与其他更具争议性的客观问题相比，又带来了第二组 ESm 下可能存在的怀疑问题。

（2）迄今为止，我以假设的社会学或心理生理学发现为例，试图证明解释行为可能会面临来自外部怀疑者的问题。这一点是要表明，正如德沃金希望我们相信的那样，我们不能仅仅排除这种与解释的客观性无关的外部挑战。另一方面，考虑到我所说的"理性可接受性的外部标准"会产生一种不同的、更令人生畏的关于解释的怀疑论。这个对 ESm 的第二个也是更核心的解释对法律推理的合法性有着更为直接的影响。

我们首先必须再次尝试尽可能弄清楚对外部怀疑论的否定意味着什么。很明显，对德沃金来说，法律解释被视为一种独特的行为（或"框架"，或"实践"，或"范畴"；对于他能想到的东西，有各种可能的标签），可以与美学或文学解释行为，甚至科学行为相媲美。然后，每一种实践都被理解为由它自己的词汇、推理规则、解释模式、预设层次和逻辑承诺来定义；所有这些都是通过实践中的用法正式或非正式地反映出来的。我们的怀疑论者是微不足道的，因为他站在相关的解释行为之外，只是重新描述了我们在实践时所做的事情。他置身于实践之外，不接受实践规则（为内部批评提供标准），并以这种方式将自己排除在对实践本身的任何合法影响和评估之外。①

这种反怀疑论立场的结果是，它限制了对实践的激进批评。外部批评家似乎被定义为越界，而内部批评家则理所当然地被认为其解释态度具有合理性。② 让谁来质疑实践本身的价值？在提出"全球"内部怀疑论者的模型时，德沃金坚持认为，激进的批评仍然是可能的，只要它确实与实践作斗争，同时只使用实践提供的武器。所以道德怀疑论只能依靠道德论据来论证，审美怀疑论只能依靠审美论证。这些限制是模糊的，在我看来，仍然让人怀疑是否有可能进行一次重大的激进批评。然而，为了克服这种模糊性，更具体地说，为了说明一种激进的批评，德沃金给了我们一个关于礼貌的全球怀疑立场的例子。一位内部批评家审视所有传统的礼貌行为，并基于对可能嵌入在礼貌实践中的社会价值的普遍态度，认为所有在该头脑下进行的实践都应该被抛弃。③ 我认为，礼貌的社会价值很可能存在于更广泛的礼仪实践中，或者更可能存在于尚不成熟的外部的道德实践中。

如前所述，批评家的立场模棱两可。他是否站在实践之外，并以一种独立的社会价值标准来判断，也许是由他的道德决定的。在这种情况下，批评是有道理的，但违反了必须保持在实践内部的限制。或者批评家是从内部看待礼貌的缺陷吗？但随后，他不得不得出

---

① 以这种方式谈论实践会带来许多困难，其中一些问题的解决对于德沃金所提观点的成功至关重要，但德沃金没有合理地解决这些问题。它们对我的批评也是至关重要的，虽然我也不能在这里充分考虑它们，但我不能不列举其中的一些。它们包括如何个性化实践以及不同的实践如何相互关联的一般问题。在这里，我确实考虑了一些关于实践认知的其他问题，即实践的认知地位及其相对首要性问题，尽管只是简单地和间接地予以考虑。

② Ronald Dworkin, *Law's Empire*, Cambridge：Harvard University Press, 1986, p.78.

③ Ronald Dworkin, *Law's Empire*, Cambridge：Harvard University Press, 1986, p.79.

这样的结论，不是说礼貌本身应该"从根本上"消除，而是说当前的做法不符合礼貌的标准，必须用一套不同的做法来代替。（还有一种可能性是，这种做法可能是严格的自我反驳；但即使是认真对待自我反驳，也需要接受一种独立的非矛盾价值观，并因此借鉴外部标准。）也许人们可以采取中间立场，并暗示这里的礼貌是根据礼节而不是道德的标准来判断的，因此，由于礼仪和礼貌之间的联系非常密切，认为前者是后者的外在因素是愚蠢的。但是，如果这样解释，就不再清楚这是否是一个足够激进的批评的例证。相反，它似乎只是传统社会实践（礼仪）中的一点内部清洁，并没有说明对设定标准的更大规模的社会实践的严重和全面的质疑，也没有就此质疑标准本身。

为了让足够激进的批评成为可能，必须有空间提出关于整个实践的理性可接受性的问题；它必须能够与广泛的理性标准相抗衡。这些标准在其他人类实践中找到了自己的归宿，事实上，在其他一些领域中它们更自在，从这个意义上说，它们是外部标准。重要的是，它们不仅是共享的，而且从根本上被它们在其他实践中的使用所启发，并且可能充其量只是对所考虑的解释实践未必正确的应用。假设其他情况只会引起关于解释方法论的问题。（例如，考虑一下适用于普通审美判断的一致性标准。）显然，这些标准的根本重要性体现在这样一个事实上，即这些标准的使用可以分为两种情况：一是人们需要一种激进的批判，这种批判用于对整个实践提出质疑或导致完全不同的实践；二是它们还被需要为任何行为或观点提供根本的理性支持。因此，例如，如果法律解释未能显示出满足广泛的外部统一标准的任何迹象，那么谈论解释方法论肯定是徒劳的。而且，另一方面，为了证明某种观点不仅仅是特设的，我们必须能够证明它满足一些广泛的理性可接受性标准。在没有这些外部批判能力的情况下，像法律解释这样可能值得尊敬的框架就会被赋予与唯心论一样的认识论地位：两者都不受外部批评的影响，但两者显然都是具有特定性的。

正如大多数人（包括德沃金）可能会说的那样，法律解释实践应该接受这种外部方法的一些测试，这是基于某种类型的外部怀疑论（ESm）是错误的立场。这并不是说它无关紧要。人们现在可能会回应说，我所说的"外部"的理性标准是内部解释的，理性标准根本不是法律解释实践的外部因素，因此 ESm 毕竟不是外部怀疑论的一个版本。因此，否认 ESm 并不是否认外部怀疑论，而后者（现在可能仅限于 ESo 或其变体）仍然是无关紧要的。然后呢？这样的回应会有几个问题。首先，正如前文所述，将这些标准重新标记为"内部"存在的一个问题是，理性可接受性的核心标准在某些其他实践中似乎更加自如，并且似乎有法律解释之外的来源。一个相关的问题是，从解释实践内部的角度来看，有争议的正是这些标准是否可以而且应该适用；因此，很难将它们的应用理解为实践本身所施加的限制。相反，人们强烈倾向于将解释实践中相互矛盾的方法论标准解读为需要某种独立（且更优越）的视角来在它们之间进行裁决。因此，标准的多样性给解释本身带来了问题。但是，最后，即使实践中公认的原则以一种声音说话，我认为这些原则的真实性在一定程度上取决于它们与某些关于人性和宇宙的外部事实以及基本逻辑原则的兼容性。至少，前面的讨论表明，内部和外部的区别还不够明确，不足以在为某种法律解释辩护时发挥如此关键的辩论作用。

因此，ESm的任何一个方面，即关注外部事实或外部标准，原则上都可以证明在疑难案件中不可能存在真正的分歧。第一个方面（基于在解释原则中反映出来的心理生理特质或社会历史差异）表明，解释性争议反映了争议方之间在概念框架上的非理性差异。因此，深层次的争论只会被证明是表面的，而不是真实的。ESm的第二个方面，通过排除适用更广泛的理性可接受性标准的可能性，将使理性解决解释性分歧成为不可能。为了充分应对怀疑论的挑战，一个充分的解释理论必须兼顾到我们讨论过的两个方面，而德沃金没有完成这项任务。德沃金对一系列广泛的论点进行了简要的驳斥，认为这些论点是外部的，因此是不相关的，而我的观点是，从批判性法律研究[1]到法律现实主义和行为主义等背后的论点，现在可能需要从一个更广泛的视角予以重新审视。

三、还原论

在本文的前面，我们讨论了一些关于疑难案件司法判决的假设性科学发现。或许可以认为，这些假设的发现为还原论的行动奠定了基础，这种行动将在疑难案件中用对司法判决的因果分析取代正当性。暂时忽略这种发现的可能性，考虑一下还原论者的主张可能会如何进行：证明解释的正当性这个观念是一个误导性的假想之物。含蓄地使用理论来支持某些司法判决（无论该理论是基于文本的、意图主义的、历史决定论的、马克思主义的，还是德沃金的"法律整体性思想"），只会分散我们对主观甚至逻辑任意的注意力。我们最好放弃所有旨在为证明特定决策或建立决策相关规则的广泛背景理论辩护的努力。这是因为实际情况是，解释过程本身相当于主观地（即非客观地或观察者中立地）在解释对象、文本、案例、艺术品等上发明或强加一层意思。相反，我们应该做的是用个体对解释性刺激的反应的心理生理学研究来代替这种解释性论证。对先例、宪法或立宪者意图中的理由进行解释性的讨论，最好被"主审法官早餐吃了什么"的考虑所取代。

或者说，也许一些批判性法律研究（CLS）的支持者可能会考虑重新提出他们对正当理由可能性的怀疑，试图以此作为一种还原的尝试。尽管批判性法律研究（CLS）的支持者倾向于反对还原论的努力，尤其是那些针对上述某种确定性还原的努力。[2] 人们可以将他们普遍的怀疑论攻击理解为两个阶段，第一阶段是将司法判决还原为主观意识部分的策略。那么在还原论模型上，法官的判决将基于主观意识形态因素的约束，以理性审议的名义自行发挥作用。第二阶段是继续表明主观意识的背景是不可支撑的。

人们应该如何认真地对待还原论？一方面，在重申内部观点的"不可触碰性"时，德

---

[1] Cf. Ronald Dworkin, *Law's Empire*, Cambridge: Harvard University Press, 1986, pp. 271-274.

[2] Cf. D. M. Trubek, "Where the Action Is: Critical Legal Studies and Empiricism", *Stanford Law Review*. 1984, 36: 575-622.

沃金式的回应似乎是现成的和似是而非的：法官在自身背景下独立地考虑这个疑难案件。当然，建议他通过询问自己的社会历史背景或心理构成来确定他将做出什么决定，这是十分荒谬的。同样荒谬的是，他寻找自己决策的前因，然后只是看着因果过程本身显露出来。相反，法官在他的审议过程中应该认真对待这个问题，"我应该决定什么？"那是一个与因果解释的问题截然不同的问题，即"我的背景会让我做出什么决定，它将如何决定？"

法官的问题，"我应该如何决定？"是抵制一般外部怀疑论的核心，更具体地说，是抵制任何还原论行动的核心。同时，诉诸法官的内部问题可能只是掩盖了根本问题，原因有两个。首先，法官认为他在做什么和他真正在做什么并不一定是一回事。一个占卜板的读者可能会认为他受到精神的指引，当他的手在棋盘上移动时，他正在了解未来。他甚至可能会担心要如何将双手放在适当的位置，也许是为了恰当地"让灵魂通过它们工作"。同时，对他正在做的事情的正确描述可能是，当他无意识地在整个棋盘上引导标记时，表达了他对未来的某些愿望。其次，怀疑论者似乎独自面对的核心问题是，在疑难案件中，是否有任何法律"应该"在起作用。如果有人能把外部怀疑论者在司法判决和单纯的口味判断之间完类比，那么司法判决的"应该"将与"我今天应该吃新鲜桃子还是双巧克力？"中的用词一样，不会引起更多的共鸣。假定法官应当作出何种决定的问题，从法律上讲，是一个明智的问题，只是假定设了一个对基本问题的答案。因为，如果怀疑论者关于疑难案件中的法律裁决缺乏任何理性基础的断言是正确的，那么，对该判决采取何种适当的司法或解释方法这个问题确实是开放的。也就是说，解释者可以从法律框架转向更为严格的道德框架，或者审慎的、审美的框架，或者转向单纯的内省，甚至是一些明显随意的程序，比如掷硬币。

尽管如此，对于司法中"应该"的呼吁与关注没有得到充分回应的说法并不能完全证明有利于还原论。一个诚实的还原论者仍然必须认真对待并解释理性人类对待疑难案件司法裁决的方式与对待冰激凌口味的方式之间的差异。我们不能简单地忽视这样一个事实，即通过援引判例和解释来给出判决理由的过程似乎很自然，并且对我们来说是有意义的，而在涉及冰激凌偏好时，没有人认为理由是有意义的。这引出了反对还原论的另一道防线，它基于这样一种主张，即即使有行为主义者的说法，人们也不会选择放弃给出理由的"幻想"。

在《怀疑论与自然主义》一书中，P. F. 斯特劳森驳斥了关于外部世界和其他思想信仰的怀疑论，他认为任何真正脱离这些信仰的可能性都不可能存在。他引用休谟和维特根斯坦的话指出，这些信仰根本不值得质疑，因为它们"超出了我们的批判或理性能力，在这个意义上，它们定义或有助于定义我们能力所在的领域……运用这种专业怀疑的正确方法不是试图用论争反驳它，而是指出它是无用的、不真实的、伪装的……"[①] 这种性质

---

① P. F. Strawson, *Skepticism and Naturalism: Some Varieties*, New York: Columbia University Press, 1985, p. 19.

的争论有助于反对法律怀疑论者吗？如果我们对疑难案件中司法决策的某种解释模式有一种依恋，即在此类案件中追踪正确答案的"解释态度"，与我们对外部世界和其他思想的信仰的依恋一样强烈，那么我们就可以像唯我论一样，给予解释怀疑论和还原论同样的支持。但是，这两种依恋似乎根本无法比较。解释性态度不是定义理性能力本身的场所，而是站在一个更具争议性的边界上。

尽管如此，斯特劳森所捍卫的另外两个观点——人类感知和道德态度的观点——显然与法律解释的情形有着更接近的类比。斯特劳森在那些情形中对还原论的反驳可能对如何处理解释问题具有启发意义。下面是斯特劳森在这些情形下反对还原论的大致路线。关于人类感知的标准，还原论的立场是现象属性是虚幻的，物理对象仅具有物理科学所能识别的属性。这相当于否认现象属性的归属具有真理价值。关于道德的类似的还原论可能被描述为，主张不存在与人类行为和性格有关的道德属性，只有自然科学和社会科学词汇所指定的属性。如果正确的话，这种观点将意味着道德评价的术语缺乏认知意义。在一个微妙而吸引人的论点中，斯特劳森拒绝了这两种简化的立场，转而支持他所谓的"相对化举措"，这与德沃金的内部－外部策略相似。斯特劳森主张将这些案例中的真理相对化到立场上，这样，现象属性的归因是正确的还错误的，取决于人类的感性立场，而从物理科学的角度来看，对物理属性的限制是正确的。在道德归因方面，这种相对化的举动也是类似的。斯特劳森认为，在这些案件中，没有更好的观点可以在对立的观点之间做出裁决，而且它们也不需要被理解为最终的矛盾（就像我们没有发现通过显微镜观察头发的外观与肉眼观察头发的外观相矛盾一样）。

德沃金在《原则问题》中说："对于任何实践而言，'独立性'和'现实性'是什么问题，是实践的一个内在的问题。因此道德判断是否客观，这本身就是一个解释问题。"[1]这听起来好像他非常愿意为法律解释提出类似的理由。如果我在这一点上是对的，那么他在"为任何实践"提出这样的主张时就太离谱了。但是，他的主张甚至可以作为法律解释吗？在我看来，斯特劳森论点的核心在于他相当合理的主张，即"完全放弃那些个人的和道德的反应态度根本不是我们的天性，而那些道德判断、赞扬或谴责被还原论者宣称是非理性的"。[2]他试图在这两种情况下，以及在前面提到的信仰外部世界的情况下，建立一种承认"人类不可避免"（他的术语）以及这些特定的替代立场的形而上学的可接受性的论点。如果是这样的话，那么关于法律解释的中肯性问题就可以归结为解释态度是否以及在什么意义上是"不可避免的"。

我不打算深入评估这种从怀疑者手中拯救法律解释的策略的有用性。实践法学家可能不会认真对待任何可能的还原论形式。然而，对于适用于法律解释的"相对化举措"，

---

[1] Ronald Dworkin, *Law's Empire*, Cambridge: Harvard University Press, 1986, p. 174.
[2] P. F. Strawson, *Skepticism and Naturalism: Some Varieties*, New York: Columbia University Press, 1985, p. 41.

仍然存在一些令人深感不满的地方。我怀疑，这种不满在于诉诸除了最明确的、根本的和不可避免的观点之外的所有行动。在某些特别重要的意义上，解释性态度也许可以说是"可选的"，我们可以合理地、尽管不是特别情愿地放弃这种态度。它与斯特劳森所讨论的任何框架都没有必然性或根本性关系。本文的其他部分也指出了在这种情况下，相对化的举动显得如此不愉快的其他一些原因：接受它既会不受欢迎地提升令人难以置信的观点的可信度，也会使理性基础的最基本标准沦落为纯粹的狭隘主义。

四、结论

正如我们所看到的，德沃金反驳了某些怀疑论的攻击，他认为一种不遵守解释规则本身的怀疑论对法律解释的实践没有威胁。我在这里试图辩称，反驳所谓的外部怀疑观点在某些方面是有问题的。作为对某些外部怀疑论表现的回应，它错误地否认了对法律解释框架的外部挑战的重要性，并且在这种否认中，还破坏了将理性解释提升到不受狭隘相对主义反驳的机会。

这让反怀疑论者何去何从？对于这里提出的更广泛类型的怀疑论，应该以何种方式进行反驳？有一点似乎是可以肯定的：我们不能以我们现在只需要面对内部问题这样的回应来抹杀这一问题。另一方面，显然也不需要对解释实体的形而上学现实进行传统的辩护。相反，可能需要的是对制度本身的彻底论证，不是一个孤立的论点，而是一个完整的理论。为了证明解释能够应对外部挑战，我们必须阐明并捍卫这一点的重要性，即赋予解释与其科学选择同等的地位。解释与社会科学和自然科学之间的关系和可能的相互依存关系必须得到阐明。我们必须向还原论者表明，解释性态度提供的替代模式值得关注。也许人们可以通过先表明人类法律因其与人类利益的联系而被证明是正当的，然后再接着说明疑难案件中特定的法律解释模式如何与这种正当的法律概念相关联来完成这些项目。这样的努力对于包括德沃金在内的法律理论家来说并不陌生。如果对法律的根本理解就在于它的观点，并且如果这一点被证明具有重要意义，那么随之而来的是相关解释模型的正当性的证明。这里可能没有捷径。

（编辑：杨知文）

目的解释的理论基础

[以色列] 阿哈龙·巴拉克[*]著　潘璐[**]译

摘　要　面对法律解释方法的位阶争议，效力条件和目的条件得以使法律解释方法的选择具有一套明确的标准。基于此，目的解释保证法律文本中蕴含的法律旨意可以最大限度地被实现。从社会学的视角，目的解释促成了相关社会因素之间的耦合，帮助呈现法律文本中特定的社会目的。从法理学的视角，目的解释将立法者真意纳入参照范围，通过前位理解的辅助来探究法律文本的核心目的。从解释学的视角、目的解释以解释者与文本之间的沟通和对话为基础，建立文本和事实之间的涵摄关系。从宪法理论的视角，目的解释重视民主制度、立法者和法官的职责、法治等合宪性控制因素。

关键词　目的解释　立法者真意　法律目的　宪法理论

一、证立解释理论的需要

（一）"创造"而非"发现"：解释合理性的范围

不存在"真正"的法律解释。[①] 文本无法确定理解它的最佳解释理论，因为唯有通过解释我们才能理解文字本身。解释并非仅是发现。它也意味着创造。问题在于何种"创造"才是最恰如其分的。

不存在"真正"的解释这一事实并不意味着每一种解释都是好的或"正确的"。经年日久，每一个法律社群都发展出了各自的法律传统和法律文化。这些发展包括创建何者是合理的，何者是不合理的解释理论。它界分了解释合理性的范围。然而，在该范围内，何

---

　　[*] 阿哈龙·巴拉克（Aharon Barak），以色列前最高法院院长。本文来源：*Purposive Interpretation in Law*, Princeton University Press, 2005, pp. 218 - 243。已获得普林斯顿大学出版社授权翻译成中文。
　　[**] 潘璐，上海人，华东政法大学刑法学博士研究生，研究方向为刑法学。
　　[①] H. Kelsen, *General Theory of Norms* 130 (M. Hartney trans., 1991).

种法律解释理论是最优的呢？是否每个解释者都能从中随意选择自认为最适合的法律解释理论？抑或由（解释者）随机确定足矣？我认为并非如此。不存在"真正"的解释，解释是社会共识的产物，与被特定社会成员认可的解释理论之间不具有等价性。解释者需要在已被广泛接受的观点中选取最恰当的解释理论。并且这一选择不能仅反映法官的主观性。我们应致力于生成恰当解释的选择标准。我们还应就恰当的解释理论给出证成。[1] 在本文，笔者尝试证立并提出一套自认为恰当的解释理论选择标准。根据这些证立和标准，我将试图说明为何目的解释论是最佳的解释理论。

（二）恰当的法律解释理论的证成：发挥法律解释的效力

恰当的法律解释理论应当满足两项条件：其一，应当能在任何情境下，从文本自身的语言含义中提取法律旨意（"效力条件"）；其二，在阐明文书法律旨意的同时，竭力达成法律解释的目的（"目的条件"）。我们首先讨论效力条件。[2] 针对效力条件，如果一套解释理论从文本中获得多种语言含义而没能确立法律旨意，那该套解释理论即为不恰当。只有当一套解释理论在解释规范性文本的同时清晰阐释文本所呈现的单一的、独特的法律旨意，才被认定为恰当。确切地说，为了满足效力条件，解释理论还需要结合自由心证。但是不必过于担心。这并不意味着自由心证是解释理论中唯一且核心的部分，仅将其视作为解释理论中不可或缺的要素之一即可。笔者认为，自由心证是所有解释理论中都无法回避的因素，原因在于如果一套解释理论能够解决呈现在解释者（效力条件）面前的所有问题——或多或少——都要依赖自由心证。

目的解释满足效力条件。不同于包括文义解释在内的其他解释理论，目的解释可以解决任何实际存在的问题。解释者有时无可避免地要运用自由心证，但是这里所称的自由心证是一种有效的——非唯一的或主要的——解释理论所包含的要素。面对所有的解释难题，法律解释理论是否能够在运用自由心证之前就给出解决方案？对此，笔者持反对意见。[3] 每一套法律解释理论——如同法律本身，都存在不确定性。自由心证有能力解决这一问题。因此，自由心证是法律解释方法中的重要因素。

（三）恰当的法律解释理论的证成：解释法律的目的

满足效力条件是必须的也是不够的。抛硬币判案就是一种满足效力条件解决法律解释问题的方法。同样的，如果解释基于匿名当事人（如法官的配偶）而做出也能满足效力条件。然而这都是不够的。不厘清解释法律的目的，就无法回答何种解释理论是最优法律解

---

[1] C. Sunstein, "Five Theses on Originalism", 19 *Harv. J. L. & Pub. Pol'y* 311 (1996).

[2] J. Wróblewsk, *The Judicial Application of Law* 108 (1992). 根据作者观点，"解释的规范理论"可以解答解释中存在的所有疑问。

[3] W. Eskridge and Frickey, *Dynamic Statutory Interpretation* (1994).

释理论这一问题。确立规范文本中的法律旨意只是法律解释的目的之一。我们应当明确的是为何要进行法律解释而非何为法律解释。解释法律的目的构建了法律解释理论本身。① 我们通常会因目的的不同而选择不同的法律解释理论进行解释，例如，解释的目的究竟是使文书符合审美意义还是体现法律文书制定者的主观意图。除此之外，一旦缺少文本以外的信息，也无法确定法律解释的目的。② 如波斯纳（Posner）所言："法律解释从来都与目的相关联，该目的并非缘起于解释本身而是因外界而产生并指导着解释过程。"③ 那么，究竟何为解释法律的目的？

（三）解释法律的目的是实现法律规范的目的价值

在某些时候，需要找到一个法律文书以外的阿基米德支点来回应前文的问题。针对该问题，笔者回应如下：解释法律的目的即是实现目标——换言之——法律的目的价值。④ 法律解释理论的功能就是在法律文本的语义中，选择最能体现文本目标的法律旨意。每一种形式的法律文本的存在——如遗嘱、合同、法规及章程——都是为了达成某一种社会目的。实现这种目标，实现这种意图，就是解释法律的最终目的。法律解释理论更适宜被视作为是达成目的的手段和途径。也可以被认为是法律实现自身价值的工具。在解释即有法律文本时，该种法律解释理论应当保证法律条文中蕴含的法律目的——术语上称为法律规范的目的价值——可以最大限度地被实现。因此法律解释理论更偏向为一种理性活动。这一点与抛硬币判案的方法大相径庭。这也是目的解释为何是最优法律解释理论的最根本原因——同时这也是笔者的核心观点。目的解释是最恰当的法律解释理论，因为它保证了法律规范目的价值的实现。无论从社会学、法理学、解释学、宪法理论的角度，都能支撑我的观点，选择合适法律解释理论的正确标准是实现法律规范的目的价值，并且目的解释满足这一标准。我将以比较的方式，从各角度出发——应证我的观点。

---

① D. Hermann, "Phenomenology, Structuralism, Hermeneutics, and Legal Study: Applications of Contemporary Continental Thought to Legal Phenomena," 36 *U. Miami L. Rev.* 379, 402 (1982).
② 文本有时也包含了对目的的申明条款。然而对这些申明条款也同样需要进行解释。
③ R. Posner, LawandLiterature209（1998 修订版）. 同样参见 A. Vermeule, "Interpretive Choice," 75 *N. Y. U. L. Rev.* 74, 82（2000）（解释者应当对法律解释的目的和目标尽了解义务）.
④ D. Brink, "Legal Theory, Legal Interpretation, and Judicial Review," 17 *Phil. and Pub. Aff.* 105, 125 (1988).

二、基于社会学视角支持适用目的解释

(一) 法律具有社会目的

法律是一种工具。① 为实现社会目的而设计生成,同时法律的这一目标也当然成了法律体系的核心。② 法律的社会目的建立了法律体系,发展了法律体系,③ 诠释了法律体系。我关注到案例中所写:"法律是一种社会工具。法律概念的创制都服务于社会目的。法律概念也被理解为是实现社会目的的手段。它展现了价值和利益冲突之间的平衡。"④ 米莎尔(Mishael Cheshin)法官也在同一案件中阐明了相似的立场:"法律的目的并非现于文本自身。它是一种可以达成与法律无关的目的的一种工具:寻求真理、伸张正义、寻求社会及经济发展。'法的实施'(Micha 7, 8)即是'通过法律伸张正义'。"

对于法律是否具有社会目的也存在不同的观点。⑤ 有观点认为法律的目的是保障公民合法权益。也有观点从功利主义理论出发,认为法律的目的是尽可能高效地实现最大限度的财富化。⑥ 还有观点着重从历史学⑦或社会学的角度进行考量。虽然每一种观点或理论都能被接受,但是没有一种观点能够囊括法律的目的。笔者采取折中主义的态度。⑧ 人类丰富的经验意味着无法将法律的社会目的局限于某一种理论。在我看来,自然主义者、实证主义者、现实主义者、新自由主义者以及拥簇历史论或社会论的学者的理论都能反映人类经验所带来的财富。各理论都暗含真理。对于这些理论笔者都加以赞同,只要我能够始终维护平衡不同世界观这一需求。就我而言,没有哪一种理论可以提供合适的解决方法。唯有借鉴其他理论,才能在各理论之间找到平衡。没有一套理论可以独善其身。笔者认同帕特森(Patterson)的观点:"我个人从哲学上对法律采取折中的态度是因为每一套理论

---

① 该观点从法的社会学视角出发。参见 R. Pound, "Mechanical Jurisprudence," 8 *Colum. L. Rev.* 605 (1908); R. Pound, "A Survey of Social Interests," 57 *Harv. L. Rev.* 1 (1943). 但该观点并不是社会学视角独有的观点。大部分法理学学者都认为法律扮演着一种角色,虽然不同法律体系对角色的定位各不相同。参见 J. Harris, *Legal Philosophies* 237 (1980); W. Friedmann, *Law in a Changing Society* (2d ed. 1972); R. Summers, *Law: Its Nature, Functions and Limits* 440 (2d ed. 1972); R. Summers, *Instrumentalism and American Legal Theory* (1982); J. Stone, *The Province and Function of Law* (1946)。

② J. Raz, The Authority of Law 163 (1979); R. Wasserstrom, The Judicial Decision 10 (1961); S. J. Burton, *An Introduction to Law and Legal Reasoning* 107 (1985)。

③ 该观点是耶林对法理学所做的突出贡献。参见 R. Jhering, *The Law as a Means to an End* (Husik trans., 1914)。

④ F. H. C. 4601/95, supra p. 159, note 36 at 826。

⑤ R. Summers, "Pragmatic Instrumentalism in Twentieth Century American Legal Thought—A Synthesis and Critique of Our Dominant General Theory about Law and Its Use," 66 *Cornell L. Rev.* 861 (1981)。

⑥ 针对功利主义法学派的争论,参见 Harris, supra p. 221, note 9 at 36. See also R. Posner, *Economic Analysis of Law* (5th ed. 1998)。

⑦ 关于法律的历史沿革,参见 Harris, supra p. 221, note 9 at 219。

⑧ 或许折中观点本身就被视作哲学发展的一部分?参见 J. Hall, "Integrative Jurisprudence," in *Interpretation of Modern Legal Philosophies: Essays in Honor of Roscoe Pound* 313 (P. Sayre ed., 1947); H. Berman, "Toward an Integrative Jurisprudence: Politics, Morality, History," 76 *Cal. L. Rev.* 779 (1988)。

都展现出多条不言自明的原理，我无法从整体上驳斥任意一套理论。①

　　法律旨在保障有井然有序的社会生活，因此法律包含秩序及安全。创制法律的初衷是为了保障公民合法权益、平等和公正，因此法律也包含公平正义和道德伦理。法律的历史演进也是寻求个人和企业之间矛盾关系的平衡，维护社会架构与保障公民合法权益之间矛盾关系平衡的路径。笔者在进行多元化的研究的过程中感受到理论界在如何看待上述目的的重要性上存在分歧。在我对容忍限度进行研究的过程中发现，如果要确定上述目的的重要性程度，必须对公众的社会观进行考察，包括大部分公众及少部分公众。容忍需有限度，方能维持有秩序的社会生活。容忍限度的设定需要运用自由心证，当然其过程受到限制。法律解释使得法律文本能够达成最佳的自我实现；② 法律解释也力图确立不同因素之间矛盾关系的平衡点，在使社会立足的同时也使公民同样达成最佳的自我实现。③

(二) 特定法律文本中的社会目的

　　法律解释并非贯穿所有的法领域。它考察特定文本中的含义。它赋予宪法规定、制定法中的章节或条文、合同、或遗嘱以含义。法律解释的目标是在法律体系的框架内，实现特定文本的目的价值。倘若法律是具有目的性的社会工具，那么在法律体系框架内的法律文本同样具有目的性。④ 遗嘱被视作为一种社会工具，使公民能够遵循自己的意愿分割财产。可见，"订立遗嘱可使公民因遗赠而转移自己对财物的所有权。"⑤ 当行为人实施订立遗嘱的行为时，他或她试图实现某一特定目的。如果不存在目的就不会有订立遗嘱的行为。行为人通过订立遗嘱来传达自己的目的，因而对遗嘱的解释也应符合相关目的。同理，合同的订立是为了寻求社会环境下的合作关系，因而对合同的解释也应符合附随的合作目的。因此可以得出结论，即恰当的解释能够积极推进合同达成目的。在对法条进行解释时亦是如此。制定法是对政策的规范性表述。法条的制定是为了实现社会目的。法条同样具有目的。⑥ 法条是在社会的不断更迭中表达社会目标的工具。不具有目的的法条就没有存在的价值。⑦ 如果法条是实现社会目的的工具，法律解释方法应该尽其所能为法条实

---

① E. Patterson, *Jurisprudence: Men and Ideas of the Law* 556, 557 (1953).
② 对于通过何种途径能够使法律实现自身目的这一命题，仍然存在争议（包括提供救济、施加刑罚以及订立行政契约），参见 H. Kelsen, "The Law as a Specific Social Technique," 9 *U. Chi. L. Rev.* 75 (1941); R. Summers, "The Technique Element in Law," 59 *Cal. L. Rev.* 733 (1971).
③ J. Kohler, "Judicial Interpretation of Enacted Law," in *Science of Legal Method* 187 (E. Bruncken and L. Register trans., 1917).
④ G. Gottlieb, *The Logic of Choice* 106 (1968); G. Hassold, "Strukturen der Gesetzesauslegung" Festschrift fur Karl Larenz 232 (1983).
⑤ G. Tedeschi, "Al Hadin Hadispositivi [On Dispositive Law]," 15 *Iyunei Mishpat* 5, 8 (1990).
⑥ Hart and Sachs, *The Legal process: Basic Problem in the Making and Application of Law* 1124 (W. Eskridge and P. Frickey eds. 1994).
⑦ Llewellyn, supra p. 172, note 102 at 400: "一条法条并不仅仅只设定了规则，不具有目的的法条没有存在的价值。"

现目的。解释应当尽可能表达出法条的目的。从社会学的视角看，法条目的性的存在就是为了使得解释能够发挥实现法条目的的功能。这一点同样用之于宪法，这一最重要的社会工具。宪法为一代又一代公民设立了对社会行为的规范性表述。但宪法与宪法之间也因目标和目的的不同而不同。①

尽管具体内容各有侧重，宪法仍是为了实现社会目的而设立的最权威的法条。学者通常对目的的具体内容提出不同观点，对目的存在与否则毫无分歧。毕竟无目的之宪法如同无影之人。对宪法的最优解释可将存在于宪法中的社会目的付诸实践。

法条都蕴含目的。佩茨尼克（Peczenik）坚定地指出"无意图或无目的的法条无法被完全理解。"② 帮助法律文本实现目的是解释的关键。不仅如此，我们应当深挖法条背后的原理和体系以确保理解法条。从某种意义上来说，我们可以认为解释一种法律文本相当于对同一领域内的所有法律文本都进行了解释。

目的解释能够完全传达法律目的及法律文本目的中涉及的相关社会考虑因素。目的解释建立在文本都具有目标和目的、并且文本都有意欲实现该目标和目的这一核心基础之上。法律的社会目的具有多样性。一段文本可能包含有多种社会目的。目的解释符合这一事实因为其理论本身就基于多样化的目的，包括横向的与纵向的。我们依赖规范文本做决定，然而目的解释指引我们通过考察立法原意与法律体系目的这一路径来确定最终的目的。

三、基于法理学视角支持适用目的解释

（一）与目的相关的哲学理论

通过对法律理论的理论性检视，法律文本的目的是在运用解释方法进行法律解释时所要考虑的关键因素。盖言之，理论界一致认可法律文本的目的也是理解文本内容的重要参考。然而，对目的的本质还是存在分歧——究竟是主观目的（立法者意图），还是客观目的（理性立法者或体系的意图），或共同说——也存在疑惑。笔者将对哲学理论进行简要论述。我不提倡这些哲学理论与本文所定义的目标或目的解释必须完全一致。笔者仅声明这些哲学理论会涉及解释理论中所包含的核心目的因素的起源。这些哲学理论为法律解释提供了扎实的理论基础——当然首先要承认法律文本的目的影响法律解释活动。其中一些哲学理论更是与法律文本目的持相同立场。

（二）美国现实主义

美国现实主义运动的开拓者反驳，"立法原意"并不是法律解释所应当运用的正确标

---

① 如迪克逊书中所写："非常坦率地说，《加拿大人权与自由宪章》是裹有目的权利法案。它的目的是在原因所限范围内，保护和保障宪章所载的权利和自由。Hunter v. Southern, Inc. [1984] 2 S. C. R. 145, 156。

② Peczenik, On *Law and Reason* 406 (1989).

准。美国现实主义者们不断地对支持以立法者主观意图作为标准的学者进行抨击,并称他们的行为如同"荒诞小说"(absurd fiction)。① 立法原意论者所提出的概念被美国现实主义者批判为是"具体的意图"(concrete intention)或"唯结果论的意图"(consequentialist intention),② 而非,"抽象的意图"(abstract intention)或目的。③ 的确,美国现实主义者在解释法律的过程中极其重视法律文本的抽象意图。④ 瑞丁(Radin)在文章中这样阐述:

运用法律的"目的"作为法律解释的方式在法律解释过程中被广泛探讨。笔者坚定地认为在进行法律解释时应当运用法律的"目的",理由并非是源于对文本目的的规范考量,而是一种原则性的必然要求。⑤

卢埃林(Llewellyn)也站在相同的立场。⑥ 根据卢埃林的观点,对制定法的解释应当遵循制定法的目的,无目的的制定法不存在价值。每一部制定法都已经被预设了目的。

(三) 实证法学

法律哲学思潮不断演变,试问实证法学是否也有其推崇的法律解释理论?⑦ 实证法学的奠基人凯尔森(Kelsen)教授对法律解释理论的选择没有偏好。凯尔森教授提出的纯粹法理论(Pure Theory of Law)⑧ 未对解释理论做立场阐述。凯尔森教授还认为法律科学应当减少自身在解释文本上的作用——如提供宏观图景——而是将这些交由法律政策决定。⑨ 根据凯尔森教授的观点,法律文本的不确定性(unbestimmtheit)不可避免,因为在概括性的法律文本中,语言始终是简洁的。因而,解释者在探析法律文本的含义时若缺乏法理概念的指引,便只能在一定范围内运用自由心证。解释者在法律文本提供的框架内填充定义时,不受法理的约束。

H. L. A. 哈特(Hart)教授对凯尔森教授的主张进行了延续性思考,哈特教授提出在

---

① M. Radin, "Statutory Interpretation," 43 *Harv. L. Rev.* 863, 870 (1930).
② 关于"具体的意图"和"唯结果论的意图"的概念,参见本书第 126 页。
③ 参见, e. g., J. Frank, "Words and Music: Some Remarks on Statutory Interpretation," 47 *Colum. L. Rev.* 1259 (1947). 对该文献的评论,参见 K. Greenawalt, "Variation on Some Themes of a 'Disporting Gazelle' and His Friend: Statutory Interpretation As Seen by Jerome Frank and Felix Frankfurter," 100 *Colum. L. Rev.* 176 (2000).
④ 参见 W. D. Popkin, Statutes in Court 145 (1991).
⑤ M Radin, "A Short Way with Statutes," 56 *Harv. L. Rev.* 388, 400 (1942).
⑥ Llewellyn, supra p. 172, note 102 at 400. 同样参见 J. Breen, "Statutory Interpretation and the Lessons of Llewellyn," 33 *Loy. L. A. L. Rev.* 263 (2000)(卢埃林坚信法律文本的语义和针对文本的解释都是裹有思想上的目的性)。
⑦ 针对实证法学的讨论,参见 B. Bix, Jurisprudence 31 (2d ed. 1999).
⑧ H. Kelsen, *Pure Theory of Law* 348 (Knight trans., 1967)(1934).
⑨ S. Paulson, "Kelsen on Legal Interpretation," 10 *Leg. Stud.* 136 (1990); C. Luzzati, "Discretion and 'Indeterminacy' in Kelsen's Theory of Legal Interpretation," in *Hans Kelsen's Legal Theory: A Diachronic Point of View* 123 (L. Gianformaggio ed., 1990); P. Chiassoni, "Legal Science and Legal Interpretation in the Pure Theory of Law," in *Hans Kelsen's Legal Theory* 63 (L. Gianformaggio ed. 1990).

特定文本（开放文本）中概念具有不确定性并且解释者需要运用自由心证。但是，哈特教授认为并非所有的法律文本都具有不确定性，也并非所有的法律文本都需要解释者在解释过程中运用自由心证。哈特教授将法律文本区分为"开放"文本以及"半开放"文本以求对应前述提出的不同情形。对于"半开放性"文本，要求解释者按照立法者的真意进行解释，[1] 同时解决价值与原则之间的冲突。哈特教授以'公园内禁止车辆通行"（no vehicles in the park）这一经典例子[2]作为支撑自己观点的论据。根据他的观点，有的事实明确包括在禁止令的范围内。但是，从禁制令包含的目的和价值看也涵盖了不确定的事实。[3] 面对批评者[4]——哈特教授在后续论述中强调——文本决定"核心"事实。[5] 但是，哈特教授并未继续对法律解释的理论展开论述。[6] 尽管文本目的反映了立法者的主观意图，但哈特教授没有对文本目的进行讨论。在哈特教授的研究基础上，拉兹（Raz）教授聚焦于主观意图，[7] 拉兹教授提出应当按照立法者的真意对文本进行解释。不过，拉兹教授对立法者的真意的界定非常狭义，即不能超出拟定文本应有意图之范围。马摩尔（Marmor）从更实用的角度对立法者真意作出诠释，但是也局限地认为立法者的真意只与立法者的专业知识相关;[8] 除此以外，马摩尔还认为法律体系中的常识性概念应当被接纳，而无需再套用哲学理论。拉兹教授和马摩尔教授两者都在狭义范围内讨论立法者的真意，除了成文法本身之外，不再过多探讨其他因素。[9]

（四）程序法学

美国法律中的程序法学思潮的发展主要集中于 1950 年至 1960 年之间。亨利·哈特（Henry Hart）教授及艾尔伯特·萨克斯（Albert Sacks）教授皆为程序法学思潮的先驱。[10]

---

[1] H. L. A Hart, *The Concept of Law* 124（2s. ed. 1994）.

[2] P. Schlag, "No Vehicles in the Park," 23 *Seattle U. L. Rev.* 381（1999）.

[3] Hart, The Concept of Law at 127, 129, 204; H. L. A. Hart, "Positivism and the Separation of Law and Morals," 71 *Harv. L. Rev.* 593（1958）.

[4] L. Fuller, "Positivism and Fidelity to Law—A Reply to Professor Hart," 71 *Harv. L. Rev.* 630（1958）.

[5] H. L. A. Hart, *Essays in Jurisprudence and Philosophy* 8（1983）.

[6] 麦考密克的观点与哈特相似。参见 D. N. MacCormick, *Legal Reasoning and Legal Theory* 202（1978）; D. N. MacCormick and O. Weinberger, *An Institutional Theory of Law* 201（1986）; D. N. MacCormick, "On 'Open Texture' in Law," in *Controversies about Law's Ontology* 72（P. Amselek and D. N. MacCormick ed. 1991）。

[7] J. Raz, "Intention in Interpretation," in *The Autonomy of Law*: *Essays on Legal Positivism* 249（R. P. Georg ed. 1996）。

[8] A. Marmor, "Kavanat Hamichokek Visamchut Hachok [Legislative Intent and Statutory Authority]," 16 Iyunei Mishpat 593（1991）; A. Marmor, *Interpretation and Legal Theory*（1992）.

[9] 关于拉兹的成文法解释理论，参见 J. Raz, "On the Authority and Interpretation of Constitutions: Some Preliminaries," in L. Alexander（ed.）, *Constitutionalism*: *Philosophical Foundations* 152（1998）。

[10] H. Hart and A. Sachs, *The Legal Process*: *Basic Problems in the Making and application of Law* 1374（1994）. 富勒教授对程序法学的发展也颇具贡献。参见 L. Fuller, *The Law in Quest of Itself*（1940）; L. Fuller, "The Case of the Spelunceun Explorers," 62 *Harv. L. Rev.* 616（1949）; L. Fuller, "The Forms and Limits of Adjudication," 92 *Harv. L. Rev.* 353（1978）。

引领不少参与程序法学发展的学者关注法律解释，特别是针对实体法的解释。通过法律的制定是为了实现社会目的这一逻辑起点，[1] 哈特教授和萨克斯教授赞同法律解释应当遵循法律的目的。法律解释这一过程的存在是为了赋予文本涵义，并非为了传达立法机关具体的或唯结果的意图。在对制定法进行解释时，法官必须参照立法目的赋文本予涵义。[2] 根据哈特教授和萨克斯教授所设的定义——他们称为是不容辩驳的——立法是一种带有目的性的活动。颁布制定法便是为了实现社会目的。无目的的立法与法律的概念相违背："每一条立法应当被视为是一种带有目的性的活动。离开目的的立法既不符合法律的基本概念也无法被采纳。"[3] 更详细的阐述如下：

法律是一种带有目的性的活动，始终为解决社会基本问题而做出坚持不懈的努力……法律的创设是为未来做准备。但凡理智之士都不会为未来制定无意义的法律条款。在对非制定法的具体涵义的查明上，无论难度有多大、达成一致的可能性有多小，但始终不能抛弃一个前提：即使是非制定法，它的存在也有一定的目的意义和价值。

单凭法律文本还远远不够清晰。法律文本需要借助目的来阐明。哈特和萨克斯教授认识到确立目的的复杂情形，一条立法很可能蕴含多种目的。从哈特和萨克斯教授所撰写的文献中无法得知他们推崇主观目的还是客观目的。唯有能够肯定的是，相对于主观目的，立法机构似乎更认可客观目的要素。[4]

(五) 德沃金理论

德沃金（Dworkin）发展了一套完全契合法律文本主要目标的法律解释理论。如同美国现实主义者们，德沃金有意减少对立法者具体意图的考察。取而代之的是对立法者及章程发起人抽象意图的探究，具体而言，立法机关期望通过立法（语言意图或语义意图）[5] 达成何种目的，以及发起人期望通过章程达成何种目的。[6] 如下引用德沃金原文以阐述两者之间的差别：

区分官方机构想要传达，或者希望传达的关键因素就是——他们所运用的语句以及表达后所致的后果……读者面对任何文本都应关注语义意图，因为即使运用相同的音节甚至

---

[1] H. Hart and A. Sachs, *The Legal Process: Basic Problems in the Making and application of Law* 1374 (1994) (法律是一种带有目的性的活动，始终为解决社会基本问题而做出坚持不懈的努力).

[2] 就司法审判程序中的目的诠释，参见 Popkin, Statues in Court 147 (1991). 就格里纳沃尔特对该论文的评论，参见 Greenawalt, K. Greenawalt, "Variation on Some Themes of a 'Disporting Gazelle' and His Friend: Statutory Interpretation as Seen by Jerome Frank and Felix Frankfurter," 100 *Colum. L. Rev.* 176 (2000).

[3] Hart and Sachs, H. Hart and A. Sachs, *The Legal Process: Basic Problems in the Making and application of Law* 1124.

[4] V. Wellman, "Dworkin and the Legal Process Tradition: The Legacy of Hart and Sacks," 29 *Ariz. L. Rev.* 443, 462 (1987).

[5] R. Dworkin, *Freedom's Law: The Moral Reading of the American Constitution* 291 (1996). 德沃金对包含解释的立法观念及不包含解释的立法观念进行了区分，参见 R. Dworkin, *A Matter of Principle* 39 (1985).

[6] R. Dworkin, *Freedom's Law: The Moral Reading of the American Constitution* 10 (1996).

文字，组合起来的依旧是毫不相关的语句。[1]

德沃金继续强调区分"法官必须要回答的问题，也就是立法机关期望通过立法传达何种含义"，以及另一个完全不同的问题，即"立法者以及个体期望法律达成何种效果"两者的重要性。[2] 实现立法者的（抽象）意图对法律解释来说十分重要，虽不能说是唯一，但是是德沃金提倡的法律解释方法中的重要一环。

（六）法经济学

接下来我们谈谈法经济学运动带来的影响。法经济学认为效率最具价值，同时标榜财富最大化为法律的目的。即便如此，法经济学家对于法律解释理论并无统一的立场。在涉及合同解释时，[3] 一部分法经济学家赞同依照合同各方的共同真意进行法律解释，理由是订立合同的当事人能对他们自身的利益做出最佳判断。[4] 另一部分法经济学家赞同客观解释，将市场失灵及当事人的有限理性都纳入参照范围，从而得出更合适的结论。[5] 在涉及对制定法的解释时也存在相同的争论。以波斯纳（Posner）为代表的学者认为，经过语用、常识、解释者个人的合乎常理的观念——过程参考"想象性重构"（imaginative reconstruction）——所确立的立法的目的应当被视为法律解释的标准。[6] 另有学者支持客观文本主义也即新文本主义（new textualism），表示立法背景及立法者真意与法律解释无关。因此立法机关力求使法律条文更明确。[7] 为了论证法律解释原则，伊斯特布鲁克（Easterbrook）在文中这样论述："我们之所以需要法律解释的原则不是因为立法者需要运用该原则实施法律，而是一旦当该原则成为现实可用的条款时，可以节省立法者花在与解释相关的问题及立法方案上的精力。"[8]伊斯特布鲁克的立场成了法经济学对法律解释理论最有力的阐述。然则，众著名法经济学家——以波斯纳为首——仍旧坚持应依照合同各方的共同真意进行法律解释这一立场。

---

[1] R. Dworkin, "Comment," in A. Scalia, *A Matter of Interpretation*: *Federal Courts and the Law* 116 - 17 (1997). 同样参见 R. Dworkin, "The Arduous Virtue of Fidelity: Originalism, Scalia, Tribe, and Nerve," 65 *Fordham L. Rev.* 1249 (1997).

[2] Dworkin, "Comment," *A Matter of Interpretation*: *Federal Courts and the Law* 118 (1997).

[3] L. Kaplow and S. Shavell, "Economic Analysis of Law," in A. J. Auerbach and M. Feld-stein, *Handbook of Public Economics* (1985); A. Katz, "Contract Formation and Interpretation" in 1 *The New Palgrave Dictionary of Economics and the Law* 425 (P. Newman ed. 1998).

[4] E. Zamir, Perush Hashlama Shel Chozim [Interpretation and Completion of Contracts] 1789 (1996); Posner, *Economic Analysis of law* 93. 同样参见 A. Schwartz "Justice and the Law of Contract: A Case for the Traditional Approach," 9 *Harv. J. L. & Pub. Pol'y* 107 (1986).

[5] Zamir, supra p. 15, note 39 at 1789 - 90.

[6] 参见本书第 36 页。

[7] W. D. Popkin, Statutes in Court 159 (1991).

[8] F. Easterbrook, "Statute's Domain," 50 *U. Chi. L. Rev.* 533, 540 (1983).

四、基于解释学视角支持适用目的解释

(一) 将解释者与文本概念融合

目的解释源于解释学。以解释者与文本之间的沟通对话为基础。时代不同,解释者不可能穿进立法者的鞋子里。解释者和立法者分处不同的时间段。各有各的前位理解。因此解释者不愿还原立法当时的情形。解释者更愿意尝试将现代观念融合到文本的概念中。这种融合,恰是目的解释的重中之重,[①] 也恰恰代表了解释学的角度。解释者并非被他或她的(现代)前位观念所束缚,只是更倾向从现代观念的角度理解文本。解释者也同样探究立法者在所处时代下的真意。[②] 通过前位理解的辅助,解释者努力探究法律文本的核心目标。他或她从立法的时代背景理解文本目标,但是所创造的只是他或她的现代的前位理解与现代角度理解过去立法相融合所产生的新理解。这一融合向我们传达了解释的过程。这一种融合同样帮助解释者突破自身的前位理解,进而优化对文本的理解。这样,解释者便解决了解释学循环(hermeneutic circle)的问题。[③] 当然这样的过程必须受到法律社会对解释者的限制。这种限制决定了解释者前位理解的范围。同时也帮助形成合理看待解释者进行解释的社会共识。前位理解的内容,包括指导解释者进行解释的法律解释原则。[④] 还包括社会对法官角色以及对法官裁量方式的看法。

(二) 综合考量

在解释学的指导下,需从文本角度进行综合考量,将遗嘱、合同、制定法或宪法看作整体。力求将解释者与文本之间的障碍铲平。我们消除时间上的障碍。不存在早或晚。不设可采纳的门槛。所有可信赖的证据——无论源自文本内部或外部——一律被接受。不区分概念清晰或概念模糊的文本。所有文本都只有通过解释活动后方才成为概念清晰的文本。所有的文本通过解释活动后都将变得清晰,所有文本能为解释之用。脱离内容的文本难以被理解,其边界无法被界定。解释者运用一切可以运用的条件。他或她基于自身的理解能力,构想一串文本目的。这种综合考量是目的解释的特征之一,也符合解释学所认为的恰当的解释理论之核心。以上方式都在强调将文本看作一个整体加以理解,而非单纯依赖解释者的前位理解,毕竟文本本身是特定时期和地点的产物。法律解释要贯穿文本与解释者,是联结不同时代的一次尝试。目的解释恰恰能够反映上述所有规则。

---

① 该观点参考伽达默尔对解释学角度的相关论述,同样参见 W. Eskridge, "Gadamer/Statutory Interpretation"。
② 在此处,目的解释也同样采纳原旨主义。
③ 参见本书第 136 页。
④ O. Fiss, "Objectivity and Interpretation," 34 Stan. L. Rev. 739 (1982); O. Fiss, "Conventionalism," 58 S. Cal. L. Rev. 177 (1985).

(三) 解释学适用于各类法律文本

法律解释的对象是过去所制定的文本，解释者在对各类型文本进行解释的过程中会运用到一些解释学理论。在解释遗嘱及合同时，解释者往往结合立遗嘱者的境遇、合同订立的背景对文本进行整体理解。对立遗嘱者的真意或合同各方的共同真意也予以充分考虑。对于假想真意也应当简明释义，对"遗愿"的理解，可以从各个角度获取抽象概念。同样的解释方式也适用于制定法和章程，虽然在此种情况下主观目的和客观目的重要性已互换。解释者无需对制定法立法之时的背景进行回应，转而面向当下的适用问题。毕竟，制定法规制社会现状。即使如此，立法时的时代背景仍不容被忽视。对制定法的解释过程更像是不断前行的过程。[①] 不仅要揭示旧时代立法者的真意。更要将旧的文本进行现代化的解释。这要求我们解决时间带来的问题。与此同时，解释者又不可对立法者真意避而不谈。目的解释亦能够反映上述规则。

对于章程的解释亦是如此。解释者无法渗透进制定者的思想，也没必要如此。制定者所处的时代已经过去。目前已是截然不同的时期，面对的也是截然不同的困境，虽然我们可以利用他们的时代帮助理解我们所处的时代。对于章程的解释应当反映旧时代与新时代之间的联系。换言之，章程文本的涵义与解释者的理解应相互协调。这种协调，既是目的解释的宗旨，也符合解释学理论。对章程的理解会随着时代而变化。应将过去与现在融为一体，基于时代的理解进行现代化的解释。

(四) 解释学的缺陷

解释学推动我们尽力理解法律解释。但是，解释学却未能解决法律解释中的根本性问题。根本性问题在于为何解释者在解释过程中能够指定立法者的真意。解释学没有对该问题进行明确的阐述。对于解释学视角下的法律解释是否需要探究立法者真意的问题，在研究解释学的学者们之间也存在较大分歧。[②] 解释学在全面解读法律解释的同时也囊括了对时间要素的分析。但它也带有自身的缺陷，解释者需要在立法者本意与法律目的之间表明立场，然而解释学没有为解释者提供帮助。从非解释学的角度——比如从合宪性的视角解读——则可以解决前述问题。[③]

(五) 语义学视角

语言极具表达力，但它的缺陷导致它无法始终传达单一的及唯一的涵义。更确切地说，它创立了多种语义上的可能性。这种可能性的范围囊括各主题，随着我们看待角度的

---

① W. Eskridge, "Dynamic Statutory Interpretatin," 135 *U. Pa. L. Rev.* 1479, 1482 (1987).
② 参见本书第 56 页。
③ 参见本书第 60 页。

不同而变化,但并不意味着不受限制。解释者无法遵循自己的意愿随意选择文本的涵义。根据语义学理论的指导,所有的文本不仅需要被解释,还要求解释者从文本内在含义和文本外在含义出发进行解释。[①] 理解被定义为文本的读者与文本之间的不断对话。对话中不应设置人为阻碍。解释者究竟想从文本(内在及外在)中探求什么?文本的内容是盛载文本涵义的容器。文本语言的外在要素决定了容器中的所含之物。如帕特森(Patterson)所言:"理论不是解救律师于思考的利器。"[②] 根据语义学理论,虽然语义学对于法律解释来说极其重要,但永远不会是唯一。专注语言本身的文义解释需要其他解释理论对其进行补充。文本不会发问;解释者代替文本提出问题,继而由解释者在文本的帮助下在文本中找寻答案。法律解释的主要问题便是:解释者应当提出什么问题?对语义不敏感的法律解释理论注定被淘汰。而目的解释充分意识到解释者提出问题的需求,并且这些问题也恰好与文本及文本的目的密切相关。

五、基于合宪性视角支持适用目的解释

(一)宪法理论的必要性

语义学令我们认识到语言限制含义的表达,但含义不受语言种类所限制。诸多社会学和法理学理论都传递遵循文本目的进行理解是理解文本最合适的方式的思想。但是,对于文本目的实质却未形成共识。我们认为法律解释是为了实现法律文本的目的。法律解释的根本问题在于,在构建文本目的的过程中是否要强调立法者的意图以及如何平衡立法者意图与主观目的和其他主观目的中所包含的因素之间的关系。我们必须对立法者的意图是否对宪法和制定法的解释有决定力这一问题进行解答。我们必须认可法官的任务是解释文本,而非创造文本。我们必须对公民意愿在以私法为解释对象的法律解释中的作用予以关注。我们必须厘清可能被解释者运用的文本外部因素的范围。我们必须知道如何平衡各不相同的主观目的。

这些问题及对问题的回应在法律体系中并非首次被提及。他们存在于所有国家法律体系中的宪法领域。语义学理论和解释学理论无法指导解释者选择法律解释理论。宪法则有助于解释者进行判断,并将合宪性控制纳入考察因素。解释理论起源于宪法的角度。[③] 如马肖教授(Mashaw)所述:"所有有关对制定法解释的理论都基于宪法理论。宪法理论为

---

① L. H. Hoffman, "The Intolerable Wrestle with Words and Meanings," 114 *S. A. L. J.* 656 (1997).
② Patterson, *Jurisprudence: Men and Ideas of the Law* 29–30 (1953).
③ 参见 Rubenfeld, "Reading the Constitution as Spoken," 104 *Yale L. J.* 1119 (1995).

法律解释确立了一系列恰当的制度角色和制度程序。"① 该结论同样适用于遗嘱解释及合同解释。

我并不主张宪法能够对所有解释中所面临的问题进行清晰解答。我仅认为我们所思考的观点和因素的本质都包含宪法属性。且不谈解释者对于宪法的需求有不同理解，他们必须将合宪性控制因素纳入考量，而不能仅围绕社会学、法理学及解释学进行讨论。那些支持成文法的解释必须参照立法原意的学者便是从宪法角度对立法部门在行政、立法、司法三者中的地位进行考察。同样，那些支持（反对）对法律文本进行解释是为了实现基础价值的学者，如公平价值和正义价值，也以宪法理论作为逻辑起点。

在法律解释过程中，需依靠宪法理论对法律文本进行理解，其中涉及立法者的权限和职责，以及法官在解释文本过程中所确保的价值和原则，我们无法脱离宪法理论获取解释观点。宪法理论也决定了解释者的角色作用以及运用自由心证的限度。既然法院在进行法律解释活动时受到规制，那么关键问题就在于：法官在解释法律文本时发挥什么作用？② 宪法可以解答这一关键性问题。通过回应这一问题，我们对构建了制度和社会的基础宪法观点进行阐述。我们分别对民主、分权制衡的思想、司法信任、宪法及体系结构、基础合宪原则和人权作出概述。

以上这些概念在对宪法及制定法的解释中居于重要地位。即使在对合同及遗嘱的解释中也具备应有之义。合同和遗嘱中也包含民主和分权制衡的思想。根据宪法理论的观点，无论是对宪法或制定法进行解释还是对合同或遗嘱进行解释，法官都被认为是位阶较低的解释者。合同和遗嘱都在私法的自治领域之下，因此在对私法进行解释时需重点体现人权。维系司法信任和实践基础理论的需要与解释法律文本的需要具有同质性。在下文中，笔者围绕数种应当被纳入考量的宪法因素进行解构，以证明目的解释是最优法律解释方法。③

（二）宪法理论与民主

所有宪法理论都将民主作为同一的起点。我已认识到对民主的概念争议不小。但是，以下两项核心假设无人否认：④ 第一，民主建立在人民主权概念以及固定的、自由的选举

---

① J. Mashaw, "As If Republican Interpretation," 97 *Yale L. J.* 1685, 1686 (1988). 同样参见 J. Schacter, "Metademocracy: The Changing Structure of Legitimacy in Statutory Interpretation," 108 *Harv. L. Rev.* 593 (1995); J. corry, "Administrative Law and Interpretation of Statutes," V U. Toronto L. J. 286 (1935 – 36). 同样参见 *Redish and Chung*, "Democratic Theory and the Legislative Process: Mourning the Death of Originalism in Statutory Interpretation," 68 Tul. L. Rev 847 (1994).

② 关于法官在民主制度中的职责，参见 A. Barak, "Foreword: The Role of a Supreme Court in a Democracy," 116 *Harv. L. Rev.* 16 (2002).

③ 笔者并非断言其他法律解释方法不合宪。如果某法条的存在是为了解释立法，那么该法条必然合宪。参考 Rosenkranz, supra p. 49, note 159. 笔者相对狭义地认为宪法理论始终支持适用目的解释。

④ R. Fallon, "How to Choose a Constitutional Theory," 87 *Cal. L. Rev.* 537 (1999).

制度之上;[1] 其二，民主建立在宪法的基础规范和价值（人权、分权制衡，法治，司法独立）之上，其中以人权为核心价值。[2] 完善的民主与道德规范息息相关，以人的尊严和公民的平等权为基础。上述两项假设是本文中宪法理论的核心观点。我无法运用不包含上述两项假设的目的解释理论。目的解释不是集权主义制度下的最佳解释理论。当独裁者制定宪法，我们不应鼓励法官根据该套宪法的目的进行解释；当法律文本的基础价值违背人权时，不应为了实现该价值进行解释。文义解释可能是集权主义制度下最优的解释理论。

（三）宪法理论与法官的职责

法官在民主制度下都承担重要的职责。如前文所述，[3] 法官被认为是位阶较低解释者。法官的职责包括两个方面：一方面，法官的职责包括弥合法律和不断变化的社会需求之间的差距。另一方面——这也是解释中的关键部分——法官也应当维系民主制度、捍卫宪法。想要获取民主，除了奋斗别无他法。我们不能不予以重视。除非我们所捍卫的民主不再保护我们。所有的政府部门以及所有的个人都有义务维系民主制度。但法官——特别是最高法院大法官——对于维系民主制度有着更特殊的义务。[4] 法律解释体系必须最大限度地实现法官的这两方面职责。笔者认为，唯有目的解释可以满足这一条件。目的解释的动态解决方式更能帮助弥合法律和不断变化的社会需求。目的解释也符合立法至上的原则（主观目的中的一部分），以及符合民主制度中的基础价值和人权（客观目的中的一部分）。

（四）宪法理论与宪法的独特性

宪法塑造社会的特征。作为宪法基础的公民意愿不同于作为其他法律基础的公民意愿。[5] 作为宪法核心的公民意愿属于"深层"的意愿，对民主制度中的宪法的特征作出解释。"深层"意愿设立了政府各个部门以及清晰传达了公民的基本价值观和原则。其中尤以人权为重。宪法结构内的部分因素——政府部门架构、基本价值，还有人权——是对于宪法条文进行司法审查的基础。这些因素也是对宪法进行解释的基础。[6] 在对宪法进行解释时，法官应当传达宪法的基本价值，这些价值被称为"规范的保护伞"[7] 贯穿整部宪法。

---

[1] R. A. Dahl, *On Democracy* (1998).
[2] R. Dworkin, *A Bill of Rights for Britain* 33. 35 (1990).
[3] 参见本书第 249 页。
[4] B. McLachlin, "The Role of the Supreme Court in a New Democracy" (unpub. 2001); M. Kirby, "Australian Law——After 11 September 2001," 21 Austl. Bar Rev. 21 (2001); A. Mason, "A Bill of Rights for Australia?" 5 Austl. Bar Rev. 79 (1989).
[5] B. Ackerman, "Constitutional Politics/Constitutional Law," 99 *Yale L. J.* 453 (1989).
[6] 关于司法审查与合宪性解释之间的关系，参见 Rubenfeld, supra p. 162, note 46。
[7] C. A. 165/82, Kibbutz Chatzor v. Tax Assessor of Rehovot, 39 (2) P. D. 70.

宪法并不必然在规范的封闭空间内运作。宪法也应当实现有形宪法文本之外的价值和原则。这里所指的价值是指国家的民族价值而非法官的个人价值。国家的法律是民族生活方式在镜子中的投射，这一命题不证自明。① 宪法力图实现的价值和原则源于民族生活方式。这些价值和原则反映法律体系的核心概念：社会共识（social consensus）。它们是社会观念的基础。价值和原则一部分从宪法文本及立法史中衍生而来，另一部分发源于民族史，② 社会观和宗教观、风俗传统和人类遗产。③ 宪法没有对构成"规范的保护伞"中的所有价值和原则进行提示（无论明示或暗示）。解释者应当避免人为地将没有被宪法提示的内容也纳入考察范围。这些未被提及的价值是理解宪法中被提及的价值和原则的关键。它们就如同不成文宪法（unwritten constitution）那般，充当着理解成文宪法的解释标准。宪法的这一独特视角，要求法官应当在解释中重视客观目的。唯有如此才能使宪法完成它在法律体系中的既定目标。④

（五）民主与制定法的目的解释

人民主权是论述宪政民主的起点。也是以分权制衡作为基础，制定宪法的权力来源。⑤ 人民主权原则包含两层含义：第一层含义，对不同政府部门之间要做区分，赋予各部门功能与职能；第二层含义，各部门之间具有互惠关系，这种互惠关系使部门之间达成制约与平衡。⑥ 分权的目的是为了最大限度地实现自由而非最大限度地提高效率。⑦ 在分权的视角下，创制普遍意义上的法律规范是立法部门的职能。这些法律规范皆为宪法的下位法。它们对所有公民具有约束力。法院即使不同意这些法律但也不能对其进行废止。法院的职能是对其进行解释。因此立法原则至高无上。⑧

从立法部分的职权中可以为司法部门的立法解释规则得到哪些推论？笔者认为有以下三条推论：第一条，法官不应当为了兑现自身所选的政策或选任他们的人和部门所选的政策而对制定法进行解释。法官不受遴选制度的约束。不会因为实施了遴选者的政纲而受到限制。不必对政要负责。这体现了法官的独立性。法官在对法律进行解释时，不必考虑自

---

① H. C. 73/53, Kol Haam Ltd. V. Minister of Interior, 7 P. D. 884（Agranat, J.）.
② T. Sandalow, "Constitutional Interpretation," 79 *Mich. L. Rev.* 1033（1981）.
③ Poe v. Ullman, 367 U. S. 497, 542（1961）. 哈伦大法官特别提到风俗传统是宪法的价值的起源之一"既包括国家予以弘扬的风俗传统也包括国家不予认可的风俗传统。"
④ 参考本书第 371 页。
⑤ E. Levi, "Some Aspects of Separation of Powers," 76 *Colum. L. Rev.* 371（1976）.
⑥ H. C. 306/81 Sharon v. Knesset Committee, 35（4）P. D. 118, 144 - 45, 同样参见 A. Feld, "Separation of Political Powers: Boundaries or Balance," 21 *Ga. L. Rev.* 171（1986）.
⑦ Myers v. United States, 272 U. S. 52, 293（1926）. 孟德斯鸠将实现自由价值视为分权制衡的核心目的。参见 C. Montesquieu, 11 *The Spirit of Laws* 209（Eng. Trans., 1977）.
⑧ Farber, supra p. 25, note 73；W. Eskridge, "Spinning Legislative Supremacy," 78 *Geo. L. J.* 319（1989）；E-. Maltz, "Rhetoric and Reality in the Theory of Statutory Interpretation: Underenforcement, Overenforcement, and the Problem of Legislative Supremacy," 71 *B. U. L. Rev.* 767（1991）.

身的意图，也不必考虑政治支持者的意图。①

　　第二条，法官应当在解释过程中遵循制定法的主观目的，作为对至高无上的立法原则的实践。立法部门为了实现特定目的而制定法律。法官的目标应当通过解释实现文本目的。诚然，客观目的不是法律文本自身的一部分，但它引导着法律的拟定，因而也应当被定义为是理解法律文本的标准。② 立法部门利用立法权力制定社会政策，分配国家资源以及制定国家议程。法律文本是达成政治目的的工具。不止如此，法律文本也不足以使法官产生判断制定法的意图——这一点不同于拉兹的观点③——原因在于它忽略了立法者通过文本想要传达的意图。立法部门制定法律并不为立法这一活动本身，而是期待能够实现特定的社会目的。立法至上的原则要求解释者能够遵循立法机关的抽象意图④。确实，对于法律文本的主观目的的信息，要不无从得知，要不相关信息既不可信又不可靠。有时，解释者获取的信息过于抽象，对解决与解释相关的问题来说并无帮助。有时，解释者所面对的主观目的之间甚至互相冲突。有时，又会出现新的理由使解释后的目的偏离原本的立法意图。从上述理由推论，主观目的并不是制定法解释主要参考的理论。然而，这并不代表在解释制度法时可以完全忽略主观意图。如果有足够证据证明立法机关的抽象意图（主观意图）与解释者面临的问题相关时，解释者应当在解释时着重参考主观目的。

　　第三条，在对制定法进行解释的过程中，以参考主观目的为原则，以参考客观目的为例外。这是符合民主制度的结论。民主制度不完全等同于立法至上原则——民主制度要求实现自身核心价值和原则。⑤ 不能体现保护人权，法治，司法独立的民主不是真正的民主。这里的民主制度不是大部分人统治的民主制度。是被基础价值，特别是人权统治的民主制度。民主不仅是形式民主（其涉及选举制度和立法至上的原则）。也是实质民主（其涉及基础价值和人权）。如德沃金（Dworkin）所书：

　　真正的民主不是统计民主（statistical democracy），统计民主下多数人的决定即为合理。真正的民主是公共民主（communal democracy），要求做决定的多数人必须来自平等社区。后者意味着每个人都被赋予平等地参与政治生活、选举、言论自由以及游行的权利，并且每一项政治决策应当平等辐射每个人，承诺每一位公民的公民权利和政治权利都不容被剥夺，无关权利多少，也无关种族、信仰或生活方式。⑥

　　对民主的理解应当从单维度逐渐向多维度进行转变。除了包含单维度的多数人原则和

---

① C. A. 481/73. Rosenberg v. Stasel, 29 (1) P. D. 505, 516.
② S. Smith, "Law without Mind," 88 *Mich. L. Rev.* 104, 122 (1989).
③ J. Raz, "Intention in Interpretation," in *The Autonomy of Law: Essays on Legal Positivism* 249 (R. George ed., 1996).
④ 关于具体意图与抽象意图的区别，参见本书第 126 页。
⑤ Peczenik, On Law and Reason 350 (1989); Gebbia‑Pinetti, "Statutory Interpretation, Democratic Legitimacy and Legal System Values," 22 *Seton Hall Leg.* 256 (1997).
⑥ R. Dworkin, VA Bill of Rights for Britain 35 (1990).

立法至上，也应包含基础价值，其中最重要的是人权。因此要形成司法民主化应当审查立法是否合宪。同样，制定法解释的民主化应当实现基础价值，特别是人权。前述两者之间存在着紧密的联系。同时两者都是以民主及民主制度体系中的法治、价值原则和人权作为基础。① 因此，法官在进行解释时也应表达基础价值。从客观目的的角度而言，制定法的核心目的就是实现基础价值和人权。为了实现这一核心目的，法官不可违背民主，应当实现价值。法官根据基础价值对制定法进行解释的过程就是在审查遵从宪法所制定的法律是否符合民主制度。法官应多维地传达民主制度的特征。由此，法官也完成了它们在民主制度中的职能。②

（六）民主与立法机关的形象

若用现代文学的眼光审视制定法解释，势必绕不开法官自身的解释方法，③ 因为现代文学甚少关注立法机关和立法本身。④ 如沃尔德伦（Waldron）所言："在法律及政治哲学领域内，立法机关和立法本身确实背负着不好的名声，也让外界对他们是否适合作为法律渊源产生疑问。"⑤ 现代公共选理论认为立法机关在对立法表决时就体现了对立法的考量，这使它们对立法机关持怀疑态度。鉴于进行表决的立法机关成员表现出了个人动机，现代公共选择理论难以对立法者运用抽象意图发展社会利益建立信任。

法经济学理论也同样对立法意图持不信任的态度。⑥ 法经济学家们提出立法仅仅是不同利益团体与立法机关的成员间的交易或协议。换言之，立法机关成员的驱动力来自想要连任的需求，而非公益的需要。作为参与交易的一员，立法机关容易在立法过程中偏向利益团体。法官无法揭示交易背后的面纱也无法辨明文本的真正"目的"。⑦ 法官能做的只是从仅有的协议文字中获取信息，解读文字的应有之义。⑧ 立法意图不应在制定法解释的过程中发挥作用，立法史也不应作为理解制定法的一种来源。如是观之，立法机关更像政治实体，从政治视角出发，实现政治目的。

---

① Mashaw, "As If Republican Interpretation," 97 *Yale L. J.* 1690 (1988). （司法解释与司法审查虽不完全一致但也所差无几。都是法院对立法活动进行的监督以避免反民主结果发生的活动。）针对这一观点的评论，参见 Redish and Chung, "Democratic Theory and the Legislative Process: Mourning the Death of Originalism in Statutory Interpretation" 871.

② 参见本书第 236 页。

③ J. Brudny, "Congressional Commentary on Judicial Interpretations of Statutes: Idle Chatter or Telling Response?" 93 *Mich. L. Rev* . 1, 3 (1994).

④ J. Waldron, *Law and Disagreement* (1999).

⑤ J. Waldron, *The Dignity of Legislation* 1 (1999).

⑥ 其他关注法律及经济学的理论重视立法部门的作用，认为立法机构是最能创造社会财富的部门。R. Posner, *Economic Analysis of Law* 569 (5th ed. 1998)。

⑦ Posner, *The Problems of Jurisprudence* 277 (1990).

⑧ 参见 Easterbrook, "Statute's Domain," 50 *U. Chi. L. Rev.* 547 (1983). （尽管立法者存有自身的愿望、优先项和偏好，但也无法据此结合形成协调的判断。）同样参见 F. Easterbrook, "The Supreme Court, 1983 Term——Foreword: The Court and the Economic System," 98 *Harv. L. Rev.* 4 (1984)。

前述观点部分正确，但非完全正确。立法机关的成员被曲解为是只追求连任的利己主义者。立法机构由你我这样的独立个体组成。的确，他们怀有个人抱负，但他们同样想要实现特定的社会目的。立法机关的成员理性地、诚信地兑现社会价值和利益。若遇到价值之间存在冲突，他们尽其所能解决可能存在的冲突。有时他们的工作使他们配得上连任。我们不应当过于片面地看待立法机关，也不应过于片面地看待民主。应当以尊重、感谢、信任为先，正视立法机关履行的宪法职责。我们也应当认可立法机关的成员的立法活动，认同立法机关的成员为实现社会利益而进行的考察。① 对此，哈特教授和萨克斯教授对法官的职责进行了颇为清晰地描述：

法官应当承认，除非有相反证据存在，立法机关是由理智的群体组成的，追求的是合理的目的。法官还应当避免对立法机关的成员带有感情色彩，无论成员的观念在法庭上被认可与否，他们都是在诚信地实施宪法所规定的权力、履行宪法所规定的义务。②

哈特教授和萨克斯教授的观点使立法机关在宪法结构中的角色变得恰当，也使立法机关和司法机关之间的关系变得更清晰。该观点加速了法律解释理论的构建。为目的解释打下基础。③ 将立法者的（抽象）意图、立法机关的合理原意都纳入目的解释的考量范围。

（七）法治

目的解释将法治④纳入考量范围。法治是一个复杂的概念。⑤ 鲁宾斯坦正确地指出"很少有概念被如此频繁地使用，也很少有概念像法治一样难以被理解。"⑥ 要理解这个概念，我们应该区分它的三个主要本质：形式法治、法理法治和实体法治。法治的这三个本质具有重叠的部分。然而，在对法律进行解释时，它们之间存在巨大差异。如对形式法治可以这样理解：

国家的每个人——个人、公司和国家机关——都必须依法行事，非法活动必得到社会的有组织的制裁。从这个意义上讲，法治具有双重含义，既涉及规则的合法性，也涉及法治。这是一个形式的原则，它不针对法律的内容，而是针对法律制裁的需要，无关乎内容本身。这种意义上的法治与政权标准无关，与公共秩序的原则相关。⑦

---

① C. Sunstein, "The Republican Civic Tradition: Beyond the Republic Revival," 97 *Yale L. J.* 1539 (1988).

② Hart and Sachs, *The Legal Process: Basic Problems in the Making and Application of Law* 1378.

③ W. Blatt, "Interpretive Communities: The Missing Element in Statutory Interpretation," 95 *Nw. U. L. Rev.* 629 (2000).

④ R. Cass, The Rule of Law in America (2001); P. Craig, "Formal and Substantive Conceptions of the Rule of Law: An Analytical Framework," [1997] *Pub. L.* 467.

⑤ R. Fallon, "'The Rule of Law' as a Concept in Constitutional Discourse," 97 *Colum. L. Rev.* 1 (1997).

⑥ A. Rubinstein, *Constitutional Law of Israel* 227 (5th ed. 1996).

⑦ H. C. 428/86 Barzilai v. State of Israel, 40 (3) P. D. 621. 同样参见 A. Scalia, "The Rule of Law as a Law of Rules," 56 *U. Chi. L. Rev.* 1175 (1989)。

形式法治无助于我们构建恰当的解释理论。每一套解释理论，一旦被采纳和尊重，必须对解释后的法律实施有帮助。目的解释使用目的推定的方式将法治要求转化为解释原则。

（编辑：吴冬兴）

法律价值评价和规范性建议的法学研究范式

[荷] 维布伦·范德堡[*]著 孙嘉伟[**]译

摘　要　对于法律是否追寻正义的问题，传统的法教义学或其他法学交叉学科对有不同的回答。应当通过新的研究方式，促使围绕法律价值判断和规范性建议的研究论证更加清晰、易懂，并通过严格的论证逻辑思维过程得到令人信服的合理结论。在研究工具上选择那些已得到广泛理解认可的根本性价值作为进行法律价值评价的标准。在理论研究视角上使用法教义学、社会法学、法哲学相结合的跨学科研究。

关键词　法律价值评价　规范性建议　范法学研究式　方法论

引　言

"我们虽不能自证正确，但并不阻碍我们对正义的渴求。即使我们为自己行为和法律实践寻求正当理由的逻辑基础并不总是存在，但我们也应尽力在相对正义的立场上提出规范性主张。"[①]

法律是良善的吗，通过修订如何令其改善呢？浩如烟海的法学研究文献都或多或少地提及过这个问题。期刊论文上经常可见这类学术探讨：一部新制定的法律是否与法律体系相适应，是否与某些基本法律原则相矛盾、相抵触，是否有效，是否有利于促进利益最大化。这些论文为立法者提供了如何修改法律、为司法者们提供了如何裁判特殊案件的规范

---

[*]　维布伦·范德堡（Wibren van der Burg），鹿特丹伊拉斯谟大学伊拉斯谟法学院，研究领域为法哲学、法学理论、法学和伦理学研究方法、多元社会交叉学科研究、宗教学、犯罪防治法、政治理论、民主理论。原文发表于《法哲学社会哲学文汇》105（1），11-43-doi.

[**]　孙嘉伟，男，山东威海人，华东政法大学助理研究员、政治学与公共管理学院博士研究生，研究方向为法政治学。

[①]　Joseph William Singer, Normative Methods for Lawyers, *UCLA Law Review* 56 (2009), 926.

建议。① 但这些改良意见和建议通常仅仅存在于一篇教义学、社会法学论文文末的一小段中。不难发现，一篇法学论文中九成的篇幅被用于对现行法律进行系统描述，而对法律修订的建议却只有文尾的寥寥数笔而已。且这些评价性、规范性的内容就如同法官的绝对信条一样从描述中直接得到了评价结论，② 反证和替代性解决方案却鲜有提及。法律价值评价标准往往是含糊不清的或被视作理所应当的，论证中的许多前提假设和论证环节也都因未经严谨对待而显得模糊。③ 形成这种论文写作方法的主要原因是因为大多数的法学家都是从法科生出身。在普通法系法治人才培养体系下，法学院为法科生预设的职业目标是在冲突环境下进行案件辩论的律师，这也就养成了法科生始终围绕论点进行直接论证的思维方式。④ 为了提出一个能够令陪审团充分确信的案例，律师不得不使用一种包含描述、事实和论证并排除反证的标准结构，当他们搜索到一个对自己有利的案情摘要时，就很难再提出一个相反观点，除非他们成为绝对理性人并找到了其他完全相反的案例。在大陆法系法治人才培养系下，法科生预期的职业目标是准确适用法律、裁判案件的法官，对其的培养目标就是能够在成文法和其他法律渊源中寻找最贴切的法条进行适用。因此时至今日，在大陆法系国家能够写出一本系统介绍某一部门法权威性工具书仍被视为是法学家的至高成就，而阐释性方法也是法科生日常接受专业训练的主要方法。然而，正如很多学者坚称的那样，尽管阐述性方法对于初窥法学门庭的实习律师来说可能是好的，但对法学研究来说却远远不够。⑤ 我们更期待学者们能坚持开放的态度，通过对所有相关学术观点的细致阐述和正反权衡作出价值中立的判断。⑥ 法学研究需要中立的分析所有相关事实和论点，这不仅是学术研究本身的要求，也应使文章的事实和论点得到公开检验，以使得学界能够拣选出自圆其说、令人信服的观点。⑦

这就引出了本文的核心问题：法学研究者们如何使用一种周密的方法作出法律价值判

---

① Sanne Taekema, Relative Autonomy: A Characterization of the Discipline of Law, in: Bart van Klink & Sanne Taekema, *Law and Method*, 2011, 35 – 36 argues that most doctrinal scholars go beyond mere reconstruction of the positive law, and include two additional aims: namely critical evaluations and recommendations for law reform. See also Carel Stolker, *Rethinking the Law School. Education, Research, Outreach and Governance*, 2014, 215. Terry Hutchinson, The Doctrinal Method: Incorporating Interdisciplinary Methods in Reforming the Law, *Erasmus Law Review* 8 (2015) 3, 130 – 138 refers to the Australian Pearce Committee that distinguished in 1987 between doctrinal and reform – oriented research.

② 参见 J. B. M. Vranken, Mr. C. Asser's *Handleiding tot de beoefening van het Nederlands Burgerlijk recht. Algemeen deel. * * * * Een synthese*, 2014, 105; Stolker (note 3), 208。

③ Rob van Gestel & Hans – Wolfgang Micklitz, Why Methods Matter in European Legal Scholarship, *European Law Journal* 20 (2014), 302.

④ Lee Epstein & Gary King, The Rules of Inference, *University of Chicago Law Review* 69: 1 (2002), 9.

⑤ 参见 Rob van Gestel, Hans – W. Micklitz & Miguel Poiares Maduro, *Methodology in the New Legal World*, 2012 (EUI working paper), 5。

⑥ 学者们也需要注意修辞学问题，避免通过带偏见的表述和有选择地列举材料去筛选例证。

⑦ 这表明如果法学院校要推出一个培养方案，他们也应该应该因材施教，教授不同的逻辑推理和研究方法。

断和法律改革的规范性建议？这个核心问题进而引出了一系列问题，包括：评判良法的准则是什么？或者更广义上来说如何评价法律的价值？为了作出评价，我们如何形成自圆其说、令人信服的论点？我们如何选择分析哪些解决方案？我们如何实事求是地评价这些方案的优劣？很显然，一篇文章不能完整地回答这些问题。然而，迈出第一步就是一种进步。作者将在本文中提出一个通用范式以期其成为未来钻研法学方法论的一个起点。

作者认为，法学研究就像法律本身的发展进程一样是渐进的，是一项我们不断尝试去限缩或延展其内涵的事业。所以即使永远无法实现绝对合理的评价和建议，提出一个"止于至善"的理想型范式仍然是有益的，可以使我们不断靠近理想的目标。作者将在文尾就其所指出的研究范式的不足之处提出解决思路。

本文不仅旨在进行方法论上的探讨，更试图探索出更多提升评价和建议作出质量的途径。研究范式和研究方法的改进将有助于提升整个法学研究水平，并为此后更进一步的评价和建议提供更充分的保证。此外，这也将对学术新人的研究方向选择和成果呈现有所助益。

很显然，这些改进不仅有益于法学研究本身。试想，在近期的法学研究中如果涉及法律方法的评价类文章失范，那么其中关于推进法制改革与否的各种建议想必也是失智的，若立法者采信这些错误建议进行法律修订，那么民众最终得到的将是一部恶法。

一、问题的提出和界定

本文聚焦于法律价值评价的辩证范式，作者始终保持着中立立场进行研究。[①] 法学博士或学术经验丰富的学者都有自己的一套研究方法、研究范式。显然，作者本人也有个人偏好的法学研究范式。[②] 为了突出主题，很有必要进行进一步的甄别和定义。首先，对修法建议开展研究的目的应仅限于推动制定法具体内容的实质性变化。法学研究往往可能还包含着其他建议：譬如警察应花更多时间来执行强制性规定，制定法规范应被更有效地执

[①] 本文并不关注究竟教义学研究者的研究立场究竟是实证主义的、解释主义的抑或是自然法的。基于一些解释，法律实证主义者和其反对者争论的焦点主要是关于我们是否能够在无涉基本道德价值观的情况下定义和重构法律的内涵。哈特引用了奥斯汀的名言 Positivism and the Separation of Law and Morals, Harvard Law Review 71 (1958), 596: "法的存在是一回事，它的优缺点是另一回事。"作者认为以奥斯汀和哈特那样引起实证主义者和其反对者间的争议是无益的。即使自然法学家也能够区分这些问题。See Wibren van der Burg, The Dynamics of Law and Morality. A Pluralist Account of Legal Interactionism, 2014, 65f; Dan Priel, Toward Classical Legal Positivism, *Virginia Law Review* 101 (2015), 989 – 991. 分属于不同学派的教义学研究者都自称能以其独有的方式重构和表述法的内涵，然后他们又各自提出了这样的问题：因此了解了怎样的法的价值呢？

[②] 在各种文章中，作者都倡导教义学、法社会学、法哲学研究者间的跨学科合作研究。See Sanne Taekema & Wibren van der Burg, Towards a Fruitful Cooperation between Legal Philosophy, Legal Sociology and Doctrinal Research: How Legal Interactionism May Bridge Unproductive Oppositions, in: R. Nobles and D. Schiff (eds.) *Law, Society and Community. Socio – Legal Essays in Honour of Roger Cotterrell*, 2014, 129 – 145. 这种合作是罗杰·科特威尔作品的核心思想，Roger Cotterrell, *Law's Community. Legal Theory in Sociological Perspective*, 1995, Oxford: Clarendon Press and Roger Cotterrell, *Law, Culture and Society. Legal Ideas in the Mirror of Social Theory*, 2006. See Cotterrell (2006), 29: "法哲学和法社会学是法解释学共同事业上的亲密战友。"

行,等等。然而若将这些方面的建议亦纳入本文来探讨就会使得文章主题不够聚焦,本文的研究对象就是法学领域最常见的规范性建议,因其将对法律条文的创制产生直接影响。① 规范性建议必须通过制定法的内部视角论述方能使自身得到完整证成,这是一件富有挑战性的工作。比如法经济学或者罗尔斯主义政治哲学是一种外部视角,这只能用以对某部法律作出浅显的局部评价。但对于规范性建议来说,我们需要考虑法律的所有典型特征,这不仅包括一部法律作为单体呈现出的特征,还包括法律体制呈现出的整体性特征。比如,许多生物伦理学家认为安乐死是合乎道义的。但若将其观点嫁接到法学领域内,就需要考虑法律不问动机、特定部门法的不同证据规则、法的普遍性不针对个案、区分犯罪意图的特定管辖权等等概念。此外,对于跨学科研究成果的转化也应使其回归到法学术语和研究视角下。话语体系的错乱是当前开展法律评论研究的一个主要瓶颈。

其次,为聚焦主题,本文的研究对象只限于立法方面的评价与建议。立法评价虽然也与判例法和未决案件的司法审判评价存在关联,但普通法系和大陆法系关于法学研究对案例法发展的影响却存在着实质性的区别,这意味着若将研究对象扩展到司法领域就必须进行更多、更复杂、更宽泛的论证,反而冲淡了研究主题。

第三,何为法学研究。广义来讲,它是关于如何理解法律的全部学问。既包括教义学研究和交叉学科研究,也包括经济学、哲学、历史学、社会学等单一学科研究。本文采用的是法教义学和社会法学研究视角,因该二者是开展法学研究的最基本方法,且都能引申到法律评价和规范性建议方面。然而我们也应当注意到这两大学科在规范性建议方面仍然存在着实质性区别。为了使修法建议尽量精准,我们需要使用能为立法者所理解的术语来表述建议,且需要在现存法律体制概念框架内对其进行精确定位。这就需要采用内部视角这一法教义学常用方法。社会法学研究通常采用的是外部视角,并不去考察一件法律文本是否与整个法制系统相适应。② 因此要实现通过内外双重视角完成对一部法律从评价到建议的跨越需要很多步骤。比如,对于法律文本晦涩不明导致公民违法我们可以建议修正文本,但为了确知个中原委我们还需将法律系统的概念框架作为一个整体来通盘分析。

第四,何为评价。我们应该对评价和建议的程度、深度进行区分,因为其中有的是考虑周全的,有的则是浅尝辄止的。浅显的评价往往只考虑了某些特定方面,是顾此失彼、失之偏颇的。而周全评价的作出过程则考虑了法律的所有相关方面,为此这也需要更广泛的跨学科视野。本文的关注点是作出周全评价的范式,同时寻找理解和运用浅显评价的正确路径。本文所指的"评价"相对更为宽泛。狭义上的评价通常包括以下内容的经验性评

---

① 并不存在对某一问题唯一完全正确的答案。建议往往也包括两种甚至更多替代性方案,也并不总是需要概括性的理据。

② Brian Tamanaha, A Socio-Legal Methodology for the Internal/External Distinction: Jurisprudential Implications, *Fordham Law Review* 75 (2006), 1255-1274.

价：一部法律是否具有明确的立法目的和其他法律价值目标，是否存在负面效果。[1] 然而为了进行更广义上的评价，我们必须逐一判断每一评价标准的权重，就是本文试图构建的一套关于各类价值观及其权重的理论体系。这就像是为学生的作业评分，老师们要综合评判一篇论文显示出的学生对文字掌控力、创造力、论据说服力和行文风格等方面因素，同时老师也要对这些标准各自的权重系数进行判断。

这引出了下面两个独立的研究内容：一是如何为法学研究构建一套方法论正确的价值判断范式；二是如何为法学研究构建一套方法论正确的规范性建议范式。

二、习以为常的空白

多年以来关于法律方法的争论一直甚嚣尘上。[2] 这种争论在荷兰和比利时佛兰德尤为激烈。造成这种方法论意识不断增长的原因是法学研究越来越向着国际化、比较学和跨学科方向发展，这就要求法学家的研究方法必须足够精确，足以支撑进行跨学科、跨法域的富有成效的对话。此外，各类研究型学府的成立以及 LL. M. 和 Ph. D. 学位项目的方法论课程建设也使得法科生能够接触到各种法律文献。[3] 在比较法研究和实证主义法学研究领域中，方法论问题也得到了广泛重视。

然而法律评价和建议相关的方法论问题尚未得到广泛的重视。只有少数研究者曾明确提及过这个问题。如，辛格以一种包含法学学术研究和法科教学在内的广义法学视角对这个问题下了定义，但他的方法仅仅局限于司法活动的规范性论证范围内。[4] 史密斯认为"法学的终极问题是实现法律的应然状态"。[5] 他认为比较法可以用来寻找论据和解决方案，并以此获得一个差强人意的个别解决方案。质言之，比较法研究只起到了一定的启发作用，却不能解决对各种论据的权衡和评价问题。[6]

冯·克林克和普尔特对该问题的解答最为清晰，他强调以价值为基础的法学研究的规

---

[1] Ray Pawson, *The Science of Evaluation. A Realist Manifesto*, 2013; Michael Quinn Patton, *Qualitative Research & Evaluation Methods*: *Integrating Theory and Practice*, 2015; G. J. Veerman (with R. J. Mulder & E. S. M. Meijsing), *Een empathische wetgever. Meta - evaluatie van empirisch onderzoek naar de werking van wetten*, 2013.

[2] Hans - W. Micklitz, Guest Editorial. On the Politics of Legal Methodology, *Maastricht Journal of European and Comparative Law* 21 (2014) 4, 589. 英联邦法学家争论，参见 Terry Hutchinson, *Researching and Writing in Law*, 2010; 欧洲大陆法系学术界争论，参见 Rob van Gestel, Hans - W. Micklitz & Miguel Poiares Maduro, *Methodology in the New Legal World*, 2012 (EUI working paper)。

[3] Michael Salter & Julie Mason, Writing Law Dissertations. An Introduction and Guide to the Conduct of Legal Research, 2007; Mike McConville & Wing Hong Chui (eds.), Research Methods for Law, 2007; Terry Hutchinson, Researching and Writing in Law, 2010; Cryer, Robert Cryer, Tamara Hervey, Bal Sokhi - Bulley with Alexandra Bohm, Research Methodologies in EU and International Law, 2013.

[4] 参见 Joseph William Singer, Normative Methods for Lawyers, *UCLA Law Review* 56 (2009), 905。

[5] Jan M. Smits, *The Mind and Method of the Legal Academic*, 2012, 41.

[6] 参见 J. B. M. Vranken, *Mr. C. Asser's Handleiding tot de beoefening van het Nederlands Burgerlijk recht. Algemeen deel. Een synthese*, 2014, 153 - 4 and 195 - 6。

范性特征。[1] 然而，他也只是对法律内在价值和外在标准做了区别，并认为狭义的法学研究仅应用于探究法的内在价值，对基于价值的规范性研究究竟应该具体包含哪些内容并未提出指导意见。

法学研究者经常作出评价、提出建议，然而这些研究只是以偏概全地关注法律的个别价值及其标准。[2] 实证主义法学阐释某部法律的实施效果，并预测该法修订的预期成效。[3] 规范主义法学和法经济学则关注如何平衡成本收益最终实现利益最大化。法教义学研究重点分析一部法律在纵向时间维度上是否前后连贯一致，在横向维度上是否符合当时法律体制的基本原则，法哲学则是运用哲学原理来评价法律。每一种研究路径在各自研究范畴中都十分重要，都为法律评价和规范性建议的作出提供基础，但对于支撑作出一项周全的法律评价来说却尚不足。[4]

虽然我们经常将这些实证研究作为评价某部法律（或更广义上的公共政策）的制定目的及其实现效果的标准，但实证研究本身却存在着不足和缺陷。评价立法的相关研究一般是由政府机构组织实施或至少是由其来启动的，其对所欲实现的立法目的的内涵界定相对狭窄。比如，在荷兰，立法学界提出了"规范立法一般原则"，进而形成了各种立法评价标准清单。[5] 然而，这些评判标准主要侧重于科技法和法律工具价值，并未涉及立法的政治价值。传统的评价研究往往就是根据某些相关价值确定法律中的表面缺陷，无法实现从局部缺陷向全面评价的"跨越"，遑论提出面面俱到的规范性建议了。

总之，我们可以在立法评价研究和其他学科成果中找寻相关的理论基础和有价值观点。然而，这些研究中都包含着两个主要缺陷：一是研究重心局限于个别、有限的评价标准，二是无法将不同学科产生的有用观点纳入更广泛的跨学科视角中去。亦即说目前理论界并没有一个能够证成评价和建议周全性的范式。

怀疑论者可能会辩称这样一个普适的研究范式既不可能亦非可取，由于实证主义法律方法对法学研究的影响颇深，断然放弃传统研究方法会使得实证主义学者和教义学学者失

---

[1] B. M. J. van Klink & L. M. Poort, De normativiteit van de rechtswetenschap. Een pleidooi voor meer reflectie op de normatieve basis van het recht en de rechtswetenschap, *RM Themis* 6 (2013), 260.

[2] 参见 Jules Coleman, The Grounds of Welfare: Fairness Versus Welfare. By Louis Kaplow & Steven Shavell, *Yale Law Journal* 112 (2003), 1511 – 1543; Renny Reyes, Alessandro Romano & Cecilia Emma Sottilotta (2015), Regulatory Impact Assessment in Mexico: A Story of Interest Groups Pressure, *Law and Development Review* 8 (2015) 1, 99 – 121。

[3] 参见 Jonathan Verschuuren (ed.), The Impact of Legislation. A Critical Analysis of Ex Ante Evaluation, 2009。

[4] Joseph William Singer, Normative Methods for Lawyers, *UCLA Law Review* 56 (2009), 913.

[5] 参见 P. J. P. M. van Lochem (2015), Kwaliteit van wetgeving als keuze, in: *Kwaliteit als keuze – kwaliteit (sbeoordeling) van rechtspraak, wetgeving en rechtswetenschappelijk onderzoek* (Handelingen NJV), 2015, 141 – 242, esp. 150 – 167; Willem J. Witteveen, Alternatieve regulering. De vele gezichten van de wetgever, in: *Alternatieve regelgeving* (Handelingen NJV), 2007, 1 – 66; Willem Witteveen, *De wet als kunstwerk. Een andere filosofie van het recht*, 2014。

去作出立法评价和建议的研究工具。① 然而,并非所有经验性的就是始终正确的,传统实证主义法律方法亦非无懈可击。首先,若我们还没有着手探寻新方法,就不能断言它不存在。其次,长期以来法学研究者们基于其个人的实践经验、知识和理论研究工具,一直在进行法律评价和建议,即使其旧有研究方法现在面临转换升级,也不能说根据传统方法作出的评价和建议就是毫无价值的。再次,如果法学研究者不再作出评价性的判断和建议,那么今后期盼法律变革的公众应当从何处获得专业建议呢?如果立法不仅仅是带有政治偏好的一时之兴,如果具备特定法律领域专业智识的法学家还能对法律进行批判性论证,我们就该怀有期待。② 将具有法学专业知识的人排除在法治改革讨论之外是不合理的。这就如同我们不能因为药剂师偶尔犯错就把处方权随意授予普通患者。

当然,也并非所有的法学研究都应该围绕法律评估和建议来开展学术研究。作者将在下文中指出:由于基本研究方法的不足和研究立场的不兼容性,法学研究者有时甚至应该避免刻意地进行法律评估和建议。比如纯粹的理论释义和实证性的法社会学研究本身也非常重要,这类研究并非都需要进行评价性、规范性论证。当然,作者也仍然捍卫法学学术界能够作出周全的法律评价这一观点,并坚信法律评价的作出方式和作出过程应当尽可能规范。

三、评价性和规范性论证的一般特征

法学研究是一种辩证实践。学者提出论据来支持自己的主张,提出反证来驳斥其他研究者的主张。比如,他们既引用立法例和判例来佐证观点,也会引用规范性原则进行论点的驳斥和重建。他们通过实验、观察或是引用学界普遍接受的理论来支持他们的实证性主张。当进行法律评价和建议时此辩证特征尤为突出。这些论证并不是周密的数学证明,而是提供了一条逻辑推理的路径。③ 无法通过严密的方法来确定事实,也无法基于事实作出理论判断。在法学研究尤其是法律评价和规范性建议作出的论证过程中应关注逻辑推理的以下特征。

(一) 论证应在法学学术界场景下进行

法学学术共同体是进行法律评价研究的主体,④ 理论界的研究水平直接决定其研究和论辩的质量高下。判断法学研究论题是否合理且有说服力的唯一方法就是将其发表以供学术界讨论和质询。尽管由于主办者自身的缘故可能使得各种主题学术论坛并不完美,但学

---

① Joseph William Singer, Critical Normativity, *Law and Critique* 20 (2009), 27 – 42, 31.
② Sanne Taekema, Bart van Klink & Wouter de Been (eds.), *Facts and Norms in Law. Interdisciplinary Reflections on Legal Method*, 2016, 265 – 286.
③ Joseph William Singer, Critical Normativity, *Law and Critique* 20 (2009), 28.
④ J. B. M. Vranken, Mr. C. Asser's *Handleiding tot de beoefening van het Nederlands Burgerlijk recht. Algemeen deel. Een synthese*, 2014, 37.

者依然可以找到一个能接纳他观点的"理想学术圈"。

为使学术界可以对研究作出正确评价，学者发表的研究成果就不能仅限于是结论，而应当是完整的论证过程，这是学界对包括教义学研究在内的各种成果发表的基本要求。此外还应注意的是：学者在文章中是否排除了不支持其结论的数据、具体案例或法规？有没有说明为何在特定情况下会选择使用某种研究工具而非其他？在评价性、规范性论证中将所有正反论点和盘托出非常重要且必要。

（二）论证的评价标准是合理性和说服力

首先我们应当区别合理性和说服力这两个概念。即使是"理想学术圈"论坛也无需完全接受所有令人信服的论点。判断论据质量的主要标准并非是强弱性，而是差异性：论据必须是合理的，在逻辑上有效且自洽。[1] 这就如同最高法院判决的许多有趣的案件一样：此案仍有辩论空间，因此虽然终有一方败诉但也值得上诉。且从长远来看，法院对一案的判决也可能是错误的。所以，当期刊编辑、主编决定是否刊发一篇论文时，其标准就是对合理性和说服力二者的兼顾。

当学术刊物的读者决定写一个评论性文章，他也一定会关注合理性和说服力两方面。一名学者的学术观点既合理又有说服力，才能被学界所接受。然而，由于被说服的对象因人而异，因此评价说服力的主观性色彩更浓。譬如，导师可以接受自己所带教的博士研究生对其观点的批判行为，并认为博士生的观点是合理的、创新的，因此认定学生这篇论文达到了授予博士学位要求的水平，但导师可能并不会轻易接受学生的批评观点。同样，在许多学术辩论中双方可能都充分理解对方的立场，甚至认为对方的立场是站得住脚的，但却并未被对方的论点所说服。

（三）论证必须经过正反合检验

整合意见分歧求得最大共识是法律的一大特征，无论法治实践抑或法学研究概莫能外。虽然现代社会公民已在很多问题上产生了广泛的共识，但仍有不少问题是存有争议、悬而未决的。因此必须关注论证的思辨性。学术成果不应仅是提出支持结论的论据，也应坚持无偏私的立场准确表述相关反论，并对反论逐一批驳最终得到一个准确结论。唯有如此，学术界才能对各种学术观点进行全面的评价。[2]

---

[1] Eveline Feteris & Harm Kloosterhuis, Law and Argumentation Theory. Theoretical Approaches to Legal Justification, in: Van Klink & Taekema (note 3), 255.

[2] Raymond A. Belliotti, *Justifying Law. The Debate over Foundations, Goals, and Methods*, 1994, 237.

(四) 结论的得到是高度盖然性的[①]

评价性、规范性论证往往不是论断式的，而仅是目前可供采信的、高度盖然性的，比如修改税收规则的建议。结论的作出是基于辩证推理，而非严格的演绎推理。因此只要是基于相对优势论据得出的结论便被认为是可信的。这种结论只是暂时的，会被不断涌现的新观点所驳斥和迭代。为便于学界对学术论文观点作出肯定或否定性评价，学者在论文中应探讨和辨析所有的正反论据，还要解释为什么支撑这一观点的论据要强于反对论据。

(五) 论证是连贯统一的

规范性理论往往不被应用于具体部门法领域，而是根据伦理和现实被不断发展和重新定义。在伦理学界，约翰罗尔斯提出了反思平衡的这一基本观点。[②] 反思平衡为教义学学者构建法律原则提供了范式。[③] 作者认为反思均衡可以用于法学研究中的评价性、规范性论证范式。此范式可在研究进程中多次循环使用并不断得到修正，从而得到清晰准确的结论。

逻辑连贯的学术论文是研究成果的最终表现形式。论证通常是以单向的方式行文推进的，此时事实引用、常识判断和规范性原则等都能成为正反论据。由于我们在陈述观点时往往忽略了举证过程，因此造成了文章的举证部分和论辩部分无法相契合，逻辑无法连贯。作者在本文中试图从方法论角度为未来的法学研究找到一个能够呈现举证过程的范式。

(六) 论证是复杂的

法学研究中的论证通常是复杂的，包括一系列的主因和次因、正论和反论。论证环节往往繁杂众多，比如由 A，B，C 三个论据得出某部制定法是良法，A 的合理性则来自 X，Y，Z。完整的论证逻辑链条必须是明晰且可信的，整个论证过程中所有论点均是毫无破绽的。西德尼·哈里斯的一幅著名漫画展示了黑板上的数学公式的复杂证明过程，证明过程的最后一个环节就是"奇迹即将发生。"而一位同行的评论则是："我认为你应该在第二步中更加明确。"[④] 这幅漫画对评价性、规范性论证也有警示作用。任何论证环节都不

[①] 参见 Giovanni Sartor, Defeasibility in Legal Reasoning, in: Jordi Ferrer Beltrán & Giovanni Battistta Ratti (eds.), *The Logic of Legal Requirements. Essays on Defeasibility*, 2012, 108 – 136。

[②] John Rawls, *A Theory of Justice*, 1971. On reflective equilibrium, see Norman Daniels, *Justice and Justification: Reflective Equilibrium in Theory and Practice*, 1996; Wibren van der Burg & Theo van Willigenburg, *Reflective Equilibrium*, 1998.

[③] Ronald Dworkin, *Taking Rights Seriously*, 1978, 160; Marsha P. Hanen, Justification as Coherence, in: Michael Alexander Stewart (ed.), *Law, Morality and Rights*, 1983, 67 – 92.

[④] http://www.sciencecartoonsplus.com/pages/gallery.php.

应被忽略，都应是明晰的、可信的，否则整个论证就是不严密的。

（七）论证要经过比较

对规范性建议的论证应注意进行两方面的比较。首先应将建议解决方案与问题现状进行比较，表明此方案是根据一定评价标准得出的且是周全的。法律修订不是零和博弈，但一个评价维度的改善有时可能会导致另一个维度的恶化。比如，用更精确的法学术语来阐述法条会提高各法律文本间的统一性，但专业化术语也会增加民众对理解法律内容的难度，从而降低民众对法律的知悉程度和遵守程度。其次，必须将建议解决方案与其他替代解决方案进行比较，因为不同维度的不同方案各有所长，需要综合考量才能得到最优方案。

（八）论证应引用权威观点或广受认可的观点

正如罗尔斯所言："证成来自各方的共同讨论。"[1] 理论上讲论证中的每一个理据都应能经受住进一步的质疑。我们普遍认为即便真理不都是不言自明的，至少也应是不容置喙的：比如"禁止酷刑""言论自由是基本人权"。而从满足研究实践的角度看，法学论文中引用被普遍接受的观念或是罗尔斯所称的"暂时达成的观点"就已足够。[2] 近期荷兰的立法例和其最高法院的判例就属暂时达成的观点。在大陆法系国家，一本权威的法学工具书也可为律师法庭辩论提供暂时达成观点，而法律文献之外的"非通说"就往往被视为谬误。

作者认为，即使在解释性法学研究中，也应当对权威观点的依赖性持谨慎态度。荷兰最高法院可以推翻早先的判例，权威观点也会存在谬误，甚至可能出现既定法无法解释的例外情况。对权威的引用必须更加审慎，约翰·罗尔斯是20世纪最有影响力的政治哲学家，但这不能成为全盘接受他所有理论的充分条件。若我们援引他的理论观点，就必须做进一步的解释说明为什么在此情况下引用罗氏观点是恰当的。对司法解释的概念和相关论据的引用亦应遵循这个要求。我们只能将法院判例和立法例作为评价和注释的来源和对象，而非是论据或结论。

四、评价的标准

各类特殊性和普遍性的价值评价维度的权重是法律价值评价中不能回避的关键问题。正如上文所述，法学研究者根据评价目标选取不同的评价标准，比如对烟草课税的税率提高10%。一方面，存在诸如税收收入、烟民规模、烟草人均消费量等很多特定评价标准。

---

[1] John Rawls, *A Theory of Justice*, 1971, 580.
[2] John Rawls, *A Theory of Justice*, 1971, 20.

收集数据并非易事，而评判维度更是五花八门。另一方面，公共健康、公民自由等评价维度是存在价值共识基础的。虽然事关税收收入增加，但准确解释和适用各种评价维度却并不容易，遑论逐一确定税赋加重对这些维度的影响了。

此例证可以说明很多问题：第一，部分价值维度如公共健康和自由等对税收的影响是直接性的，另一些价值维度如增加税收和减少烟民人数的影响则是间接性的。我们需要更多的论据来解释其影响因子或是权重。第二，不同价值评价维度的特殊性和普遍性程度不同。第三，无法使用普适性的、压倒性的个别价值评价维度进行整体评价。比如，公民自由和公共健康究竟意味着什么？抛开医疗成本来谈公共卫生健康是否真的那么重要？第四，由于无法做到面面俱到，我们不得不选择重要性、相关度最高的部分维度来进行评价，哪些维度最为重要？第五，如何融合各类不同的价值维度使其成为一个周全的评价性、建议性价值体系？① "价值观"提供了一个可以整合各种价值评价标准的框架性概念，但将其作为共识基础仅仅是解决上述五个问题的第一步。

首先，应当区分价值评价直接维度和间接维度。比如，理论统一性显然是一种评价标准，但它顶多算是一种工具性价值而非终极价值。我们需要进一步论证为什么法治、平等、法律确定性、效率等基础价值观的统一性是有益的。只要立法目的是良善的，那么效率在其中也就成为一种单纯的工具性价值，若立法目的不道德，那么效率就无从谈起，若立法目的是压制言论自由，那么公众势必希望此法无效。许多价值评价维度需要通过转换才能化归为基础价值。税收增加和吸烟者人数减少带来的影响究竟若何？为了进行全面评价，研究者应该逐一研究各类相关维度的重要性，特别是针对不同维度的权重平衡问题要有一个统一的共识基础。

第二，我们要研究如何将价值维度化归为价值观。价值评价维度的子类别非常广泛，因此有必要对价值类别、价值概念和评价维度作区分。自由、统一性等价值观可以以多样的甚至是冲突的方式进行解释，在罗尔斯、德沃金等大师看来，这些母概念可以用来解释各类子概念。② 而特殊的子概念无法直接运用于具体案例，有时必须作为价值评价标准加以规定和实施方能发挥作用，因此研究者必须解释其选择的子概念并证明其正确性和可化归性。

作者并未采用与实证主义法学或法哲学学科惯常的论证逻辑，而是提出了从抽象到具体的价值三重区别。一方面，由于实证主义研究者更偏爱获得譬如税收收入和烟民数量等具体数据，因此通常将具象标准作为其研究的逻辑起点。另一方面，法哲学研究者往往更关注正义、自由等相对更为抽象的价值标准。

这也引出了第三个问题：如何进行解释。学界关于诸多价值产生了各种不同的概念和

---

① 作者认为，若所预设价值评价维度直接或间接与基本价值相关，则上述问题就能得到轻而易举地解决。判定良法的依据是某些基本价值究竟能够在多大程度上得以实现。

② Ronald Dworkin, *Taking Rights Seriously*, 1978, 103 and 134.

解释方法。比如，可以用隆·富勒的八项原则或是约瑟夫·拉兹的八项原则来解释合法性价值，但这些原则也可以用来解释程序价值和实体价值。① 由于各种价值观本质上存有争议，因此详细的概念解析也无法做到完全释疑，这意味着必须通过一些彼此重叠乃至冲突的概念来开展研究。

比如，学界对民主价值有许多不同的解释形式，包括直接民主制和区域代议制。如果我们要研究引入全民公投的法案是否能提高宪治质量，就必须讨论关于民主的各种概念，并解释我们选取其中之一的原因。如果是研究现存民主政治制度的改革问题，我们也必须从当前制度的理论概念着手。这将限制可用概念的范围，但符合价值评价标准的概念仍然不少，为使研究周延就必须使用范围内的每个概念逐一对全民公决作出评价。

此例证说明我们有时应该在价值评价标准清单上选择多个相兼容的概念。我们可将此称为概念的三角定位法。方法论的三角定位法是使用不同的方法来深入地解析某种现象，概念学三角定位法则是使用不同的概念来全面地比对现象与特定价值观的一致性。然而，在大多数情况下，出于实际操作性考虑我们只选择某一种特定概念。虽然没有强制性要求，我们也应该就选择的缘由进行解释说明。

接下来的第四个问题就是评价标准的操作化问题。一旦我们选择了一个特定概念，就必须围绕它制定一个更具体的评价标准，这个标准并非理想化的，它受制于方法的可操作性。② 因此我们在选题时就必须考虑可用的方法和可能的标准之间的辩证关系，根据可能的方法确定可行的标准，反之亦然。当我们提出结论时，也应该从基本价值观和概念开始，推演、解释它们的具体评价标准和方法。

操作化不仅需要更具体的评价维度，也需要判断价值理想的可实现性。由于我们所在的世界并非完美，因此某种价值的充分完全实现几无可能。拉德勃鲁赫和富勒的观点对我们有参考意义，一种价值观的充分实现可能会降低其他重要价值观的实现度。③ 以反谋杀法为例，不能因为谋杀仍在发生就判定该法实施效果不佳而对其进行根本否定。对反歧视法、环境污染防治法也是如此。若是采用寻常浅显的价值评价，我们可能会认为法律的某种价值尚未得到完全实现。不同法律各自追求的公平、民主、可持续发展等价值并非完全一致，当使用一个通用价值观对各部法律进行价值评价时，该法特有的实质性价值往往会遭到贬损和低估。因此我们只需通过设定合理的分界线或把不可实现的区域排除在外，设

---

① Lon L. Fuller, *The Morality of Law*, 1969; Joseph Raz, *The Authority of Law. Essays on Law and Morality*, 1979, 210–229; Jeremy Waldron, The Rule of Law as a Theater of Debate, in: Justine Burley (ed.), *Dworkin and his Critics*, 2004, 319–336.

② 参见 Jørgen Møller and Svend-Erik Skaaning, *The Rule of Law. Definitions, Measures, Patterns and Causes*, 2014。

③ Gustav Radbruch (1950 [orig. 1932]), Legal Philosophy, in: *The Legal Philosophies of Lask, Radbruch, and Dabin*, (ed. E. W. Paterson ⟨1950⟩, K. Wilk transl.), 1950, 109–112; Sanne Taekema, *The Concept of Ideals in Legal Theory*, 2003, 181–183.

置一个操作性和实现度尚可的价值维度范围。

第五个问题是存在较多具有关联性的价值观。由于实际研究时间和学科归属的限制，大多数法学研究者只是从价值观标准中选择少部分普遍价值观和具体标准。比如，研究者往往根据法律基本原则分析一件立法例或判例是否合理，通过这种方法来保持观点的统一性，这对于浅显的研究来说足矣。但更重要的问题是研究者如何确定他们应关注哪些价值观和标准，并证明其选择的正确性。在此我们需要考虑所有相关联的价值维度。

法律评价中价值标准不仅包括如合法性、确定性等显性的法律价值，几乎所有价值观都可以成为法律评价的价值标准，即使其中部分并不被广泛接受，甚至是有争议的。比如，如果有学者能够为婚姻忠诚或动物社群性等价值观提供例证支撑，那么这些价值观也可归入法律价值评价体系中。检验一个论点成立与否的标准并不是它是否令所有人心悦诚服，而是学术界认为它是否合理。① 因此在同性恋被社会广泛接受之前，学者就可以通过平等包容的价值观来抨击性别法律歧视。这也就说明了这个价值观体系中的价值标准都是开放的、可变的。我们对环境和动物的看法将来可能还会发生改变。新的价值观可能会出现，即使它们目前存有争议也不应放弃对它们的开发和使用。

价值观体系的开放性特征是从事法学研究的一大难题。不存在一个足以判断所有法律合理性的基本价值观清单，而若要用其中的一两个价值观（比如税法评价中的公平和效率价值）来判断整部法的合理性，就必须先排除其他价值观与税法之间的相关性。哪怕是浅尝辄止的简单评价，也应当遵守这一规则。对这一问题的研究没有捷径，唯一的指导方针就是不加选择、不加限制、不想当然，尽一切可能以所有相关价值观为基准证成法律合理性。

五、证成链条：评价性论证的范式

本文反复强调，学者应证成论证链条的每一环节。为了确定其中最重要的环节，作者在本节中提出了一个用于呈现评价性论点的线性结构。以往法学研究的逻辑通常是环形的，解释和论证是在不同的环节间来回进行直到可以形成一个连贯的逻辑闭环，② 此时各个环节都得以在论证过程中进行检验和优化，整个论证逻辑结构的非线性导致此类阐释型论文的文本系统性较差。笔者认为，法学研究者应使用清晰的线性逻辑进行推理，且其中每个环节都必须是明确且可信的，主要包括以下六个方面：

（一）确定评价的确切主题

研究课题通常只选取法律体制中的具体某一部分进行切片研究，比如法院判例、部门

---

① 这并不意味着学术研究毫无底线和边界，即使是冲突的价值观也必须符合形式理性。
② 参见 Nicola Lacey, Contingency, Coherence, and Conceptualism: Reflections on the Encounter between "Critique" and "the Philosophy of the Criminal Law", in: *Philosophy and the Criminal Law. Principle and Critique* (ed. Antony Duff), 1998。

法立法例。当我们评价一项特定税收制度的公平性，如果评价者只看到该制度中的税收扣减政策将主要有利于富人，但并未考虑该制度中另一项逐步提高对富人累进制税赋的政策，那么评价结果就会有失偏颇。当然，如果我们只评估累进制税收政策，而忽略富人通常享有比穷人更多免征额度优惠这一现实情况，那么评价结果也仍然是不公正的。因此我们应对主题选择进行认真研究、合理论证，科学预判选择主题后可能产生的评价后果。

（二）确定在特定评价主题下的最重要价值观

不同评价领域往往对应着不同的基本价值观。在税法中经济效率是非常重要的工具价值，但其在宪法中却不是最重要的价值。在各种场域下，我们既应关注效率这一价值，也应讨论支撑效率价值的基础价值，例如经济增长既是一种工具价值，同时又涉及个人幸福等更深层次价值。因此我们不能对价值观进行随意组合。关涉法律价值评价的小型课题通常无法包含对所有相关价值的研究，甚至会遗漏某些重要价值。在研究中应明确价值选择对评价结果可靠性的影响。

（三）选择价值观的概念解释方法

正如上文所述，可以对某一价值观相对应的概念作出不同解释。如果研究者使用三角定位法进行价值观的概念解释，就应当从中选取最合理的概念，并就作出这一选择的原因进行解释。

（四）将概念运用到评价标准的评价路径

评价标准不需要量化。在法教义学研究中，我们通常选择定性方法，定量法只起到次要作用。即便如此，价值标准也必须具体到足以对其进行客观评价，且对价值标准的选择也已经过证成。为使法律免受批评，我们务必明确价值标准的实现度，即使此度是一个无法精确量化的灰色地带。

（五）价值评价的不同标准

在确定评价标准、评价方法后，由于不同学科方法论的评价标准往往大相径庭，因此我们还需要确定这些标准是否被满足。这是论证链条中最重要的一个环节，在大多数论文中往往会占据正文部分的很大篇幅。运用不同学科方法进行比较需要进行更详细、更广泛的研究，受限于本文篇幅作者并未作进一步展开。

（六）平衡各种浅显的评价

基于特定评价标准作出的评价结论既可能是肯定的也可能是否定的，因此即使我们已经建构了一整套价值观和评价标准，仍然可能会陷入困惑之中。在这种情况下，我们仍然要综合平衡各种正反观点，最终作出总体判断。不同价值观往往难以比较甚至根本不在同一位阶，行文中的语境差异和价值观的不同权重都会提高综合平衡、总体评价的难度。

只有在上述六步骤都清晰、准确的情况下，学术界才能作出对某部法律优劣的公正评价。若只是基于单一价值观完成上述步骤就只能得出一个浅显的法律评价结论。若将其他价值观和对应概念、运行机制都融入评价过程，就会得出一个不同的结论。

一项研究之初，我们所需要的只是一个有限的浅显评价，大多数学术成果发表的目标也是止步如此。关于这一点，作者将在下文中展开论证。但价值评价的方法不会永远停留在此程度和范围。对于一项浅显评价，从程度角度看我们应确定所选价值观具体标准的可实现度，从范围角度看我们也需要继续扩大对其他未尽价值观及相应标准的研究范围。高度确然的法律会导致司法效果不佳、功能失调，也会导致法律体制无法及时回应社会发展变化。因而我们必须考虑运用各类相关价值观进行价值评价的可行性、可能性，以作出最佳选择。

应对包括如理论统一性、法律体制基本原则一致性等重要工具价值、内在价值在内的重要价值及其实现路径进行全面判断。具体包括对合法性、预期效果、副作用、制度成本以及最重要的政治伦理价值观等方面进行全面分析。只有我们在论证中囊括了与该主题相关的最重要价值观和标准，并排除其他价值观和标准可能对评价结果产生的实质性影响，才能将浅显评价转化为全面评价。虽然辩证证明的范围和程度上都已有限缩但这仍然是一项繁琐的实质性工作。[①]

六、从评价到规范性建议

法律评价需要对具体问题进行界定，且论证为了解决这些问题，修改法律是可行且必要的。有时解决方案是显而易见的：若文义分析证明法律文本语义含混不清，就应该对文本进行修订；若税收改革对特定群体产生了立法目的之外的不公平影响，就应该使规则更加公正。

作出评价并非易事。若两个法条相互冲突，就需要通过进一步论证来判断对何者进行修改。但解决一个问题往往会产生另一个问题，因为一种价值观的彰显可能意味着对其他价值观的贬损。如果立法目的是没收更多的违禁武器和毒品，那么就应当继续扩大警察的监督权，如制定严厉的拦截搜查政策。但当这些法律政策对少数群体形成歧视时，就会侵犯公民权利，贬损警察的威信。

要作出恰当的规范性建议通常需要跨学科方法，若非谨慎地考虑过所有方法局限，贸然所作的建议就如同隔靴搔痒，甚至可能会产生误解。为了对法律提出充分合理的修订建议，即使从事传统的教义学研究也需要规范性哲学的证成，以避免单纯的文义研究可能产

---

① Ray Pawson, *The Science Of Evaluation. A Realist Manifesto*, 2013, 81.

生的误解。因此即便有时一些跨学科视角与论题之间看上去并没有直接相关性,但对它们进行简单的讨论仍是必要且重要的。

这就意味着要实现对法律修订建议的证成,比作出价值判断的证成要求还要高,通常需要法教义学、实证主义法学和规范法哲学等至少三个学科的合作,且每个学科都会对建议的作出起独到的作用。虽然对个别方面进行浅显评价仍然有局部的积极意义,但在实体法修订建议的论证过程中应当慎用浅显评价。

我们可在规范性建议的论证环节构建一个类似于前节所述的逻辑链条。逻辑起点就是基于法律价值评价的问题意识和问题界定。

(一) 关键问题的确定

首先,并非所有问题都值得进行深入研究。法律修订总要付出代价。频繁修法会导致法律的确定性和法制的威严性减弱。[1] 这不仅损耗大量的时间和经费,且为了证明修法的合理性,还需要提出确有亟待修法方可解决的严重问题。

(二) 可能的解决方案的找寻路径

我们应思考各种可能的问题解决路径,而非寻求某一个看似显而易见的解决方案。解决两个法条间矛盾冲突的最佳方案并非是更改其中一个,这种不一致性可能说明存在着更为根本的矛盾问题。比如,动物立法的统一性较弱,因为它是从早期基本忽视动物利益的时代发展起来的,而今我们却在讨论如何更认真地对待动物福利。围绕动物福利再立新法时,我们可能会看到更深层次的矛盾,而消除这些矛盾冲突的最佳方法是对现存动物法的基本原则进行根本性修订,但这种修订可能会产生一些与既定规则看似毫无关联性的新条目。另一个路径就是废止某部法律。例如,许多女权主义者和同性恋权利活动家都曾倡导:与其允许同性伴侣缔结民事婚姻关系,不如直接废除现存婚姻法。这种做法的附加益处是可以解决对单身、多配偶、多亲等多种家庭形态的不平等待遇问题。另一个可供参考但更加激进的路径是取消所有依据婚姻状况区别公民待遇的法律规定。这种激进方案在大多数情况下并非首选,却有益于对寻找复杂问题的可能对策。

此外还有一个可行的路径就是进行比较研究。扬·斯密茨认为比较法研究可以帮助法学研究者找到在司法案件中已讨论过的解决方案和论据。[2] 研究者还可以"移植"伦理学研究方法为责任、关护、器官移植等问题启发灵感。[3]

---

[1] 富勒提出的法律基本原则之一就是跨越时间的长期相对稳定性。

[2] Jan M. Smits, *The Mind and Method of the Legal Academic*, 2012.

[3] Peter Cane, *Responsibility in Law and Morality*, 2002; Eric Tjong Tjin Tai, Duties of Care and Ethics of Care: A Case Study in Law and Ethics, in Van Klink & Taekema, 329 – 340; and Wibren van der Burg, *Law and Ethics: The Twin Disciplines*, in: Van Klink & Taekema, 175 – 194.

（三）合理解决方案的确定

有时替代解决方案会有许多，研究者必须列出其中最具吸引力和说服力的。我们应审视所有的可行方案，选择并解释其中的最优解。一般默认的选择是什么都不做，维持现状者总是以改革的高成本、预期效果的不确定性以及无法预估的副作用等抗辩理由拒绝修法。在对策建议的研究中，应始终为不作为的方案留有一席之地。另一种备选方案则是通过等待或积极努力使法律朝着理想的方向逐步发展：通过判例法逐步演变，或者在联邦制的州一级试点创制新的法律政策进而推广至整个联邦法律制度之中。

（四）各种合理方案的优劣对比

对不同方案应进行比较后方可作出规范性建议。作出一个赞成或反对意见的浅显评价往往只需要借助法教义学、社会法学某个特定的单一视角。而作出一个周全的评价和建议则应包括法教义学、实证主义法学、规范性哲学等所有相关方面。因此我们必须在基于教义学视角作出浅显评价后，继续从修法建议的预期效果和规范法哲学两个层面进行论证，至少应该确保修订的预期结果是有效且公正的，预期结果的预测方式仍然是比较研究法。比如，为了判断是否应当使自愿安乐死合法化，我们应在已施行此法的州对其真实效果进行实地调研，同时还应将调研结果与医生协助自杀合法化的影响进行比较分析。

只有认真完成了上述四步建议方案，才能发表出来以供学界评判，从而确定该建议是否合理且令人信服。如果论证链条中的某些环节缺失或没有足够的论据支持论点，那么最终得到的结论肯定就站不住脚。即使实证研究表明，拦截搜查政策在打击犯罪方面是有效的，但我们也必须意识到其对隐私保护、身体权、非歧视等重要法律价值观的贬损。拦截搜查政策是否能够与一个严格限制警察权力法制体系相兼容？这是我们在作出修法建议时应思考的问题。

七、治学态度的转变

即便我们确实应提高文章中价值评价和规范性建议的辩论质量，但上文所述也可能会令读者们认为作者提出的范式是不现实的，[1] 广泛的跨学科研究方法也是空中楼阁。有鉴于此，作者建议法学研究者在未来尝试新的跨学科研究方法时最好从平素惯常使用的方法入手。

若法学研究者将更多研究注意力集中到方法论上，法学论文就更能经得起检验和质疑。为使法学研究日拱一卒，笔者建议法学研究者应在治学态度上实现两方面的转变：一是法学研究者应更加谨小慎微，二是应更加充满信心。

---

[1] 参见 Ray Pawson, *The Science Of Evaluation. A Realist Manifesto*, 2013。

(一) 法学研究应更加审慎

如此，法学研究者就会意识到其既往研究的基础并不充分从而刻意回避作出评价和建议。在构建论证逻辑链条时，他们会意识到其中重要环节的论据尚不充分。例如，他们只关注成文法的文义表达，但在没有进行预期效果研究的情况下文义表达研究并不足以证成一项意义深远的修法建议的合理性。

教义学和实证研究并不一定总是能够促进法律评价和规范性建议的准确作出。高质量的研究过程本身可能比得出结论更有意义。事实上，在没有足够理由证明法律评价合理性的情况下，对评价的刻意回避甚至可能会提高学术论著的质量。如果一篇高质量的阐释性文章中夹杂着低质量的评价，反倒影响读者对整篇文章的理解。当我们对法学博士论文和其他法学学术成果的内容不做价值评价和规范性建议要求时，实际上就是在为青年法学研究者减负，这是个值得倡导的研究风气。

本文中尚未讨论到的如法律史或概念阐释学等法学研究分支领域的文章，往往很少会采用价值评价方法。法学研究者囿于论文的篇幅在发表一个特定论点或反论时可能只被允许使用有限字数进行简单评价，但这仍然在一定程度上有益于推进研究、启发公论，也为未来进行完整的全维度评价提供基础。虽然法学方法论受到局限，但法学学术研究质量仍然可以获得整体提高。比如，在讨论同性恋婚姻合法化问题上，除了诉诸宗教和传统观念外，反对者的主张往往有两个核心论点：一是经验主义主张，如同性恋家庭不适于孩子的健康成长；二是规范主义主张，如为同性恋者提供一种可以替代传统婚姻关系的新制度选择，这种关系类似于合伙关系，其法律后果与婚姻关系完全相同，因此没有必要修改现行婚姻法。法学研究者可以择二者之一进行批判，比如对同性恋者另立新法的规范主义主张实质上是进行了法律适用主体上的区分，这是一种形式上的歧视。与其在一篇文章中使用两种学科研究视角，不如只采用实证主义法学或法哲学方法其一。

研究者们可以通过对其价值评价的浅显性和局限性的明示，对其论文扬长避短，使其研究过程更加周密。若他们能够坦然承认其所作价值评价的理论基础或修法思维路径上的局限性，就可使该论文的读者快速确定对文章观点的可采信度，此外作者还可以就文献研究的来源、渠道对其他研究者给出建议；例如，通过提及研究中未及的价值观和评价标准建议后人接续研究。此外他们还可以借鉴其他学科对论文最后一节的常见处理方法——设置"对未来研究之建议"一节。总之，法学研究者通过明确界定自己论证中的方法论局限反而可以提升其论文的学术价值，使得学界对其文章论证思路进行批判性分析和增益补强。

证成是一个程度概念。如果我们试图构建一个完整连贯的逻辑链条，就会发现其中不同环节间的逻辑关联度参差不齐。承认个人学术成果的这一缺陷将有利于推进法学研究事业的整体进步。逻辑推理链条中的某些环节可能仅仅是一个案例索引或新法制订的新闻快讯,它们虽然看上去不够权威,但却往往成为合理假设的最初基础。[1] 若有证据表明它们的来源确实不够权威,就应当邀请更多学者对论证中的薄弱环节进行补充。

(二) 法学研究应当更加进取

法学学科论点证成过程与数学学科证明过程截然不同,它是一个经过学术界研讨使论点可靠性、公允度不断提升的永无止境的过程。本文所采取的研究策略是渐进式的、无终点的。为提升论证合理性、公允性,作者希望以各种方式挑战个人研究者和学术团队以及学术期刊编辑的传统思维。比如通过在文献中寻找非教义学的论据来补强教义学研究成果、拓宽教义学课题研究范围。

法学学术研究带有鲜明的个人风格化特征。因此,与其他社会科学学科乃至于生物医学和其他自然科学相比,法学学科文章极少是多名学者合著。[2] 由于完整的逻辑证成需要耗费大量人力,一个人无法在短期内完成,法学研究者有必要开展团队学术合作。法学跨学科研究虽非易事,却是未来大批实体法研究者学术成长的必由之路。研究范式为法学研究事业整体而非法学研究者个体提供了一个标准模型。

法学家是法学事业共同体的重要组成部分。其中每个人都可以单独贡献一块拼图,然后再由他人在其基础上接续前进,最终绘就成一幅画壮丽的图景。非法学学科方法论的一个重要使命是使研究成果具有可复制性,因其扎实的研究使得后人不必再对类似问题进行研究,然而在法学学科中绝大多数成果都不能直接复制。但即便如此,后续法学人也应能通过阅读前人的文章清晰的辨明其需对哪些现存论点进行继承发扬、哪些未尽问题进行辩证批判。

论证证明的盖然性特征可以依靠"捷径"和"新近共识"进行把握。上文提及评价性推理和规范性推理的三大特征:面向特定学术圈;是目前盖然的,也是可被未来迭代的;来源具有权威性。正如上文所引罗尔斯的观点:各方共同的争议焦点即是论证的逻辑起点。若我们可以合理预判到相关学界必定接受某一观点,就再无对此公允观点进行论证的必要。譬如学界普遍接受最高法院的最新司法判例,因此进行教义学研究只需围绕最新判例进行,不需要讨论过去二十年来最高法院的所有判决,遑论下级法院的判决了。[3] 如对美国已普遍接受同性婚姻的观点只需用温莎案即可佐证。[4]

当然,除了依据权威机关的素材以外,还有其他可靠的论据来源。如果法学权威期刊

---

[1] 参见 Ray Pawson, *The Science Of Evaluation. A Realist Manifesto*, 2013. 帕森认为,无论是经验主义法学,抑或是规范主义法学,学者都不能超越合理假设的认知基础。

[2] Lee Epstein & Gary King, The Rules of Inference, *University of Chicago Law Review* 69: 1 (2002), 47–48

[3] Lee Epstein & Gary King, A Defense of Empirical Legal Scholarship: A Reply, *University of Chicago Law Review* 69 (2002), 191–209.

[4] United States v. Windsor, 570 (2013).

新近刊发一篇关于某领域立法影响的综述性文章,那么我们进行研究引证时就不必再参考其他同一主题论文。同样,我们也可以直接参考权威法学家对其主要研究领域内法律原则的权威解读。如果我们倡议将民主、法治作为价值观,即便我们仍需对自己的选择原因作出合理解释,但也不必再从头论证民主与法治成其为价值观。合理性只是一个程度问题,而合理性究竟何时可达"临界点"并无一定之规。此外也应注意,新近共识也可能会出乎意料地引发争议,被广为接受的教义学观点有时也可能会突然受到质疑。

当一个论证的薄弱之处被确知时,其相对优势也会突显出来,因而本文提出的范式将进一步提高法学研究者的观点说服力。采用更严格的评价和建议框架的最重要成果就是提高学术研究和评价建议的质量。研究框架的完整呈现可能只是一个理想范式,通常也得不到完整的实现。研究人员若沉溺于完整框架的全面实现,恐怕就无法得到成形的评价结果。然而,不断保持对理想模型的探寻,敦促广大学者精益求精,这就是有益的。

八、结论和对未来研究的建议

在本文中作者提出了一个可广泛适用于证明法律价值评价和规范性建议合理性的论证范式。除非法学研究者能够准确、清晰地表达观点,并证明其对论点中每个环节所做的选择均是正确的,否则就不该轻易地作出法律评价和规范性建议。对此,作者未来将做进一步的研究,至少有四大类问题需要解决。

第一个问题是价值观的主要分类。相互冲突的价值观是不可共存的,抑或仅是难以对比?是否有可能分析出最重要的价值观?教义统一性、合法性等法律价值观何以付诸实施,其重要性若何?何以将根本的实质性价值转变为效率和效力?如何实现从价值观到具体概念再到特定评价标准的稳健跨越?

第二类问题是阐释型论文和推理型论文之间的差异性。推理型论文的论证逻辑是线型的。在法教义学、法哲学等奉行统一主义解释学的学科中,分析过程是在所有相关环节中要形成逻辑闭环。我们如何在阐释型论文中构建辩证分析的过程?能否为指导法学课题研究形成一个标准的论证范式?

第三类问题是该范式是基于一种无法实现的"充分论证"状态的理想概念。为提升该框架在指导实际研究项目方面的有效性,我们应制定合理的阶段性策略和论据获取捷径。上文已列举了部分策略实例,例如聚焦一个特定领域的规范性论证,适度进行有限的浅显评价。另一个策略是将法院判例和相关的分析评价等权威资料作为对教义学研究的重要补充。未来研究者还应继续聚焦对研究策略的论据获取捷径的探索。

最后一类问题是兼容性问题。为了提升立法建议的合理性,作者认为应尽量采用法学内部视角。这就意味着需要将其他学科的研究成果转化为能够适应具有不同视角、不同规范特征和限定条件的法律制度框架。这种整合在事实价值区分和跨学科融合方面又产生了不少新问题。

  我们在使用这一论证范式时需要解决包括上述四类主要问题在内的诸多问题。作者对其他研究者在不久的未来重构一个较本文更为丰富、严密的论证框架保持热切的期待。

（编辑：吕玉赞）

法学研究的方法论

[美] 汤姆·R. 泰勒[*] 著 赵宝[**] 译

摘　要　越来越多的实证研究方法被用来处理各种法律问题，但这种研究方法缺乏任何关于人性的模式，实证方法应该特别注意借鉴社会科学理论。社会科学理论可以为法律提供新的可能性，并能以推动关于法律和法律政策讨论的方式显示其价值。如实证研究中制度设计方法的使用，有关日常犯罪、公司犯罪的研究，对于法律遵守机制的研究，展示了社会科学理论有助于拓宽法学研究的理论框架，从而帮助理解人类行为，为基于人类价值的法律制度提供一个可行的基础。这一更广泛的框架不仅是实现传统法律遵守目标的更佳方式，还能使人与法律之间的关系被重新概念化，从而更好地促进21世纪法治秩序的实现。

关键词　实证研究方法　社会科学理论　法律遵守　制度设计方法　法学方法论

一、引言

过去二十年，实证研究方法在法学研究领域的中心地位不断提高。[①] 在此之前，法学研究领域主要由法律的规范性分析所主导，依据法律条文进行研究。[②] 此类教义上的分析，包括在法律规定的框架下尝试去理解权利和义务的最佳平衡。研究者的灵感与启示来

---

[*] 汤姆·R. 泰勒（Tom R. Tyler），美国耶鲁大学法学院教授，原文发表在 *Utrecht Law Review*（2017）13, pp. 130 - 141, 本文已获得作者中文翻译授权。

[**] 赵宝，男，安徽淮南人，华东政法大学博士研究生，研究方向为比较法、法律史。地址：上海市普陀区光复西路1433号，邮编：2000333，联系方式：15221517835，邮箱：15221517835@163.com。

[①] J. Monahan & L. Walker, 'Twenty – Five Years of Social Science in Law', (2011) 35 *Law and Human Behavior*, no. 1, pp. 72 – 82. M. J. Saks B. A. Spellman, 'Introduction', in *The psychological foundations of evidence law* (2016).

[②] S. S. Diamond & P. Mueller, 'Empirical Legal Scholarship in Law Reviews', (2010) 6 *Annual Review of Law and Social Sience*, pp. 581 – 599.

自道德、法律以及政治哲学，围绕着应然领域来建构自身的研究分析进路。

越来越多的实证研究方法被用来处理各种法律问题，这篇文章认同"证据建构法律"的观点，数据的普遍用途是描述事实或识别实证关联。在美国，有太多的实证方法应用于确立法律事实，以至于不能全部被审查。戴蒙德（Diamond）和米勒（Mueller）在所指出的，在2008年，近一半的刊登在《美国法律评论》上的文章包含着实证内容。[1]

让我举一个涉及心理学的例子——未来风险评估。[2] 法律制度在制度中的许多环节都依赖于对人们未来可能行为的预测：如审前羁押、量刑、假释和缓刑等。未来风险评估被适用于各种特殊人群，包括青少年、精神病患者和性侵犯者。传统上，这种风险评估是由法律执行者根据其直观判断进行。法官会观察被告，审查其行为，推断他们的性格以及未来犯罪的可能性。然而，与基于直观判断的预测相比，精算模式被发现更加准确。因此，精算模式在美国法律体系中的使用频次激增。这种模式的优点在于，可以更准确地识别未来危险的可能性。这就意味着更少的非暴力人士被监禁，更少的暴力人士被释放。使用这种定量方法的关键动因在于，其能更好地预测未来的行为，因此，制度中的许多环节——审前拘留、量刑、假释——能够在制定的过程中为无辜者与有罪者伸张正义。

社会科学家关注识别和利用事实，以产生更准确的决策，这与当正义的目标建立在准确的事实基础之上，就能得到最佳正义的论点非常吻合。反过来，通过使用实证方法，准确性又得到了提高。寻求能够指导规范性法律原则应用的事实。准确的事实加上良好的法律规则，更可能通向实质正义，这是传统法律分析定义"正确"与"错误"的规范框架。

风险分析是一个很好的例子，证成了经验主义的优点。研究表明，使用实证方法来评估未来的危险性比使用人类的直观判断要更为准确。在做出涉及对某人未来可能行为评估的法律决定时，适用"方案"比依靠法官或检察官的个人观感更优。[3]

类似的理念，也出现在法律的其他领域。关于如何设计排查程序的研究，导致通过这些程序，证人更有可能指认真正的罪犯，而不太可能指认一个无辜者。对审讯程序的研究已经确定了警察审讯的模式，这些模式更有可能让那些实际有罪的人招供，而不太可能迫使无辜的人虚假招供，有证据的程序更加准确。

这种研究方法在法律上的应用，说明了实证主义的优点，但也凸显了一个局限，那就

---

[1] Ibid.

[2] C. A. Mamalian, State of the science of pretrialrisk assessment, National Institute of Justice. Bureau of Justice Assistance (2011). J. Simon, 'Reversal of Fortune: The Resurgence of Individual Risk Assessment in Criminal Justice', (2005) 1 *Annual Review of Law and Social Science*, pp. 397 – 421. J. L. Skeem & J. Monahan, 'Current directions in violence risk assessment', (2011) 20 *Current Directions in Psychological Science*, no. 1, pp. 38 – 42. 所有的社会科学门类都对"有证据的法律"做出了有益贡献，但由于我自己的心理学背景，我将从该领域的例子中汲取最多。

[3] J. L. Skeem & J. Monahan, 'Current directions in violence risk assessment', (2011) 20 *Current Directions in Psychological Science*, no. 1, pp. 38 – 42; C. A. Mamalian, State of the science of pretrial risk assessment, National Institute of Justice. Bureau of Justice Assistance (2011).

是其所描述的模式是非理论的，它们反映了大数据的缺点和优点，因为它们使用模糊中任何可预测的东西，但缺乏任何关于人性的模式。例如，对于未来的行为，没有模式可以解释为什么人会有暴力倾向，它们是预测性的，但不是解释性的。在风险分析方面，其目标是准确预测未来的行为，而不是解释或检验这种行为发生或不发生原因的理论。随着大数据集的日益普及，以及对定量回归模式①和定性研究方法②的日益熟悉，实证模式变得越来越流行。

实证研究是有价值的，把政策建立在证据上比建立在直观判断上要好得多。在这篇文章中，笔者认为实证方法的好处不仅仅是通过使用数据来予以强化，还应该特别注意利用社会科学理论的力量，许多社会科学理论可能与此相关。因为笔者的心理学背景，所以本文主要关注心理学理论。这些理论能够使法律拓展思考法律问题的框架。在借鉴基于理论上人性模型的社会科学方面，法律一直特别薄弱，因此需要提升和增加，不仅是使用广泛研究来代替直观判断、预设和假设。

借鉴社会科学理论，我们可以想象目前不在制度内的因素可能很重要，并检验实际情况是否真的如此。它提供了一种识别新问题的方法，也是检验其重要性的方法。正是这种新的可能性和验证或证伪其重要性机制的组合，笔者认为这一优势最能说明实证主义所能为法律带来的最大价值。社会科学理论可以为法律提供新的可能性，并能以推动关于法律和法律政策讨论的方式显示其价值。这并不是说现行法律没有理论框架，当今法律制度设计的隐性和显性模式是经济理论。本文将把这一理论框架的含义与社会学、特别是心理学进行对比。

二、作为总体框架的制度设计

在过去的几十年里，法律学者越来越多地采用一种制度设计的方法。在这种方法中，通过考虑其对法律制度目标的影响，来审查法律与政权的政策和做法。这种方法始于理论经济模式，其中包含两个重要因素：一个是人类行为假定动机的模式，另一个是我们应该基于对人的影响来评估规则，包括了个体维度与整体维度。这一发展的制度设计要素在于论证，当局可以也应该通过理解其对社会的影响来设计规则。

最初，制度设计的方法并不是实证的。相反，政策的设计是基于经济理论中对人性的假设。但其目的是使用模式来设计制度，以实现目标。行为经济学扩展了最初的法律和经济学框架，认为实证研究可以用来评估规则与社会后果之间的联系。通过将这些联系视为可以被测试的实证命题，行为经济学至少在关注实证研究方面，将经济学和其他社会科学更加紧密地联系起来。就心理学和行为经济学而言，这两个领域因其共同专注于微观层面

---

① L. Epstein & A. D. Martin, *An introduction to empirical legal research* (2014).
② J. Conley & J. C. Moriarty, *Scientific and expert evidence*; R. Lawless et al., *Empirical methods in law* (2016); C. Robson & K. McCartan, *Real world research* (2016).

人类行为的研究而结合。宏观层面的模式,将经济学与社会学中更为核心的社会背景问题联系起来。

实证研究一个更广泛的目标,是定义法律制度可能的不同运作方式,并对其进行经验性比较。我们可以将整个法律制度视为一个涉及规则、政权与机构的社会体系。然后,可以从其设计和功能而产生的行为结果来评估该系统,这包括法律的结构以及政权的政策和做法。这样的制度设计方法为组织心理学或组织行为学的学者所熟知,他们习惯将工厂或其他工作组织视为社会系统,设计它们来使生产力最大化。① 至少在美国,这种方法在管理方面更容易,因为有一个相对明确的目标:生产力,并从中为所有者带来利润。这并不是说管理层对这一目标有共同看法,只是说在界定法律制度的目标方面存在着更多的共识。相对而言,法律制度有许多相互竞争的目标,至少其中一些目标是难以量化的,例如正义。

将组织设计的方法扩展到法律领域,并创建类似的方法如何?要做到这一点,我们需要为法律制度定义行为目标,并制定规则和制度,通过它们来实现这些目标。这需要我们定义法律制度的目标,而且,我们需要确定能够对这些目标进行操作性评估的衡量标准。

这种努力与马克斯·韦伯(Max Weber)等经典社会理论家对法律制度的讨论是一致的。② 韦伯区分了两个问题,一是规范性问题,指在一个规则和权威给定的系统内,法律制度是否应该被遵守。这是一个法哲学家回答的问题,它们定义了一个公正制度的条件,并认为如果权威是公正的,人们就应该接受和服从它。因此,如果领导人遵守法律,那么他们就有权得到尊重。

第二个问题是,人们事实上是否会实际遵守法律当局制定的规则或决定。这是一个社会科学问题,需要进行实证研究。这个问题可以是人们是否遵守法律。它可以进一步研究在什么条件下人们会或不会服从当局。在任何一种情况下,问题都是法律当局在制定和(或)执行法律的过程中,有哪些因素鼓励或破坏了与这些法律有关的公众行为。

韦伯的作品中隐含着这样一个假设,即遵守是权威的核心问题,这种观点在法律学术界仍然很普遍。重要的是要认识到,对遵守的关注可能只是法律制度很重要的众多目标之一。如前所述,正是由于潜在重要目标的多重性,使得关于法律制度的实证研究难以设计。然而,人们普遍认识到,获得遵守是法律和政权的核心目标,因此将其作为本文分析的重点。

这两个韦伯式命题中的任何一个,都可以作为制度设计方法的基础。每一个问题都有

---

① D. Boddy, Management: An Introduction (2002); R. Kanigel, The One Best Way: Frederick Winslow Taylor and the Enigma of Efficiency (1997); W. Kiechel, 'The management century', (2012) 90 Harvard Business Review, November, pp. 62 – 75.

② T. R. Tyler, 'Psychological perspectives on legitimacy and legitimation', (2006) 57 Annual Review of Psychology, pp. 375 – 400; M. Weber, Economy and Society (1968).

目标，并试图通过设计制度来实现这些目标。一组目标是哲学性的，这种模式试图定义一种制度，以便法律哲学家对其制度和规则所进行的评价，是得到大众尊重的。另一组目标则更多关注社区成员在日常生活中的实际表现。他们是否遵守规则和（或）服从法律权威，本文的重点是后者，即实证的模式。这与法律学术越来越重视对有效法律权威的基础进行实证研究是一致的。

实证性的制度设计认为，法律制度的设计应该是为了实现该制度的预期目标。这是一种积极主动的法律模式，因为它表明行为人可以通过设计制度来实现理想的结果。行为人可以在事件发生之前如此行使规划。在理想的境况中，如果设计得宜，契约会被设计得很好，因此很少被破坏。法律是最合理的，同样也很少被破坏。这与传统方法形成了鲜明的对比，在传统方法中法律是被动的，在犯罪发生或合同违约后才发挥作用。当然这样的设计是基于假设，而不是证据。早期的法律和经济学运动在很大程度上依赖于对人们行为方式的假设，而不是对人们在日常生活中的行为进行实证研究。然而，目前的学术更倾向于将这些问题视为可检视的，并比较不同模式描述人们行为的能力。

因此，这种方法的第二个方面是通过证据以了解法律。政权往往并不知道什么是有效的。相反，研究人员通过实证研究确定机构和当局是否实现了制度目标。一种研究是实验性的，另一种是非实验性的。两者都涉及确定不同的法律规则，并观察它们如何不同地影响随后的行为。在实验情况下，人们可以随机分配到治疗中，而在非实验的情况下，这是不可能的。[①] 在这两种情况下，目标都是利用研究来检验规则的变化和法律当局的决定对相关公共法律行为的影响。

在开始考虑证据了解法律的时候，我们可以把重点放在已经注意到的、传统上被认可的法律目标上，这就使得人们的行为符合法律规则和法律当局的决定：即，获得遵守。行为经济学一开始就承认遵守是法律的理想目标。根据经济理论，实现这种行为的手段在传统上被定义为是工具性的，也就是说，行为是通过人们认为从事特定类型的行为可能带来的奖励或惩罚来改变的。在法律领域，主要是指通过威胁或使用制裁，它有可能设计激励措施，即对从事所需行为的奖励。这种方法并不特别关注态度和价值观，因此被称为是胁迫性的。它是基于理论的，因为它是建立在经济模式之上的。

与经济模式相比，社会科学方法通常强调的是，考虑决定行为的心理框架的更广泛模式的重要性。这一模式包括价值观、社会规范、道德价值观以及合法性。[②] 因此，在法学学术中，社会科学模式受到的关注少于威慑背后的风险评估。它们也是基于理论借鉴了社会科学，但是，这些理论框架在过去的法律制度设计中并不那么重要。

[①] D. P. Green & D. R. Thorley, 'Field experimentation and the study of law and policy', (2014) 10 *Annual Review of Law and Social Science*, pp. 53 – 72.

[②] T. R. Tyler, Why people obey the law (2006); T. R. Tyler, 'Psychological perspectives on legitimacy and legitimation', (2006) 57 *Annual Review of Psychology*, pp. 375 – 400.

此外，社会科学模式将法律制度的目标从传统的遵守扩展到自愿接受。[①] 自愿接受不是源于工具性的关注，而是源于价值观的遵从。这些分析中一个关键性概念是感知的合法性。[②] 这就是相信法律是适当的，人们应该接受并遵从它们。因此，基于合法性的模式在两个方面是不同的。首先它提供关于人们为何遵守法律的另一种观点。第二，它提出了一个替代遵守的目标，这个目标是自愿和愿意接受的，因此，这是一个合意的模式。

这一分析将特别关注普遍的合法性。合法性作为一种主观价值，其核心思想是公众认为警察、法院、法律有权行使权力来维持社会秩序，管理社区成员之间的冲突，并决定如何更好地解决社区中的问题。[③] 它通常使用三个指标进行操作：一是对当局的信任和信心；二是愿意服从；三是对共同价值观的看法（规范的一致）。[④] 合法性是法律制度的一个核心价值，因为它与法律当局有关。其他价值——社会规范和道德价值——也是行为的重要决定因素，但与政权可能背道而驰。举例来说，道德价值长期以来一直是不遵守某些法律的理由。

对这两种观点的认识，为思考人们和政权之间的关系提供了两种思考方式：强制性（工具性）和合意性（基于价值）。[⑤] 强制的方法着重于通过使用激励和制裁来实现遵守。协商一致的方法通过合法性实现的自愿接受。[⑥] 换句话说，强制模式关注的是外部条件对行为的影响，而合意模式则研究内部价值对行为的影响。在这个意义上，自愿行为被定义为由内部价值而不是外部突发事件而发生的行为。

在这种情况下，实证研究的作用不像刑法和民法的应用那样，存在于一个规范性的框架内。实证研究的作用是帮助我们，从理论维度在法律制度如何建构的概念之间做出选择。它的目标应该是什么，实现这些目标时应该强调什么机制？这些都是实证问题，可以通过研究来解决。它们是可检验和可证伪的。

哪些因素影响了遵守？如前所述，关于遵守的文献确定了四个对行为有非工具性影响的因素：制裁、规范、道德价值与合法性。制裁涉及惩罚的风险。规范是指社群性的共同

[①] T. R. Tyler et al., 'Street stops and police legitimacy', (2014) 11 *Journal of Empirical Legal Studies*, no. 4, pp. 751 – 785; T. R. Tyler & J. Jackson, 'Popular legitimacy and the exercise of legal authority: Motivating compliance, cooperation and engagement', (2014) 20 *Psychology, Public Policy, and Law*, no. 1, pp. 78 – 95.

[②] T. R. Tyler, Why people obey the law (2006); T. R. Tyler, 'Psychological perspectives on legitimacy and legitimation', (2006) 57 *Annual Review of Psychology*, pp. 375 – 400.

[③] T. R. Tyler, 'Psychological perspectives on legitimacy and legitimation', (2006) 57 *Annual Review of Psychology*, pp. 375 – 400.

[④] T. R. Tyler & J. Jackson, 'Popular legitimacy and the exercise of legal authority: Motivating compliance, cooperation and engagement', (2014) 20 *Psychology, Public Policy, and Law*, no. 1, pp. 78 – 95.

[⑤] T. R. Tyler et al., 'The impact of psychological science on policing in the United States: Procedural justice, legitimacy, and effective law enforcement', (2015) 16 *Psychological Science in the Public Interest*, no. 3, pp. 75 – 109.

[⑥] T. R. Tyler, Why people obey the law (2006); T. R. Tyler, 'Psychological perspectives on legitimacy and legitimation', (2006) 57 *Annual Review of Psychology*, pp. 375 – 400.

价值观,当人们害怕别人的反对时,他们就不会违反规范。道德价值是对与错的判断,人们被激励坚持自己的道德价值观。合法性是服从当局的责任和义务,当他们认为当局有权做出决定时,他们会听从当局。所有这些因素都反映了人们可能遵守或不遵守法律的原因。

三、日常犯罪

我们可以用日常犯罪来评估遵守更广泛的遵守心理学模式的优点,笔者研究的是日常守法行为,[1] 分析的基础是实证性的发现,即制裁的影响是有限的。在日常遵守方面,对威慑研究的审查得出结论,风险判断和犯罪之间的关系是适度的,甚至可以忽略不计,[2] 对惩罚的确定性的感知在解释偏差(或犯罪)行为方面几乎没有作用。[3] 根据皮克罗(Piquero)等人的说法,[4] 对文献的审查结果是:一些研究发现惩罚会削弱遵守;一些研究发现制裁对遵守没有影响;还有一些研究发现制裁的效果取决于调节因素。[5] 换句话说,威慑的效果是存在的,但非常微弱。

对于惩罚是否有效,也许更重要的是何时有效,对此人们存在分歧。研究表明,威慑可以发挥作用,但在现实环境中,当局部署和维持足够的监视和逮捕风险对个人产生影响的能力是有限的。威慑的问题并非来自风险无法塑造行为,而是因为很难将资源部署到基于创造感知风险的有效战略中。然而,笔者的核心论点不是威慑不起作用。而是相对它的实际影响而言,其效用往往被夸大了,而且它的使用过于频繁,排除了其他方法,其他方法的额外影响也被忽略了。惩罚的效果应该通过建立合法性,让道德价值和社会规范参与进来,并利用它们的激励作用来进一步加强维持社会秩序的努力。这些可能性来自社会科学理论,并在传统法学对威慑的关注问题上进行了补充。

从驾驶和使用毒品到非法移民和纳税,通过对各种行为的遵守,说明了获得日常遵纪守法所涉及的问题。就法律对人们日常生活的影响而言,有证据表明,在广泛的行为中,人们并不总是遵守法律。尽管大多数人大多数时候都遵守法律,但在具体的案件中,政权面临着足够多的不遵守法律的情况,以至于对通常用于社会控制的资源造成了压力。而且,对于非法下载音乐、非法复制电影、娱乐性使用毒品和未成年人饮酒等违法问题上,

---

[1] T. R. Tyler, *Why people obey the law* (2006).

[2] TC. Pratt et al., 'The empirical status of deterrence theory: A meta - analysis', in F. T. Cullen et al. (eds.), *Taking stock: The status of criminological theory* (2008), pp. 367 - 396.

[3] R. Paternoster, 'The deterrent effect of the perceived certainty and severity of punishment: A review of the evidence and issues', (1987) 4 *Justice Quarterly*, no. 2, pp. 173 - 217.

[4] A. R. Piquero et al., 'Elaborating the individual difference component in deterrence theory', (2011) 7 *Annual Review of Law and Social Science*, pp. 335 - 360.

[5] Ibid., p. 335. See also R. Paternoster, 'How Much Do We Really Know about Criminal Deterrence?', (2010) 100 *Journal of Criminal Law and Criminology*, no. 3, pp. 765 - 824.

不遵守法律的现象非常频繁，以至于很难进行有效监管。①

工具性模式在塑造与犯罪有关的行为方面经常表现不佳，这并不说威慑是无效的，而是说政权可能确实夸大了执行法律法规的功利主义方法的有效性。他们认为，威胁能有力地阻止直接的犯罪行为，惩罚能有力地降低犯罪者的再犯率，并阻止其他人犯罪。可能是因为这里描述的制裁和惩罚的局限性，最初似乎是反直观判断的。毕竟，大多数人都熟悉许多结论是"威慑"或"惩罚"有效的研究，而且研究清楚地表明，惩罚可能性的变化塑造了行为。

另一种方法是质询一个模式能解释多少行为的变异。例如，麦克·科恩（MacCoun）回顾了有关毒品使用的威慑力的文献，认为只有5%的毒品使用分歧是能够由惩罚的确定性和严重性的变化进行解释的。② 将统计意义上一些有影响的信息与有强烈影响的信息进行比较，但仅讨论威慑对行为有统计学上的影响是不够的。即使有统计学上的显著影响，威慑也最多只能解释与法律有关的行为中很小的一部分变量。③ 换言之，两个变量之间的关系可以被发现在统计学上是显著的，但无法解释它们之间的差异，因此影响不大。实证研究可以被用来检验不同因素对行为形成的相对影响。

在解释工具因素和基于价值的因素之间差异的能力方面，比较的结果是什么？笔者使用芝加哥人的样本进行了这样的比较，并把重点放在日常的法律遵守上。④ 笔者发现，塑造遵守的最重要因素是道德，其次是合法性。社会规范和威慑都未被发现有独立的影响。笔者在2012年，使用美国全国的样本复制了这种方法，并发现了类似结果。⑤ 遵守主要与道德有关，其次是与合法性有关，风险评估和标准都不具有独立的意义。这项研究进一步表明，与政权合作解决社会混乱问题，主要与合法性有关，其次才是与道德和规范有关，风险同样没有明显的影响。⑥

在日常守法层面，实证研究表明，警察、法院和法律的合法性不仅对遵守很重要，它还塑造了各种重要的公共行为。这些行为包括在个人遭遇中对警察权威的尊重，⑦ 日常对

---

① R. J. MacCoun & P. Reuter, *Drug war heresies: Learning from other vices, times, and places* (2001).

② R. J. MacCoun & P. Reuter, *Drug war heresies: Learning from other vices, times, and places* (2001).

③ T. R. Tyler et al., 'The impact of psychological science on policing in the United States: Procedural justice, legitimacy, and effective law enforcement', (2015) 16 *Psychological Science in the Public Interest*, no. 3, pp. 75 – 109.

④ T. R. Tyler, *Why people obey the law* (2006).

⑤ T. R. Tyler & J. Jackson, 'Popular legitimacy and the exercise of legal authority: Motivating compliance, co-operation and engagement', (2014) 20 *Psychology, Public Policy, and Law*, no. 1, pp. 78 – 95.

⑥ See ibid., for methodological details about this study.

⑦ T. R. Tyler & Y. J. Huo, *Trust in the law* (2002).

法律的遵守,① 与警察的合作,② 以及对警察权威的接受。③ 在遵守法律的情况下,合法性和道德价值观都被发现有明显的影响,这种影响相当于或大于威慑的影响。

四、人们为何会触犯公司犯罪

比较影响的目标可以扩展到日常法律以外的研究,将威慑力与上述其他因素——规范、道德价值与合法性的影响进行比较。在当下,白领犯罪,即公司渎职行为,是当代许多社会问题和议题的焦点所在。

笔者特别关注的是合法性,即在政权控制下的价值,以及公司犯罪领域。④ 泰勒（Tyler）和布兰德（Blader）在对员工的两项研究中做了这样的比较,结果表明,相对于公司内部文化的合法性,风险在影响遵守方面相对不重要。⑤ 笔者在对4430名员工进行的一项大规模调查中研究了同样的问题,发现工具性因素单独解释了所要求遵守中的1%,而包括合法性在内的社会因素则单独解释了19%的差异。⑥ 在这个大样本中,工具性因素的影响在统计学上是显著的,但没有社会因素的影响那么强。事实上,这个结果说明了一个更大的问题,即取决于样本大小的统计学上的显著性,不一定是衡量重要性的最佳标准。

数年前,笔者还在一家大型国际商业银行的私人银行部门进行了一项研究。⑦ 在该研究中,私人银行部门的612名员工完成了关于他们工作场所与工作场所行为的问卷调查。研究对于样本中的一个员工小团体的答案与其主管的答复进行了比较,然后按照承诺,从数据集中删除了所有识别信息。主管的检查表明,自我报告是衡量员工行为的有效方法。⑧

为了反应实质性的收益和损失,员工被问及他们通过遵守规则获益多少乘以其被观察到的可能性,以及他们因违反规则而损失多少,也乘以被观察到的可能性。他们还被问及他们的报酬和福利水平,以及他们的长期愿景。

---

① T. R. Tyler, *Why people obey the law* (2006).

② T. R. Tyler & J. Fagan, 'Why do people cooperate with the police?', (2008) 6 *Ohio State Journal of Criminal Law*, no. 1, pp. 231 – 275. T. R. Tyler & J. Jackson, 'Popular legitimacy and the exercise of legal authority: Motivating compliance, cooperation and engagement', (2014) 20 *Psychology, Public Policy, and Law*, no. 1, pp. 78 – 95.

③ T. R. Tyler & J. Jackson, 'Popular legitimacy and the exercise of legal authority: Motivating compliance, co-operation and engagement', (2014) 20 *Psychology, Public Policy, and Law*, no. 1, pp. 78 – 95.

④ T. R. Tyler, 'Reducing corporate criminality: the role of values', (2014) 51 *American Criminal law Review*, pp. 267 – 292.

⑤ T. R. Tyler & S. L. Blader, 'Can businesses effectively regulate employee conduct?: The antecedents of rule following in work settings', (2005) 48 *Academy of Management Journal*, pp. 1143 – 1158.

⑥ T. R. Tyler, Why people cooperate: The role of social motivations (2011).

⑦ See ibid., for details about this research.

⑧ S. Blader & T. R. Tyler, 'Testing and expanding the group engagement model', (2009) 94 *Journal of Applied Psychology*, pp. 445 – 464.

为了反映同意程度,员工被问及他们对管理合法性的判断、对经理动机的信任以及他们对自己与其经理在组织的合理目标上共享价值观程度的看法。这是传统合法性概念的三个要素。

什么是值得关注的行为?遵守被认为是服从规则。它的平行行为是角色内的工作表现(即做你工作需要的事情)。遵从反映了自愿接受,其平行行为是角色外的行为(做你工作所不需要的事情)。最后是对组织的认同,这与前面概述的所有行为相关联,并进一步包括促进组织成功所做的一般努力。[①] 最后,由于所研究的公司正处于合并过程中,该研究询问员工是否愿意努力为使合并成功而工作,这是为新成立的组织的成功而工作的具体例子。

所有因素加在一起解释了14%的工作场所政策和规则遵守情况的独特差异。[②] 当单独考虑其中一个因素时,激励和胁迫因素解释了3%的独特差异,基于同意的因素解释了12%的差异。在角色行为的情况下,员工行为中10%的差异得到了解释。基于胁迫的变量占差异的3%,基于同意的变量占差异的8%。所有这些影响都是显著的,表明了这两个因素都有影响。然而,同意因素则通常至少有两倍的力量。

服从的情况解释了15%的差异;胁迫的变量解释了3%的差异;同意的变量解释了15%的差异。这意味着,虽然这两个因素在单独考虑时是显著的,但如果把它们放在一起考虑,基于同意的变量解释了所有服从的差异。角色外行为解释了13%的差异,4%由胁迫的变量决定,11%由同意的变量决定。

最后,40%的组织认同差异得到了解释,4%由胁迫的变量决定,40%由同意的变量决定。因此,当两个因素一起考虑时,同意的变量几乎解释了所有的差异。新公司的变量测量标识强化了这一点,总共解释了25%的差异。胁迫的变量解释了3%的差异,同意的变量解释了25%的差异。

因此,以参与和积极促进组织的同意为中心的变量,解释了所有的差异。这些发现只是来自一个组织,但该研究的目标是高层员工,其工作具有高度的自由裁量和规则导向。因此,它与公司监管以及更广泛的法律问题尤其相关。

同样,特维诺(Trevino)等人在对六个行业的1万名员工进行的研究中,将规则和惩罚的有效性与公司内部的价值观和诚信文化进行了比较。[③] 与基于遵守的程序相比,基于价值的程序(包括合法性和其他基于价值的因素)对不道德行为的报告较少。道德意识

---

① T. R. Tyler & S. L. Blader,'Can businesses effectively regulate employee conduct?:The antecedents of rule following in work settings',(2005)48 *Academy of Management Journal*, pp. 1143 – 1158.

② This analysis utilized regression analysis. The question asked is how much variance in a criterion or dependent variable was explained by one cluster of variances once the influence of the other cluster was taken into account. This is the distinct or unique contribution of that cluster to explaining the dependent variable.

③ L. K. Trevino et al.,'Managing ethics and legal compliance:What works and what hurts',(1999)41 *California Management Review*, no. 2, pp. 131 – 151.

的水平越高，就会有越多员工就道德问题寻求建议，也带来了越高的员工举报违规行为的可能性。基于价值程序的关键因素，是公平的对待员工，奖励道德行为，惩罚不道德行为。在这里，一个相对的比较揭示了以价值为基础的方法在研究中的优越性，它使用了更广泛的价值概念，包括合法性、道德和规范。

五、用广阔视角审视人类动机的益处

虽然法律的重点在于遵守，但向以合法性为基础的共识性权威模式的转变也是有价值的，因为它更容易容纳在社会中变得越来越重要的一系列更广泛的目标。① 这些目标中的第一个就是合作，就法律权威的服从这一传统问题而言，合作是第一重要的。虽然人们可以因为害怕惩罚而服从，但当人们出于对权威的自愿接受而服从时，对当局来说就比较容易。合法性触发了同意。

当政权是合法的，人们也会更广泛地帮助共同管理他们的社区。他们会报告犯罪和识别犯罪，充当证人和陪审员，参加邻里会议，参与邻里监督，所有这些行为都有助于警察完成警务。最后，警察最好是作为一个在社区内投射出镇定和安全心理预期的机构。尽管许多人很少与警察打交道，即便打交道也是打电话寻求服务。但重要的是，他们感到如果有问题或处于危险之中，警察会关心他们的问题，并认真对待他们。与其对警察感到恐惧，并尽可能地避免与他们进行接触，当人们信任警察时，他们更愿意通过购物、工作、外出娱乐、参与政治活动和邻里团体来参与社区活动。②

这说明了社会科学理论的两个贡献，一是，为传统上重要的目标提供一个潜在重要的新模式，在这种情况下，价值遵守具有潜在动机；二是，建议如何扩大关注的目标。服从不是强制框架中的一个想法，在一个共识的框架中，它作为一个潜在有价值的目标出现。

六、工具主义的神秘

尽管有上述证据，工具模式对许多人来说仍然是传统的智慧。如果通过合法化的公司治理和日常服从是一种理想、有效的方法，为何为共识性方法建立案例时如此困难呢？

研究的结果表明，合法性是社会制度的一个非常理想的特征，具有很多吸引人的特点，是法治的一个可能的基础。那么，为何建立和维持一个基于合法性的遵守制度是如此困难？为何当局使用基于功利主义模式的工具性方法？无论在面对金融不当行为问题还是犯罪浪潮时，为何法律当局的第一反应都是以威胁和制裁为主。实证主义可能是改变法律制度的一个必要但不充分条件，原因又是为何呢？

一个原因可能是，尽管有证据的支持，政权仍然高估了执行法律法规的功利主义方法

---

① T. R. Tyler & J. Jackson, 'Popular legitimacy and the exercise of legal authority: Motivating compliance, co-operation and engagement', (2014) 20 *Psychology, Public Policy, and Law*, no. 1, pp. 78–95.

② Ibid.

的有效性。例如，他们认为威胁可以直接影响行为，惩罚可以降低再犯率。如果研究不能像传统智慧中假定的那样支持这一论点，正如上述文献所表明的那样，那为什么它仍然是传统智慧的代表？一个原因是上面提到的统计方法，当其他框架支持不同的结论时，研究的框架是支持有利于威慑的论点的。

这种传统智慧，至少有一部分可能是基于监管当局每天都看到的发生在他们眼前的行为。当这些当局的威胁显而易见时（尽管有证据表明，他们经常抵制权力的差异），人们在面对要对不遵守规定的行为进行惩罚的当局时，可能会立刻遵守。然而，在以后（更重要的是，超出了合理的监视范围）当他们的行为不是出于立即的惩罚威胁时，他们就会反悔。因此，那些处于当局地位的人可以不断地体验到权力对行为的影响。而事实上，这种影响是极其短暂的。因此，掌权者认为威胁和使用武力是一个比实际情况更可行、更有效的策略。

这些信念反映了一个"自我利益的神话"。研究表明，人们期望他人更强烈地受到自我利益判断的影响。例如，关于潜在的奖励和惩罚的影响预估，比其实际的作用要强得多。[1] 这一问题，对于身居权威地位的人来说尤为明显。

正如上文所详述的那样，在现实中，对文献的研读一致表明，威胁和使用武力往往是无效的，或者一般来说，不像通常假设的那样强大。被抓和受到惩罚的可能性的变化，对犯罪行为的影响至多算是微小。人们是否受到惩罚与未来低犯罪行为的低水平没有可靠的关系，更严厉的惩罚与未来犯罪行为的减少也没有关系。当这种普遍缺乏对以暴力为基础的方法的实证支持，与这种模式的有效性的普遍信念比较时，问题是，为什么这种广泛持有但错误的信念会持续存在？

在某种程度上，这种有缺陷信念的延续，反映了理论和模式自我实现的性质。费拉罗（Ferraro）等人讨论了经济模式在组织理论中的主导作用，以及在这种情况下这些模型同样缺乏强有力的实证支持。[2] 他们认为，一个理论是否显得不证自明，与其说得到了实证证据的支持，不如说与文化迷信是否一致有很大关系。这就引出了一个问题，为什么人们觉得把人看成是功利主义者是如此的有说服力。功利主义是否在某种程度上与我们对日常经验的理解相一致？至少就当局而言，这些信念之所以持续存在，是因为在政权的日常个体化经验中，权力招致了服从。

一旦人们对自己和他人的动机性质有了这样的概念，即使证据不足，也很难放下这些成见。正如巴伦（Baron）所指出的："我们倾向于坚持我们的信念，而不充分考虑到反对

---

[1] D. T. Miller & R. K. Ratner, 'The power of the myth of self-interest', in L. Montada & M. J. Lerner (eds.), *Current Societal Concerns about Justice* (1996); D. T. Miller & R. K. Ratner, 'The disparity between the actual and assumed power of self-interest', (1998) 74 *Journal of Personality and Social Psychology*, pp. 53–62.

[2] F. Ferraro et al., 'Economics language and assumptions: How theories can become self-fulfilling', (2005) 30 *Academy of Management Review*, pp. 8–24.

的证据或质疑其有力性的证据。"① 心理学家将此称为"信念坚持"。② 研究表明,与其公开考虑质疑他们信念的证据,人们更倾向于采取心理策略来减弱不和谐的信息对其信念的影响。

人们使用的方法是主要或专门寻找能让他们维持自己的信念的确认信息。③ 例如,人们以支持他们先前观点的方式,来确定他们对问题的研究。我注意到,人们普遍倾向于把关于威慑的研究等同于威慑是否有效的问题。在这个意义上,它的效果可以被证明为绝对有效。④ 在这种相对较低的标准下,通常会发现威慑效果,研究人员可以得出结论,威慑是有效的。问题是,人们被这种方法吸引,是因为它支持他的假设,还是因为相反的前提?

由于这种倾向于关注与个人先前观点一致的论据或证据,带来了一个关键问题,那就是什么类型的证据可以将这些动机降到最低,并鼓励人们对新信息持开放态度。卡亨(Kahan)在关于气候变化信息的研究中讨论了这个问题。⑤ 人们有一种自然的倾向,即通过他们先前的意识形态框架来解释信息,并进行身份认知。另一方面,这并不意味着人们总是对与他们先前的信念相悖的信息不敏感。信息的制作以及一般的训练和经验都可以塑造开放性。例如,卡亨(Kahan)表明,相比一般公众,法官对于不同的信息持更加开放的态度,他认为这可能反映了法官的专业训练和经验。

同样的论点表明,有更好或更糟糕的方法编制信息使其产生影响。⑥ 因此,在环境方面,范伯格(Feinberg)和威勒(Feinberg)发现,当改变的信息以保守派支持的价值观为框架时,对其态度的影响更大。同样,费吉纳(Feygina)等人的研究表明,环境信息的框架影响了这些信息克服人类原有价值观的能力。⑦ 如果全球变暖被认为是对维持现状的威胁,那么保守派就会支持对付它的措施。如果他们被告知全球变暖需要社会变革,他们就会反对这些措施。

所有这些观点的重要性可以进行简单地概括。当人们对什么是重要的东西有了先入为

---

① J. Baron, Thinking and deciding (2000).

② C. A. Anderson et al., 'Perseverance of social theories', (1980) 39 *Journal of Personality and Social Psychology*, pp. 1037 – 1049. L. Ross et al., 'Perseverance in self – perception and social perception', (1975) 32 *Journal of Personality and Social Psychology*, pp. 880 – 892.

③ D. Kahan, 'Ideology, motivated reasoning, and cognitive reflection', (2013) 8 *Judgment and decision making*, pp. 407 – 424.

④ S. T. Ziliak & D. N. McCloskey, *The cult of statistical significance: How the standard error costs us jobs, justice, and lives* (2008).

⑤ D. Kahan, 'Ideology, motivated reasoning, and cognitive reflection', (2013) 8 *Judgment and decision making*, pp. 407 – 424.

⑥ M. Feinberg & R. Willer, 'The moral roots of environmental attitudes', (2013) 24 *Psychological Science*, pp. 56 – 62.

⑦ I. Feygina et al., 'System justification, the denial of global warming, and the possibility of system sanctioned change', (2010) 36 *Personality and Social Psychology Bulletin*, pp. 326 – 338.

主的看法时，他们有很多方法来忽略那些与他们观点相反的证据。因此，实证研究的一个关键优点是其可证性。实证研究可以反驳人们的观点，而且当它反驳时，它是强大的。这并不意味着人们不能破坏或抹黑数据，人们可以如此为之。但是，作为证据的一种形式，实证研究具有力量和价值，可以使人们认识到他们最初所否定的观点的正确性。关于说服力的问题总是相对的，实证研究已经被证明是改变法律制度更有力的方法之一。

七、法律遵守的新模式

政权的政策和实践，以及对其进行评估的标准，都是关于人类行为者的理论模式的产物。它们是微观经济和心理分析的关键节点，但主导法律分析的模式只反映了心理学中的一个子集。简单的实证分析，也就是建立关于制度的事实，并不足以改变这个框架。重要的是利用一个更新、更广泛的概念框架来确定强制模式之外的因素，然后在研究与法律有关的行为如何被影响时，涵盖入对这些模式的测试。

基于现有理论框架收集数据的趋势，进一步助长了威慑力的主导地位。在美国，全国性调查收集了关于犯罪率、逮捕率和判决的信息。这些信息可以与关于惩罚的确定性和严重性以及刑期的统计数据联系起来。然而，在大多数情况下，无法将影响力因素与合法性因素进行比较，因为合法性没有被评估。[1] 目前还没有专门对法律、法院、警察或行政管理机构的合法性进行定期的国家调查研究。

笔者的建议是，社会科学理论的主要好处在于可以拓宽理论框架，从而帮助理解人类行为，并提供了一种机制。通过实证研究证明，这种更广泛的框架可以为基于人类价值的法律制度提供一个可行的基础。这样一个更广泛的框架并不仅是实现传统遵守目标的更佳方式（尽管有证据表明确实如此），它还能使人与法律之间的关系被重新概念化，从而更好地促进21世纪民主社会中社会秩序的实现。

这一论点首先可以在法律的传统目标方面提出：使法律和政权的决定得到遵守。人们为什么要遵守法律？[2] 经济学模式将重点放在惩罚的风险上，惩罚风险确实会影响人们的遵守。但研究表明，价值观，特别是合法性，在塑造遵纪守法方面起着同等作用，甚至可能更为重要。

合法性是如何产生和维持的？[3] 同样，经济模式侧重于对结果的控制，而心理模式阐明了一套更广泛的先决条件，包括尊重与信任。同样，研究再次表明，支持基于程序公正

---

[1] T. R. Tyler, *Psychology and the design of legal institutions* (2007).

[2] T. R. Tyler, 'Psychological perspectives on legitimacy and legitimation', (2006) 57 *Annual Review of Psychology*, pp. 375 – 400.

[3] T. R. Tyler et al., 'The impact of psychological science on policing in the United States: Procedural justice, legitimacy, and effective law enforcement', (2015) 16 *Psychological Science in the Public Interest*, no. 3, pp. 75 – 109.

的更广泛模式。因此,心理学假设和研究支持更广泛的遵守心理的概念。①

八、方法论的问题

这些不同的模式还确定了几个关键的方法论问题,这些问题将不可避免地成为基于证据的法律的核心。首先,是在研究中内部和外部有效性的适当平衡。狄鲍特(Thibaut)和沃克(Walker)关于程序正义的经典研究,在法律上几乎立即被打了折扣,因为他们是基于实验室的。② 这说明了关于何种类型的方法论有助于在法律领域有证明价值的研究,依然持续存在着争议。

第二个相关问题是,法律环境在多大程度上允许实证研究的可能性。就目前情况而言,大多数法律制度都收集了与威慑有关的数据,但没有收集与合法性有关的数据。而且,由于大多数的行为人相信威慑,他们支持随机控制试验来测试其影响,愿意分配警察或改变制裁来测试政策。相比之下,由于许多行为人不相信价值是重要的,也不相信程序正义是重要的,所以他们一直在抵制这方面的操作。犯罪学的一个重要变化是,强调在实地环境中进行随机控制实验的必要性,这种研究是最有说服力的。但是,如果没有法律当局的积极合作,这些研究很少能够进行。因此,在许多情况下,当局的先前观念决定了这些先前观念是否可以被检验。

这两个问题是相关的,因为实验研究特别需要当局的合作将参与者随机分配处理。由于研究是由内部有效性来评估的,而实地实验是证据的"黄金标准"。社会变革是由当局所主导控制的。如果当局不允许他们的假设被测试,那就不会有高质量的证据来评估这些假设。

九、结论

以证据了解法律,是美国和欧洲法律的一个重要的新趋势。它的基本思想当然延伸到所有的法律制度,无论它们是否像美国那样以普通法为基础,还是像欧洲大陆那样以立法为基础,或者是混合模式。此时,这种实证主义大多涉及实证研究方法的非理论适用。

本文认为,依赖证据的一个更被忽视的方面,是使用社会科学的理论模式来定义实证主义产生问题的范围。这种方法使社会科学能够扩大法律运作的框架。它在那些被识别为重要的因素(但目前被最小化的因素)方面做出了重要贡献。而且,它提供了一种方法来检验那些基于理论的论点。

(编辑:吴冬兴)

---

① T. R. Tyler, *Why people obey the law* (2006); T. R. Tyler, 'Psychological perspectives on legitimacy and legitimation', (2006) 57 *Annual Review of Psychology*, pp. 375 – 400.

② J. Thibaut & L. Walker, *Procedural justice* (1975).

法律方法前沿

大数据与法律解释的准确性

[美] 布莱恩·G. 斯洛克姆[*]著　张骥[**]译

摘　要　法律解释的准确性取决于解释角度，从不同的解释目标出发会得出不同的解释结论。传统上法律解释对结论准确性的要求是修辞性的而非经验性的，但数据驱动型法律解释方法的应用可能会改变法律解释以修辞为中心的论证格局。作为新兴的两种数据驱动型法律解释方法，语料库分析和调查能帮助法官更多地基于经验确定法律的意义，使解释结论更加精确和缜密，应当被纳入法律解释的过程和理论中。但数据驱动型解释方法并不能将法律解释转变为一门实验科学，法律解释的准确性不会完全取决于经验性的解释方法，对解释准确性的要求应当保留部分修辞性的内容。

关键词　数据驱动　解释目标　解释来源　解释体系

引　言

学术界越来越多地致力于提高法律解释的"准确性"，但准确性是一个取决于解释角度的或然概念。例如，如果一个学者关注立法机构的语言生成，他可能会通过对立法过程更加精细地理解来寻求改进法律解释的方法。[①] 于是，该学者可能认为，人们可以通过关注不同类型立法史中的关键人物和立法史的生成过程来评估立法史的可靠性。[②] 相反，另

---

[*]　布莱恩·G. 斯洛克姆（Brian G. Slocum），美国太平洋大学麦克乔治法学院教授。感谢在布鲁克林法学院"数据驱动型法律解释方法研讨会"上对本文提出建议的参会人员。原文标题为"Big Data and Accuracy in Statutory Interpretation"，载《布鲁克林法律评论》（*Brooklyn Law Review*）2021年第86卷第2期，第357-388页。本文已获得作者的翻译授权。

[**]　张骥，男，四川省成都人，华东政法大学法律学院博士研究生，研究方向为宪法与行政法。

[①]　参见 Abbe R. Gluck, Comment, Imperfect Statutes, Imperfect Courts：Understanding Congress's Plan in the Era of Unorthodox Lawmaking, 129 HARv. L. REV. 62, 62-66（2015）（文章通过国会在制定法律时使用的程序分析法律解释）。

[②]　参见 Jesse M. Cross, Legislative History in the Modern Congress, 57 HARV. J. ON LEGIS. 91, 91（2020）。

一学者可能会关注一些言语共同体[①]对语言的理解,比如由"普通人"组成的群体。[②] 这样的学者可能会认为,某些解释原则与法律领域之外的语言习惯相似。[③]

学者们通常不会明确指出他们的观点属于哪种解释角度,而法院往往会从多种解释角度来证明解释来源的合理性。[④] 尽管如此,如果"准确性"是一个用于法律解释的融贯性概念,就必须确定一些解释的目标。准确性更难的方面是根据解释目标来考量潜在的法律解释。法院和学者在传统上并没有尝试对解释来源进行经验证成(empirical verification),也没有尝试在一个特定的解释中整合这些解释来源。[⑤] 因此,对准确性的要求一直是修辞上的,而不是经验上的。

例如,思考一下斯卡利亚大法官对准确性的呼吁。在他的《阅读法律》一书中,斯卡利亚大法官认为,"大多数解释问题都有一个正确的答案,"因此,"解释中的可变性是一种紊乱。"[⑥] 那么,为什么法官经常会对哪种可能的解释是"正确的"产生分歧?斯卡利亚大法官认为,方法上的差异是造成解释产生不一致的原因,因为并非所有的法官都使用"合理解读法"(fair-reading method),该方法会得出一个文本含义,使其能够符合"一个具有相应语言能力的理性读者(reasonable reader)对一份已经公布的文本会作出的理解。"[⑦] 如果法官都使用"合理解读法",他们将"得出相当一致的答案"。[⑧] 斯卡利亚大法官的方法有一个问题是,他的经验性主张是否有效取决于一项并不存在的事实,即所有法官都使用"合理解读法"。[⑨] 但是,法官们从来没有就法律解释方法达成一致,而且很可能永远不会。[⑩] 同时,在选择可用的且经常相互冲突的解释来源时,"合理解读法"与

[①] "言语共同体"是指共同使用一套语言规则和持有共同语言价值的人群。参见 Peter L. Patrick, The Speech Community, WORKING PAPER, ESSEX RESEARCH REPORTS IN LINGUISTICS (2011)。

[②] 参见 Bostock v. Clayton Cty., Ga., 140 S. Ct. 1731, 1766 (2020) (Alito, J., dissenting) (文章认为关键问题是"在制定法规时,普通人会如何理解法规的条款?");还参见 Hillel Y. Levin, Contemporary Meaning and Expectations in Statutory Interpretation, U. ILL. L. REV. 1103, 1103 (2012) (文章认为法官在解释模棱两可的法律时,应受限于当代公众对法律含义及适用的理解和预期)。

[③] 参见 Brian G. Slocum, Conversational Implicatures and Legal Texts, 29 RATIO JURIS. 23, 24-25 (2016) (根据一般的语言原则,"同质性解释原则"是合理的)。

[④] 为便于论述,本文使用广义的"解释来源"一词,既指具体的解释原则(如文本规则),也指一般的信息来源(如字典或立法史)。

[⑤] "一个经验性解释来源的"经验证成"包括尝试去考量相关言语共同体对该解释来源的使用。一个值得注意的例子是 Abbe Gluck 和 Lisa Bressman 努力调查立法起草者在起草立法时是否有考虑各种解释原则。参见 Abbe R. Gluck & Lisa Schultz Bressman, Statutory Interpretation from the Inside-An Empirical Study of Congressional Drafting, Delegation, and the Canons: Part I, 65 STAN. L. REV. 901, 904-11 (2013)。对某个解释的经验证成包括努力就某项法律的含义咨询相关言语共同体。见下文第一部分(讨论使用调查来确定普通人如何解释法律)。

[⑥] ANTONIN SCALIA & BRYAN A. GARNER, READING LAW 6 (2012).

[⑦] ANTONIN SCALIA & BRYAN A. GARNER, READING LAW 33 (2012).

[⑧] ANTONIN SCALIA & BRYAN A. GARNER, READING LAW 36 (2012).

[⑨] 当然,也需要法官正确应用"合理解读法"。

[⑩] Richard H. Fallon, Jr., The Meaning of Legal "Meaning" and Its Implications for Theories of Legal Interpretation, 82 U. CHI. L. REV. 1235, 1255-62 (2015) (文章列出了"意义"的各种定义方式)。

不以经验为基础的"理性读者"①并不排斥原本重要的司法裁量。② 因此，斯卡利亚大法官没有提供任何理由，令人相信他的方法会得出唯一"正确"的答案，或者更能加强解释的一致性。

与传统上以修辞为中心对准确性的要求相比，如斯卡利亚大法官的上述观点，数据驱动型法律解释方法可能会改变如何提出与评价有关准确性的观点。此文考虑了两种数据驱动型法律解释方法：调查和语料库语言学。调查的使用是日益壮大的"实验法理学"（experimental jurisprudence）运动的一项工具，根据定义该运动是以实验为基础。③ 而语料库语言学通常涉及对来自语料库的数据进行统计分析，语料库是一种机器可读的言语汇编，它的数据来自"真实交际环境中使用的书面语言和语音转录"（如在报纸、小说、书籍等环境中使用的语言）。④ 如果使用得当，语料库语言学的结果会符合"普适性、可靠性和有效性的科学标准"。⑤ 因此，调查和语料库语言学有可能帮助法官对法律的含义做出更多基于经验的决定，尽管这两种方法都不能将法律解释变成一门实验科学。

本文通过评价这些解释来源是如何适应法律解释的传统体系，来思考数据驱动型解释方法和关于解释准确性的主张。文章第一部分阐明了每项法律解释都是根据一些解释目标做出的，但这些目标反映了不同的解释角度。⑥ 关注立法机构语言生成的解释角度与关注某些语言群体对语言理解的解释角度之间存在根本区别。⑦ 接着，文章第二部分阐明了解释来源通过提供证据帮助选择最符合相关解释目标的含义。一个特定的解释来源可能提供

---

① 参见 BRIAN G. SLOCUM, *ORDINARY MEANING: A THEORY OF THE MOST FUNDAMENTAL PRINCIPLE OF LEGAL INTERPRETATION* 106 (2015)。

② 参见 William N. Eskridge, Jr., The New Textualism and Normative Canons, 113 *COLUM. L. REV.* 531, 531 (2013) (reviewing ANTONIN SCALIA & BRYAN A. GARNER, *READING LAw: THE INTERPRETATION OF LEGAL TEXTS* (2012)) （文章认为斯卡利亚大法官主张的问题之一是，"对于任何困难的案件，都会有多达12到15条相关的'有效规则'从不同的方向切入，为司法人员留下相当大的选择空间"）。

③ 参见 James A. Macleod, Ordinary Causation: A Study in Experimental Statutory Interpretation, 94 *IND. L. J.* 957, 991–1012, 1016 (2019) （文章利用一系列具有全国代表性的调查实验来分析普通读者在联系上下文的情况下如何理解《预防仇恨犯罪法》第七章的语言）。

④ 参见 Brief for Amici Curiae Corpus–Linguistics Scholars Professors Brian Slocum, Stefan Th. Gries, and Lawrence Solan in Support of Employees at 7, Bostock v. Clayton Cty., Ga., 140 S. Ct. 1731 (2020) (No. 17–1618)。

⑤ Haoshan Ren et al., "Questions Involving National Peace and Harmony" or "Injured Plaintiff Litigation"? The Original Meaning of "Cases" in Article III of the Constitution, 36 *GA. ST. U. L. REV.* 535, 540 (2020)。

⑥ 当然，法院通常不会公布解释的角度，而且解释角度在解释过程中可能会发生转变。

⑦ 参见 William Eskridge, Jr., Brian G. Slocum & Stefan Th. Gries, The Meaning of Sex: Dynamic Words, Novel Applications, and Original Public Meaning, 119 *MICH. L. REV.* 1503, 1516 (2021)。例如弗兰克·伊斯特布鲁克法官认为，一项表达的意义取决于解释群体在文本使用当时是如何理解这些言语的。参见 ANTONIN SCALIA & BRYAN A. GARNER, *READING LAW* XXV (2012)；还参见 Richard H. Fallon, Jr., The Statutory Interpretation Muddle, 114 *Nw. U. L. REV.* 269 285–88 (2019) （文章说明了意图主义者和文本主义者是如何描述法律解释目标的）。

与某个解释目标相对应的证据。例如，直观的是立法史提供了有关立法机构语言生成的信息。① 不过要考虑到，要断定立法史中的证据与普通人对语言的理解具有关联性可能需要借助法律拟制。② 文章第三部分阐明了语料库语言学是一个与一般意义解释目标有关的解释来源。因此，语料库语言学提供的信息是与法律领域之外的语言交际习惯和普通人对语言的理解有关。③ 然而，与一些支持语料库语言学的主张相反，将语料库分析纳入法律解释的体系中并没有使法律含义的确定成为一个经验性问题。与立法史等其他各种解释来源不同，语料库分析的主要功能是提供关于跨语境的词义数据。④ 所以，语料库语言学可以揭示语言用法的重要系统性，但要确定相关条款的含义，任何语料库分析都应当同时考察一部法律的特定语境。法官在没有语料库语言学的帮助时应当考察这个语境，因为即便要在非法律语言的语料库中获得一项法律规定的准确语言都是不大可能的，更别说在一部法律的整体语境中。

语料库语言学与其他传统的解释来源一样，在一定意义上它为某个群体对某项解释争议在某些方面的看法提供了间接性证据，要解决这项争议还必须结合其他证据。⑤ 相反，正如文章第四部分所阐明，调查是考量某个特定群体对某一问题何种看法的直接方式，甚至可以用来考量普通人是如何解释某一特定法律并用其处理一系列具体事实。调查能够考量某个特定群体对某一特定法律和解释争议的看法，从而解决经验主义和语境之间的矛盾。⑥ 而且，当调查涉及最终的解释问题时，由于不需要从语言使用的一般情况中进行推论，所以排除了司法决定的一般意义标准。⑦

即便如此，调查可能不足以替代所有传统的解释来源，因为法律训练和法律知识是法律解释的组成部分。法律解释是一个多层次的过程，包括规范性决定、专业法律能力和对语境的推论。调查证据的潜势如语料库语言学一样，会提出关于法律解释经验性的重要问题。但就像在其他法律领域中一样，经验性观点的支持者可能混淆了规范性概念与经验性概念。⑧ 然而，在解释法律时，法官经常对某个具体的人或群体有关意义的观点做出推断，而调查证据可以帮助评估这些推断的准确性。

---

① 相关的语言群体可能包括立法机构的成员，这取决于如何定义该群体。参见 Abbe R. Gluck & Lisa Schultz Bressman, Statutory Interpretation from the Inside – An Empirical Study of Congressional Drafting, Delegation, and the Canons：Part I, 65 *STAN. L. REV*. 901，904 - 11（2013）。

② 参见相关注释的内容（notes 60 - 62）。

③ 参见 Stefan Th. Gries & Brian G. Slocum, Ordinary Meaning and Corpus Linguistics, 2017 *BYU L. REV*. 1417, 1422 - 33（2017）。

④ 从理论上讲，语料库语言学可以基于一般意义（通常是一般意义）提出一个假设，但为了确认或反驳这个假设，总是需要对特定的语境进行考察。

⑤ 参见相关注释的内容（notes 126 - 150）。

⑥ 参见相关注释的内容（notes 158 - 160）。

⑦ 参见相关注释的内容（notes 28 - 36）。

⑧ 假定调查参与者能提供法律的全部语境，但令人怀疑的是调查提供的语境是否能达到法官要考虑的广度，这包括相关条款和其他条款、大量关于该条款和其他条款的立法史、以及各个司法管辖区的先例。

作为法律解释的意义来源,语料库语言学和调查的不断改善是一种令人兴奋的发展。但是,它们必须被适当地置于解释的过程和理论之中,以评估它们是否能够改变法律解释准确性的衡量方式。语料库语言学和调查都有可能帮助法官对法律的含义做出更多基于经验的决定。即便如此,法律解释的特点也阻碍了这两个解释来源将法律解释转变为一门实验科学。法律知识和法律训练、法律的整体语境以及解释性的推论和判断都是法律解释的组成部分,而这些特点使法律解释不能完全被经验性方法所掌握。因此,对解释准确性的要求应当至少在修辞上部分地保留。

一、法律解释的多种目标

理解数据驱动的解释来源如何融入法律解释的体系,需要考虑文本解释的两个基本组成部分:(1) 适当解释目标的构成问题,以及 (2) 证据问题,即哪些意义来源有助于确定构成问题所设定的标准。[①] 学者们对构成问题的回答通常是主张法院应设法确定某些特定人群的信仰或行为。从广义上讲,各种形式的"意图主义"侧重于立法机构的语言生成,而各种形式的"文本主义"则侧重于对语言的理解,通常是普通人或解释群体的理解。[②] 尽管解释角度不同,但法院认为,至少在某种程度上,对语言的理解应该被优先考虑。因此,法院推定,法律文本中的语言应当被赋予"一般意义",并且该意义由非法律语言的一般使用原则确定。[③] 一般意义标准的合理性在一部分上是基于它符合法律解释的基本原则,如公开性、可预测性以及法律文本应能为公众阅读理解的观念。[④]

(一) 作为法律解释目标的一般意义

尽管法院不自觉地援用了一般意义原则,并提供了关于其特征的线索,但他们并没有定义该原则,也没有一致地使用该原则。[⑤] 甚至某些基本问题,如一般意义解释的真正重点(是单个词语还是诸如语句般更多的内容),尚且存在理论化不足和法院处理不一致的

[①] 参见 BRIAN G. SLOCUM, *ORDINARY MEANING: A THEORY OF THE MOST FUNDAMENTAL PRINCIPLE OF LEGAL INTERPRETATION* 36 – 37 (2015) (文章阐述了构成问题和证据问题)。

[②] 本文区分了立法机构在立法讨论中的语言生成和普通人对语言的理解,但解释理论也可能会关注其他言语共同体。参见 William S. Blatt, Interpretive Communities: The Missing Element in Statutory Interpretation, 95 *Nw. U. L. Rev.* 629, 630 – 31 (2001) (文章认为"法律涉及以下三个不同的群体:由政府官僚机构中的专业人员组成的政策群体,由选举产生的政治家组成的政治群体,以及由普通选民组成的公众群体")。然而,本文的重点是解释来源,而不是言语共同体,言语共同体之间被忽视的基本区别足以说明解释来源之间的重要差异。

[③] 参见 BRIAN G. SLOCUM, *ORDINARY MEANING: A THEORY OF THE MOST FUNDAMENTAL PRINCIPLE OF LEGAL INTERPRETATION* 1 – 3 (2015)。

[④] 参见 Herman Cappelen, Semantics and Pragmatics: Some Central Issues, in *CONTEXT – SENSITIVITY AND SEMANTIC MINIMALISM: NEW ESSAYS ON SEMANTICS AND PRAGMATICS*, 3, 18 – 19 (Gerhard Preyer & Georg Peter eds., 2007) (文章认为"当我们阐述规则、指令、法律和其他行为指令时,我们假定处于不同情景的人能够以同样的方式理解这些内容")。

[⑤] 参见 LAWRENCE M. SOLAN, *THE LANGUAGE OF STATUTES: LAWS AND THEIR INTERPRETATION* (John M. Conley & Lynn Mather eds., 2010)。

情况。① 所以，一般意义原则的某些方面是存在争议的，但就其本质而言，一个条款的"一般"意义应当由跨语境（不同的法律、主题、国会等）的要素组成。② 否则"一般"意义的概念会失去融贯性，因为它将只基于法律的特定语境和立法机构的固有意图。③ 例如有一个非常特殊的含义在法院基于这部法律的整体语境考虑后，仍然认为它是符合立法机构意图的含义。虽然这个特殊的含义可以说是"正确的"含义，但这样的含义并不"一般"。④ 因此，一般意义可以用如下方式定义：它是指在常规含义和其他的系统性，如组合性，以及一个有助于对相关术语适当的常规含义进行选择的语境等基础上，语言传递给群体普通成员的含义。⑤ 如前所述，一般意义的概念注重"普通读者在一部法律颁布时对其词语作出的理解"，而不是立法机构在制定这部法律时的意图。⑥

尽管关注常规含义，但对语境和目的的考虑是确定一般意义不可分割的方面。对于自然语言的理解，特别是对于法律文本，法律解释的目标是确定一个语句在特定语境中的含义，而不仅是它通常可能的含义。⑦ 因此，一般意义必须基于语言习惯，而不是对说话人意图的推断，但也要考虑到某种关于语境和目的的证据。⑧ 然而，当法院试图确定一个文本的一般意义时，根据语境作出的推断应该与语言习惯有关，而不是与更广义的作者意图有关。⑨

尽管上文定义的一般意义很重要，但它不能作为法律解释构成问题的唯一答案，因为

---

① 参见 BRIAN G. SLOCUM, *ORDINARY MEANING: A THEORY OF THE MOST FUNDAMENTAL PRINCIPLE OF LEGAL INTERPRETATION* 106 (2015)（文章认为"当前司法解释方法的部分问题……是法院往往把对一般意义的查询框定在个别词语，而不是相关语句"）。

② 参见 Brian G. Slocum & Jarrod Wong, The Vienna Convention and the Ordinary Meaning of International Law, 46 YALE J. INT'L L. (2021)。

③ 这种描述在某种程度上是简化的，因为即使解释者关注了法律的特定语境和立法机构的预期意图，解释者也不能不依靠语言习惯来理解语言。参见 BRIAN G. SLOCUM, *ORDINARY MEANING: A THEORY OF THE MOST FUNDAMENTAL PRINCIPLE OF LEGAL INTERPRETATION* 54 – 72 (2015)。

④ 参见 Brian G. Slocum & Jarrod Wong, The Vienna Convention and the Ordinary Meaning of International Law, 46 YALE J. INT'L L. 35 (2021)。

⑤ 参见 BRIAN G. SLOCUM, *ORDINARY MEANING: A THEORY OF THE MOST FUNDAMENTAL PRINCIPLE OF LEGAL INTERPRETATION* 57 (2015)（文章描述了习惯对意义的重要性）。"组合性原则表明，一项复杂的语言表述所表达的含义是由其复合部分的含义以一种有规则的方式构建起来的"。M. LYNNE MURPHY & ANU KOSKELA, KEY TERMS IN SEMANTICS 36 (2010)。因此，如果一个语句的含义是其各部分含义与各部分之间关系的总和，那么该语句即具有组合性。

⑥ Thomas W. Merrill, Textualism and the Future of the Chevron Doctrine, 72 WASH. U. L. Q. 351, 351 – 52 (1994)。最高法院的某些意见也关注可能的解释或普通人。参见 Bond v. United States, 572 U. S. 844, 861 (2014)（文章认为"本案中化学品的使用方式，不会让普通人认为该化学品是化学武器"）。

⑦ 参见 BRIAN G. SLOCUM, *ORDINARY MEANING: A THEORY OF THE MOST FUNDAMENTAL PRINCIPLE OF LEGAL INTERPRETATION* 111 – 12 (2015)（文章讨论了语境对解释的重要性）。

⑧ 参见 BRIAN G. SLOCUM, *ORDINARY MEANING: A THEORY OF THE MOST FUNDAMENTAL PRINCIPLE OF LEGAL INTERPRETATION* 111 – 12 (2015)。

⑨ 参见 Brian G. Slocum & Jarrod Wong, The Vienna Convention and the Ordinary Meaning of International Law, 46 YALE J. INT'L L. 24 (2021)（文章描述了如何使用相同的解释工具来选择适当的常规含义，或者相反地，如何使用相同的解释工具作为基础对立法意图作出宽泛的推论）。

它往往不能完全确定法院的实际解释。① 例如，法院可能依赖于与文本语言的一般意义相矛盾的法律问题，以至于一般意义将与法院赋予条款的含义不同。② 另外，可能很明显的是，相关的文本语言应该被赋予特殊的法律或技术含义，甚至是一些不是技术或法律的但很少使用的含义（如一个特殊含义）。③ 此外，一般意义可能是笼统的或模糊的，因而严格来说是不确定的，但要解决解释上的争议，往往需要是与否的区别。④ 在上述情况下，对于文本表达的含义，法院通常的处理可能是依赖于对文本语境的推断。这些推断可能与适用的语言习惯相矛盾，或者比其更精确。⑤

（二）作为互替性法律解释目标的交际意义和法律意义

如果法院超出上述的一般意义，并寻求一项规定所表达的意义，它应当选择某种角度来确定。法院可以将视角转向读者，试图确定文本读者对于交际意义的理解，这可以理解为具备相应能力的读者会很合理地认为文本作者⑥在特定交际语境中使用特定语言载体所欲表达的含义。⑦ 或者，法院可以将视角转向作者，试图确定文本中语言生成的交际意义，这可以理解为立法机构在特定交际语境中使用特定语言载体所要表达的含义。⑧ 可以想象，哪些意义来源有助于确定构成问题所设定的标准，这个证据问题可能会因法院选择

---

① 显然，一般意义在多大程度上能够完全确定法院的解释，取决于对"一般意义"的定义有多宽泛。而一个非常狭隘的定义可能不符合要求，因为它在每一个案件中都不能确定解释，而过于宽泛的定义则会导致解释失去融贯性，因为它只是作为法院认为最有说服力的解释的一个结论性标签。

② 参见相关注释的内容（notes 47 – 51）。

③ 因此，一般意义是可以被否定的。参见 Taniguchi v. Kan Pac. Saipan, Ltd., 566 U. S. 560, 569 (2012)（文章认为"'解释者'这个词可以包括翻译文本的人，但因为这不是该词的一般意义，所以它不能适用，除非这个词出现的语境表明它可以适用"）。

④ 参见 Brian G. Slocum, Replacing the Flawed Chevron Standard, 60 *WM. MARY L. REV.* 195, 238 – 39 (2018)（文章认为法律解释"一般依赖于二元性，即解释问题有"是"或"否"的答案，这与语言的典型结构相冲突"）。

⑤ 例如，"车辆"的词义可能对于某些不属于典型车辆但也显然不是非车辆的物品而言是不确定的。哈特在他著名的"公园内禁止车辆"的假设中指出，"车辆"是否包括自行车这样的物品，可能并不明确。参见 H. L. A. Hart, Positivism and the Separation of Law and Morals, 71 *HARV. L. REV.* 593, 607 (1958)。然而，从法律体系来看，显然自行车应该被视为车辆，而其他一些沾边的物品则不应被视为车辆。参见 State v. Barnes, 403 P. 3d 72, 75 – 76 (2017)（文章认为驾驶割草机不属于盗窃机动车法令意义上的"机动车"，因为该法令的制定是为了打击高比率的汽车盗窃和相关犯罪，而不是盗窃割草机）。

⑥ 为便于写作而使用了单数形式的"作者"一词，尽管立法机构是多成员机构（其成员通常不是法律文本的实际起草人）。

⑦ 存在争议的是，该定义是否应当限定为从作者"试图传递"的内容来说，而非从作者成功传递的内容来说。参见 BRIAN G. SLOCUM, ORDINARY MEANING：A THEORY OF THE MOST FUNDAMENTAL PRINCIPLE OF LEGAL INTERPRETATION 70 (2015)（文章讨论了"成功的沟通"是否是对任何意义的定义都应有的一个要素）。然而，鉴于本文的目的，没有必要在此解决这个问题。只要认识到立法机构试图表达的含义（无论成功与否）可能与普通读者理解的含义不同即可。

⑧ 正如该定义所言，确定语言生成的交际意义并不依赖于普通读者对语言的理解，而是依赖于国会通过法律的过程。参见 Abbe R. Gluck, Comment, Imperfect Statutes, Imperfect Courts：Understanding Congress's Plan in the Era of Unorthodox Lawmaking, 129 *HARv. L. REV.* 62, 80 – 96 (2015)（文章通过国会在制定法律时使用的程序分析了法律解释）。

的方向而有所不同。①

无论其框架如何,一项规定的交际意义通常不足以决定法院的最终解释。例如,文本语言的交际意义可能由于某种原因在法律上是不可接受的,譬如会引起严重的宪法问题或导致荒谬的结论。② 在此情况下,法院的解释是基于反映规范性法律责任的原则,而非语言的生成或理解。③ 所以,法院对该规定的法律意义作出确定,可以理解为一名具备相应能力的法官依照该规定的一般意义或交际意义赋予其含义,并根据特定的法律问题进行修改。④

(三)识别法律解释目标的重要性

上文对法律解释的基本要素进行了宽泛扼要的概述,并省略了与本文观点无关的各种细微差别。例如,前述三种意义的分类是有争议的,其他人可能会以不同的方式组织或定义典型的解释目标,只有"一般意义"是法院目前在描述其法律解释方法时使用的术语。⑤ 然而,由于一些原因,即便是高度概括性地思考法院不同的解释目标也是有益的。

首先,法院赋予法律的含义并不总是与法律术语的一般意义相同。⑥ 因此,解释的融贯性需要额外的解释性概念来描述法律解释的性质。⑦ 其次,要依照法官对语言生成或语言理解的关注,考虑到法院不同的解释目标允许法官有时以不同的方式进行更精确细致的分析。一般意义原则的指向是语言理解,但当一项规定的一般意义不足以决定法院所选择的含义时,法院的倾向应当在解释过程中发生转变(即使是隐性的)。⑧ 法院可以通过关

---

① 参见相关注释的内容(notes 57 – 60)。
② 荒谬原则(absurdity doctrine)可能是最明显的例子,它允许法院拒绝接受文本的含义(无论是交际意义还是其他),而支持其他的含义。参见 John F. Manning, The Absurdity Doctrine, 116 *HARV. L. REV.* 2387, 2388 (2005)(文章描述了法院如何长期接受这样的观点:"当特定的法律适用会产生'荒谬'的结果时,法官甚至可以脱离最明确的法律文本")。回避原则是另一个例子,它允许法院选择的解释可以不符合立法意图的含义或普通读者会赋予它的含义。参见 Eric S. Fish, Constitutional Avoidance as Interpretation and as Remedy, 114 *MICH. L. REV.* 1275, 1275 (2016)(文章认为法院利用回避原则来"改写法律")。
③ 参见 Eric S. Fish, Constitutional Avoidance as Interpretation and as Remedy, 114 *MICH. L. REV.* 1275, 1275 (2016)。
④ 当一个解释来源的定义发生变化,而法院将该原则适用于变化之前颁布的立法时,也会出现交际意义和法律意义之间的差异。参见 William S. Dodge, The New Presumption Against Extraterritoriality, 133 *HARV. L. REV.* 1582, 1589 (2020)(文章注意到"随着时间的推移,反对治外法权的推定已经发生了重大变化",并且已经"从基于国际法的规则演变为礼让法则,再到确定立法意图的方法")。
⑤ 例如,我们可以在不同种类的意义之间做出更多的区分。参见 Richard H. Fallon, Jr., The Meaning of Legal "Meaning" and Its Implications for Theories of Legal Interpretation, 82 *U. CHI. L. REV.* 1235, 1243 – 52 (2015)。虽然这样做可能有益于某些目的,但本文的目的是说明语言生成和语言理解之间基本观点的差异,以及大数据如何与一个观点相关,而非另一个。
⑥ 参见相关注释的内容(notes 40 – 43)。
⑦ 无论解释的目标如何定义和组织,显然没有一个单一的概念足以阐明解释的过程。
⑧ 当然,可能从解释过程一开始,某种形式的交际意义就是法院的解释目标。即便如此,思考法院关注的是语言理解还是语言生成,以及法院是否基于法律原则拒绝交际意义,也是有益的。

注语言生成或语言理解来确定该规定的交际意义。① 或者,法院可以转而关注法律意义,这可能很难与语言生成或语言理解联系起来。② 无论解释的目标是什么,法院都可以选择与该目标相关的解释来源。最后,当法院讨论一个解释来源时,在评估法院是否使用法律拟制的时考虑司法波动性的解释倾向是有益的。③ 如果假定一个普通人会参考一个与语言生成有关的解释来源,那可能这个解释来源是一项法律拟制。④ 同样,如果假设立法机构在起草法案时遵循了与语言理解有关的解释来源,那可能这个解释来源是一项法律拟制。⑤ 当然,法院经常试图将解释来源与语言生成和语言理解关联起来以使其合法化。例如,一般意义原则的前提是,对意义的检验是一种客观的检验,是外在于立法者的实际意图的。⑥ 所以,重点在于普通人对语言的理解。不过,法院还是可以简单地断言,一般意义标准是语言生成的一个方面。事实上,根据最高法院的观点,法院会"假定法律中语言的一般意义准确表达了立法目的。"⑦ 当然,这种假设的意图是不具体的,即它与任何特定的国会、主题或法律没有联系。简而言之,这种假设在很多情况下都可以商榷。

二、解释的来源和解释的目标

被选定的解释目标必须为解释的构成问题提供答案,而解释来源在与解释目标相关时应提供证据,以帮助选择最适合解释目标的含义。一个融贯的解释过程将包括多个意义来源,这些来源在准确应用时,会选择一个由解释目标定义的含义,并排除那些无法准确应用的来源。⑧ 下表1列出了前述三个解释目标,并提供了与特定目标相关信息的一些解释来源。

---

① 参见相关注释的内容(notes 47 - 49)。
② 至少有可能将一些实体原则纳入交际意义的概念中,但这样做很可能涉及法律拟制。参见 Brian G. Slocum, Reforming the Canon of Constitutional Avoidance, *U. PA. J. CONST. L.* (2021)(文章提供了一种理论来说明如何将宪法回避原则视为交际意义的一个方面)。
③ 法律拟制是"为了适用某项特定的法律规则或解释某项法律规则,故意、合法、无可争议地做出一项与特定案件中已证明或可能的事实相反的事实假设,该假设为法律所允许或在法律科学中使用"。参见 Todd Barnet, Legal Fiction and Forfeiture:An Historical Analysis of the Civil Asset Forfeiture Reform Act, 40 *DUQ. L. REV.* 77, 80 (2001)。
④ 参见相关注释的内容(notes 82 - 84)(讨论了类似原则)。
⑤ 参见 Abbe R. Gluck & Lisa Schultz Bressman, Statutory Interpretation from the Inside - An Empirical Study of Congressional Drafting, Delegation, and the Canons: Part I, 65 *STAN. L. REV.* 901, 911 - 24 (2013)(文章分析了立法起草者在起草法案时是否考虑各种解释原则)。当假设同一解释原则与普通人对语言的理解有关时,该原则仍然可能是一种拟制。
⑥ 参见相关注释的内容(notes 39 - 40)。
⑦ Marx v. Gen. Revenue Corp., 568 U. S. 371, 376 (2013)(citing Hardt v. Reliance Standard Life Ins. Co., 560 U. S. 242, 251 (2010));还参见 Am. Tobacco Co. v. Patterson, 456 U. S. 63, 68 (1982)(案件说明法院"假定立法目的是由法律所用词语的一般意义来表达的")(内部引文省略)。
⑧ 也就是说,意义的来源,以及如何使用它们,应该符合解释目标的要求。

表 1　解释的三个目标与相应的解释来源

解释目标	一般意义	交际意义 （语言生成和理解）	法律意义
解释来源	1. 词义（字典、直觉、先例） 2. （可能更宽泛的）语句语境 3. 语法规则	1. 立法史 2. 类似原则	1. 荒谬原则 2. 实体原则

（一）有关一般意义的解释来源

对于一般意义目标而言，各种解释来源可以说是提供了信息，这些信息与确定语言基于常规含义向社会普通成员传递的含义有关。[①] 字典是一个明显的例子。[②] 法院参考字典的定义是基于这样的看法（通常是错误的），即认为定义反映了公众对语言的一般用法，所以反映了词语在法律中的一般意义，而不是揭示了某种特定的立法意图。[③] 同样，语法规则提供了关于某项规定一般意义的信息，只要这些规则准确地描述了特定语言群体是如何解释语言。因此，举例来说，如果群体的某位普通成员在解释某项规定时，会考虑到逗号的规则（即使是隐性的），那么关于逗号的规则就与文本的一般意义有关。[④]

一项规定所处的语言环境也能提供与确定一般意义有关的信息。事实上，考虑语境是意义不可或缺的方面，即使解释来源基于一般化的意图和语言使用的系统性，也可能需要考虑法律的特定语境。[⑤] 比如，一般意义可能至少包括一些文本规则，这些规则是关于意义的各种假定。"这些假定来自起草者对词语的选择，它们在语句中的语法位置，以及它们在'整部'法律中与其他部分的关系。"[⑥] 这些假定通常被认为是基于语言使用的一般

[①] 参见 Brian G. Slocum & Jarrod Wong, The Vienna Convention and the Ordinary Meaning of International Law, 46 YALE J. INT'L L. 67 – 76 (2021)。

[②] 可以肯定的是，司法对字典的依赖一直受到理论界的严厉批评。参见 Ellen P. Aprill, The Law of the Word: Dictionary Shopping in the Supreme Court, 30 ARIZ. ST. L. J. 275, 277, 280 – 81 (1998)（文章阐述了法官无原则地使用字典的问题）。

[③] 参见 Utah v. Evans, 536 U. S. 452, 475 (2002)（对于"列举"的含义，法院声称从字典定义中获得了"同时代普遍用法"的信息）。

[④] 因此，如果逗号的位置表明法律意义的规则不能反映一般用法，它就不能成为确定一般意义的解释来源（因此可能无法合理适用）。参见 Lance Phillip Timbreza, The Elusive Comma: The Proper Role of Punctuation in Statutory Interpretation, 24 QLR 63, 67 (2005)（文章阐述了最高法院为法律解释创造的"标点符号原则"）。

[⑤] 参见 Anita S. Krishnakumar, Backdoor Purposivism, 69 DUKE L. J. 1275, 1331 (2020)（文章阐述了文本规则的应用如何允许法院进行目的主义推理）。

[⑥] 参见 WILLIAM N. ESKRIDGE & PHILIP P. FRICKEY, CASES AND MATERIALS ON LEGISLATION: STATUTES AND THE CREATION OF PUBLIC POLICY 634 (1995); 还参见 BRIAN G. SLOCUM, ORDINARY MEANING: A THEORY OF THE MOST FUNDAMENTAL PRINCIPLE OF LEGAL INTERPRETATION 181 – 212 (2015)（文章分析了意义的各种决定因素是否属于一般意义原则的范畴）。

原则，而不是法律问题。① 然而重要的是，文本规则在不同程度上要求法院考虑法律的语境，使文本规则所确定的语言系统性只是其应用的一方面。② 因此，解释原则可能因其符合语言的一般用法而合法化，但其实际应用可能需要考虑法律的特定语境（这甚至可能使法院相信不应适用该规则所主张的语言的一般用法）。③

（二）有关交际意义的解释来源

与一般意义的解释来源相反，其他解释来源可能会提供与交际意义某个框架相关的信息，而非另一个。比如，考虑一下立法史。立法史提供了与立法机构的语言生成有关的信息，而不是一位社会普通成员所使用的常规含义。④ 因此，立法史与语言生成的交际意义有关，但它与读者理解的交际意义并没有明确的相关性。⑤ 与一般意义相比，基于读者理解的交际意义允许更多地考虑语境证据，因为任何语境证据都不仅有助于选择相关术语适当的常规含义。⑥ 困难的问题是，"适当的读者"会考虑哪些意义来源。这是一个经验性问题还是一个规范性问题？⑦ 如果是经验性的，并且"适当的读者"是社会普通成员的同义词，那么这个问题就可能需要法律拟制，因为法院在确定读者对交际意义的理解时参考了立法史。⑧

其他解释来源，如一些文本规则，可能更难归类。法院和理论界通常会认可文本规则，因为它反映了语言使用的一般原则，而不是法律问题。⑨ 然而，关键问题是文本规则是否衡量了社会普通成员对语言的理解，或者相反地衡量了立法机构对语言的使用。可能

---

① 参见 Abbe R. Gluck & Richard A. Posner, Statutory Interpretation on the Bench: A Survey of Forty-Two Judges on the Federal Courts of Appeals, 131 *HARV. L. REV.* 1298, 1330 (2018)（文章区分了关于语言如何使用的"语言性"或"文本性"规则与"规范性"或"政策性"规则）。
② 参见 Anita S. Krishnakumar, Backdoor Purposivism, 69 *DUKE L. J.* 1291 (2020)（文章认为一些法官以广泛的、目的主义的方式使用文本规则，作为"假设或构建立法目的和意图的平台"）。
③ 参见 Anita S. Krishnakumar, Backdoor Purposivism, 69 *DUKE L. J.* 1291 (2020)。
④ 参见 Stuart Minor Benjamin & Kristen M. Renberg, The Paradoxical Impact of Scalia's Campaign Against Legislative History, 105 *CORNELL L. REV.* 1023, 1025-28 (2020)（文章讨论了关于立法史是否准确揭示了立法意图的观点）。参见 Abbe R. Gluck & Richard A. Posner, Statutory Interpretation on the Bench: A Survey of Forty-Two Judges on the Federal Courts of Appeals, 131 *HARV. L. REV.* 1336-37 (2018)（文章对法官进行了调查，了解了他们对立法程序和法律制定相关信息的兴趣）。
⑤ 参见相关注释的内容（note 47）（定义了读者理解的交际意义）。
⑥ 参见 BRIAN G. SLOCUM, *ORDINARY MEANING: A THEORY OF THE MOST FUNDAMENTAL PRINCIPLE OF LEGAL INTERPRETATION* 57 (2015)（文章定义了一般意义）。
⑦ 在法院希望将该问题视为经验性问题的前提下，目前尚无有关社会普通成员会考虑解释来源的证据。参见 Christopher Brett Jaeger, The Empirical Reasonable Person, 72 *ALA. L. REV.* 887, 889 (2021)（文章阐述了理性人标准"更多是哲学性的而非经验性的"，以及很少有关于非专业人士如何确定理性人会怎样行动的实证研究）。
⑧ 参见 Todd Barnet, Legal Fiction and Forfeiture: An Historical Analysis of the Civil Asset Forfeiture Reform Act, 40 *DUQ. L. REV.* 77, 80 (2001)（文章阐述了法律拟制）。
⑨ 参见相关注释的内容（notes 71-73）（阐述了文本规则）。

它们都不能准确地衡量。① 考虑到类似原则（in pari materia canon），该原则假定在一部法律的两个相关条款中，同样的词语具有相同的含义，并且还假定了法律融贯性的其他形式。② 这些假定与语言理解有关吗？适用类似原则通常需要对法律体系有深入的了解，而社会普通成员不具备这种能力。③ 所以，将类似原则与普通人对语言的理解联系起来，可能涉及对读者能力和关注点作出拟制的假定，包括读者收集与使用该原则有关信息的能力，和他们对信息的融贯性与一致性作出必要评估的能力。如果关注的重点是语言生成，那么关注的问题可能同样是拟制的。可能立法起草者在起草时没有考虑类似原则的问题，或者在此过程中受到了立法程序的限制。④ 然而，类似原则可能是一个反映司法价值的规范性概念。

（三）有关法律意义的解释来源

当解释来源与法律意义相关时，分类困难就更加明显了。⑤ 考虑到实体原则（substantive canons），在其他理论术语中也被称为"规范性原则"（normative canons）⑥，它是"基于普通法、其他法律或宪法中的实体性原则或政策，对法律意义作出的假定。"⑦ 最有力的实体原则是"明确表示规则"（clear statement rules），它要求法院避免一个特定的结果，除非法律（比通常要求更明确地）表示该结果是法律有意为之。⑧ 例如，不溯及既往的假定指示法院选择仅面向未来的解释，除非该条款的语言明确表示立法机构意图追溯性地适

---

① 参见 Kevin Tobia, Brian G. Slocum & Victoria Nourse, Statutory Interpretation from the Outside, *COLUM. L. REV.* （2022）（文章利用调查来确定普通人是否隐性地使用各种解释原则）。

② 参见 Jacob Scott, Codified Canons and the Common Law of Interpretation, 98 *GEO. L. J.* 341, 376（2010）（文章阐述了统一适用和类似原则的假定毫无疑问同样都是法律内在统一性假定的原则，它们都受到解释者对特定术语的语境和术语从其他法律中获取的含义是何种类的考察）。

③ 例如，在确定1973年《濒危物种法》中"获取"一词规定的含义时，普通人无法从规定获取许可的其他条款中推断出，"获取"的普遍含义就是国会的意图。参见 Babbitt v. Sweet Home Chapter of Cmtys. for a Great Oregon, 515 U. S. 687, 700 – 01（1995）（文章做此推断）。

④ 参见 Abbe R. Gluck & Lisa Schultz Bressman, Statutory Interpretation from the Inside – An Empirical Study of Congressional Drafting, Delegation, and the Canons：Part I, 65 *STAN. L. REV.* 1021 – 455（2013）（文章根据调查发现，"那些在精英学校就读的人更可能知道类似原则"）。

⑤ 参见 William S. Dodge, The New Presumption Against Extraterritoriality, 133 *HARV. L. REV.* 1582, 1589（2020）（文章定义了法律意义）。

⑥ 参见 Stephen F. Ross, Where Have You Gone, Karl Llewellyn? Should Congress Turn its Lonely Eyes to You?, 45 *VAND. L. REV.* 561, 563（1992）（文章称实体原则为规范性原则）。

⑦ 参见 WILLIAM N. ESKRIDGE & PHILIP P. FRICKEY, *CASES AND MATERIALS ON LEGISLATION：STATUTES AND THE CREATION OF PUBLIC POLICY* 634（1995）。

⑧ 参见 Clear Statement Rules, Federalism, and Congressional Regulation of States, Note, 107 *HARV. L. REV.* 1959, 1959（1994）（文章指出明确表示规则"给直接实现立法意图设置了潜在障碍"）；还参见 William N. Eskridge, Jr., & Philip P. Frickey, Quasi – Constitutional Law：Clear Statement Rules as Constitutional Lawmaking, 45 *VAND. L. REV.* 593, 598（1992）（文章认为法院的明确表示原则"相当于目前大多数法官公开谴责的宪法激进主义的翻版"）。

用该法律。① 因此，不溯及既往的假定允许法院"根据法律规定推断出仅适用于未来的例外情况，这些规定的文字从表面上看似乎涵盖了所有待决案件。"② 法院声称，"由于不溯及既往的假定符合人们对法律正常适用的普遍认知，所以它通常会符合立法与公众的期望"。③

法院的主张引发了一个明显的问题，即法院如何了解关于"法律正常适用"的"公众期望"。④ 当然，就明确表示原则的具体应用而言，不溯及既往推定需要的知识可能超过了社会普通成员的范围。适用该原则的解释者必须了解法律体系和追溯的概念与定义，并知道法律语言的字面意义并不总是与其法律意义相同的道理。⑤ 然而，或许该原则反映了公众对法律适用方式一个非常普遍的假设，即便一位普通公众会对该原则在任何特定案件中的适用感到困惑。⑥

传统观点认为实体原则是基于法律特定的规范性问题，法院无疑是根据这类法律问题来解释法律的。⑦ 然而，法院声称不溯及既往的假定符合公众期望，说明法院有种司法冲动要把所有解释来源与国会的语言生成或一些相关语言群体对语言的理解联系起来。因此，像语料库语言学和调查这样的数据驱动型解释来源应当同样和一些与国会的语言生成或一些言语共同体（如普通人）对语言的理解有关的解释目标相联系。此外，数据驱动型解释来源必须作为可靠的来源，帮助选择最符合解释目标的意义，才会合法。

三、解释体系中的语料库语言学

本文第一和第二部分为语料库语言学在法律解释中的作用提供了一个概念化的框架，包括语料库分析是否能改变对解释准确性的评价方式。从基本意义上讲，将语料库语言学纳入解释体系是相对简单的。在目前的实践中，语料库分析通过其与一般意义原则相关联而合法化（如果有的话），因此可以预期它会提供与用于法律领域之外的公认且典型的交际标准相关的信息。⑧ 最主要的是语料库语言学能够提供关于词汇意义的信息，可以说它

---

① I. N. S. v. St. Cyr, 533 U. S. 289, 316 – 17（2001）（案件说明法律应当"明确只可支持一种解释"，才会被赋予追溯效力）。

② 参见 Caleb Nelson, What is Textualism?, 91 *VA. L. REV.* 347, 384（2005）。

③ Landgraf v. USI Film Prods. , 511 U. S. 244, 272（1994）；还参见 Ronald M. Levin, "Vacation" at Sea: Judicial Remedies and Equitable Discretion in Administrative Law, 53 *DUKE L. J.* 291, 349（2003）（文章指出法院主张不溯及既往的动机在于追溯性立法所涉及的不公平性和对法治的关注）。

④ Landgraf, 511 U. S. at 272。就此而言，法院的声明也提出了它是如何了解立法期望的问题。

⑤ 例如，"决定一部法律何时具有'追溯力'并非总是一项简单或机械的任务"，而是要求"法院应当询问新的规定是否对其颁布前完成的事附加新的法律后果"。参见 Landgraf v. USI Film Prods. , 511 U. S. 268 – 70（1994）。

⑥ 例如，可能公众认为，在可能的情况下应该以符合"国家基本原则"的方式来解释法律。参见 Einer Elhauge, Preference – Eliciting Statutory Default Rules, 102 *COLUM. L. REV.* 2162, 2256（2002）。

⑦ 参见相关注释的内容（notes 48 – 50）。

⑧ 参见 Stefan Th. Gries & Brian G. Slocum, Ordinary Meaning and Corpus Linguistics, 2017 *BYU L. REV.* 1422 – 33（2017）。

优于一些广泛使用的解释来源,如字典。① 语料库语言学能说明"某个语言表达可能具有的意义(即含义)数量"及其最常用的含义。② 它还能根据各种要素提供关于"某个表达最典型含义"的信息。③

虽然语料库语言学作为一般意义上的解释来源,其作用似乎相当明确,但正如下文所阐述,语料库语言学的支持者和反对者都以夸大其可能性的方式来塑造它。当然,语料库语言学在各个方面都是有争议的,如语料库语言学是否能提供关于词语一般意义的准确信息,以及语料库分析对法官来说是否太难以致无法充分使用。④ 不过,本文这部分重点在于语料库语言学如何在解释体系中发挥作用,以及为什么语料库语言学不能将法律解释转化为一个经验性问题。语料库语言学能揭示语言使用的重要系统性,但它提供的信息在重要方面是有限的。语料库语言学并不是一个法律解释理论(与一些反对者声称的相反),而(一些支持者)认为语料库语言学能帮助辨别立法意图或将法律解释转变为一门实验科学的观点没有认识到法律解释具有强烈的语境性质。

(一)夸大语料库语言学作用的批评性观点

可能批评者想把一个新的解释来源标榜为新的解释理论。毕竟,正如本文第一部分和第二部分所阐述,解释理论涉及司法职能,是法律解释的基础和根本,而解释来源在支持解释理论方面发挥着辅助作用。这种标签化的一个例子是 Carissa Hessick 的观点,"我们很容易忽视语料库语言学是一种解释理论,而不仅是一种跨学科的方法,因为它自称提供了一个答案,回答目前许多解释理论所提的问题:什么是法律文本的'明确'或'普通'含义?"⑤ Hessick 的断言本身破坏了她关于语料库语言学是一种"解释理论"的说法。解释理论至少要回答解释的构成问题。⑥ 因此,例如,语言生成的交际意义是一种解释理论,因为它提出了一个解释的标准或目标,即法院应寻求确定立法机构在特定交际语境中采用特定语言载体所要表达的含义。⑦ 相反地,语料库语言学并不旨在回答法律解释的构

---

① 参见 Stefan Th. Gries & Brian G. Slocum, Ordinary Meaning and Corpus Linguistics, 2017 VBYU L. REV. 1422 – 42 (2017)(文章阐述了语料库分析优于字典,因为语料库分析可以考虑到字典无法考虑的法律语境)。
② 参见 Stefan Th. Gries & Brian G. Slocum, Ordinary Meaning and Corpus Linguistics, 2017 BYU L. REV. 1421 (2017)。
③ 参见 Stefan Th. Gries & Brian G. Slocum, Ordinary Meaning and Corpus Linguistics, 2017 BYU L. REV. 1422 – 41 (2017)。
④ 参见 Kevin Tobia, The Corpus and the Courts, 3/5/2021 U. CHI. L. REV. ONLINE 1(文章讨论了对语料库语言学的批评,并为其在法律解释中的应用提供一套最佳的实践方法)。
⑤ Carissa Byrne Hessick, Corpus Linguistics and the Criminal Law, 2017 BYU L. REV. 1503, 1505 (2017)。
⑥ 参见相关注释的内容(notes 28 – 29)(阐述了解释的构成问题)。
⑦ 参见 Abbe R. Gluck, Comment, Imperfect Statutes, Imperfect Courts:Understanding Congress's Plan in the Era of Unorthodox Lawmaking, 129 HARv. L. REV. 62, 62 – 66 (2015)(阐述了语言生成的交际意义)。

成问题，而是提供与一些现有解释理论所设解释目标有关的信息。①

　　语料库语言学和 Westlaw 一样都不是法律解释理论。当然，在某种意义上，任何解释来源都是基于一种关于语言的理论。大多数基于语料库的分析所依据的假设是所谓的分布假说，该假说规定，在相同语境中使用和出现的词语具有相似的含义。② 目前，用于语料库语言学数据收集的语境只涉及非国会成员产生的语言。③ 因而语料库语言学所提供的信息是关于普通读者（或其他语言群体）可能如何理解语言，而不是国会如何生成语言。④ 所以，语料库分析对于量化某种意图在多大程度上以普通读者理解的方式被写入文本中，会比推断文本作者的意图更有用。⑤ 故而从狭义上讲，语料库语言学是基于语言意义的理论，但它并不旨在为涉及适当司法职能或解释目标的法律问题提供任何答案。⑥ 所以，它不是一种法律解释理论，而且仅在对语言的理解与解释者相关的情况下才是一个意义来源。

　　作为一个提供与文本语言一般意义相关信息的解释来源，语料库语言学能促进长期以来通过使解释与法官个人偏好保持距离以实现其合法化的司法实践。⑦ 此种司法实践背后的原动力可能是希望转移对思想上动机性推理的指责，但随着大数据解释来源的日益盛行，一个同样强大的动机是选择能准确确定语言含义的解释来源。⑧ 不过，理解这一动机的一个要求是承认个人和集体在语言用法之间的差别。词汇的含义是基于集体用法而不是任何个人。⑨ 如果个人对词义的直觉总是准确的，那么法官就没必要考虑自身以外有关词义的证据。然而，学者们早已认识到个人对词义的直觉往往是错误的。⑩ 更糟糕的是，针

---

① 参见 Brian G. Slocum & Stefan Th. Gries, Judging Corpus Linguistics, 94 S. CAL. L. REV. POSTScRIPT 13, 19 - 20 (2020)。

② Stefan Th. Gries, What is Corpus Linguistics?, 3 LANGUAGE AND LINGUISTICS COMPASS, 1225, 1226 - 28 (2009).

③ Stefan Th. Gries, What is Corpus Linguistics?, 3 LANGUAGE AND LINGUISTICS COMPASS, 1229 - 32 (2009).

④ Stefan Th. Gries, What is Corpus Linguistics?, 3 LANGUAGE AND LINGUISTICS COMPASS, 1229 - 32 (2009).

⑤ Stefan Th. Gries, What is Corpus Linguistics?, 3 LANGUAGE AND LINGUISTICS COMPASS, 1229 - 32 (2009).

⑥ 作为一种来自语言学的方法，语料库语言学自然基于语言学原则而非法律原则。参见 Brian G. Slocum & Stefan Th. Gries, Judging Corpus Linguistics, 94 S. CAL. L. REV. POSTSCRIPT 13 - 14, 30 - 31 (2020)。

⑦ 长期以来，法律解释一直试图为解释过程提供一个客观的视角，使解释与解释者保持距离。参见 Oliver Wendell Holmes, The Theory of Legal Interpretation, 12 HARV. L. REV. 417, 417 - 18 (1899)（文章表明解释者的作用是确定词汇"在一个普通的英语使用者口中以及在这些词汇的使用环境中使用时的含义"）。

⑧ 参见 Thomas R. Lee & Stephen C. Mouritsen, Judging Ordinary Meaning, 127 YALE L. J. 788 (2018)。

⑨ 参见 RONNIE CANN, RUTH KEMPSON, & ELENI GREGOROMICHELAKI, SEMANTICS: AN INTRODUCTION TO MEANING IN LANGUAGE 4 - 7 (2009)（文章阐述了研究者如何基于社会的用词情况来构建它们的意义）。

⑩ 参见 Lawrence Solan et al., False Consensus Bias in Contract Interpretation, 108 COLTM. L. REV. 1268, 1268 (2008)（"虚假同感偏差"的概念描述了一种倾向，即人们相信自己关于语言含义的观点是主流观点）。

对同一含义的理解，个人会高估他与大多数其他人观点的相同程度。①

如果语料库语言学提供了关于集体用法的证据，而词义是基于集体用法，那么对语料库语言学的批评就应该集中在这样的问题上，如语料库分析所考量的集体用法是否适合法律文本的解释，或语料库分析对集体用法的考量是否准确。一种观点认为法律解释应该关注立法机构的语言生成，但现有的语料库只包含非法律来源的资料。② 因此，如果法律解释的真正重点是语言生成，语料库分析将无法提供有用的信息。另一种观点认为语料库分析是不准确的，因为它产生的数据与典型的含义有关，而不是与合适含义的范围有关。③ 所以，语料库分析可能会系统地提供信息，导致词语被定义得过于狭窄。

将个人对语言意义的直觉与语言集体用法的证据混为一谈是错误的。思考一下这个例子：Hessick 指出，语料库语言学的一个前提是，关于词义的司法直觉"应该被语料库分析所取代，因为这种直觉是不可靠的"。④ Hessick 认为，如果语料库语言学的结果"总是与直觉相同，那么语料库语言学就没有存在必要。如果在案件中，语料库语言学呈现的结果与立法者、法官或选民的直觉不同，那么语料库语言学对公开性和问责性（notice and accountability）而言便是一个实际的威胁。"⑤ 从本质上讲，Hessick 提出了一个错误的两难问题。回顾一下，一般意义是基于语言的集体用法，而语料库语言学提供的是语言集体用法的证据。⑥ 任何个人的直觉（无论是立法者、法官还是选民）有时可能与语料库分析一致，而另一个人可能不一致。⑦ 然而关键问题在于语料库分析对于考量语言的集体用法是否准确。如果是准确的，那任何个人之间相异的直觉都不重要。如果是不准确的，那无论公开性和问责性的问题如何解决，语料库语言学都没有价值也不应被使用。

（二）夸大语料库语言学作用的支持性观点

语料库语言学是一个解释来源（而非解释目标），它为确定一般意义提供了与语言集体用法有关的证据。⑧ 如果语料库分析用于确定法律词汇和短语的含义，它不应取代除字典以外的任何解释来源。即使如此，考虑到进行一次合格的语料库分析所需的劳动和技术

---

① 参见 Lawrence Solan et al., False Consensus Bias in Contract Interpretation, 108 *COLTM. L. REV.* 1269, 1269 (2008).

② 参见 Anya Bernstein, Legal Corpus Linguistics and the Half Empirical Attitude, 106 *CORNELL L. REV.* 3.

③ 参见 Kevin P. Tobia, Testing Ordinary Meaning, 134 *HARV. L. REV.* 726, 734 - 35 (2020).

④ 参见 Carissa Byrne Hessick, Corpus Linguistics and the Criminal Law, 2017 *BYU L. REV.* 1516 (2017).

⑤ 参见 Carissa Byrne Hessick, Corpus Linguistics and the Criminal Law, 2017 *BYU L. REV.* 1517 (2017).

⑥ 参见相关注释的内容（notes 96 - 99）。

⑦ 参见 Kevin P. Tobia, Testing Ordinary Meaning, 134 *HARV. L. REV.* 726, 734 - 35 (2020)（阐述了来自语料库语言学的结果如何不同于个人对含义的判断）。

⑧ 参见 Brian G. Slocum & Stefan Th. Gries, Judging Corpus Linguistics, 94 *S. CAL. L. REV.* POSTSCRIPT 17 (2020).

知识，语料库分析也不可能完全取代字典的定义。① 所以，一个包含语料库语言学的解释体系看起来如表 2 所示：

表 2　法律解释与语料库语言学

解释目标	一般意义	交际意义 （语言生成和理解）	法律意义
解释来源	1. 词义（字典、直觉、先例、语料库语言学） 2. （可能更宽泛的）语句语境 3. 文本规则	1. 立法史 2. 文本原则	1. 荒谬原则 2. 实体原则

如表（2）所示，语料库语言学的引入不应自动取代任何其他解释来源。与法律意义相关的解释来源，如实体原则，不受语料库证据的影响，与交流意义相关的解释来源，如立法史，也不受影响。与一般意义相关的解释来源，如文本规则，同样不应该被替代，因为它们对语言系统性的作用并没有被与某个特定解释问题相关的语料库分析所替代。②

1. 资料库语言学和交际意义

前述所言，语料库语言学提供关于词汇含义的证据并不取代其他解释来源的主张是相对温和的。有些人认为语料库语言学的概念更为宽泛。例如，Lee 和 Mouritsen 认为，（1）确定一般意义是一个经验性问题，因此可以利用语言学领域的知识和方法；③（2）语料库语言学优于确定一般意义的现有方法；④（3）语料库分析的潜在应用范围很广，足以帮助确定立法机构的意图。⑤

Lee 和 Mouritsen 有关语料库语言学的观点有一个直接的问题是，他们认为一般意义是一个经验性问题，而他们却注重立法意图，这两者之间存在矛盾。重要的是，他们将一

---

① 参见 Brian G. Slocum & Stefan Th. Gries，Judging Corpus Linguistics，94 *S. CAL. L. REV.* POSTSCRIPT 15 - 16（2020）。

② 当然，语料库语言学可以用于探究词义以外的目的，比如确定一个文本规则是否表示了对语言用法的准确概括。参见 Matthew J. Traxler et al.，Context Effects in Coercion：Evidence from Eye Movements，53 J. MEMORY & LANGUAGE 1, 2 (2005)（通常当事件与名词相关时，用语料库语言学确定具有十分明确事件结构的表达是罕见的）。译者注："事件结构"是一种将事件和事件结构用于句法 – 语义界面的理论。可参见周长根：《事件结构的语义和句法研究》，载《当代语言学》2010 年第 1 期。

③ 参见 Thomas R. Lee & Stephen C. Mouritsen，Judging Ordinary Meaning，127 *YALE L. J.* 795（2018）。

④ 参见 Thomas R. Lee & Stephen C. Mouritsen，Judging Ordinary Meaning，127 *YALE L. J.* 794 - 95，798（2018）（"法官（错误地）使用这个方法试图回答这个经验性的疑问凸显了问题所在"）；at 867（"由于主观性和任意性的存在，使用语料库语言学的可能性不仅没有提高，反而有所降低"）。

⑤ 参见 Thomas R. Lee & Stephen C. Mouritsen，Judging Ordinary Meaning，127 *YALE L. J.* 823 - 24，853 - 56（2018）。文中许多关于语料库语言学价值的大胆假设与它的结论之间存在着无法解决的矛盾，结论认为法官应将语料库分析作为"最后的手段"，只在"相对罕见的情况下"使用。at 872. 其中一位作者提到，他在犹他州最高法院工作的五年中，"只有很少的几次用过这种分析"。at 872 - 322。

般意义和交际意义混为一谈，在他们看来，意义的目标指向立法者的"意图"，这显然是与法律文本的"交际意义"或"一般意义"相对应。① 虽然将一般意义和交际意义混为一谈是个错误，② 但在任何概念下，法律解释都可能显得像一个经验性问题，因为解释目标往往被设定为考量某个群体的观点，比如立法机构的观点。在 Lee 和 Mouritsen 看来，经验性仅仅意味着"在特定的语言环境中，某词汇或短语最有可能包括的含义"。③ 因此，使用哈特著名的假设，如果一项法律规则规定"禁止把车开进公园"④，关于"自行车"是否是"车辆"的解释争议可能看起来就很像是一个经验性问题。⑤

关于法律解释的经验性观点，其问题在于语料库分析可能是经验性的，但并不意味着法律解释也同样是经验性的。⑥ 法律解释要考量语言一般和特定用法的证据。⑦语料库语言学能提供有关语言一般用法的重要信息，但这种证据应当与某部法律的具体语境结合起来考虑。作为后者，调查不是通过语料库分析来决定的。⑧ 所以，经验性的观点未能充分说明对某部法律具体语境的司法考量，特别是在以确定交际意义为目标的情况下。

为了让语料库语言学将法律解释转变为一个经验性问题，有必要让语料库分析取代所有其他使法律解释成为非经验性问题的解释来源。但语料库语言学无法提供对法律解释至关重要的各种信息。首先，语料库语言学不能解释法律意义的问题，诸如实体原则这些问题。例如，语料库分析无法确定政府的法律解释是否引起了严重的宪法问题。⑨ 其次，语料库分析不能取代各种能确定语言生成的交际意义的解释来源。⑩ 例如，立法史允许解释者考虑法律颁布时所处的特定语境，并对立法意图做出推断。⑪ 这类信息无法从语料库分析中得到。⑫ 最后，即使是文本规则，其中许多规则可以说是属于一般意义的方面，也需

---

① 参见 Thomas R. Lee & Stephen C. Mouritsen, Judging Ordinary Meaning, 127 YALE L. J. 792 – 94 (2018)。
② 参见相关注释的内容（notes 34 – 38）。
③ 参见 Thomas R. Lee & Stephen C. Mouritsen, Judging Ordinary Meaning, 127 YALE L. J. 795 (2018)。
④ 参见 H. L. A. Hart, Positivism and the Separation of Law and Morals, 71 HARV. L. REV. 593, 607 (1958)。
⑤ 参见 H. L. A. Hart, Positivism and the Separation of Law and Morals, 71 HARV. L. REV. 593, 607 (1958)。哈特将"自行车"视为"争议情形的临界地带"。
⑥ 这与语料库语言学基于语言理论是一样的，但这并不意味着它是一种法律解释理论。
⑦ 参见相关注释的内容（notes 30 – 40）（阐述了法律解释的语境性质）。
⑧ 参见相关注释的内容（notes 96 – 99）（阐述了语料库语言学提供的信息）。
⑨ 事实上，批评者认为，法院在确定一项解释是否引起严重的宪法问题方面做得不好。参见 Neal Kumar Katyal & Thomas P. Schmidt, Active Avoidance: The Modern Supreme Court and Legal Change, 128 HARV. L. REV. 2109, 2122 (2015)（文章认为"回避原则让、甚至需要宪法推理变得草率和粗略"）。
⑩ 参见 Abbe R. Gluck, Comment, Imperfect Statutes, Imperfect Courts: Understanding Congress's Plan in the Era of Unorthodox Lawmaking, 129 HARv. L. REV. 62, 62 – 66 (2015)（阐述了语言生成的交际意义）。
⑪ 对于立法史的分析。参见 James J. Brudney & Corey Ditslear, The Decline and Fall of Legislative History? Patterns of Supreme Court Reliance in the Burger and Rehnquist Eras, 89 JUDICATURE 220 (2006); Charles Tiefer, The Reconceptualization of Legislative History in the Supreme Court, 2000 WIs. L. REV. 205 (2000)。
⑫ 也就是说，这类信息不能从迄今为止所构建的这种语料库中获取。参见 Thomas R. Lee & Stephen C. Mouritsen, Judging Ordinary Meaning, 127 YALE L. J. 823 – 35 (2018)。理论上有可能基于各种法律构建一个充满立法史的语料库。这种语料库分析与对特定法律的解释之间的相关度，将取决于含义的语言生成视角，以及对无关争议条款的官方立法史作出的各种假定。

要法院考虑法律的特定语境，语料库分析没有这项功能。① 所以，即使确定一般意义是以语言使用的系统性为基础，通常也需要法院考虑相关法律的语境。

因此，语料库语言学不能取代所有其他的解释来源，也可能不会取代任何解释来源，这解释了为什么语料库语言学不能将法律解释转变为一个经验性问题。② 主张法律解释是经验性的学者可能会回应说，其他解释原则并不总是适用，或者它们会改变条款的"真正含义"。③ 也许语料库分析至少能在某些案件中确定交际意义，这起码可以给法律解释提供一些经验性的基础。这种观点的缺陷还是在于无法消除解释的语境性质，而且任何融贯的解释都需要考虑到相关法律的特定语境。④ 为了让"语料库语言学使法律解释成为经验性问题"的观点具有哪怕是有限的合理性，语料库分析也需要考虑到这个特定的语境。然而，语料库语言学涉及统计和相关分析，而不涉及对个别法律的定性考察。

2. 语料库语言学和法律隐含的例外情况

语言用法的一般证据和特定证据之间存在着区别，这对法律解释至关重要。但语料库语言学的学者可能会认为，如果一个语料库包含的情景与相关法律的语境相当接近，那会怎么样呢？或许语料库分析就能显示出足以确定这部法律交际意义的一般信息和特定信息。虽然这种信息在某些情境中可能相当有用，但它仍然不会将法律解释转变为一种经验性的确定，因为它不能取代基于对特定系争法律中语境考量的推断。

Lee 和 Mouritsen 用波斯纳法官"勿踏草坪"的假设和哈特"公园内禁止停车"的假设，来论证语料库语言学实际上可以确定法律文本的交际意义。⑤ 在波斯纳的假设中，解释问题是公园里一个写着"勿踏草坪"的牌子是否被正确地解释为禁止园丁剪草，而在哈特的假设中，Lee 和 Mouritsen 关注的是该禁令是否适用于救护车。⑥ Lee 和 Mouritsen 指

---

① 参见 Anita S. Krishnakumar, Backdoor Purposivism, 69 *DUKE L. J.* 1275（2020）（文章阐述了文本规则允许法官利用语境做出目的性推理）。Lee 和 Mouritsen 就文本规则的问题提出了各种观点，但这种批评并没有证明任何关于语料库语言学功能的内容。参见 Thomas R. Lee & Stephen C. Mouritsen, The Corpus and the Critics, 88 *U. CHI. L. REV.* 275, 289 – 91（2021）。即使语料库语言学在应用于法律文本时是有效的，而文本规则是无效的，Lee & Mouritsen（及其他法律学者）进行的语料库分析也不会产生文本规则所表示的那种关于语言用法的假定，其中许多假定在应用时会导致非字面含义的解释结果。参见 Tobia et al., note 81。

② 也就是说，目前并不是所有的解释来源都是以经验为基础的，因此，一个解释来源需要取代所有不以经验为基础的解释来源，才能将法律解释转变为一个经验性问题。

③ 当然，大多数解释来源的适用范围是有限的，人们总能认为文本有一个"正确"的含义，这个含义独立于一些反映法律问题的解释来源。参见 Larry Alexander & Saikrishna Prakash, "Is That English You're Speaking？"Why Intention Free Interpretation Is an Impossibility, 41 *SAN DIEGO L. REV.* 967, 969（2004）（文章认为"法律文本的实际含义，即文本作者意在表达的含义，可能与权威解释者赋予它的权威含义不同"）。

④ 法律文本的语言意义并不限于语言的语义，而是还包括识别特定文本中立法机构所用语言表达的含义所必需的实用方法。虽然语义应当在某些方面说明语境，但识别语言的含义需要特别考虑到语境。参见 Scott Soames, Deferentialism, Living Originalism, and the Constitution, in *THE NATURE OF LEGAL INTERPRETATION：WHAT JURISTS CAN LEARN ABOUT LEGAL INTERPRETATION FROM LINGUISTICS AND PHILOSOPHY* 218 – 19（Brian G. Slocum ed., 2017）。

⑤ 参见 Thomas R. Lee & Stephen C. Mouritsen, Judging Ordinary Meaning, 127 *YALE L. J.* 824, 836（2018）。

⑥ 参见 Thomas R. Lee & Stephen C. Mouritsen, Judging Ordinary Meaning, 127 *YALE L. J.* 824, 836（2018）。

出,他们"根据语用环境来理解一个解释问题,其中包括对说话的地点、方式及假定的说话者意图进行推断"。[1] 这种对意义的理解可能是好的,但把解释过程界定为包括对语境和"假定的意图"做出"推断",就把解释转向了非经验性的方向。此外,不清楚语料库分析能如何帮助解释者做出这种推断。

尽管如此,Lee 和 Mouritsen 认为,"从基于语料库的角度"来研究上述解释问题是可能的。[2] 他们的理由如下:

如果我们有一个足够大的数据库,其中包含足够数量的公园禁令(一并包括园丁、救护车等),我们也许能够得出关于这些禁令最常被援引的语用环境和它们最常被如何解释的结论。为了找到"勿踏草坪"或"禁止停车"规则中任何普通的例外情况,我们可以寻找制定这些规则的公园所有者。如果公园所有者和地方政府经常允许救护车进入他们的公园,或经常允许园丁进入,我们就能推断出这些禁令通常是如何使用或理解的。关键在于,语料库分析一般至少包含一些语用数据,而且至少在理论上能够提供有关语用环境的信息。但即使是一个非常大的、有针对性的语料库,也不能保证有足够多的环境样本与语用内容相似。而语料库语言学的问题是,在语料库找到的正式记录中,有多少相关的语用环境被反映出来。[3]

尽管存在上述观点,但"勿踏草坪"和"公园内禁止停车"的假设说明了语料库分析的固有局限性和法律解释的非经验性。假设 Lee 和 Mouritsen 描述的那种语料库可能存在,请注意与这两个假设有关的解释问题并不涉及明确的词义问题(即"草地"或"车辆"的含义)。相反,重点在于不含明确例外情况的条款中意图存在的例外情况。从读者对交际意义的理解角度来考虑这些问题。利用一个存在大量隐含例外情况的信息库似乎是非常不可能的,但可能的希望是,语料库能有足够的信息显示普通公民对使用隐含的例外情况是何反应,以便人们就这些条款隐含的例外情况可以多少了解到它们的一般意义。[4] 然而,如果语料库数据不包含公共法律,针对私有公园的普通例外情况是否适用于公有公园,会成为重要的问题。[5] 此外,即使可以适用,语料库数据也只能提供与隐含例外情况有关的概括性、间接性证据,忽略了对法律特定语境的考虑。对特定语境的考察很可能揭示出整个法律体系的特点,使普通的例外情况无法适用。不过,语料库语言学在分析特定语境方面没有帮助。[6]

---

[1] 参见 Thomas R. Lee & Stephen C. Mouritsen, Judging Ordinary Meaning, 127 *YALE L. J.* 824 (2018)。
[2] 参见 Thomas R. Lee & Stephen C. Mouritsen, Judging Ordinary Meaning, 127 *YALE L. J.* 853 (2018)。
[3] 参见 Thomas R. Lee & Stephen C. Mouritsen, Judging Ordinary Meaning, 127 *YALE L. J.* 853–54 (2018)。
[4] 参见 Thomas R. Lee & Stephen C. Mouritsen, Judging Ordinary Meaning, 127 *YALE L. J.* 853 (2018)。Lee 和 Mouritsen 委婉地承认了这一点,他们表示语料库数据会显示这些假设"最通常的解释"。
[5] 这很可能是由于语境的根本不同,以至于私有公园很少有普通的例外情况会适用于公有公园。
[6] 从理论上讲,语料库语言学可以基于一般意义(通常是一般意义)提出一个假设,但为了确认或反驳这个假设,总是需要对特定的语境进行考察。

然而，可以考虑从语言生成的交际意义角度出发。可能研究的问题会是语料库是否有足够的信息表明文本作者在使用隐含的例外情况方面存在特有的意图，以便人们就这些条款隐含的例外情况可以多少了解到它们的一般意义。[①] 即使可以获得这些信息，人们也可能想知道这种信息对法院的解释应该有多大的说服力。与读者对交际意义的理解一样，如果语料库的数据不包含公共法律，那么从非立法情景中推断立法意图就会存在重大问题。即使我们假设语料库数据包含公共法律，对特有立法意图相关信息的依赖将涉及一个可能的法律拟制，即立法机构知道其他条款（可能来自其他司法管辖区，且涉及很久以前颁布的法律）并意图适用类似的例外情况。[②] 此外，很可能法律体系的特点使得普通的例外情况无法适用。尽管如此，语料库语言学还是无助于分析特定系争法律的特定语境。

在更广泛的意义上，即使当系争法律可能含有法律领域之外的语言时，Lee 和 Mouritsen 假设的语料库充满与实际立法相类似的情景（足以辨别隐含例外情况的范围！）也似乎不太可能。[③] 非法律的且类似又可用的法律情景甚至更不可能存在。首先，"勿踏草坪"和"公园内禁止停车"的假设包含了简单的规则，但通常立法所用的语言完全不同于非法律的语言，因此很难进行一对一的比较。[④] 当然，法律词汇能被赋予一般意义，但获得一项规定的准确语言都是不可能的，更别说在一部法律的整体语境中。此外，许多法律体系管理着复杂的监管工作，它们没有法律领域之外的推断。[⑤] 毫无疑问，可以构建一个由法律和其他法律素材（如立法史）组成的语料库，但语料库分析将包括对语言生成的关注，以及随之而来对立法意图的拟制。[⑥]

因此，使用语料库分析并不能将确定法律意义这件事转化为一个经验性问题。相反，语料库语言学是一个解释来源，它提供与法律术语的一般意义相关的信息。与立法史等其他各种解释来源不同，语料库分析的主要功能是提供有关跨语境的词义数据。[⑦] 所以，语料库语言学能揭示语言用法的重要系统性，但对确定交际意义的作用较小。而任何语料库分析都应当结合对法律特定语境的考察，以确定相关条款的含义。

[①] 例如，语料库数据可能显示，这些条款通常会意图有某些例外情况，或者在任何情况下，这些条款通常都被相关方解释为有这种例外情况。

[②] 考虑到 假设一个立法机构知道并打算说明词汇的常规含义，比假设一个立法机构知道其他立法机构的工作并打算将其他机构的立法方案变为法律要合理得多。因此，法院应该更愿意接受关于词义的拟制，而不是隐含的例外情况。

[③] 为了使这种情景变得合理，立法机构目前的起草方法应当根本地改变。参见 Peter M. Tiersma, A Message in a Bottle: Text, Autonomy, and Statutory Interpretation, 76 *TUL. L. REV.* 431 (2001)（文章阐述了法律和非法律语言之间的区别）。

[④] 参见 Peter M. Tiersma, A Message in a Bottle: Text, Autonomy, and Statutory Interpretation, 76 *TUL. L. REV.* 431 (2001)。

[⑤] 参见 BRIAN G. SLOCUM, *ORDINARY MEANING: A THEORY OF THE MOST FUNDAMENTAL PRINCIPLE OF LEGAL INTERPRETATION* 239 (2015)（阐述了法律文本中的术语常常涉及难以理解的概念，这些概念在法律领域之外是不存在的）。

[⑥] 它可能终究不会给 Westlaw 带来优势。

[⑦] 参见相关注释的内容（notes 96-99）。

四、解释体系中的调查证据

语料库语言学与其他传统的解释来源一样,它为某个群体对某项解释争议在某些方面的看法提供了间接性证据。[1] 相比之下,调查是考量某个特定群体对某个特定解释问题看法的直接方式,也是提供与某个群体对更普遍问题看法相关信息的方式。[2] 越来越多的法律学者使用调查证据来提供关于一般问题和特定解释争议的证据。例如,学者们利用调查证据来评估语料库语言学的准确性,以及普通人如何理解法律条款的关键词组,如"因为"和"结果"等因果语言。[3] 更有趣的是,一些学者还提出,应该用调查来考量普通人对特定解释争议是如何解释和应用整个合同与法律的。[4]

与语料库语言学不同,调查可以通过说明法律的特定语境来解决经验主义和语境之间的矛盾。[5] 一项调查可以向参与者展示一项法令(如哈特"公园内禁止停车"的假设),并要求他们将其应用于特定情形(如"自行车"是否为"车辆"或"救护车"是否被禁止)。[6] 除了规定的全部语言外,参与者还可以得到法律的语境。[7] 调查因此排除了一般意义的标准,因为没有必要从语言用法的归纳中进行推断。[8] 不过,在要求参与者根据法律的整体语境来解决具体的解释争议时,调查证据能考量读者对一项条款交际意义的理解。[9] 因此,如果解释的目标是普通人对语言的理解,调查可以提供证据来考量这种理解。

即便如此,调查可能无法替代所有的传统解释来源。调查参与者能得到完整的法律语境,以及对所有可能适用的解释来源的描述,但调查参与者可能没有能力应用这些考量语言生成而非理解的解释来源。[10] 考虑到这些解释来源中的一些,凸显了法律训练和法律知识对法律解释不可或缺的程度。例如,像"类似原则"这样的文本规则承认一项假定,即

---

[1] 参见相关注释的内容(notes 61–89)。

[2] 参见 Kevin Tobia, Experimental Jurisprudence, 89 *U. CHI. L. REV.* (2022)。

[3] 参见 James A. Macleod, Ordinary Causation: A Study in Experimental Statutory Interpretation, 94 *IND. L. J.* 958–59, 1006–8 (2019) (文章利用一系列具有全国代表性的调查实验来分析普通读者在联系语境的情况下如何理解《预防仇恨犯罪法》第七章的语言)。

[4] 参见 Omri Ben–Shahar & Lior Jacob Strahilevitz, Interpreting Contracts Via Surveys and Experiments, 92 N. Y. U. L. REV. 1753, 1766–82 (2017); Shlomo Klapper et al., Ordinary Meaning from Ordinary People, *U. C. IRVINE L. REV.* (2021) (文章利用调查来考量普通人如何将法律应用于特定解释争议)。

[5] 参见本文第三部分第二点的内容(阐述了语料库分析为什么不能将法律解释转化为一个经验性问题,因为它无法说明一部法律的整体语境)。

[6] 参见 Shlomo Klapper et al., Ordinary Meaning from Ordinary People, *U. C. IRVINE L. REV.* 34 (2021)。

[7] 参见 Shlomo Klapper et al., Ordinary Meaning from Ordinary People, *U. C. IRVINE L. REV.* 34 (2021)。

[8] 参见相关注释的内容(notes 28–36)(阐述了一般意义原则)。此处观点仅指,充分的文本调查可以消除根据通常的词义推断法律特定语境的必要性。可能调查需要其他的归纳,例如调查参与者在一个高度人为的情形下(即此调查)所做的事情反映了他们对某个法律术语的实际理解。

[9] 参见相关注释的内容(notes 44–48)。

[10] 假定调查参与者能提供法律的全部语境,但令人怀疑的是调查提供的语境是否能达到法官要考虑的广度,这包括相关条款和其他条款、大量关于该条款和其他条款的立法史、以及各个司法管辖区的先例。

相关条款中的相同词语应被赋予相同的含义。① 为什么我们要假设调查参与者对任何特定法律方案前后一致的重要性的看法比法官的看法更相关或更重要,或者甚至认为这种看法有益于法官?② 同样地,我们会认为法官在评估和理解立法史方面比普通调查参与者更有能力。③

在确定法律意义的解释来源方面也同样如此。调查参与者可能无力应用像回避原则(avoidance canon)这样的实体原则。④ 但我们为什么又会认为调查参与者关于实体原则应用的观点比法官的观点更可靠,甚至认为这种观点有益于法官?⑤ 也许关于普通人如何理解法律的信息对涉及解释原则合法性的问题是有用的。例如,可能普通人期待法律只作用于未来。⑥ 这种观点可以说有助于使不溯及既往的推定合法化,但并不意味着普通人拥有判断某一特定法律适用是否具有溯及力所需的专业知识。

除非解释目标狭义地定义读者理解的交际意义,调查一般不能将解释争议转化为经验性问题。法律解释通常是一个多层次的过程,涉及规范性决定、法律专业能力和来自语境的推断。如同语料库语言学一样,调查证据就法律解释的经验性提出了一个重要问题,但像在其他法律领域一样,经验性观点的支持者至少可能不适当地将部分规范性问题完全视为经验性问题。⑦ 虽然法官在解释法律时经常会推断某个具体的人或群体对意义的看法,但调查证据还是有助于评估这些推断。因此,有关普通人如何理解语言或法律的问题,调查证据对于帮助我们评估司法在修辞上的推断具有重要作用。

结　语

数据驱动的解释来源可能将以各种方式助益法律解释,包括鼓励学者对解释的要素进行批判性思考。特别是通过提供语言用法的经验性证据,数据驱动的方法可能会改变目前解释论证中以修辞为中心的局面。然而,也许和预想不同,数据驱动的方法也说明了法律

---

① 参见相关注释的内容(notes 82 – 84)。
② 一致性对普通人来说可能并不重要,但法官可能明白融贯性和一致性对法律的价值。在这种情况下,法理问题是,法官是否应该受制于普通的、非法律界人群对其专业以外问题的看法。
③ 参见相关注释的内容(notes 76 – 79)(阐述了假定普通人在解释法律时参考立法史可能是一项法律拟制)。
④ 参见相关注释的内容(notes 51 – 52)。
⑤ 然而,调查证据的应用可能对法官有用。例如,宪法回避原则存在争议,部分是因为批评者声称,法官经常不诚实地将明确的规定认为是不明确的,因而允许适用该原则。参见 William K. Kelley, Avoiding Constitutional Questions as a Three – Branch Problem, 86 *CORNELL L. REV.* 831, 831 – 32 (2001)(文章呼吁摒弃回避原则,部分原因是它"经常导致有问题的法律解释")。可想而知,调查参与者可以提供关于普通人是否会认为某个特定条款存在歧义的证据。同样,调查证据也可以帮助法官评判某一特定文本规则是否准确。参见 Kevin Tobia, Brian G. Slocum & Victoria Nourse, Statutory Interpretation from the Outside, *COLUM. L. REV.* (2022)。
⑥ 参见相关注释的内容(notes 87 – 89)。
⑦ 参见 Gregory C. Keating, Reasonableness and Rationality in Negligence Theory, 48 *STAN. L. REV.* 311, 337 – 39, 381 (1996)(文章认为普通理性人理论中的"普通"是一个规范性的概念,它由一个具体的群体标准确定,这个标准可能代表也可能不代表实际的人群)。

解释的特性。虽然数据驱动的方法能让法律解释更加缜密，但对于多层次的法律解释过程，这种益处无法惠及它的每一个层次。规范性原则、法律专业能力以及来自语境的推断将继续指导法律解释。

（编辑：杨铜铜）

基于法律发现的人工智能逻辑理路分析*

赵玉增**

摘　要　法律发现是法官针对个案的"找法"活动，也就是法律检索。站在法律方法论的视角看人工智能，在诸种法律方法中最有可能实现与人工智能深度结合的应是法律发现，法律发现是诸种法律方法中人工智能应用的逻辑起点。建构法律渊源数据库是人工智能应用于法律信息检索、法律发现，甚或法律推理、法律论证等的基础性工作。鉴于正式法源与非正式法源的区分，理论上可建构正式法源数据库和非正式法源数据库，但由于非正式法源的开放性、不可穷尽性，不建构非正式法源数据库可能更符合"事物的本质"。在建立起法律渊源数据库后，可以从法律发现的路径、方法、规则的角度探讨案件事实和法律规范的计算机语言链接，实现基于法律发现的人工智能设计和应用，进而推进人工智能与智慧司法的深度开发和应用。

关键词　法律发现　法律检索　法律渊源数据库　人工智能　智慧司法

法律与人工智能是近年来的热门话题，由此生成了两个极为相似的概念："法律人工智能"与"人工智能法律"，二者都聚焦于人工智能与法律的交叉问题，但却分属不同的学科领域。法律人工智能是法律信息学的研究对象，关注的是人工智能技术在法律中的应用，属于人工智能的子领域和计算机科学的分支；人工智能法律是人工智能法学的研究对象，关注的是人工智能技术应用所引发的相关法律问题，如算法歧视、算法偏见、算法操

---

* 基金项目：本文是山东省社科规划研究项目"法律方法对法治中国建设的贡献研究"（项目编号：15CFXJ30）的阶段性成果。
** 赵玉增，男，山东泰安人，青岛科技大学法学院教授，法学博士，硕士生导师，主要从事法学理论、法律方法论研究。

控,甚至是人工智能的法律主体资格等,本质上属于法学的分支。[1] 法律发现是法官针对个案"找法"的活动,也就是法律信息检索。站在法律方法论的视角看人工智能应用,在法律解释、法律推理、法律发现、法律论证等诸种法律方法中,最有可能实现与人工智能深度结合的应是法律发现,法律发现是诸种法律方法中人工智能应用的逻辑起点。

一、法律发现是诸种法律方法中人工智能应用的逻辑起点

有学者认为,纵观人工智能的发展过程,很难创造出能模拟人类思维强度的"强人工智能",也无法制造能有效模拟人类全局性思维的"通用人工智能",只能制造以专家系统模式存在的"专门的人工智能"和"弱人工智能",特别是现阶段以及可以预见的未来很长一段时间,具有实用性的人工智能应该是以"专门人工智能"和"弱人工智能"形式存在的。[2] 专门人工智能、弱人工智能尽管没有人类思维的广度、深度和强度,但并不意味着它没有辅助增强人类的价值。当下,人们对人工智能、计算机信息技术、大数据、云计算、区块链、虚拟现实等概念并没有一个明晰的区分,本文为了讨论问题的方便,把与之相关的这些概念都放在人工智能或弱人工智能概念之下。因为我们认为人工智能或弱人工智能与计算机信息技术,以及建筑在计算机信息技术之上的大数据、云计算、区块链、虚拟现实等概念息息相关,这些概念或许仅在细究概念内涵上有所区别,但在涉及人工智能法律应用方面无法将之截然分开,或者可以说,只有将与这些概念相关的技术统合起来,才能真正发挥人工智能在法律方面的应用。同时,探讨人工智能法律应用,不能想象式的、立足于科幻作品,而要立足于可以获得现实技术支持的弱人工智能或专门人工智能。说的再直白一些,目下法律人工智能还只是人们应用法律的辅助工具,还不可能出现具有人类思维广度、深度和全局性的法律人工智能,还不可能通过建构法律推理、法律论证模型,以人工智能代替法官,实现"自动售货机"式的案件裁判。这是我们探讨人工智能法律应用,也是我们分析法律方法与人工智能深度结合的现实基础。

就人工智能在司法实践中的应用来看,澳大利亚纽卡斯尔大学法学院塔妮娅·索丁教授认为,人工智能重塑司法系统的方式主要有三种:在最基本的层次上,人工智能可以为参与司法系统的人们提供信息、支持和建议;在第二层次上,人工智能可以取代原本由法官执行的部分职能和活动;在第三层次上,人工智能可以改变法官的工作方式,并有可能提供截然不同的司法形式,甚至可以重塑法官的裁判角色。[3] 国内有学者探讨了人工智能在"在线纠纷解决机制(简称ODR)"的运用,认为人工智能可以代替法官对ODR中的

---

[1] 熊明辉:《"法律人工智能与人工智能法律"专题编者按》,载《自然辩证法通讯》2020年第6期,第1页。

[2] 孙培福、付卓然:《"弱"法律人工智能研究的逻辑起点》,载《社会科学家》2020年第11期,第123–129页。

[3] 塔妮娅·索丁:《法官V机器人:人工智能与司法裁判》,载《苏州大学学报》(法学版)2020年第4期,第10–22页。

司法确认申请自主作出裁判，未来有可能实现人工智能对所有司法确认申请的形式审查和自主决策，建构起当事人自助型的"人工智能+在线司法确认"模式。[①] 从长远来看，也许会在未来的某个时段，人工智能会重塑我们法院、法官的司法职能，或者说人工智能技术的应用会让法院、法官的工作方式发生巨大变化，诸如智慧法院建设中的在线诉讼平台、小额的ODR纠纷解决机制等，这些方面的技术应用为我们思考人工智能在司法实践中的应用和发展提供了参照。可以预见的是，人工智能在司法实践某些领域中的应用，会比人类更准确、更高效，也更廉价。当然，人工智能应用于司法实践带来转变的同时，也会引发诸多的争议，目前有关这些方面的争议已经显现，诸如人工智能应用于小额ODR纠纷解决，其中的"小额"以多少为限？比之稍大一些的"小额"是否可以？或者人工智能ODR应止步于哪里？再比如，人工智能可否应用于涉及法官自由裁量权的领域，假设人工智能应用于法官自由裁量权的领域，这种应用是助益了法官自由裁量权？还是限制了法官的自由裁量权？更进一步的思考，如果人工智能可广泛应用于司法裁判，那法院、法官还应当保留何种程度的自由裁量权和司法监督呢？等等。尽管这些争议会与人工智能在司法实践中的应用相伴随，但在可以预见的未来很长一段时间，人工智能还不可能替代法官成为纠纷解决的裁判者，人工智能还只是法院、法官工作的一部分，法官不会被替代，但法官、法院会借助人工智能更好地服务于司法裁判。

就人工智能在诸种法律方法中的应用而言，目前学界探讨较多的是基于人工智能的法律推理模型的建构。有学者认为，法律人工智能的核心问题就是建构基于人工智能技术的"自动"法律推理，已有文献基于两大法系的不同，提出了法律推理建模的两种路径：一种是规则推理建模路径，主要适用于大陆法系国家；另一种是案例推理建模路径，主要适用于英美判例法系国家，其中规则推理建模是最根本的路径，案例推理建模路径可以看作是规则推理建模路径的补充，但如何实现从自然语言到人工智能语言的过度是法律推理建模绕不过去的难题。[②] 开发应用于法律领域的计算机程序面临诸多问题，最基础的工作是让人工智能具备语义理解能力，在了解、熟悉法官、律师决策过程的基础上，梳理出一套可以被编写的法律推理过程。有学者借助分析化学上已经运行的"启发式DENDRAL"程序，建构了法律推理的模型：（1）在追求目标时找到概念上的联系——可以设想一类解决法律问题的程序，它们将包含法律规则、拥有测试在给定事实情况下应用的方法以及衡量朝着目标前进的方法。（2）识别事实——寻找与解决问题相关的"事实"，对"事实"和事实情况进行分类等，其中，认识到事实情况中的共性和差异，并制定连接共同点和区别不同点的概念，是很重要的一部分。（3）解决规则冲突——发现决策原则之间的冲突是法律推理的一个重要方面，不幸的是计算机科学对这一问题几乎没有进行研究。（4）发现并

---

① 钟明亮：《"人工智能+在线司法确认"的实践观察与前景展望》，载《法律适用》2020年第15期，第122-130页。
② 熊明辉：《法律人工智能的推理建模路径》，载《求是学刊》2020年第6期，第89-100页。

使用类比——法律中的类比推理需要丰富的英语语言，和储存大量的法律规则和事实情况，目前这方面计算机还处于相对简化的阶段。[1] 也有学者认为，尽管越来越多的法律实务管理软件产品由具有 IT 思维的律师事务所作为服务工具而使用，但至少就目前而言，它们只能被认为是智能增强系统，而不是人工智能系统。人工智能应该且能够有助于对法律知识和法律推理进行更好的结构化操作，但这并不能也不应该取代人类的缺省推理。[2] 法律人工智能的核心在于模拟办案人员对法律方法的运用，可以借助人工智能提升法律方法运用的效率和准确度、促进司法经验的积累和传承的价值，但也要清醒地认识到人工智能司法应用的技术缺陷、理论局限和人机关系方面的伦理性潜在风险。[3] 也有学者探讨了人工智能应用于法律价值判断的问题，但从技术层面看，司法人工智能价值判断还停留在初步的理论探索阶段，未来究竟能走多远还无法作出预测。[4]

概而言之，站在法律方法论的角度看人工智能法律应用，虽然目前学界探讨较多的是人工智能法律推理模型的建构，但可以预见的是，未来很长一段时间还很难建构起基于人工智能的可用于司法实践的法律推理人工智能。相反，由于法律发现、也就是法律信息检索，是针对具体案件的"找法"活动，是为了找到法律解释的"对象"，建构法律推理的"大前提"，与主要借助人类思维的法律解释相比，与复杂的法律推理、法律论证和价值判断相比，法律发现（法律信息检索）更容易实现人工智能化。加之，法律发现作为法官裁判案件首先要用到的一种法律方法，法律解释、法律推理、法律论证、价值判断、利益衡量、漏洞补充都要以法律发现为前提，因此可以说，法律发现是诸种法律方法中人工智能应用的逻辑起点。

二、基于法律渊源的数据库建构

法律发现与法律渊源有着密不可分的关系，法律渊源是法律发现的主要场所。一般而言，当法官针对具体案件进行法律检索时，应先到正式法源中去寻找。但由于正式法源不

---

[1] "启发式 DENDRAL"程序，由加州大学伯克利分校的 C. 韦斯特·彻奇曼（C. West Churchman）提议，斯坦福大学的乔舒亚·莱德伯格（Josha LEDERBERG）教授和爱德华·A. 费根鲍姆（Edward A. Feigenbaum）教授构思，乔治娅·萨瑟兰（Georgia Sutherland）、艾伦·德尔菲诺（Allan Delfino）和布鲁斯·布坎南（Bruce G. Buchanan）编写，目前在斯坦福大学的 IBM360/67 计算机上运行。该程序的工作机理分为两个阶段：第一阶段，接受、分析实验数据，从而确定哪些实验数据更有意义；第二阶段，在计划框架内生成分子的特定实例。该程序的特点在于，以某种方式构造假设，保证按需生成某个实例；同时保证相同的假设不会被考虑两次，也不会产生等效假设，该程序的最终结果为原始问题提供可供选择的最佳解决方案。关于该程序的详细介绍，读者可参阅［美］布鲁斯·布坎南、托马斯·海瑞克特：《关于人工智能和法律推理若干问题的考察》，载《金陵法律评论》（2018 - 2020 年卷），第 326 - 350 页。

[2] ［爱沙尼亚］塔内尔·克瑞科密、桑德·拉萨拉夫：《逻辑与法律推理的自动化模型》，载《法律方法》第 23 卷，第 83 - 95 页。

[3] 孙跃：《人工智能司法应用的法理反思——基于法律方法的视角》，载《网络法律评论》2017 年第 1 期，第 149 - 162 页。

[4] 彭中礼：《司法人工智能中的价值判断》，载《四川大学学报》（哲学社会科学版）2021 年第 1 期，第 160 - 172 页。

再是一个全面的、详尽的、逻辑上自洽的法律规范体系，不可能为法院、法官提供适用所有案件的法律规范，当在正式法源中找不到裁判案件的法律规范，或依据找到的法律规范裁判案件明显违背人们的普遍正义观念，或找到多个不完全一致的法律规范需要进行选择取舍、说理论证时，就需要到非正式法源中去寻找裁判案件的法律依据或说理论证的法律依据。各个国家法律制度、法律传统不同，其正式法源、非正式法源具体涵盖哪些法律渊源也不尽相同。在我们国家正式法源主要指各种制定法，具体包括：宪法、法律、行政法规、地方性法规、自治条例和单行条例，国务院部门规章和地方政府规章，军事法规，国际条约与协定，司法解释、最高人民法院发布的指导性案例等；非正式法源主要包括：习惯、政策、法理、学说、道德、习俗、正义观念等。法律渊源与法律发现的这种逻辑联系，决定了基于法律渊源的数据库建构是人工智能应用于法律发现、法律信息检索的逻辑起点。

根据法律发现与法律渊源（正式法源、非正式法源）的逻辑关联，理论上建构基于法律渊源的数据库需要有两个：一个是正式法源数据库；另一个是非正式法源数据库。由于非正式法源虽然主要包括习惯、政策、法理、学说、道德、习俗、正义观念等，但其中任何一个具体的非正式法源都有其开放性，这就使得非正式法源本质上也是开放的，甚至可以说是无所不包的，几乎可以等同于人类古往今来的一切知识，且一直处于发展变化之中，如此，则实无必要建构非正式法源数据库，或者说当法官需要到非正式法源中寻找裁判案件的法律依据或说理论证的依据时，他可以在当下现有的一切知识形态中去寻找，包括但不限于：习惯、政策、法理、学说、道德、习俗、正义观念等。或者说，非正式法律渊源的开放性，决定了不建构非正式法源数据库，更符合"事物的本质"。从另一个角度看，不建构非正式法源数据库，更加符合非正式法源的本质，也才会让法官需要从非正式法源中寻找裁判案件的法律依据或说理论证的依据时，始终保持开放的"姿态"，不受制于非正式法源数据库本身的"桎梏"，也为法律、社会发展留出了可能性。上述不建立非正式法源数据库的理由，恰好说明了正式法源数据库建构的必要性及其可行性。受"现行有效法体系内查找"和"穷尽制定法"等法律发现规则的要求，客观上需要建构正式法源数据库，或者说建构正式法源数据库，既是法官依法裁判的客观需要，也是实现"现行有效法体系内查找"和"穷尽制定法"等法律发现规则的要求。可以说，建构正式法源数据库，是法律发现、法律信息检索人工智能，法律推理、法律论证人工智能，甚至是整个法律人工智能的基础性工程。

正式法源数据库应当涵盖宪法、法律、行政法规、地方性法规、自治条例和单行条例，国务院部门规章和地方政府规章，军事法规，国际条约与协定，司法解释、最高人民法院发布的指导性案例等全部现行有效的法律法规，而上述所有法律法规（包括司法解释和最高人民法院发布的指导性案例）都是可以穷尽的。但由于现行有效的法律法规是变动的，诸如法律法规的修改、新法代替旧法、被宣布废止等，这就客观上要求或自然就形成了两个正式法源数据库,一个是当下现行有效的正式法源数据库,可称为"正式法源数据库Ⅰ",另一个是由曾经"现行有效"、当下不再有效的法律法规组成的"正式法源数据库Ⅱ"。这两个正式法源数据库具体建构时有两个技术路线:一个是正式法源数据库Ⅰ和正式法源数据库Ⅱ各自独立;一个是正式法源数据库Ⅱ涵盖正式法源数据库Ⅰ,两种技术路线各有利弊。但从正式法源数据库完整性及其维护来看,第二种技术路线或许更可取一些,第二种技术路线保证了新中国成立后所有正式法源(包括"当下有效"和"曾经有效")的完整性,一旦建成两种正式法源数据库,后续只需把不再有效的正式法源移入正式法源数据库Ⅱ即可。同时,正式法源数据库Ⅱ的存在,也为法律解释中的历史解释提供查找、检索之便。就正式法源数据库架构而言,也有两种逻辑思路:一个是根据民事、刑事、行政三大类案件进行子数据库的架构,方便人们按案件分类进行检索、查找;另一个是按照宪法类、法律类、行政法规类、地方性法规类、自治条例和单行条例类、国务院部门规章和地方政府规章类、军事法规类、国际条约与协定类、司法解释类、最高人民法院发布的指导性案例类等法律法规的具体形式设置子数据库,具体建构时可同时兼顾两种逻辑思路,或以其中一个为主、兼顾另一个。

正式法源数据库建构不是目的,目的是方便法官、检察官、律师、当事人、法律研习者、普通民众检索、查找法律法规。利用法律法规数据库检索、查找法律法规,可通过选择"检索项"输入"检索内容"来实现。借鉴中国知网文献数据库检索设置,正式法源数据库一般检索可设置"法律部门、(法规)文件名、章节标题、法律术语、全文、词语、案由、罪名、发布机构、发布时间"等检索项,在此基础上利用"AND""OR""NOT"逻辑词,设置可同时检索三个及以上检索项的高级检索,人们可通过一般检索实现大致的模糊查找,通过高级检索实现相对精确地检索、查找。目前网络上可以查找到的数据库主要有:

(1)全国人大常委会办公厅建设的"国家法律法规数据库";[①]

(2)中华人民共和国司法部建设的"法律法规数据库";[②]

(3)最高人民法院建设的"法律文库";[③]

(4)最高人民检察院建设的"检察法律法规库";[④]

(5)北京北大英华科技有限公司、北京大学法制信息中心(北大法宝)建设的"法

[①] 数据库网址:http://www.npc.gov.cn/flk/flk/flkPortalManager.do?method=index,该数据库于2021年2月24日正式开通,目前收录宪法和现行有效的法律275件;法律解释25件;有关法律问题和重大问题的决定147件;行政法规609件;地方性法规、自治条例和单行条例、经济特区法规16000余件;司法解释637件。值得一提的是,该数据库还开发了微信小程序,方便大家查询。

[②] 数据库网址:http://search.chinalaw.gov.cn/search2.html。

[③] 数据库网址:https://www.chinacourt.org/index.shtml。

[④] 数据库网址:https://www.spp.gov.cn/spp/flfgk/。

律法规"数据库;①

(6) 北京法意科技有限公司、北京大学实证法务研究所建设的"中国法律资源库";②

(7) 中国法律信息网建设的"法律之星－中国法律法规检索系统",③ 等等。

上述法律法规数据库为构建正式法源数据库Ⅰ、Ⅱ提供了镜鉴,可以汲取各数据库所长。如司法部"法律法规数据库"的"法律、行政法规、国务院部门规章、地方性法规、地方政府规章、司法解释"分类及其"标题""正文"检索选项;最高人民法院"法律文库"包含"中外条约""政策参考"内容;全国人大常委会办公厅"国家法律法规数据库"的"法律""司法解释""地方性法规"栏目下有更小一级的分类,其中"法律"下的分类有:"宪法相关法、民法商法、行政法、经济法、社会法、刑法、诉讼与非诉讼程序法",该数据库的高级检索设置了"关键词"输入项,"检索范围"分为"标题""正文""标题+正文"三种,"检索方式"分为"精确查找"和"模糊查询"两项,"公布日期、施行日期"的时间起止选择项,"时效性"选择项"尚未生效""生效""已修改""已废止",以及"制定机关""法律效力位阶"等选择项;北大法宝"法律法规"数据库效力级别分为:法律、行政法规、司法解释、部门规章、军事法规规章、党内法规、团体规定、行业规定,时效性分为:现行有效、失效、已被修改、尚未生效、部分失效等;北京法意科技有限公司、北京大学实证法务研究所"中国法律资源库"智能检索设计;中国法律信息网"法律之星－中国法律法规检索系统"法律之星 APP 设置等。但显而易见的是,政府机构建设的法律法规数据库主要聚焦于与本机构相关的法律法规兼及其他,社会服务机构建设的法律法规数据库分类不慎严谨、高级检索需付费使用,均与前文提到的正式法源数据库Ⅰ、Ⅱ有不少的差距,不能完全满足基于法律渊源的数据库建构及使用的需要。立足于正式法源数据库Ⅰ、Ⅱ的公共属性,建议由国家政府部门(如司法部)牵头联合最高人民法院、最高人民检察院、国家监察委员会、全国人大法工委、地方法律法规制定机构,有偿邀请社会服务机构参与,共同建设正式法源数据库Ⅰ、Ⅱ,这样的正式法源数据库建设,也是法治国家、法治政府、法治社会"三位一体"法治中国建设的系统性基础工程,应当尽快提上建设日程。

三、基于法律发现的人工智能设计

(一) 从法律发现的路径看

针对具体案件"找法"的法律发现是一个逐步限缩的过程。④ 其中,"阅读案件事实"是进行法律发现的起点,实践中法官对案件事实的"阅读"既是法官了解、认知案件事实

---

① 数据库网址:https://www.pkulaw.com/law/。
② 数据库网址:http://www.lawyee.org/。
③ 数据库网址:http://law1.law-star.com/。
④ 赵玉增:《法律发现研究》,人民出版社 2015 年版,第 167－188 页。

的过程,也是一个"法律"和"事实"互动的过程。法官在"阅读案件事实"的过程中,不是简单地听当事人"讲故事",而是呼应着法律规定、至少是"模糊地"呼应着法律规定,会结合其对法律规范的认知赋予案件事实以"法律意义"。法官阅读案件事实,关涉案件的每一个"情节"及其构成要素都会作为信息单元输入阅读者的大脑,阅读者会结合已有的法律认知,初步的作出法律判断,省却掉不具有法律意义的案件事实要素,建构起具有法律意义的案件事实,形成案件的"故事梗概"。对于简单的案件,法官可以一次性的"阅读案件事实",形成可以指导法官进行法律发现的"故事模型";对于复杂、疑难的案件,法官可能需要二次、三次,甚至多次地"阅读案件事实",直至建构起可以指导法官进行法律发现的"故事模型"。甚至,法官构建起的故事模型可能不止一个,就需要从彼此竞争的故事模型中选择一个最佳的故事模型,这个最佳的故事模型,应尽可能地符合"全面性""一致性""独特性"和"适合性"。① 其中,全面性和一致性起着决定性的作用,独特性和适合性起补充性作用,符合全面性和一致性要求的故事模型,不仅要最大程度地涵盖对所陈述案件事实证据的可能解释,还要保证对案件事实证据的各种解释没有矛盾,且与一般人的认知不会发生冲突。需要说明的是,从法律发现的角度看,法官建构起的故事模型的"真实性"与案件事实本身的"真实性"并不存在必然的联系,即故事模型的真实性是法律上的"真实性",而不是客观上的真实性。②

通过"阅读案件事实",可以"概括出案件案由",从而为下一步进行"部门法的识别"指明了方向。案由是具体诉讼案件的性质、内容的概括提要,任何案件,无论其性质、内容如何,都可以通过案由得到最基本的反映。如在刑事案件中,以暴力、胁迫或者其他手段违背妇女意志与之发生性关系的,案由即为"强奸";在民事案件中,因家庭共有财产之分割发生纠纷的,案由即为"析产"。案由是以案件事实为基础,依照法律对案件的定性概括出的,可以为司法机关和诉讼参加人的诉讼活动明确基本的方向,顺利地进行事实和证据的调查并正确地适用法律。③ 最高人民法院向来重视民事案由的制定,于2000年10月30日印发《民事案件案由规定(试行)》(法发〔2000〕26号),于2008年2月1日印发《民事案件案由规定》(法发〔2008〕11号),于2011年、2020年两次进行修正。④ 最高人民法院于2004年1月14日印发《关于规范行政案件案由的通知》(法发〔2004〕2号),2020年12月31日印发《关于行政案件案由的暂行规定》(法发〔2020〕44号)。实务中最高人民法院确实没有发布规范刑事案件案由的规定,但这不意味着刑事

---

① 参见〔美〕里德·黑斯蒂:《陪审员的内心世界》,刘威、李恒译,北京大学出版社2006年版,第234页。
② 参见陈林林、张晓笑:《认知心理学视域中的陪审团审判》,载《国家检察官学院学报》2013年第5期。
③ 陈光中主编:《中华法学大辞典·诉讼法学卷》,中国检察出版社1995年版,第6页。
④ 具体可参见最高人民法院于2011年2月18日印发的《关于修改〈民事案件案由规定〉的决定》,法〔2011〕41号,自2011年4月1日施行;2020年12月14日印发的《最高人民法院关于修改〈民事案件案由规定〉的决定》,法〔2020〕346号,自2021年1月1日起施行。

案件没有案由，而是因为刑事案件正如学界和实务界所认知的——刑事案件案由，即为罪名。

明确了案件案由，可以说就极大地方便了针对案件的"部门法识别"。从法律发现的角度看，部门法并不是构成法律体系的最小概念，还可以做进一步的划分，如民商法律部门可进一步区分为民法和商法两个亚部门法，其中，民法这一亚部门法还可以进一步区分为民法典、知识产权法、其他民事法规等更小的子部门法，在民法典子部门法内，又可分为民法总则、物权法、合同法、人格权法、婚姻家庭法、继承法、侵权责任法等更小的子子法律部门，这样的细分可以继续下去，直至到具体的法律条文、法律规范，然后就是由"法律规范"建构"裁判规范"的过程。所以，法律发现的路径大致可描述为：从"阅读案件事实"到"概括案件事由"；从"概括案件事由"到"部门法识别"；从"部门法识别"到找到相应的"法律规范"，由此进一步建构"裁判规范"。这其中，从人工智能应用于法律发现来看，"概括案件事由"是联系从"案件事实"到"法律规范"的关键一步，也是开发人工智能应用于法律发现的关键一环，将人工智能用于建构从"案件事实"到"法律规范"的法律发现，其逻辑工作原理可用下图表示：

人工智能用于法律发现的逻辑原理

裁判规范

其中，工作原理图形左半部分大致属于"案件事实"部分，图形右半部分大致归入"法律规范"部分，建构两者之间联系的是"案件事由"，两部分之间从一开始就应建立在案件事实与法律规范"目光之往返流转"之中（如图中三个"双箭头"所示）。即，从全部案件事实材料，逐步形成"故事梗概""故事模型"，进而概括出"案件事由"，都应建立在基于法律渊源的正式法源数据库Ⅰ（或Ⅱ）之上。这其中，左边"案件事实"部分，如何从叙述案件事实的自然语言，逐步地变成被人工智能识读的计算机语言；右边的

"法律规范"语言,也变成能被人工智能识读的计算机语言,两边共同借助"概括案件事由"的计算机语言,便可实现基于人工智能的从"案件事实"到"法律规范"的法律发现。这其中,尝试建构基于案件事实的计算机语言和基于法律规范的计算机语言,并将两者通过计算机语言链接起来至为关键。对自然人而言,从读取案件事实到找到法律规范可以借助人的智慧力、思维力来实现,但对人工智能计算机而言,它既不能读懂案件事实的意义,也不能完全理解法律规范的意义,但人工智能计算机却可以通过深度学习建构起两者间的"联系",而这正式人工智能用于法律发现、法律信息检索的意义所在。[①]

(二)从法律发现的方法看

方法是人们认识世界、改造世界所应用的一些手段、办法、方式、程式等的总称,具有明显的层次性,学界通常分为:以自然界、人类社会和思维过程为对象的最一般的方法,即哲学方法;跨学科的在相当广泛的领域中适用的方法,即一般科学方法;限于某一研究对象使用的方法,如物理学的、化学的、管理学的某些特定方法,通常称为具体科学方法。[②] 具体到某一学科、某一对象,其所使用的方法也是有层次性的。以法律方法为例,可区分为:立法方法、执法方法、司法方法、法律监督方法等,其中的司法方法,又可进一步区分为:法律解释方法、法律推理方法、法律发现方法、法律论证方法、漏洞补充方法、价值(利益)衡量方法等。而法律解释方法又可细分为文义解释方法、目的解释方法、历史解释方法、体系解释方法等。可以说,方法从来都不是单一的、孤立的,常常以方法"多维矩阵"的方式来呈现,有学者提出法律方法也是一个"多维矩阵"式存在,即每一个具体的法律方法都只是法律方法"多维矩阵"体系中的一个,该法律方法既有发挥其自身作用的特定方向和力量,又受到其他法律方法的影响和作用,法律问题可能需要一系列法律方法共同作用才可以解决。[③] 法律发现作为一种法律方法,也需要依赖其他更加细分的方法,才能发挥其作用。

法官进行法律发现经常会用到的方法包括涵摄与归属、等置与类推、查找与续造、比较与衡量等。其中,涵摄通常用来指涉把小的前提置于大的前提之下,或者说将某个具体案件置于法律的事实构成之下。[④] 德国学者卡尔·拉伦茨认为,如果把法律的构成要件称为 T,特定案件事实称为 S,且如果 T 借由要素 m1、m2、m3 而被穷尽描述,S 具有 m1、

[①] 人工智能深度学习是一种机器学习的方法,它试图使用包含复杂结构或由多重非线性变换构成的多个处理层(神经网络)对数据进行高层抽象的算法。人工智能深度学习,也可以理解为人工智能对人脑或生物神经网络的基本特征进行抽象和建模,计算机从外界环境中学习,并以与生物类似的交互方式适应复杂环境的学习方式。

[②] 参见刘蔚华、陈远:《方法大辞典》,山东人民出版社1991年版,第9页。

[③] 参见贾海龙:《法律方法的"多维矩阵"》,载《暨南学报》(哲学社会科学版)2013年第11期,第11-15页。

[④] 学界对涵摄的认识、界定不一,

m2、m3 等要素，则 S 是 T 的一个事例，一般将这样一个过程称为"涵摄"。逻辑涵摄是将外延较窄的概念划归外延较宽的概念之下，即将前者涵摄于后者之下的一种推演。① 由于法律规范更多的是类型化的、以及需要填补的评价性规则，即给出一些指导观点、特征或例子，对此类规则可以通过描绘使其范围、轮廓清楚，但无法定义。此时，如卡尔·拉伦茨所言，将某生活事件归入该类规则就不是涵摄，毋宁是评价性的归类，即待决的案件事实与另一在判断上并无疑义的案件事实相同或相近，甚至当概念本身是一种"指导性"的陈述时，将案件事实"归属"法规范构成要件的说法，可能比"涵摄"更恰当。② 可以说，涵摄是一种"对号入座"式的"归入"，归属是一种评价性的"归入"。站在计算机语言的角度，逻辑上可以说"涵摄"是一种"精确"的查找（检索），归属是一种"模糊"的查找（检索）。

考夫曼区分了"法律适用"与"法律发现"，认为"法律适用"是指当所要拟判的案件已被规定在可适用于绝大多数案件的法律时，就可以用"涵摄"的方法进行法律适用；"法律发现"则是指所当拟判的案件找不到法律规定时，即当法律出现"违反计划的不圆满性时"，需要用"等置"的方法先进行法律发现。③ 他在分析萨维尼传统涵摄模式、传统法律解释理论的基础上，具体分析阐释了等置模式。考夫曼认为，传统方法论只关注涵摄，并把涵摄过程看作是两个彼此分离、在时间上前后相继的行为是错误的，涵摄推论的大前提和小前提是彼此关照、同时形成的。需要对传统的涵摄方法进行理性反思，即决定法律方法科学性的不是涵摄，而是论证。法律方法的核心不在于一种逻辑推论，而在于一种比较——"个案比较"，法律获取程序依其本质不是用逻辑推论，而是一种比较。而比较或等置主要取决于比较点、比较中项，且它们不是纯粹的认知行为，而是一种决断，且与权力相关。对于法律方法而言，人们无法将未经加工的案件涵摄于未经加工的规范之下，而只能将案件事实涵摄于构成要件。只有大、小前提都已形成时，才可以进行涵摄。先于涵摄发生的法律发现行为肯定不是涵摄，而是设证、归纳或类比，其中的类比有两种：不熟悉的与熟悉的，或容易理解的与不容易理解的，或强的和弱的比较。等置方法的核心是将待决案件与为制定法或法秩序所确凿涵盖的案件进行比较，作出等置或不等置的判断，如果等置就可将待决案件涵摄于法律规范之下进行裁判。④ 可见，考夫曼将等置视为涵摄之前进行法律发现的方法，并认为"等置"（或不等置）需要通过"类比"才可以完成。这样，站在计算机语言的角度，等置、类比（或类推）实为一种方法，即案件 F1 与案件 F2 进行比较，如果 F1 有 a、b、c、d、e 五个事实要素，F2 有 a、b、c、d、x 五个

---

① 参见［德］卡尔·拉伦茨：《法学方法论》，陈爱娥译，商务印书馆 2003 年版，第 152 页。
② 参见［德］卡尔·拉伦茨：《法学方法论》，陈爱娥译，商务印书馆 2003 年版，第 154 页。
③ 参见［德］考夫曼：《法律哲学》，刘幸义等译，法律出版社 2004 年版，第 94 页。
④ 参见［德］阿图尔·考夫曼：《法律获取的程序——一种理性分析》，雷磊译，中国政法大学出版社 2015 年版，第 150 – 169 页。

事实要素，称为 $F2^1$；或 F2 有 a、b、c、x、y 五个事实要素，称为 $F2^2$；或 F2 有 a、b、x、y、z 五个事实要素，称为 $F2^3$，在假定 a、b、c、d、e、x、y、z 具有同等重要性的情况下，则 F1 与 $F2^1$ 具有强类比性、则 F1 与 $F2^2$ 具有中类比性、则 F1 与 $F2^3$ 具有弱类比性，至于 F1 与 $F2^1$、F1 与 $F2^2$、F1 与 $F2^3$ 相互间能否等置，还需要根据 e、x 之不同对于 F1 与 $F2^1$ 是否重要，d、e、x、y 之不同对于 F1 与 $F2^2$ 是否重要，c、d、e、x、y、z 之不同对于 F1 与 $F2^3$ 是否重要才可作出判断，这也就是考夫曼所言的等置还是"一种决断，且与权力相关"。从计算机语言的角度看，就案件事实的等置、类比（或类推）而言，需要借助计算机语言设置案件的事实要素 a、b、c…，然后与待决案件的事实要素 a'、b'、c'…进行比较，并做出判断。进而言之，就针对具体案件的法律发现而言，需要借助计算机语言，建构案件事实要素 a、b、c…与法律规范构成要件 R1、R2、R3…之间的链接点，并借助计算机语言的"if…then…"等语句和"and、or、not"等逻辑词，实现从案件事实到法律规范的人工智能建构。

上述法律发现的涵摄、归属、等置、类推、查找、比较等方法，就人工智能应用于法律发现而言，均需要借助人工智能深度学习技术来实现。人工智能深度学习是通过对样本数据大量分析之后，寻找样本数据的内在规律和表示层次，人工智能深度学习后得到的学习算法的优劣，取决于其在学习时采取的学习模型以及对数据不平衡、词向量等问题的解决，最终依靠将学习结果预测转化为回归函数、平均值等指标来评价其学习的成果。也就是说，当一个深度学习的算法模型最终确定好之后，面对给定的案件事实，人工智能算法输出的结果是否正确取决于其对已经发生的案件学习的效果。因此对于自然人而言的从"阅读案件事实"到"概括案件事由"，再到"部门法识别"，到最终找到相应的"法律规范"这样一个线性的路径"找法"过程，并不适合人工智能深度学习。对人工智能通过深度学习"找法"而言，将案件事实与法律渊源数据库直接相连同步进行"找法"可能更为精确。以一起故意伤害案件为例：

2015 年 11 月 5 日上午，被告人胡某在平湖市乍浦镇的嘉兴市多凌金牛制衣有限公司车间内，与被害人孙某因工作琐事发生口角，后被告人胡某用木制坐垫打伤被害人孙某左腹部。经平湖公安司法鉴定中心鉴定：孙某的左腹部损伤已达重伤二级。

对于这样一起刑事案件，用 json 数据交换格式建构人工智能深度学习模型可表达为：

｛"fact"："2015 年 11 月 5 日上午，被告人胡某在平湖市乍浦镇的嘉兴市多凌金牛制衣有限公司车间内，与被害人孙某因工作琐事发生口角，后被告人胡某用木制坐垫打伤被害人孙某左腹部。经平湖公安司法鉴定中心鉴定：孙某的左腹部损伤已达重伤二级。"

"meta"：｛"relevant_articles"：［234］，

"accusation"：［"故意伤害"］，

"criminals"：［"胡某"］，

"term_of_imprisonment"：

```
            {"death_penalty": false,
         "imprisonment": 12,
         "life_imprisonment": false
            }
        }
    }
```

其中，fact 为案件事实，meta 中包含：相关法条（此例涉及刑法第 234 条），罪名（此例为故意伤害），犯罪嫌疑人（此例为胡某），刑期（此例给出了死刑、12 年有期徒刑、无期徒刑三种）。每一条数据均为一个字典，可根据实际需要添加更多的字典。

上述数据便是进行深度学习的数据样例。人工智能在获取数据之后进行数据读取，分别一行行取读处理、训练、开发、测试文件，将文件每一行的"fact"和"meta"分别处理成列表，放在这一数据模型的实例对象中，同时实例对象还要包括"fact"语词及其个数，"meta"中的罪名、以及相应的处罚等。处理完一个文件，再处理下一个文件，依次类推。这样通过深度学习，逐步建立起词典，给出所有罪名、词组唯一的标识，随后在迭代器中进行迭代，将每一个罪名进行二分类，句子涉及的罪名对应位置为 1，涉及不到的罪名对应位置为 0。通俗地讲，就是通过将具体的法条、罪名进行唯一的标识符识别（每一个法条、罪名有着单独对应的 id）之后，对与案件事实中描述的事实词汇进行频率检测，将出现频率数较高的事实描述与法条、罪名的 id 相对应，最终得出的结果便是根据案件事实"fact"，依据案件事实从法律渊源数据库中找到的该案件事实涉及的罪名和法条。对于与该罪名相类似的罪名，如抢夺、抢劫中伤害、盗窃中的伤害等，可以通过构建分类预测模型，即将该罪名设定若干个子类别，每个类别的值分为：命中、不命中、不确定三种，将选取的案件事实样本在子类别上做出预测。如果找到了若干相似的法条，可根据"相关—密切联系"原则进行甄别，如走私贩卖制造毒品罪和非法持有毒品罪，两种罪名可能在案件事实描述上大致相同，会有部分相同的关键词，可采取融合模型的方式，将近似罪名进行模型预测，选取参数差异较大的多个模型整合之后，再计算融合模型下的法条的概率值，并设定一定的阈值进行删选，尽可能地处理相似或相近法条作出选择。当然，人工智能深度学习离不开大数据、云计算、区块链等智慧技术的支持，也需要通过实践运用的不断改进、完善才可能变为现实。

由于法律发现的"续造"方法，更多的是指当法官找不到待决案件的裁判依据，或虽然找到了相关法律规范但用之判案明显违背人们的普遍正义观念时，法官又不能拒绝裁判，此时就需要法官进行"法的续造"。从人工智能用于法律发现的角度看，即使是未来的强人工智能，也很难实现"法的续造"，人工智能所能实现的应当限于法官"找法"中用到的涵摄、归属、等置、类推、查找、比较等方法。

(三) 从法律发现的规则看

法律发现的规则是法律发现过程本身应当遵循的规则。笔者将法律发现的规则概括为:"以案分类——区别查找"规则、"现行有效法体系内查找"规则、"穷尽制定法"规则和"相关——密切联系"规则。① 在将人工智能用于法律发现设计时,也应当遵循这四个原则。结合前面介绍的基于法律渊源的数据库建构和从法律发现的路径、方法看人工智能,如果基于法律渊源的正式法源数据库Ⅰ、Ⅱ能够区分为民商事法规、行政法律法规和刑事法律法规三大法律部门,则就很容易实现"以案分类——区别查找"规则,或者如前述国家法律法规数据库效力级别分为:法律、行政法规、司法解释、部门规章、军事法规规章、党内法规、团体规定、行业规定等,也可以大致的实现"以案分类——区别查找"规则。甚至可以说,只要基于法律渊源的正式法源数据库Ⅰ、Ⅱ收录的法律法规足够全面,借助电子数据查询手段,可以略过"以案分类——区别查找"规则直接进行模糊检索,并不影响法律发现结果的准确性。而且,只要正式法源数据库Ⅰ收录的现行法律法规足够全面、没有遗漏,则借助电子数据查询手段在正式法源数据库Ⅰ内进行针对案件的法律发现,则就自然遵守了"现行有效法体系内查找"规则和"穷尽制定法"规则。从遵循法律发现规则的角度看,目前人工智能难于实现的可能是"相关——密切联系"规则。

因为"相关——密切联系"规则,有两个方面的要求:一是要找到所有与待决案件相关的法律规范;二是要在所有相关的法律规范中,选择最契合待决案件的法律规范。其中,第一个方面的要求,可以借助计算机语言的模糊检索来实现,通过计算机语言编程,将与待决案件有"联系点"的法律规范从法律法规数据库中全部检索出来。这第一方面的要求,目前的人工智能技术是可以实现的。第二个方面的要求,由于涉及法官的价值判断,目前的人工智能技术是很难完全实现的,从中我们要看到人工智能用于法律发现、法律方法或者司法裁判的限度,也就是法律人工智能的限度。目下在找到与待决案件相关的全部法律规范后,可以借助计算机语言对"主要法源先于次要法源、规则先于原则、下位法先于上位法、特别法先于一般法、程序法先于实体法"等法律规范选择的一般原则,以及"原则优于规则""上位法优于下位法""新法优于旧法"等法律规范选择的特殊规则进行编程,由人工智能作出初步的判断、选择。在此基础上,借助大数据、云计算、区块链等技术,不断地试错、修改、完善人工智能用于法律发现的精确性。

从法律方法论的角度看,法律发现是人工智能用于法律方法的逻辑起点,在将人工智能用于法律发现、法律信息检索时,建构基于法律渊源的数据库是基础性工程,在此基础上需要结合法律发现的路径、方法和规则进行设计,关键是实现从案件事实到法律规范的

---

① 参见赵玉增:《法律发现:法官"找法"的规则新解》,载《上海政法学院学报》2019年第4期,第52-60页。

计算机语言的链接。其中，人工智能深度学习技术与发展会深深地影响基于人工智能的法律发现、法律信息检索，进而影响智慧司法的发展和进步。可以肯定的是，人工智能用于法律发现、法律信息检索，包括智慧司法是一个逐步发展的过程，这样一个发展过程离不开既懂人工智能、计算机语言，又熟知法律的富有智慧、实践能力强的高层次复合型法律人才，这样的复合型法律人才靠传统的法学教育、法律硕士教育很难造就，需要打破传统的学科壁垒、特别是理工学科与人文学科无法齐修的教育壁垒，以问题为导向、以实践需要为导向，开展跨人工智能与法律的人工智能法学硕士、博士教育，同时打通教育界、技术界与实务界的联系，推进人工智能与法律的深度融合，逐步建构起基于人工智能的法律发现、法律信息检索、法律推理、法律论证，进而才能从实质意义上推进智慧司法建设。

（编辑：杜文静）

强人工智能刑事责任主体地位之证成[*]

房慧颖[**]

摘　要　如何认定人工智能的刑事法律地位并实现合目的的刑事责任追究，是人工智能时代对刑法提出的巨大挑战，也是当前刑法理论亟需应对的时代难题。人工智能时代背景下的强人工智能，能够进行编程之外的自主行为，通过人工神经网络技术获得意识支配下的自由意志，其存在是建立在自己的思考之上，具备赋予刑事责任主体资格的可能性与必要性。通过检视强人工智能之于刑罚的目的和效果，确立对强人工智能进行刑事处罚的正当性和必要性，从侧面论证了赋予强人工智能刑事责任主体资格的合理性。人工智能时代蕴含着巨大的社会风险，刑法作为保障公民权利的最后一道防线，对时代风险视而不见并非良策，积极探索、勇于革新才是完成时代使命的必由之路。

关键词　人工智能　刑事责任主体　刑事处罚　刑罚目的

一、现状与争鸣：问题的缘起

"世异则事异，事异则备变。"[①] 被誉为"计算机之父"的冯·诺依曼曾经指出："技术正在以前所未有的速度朝着某种与奇点类似的方向发展，而一旦超越这个奇点，人类社

---

[*] 本文系上海市哲学社会科学规划课题"预防性刑事立法及其限度研究"（项目编号：2022EFX003）的阶段性成果。

[**] 房慧颖，女，山东德州人，华东政法大学刑事法学院副研究员，主要研究方向为人工智能刑法、经济刑法。

① 《韩非子·五蠹》。

会将会变得和现在大不相同。"① 从1956年"人工智能"这一概念提出以来,② 人工智能技术便逐渐成为影响人类社会的重要技术。晚近人工智能技术取得重大突破与进展,被广泛应用于社会生活的诸多领域,2021年在人工智能行业内被称为人工智能行业政策的"红利大年",尤其是《中华人民共和国国民经济和社会发展第十四个五年规划和2035年远景目标纲要》中,体现了对于人工智能这一新兴行业的重点关注。

"智能时代,未来已来。"③ 人工智能时代全面到来的同时,也引起行业内外对人工智能技术安全的担忧。人工智能是否可能成为人类社会"最后的发明"?④ "圣人不治已病治未病,不治已乱治未乱。"⑤ 为此,我们应系统评估人工智能技术的发展趋势与效应,理性分析人工智能技术的发展对社会的经济基础及上层建筑所带来的影响。人工智能技术的发展应当在法律框架的约束下进行,人工智能弊端的防范也需通过法律约束作用达成。

试想当各种人工智能产品和服务逐渐成为我们生活中不可或缺的部分,能够像人一样思考以及一样行动的人工智能普及时,必将对人类伦理、道德、法律等价值规范带来诸多挑战。⑥ 一般认为,法律是一种人类社会的规范,"刑罚只能对人类的行为或者一种'人的行为'适用。"⑦ 将人工智能的"行为"同质于"人类的行为",并对人工智能进行刑事处罚,这似乎完全颠覆了现有的刑法理念。⑧ 人工智能能否具备像人一样的刑事责任主体地位这一问题,在学界引起轩然大波。因此,如何认定人工智能的刑事法律地位并实现合目的的刑事责任追究,对当前以人类为中心的传统法律归责原理和法律主体认定标准等提出巨大挑战,成为当前刑法理论亟需应对的时代难题。

二、确立与证成:对强人工智能刑事责任主体地位的展望

当前而言,学界关于人工智能的定义尚无统一的观点。有些学者从计算机学的角度进行解读,有些学者立足于仿生学的视角进行定义,有些学者从控制论的基准进行重构。可以说专业背景不同的主体立足于不同视角,对人工智能会给出不同的界定,这既有横看成

---

① UlamS. Tribute to John von Neumann, 1903–1957 [J] *Bulletin of the American Mathematical Society*, 1958, 64 (3): 35.
② 1956年夏季,以麦卡赛、明斯基、罗切斯特和申农等为首的一批有远见卓识的年轻科学家在一起聚会,共同研究和探讨用机器模拟智能的一系列有关问题,并首次提出了"人工智能"这一术语,它标志着"人工智能"这门新兴学科的正式诞生。
③ 吴军:《智能时代》,中信出版集团2016年版,第5页。
④ 据2014年英国广播公司的报道,著名物理学家霍金表示,"人工智能或许不但是人类历史上最大的事件,而且还有可能是最后的事件","人工智能的全面发展可能导致人类的灭绝"。参见杜严勇:《人工智能安全问题及其解决进路》,载《哲学动态》2016年第9期,第99页。
⑤ 《黄帝内经·素问·四气调神大论》。
⑥ 朱凌珂:《赋予强人工智能法律主体地位的路径与限度》,载《广东社会科学》2021年第5期,第241页。
⑦ [美]乔治·P. 弗莱彻:《刑法的基本理念》,蔡爱惠等译,中国政法大学出版社2004年版,第53页。
⑧ 陈洪兵:《人工智能刑事主体地位的否定及实践展开》,载《社会科学辑刊》2021年第6期,第93页。

岭侧成峰的意蕴，又有乱花渐欲迷人眼的感觉。质言之，内涵不同的界定概括了人工智能的不同侧面，但都缺乏系统性与全面性，科学性与合理性也明显不足。笔者从人工智能的本质出发对其进行概括性的描述，即人工智能是指人类通过多学科融合，被人为创造出的能够模拟人类思维、能够自主分析外界事物、能够自主实施对外交互行为的一门技术。同时本文所探讨的人工智能则是这一技术的载体，体现为一系列程序代码、一套特殊设备或者是一个具备自主学习能力的智能机器人。

就人工智能的分类，从不同的角度可以将人工智能分为不同的种类。按照人工智能的形态进行划分，可将其分为实体型人工智能和非实体型人工智能；按照人工智能的智能程度可以将人工智能划分为弱人工智能和强人工智能，也有学者将其划分为弱人工智能、强人工智能和超强人工智能。鉴于笔者旨在探讨人工智能的刑事责任主体资格问题，人工智能是否具有实体形态对本文影响不大，故笔者就人工智能按照其智能程度的划分进行进一步探讨。同时，因弱人工智能仍处于人类工具的地位，且无法成为刑事责任主体已成为共识，故本文不讨论其刑事责任主体地位问题，也不讨论其被作为工具实施危害行为时刑事责任的认定和划分情况。但具有自主意识意志的强人工智能已经超脱"工具"的地位，其是否能够成为刑事责任主体则值得吟味和研判。

（一）赋予强人工智能刑事责任主体地位之可能性

强人工智能具有深度学习能力，标志着人类技术的一个全新进步维度。与此同时，对强人工智能行为的法律评价也将触发新的难题。[1] 当人工智能随着技术的发展而摆脱可控路径，从而成为脱离人类管控的强人工智能时，人类社会的经济面貌、政治体制和法律构造等将面临翻天覆地的变化。人工智能技术发展的最优路径，必然是人类在充分享受技术发展创新成果的同时，能够最大限度地控制与预防技术可能带来的风险。[2] 如何控制与预防人工智能技术风险，是刑法对涉人工智能犯罪进行研究所需解决的首要问题。刑法对弱人工智能技术风险的控制与预防，主要涉及对不同应用场域中弱人工智能技术的风险预测与规制，笔者无意在本文中就此问题进行探讨。而刑法对强人工智能技术风险的控制与预防，主要涉及对强人工智能是否可能具有刑事责任主体地位的研判。尽管近年来学界对此问题的争论如火如荼，但仍未达成共识。持"肯定说"观点的学者与持"否定说"观点的学者针锋相对，各执己见。假如具备自主意识意志的强人工智能的行为造成刑法意义上的危害结果，就会产生相应的刑事责任归属问题：谁是行为人？谁承担刑法上的罪责？是强人工智能背后的人——使技术发挥其作用的研发者与使用者——承担刑事责任？还是强人工智能本身承担刑事责任？抑或没有合适主体能够为此承担刑事责任，从而将上述危害

---

[1] 张旭、杨丰一：《恪守与厘革之间：人工智能刑事风险及刑法应对的进路选择》，载《吉林大学社会科学学报》2021年第5期，第79页。

[2] 房慧颖：《预防性刑法的具象考察与理念进路》，载《法学论坛》2021年第6期，第73页。

后果作为技术不可预测性所带来的人类应当共同分担的后果。① 笔者在本部分意在从技术发展与进步的角度说明强人工智能具备刑事责任主体资格的可能性，即强人工智能为自身在自主意识意志支配下实施的危害行为承担刑事责任的可能性。下文概要介绍强人工智能具备被赋予刑事责任主体地位的可能理由及其原因，旨在探讨前述问题。

根据刑法通说，作为人制定的法律，刑法处罚符合构成要件的行为。如果行为人所实施的行为符合刑法条文所规定的构成要件并引起构成要件描述的危害结果，则该危害结果应归责于该行为人。② 当然，将危害结果归责于行为人的前提是，行为人能够认识自身行为的不法性，且其可以被期待以适当方式避免，却仍因故意或过失而满足了构成要件，也即行为人的行为符合了构成要件中不法行为之非难可能性，则行为人应对自身行为所引发的刑法上的罪责承担刑事责任。然而我们已经看到，强人工智能通过算法、大数据、神经网络系统和深度学习等方式在某一特定领域已经具备了超越人类大脑的水平，且至少可以在引申意义上自主行动。那么强人工智能是否可以受到与人类相同的刑事处罚？

人类刑法史上曾经有过关于对非人类生命体进行刑法惩戒的设想与经验。考察人类刑法史可知，刑罚与罪责并非人类专属。在启蒙时代之前的刑法历史中，刑法曾经并不完全以人类为中心而构建。例如，在欧洲刑法史上曾有关于对动物进行刑事诉讼的记载。相传在1474年的巴塞尔曾发生过一起审判公鸡的案件，一只公鸡因被指控下了一个孵出蛇精的蛋而被判处死刑。这起案件在现今看来固然是荒谬的，随着社会进步，人们的思想观念也在逐渐更新，所谓的"动物刑法"早已被废弃。在近现代社会的刑法当中，在法律上，动物被作为"物"对待，而不再与人类具有相同的法律地位。与之相同，不具有自主生命体的机器也被法律作为"物"对待，因为它们是以被定义好的方式发挥其功能，而和人类的法律地位相区别。马克·吐温早在1906年就写道："（机器）所做的不会超出或者少于它的制造者允许和迫使它做的。机器毫无人的特质，它不能选择。"但是，科幻作品对人工智能技术的发展作出了预测，表明原本在人类的完全掌控之下的机器或许有一天会演变为具有独立自主意识意志的强人工智能。例如，早在1950年，阿西莫夫就在《我，机器人》这部小说中提出了规范机器人和人类之间关系的"机器人三定律"。③ 这部作品中的机器人就是具有自我发展意识、具有自我感觉、具有独立自主意识意志的强人工智能。晚近科技的发展表明，科幻小说、电影中对于强人工智能的幻想正一步步成为现实。

应当看到，与客观实在相比，人类观念的范围是不全面的，而人类知识的范围更是小于观念的范围。认为强人工智能不可能具有刑事责任主体地位的学者具有这样的预设观

---

① 刘仁文、曹波：《人工智能体的刑事风险及其归责》，载《江西社会科学》2021年第8期，第146页。
② 房慧颖：《刑法谦抑性原则的价值定位与规范化构造——以刑民关系为切入点》，载《学术月刊》2022年第7期，第119页。
③ 第一，机器人不能伤害人类，也不能在人类受到伤害的时候置之不理；第二，机器人必须遵守人类发出的命令，只有当该命令违背第一定律的时候除外；第三，机器人必须保护自己，除非与第一、第二定律相冲突。

念：刑法当中的行为与刑事责任的概念是针对人类设定的，[①] 因而无法适用于人工智能。即便强人工智能因具有深度学习能力和辨认控制能力而能够自主实施行为，也因其不属于刑法所调整的对象，而无法被划归为刑法中的行为。因此，讨论强人工智能的刑事责任归属并无实际意义，换言之，赋予强人工智能刑事责任主体地位不具有可行性。众所周知，人类的意识形成来源于大脑，是脑细胞中的神经相互交叉传递达到一定程度的结果。也正是如此，导致很多学者认为意识是人类所独有的，大脑是意识产生的唯一基础。不可忽略的是，得出这一结论的前提是传统理论并未预见人工智能如今的飞速发展。[②] 但不能忽视的是，强人工智能是以生命科学为基础，通过模拟人类大脑的神经系统，利用神经网络来进行拟人化行为的。意识产生的真正原因在于神经细胞的排列组合方式，因此当强人工智能的人工神经网络足够庞大时，这种模仿生物的行为方式便会产生意识，便能够一直"成长"为独立于人的主体。

可以说，随着人工智能技术的演进，出现能够模拟人类思考的自主意识将成为可能。[③] 也即，随着人工智能技术的进一步发展，主观意识并非人类特有，强人工智能能够成为比肩人类的新物种，甚至比人类大脑更加智能。据预测，到2030年左右将会出现强人工智能，这时的强人工智能完全比肩正常的成年人。在论证法律主体地位的时候，不得不提到康德的道德哲学和黑格尔的法哲学。康德和黑格尔的理论都能得出这样的结论：理论上的人是理性的实体，并非任何客观实在都能成为此等人，只有具备自由意志的实体才有可能通过理性的逐步发展成为这种伦理上的人。[④] 因此根据这一原理，可以得出以下结论：一是动物因为不具备相应的理性而不能成为法律上的人，只能是物；二是生物学意义上的人也并非全部都是法律上的人，只有在其具备自由意志的前提和基础之上才可能是法律上的人。同理可得，强人工智能之所以可能具备刑事责任主体地位，也在于其具备自由意志和实践理性。追根溯源，否定强人工智能可以具备刑事责任主体地位的原因不外乎是"因为人工智能不是人，所以人工智能实施的活动不能等同于人类活动，而只有人类才具有理性，只有人类活动才是在理性支配下所实施的具有刑法意义的行为。"此种观点和结论是将强人工智能承担刑事责任的可能性予以先验地完全排除，陷入了一种自说自话、形而上学的怪圈。可以说，这完全是人类中心主义的立场，存在循环论证之纰缪。

(二) 赋予强人工智能刑事责任主体地位之必要性

"法律要为智能机器人的发展提供有效创新激励，就必须正确回应智能机器人对法律

[①] 参见马克昌：《刑法中行为论比较研究》，载《武汉大学学报（社会科学版）》2001年第2期，第136页。

[②] 房慧颖：《刑法谦抑性原则的价值定位与规范化构造——以刑民关系为切入点》，载《学术月刊》2022年第7期，第118页。

[③] 刘洪华：《论人工智能的法律地位》，载《政治与法律》2019年第1期，第13页。

[④] 参见崔拴林：《私法主体范围扩张背景下的动物主体论批判》，载《当代法学》2012年第4期，第93页。

主体理论带来的诸多挑战。"① 有学者认为，"人工智能的认知和决定能力是人类赋予的，是依赖于人类的辨认能力和控制能力而存在的，是一种与人类能力相区别的拟制的能力。"② 也有学者认为，"智能机器人是人类模拟自身神经网络创造出来的事物，比世界上任何事物都更类似于人，刑法应当尊重其自由意志，适时考虑赋予其法律上的主体资格"。③ 人工智能作为新兴产业，不仅反映了当下的科技发展水平，更彰显了未来的技术发展趋势。"法治不仅仅是考虑当下，也要考虑未来。"④ 目前，欧盟议会法律事务委员会（JURI）就人工智能的权利主体地位作出了立法提案，拟通过将人工智能作为"拟制电子人"的方式，来赋予人工智能法律主体的地位。⑤ 与之类似，美国国家公路安全交通管理局将GOOGLE无人驾驶汽车内部的人工智能系统作为"司机"来认定。⑥ 可以预见，人工智能技术在人类社会中的地位将越来越不可或缺，人类和人工智能的共存和发展也已成为不可回避的大势，简单反对人工智能的法律主体地位只会显得武断与不可靠。在刑法领域，对强人工智能刑事责任主体地位的承认也不再是天方夜谭。有学者认为："技术发展到一定程度后必然会有精神，如果技术发展更加智慧，它就会像大脑一般成为精神的更好载体。"智能机器人和自然人一样，完全可能具有自主的意识和意志。智能机器人虽然是由人类设计和编制的程序组成的，同时也因为人类在其'体内'设计和编制的程序使其具有了思考和学习的能力，这种能力使得智能机器人可以产生自主的意识和意志。⑦ 库兹韦尔在《人工智能的未来》一书中揭示："当机器说出它们的感受和感知经验，而我们相信它们所说的是真的时，它们就真正成了有意识的人。"⑧

  刑法学的对象不仅仅包括刑法典所包含的东西，而且包括以刑法为中心的对刑法有影响的所有社会现象和自然现象。"刑法规范是一种结果，而不是一种前提，刑法要从社会中寻找。"⑨ 从这个意义上来说，刑法学不仅是对刑法规范的研究，同时也应包含对社会控制等诸多社会现象的研究。当强人工智能通过人工神经网络技术或其他技术手段，可能达到比人类还智能的情况下，刑法应当正视这一现实并作出回应。纵观刑法发展史，从自

---

  ① 王勇：《人工智能时代的法律主体理论构造——以智能机器人为切入点》，载《理论导刊》2018年第2期，第64页。
  ② 庄永廉等：《人工智能与刑事法治的未来》，载《人民检察》2018年第1期，第43页。
  ③ 房慧颖：《人工智能犯罪刑事责任归属与认定的教义学展开》，载《山东社会科学》2022年第4期，第142页。
  ④ 王利明：《人工智能时代提出的法学新课题》，载《中国法律评论》2018年第2期，第1页。
  ⑤ 张玉洁：《论人工智能时代的机器人权利及其风险规制》，载《东方法学》2017年第6期，第56页。
  ⑥ 高奇琦、张鹏：《论人工智能对未来法律的多方位挑战》，载《华中科技大学学报（社会科学版）》2018年第1期，第87页。
  ⑦ 参见刘宪权、宋子莹：《非法使用个人信息行为刑法规制论》，载《青少年犯罪问题》2022年第4期，第64页。
  ⑧ ［美］雷·库兹韦尔：《人工智能的未来：揭示人类思维的奥秘》，盛杨燕译，浙江人民出版社2016年版，第203页。
  ⑨ 徐爱国：《西方刑法思想史》，中国民主法制出版社2016年版，第1页。

然犯到自然犯与法定犯并存的犯罪类型的变化,从自然人到自然人与法人并存的犯罪主体的变化,都是刑法顺应社会转型、时代发展的进化成果。质言之,能否赋予强人工智能实体法律主体资格,应当依据特定的法律目的(社会效果的实现),即如同基于社会发展的需要而赋予公司法人的刑事法律主体地位。因此,法律主体地位属于法哲学意义上的有关人的概念,法律上的人并非等同于生物学意义上的自然人,"法哲学意义上的人并非抽象、孤立的人,也并非单纯的生物意义上的人的存在,而是关系化、价值化的人。"① 在这一概念的统摄下,单位成为法律上的人,具有刑事责任主体地位,同理可得,强人工智能也可以认定为关系化和价值化的人,即法律意义上的人。

强人工智能的出现需要人类全面思考人与强人工智能的关系,在突出人的主导地位同时,也不能忽视强人工智能的社会性价值。近几年随着人工智能的广泛应用,其行为得到了越来越多的社会认可。例如,英国的《版权、设计与专利法》第178条规定:"计算机在无人类作者的环境下生成的作品是计算机作品。"② 美国也有学者提出将言论自由权扩展到人工智能聊天机器人的可能性。由此,我们可以看到强人工智能逐渐被社会认可,从而具备了一定的社会性价值。尽管法律总是具有滞后性,但法学理论研究者在研究新生事物与法律的关系以及探讨是否需要变革相应的法律制度安排时,不仅要"脚踏实地",也要"仰望星空"。

"人是法律规则的人格化行为的结果。所有人,那些物理意义上的人和法学意义上的人一样,都是法律规则的创造者。"③ 可以说,法律主体资格更多是表达一种权利、利益的归属关系,也即,成为法律主体也就意味着可以作为各种权利、利益或者无权利、无利益的归属者。法律主体与现实生活中的生物并不对等,比如在奴隶时代,奴隶虽然是生物上的人,但法律并未赋予其法律主体的地位。某一类事物能否获得社会成员资格,能否被赋予主体地位,由其在经济社会生活中的地位决定,与其是否为人类,是否具有生命并不具有必然联系。④ 例如,民法上的"人"就不能与权利能力分离,有权利能力才具有法律人格,才是民法中的人。同样的,刑法中的"人"也有其特殊的规范意义,作为刑法所承认的具有刑事责任主体地位的人,必须是具有辨认能力和控制能力的人。由此,法律中"人"这一概念和自然意义上的"人"这一生命体种类并不能完全等同。法律上的人是作为权利和义务的集合体,有其规范性。例如,根据刑法规定,不满14周岁的人与不能辨认控制自身行为的精神病人都不能作为刑事责任主体承担刑事责任,即使其所实施的行为引起了严重的危害结果,也不能将结果归责于上述主体。从这个意义上来说,不满14周

---

① 曾凡跃:《法哲学视野中的人的思考》,载《现代法学》2002年第6期,第35页。
② 王肃之:《人工智能犯罪的理论与立法问题初探》,载《大连理工大学学报(社会科学版)》2018年第4期,第53页。
③ [德]拉德布鲁赫:《法哲学》,王朴译,法律出版社2005年版,第133页。
④ 房慧颖:《人工智能犯罪刑事责任归属与认定的教义学展开》,载《山东社会科学》2022年第4期,第142页。

岁的人、不能辨认控制自身行为的精神病人都不是刑法上的"人"。而不具有生命体的单位作为法人，具有刑事责任主体地位，能够独立承担刑事责任。根本原因在于，单位作为承载自然人权利与义务的组织，被刑法拟制为"人"。正如有学者所说："法律上的人并不是自然现实而只是法律思想的构造，自然人和法人都是法律权利和义务的统一体而成为法律上的人。"① 由此可见，刑法规制的"人"并不是将生物特性作为本质特征，而是以刑法的规范意义作为界分标准。

刑法对刑事责任主体地位的赋予，并不要求某一主体齐备"人"的生物特征，而是将刑法的规范意义作为核心判断要素。强人工智能像人一样进行独立思考、感知外部世界并独立进行活动时，通过其自主独立的活动影响客观世界，即成了行为自由的主体。强人工智能能够进行编程之外的自主行为，通过人工神经网络技术获得意识支配下的自由意志，其存在是建立在自己的思考之上。这意味着强人工智能并不受控于设计者、研发者、操作者预设的程序和机理，对于人类下达的指令、预设的目标或者冲突解决规则很可能被强人工智能否定，突破人类所赋予它的"代码源"或算法限制，做出独立于人类的价值和规则的选择。这是刑法赋予强人工智能刑事责任主体地位的必备要件，是符合刑法"理性人"要求的必备要件。人工智能技术的迅猛发展与刑法理论缺失之间的矛盾要求我们必须完善相应的刑法理论，因此在旧的理论无法回答新时代所带来的问题之时，我们所需要做的就是对旧理论加以改造和完善，在旧理论的基础上灌以新的血液，② 以回答人工智能时代所提出的新的疑问。

三、目的与效果：赋予强人工智能刑事责任主体地位的实效

众所周知，刑事责任的主要实现方式是刑罚。在下文中，笔者将通过检视赋予强人工智能刑事责任主体地位的实际效果，来确立和证成赋予强人工智能刑事责任主体地位的正当性和必要性，从而进一步论证赋予强人工智能刑事责任主体地位的合理性和妥恰性。

首先，赋予强人工智能刑事责任主体地位，有利于实现刑罚传递信息和价值的功能。刑罚并不单纯是控制社会的工具和实现报应的手段，刑罚还具有传达某种内涵的功能，即让承受刑罚处罚的行为人知晓自身行为的错误和可耻之处，且明了其遭受刑罚处罚实属罪有应得。刑罚正当性的理由并非刑罚会带来某种善，而是犯罪人实施犯罪行为的必然附随结果。③ 换言之，刑罚的存在本身就是在弘扬某种价值，而其弘扬价值的形式便是，违反了刑罚弘扬的价值就会遭受刑罚处罚。可见，刑罚具有传递价值信息、重塑价值观的功能。强人工智能具有自主意识意志，同时其具有在自主意识意志支配下的辨认控制能力，

---

① ［奥］凯尔森：《法与国家的一般理论》，沈宗灵译，中国大百科全书出版社1996年版，第105页。
② 房慧颖：《新型操纵证券市场犯罪的规制困局与破解之策》，载《华东政法大学学报》2022年第1期，第192页。
③ 房慧颖：《污染环境罪预防型规制模式的省察与革新》，载《宁夏社会科学》2022年第4期，第98页。

由此,强人工智能有能力接收刑罚所传递的价值与信息,并领会到其所接收的价值与信息的内涵。

其次,赋予强人工智能刑事责任主体地位,有利于实现刑罚的目的。"刑罚目的,是指国家制定、适用、执行刑罚的目的,也即国家的刑事立法采用刑罚作为对付犯罪现象的强制措施及其具体适用和执行所预期实现的效果。"① 刑罚目的既是国家对刑罚效果的追求,也是衡量刑罚效果的具体标准。符合刑罚目的是刑罚正当化的必要而非充分条件,具有正当性的刑罚必须符合刑罚的目的。强人工智能应否具有刑事责任主体地位,也即强人工智能是否可以成为刑罚处罚的对象,必须通过追问刑罚的目的,并衡量对强人工智能进行刑罚处罚的实际效果。

将强人工智能作为刑事责任主体纳入刑法处罚范围,有利于刑罚目的的实现。根据刑法理论通说,刑罚的目的是预防犯罪,包括一般预防与特殊预防。强人工智能不完全受控于人类编制的程序,而是在自主意识意志之下实施行为,当其实施了刑法意义上的危害行为时,对其施加刑罚处罚,符合刑罚的目的,即有利于实现刑罚预防犯罪的功效。② 对某一个强人工智能进行刑罚处罚,就意味着对该强人工智能进行了强烈的谴责,是对其行为的彻底否定,同时,根据强人工智能实际特征所构建的刑罚处罚方式,能够给其带来可感知的痛苦。对有自主意识意志的强人工智能而言,对其行为的否定与对其自身的谴责能够促使其反省和鉴别自己的行为和价值取向,并及时纠正错误行为。如此便实现了刑罚对已经实施刑法意义上的危害行为的强人工智能的特殊预防目的。同时,对某一个实施了刑法意义上的危害行为的强人工智能进行刑罚处罚,能够对潜在的、可能实施刑法意义上的危害行为的其他强人工智能产生影响,强化其他强人工智能遵守法律规范的意识。如此便实现了刑罚对强人工智能的一般预防目的。

当然,刑罚一般预防目的的顺利实现,需要依托于刑罚的及时性、必然性以及刑罚强度的适宜。③ 具有合理性的刑罚体系能够帮助强人工智能意识到,当其实施了刑法意义上的危害行为之后,必然会受到刑罚处罚,且刑罚处罚的到来及时和迅速,这就有利于强人工智能把自身的所作所为与及时、迅速、严厉的刑罚处罚相联系,迫使其自觉遵守法律法规与社会秩序,以免陷入犯罪的泥淖。

此外,刑罚全部的目的就是预防犯罪,超出这一目的的刑罚就是不合理、无必要的刑罚。超出预防目的这一限度的刑罚都是暴虐的、多余的。④ 对刑罚强度适当性的考察,会因处罚对象的不同而有所区别。对自然人处以强度适当的刑罚,主要是出于人道主义的考量;提倡对强人工智能在合适的范围内施加刑罚处罚,更多地是出于经济方面的考量。具

---

① 张明楷:《刑法学(上)》,法律出版社2016年版,第509页。
② 房慧颖:《智能风险刑事治理的体系省思与范式建构》,载《山东社会科学》2021年第2期,第191页。
③ 陈伟:《教育刑与刑罚的教育功能》,载《法学研究》2011年第6期,第155页。
④ [意]切萨雷·贝卡利亚:《论犯罪与刑罚》,黄风译,北京大学出版社2008年版,第63页。

体而言，人工智能技术的问世和发展，都是经济社会发展的结果，也是实现经济社会更快更好发展的需要。人工智能技术虽蕴藏风险，但同时蕴含着不可忽视的巨大的经济价值。如果按照有些学者的建议，将实施了严重危害行为的强人工智能动辄销毁，则将会为经济社会带来巨大损失，不利于科技进步和经济发展。唯有尊重和承认强人工智能的自主意识意志，将其作为刑事责任主体，承认其实施的具有严重社会危害性的行为属于刑法意义上的危害行为，经由刑事诉讼程序进行审判并对其进行刑罚处罚，方可使强人工智能自觉维护和遵守人类的社会秩序，实现强人工智能从"人工人"向"社会人"的转变。这是在人工智能时代，人类应当做出的理性选择和应当践行的必由之路。

通过上文的分析，可知改变现有的刑罚体系，惩罚强人工智能，有利于实现刑罚传递价值与信息的功能，有助于实现刑罚预防犯罪的目的，具有正当性与合理性。实际上，预防犯罪的刑罚目的只体现了刑罚的初始价值，追求保护自由、维护秩序和实现正义这些人类社会正常发展所必须的基础价值才是刑罚的终极价值。① 因此，追根究底刑罚处罚强人工智能也不仅仅只是为了实现预防犯罪的目的，根本上还是为了满足人类保护自身合法利益的欲求，这与人类发展人工智能服务人类的目的相一致。

四、余论：应时代之需，善刑法之能

人工智能技术对人类的影响是由外而内、由现在至未来的，是层层浸染、逐步深化的。在我们为新技术带来的生产力发展和生活方式更加便捷而欢欣鼓舞的同时，人工智能技术已经带来或可能产生的负面效应，如自动驾驶汽车事故频发、智能武器的应用、强人工智能脱离人类控制实施危害社会的行为等，也让刑法学者不得不关注人工智能技术这颗"巨石"在刑法领域激起的"波澜"，不得不重视涉人工智能刑事风险对现有刑法体系的冲击，不得不思考刑法理论在人工智能时代的走向。人之情无穷，而法之意有限，社会生活的现象是无穷无尽的，但法律规定是有限的，因此以有限之法而御无穷之情，则法之所以不及人情也。对于迅猛发展的尖端科技，我们的立法进程通常是滞后和迟延的，这也促使学者们以更加前沿的视角去关注科技生活的方方面面，尝试配置更为科学合理的法律规范。② 无论是霍金等科学家们的警告，还是各界人士的创意性思考，都说明人工智能的挑战是深刻的、全方位的。人工智能时代，强人工智能的刑事责任问题的探究具有社会现实背景与刑法规范意义，直接否定人工智能能够具有自由意识的可能性，这也许低估和轻视了人类的智慧的探索能力，也缺乏大胆进行理论创新的勇气。历史已经不止一次地证明，科学技术的发展乃至时代的更迭往往能够超越人类的想象。

"居安思危，思则有备，有备无患。"③ 智能时代的到来令人欢欣鼓舞，然而在享受新

---

① 谢望原：《刑罚价值论》，中国检察出版社1999年版，第3页。
② 房慧颖：《预防性刑法的风险及应对策略》，载《法学》2021年第9期，第105页。
③ 《左传·襄公十一年》。

技术的同时，并非没有隐忧。人工智能既是人类文明，亦有社会风险，强人工智能能够在独立于人类干预的情况下自主作出决定，由此对现行以人类为中心构建的法律主体制度提出了挑战。法学理论具有指引法律实践的作用和功能，理论应当先于实践，理应关注未来世界的动态并进行大胆的理论设想创新，以学理研究的前瞻性弥补法律规范的滞后性。刑法作为人类社会的规范，既要能解决当前问题，也要具有一定的前瞻性。①"宜未雨而绸缪，毋临渴而掘井。"② 诚如西原春夫先生所言："大约三十年之后就会进入真正的人工智能时代，因此，我们人类必须从现在开始准备。"③ 三十年的预期或许不一定准确，但对强人工智能所带来的刑事风险进行提前预判并设想相应的应对措施，是为了追求人类更好的生存和发展，其意义不可估量。

"调控技术的发展并不通过决定性的个别现象，而是依据已建立的规范的秩序基础，而这些规范的秩序基础又是特别通过法律和社会道德建立起来的。"④ 人工智能时代蕴含着巨大的社会风险，刑法作为保障公民权利的最后一道防线，紧闭不开并非良策，积极探索和革新才是智能时代中刑法的时代使命。当前，我国刑法理论界对于是否应当赋予强人工智能刑事责任主体地位的问题研究正处于众说纷纭的阶段，远没有达成共识，是当前讨论最富争议性的话题，同时也是亟需应对的法律难题。在时代巨变的态势下，随着人工智能技术发展，应谨慎应对强人工智能所可能引发的新的刑事风险，通观其态势，审度其价值，进而寻求解决之道，以应时代之需，善刑法之能。

（编辑：蒋太珂）

---

① 房慧颖：《污染环境罪预防型规制模式的省察与革新》，载《宁夏社会科学》2022年第4期，第92页。
② 《朱子家训》。
③ 西原春夫、王昭武：《国际法的存在与遵守义务的根据——作为探究刑法制定根据的一点成果》，载《法学》2018年第4期，第35页。
④ ［德］埃里克·希尔根多夫：《德国刑法学——从传统到现代》，江溯等译，北京大学出版社2015年版，第375页。

赋权视域下"立法批准权"嬗变解读*

李佳飞**

摘　要　我国立法权限配置一直遵循在中央统一领导下的民主集中制原则，在具体规范中对地方立法权采取"扩限并行"的赋权逻辑。2015年《立法法》明确赋予省级人大常委会对设区的市人大及其常委会制定的地方性法规拥有批准后施行的权力，即"立法批准权"。立法批准权的设置主要源自国家为适应社会发展要求和地方实际需要，提高地方的主动性和积极性的功能主义实践。但从立法体系上看，这导致了两个难题。理论上，批准权的性质不清；实践中，地方性法规效力位阶混淆。解决上述难题的首要在于对批准权的性质做出回答。批准权性质的演进经历从最初赋权的"实体性"到扩大赋权的"程序性"再到深度赋权的"实体程序二元共存"的历史脉络。伴随着新时代全面依法治国的深入，推进特别是立法监督体制机制的不断完善，立法批准权在静态逻辑上除具有"实体和程序"二元特质之外，在动态上又呈现出原则上坚持法制统一和工具上坚持实用主义的"实体程序双向融贯"的内涵和倾向。

关键词　立法批准权　批准权性质　扩大赋权　深度赋权

引　言

为了更好地发挥地方主动性和积极性，赋予设区的市人大及其常委会制定地方性法规的权力，2015年新修订《中华人民共和国立法法》（以下简称《立法法》）中作出设区的市地方性法规必须经省级人大常委会的批准方可施行的结构性限制，这种限制性权力被称

---

* 基金项目：本文系2021年国家社会科学基金西部项目"中国共产党领导立法的系统研究"（21XFX014）阶段性成果。
** 李佳飞，男，河南襄城人，法学博士，西北政法大学法治学院讲师、西北政法大学人权研究中心研究人员，研究方向为立法学、法理学、人权法学。

为"立法批准权"。① 我国立法体系具有鲜明的一元性,它反映了我国立法体制的内在特质,符合我国单一制国家结构的基本特征。② 一元性表示我国立法权的"源"权在我国最高权力机关,即全国人大及其常委会,其他一切可以行使的立法权均来自全国人大及其常委会的"赋权"(包括"授权"),而立法批准权正是一元化立法主体赋权下的制度体现。我国现行宪法第三条明确规定"中华人民共和国的国家机构实行民主集中制的原则……中央和地方的国家机构职权的划分,遵循在中央的统一领导下,充分发挥地方的主动性、积极性的原则。"这表明地方权力是由中央统一领导下的"分",而不是中央和地方平等地位下对国家权力的划定,这种"分"在本质上看应当是一种"赋权"。"赋权"的逻辑既能发挥地方主动性、积极性,又能在"不违背、不冲突、不抵触"立法三原则下保证作为一元性立法体系中国家对法制统一性的根本性要求。

但从立法法理学视域看,上述对立法批准权的规定导致两个难题:理论上,批准权的性质不清,即其是实体性立法权还是程序性立法权的问题;实践中,地方性法规效力位阶混淆,即省级地方性法规和设区的市地方性法规的效力位阶孰高孰低的问题。③ 实践难题依然是立法权赋权体系化建构中理论问题的延伸,因为如果立法批准权是实体性权力,那么设区的市的地方性法规经过省级人大常委会批准后施行,就获得了与省级地方性法规同等的效力,其位阶由于批准而达至相同,但显然这又与《立法法》赋予地方立法权的立法

---

① 由于《立法法》没有对具体的批准权审查标准作出明确规定,有很多学者提出了多种批准标准和方式,具体可以参见庞凌:《论省人大常委会对设区的市地方性法规批准制度中的审查范围和标准问题》,载《江苏社会科学》2017年第6期,第98–105页;李春燕:《论省级人大常委会对设区的市地方性法规批准制度》,载《江汉学术》2017年第3期,第57–65页。

② 戚渊:《立法权概论》,载《政法论坛》2000年第6期,第16页。

③ 关于批准权的实践困境早在1995年已出现,当年深圳作为可以制定地方性法规的市(经济特区法规),其行政区域还并不都是经济特区,其制定的经济特区法规与广东省地方性法规在适用领域存在争议。于是广东省人大常委会办公厅向全国人大常委会办公厅提出了《关于深圳市人民代表大会及其常务委员会制定的法规适用于该市行政区域内问题的请示》,全国人大常委会办公厅同年做出了回复,其认为"同意深圳市人民代表大会及其常务委员会制定的法规适用于该市行政区域内(包括宝安、龙岗两区)。但法规中有关国家赋予经济特区的特殊政策方面的规定只能适用于所属经济特区。深圳市人民代表大会及其常务委员会制定的法规在非经济特区宝安、龙岗两区实施时,如果与广东省人民代表大会及其常务委员会制定的地方性法规发生冲突,应适用广东省人民代表大会及其常务委员会制定的地方性法规。"(参见1995年12月27日,《全国人民代表大会常务委员会办公厅关于经济特区法规适用区域问题的解释》,https://webvpn.xmu.edu.cn/https/77726476706e69737468656265737421e7e056d2373b7d5c7f1fc7af9758/chl/39c9cf4040cdc9b3bdfb.html?keyword=深圳市人民代表大会及其常务委员会制定的法规在非经济特区宝安、龙岗两区实施时,如果与广东省人民代表大会及其常务委员会制定的地方性法规发生冲突,应适用广东省人民代表大会及其常务委员会制定的地方性法规%E3%80%82,2022年4月6日访问。)这间接明确了较大的市的地方性法规在适用中不得与省级地方性法规的相冲突的效力定位,也间接说明在位阶方面后者与前者并不相同。

者原意不相符。① 实践中，司法适用一般采用"新法优于旧法"的就近原则，② 似乎间接说明省级地方性法规和设区的市地方性法规是同一位阶的定位，但省级人大常委会和设区的市人大及其常委会明显不属于同一机关，这一定位会混淆设区的市地方性法规"制定机关"和"批准机关"的主体二分关系，明显与立法法理学基本理论和我国扩大地方立法赋权本意是不符的。

不论是理论困境还是实践难题，其争议的关键在于批准权的性质。立法批准权并不是2015年《立法法》修订的新生儿，它具有鲜明的历史脉络和动态特征，其性质的嬗变需要从国家对地方赋权的历史逻辑视角理解。鉴于此，本文从新中国成立后国家对地方立法机关进行立法赋权的视角，梳理立法批准权发展的历史脉络，以对"立法批准权"性质的演进提供一个规范的分析架构。

一、初构赋权："实体性"初现

新中国成立后，由于特殊的历史国情，1950年我国先颁行的《中华人民共和国婚姻法》就有关于批准权的规定。其第二十七条第二款规定"在少数民族聚居的地区，大行政区人民政府（或军政委员会）或省人民政府得依据当地少数民族婚姻问题的具体情况，对本法制定某些变通的或补充的规定，提请政务院批准施行。"由于当时全国人大还没有成立，初露端倪的立法批准权主要呈现为当时的政务院（即现在的国务院）赋权大行政区少数民族婚姻问题变通规定的一种限制性举措。因为需要保持其与中央权力的有机统一和协调，才要求其关于婚姻问题变通的规定必须提请政务院批准才可以施行。此时作为地方权力机关的大行政区拥有类似于现在地方人大及其常委会所拥有的立法权，由于地方人大及其常委会还未建立，这种权力设定是新生政权在中央和地方之间进行立法权配置的一种特殊安排。其目的是为了"用最大的努力克服无纪律无政府状态，克服地方主义和游击主义，将一切可能和必须集中的权力集中于中央和中央代表机关手里。"③ 依据《中国人民政治协商会议共同纲领》的规定，新中国的国家结构形式是单一制，实行中央集权，但本着发挥地方和各民族积极性原则，又实行适度的地方分权。④ 因此，为保证单一制国家结构和一切权力集中于中央和中央代表机关手里的立法初衷，此时政务院对大行政区立法进行的"批准施行"式的限制权，应当具有批准后才有效力的"实体性"意义，即如果未

---

① 立法者构建批准权的目的正是为了通过省级人大常委会以"批准"的逻辑对设区的市地方性法规进行合法性控制和规范化指引。——作者注

② 我国有一些地方"司法裁判"有的已经适用了上述原则，即从时间上，适用离现在最近的法律规范。如2004年的"吴钦宝等不服福州市房地产管理局房屋拆迁管理案"和2007年的"金满公司诉广州市规划局行政处罚纠纷案"，笔者认为这两个案件的规范适用是缺乏合法性的，应当适用省级地方性法规，而不是所谓的时间或者空间上的"就近原则"。

③ 范晓春：《中国大行政区：1949 – 1954》，东方出版中心2011年版，第81页。

④ 范晓春：《中国大行政区：1949 – 1954》，东方出版中心2011年版，第90页。

经中央人民政府的批准，大行政区关于少数民族婚姻相关问题的变通性规定是没有效力的，亦不能施行。

1954年，全国人大成立颁行了我国第一部宪法（即"五四宪法"），其中有关于自治条例和单行条例的制定须经批准的规定，对"立法批准权"以根本大法的形式进行最初的规范实构。其第七十条第四款规定"自治区、自治州、自治县的自治机关可以依照当地民族的政治、经济和文化的特点，制定自治条例和单行条例，报请全国人民代表大会常务委员会批准。"此规定至少含有三个方面的内容：其一，扩大了地方立法主体，拥有立法权的主体是自治区、自治州、自治县的自治机关；其二，明确了地方自治机关立法的范围，自治条例和单行条例需要依据当地民族的政治、经济、文化特点进行制定；其三，赋权的同时提出了批准的限制，自治条例和单行条例必须报请获得全国人大常委会的批准。此处的批准权有三点理解：第一，此批准是自治条例和单行条例生效的实体性要件，没有批准就没有效力，更不可能实施；第二，此批准是自治条例和单行条例的程序性要件，即其已经在规范上有效力，但未经批准只是不能施行；第三，批准后的自治条例和单行条例的位阶与全国人大常委会制定的法律效力位阶是否可以等同。

然而"五四宪法"没有明确此处批准的具体"后果"是"生效"还是"施行"，这就难以从后果论的逻辑来理清批准权的性质问题。批准后是生效或是施行的定位，就回到了本文的主题"立法批准权"是地方立法权构成的实体性要件还只是程序性要件的逻辑问题。实体性要件和程序性要件是两个不一样的权力构成，前者是规范效力构成的实质要件，是效力与否的不可或缺要素，是一种实体性的立法权；而后者只是规范效力构成的形式要件，对于其效力的有无不产生影响，只是时间性的决定其是否能够实施的要件，是一种程序性的立法权。此批准到底对自治条例和单行条例的生效或者施行的影响作用有多大，这与此时党和国家在宪法制定时对立法权构建和配置的看法关系密切。

制定"五四宪法"时，宪法起草者对于最高权力机关与地方权力机关的关系有过明确的论述和说明。毛泽东主席在1954年3月2日参与宪法起草委员会第一次会议的时候，在提到下级人民代表大会服从上级人民代表大会的时候，对二者的关系以插话的形式作了简短扼要的说明："这里是母亲（地方人大）服从儿子（全国人大）。省、市人民代表大会产生全国人民代表大会的代表，但全国人民代表大会议出来的东西全国各省、市都要服从，假若某一个省人民代表大会议出来的东西不对，全国人民代表大会可以把它撤销。"毛泽东主席指出中央和地方是"中央议事，地方办事"的关系。[①] 这表明我国权力高低的支配性特质，即中央是决定者、地方是执行者。从毛泽东主席的这个谈话中可以看出，当时我国建国者和立宪者在立法权限配置问题上的最初立场和根本观点是全国人大是我国的最高权力机关，虽然由下级人大产生，但下级人大却要服从全国人大、受全国人大领导，

[①] 参见许崇德：《中华人民共和国宪法史》，福建人民出版社2003年版，第190页。

地方人大的权力位阶是低于全国人大的。全国人大对下级人大制定出来不合适（不恰当）的决议，可以直接行使撤销权。不论是服从还是撤销，都表明毛泽东等中央领导所认为的，在中央的统一领导与各地方、各民族的积极性相结合中所坚持的权力统一与民主集中的立法权设置原则。这种权力设置的目的是为了实现国家权力的民主集中，维护国家统一和中央权威，同时也内涵"五四宪法"在建构和配置国家权力时对立法权一元性和国家结构单一性的逻辑定位。

此时由于全国人大及其常委会对地方人大的决议或者事项拥有批准和撤销的关键权力，自治区、自治州、自治县所被赋予的立法权是不完整的立法权。这表明在建国初期，我国地方没有实质意义上的完整立法权，地方立法权是隶属于全国人大及其常委会的，国家的全部立法权都是专属于全国人大及其常委会的。因此，此处的"批准"应当是具有"服从"意味的实体性面向，是自治条例和单行条例效力与否不可或缺的生效性要件。此时的"批准"就成为地方立法权完整性的实体要素之一。

现在来回答"批准权"是否决定了自治条例和单行条例与全国人大常委会①制定的法律是同一位阶的问题。遵循立法法理学方法论路径，位阶高低先比较是不是同一制定机关，如果是同一制定机关则效力位阶是一样的；如果不是同一制定机关，要查明国家的基本法律规定有没有明确其效力层级，如果没有明确其效力层级，那么就不能认定是同一位阶的。显然自治条例和单行条例与全国人大常委会制定的法律不是同一制定机关。但由于前者的法规需要经后者的批准，因此，问题就转化为要回答"批准权"是否改变了制定主体或者批准本身是否是一种所谓的重新立法行为。

前述问题的答案显然都是否定的。第一，其与中央赋予地方立法权的立法原意明显不符。如果将批准理解为一种新的立法行为，就会出现同一部法律在不同主体之间先后经历两次制定，② 不仅出现两个制定主体的争议，更会导致先制定主体失去立法权的困境，而这明显是与当时国家赋予自治主体立法权以提高地方主动性和积极性的本意不相符的。第二，其与当时全国人大和地方人大立法权配置逻辑明显不符。因为如果是同一位阶，不仅难以说明全国人大和地方人大最初建构意义上的"服从关系"，更会产生是由于全国人大常委会的批准行为才使自治机关得以拥有立法权的规范误解和逻辑谬误。毕竟"自治法规的效力是由自治机关所享有的自治权决定，而不是由批准机关来决定的。"③

"五四宪法"作为我国立法权属配置的元规范问题也不可忽视。立法权（包括批准权）是主权在治理方面的最高体现，其本质是主权（绝对统治权）行使下权属与权能相

---

① "五四宪法"还未明确赋予全国人大常委会立法权，此处是将其与当下一样认定为"立法主体"，这是一种假定状况，是整体理解上的需要。
② 参见宓雪军：《半个立法权辨析》，载《现代法学》1991年第6期，第41页。
③ 参见王培英：《论自治条例和单行条例的法律地位问题》，载《民族研究》2000年第6期，第2页。

分离的过程中,作为治理权力的一种外在体现。① 我国立法权的源权同样来自国家主权,国家主权属于人民,而代表全体人民的只有全国人民代表大会。因此,从我国整个法律规范谱系上看,全国人民代表大会立法权应当是立法批准权的根本源权,"五四宪法"为中央权力与地方权力的法理来源做了一个基础性的元规范。地方权力主要是立法职权和相应的事权是中央以法律的形式进行赋予的,宪法最初只给予了中央最高的权力,而并没有为地方分权提供宪法上的法理依据。"五四宪法"为了考虑民族自治地方的实际情况,将治理权力中的立法权赋权给自治地方是一种提高地方主动性、积极性并维护全国法制统一的实际需要。而这也是"五四宪法"之后,我国权力配置在规范上一直通过批准方式贯彻赋权逻辑而非分权逻辑的理论缘由和法理所在。

"五四宪法"以批准的形式防止自治地方滥用立法权,特别是防止出现过度自治导致危及国家的统一性问题,这表明全国人大及其常委会在对地方立法机关进行赋权时具有鲜明的审慎态度。这不仅可以更好地理解批准权最初建构时立宪者的原意,更可以为当下批准权在规范上具体含义的研究起到重要的参考和说明的作用,并对之后批准权性质的历史演进提供恰当合理的解读依据。

二、重构赋权:批准权"复归"

1954年后,伴随着我国当时的具体国情和政治历史的特殊背景,特别是1956年后"以阶级斗争为纲思想"的极端泛化,全国人大及其常委会和地方人大及其常委会在很长的一段时间内立法活动变得极少,具体的批准权运行不顺畅也缺乏体系性。这导致批准权从"五四宪法"(1954)到"七五宪法"(1975)再到"七八宪法"(1978)20多年的时间里,经历了从有到无又重构的跌宕起伏的历史变动。此一时期,立法批准权缺乏规范上的规定和实效,其具体性质也就不甚明了了。

需要指出的是,"七五宪法"中没有规定地方人大及其常委会的立法权问题,只有第二十三条规定了关于地方人大保证法律、法令实施的条文。② 从"七五宪法"全文可以看出,中央并未赋予地方各级人大及其常委会制定地方性规范的立法权,也没有规定关于地方立法的批准制度。但将其与"五四宪法"比较后发现,自治区、自治州、自治县的自治条例和单行条例的民族自治立法权也同样被剥夺和收回了,"批准后生效"的规定也随之被删除。此时地方制定法规的主体受到了极大的限缩,立法权全部收归全国人大及其常委会。随着当时对地方立法赋权规定的消失,批准权亦无设置的必要。而在立法法理学的视

---

① 参见徐清飞:《我国中央与地方权力配置基本理论探究——以对权力属性的分析为起点》,载《法制与社会发展》2012年第3期,第153页。
② "七五宪法"第三十二条规定"地方各级人民代表大会和它产生的地方各级革命委员会在本地区内,保证法律、法令的执行,领导地方的社会主义革命和社会主义建设,审查和批准地方的国民经济计划和预算、决算,维护革命秩序,保障公民权利。"

角下,立法权赋权的消失不仅是立法宏观背景政治性的变动,更是地方主动性和人民自由性微观基础的一种缺失。①

1978年的"七八宪法"重新赋予民族自治地方的自治机关制定自治条例和单行条例的地方立法权,从规则上复归了立法批准权的设置。"七八宪法"第三十九条第二款规定"民族自治地方的自治机关可以依照当地民族的政治、经济和文化的特点,制定自治条例和单行条例,报请全国人民代表大会常务委员会批准。"此时批准权的行使主体是全国人大常委会,其作为最高权力的常设机构,通过根本大法的规定对地方立法权的行使起到一种限制。而这种规范上的限制,正是以"规则主义"立法法理学为理论基础,将批准权作为了地方完整意义立法权组成部分的实体性构成要件,即明确要求自治条例和单行条例的完全有效和得以施行必须经过全国人大常委会的批准后才具有。

"七八宪法"相比于"七五宪法"对民族自治地方的法规制定权作出了进步性的规定,重新赋权地方并以批准权为实体性限制。相比于"五四宪法"也有了一个概念上的进步,没有用"自治区、自治州、自治县"的层级式称谓,而是用了一个更为概括的词语"民族自治地方"来统合自治条例和单行条例的制定主体。批准权在"七八宪法"中的重新建构,在当时具有重要的积极意义,是我国最高权力机关又一次对地方权力机关进行立法赋权的规范起点。这是我国法制建设,特别是对地方立法权赋权行使多层化中立法法理学"规则主义"的最新起始。但稍显遗憾的地方在于,此时的批准权仍旧具有"五四宪法"批准权的性质形态,即批准是自治条例和单行条例生效不可或缺的实体性要件,表现为具有鲜明的"实体性"要义。

如果从"七八宪法"中全国人大常委会拥有对省、自治区和直辖市国家权力机关相关决议撤销权的规定看,撤销权又构成"七八宪法"对批准权作为"实体性"构成要件的反向证明。从广义上看,地方的自治条例和单行条例属于一种规范性质的决议,而"七八宪法"第二十五条对地方权力机关决议的撤销权规定为"全国人民代表大会常务委员会有权:……(五)改变或者撤销省、自治区、直辖市国家权力机关的不适当的决议;……"中央国家权力机关对地方国家权力机关撤销权的明确化,至少有两点意义:其一,此规定实际上是对全国人大所赋予的地方立法权限的一种规则化的限制,实质上依然要求坚持国家法制统一的原则,并通过撤销的形式要求,实现法律体系内部的合法性和统一性。撤销权是防止地方人大立法权的滥用并坚持中央统一领导下民主集中制原则的规范保障。时任五届人大常委会委员长的叶剑英关于"七八宪法"做的报告和说明中专门对立法机关民主集中原则做了说明,指出"在民主基础上大力加强集中统一,加强纪律性,真正做到统一认识,统一政策,统一计划,统一指挥,统一行动。"②(即"五个统一")此时的撤销权,

---

① 参见宋方青、姜孝贤:《立法法理学探析》,载《法律科学(西北政法大学学报)》2013年第6期,第53页。

② 许崇德:《中华人民共和国宪法史》,福建人民出版社2003年版,第508页。

正是为了保证中央集中统一领导权的实现，是立法批准权对自治条例和单行条例效力与否具有实体性决定权的反向例证。

关于"七八宪法"，领导人和学者有过中肯的评价。1982年4月22日，彭真在《关于中华人民共和国宪法草案的说明》中对"七五宪法"和"七八宪法"做过一个总结性的论述，他认为"1975年和1978年的两部宪法限于当时的历史条件，都很不完善。"① 许崇德认为，由于路线、方针的不正确，决定了七八宪法不可能是一部好宪法，其存续时间不长即被现行宪法所取代，它也没有留下什么重要的影响。② 这也是两部宪法对立法批准权规定不够科学化和系统化的缘由所在。

不论是"五四宪法""七五宪法"，还是"七八宪法"，在对地方权力机关进行赋权的过程中，具有鲜明的政治性和历史性基调，虽然批准权在"七八宪法"的"复归"，但其也只是与"五四宪法"保持了同样的性质样态，并没有完善立法法理学"规则主义"在根本大法中的明确定位。与此同时，"七八宪法"还未规定地方性法规的相关内容，关于地方性法规的批准权，也同样未能满足于实践中地方立法权的实际需要和社会发展的迫切要求。这必然导致其立法权的制度化配置具有明显的历史局限性，这就需要党和最高权力机关根据国家和社会发展的具体情形，以实事求是的态度不断对其进行修正和完善。

三、扩大赋权："程序性"初现

1979年，彭真在《关于七个草案的说明》中指出"根据中共中央和毛泽东同志多次强调要扩大地方权力，发挥中央和地方两个积极性的思想，按照我国的实际情况和长期以来进行政治、经济、文化改革和建设的经验……"③ 因此，为了进一步调动地方主动性和积极性，④ 全国人大在同年颁布《中华人民共和国地方各级人民代表大会和地方各级人民政府组织法》（以下简称《地方组织法》），赋予省级人大制订（定）⑤ 地方性法规的权力。《地方组织法》第六条规定"省、自治区、直辖市的人民代表大会根据本行政区域的具体情况和实际需要，在和国家宪法、法律、政策、法令、政令不抵触的前提下，可以制订和颁布地方性法规，并报全国人民代表大会常务委员会和国务院备案。"第二十七条规定"省、自治区、直辖市的人民代表大会常务委员会在本级人民代表大会闭会期间，根据本行政区域的具体情况和实际需要，在和国家宪法、法律、政策、法令、政令不抵触的前提下，可以制订和颁布地方性法规，并报全国人民代表大会常务委员会和国务院备案。"

---

① 许崇德：《中华人民共和国宪法史》，福建人民出版社2003年版，第693页。
② 许崇德：《中华人民共和国宪法史》，福建人民出版社2003年版，第511页。
③ 全国人大常委会办公厅、中共中央文献研究室编：《人民代表大会制度重要文献选编（二）》，中国民主法制出版社、中央文献出版社2015年版，第448页。
④ 丁祖年：《试论省级人大常委会对较大市地方性法规的批准权》，载《法学评论》1990年第6期，第68页。
⑤ 当时所用的"制订"而非"制定"，一字之差，再次凸显了中央对地方立法赋权的逻辑惯性。——作者注

这两个条文至少有三点内涵：其一，首次在规范中以"地方性法规"的概念，对省级人大及其常委会制定的规范进行了统称；其二，赋予省级人大及其常委会近似完整的立法权（可以制订和颁布地方性法规）；其三，条文中未有"批准"的限制性规定，而是首次使用前述未有的"备案"规定，即全国人民代表大会常务委员会和国务院拥有对省级人大及其常委会所立之法的立法备案权。由于备案是一种"不告不理"的权力，[1] 没有合法主体对其提出抵触或者冲突的审查，其不会启动审查程序进行立法监督，所以备案并不会影响法规范的生效。因此，此处的备案是地方性法规的非实体性构成要件，其并不决定、更不会影响地方性法规的生效和施行事宜。从程序逻辑上看，此条规定表明省级人大及其常委会基本拥有了"完整意义的立法权"，只是这种立法权在审查方面还具有明显的"程序性"。

上述条文缺乏批准的限制性规定，此时的地方性法规权限范围也是很小的。它不仅不能与宪法、法律相抵触，也不能与政策、法令和政令相抵触，如果将此时的地方性法规认定为是一种类似于地方人大的一个预算或者规划的决议也不为过。但值得肯定的是，《地方组织法》以地方性法规基本完整赋权的逻辑形式，通过"备案"代替"批准"的路径为1982宪法的修改对地方赋权的扩大做了有益的制度性尝试和前提性铺垫。

1982年全国人大表决通过现行的《中华人民共和国宪法》（即"八二宪法"），其条文关于地方性法规的规定也体现着前述的结构特征。"八二宪法"是第一部明确"地方性法规"权限范围的根本大法，其在第一百条规定"省、直辖市的人民代表大会和它们的常务委员会，在不同宪法、法律、行政法规相抵触的前提下，可以制定地方性法规，报全国人民代表大会常务委员会备案。"宪法赋予省级人大及其常委会可以制定地方性法规的立法权时，又明确了两点限制性规定：其一，不得与宪法、法律和行政法规相抵触，这明显比《地方组织法》对其不能抵触的限制性规定内容少很多；其二，必须报全国人大常委会备案，此规定再次明确以备案程序限制地方性法规的立法范围。[2] 为了更好地维护我国法制体系的统一和融贯，"八二宪法"对地方性法规以撤销权的方式作了进一步的限制。其第六十七条第八项规定全国人民代表大会常务委员会行使的职权包括"……撤销省、自治区、直辖市国家权力机关制定的同宪法、法律和行政法规相抵触的地方性法规和决议；……"从规范意义上看，体现出此时中央对地方立法赋权具有的"扩限并行"的结构化特征。

"八二宪法"对地方性法规没有作出批准的限制性规定，但它重新规定了对自治区、自治州、自治县的自治条例和单行条例的批准权。此时的批准权仍然具有最初意义上的"实体性"要义，但批准的主体位阶却在规范上发生了相应变动。"八二宪法"第一百一十六条规定"民族自治地方的人民代表大会有权依照当地民族的政治、经济和文化的特点，制定自治条例和单行条例。自治区的自治条例和单行条例，报全国人民代表大会常务

---

[1] 乔晓阳主编：《中华人民共和国立法法讲话》，中国民主法制出版社2007年版，第257页。
[2] 此时的"备案"再次成为地方性法规的重要程序性要件，它并不影响地方性法规在生效方面的实体性问题。——作者注

委员会批准后生效。自治州、自治县的自治条例和单行条例,报省或者自治区的人民代表大会常务委员会批准后生效,并报全国人民代表大会常务委员会备案。"此规定主要有两点内涵:其一,自治区、自治州、自治县的自治条例和单行条例都需要经批准后才可以"生效",明确了批准具有决定自治条例和单行条例是否生效的实体性特质;其二,对自治区与自治州、自治县制定的自治条例和单行条例的批准主体做了位阶上的区分,不再将所有规范都报全国人大常委会批准,而是将自治州、自治县的地方性法规的批准程序规定为需经省级人大常委会批准后向全国人大常委会备案的立法监督机制。将自治州、自治县的立法批准权赋予省级人大常委会,隐含着一个关于自治区、自治州、自治县三个立法主体所制定的自治条例和单行条例的法规位阶高低的问题。虽然批准权设置的目的是为了在法制统一的内在秩序需求和以问题为导向的地方立法功能主义需求之间调和其冲突和矛盾,① 但由于"八二宪法"并没有对这个法规位阶的高低进行任何明确的规定,这也为之后地方性法规在实践中的效力位阶争议埋下了冲突的因子。

1982年,全国人大根据宪法、各地意见和实际需要,② 修改了《地方组织法》再一次扩大了对地方权力机关的立法赋权,在第二十七条新增了第二款的规定"省、自治区的人民政府所在地的市和经国务院批准的较大的市的人民代表大会常务委员会,可以拟订本市需要的地方性法规草案,提请省、自治区的人民代表大会常务委员会审议制定,并报全国人民代表大会常务委员会和国务院备案。"此规定有两点鲜明的变化:其一,地方立法主体进一步扩容,在省级立法权外又赋予省会市和较大的市(下称"两类市")拟订地方性法规的权限;其二,两类市的立法权是部分性的,只能拟订地方性法规草案,报请省、自治区人大常委会审议制定。由于"两类市"只具有草案拟定权,不具有法规的制定权,也就与后续的"批准"没啥关系了。③《地方组织法》此时所赋予两类市的立法权只具有立法权的初步起始性(只是拟订,而不是制定),其权属远远小于后来《立法法》赋予的较大的市地方性法规在获得省级人大常委会批准后施行的制定权能。④ 从中可以看,我国立法在发挥中央和地方两个积极性上的赋权路径,在对地方立法主体进行缓慢扩容的同时,依然坚持赋权的严格性和审慎性态度,逐渐在学理上形成立法法理学的"规则主义"路径模式。⑤

1986年全国人大重新修订了《地方组织法》,在第七条第一款同样规定了省级人大具

---

① 王翔:《论省与设区的市地方性法规的冲突及其解决——以批准程序为中心》,载《行政法学研究》2018年第4期,第137页。
② 全国人大常委会办公厅、中共中央文献研究室编:《人民代表大会制度重要文献选编(二)》,中国民主法制出版社、中央文献出版社2015年版,第602页。
③ 需要指出的是,此时的草案拟订权只赋予了市人大常委会,还不包括市人民代表大会。——作者注
④ 从权限内容上看,两类市草案拟订权的立法权能却是远远大于之后法律赋予两类市的地方性法规获得省级人大常委会批准权后的制定权能的,因为《地方组织法》等规范并没有对两类市草案拟订的内容作出限制性规定。——作者注
⑤ 宋方青、姜孝贤:《立法法理学探析》,载《法律科学(西北政法大学学报)》2013年第6期,第49页。

有地方性法规的立法权，在第二款赋权较大的市地方人大相对完整意义上的立法权。其第七条第二款规定"省、自治区的人民政府所在地的市和经国务院批准的较大的市的人民代表大会根据本市的具体情况和实际需要，在不同宪法、法律、行政法规和本省、自治区的地方性法规相抵触的前提下，可以制定地方性法规，报省、自治区的人民代表大会常务委员会批准后施行，并由省、自治区的人民代表大会常务委员会报全国人民代表大会常务委员会和国务院备案。"第三十八条规定"省、自治区、直辖市的人民代表大会常务委员会在本级人民代表大会闭会期间，根据本行政区域的具体情况和实际需要，在不同宪法、法律、行政法规相抵触的前提下，可以制定和颁布地方性法规，报全国人民代表大会常务委员会和国务院备案。省、自治区的人民政府所在地的市和经国务院批准的较大的市的人民代表大会常务委员会，在本级人民代表大会闭会期间，根据本市的具体情况和实际需要，在不同宪法、法律、行政法规和本省、自治区的地方性法规相抵触的前提下，可以制定地方性法规，报省、自治区的人民代表大会常务委员会批准后施行，并由省、自治区的人民代表大会常务委员会报全国人民代表大会常务委员会和国务院备案。"

前述两个条文的规定可以从三个方面理解：其一，立法权的主体再一次扩容，新增省会市的人大及其常委会和经国务院批准的较大的市的人大及其常委会；其二，将不抵触的范围进行限缩和规范，从宪法、法律、政策、法令、政令变为宪法、法律和行政法规，明确较大市的地方性法规还不得与省级地方性法规相抵触；其三，对新增的较大的市的立法主体的立法权限作了明确限定，规定较大的市的地方性法规需要经过省级人大常委会批准后才可以施行，使立法批准权开始具有了鲜明的"程序性"特质。[1] 立法主体的扩容和立法权限范围的扩大是改革开放以来，为满足地方在政治、经济、文化和社会等方面的实践需要所作出的在提升地方立法主动性和积极性上具有里程碑意义的一次赋权。毕竟"赋予较大的市地方性法规的制定权，主要考虑较大市的城市管理需要，具有一定特殊性。从长远看，较大市在城市管理方面制定的地方性法规，可以考虑不必报批。但在目前，由于各较大市的立法水平不平衡，还需要保留报批程序。"[2] 所以，此时批准权的规定从原有的"批准后生效"变为了"批准后施行"，这从法律规范上将批准对地方性法规的规范要件从"生效要件"变为了"施行要件"。

"批准权"的规范变化，使其只具有的实体性面向暂时无法解释上述规范的逻辑变化，因为通过实体性的逻辑无法明确判定经过批准的较大的市的地方性法规是何时生效的、其效力到底是由谁来决定的。其实，出现效力和层级无法判定的关键问题在于如何理解此时的批准权是否与最初批准权的意义具有同样的生效权能。1986年《地方组织法》是为了适应改革开放、社会发展和地方实践需要的一种赋权，其立法原意明显是给予较大的市比

---

[1] 因此有观点认为此时说较大市只具有半个立法权是不准确也不恰当的，其性质并是实质（实体性）立法权。参见王林：《谈地方立法批准权性质》，载《法学杂志》1994年第5期，第23-24页。
[2] 乔晓阳主编：《中华人民共和国立法法讲话》，中国民主法制出版社2007年版，第257页。

之前更为充分和完善的立法权。如果将之前的立法权称为"不完整意义立法权",那么全国人大此次赋权是想让其从"不完整意义"变为"基本完整意义"的立法权。这是中央与地方立法权配置的一种实用主义变动和功能主义调适,其目的就是进一步扩大对地方立法的赋权,不仅给予地方立法机关在权能定位上的更大性,更给予其权限范围上的更广性。批准权是决定法规能够生效或者能否施行的前提性权力,但此时的施行比着生效对批准权的性质影响更为弱化,因为没有生效的规范何谈施行。因此,从程序逻辑意义上看,此时《地方组织法》赋予较大的市更大立法权的效力就体现在,较大的市制定的地方性法规即使未经批准也是有效的,只是未经批准不得施行罢了。批准权对于较大的市制定的地方性法规而言只具有程序性特质,所影响的也只是施行与否的"程序性"问题。

1986年《地方组织法》是批准权性质上的一次关键的转变,它不再只是实体性的而是具有了程序性的特性,这种程序性接近备案权具有的"非实体性"特质。将它与"八二宪法"关于批准后生效相比,新增了批准后施行的程序性规定。自此之后,批准后施行与批准后生效对批准权的性质内涵明显具有不同的权力属性定位。批准后施行的批准权明显不是法规生效的构成要件,因为在批准施行之前,法规已经生效,具有了法律效力,只是不具有规范上的实效性,因为它还不能施行。批准后生效的批准权是可以决定法律规范效力的,批准后施行的批准权却并不决定规范的效力,只是决定其能否施行的程序性要件,这成为立法法理学视角下批准权认识论上的一种最新面向——兼具实体和程序两种特性。

1995年和2004年全国人大又对《地方组织法》进行了相应修订,但对第七条并未做任何变动,批准权的后果性质延续了前述"实体和程序"两种特性。

四、深度赋权:"实体程序二元特性"的共存

2000年全国人大总结1979年以来的立法成就和立法经验,认为应当对地方立法内容超越权限、法规之间冲突、立法部门利益倾向等问题进行规范和因应,并对"法律、法规以及规章的制定作出统一规定,使之更加规范化、制度化,以维护国家法制的统一……"① 制定并通过了《立法法》,赋予多个主体立法权,提升其民主立法和依法立法的能力。2000年《立法法》关于批准权的规定依然主要涉及两个方面:其一是地方性法规中的批准权;其二是自治条例和单行条例中的批准权。

2000年《立法法》关于地方性法规中批准权的规定,主要是第六十三条和第六十四条。第六十三条第一款和第二款前半部分的规定基本承袭了1986年、1995年《地方组织法》关于省级人大及其常委会和较大的市制定地方性法规的规定,在此不再重述。第六十三第二款规定"省、自治区的人民代表大会常务委员会对报请批准的地方性法规,应当对

---

① 乔晓阳主编:《中华人民共和国立法法讲话》,中国民主法制出版社2007年版,第347页。

其合法性进行审查，同宪法、法律、行政法规和本省、自治区的地方性法规不抵触的，应当在四个月内予以批准。"第六十四条规定"地方性法规可以就下列事项作出规定：（一）为执行法律、行政法规的规定，需要根据本行政区域的实际情况作具体规定的事项；（二）属于地方性事务需要制定地方性法规的事项。除本法第八条规定的事项外，其他事项国家尚未制定法律或者行政法规的，省、自治区、直辖市和较大的市根据本地方的具体情况和实际需要，可以先制定地方性法规。在国家制定的法律或者行政法规生效后，地方性法规同法律或者行政法规相抵触的规定无效，制定机关应当及时予以修改或者废止。"

上述两个条文可以从两个方面理解：其一，对批准权作了时间上的明确要求，以应对实践中批准时间较长，批准程序繁琐的现实困境。其实早在1986年修订《地方组织法》时，时任全国人大常委会秘书长的王汉斌就对批准时间过长做过说明，他认为省、自治区要简化审批程序，只要不抵触宪法、法律、行政法规和省、自治区的地方性法规，原则上应尽快批准。[1] 在时间上对批准权的行使进行了限定，对逐步给予较大的市完整意义的立法权具有重要的探索意义。此时较大的市人大及其常委会在制定地方性法规时的权限是很大的，只要与宪法、法律、行政法规和本省、自治区的地方性法规不抵触，同时属于地方性的事务都可以进行立法。最为重要的是，2000年《立法法》再次确认了批准后施行的程序性规定，其性质依然坚持法规效力程序性的非构成要件的定位。但2000年《立法法》并没有在职权范围上对较大的市地方性法规做明确限定，这就容易造成地方性法规立法范围过大，较大的市在行使立法权的过程中出现不严格性和不审慎性的问题。因此，此种方式的批准权只是一种"形式"意义上的监督式限定，缺乏实质效力的决定性意义。其二，继续保留批准权，未用备案程序取代批准程序，因为备案要求不告不理，容易在立法监督中流于形式，[2] 而为了维护法制统一、坚持宪法的基本原则、强调立法的政治性和法律性，必然需要保留省级人大常委会对较大的市地方性法规的批准权。上述两个方面体现出2000年《立法法》在积极保障和深度赋予较大的市权力机关"完整意义立法权"的同时，却在制度构建中依然坚持对地方立法权审慎和严格的"放与控"双重态度。条文中规定批准后施行的批准权在性质上也只具有对较大的市地方性法规效力的程序性构成要件，而非实体性构成要件。

2000年《立法法》涉及批准权的另一个重要规定是关于自治条例和单行条例的条文。其第六十六条第一款规定"民族自治地方的人民代表大会有权依照当地民族的政治、经济和文化的特点，制定自治条例和单行条例。自治区的自治条例和单行条例，报全国人民代表大会常务委员会批准后生效。自治州、自治县的自治条例和单行条例，报省、自治区、直辖市的人民代表大会常务委员会批准后生效。"此规定与1986年《地方组织法》相比至

---

[1] 参见乔晓阳主编：《中华人民共和国立法法讲话》，中国民主法制出版社2008年版，第256页。
[2] 参见乔晓阳主编：《中华人民共和国立法法讲话》，中国民主法制出版社2008年版，第257页。

少有两个方面的改动：其一，将自治条例和单行条例的批准权主体进行了区分，自治区的自治条例和单行条例报全国人大常委会批准，自治州、自治县的自治条例和单行条例报省级人大常委会批准；其二，条文直接以"批准后生效"规定了全国人大常委会对自治区自治条例和单行条例以及省级人大常委会对自治州、自治县自治条例和单行条例的批准后果。此时批准权依然具有决定自治条例和单行条例生效与否的实体性要件，是完整立法权意义上的"实体性"要素。批准后生效的"批准权"的性质体现出了"自治区立法权自治区自治条例制定权具有中央与自治区共有立法权之特点。"① 这正是批准后是生效还是施行在权力定性上的差别本因。

2000 年《立法法》第六十六条第一款中的批准权是决定自治区、自治州和自治县的自治条例和单行条例能够有效的立法实体性权力不可分割的一部分，是决定其效力与否的实体性要件，其性质依然具有最初"五四宪法"所展现出的实体性面向和特质。此时的批准权依然维系着"服从上级"的政治性含义，这明显与省级人大常委会对较大的市地方性法规批准权具有的程序性特质不同。后者具有明显的时间上的"差异性"，只具有法律上的形式意义而非实质意义。在 2004 年，全国人大为了与 2000 年《立法法》的规定相衔接，对《地方组织法》进行了重新修订，但在省级人大常委会对较大的市地方性法规的批准权性质上，依然与 2000 年《立法法》的批准权兼具实体性和程序性的双重特质和性质定位保持了一致。

2015 年全国人大重新修订了《立法法》，赋予全部设区的市制定地方性法规的立法权。关于批准权的相关规定，从其具体内容看，第七十二条第一款沿用了 2000 年《立法法》第六十三条第一款的规定，其第二款规定"设区的市的人民代表大会及其常务委员会根据本市的具体情况和实际需要，在不同宪法、法律、行政法规和本省、自治区的地方性法规相抵触的前提下，可以对城乡建设与管理、环境保护、历史文化保护等方面的事项制定地方性法规，法律对设区的市制定地方性法规的事项另有规定的，从其规定。设区的市的地方性法规须报省、自治区的人民代表大会常务委员会批准后施行。省、自治区的人民代表大会常务委员会对报请批准的地方性法规，应当对其合法性进行审查，同宪法、法律、行政法规和本省、自治区的地方性法规不抵触的，应当在四个月内予以批准。"此规定的前半部分含有三点内容：其一，扩大了制定地方性法规的立法主体，明确赋予所有设区的市拥有地方性法规的立法权限；其二，设区的市地方性法规的立法权范围只限于"城乡建设与管理、环境保护和历史文化保护等方面"，对其立法权限范围通过列举式、明确化来限制；其三，设区的市制定的地方性法规依然需要报省级人大常委会批准后才可以施行。此规定虽然扩大了地方性法规的适格主体，但与较大的市的立法权限相比，却急剧限缩了其权限的范围，再次体现出最高权力机关对地方立法赋权"放与控"的配置逻辑，具

---

① 参见彭建军：《自治区自治条例所涉自治立法权问题研究》，载《民族研究》2015 年第 2 期，第 15 页。

有鲜明工具化的实用性立法表征。

2015年《立法法》第七十三条第三款与2000年《立法法》第六十三条第二款的规定相同，但2015年《立法法》第七十三条第四款对设区的市开始制定地方性法规的具体步骤和时间进行了明确限定。其第四款规定"除省、自治区的人民政府所在地的市，经济特区所在地的市和国务院已经批准的较大的市以外，其他设区的市开始制定地方性法规的具体步骤和时间，由省、自治区的人民代表大会常务委员会综合考虑本省、自治区所辖的设区的市的人口数量、地域面积、经济社会发展情况以及立法需求、立法能力等因素确定，并报全国人民代表大会常务委员会和国务院备案。"由此可以看出，设区的市地方性法规制定权的行使是有时间限制的，并不是自《立法法》生效之后设区的市就当然可以行使制定地方性法规的权力的，此立法权的行使还需要经过省级人大常委会根据各种因素综合考量来"确定"。

上述条文规定的"确定"，其本质上是对设区的市行使地方性法规制定权起始时间的一种"批准"。从法制统一的意义上看，这种"确定"也可以被称为"第三种"批准权。因为，它既不是地方性法规是否生效的实体性构成要件，也不是其批准后可以施行的程序性构成要件，它是设区的市地方性法规制定权可以行使的时间性要件。而"第三种"批准权更加体现出我国立法体系中在具体立法权配置方面，虽然规范上规定上下级人大是名义上的指导和监督的关系，但实质立法权运行层面其职权行使却具有强烈的行政化色彩。此行政化色彩根源于"五四宪法"所建构的地方人大服从上级人大的最初赋权特质，然而这并不改变批准权行使中地方法规的制定主体和具体位阶以及效力。与设区的市制定地方性法规权限行使的时间相对，2015年《立法法》也对自治州人大常委会制定地方性法规权限的行使时间作了限制，其第五款规定"自治州的人民代表大会及其常务委员会可以依照本条第二款规定行使设区的市制定地方性法规的职权。自治州开始制定地方性法规的具体步骤和时间，依照前款规定确定。"这也使"自治条例和单行条例"在制定时间上的限制具有了"第三种"批准权的意义。

上述这种通过扩大地方立法主体的范围进行深度赋权的实用性立法权配置和通过限缩立法主体权限范围维护法制统一原则的审慎态度，体现出了国家最高权力机关在立法权体系构建中的探索性立法权行使策略和内在理念上"虽放犹控"的纠结心态。①

总体而言，针对前述法律规范对批准权规定的教义学解读，批准权的性质呈现为一个兼具实体性和程序性的立法动态化特质结构。在我国立法权具体配置中，最高权力机关通过批准权的"实体性"明示和"程序性"指引强化央地关系功能性融贯与坚持集中统一

---

① 有学者就指出"在赋予所有设区市以立法权的同时，通过法律保留条款、列举事项两方面的限制为设区市立法权划定边界，体现了全国人大在我国《立法法》修改中对设区市立法权'虽放犹控'的审慎态度。"参见易有禄：《设区市立法权行使的实证分析——以立法权限的遵循为中心》，载《政治与法律》2017年第6期，第41页。

领导原则之间内在冲突的因应策略。

但在新时代全面依法治国的要求下，这种兼具程序实体二元特性的批准权，正在通过柔性协商的方法论逻辑，① 坚持法制统一原则要求下合法性审查的基本定位，在批准运行中进行"实体和程序"的双向融贯。比如，设区的市在对地方性法规进行立法表决前，会与省级人大常委会沟通，提前将相关草案提交给省级人大常委会审阅，后者会通过约谈和建议的程序方式解决实体批准中的法规争议问题，② 促使被批准的人大及其常委会自主对相关条例进行修改和完善，而批准决定的结果一般也都是提前协商好的。

结　语

批准权是决定地方性法规能否生效与可否施行的关键要件，但其理论性质和实践规范都证明，"批准"并不改变立法的制定主体，其立法制定权具有专一性和不可变更性，也不会改变规范的位阶层级。从最初意义"下级服从上级"的逻辑上看，效力位阶从最初就被决定了。批准权作为我国立法权中在政治和法律之间运行的规范实践，其性质演进表现为，它是在中央统一领导下通过赋权的逻辑提升地方主动性和积极性的规范化和历史性产物。为了坚持民主集中制原则和维护法制体系的统一，最高权力机关通过批准权来对地方立法权限进行限制和平衡，既体现出了我国立法权配置中"放与控"的赋权逻辑，也为立法权限在原则上坚持法制统一的功能性限制和工具上坚持实用主义的结构化逻辑提供了制度保障，为中国特色社会主义立法体系的不断完善提供了理论支撑和有益探索。在新时代，特别是党的十八届四中全会作出《中共中央关于全面推进依法治国若干重大问题的决定》后，规范上兼具"实体性和程序性"的立法批准权，正在成为立法机关内部在党的领导下维系法制统一，提升地方立法创新性和特色性并对其进行合法性审查完善立法监督体系的关键抓手。在新一轮《立法法》修订和完善中，新中国成立七十多年立法赋权逻辑所带来的立法批准权性质嬗变，能够成为立法者在因应立法批准权相关争议的重要策略来源。

（编辑：戴津伟）

---

① 参见周宇骏：《合目的性的审查分层：我国地方性法规审查基准的实践及其逻辑》，载《政治与法律》2021年第3期，第81页。

② 其实早在2005年，全国人大常委会法制工作委员会对如何处理地方性法规与上位法相抵触的问题进行法律询问答复时，就指出了以沟通为途径的柔性协商工作方式，其认为"……对于经主任会议研究，认为报请批准的地方性法规同上位法抵触，未列入常委会审议议程的，省、自治区人大常委会工作机构可以以工作沟通的方式，向报请批准机关提出意见，经报请批准的人大常委会修改后，再向省、自治区人大常委会报请批准。"参见全国人大常委会法制工作委员会编：《法律询问答复（2000—2005）》，中国民主法制出版社2006年版，第169页。

公益诉讼视域下环境权的司法救济[*]

——基于首例"雾霾"案的展开

李 宁[**]

摘 要 在国家绿色发展要求下,环境权的实现至关重要。虽然环境权尚未在国家统一立法中正式确认,法官也不能在判决中创设新权利,但并不意味着环境权所代表法益无法获得相应司法救济。我国司法实践中,已经有相应的保护当事人环境权或者环境权益之诉求得到法院积极支持的案例,但这些诉求往往限于私益诉讼。环境权作为公共性和个体性的有机统一,传统私益诉讼因仅能救济传统私法架构下"人",而未关注到环境侵害行为产生的"人—环境",其实质仍是对个人私益救济,脱离了环境权所保护的本质法益。环境公益诉讼制度克服了私益诉讼的弊端,旨在救济和保护人类生存的整体环境。国家首例"雾霾"案对环境权的论证说理充分体现了 2015 年《环境保护法》中的"保障公众健康"立法目的,标志着环境权在司法领域的正式生成。

关键词 环境权 信息权利 公益诉讼 法律解释

一、问题的提出:我国环境权的法定化困境

环境权是环境法学的核心范畴,是解决环境法合法性问题的"权利基石"。[①] 自 20 世

---

[*] 基金项目:本文系 2018 年度国家法治与法学理论研究项目"生态环境损害赔偿制度与环境公益诉讼衔接问题研究"(课题编号:18SFB3052)的阶段性成果。

[**] 李宁,法学博士,最高人民法院中国应用法学研究所博士后,山东法官培训学院副教授,山东省高级人民法院研究室法官助理。

① 参见吕忠梅:《环境权入宪的理路与设想》,载《法学杂志》2018 年第 1 期,第 23 页。

纪60年代在西方首次提出环境权概念以来,"环境权"就一直面临不同角度质疑乃至否定。① 尽管我国环境法学者纷纷从不同层次和维度进行了专门探究,但是迄今为止,环境权依然还是一个属性不明、范围不定、主体不清的模糊概念。② 受制于环境权的概念内涵和基本性质存在较大的理论争议,目前关于"环境权"入法的具体路径上也未达成广泛共识。这种分歧主要在于受大陆法系思维影响固守公私法分离之理念而导致的,环境权兼具个体属性与公共属性且难以界分,这导致单纯强调私法救济,抑或单纯强调公法救济,均难以通过"入法"实现权利的救济。强调环境权的私权属性就需要通过民法途径加以保护,但是主要依托侵权制度从事后救济角度作出应对已无法满足环境权源头保护的需要。强调环境权的公共属性需要行政法律制度的针对性调整,但是主要从行政规制角度探讨解决方案而缺乏针对权利保护的考量,导致环境权的实体保护并未进入行政法的制度设计、获得足够的行政法理论支持。③

但是立法阙如并不代表权益救济的缺位和环境权保护的必要性,也不能否定环境权法定化的基本方向,据不完全统计,截至2010年,在全球198个联合国成员国中,已有142个国家的宪法直接或间接地确认了环境权。④ 德国、俄罗斯、乌克兰、瑞士、韩国、越南、南非等国家的民法、环境法还对环境权作出了具体规定。⑤ 但是关于环境权入宪,但在我国还处于立法设想阶段,2014年修订的《环境保护法》及《民法典》均未写入环境权条款。

从新兴权利角度来看,权利的生成并非只有立法创设一条路径,我们在司法层面仍然存在着一种新兴权利"渐进入法"的可能。⑥ 基于利益保护之需要,当民众向法院主张对一项立法上没有规定的"权利"进行保护时,基于"法官不能因没有法律规定而拒绝裁判"之原则,法院会将需要保护的某种"新权利"解释进立法,已经明确规定的某一种权利类型中对利益进行保护。司法作为保护权益的重要实践途径,在保护立法上并非"权利"的利益时,逐渐形成了新型权利。我国司法实践中,通过法官们在个案中的"类推",逐渐创设了私法上的环境权与公法上的环境权,进而实现了环境权的司法创设。其

---

① 参见吴卫星:《我国环境权理论研究三十年之回顾、反思与前瞻》,载《法学评论》2014年第5期,第180-182页。
② 参见杨朝霞:《论环境权的性质》,载《中国法学》2020年第2期,第280页。
③ 参见刘长兴:《环境权保护的人格权法进路——兼论绿色原则在民法典人格权编的体现》,载《法学评论》2019年第3期,第162-173页。
④ See Varun K. Aery, The Hmuman Right to Clean Air: A Case Study of the Inter-American System, 15 *Seattle Journal of Environmental Law* 18 (2016).
⑤ 参见吴卫星:《环境权入宪的比较研究》,载《法商研究》2017年第4期,第173-181页。
⑥ 王庆廷:《新兴权利渐进入法的路径探析》,载《法商研究》2018年第1期,第30页。

中关于公法上的环境权创设,即是通过首例"雾霾案"裁判说理实现的。① 在该案的论证说理中,法官一方面把环境资源定位为一种"综合性财产",突出环境权所代表的公共利益,另一方面也从公益诉讼角度救济该权益诉求,以规避立法之不足。

二、司法裁判中对环境权益的保护及其展开

自20世纪60年代以来,环境权理论伴随着生态危机与环境治理全球化逐步登上历史舞台。② 关于环境权的主张可以概括为宪法上的环境权与私法上的环境权两类。宪法环境权方面,经由20世纪90年代环境权入宪"黄金十年"之发展,截至目前,共86个国家宪法中规定了环境权。③ 我国宪法没有规定环境权条款,但《宪法》第9条第2款"自然资源保护"和第26条"环境保护"确立了"环境政策"条款,课以公民有保护环境与资源的义务。④ 有学者主张通过借鉴域外国家法院采用非原旨主义的宪法解释方法解释上述两个条款,以实现环境权在我国入宪。⑤ 但是自2008年,最高人民法院废止其于2001年作出的"关于以侵犯姓名权的手段侵犯宪法保护的公民受教育的基本权利是否应承担民事责任的批复"(即齐玉苓案批复)后,"宪法司法化第一案"所体现的宪法适用方式就已经"宣告死亡"。⑥ 私法环境权方面,学界关于环境权能否成为一项私法上权利的广泛研

---

① 作为2015年《环境保护法》实施以来的首例大气污染环境民事公益诉讼案件(以下简称首例"雾霾"案),中华环保联合会诉德州晶华集团振华有限公司大气污染纠纷一案入选2016年度人民法院十大民事行政案件和全国环境公益诉讼十大典型案例,产生了较大的国际和国内影响。首先,有必要回顾一下首例"雾霾"案的基本案情及裁判结果。德州晶华集团振华有限公司(以下简称振华公司)是一家生产与加工玻璃的企业。长期以来,振华公司在明知脱硫除尘设施不符合生产要求情况下依然向大气超标排放污染物,造成周围大气严重污染并严重影响了周围居民生活。2013年至2015年,原德州市环境保护局对振华公司行政罚款4次。2014年,原山东省环境保护厅处以10万元行政罚款。但振华公司仍未整改。2015年3月19日,中华环保联合会向德州市中级人民法院提起了针对振华公司超标排放污染物行为的环境民事公益诉讼,要求振华公司立即停止超标排放污染物并赔偿因超标排放污染物造成的损失2000多万元等。德州市中级人民法院认为,振华公司应承担何种民事责任是本案双方争议焦点之一。依据《最高人民法院关于审理环境民事公益诉讼案件适用法律若干问题的解释》第18条的规定,中华环保联合会关于振华公司立即停止超标向大气排放污染物以及在省级以上媒体向社会公开赔礼道歉的诉讼请求于法有据。环境权益具有公共权益的属性,从经济学角度而言,环境资源是一种综合性的财产,在美学层面上,优良的环境可以成为人的精神活动的对象,因被告振华公司超标向大气排放污染物,其行为侵害了社会公共的精神性环境权益,应当承担赔礼道歉的民事责任。2016年7月28日,德州市中级人民法院作出判决:振华公司赔偿因超标排放污染物造成的损失2198.36万元,并在省级以上媒体向社会公开赔礼道歉等。
② 参见汪劲:《进化中的环境法上的权利类型探析——以环境享有权的核心构造为中心》,载《上海大学学报(社会科学版)》2017年第2期,第87-88页。
③ 参见吴卫星:《环境权入宪的比较研究》,载《法商研究》2017年第4期,第175页。
④ 有学者主张可以从上述两个《宪法》条款中导出两种宪法环境权:一是从《宪法》第33条第3款的"国家尊重与保障人权"中推导出的作为主观权利的宪法环境权;一是,可以《宪法》第26条推导出的国家保护环境的客观法义务。参见王锴、李泽东:《作为主观权利与客观法的宪法环境权》,载《云南行政学院学报》2011年第4期,第156-161页。
⑤ 例如罗马尼亚最高法院在1997年的一个案例中基于政府环境保护的宪法义务引申出健康环境的宪法权利。
⑥ 参见王伟国:《齐玉苓案批复之死——从该批复被忽视的解读文本谈起》,载《法制与社会发展》2009年第3期,第73页。

究肇始于2014年中共十八届三中全会决议提出"应当编纂民法典"之后，环境权应否纳入民法典已成为学者间的共同话题。最终，民法典践行了以人民为中心的发展思想，坚持"良好生态环境是最普惠的民生福祉"，开世界先河注入"绿色基因"，将生态文明熔铸其中，构建了总分式的"绿色条款体系"，在具体制度设计和条文安排上为美丽中国建设保驾护航，为生态文明建设提供了"绿色方案"：总则编突破传统，确立绿色原则；物权编明确行使物权，需符合绿色要求；合同编明确履行合同，需承担绿色义务；侵权责任编全面建立了绿色责任制度。① 但是民法典并没有明确环境权的具体内容。尽管诸如1980年《化学工业环境保护管理暂行条例》、2009年《中国人民解放军环境保护条例》《国家人权行动计划（2016-2020）》等均明确并界定了环境权，但是目前而言，狭义法律层面上，环境权尚未得到国家统一立法的正式确认。②

立法创设是一项权利取得名分最直接的方法，但是立法机会不常有，但也并非权利取得名分的唯一方式。上面已提及，目前"环境权"在我国尚未被国家立法创设为一项权利。但是作为权利之外的利益同样为立法所保护，《民法典》第120条就规定，民事权益受到侵害的，被侵权人有权请求侵权人承担侵权责任。权利的名分是原告获得请求权基础的最可靠证明，相对于权利而言，当一个人的利益受到侵害时，其还需要就违法性要件单独予以证明。③

纵观各国司法实践，法院保护利益的方法有三：一是法官在裁判中直接创设权利，如美国法院关于隐私权的创设；二是法官将需要保护的利益通过解释立法的方式纳入已有权利之中予以保护；三是法官以转介条款的方式借助公法规范或者道德规范保护当事人主张的某种利益。④ "法官不能在判决中创设新权利，并不意味着一项未取得权利名分的利益在法律上不能得到保护。"⑤ 经过查阅中国裁判文书网，目前我国司法实践中，法官关于环境利益的保护主要是通过上述第二种方式实现的，当事人保护其环境权或者环境权益之诉求得到法院积极支持的部分民商事案例如下：

---

① 参见张甲天：《民法典"绿色条款"守护美丽中国》，载《中国人大》2020年第14期，第40页。

② 但是地方立法对环境权做出了积极回应，地方立法最早见诸1987年《吉林市环境保护条例》，其第8条规定："公民有享受良好环境的权利和保护环境的义务。"目前，福建（2002年）、包头（2003年）、珠海（2008年）、深圳（2009年）、宁夏（2009年）、西宁（2011年）、海南（2012年）、广东（2015年）、山东（2018年）等省、市环境保护条例明确规定了环境权。如2015年《广东省环境保护条例》第5条第1款明确规定了公民享受良好环境的实体性环境权。

③ 参见李锡鹤：《侵权行为究竟侵害了什么？——权利外法益概念质疑》，载《东方法学》2011年第2期，第3-10页。

④ 参见方新军：《一项权利如何成为可能？——以隐私权的演进为中心》，载《法学评论》2017年第6期，第110页。

⑤ 方新军：《一项权利如何成为可能？——以隐私权的演进为中心》，载《法学评论》2017年第6期，第117页。

文书编号	裁判说明摘录	裁判结果
（2007）新民一初字第0695号	被告所竖立的字号牌造成原告视觉卫生权的妨碍，应赔偿损害	被告赔偿原告10000元
（2012）临民一初字第517号	被告的污染行为导致周边空气质量、水源质量降低，构成了对环境公权即清洁水权、清洁空气权的损害	被告必须通过"环境影响评价"，并按规定完善防治措施
（2012）浙温民再字第41号	作为人类赖以生存的基础之一，土壤环境污染势必造成环境质量下降，农作物品质降低，及心理层面的恐惧，进而可能影响人体健康	维持原判：被告赔偿原告承包地收益损失30254元
（2013）宁环民终字第1号	环境受害者对保持其良好生活环境的期待即是对延续其健康和生命的期待，是健康权和生命权的内在要求，具有人格利益，侵害此期待利益，便侵害了环境受害者的人格利益	排除油烟妨碍，并对下水道予以清理完毕；赔偿原告精神损害抚慰金3000元
（2014）皋民初字第1047号	被告从事生猪养殖，将猪粪露天排放在养猪场河边简易粪池，对原告及周围的居民生产、生活带来严重影响，侵害了原告及家人的身体健康权、休息安宁权，故被告应承担侵权责任	停止生猪养殖；清理污染；赔偿精神损害抚慰金1000元
（2014）石民初字第3817号	在房屋内观看窗外景色也是利用房屋的一种方式，故观景权也应当作为相邻权的一种受到法律的保护	将雨檐上的门头招牌重新案卷至不高于雨檐顶部
（2015）一中民一终字第0696号	原审被告供热产生噪音超过国家规定的环境噪声排放标准，干扰了被上诉人等居民的正常生活、工作和学习，对被上诉人等居民的环境权益造成损害，依法应当承担赔偿责任	维持原判：被告赔偿原告35000元
（2015）巢民一初字第02417号	长期噪声超标的住宅生活环境严重干扰和影响了原告的正常生活、休息和身心健康，对原告的环境权益造成严重损害	被告赔付原告损失3200元
（2015）民申字第1366号	锦汇公司采用补贴运输费用等方式将副产酸交给不具备处置资质的江中公司，并长期放任江中公司将副产酸倾倒入河，造成水体大面积污染，严重损害社会公共利益和公众环境权益，应当承担侵权责任	驳回再审申请

结合上述案例，实践中，当事人维护其环境权益的请求权基础基本可以分为两类：相邻关系与侵权损害赔偿请求权。基于相邻关系提出的诉求实质上是当事人基于物权所提出的物上请求权，因此，法院认为这也是当事人主张相邻关系的当然表达。[①] 传统私法理论

---

① 参见黄星煌、沈红梅诉无锡市锦江旅游客运有限公司、无锡城建物业管理有限公司排除妨碍纠纷案，无锡市高新技术开发区人民法院（2007）新民一初字第0695号民事判决书。

认为，所谓物权请求权是指，当物权人在其物被侵害或者有可能遭受侵害时，请求恢复物权的圆满状态或者防止侵害的权利，包括返还原物、消除危险、排除妨害、恢复原状。[1] 但是这种基于相邻关系提出诉求获得救济的模式存在理论上的论证困境：环境权的公共属性难以纳入物权这一排他性权利之中。该模式暗含的与环境相关的权益（诸如视觉卫生权、观景权等）被视为物权的内容或者权能，但是物权是"权利人依法对特定的物享有直接支配和排他的权利"[2]。物权这一排他性权利显然并不包含有"公共性"因素，而这恰是环境权之属性。不同于物权中具有排他性、经济性使用之"使用"，环境权是为公众"享有"，"享有"是一种非排他性地使用，也就是共享性使用，这种共享性使用是指一切人可以自由地、直接地、免费地享用环境。[3]

基于侵权提出损害赔偿的诉求实质上是当事人基于自己的人格权受到损害所提出的损害赔偿请求权。该模式的理论前提是承认甚至确认与环境相关的权益应受保护，也即这些"合法权益"不属于《侵权责任法》第2条所列举的18个具体权利但人民法院认为又值得予以保护。那么，如何理解上述案例中与环境相关的权益呢？这些与环境相关的权益是属于人格权的内容或者权能，还是一种相对独立的权益呢？上述裁判文书法官说理部分均未能充分说明。关于裁判说理中的环境权益是属于人格权之权能或者内容还是作为一种独立权利之问题，涉及法官保护"合法权益"的两种方法或者两条路径：一是运用《侵权责任法》第2条"民事权益"之路径创设"权利"或者为"权利"提供救济，即法官在裁判中直接创设了一项不属于《侵权责任法》第2条所规定的18类权利之列中的权利。此裁判方法或者路径背景下，"环境权益""安宁权""清洁水权""清洁空气权"等被视为独立于18类权利以外为当事人享有且应受保护的权利。实质上，为应对伴随社会发展而日益宽泛的利益[4]，《侵权责任法》保持了最大程度的开放性，这种开放性使得《侵权责任法》发挥原有的权利保护功能之外，还具有了权利生成功能，即通过对某些利益的保护，使之上升为一种权利。[5] 二是不创设"权利"，而是将需要保护的某种利益或者"权利"解释进《侵权责任法》已经明确规定18中权利类型之中，将其视为该权利之内容或者权能，实践中，法官一般将其纳入人格权领域予以救济，如"可能影响人体健康""侵害了环境受害者的人格利益""影响了原告的正常生活、休息和身心健康"等。

但问题在于，将"环境权益"纳入人格权范畴予以保护的路径同样会遭遇上述相邻关系模式所遭遇的理论困境。因此，将环境权益视为一种相对独立的权利为《侵权责任法》

---

[1] 参见王利明：《物权法》（第四版），中国人民大学出版社2016年版，第183-184页。
[2] 《物权法》第2条第3款："本法所称物权，是指权利人依法对特定的物享有直接支配和排他的权利"。
[3] 参见蔡守秋：《环境权实践与理论的新发展》，载《学术月刊》2018年第11期，第100页。
[4] 侵权责任法的保护范围逐渐扩张，从只保护权利到保护权利、利益再到保护的利益逐渐扩大。参见张新宝：《侵权行为法的一般条款》，载《法学研究》2001年第4期，第42-54页；曹险峰《在权利与法益之间——对侵权行为客体的解读》，载《当代法学》2005年第5期，第85-90页。
[5] 参见王利明：《侵权责任法研究（上）》（第二版），中国人民大学出版社2016年版，第94页。

所救济，理论上较为自洽，也即是说，司法实践实质上正在通过《侵权责任法》之权利生成功能创设一种新权利。

三、环境权私益诉讼的局限及公益诉讼的选择

上述论证司法实践救济环境权益之路径时，大都是将环境权益作为物权或者人格权的内容或者权能，这一定程度上救济了权益损害。但是我们需要认识到，从环境权立法目的来看，之所以创设环境权，其初衷并非只是为了保障个人私益，而是不确定多数人的公共权益。从当下我国已有的救济途径来看，将环境权代表的法益归入到物权、人格权这些排他性权利，显然具有不协调性。此时，能否从公共权益角度来论证环境权所代表的法益，进而寻求一种有效的公益诉讼路径，就为我们进行拓展环境权的司法救济路径指引方向。

（一）环境权是公共性和个体性的有机统一

目前，学界关于环境权这一概念未达成共识，根据环境权主体范畴及权利内容之大小，关于环境权存在最广义环境权说、广义环境权说与狭义环境权说。根据环境权提出的政治社会背景，本文赞同吴卫星教授的观点，环境权即公民环境权，是自然人对一定环境品质的享受权，该权利的客体虽是以物质形态存在的环境及其构成要素，但其内容并不关注诸如物权等这类经济性权利所关注的客体之价值，而是从环境或者其构成要素呈现出来的生态的、文化的、精神的或审美的利益。[①]

环境及其构成要素的公共性特征决定了环境权公共属性，诸如空气、水体、野生动植物及"令人愉悦的风景"等并不为任何人"所有"，却为任何人不经他人许可即可"享有"，也就是说，不同于物权、人格权等排他性权利，环境权的行使一般不具有排他性。环境权同环境法的产生一样，在于克服与弥补传统法律理论和制度在环境保护之不足，赋予环境权之公共属性即是解决这一问题的法理创造，以解决"公地悲剧"[②]问题。传统私权理论背景下，以所有权为核心的物权理论及制度构造因其客体只能是为人所能支配或者控制之物而不能保护诸如空气等那些不能成为所有权客体的环境及其构成要素，而不利于环境保护。人格权理论及制度构造关于生命健康权的保护很多时候不足以涵摄环境权，因为不同于传统侵权行为之损害的一元性，即对人的损害，环境侵权行为损害具有二元性特征，[③] 对生态环境的损害与对人的损害，且对生态环境的损害是必要条件，对人的损害是环境污染或者生态破坏的后果而并非均存在对人的损害，因此，运用人格权理论及现有制

[①] 参见吴卫星：《环境权研究——公法学的视角》，法律出版社2007年版，第73-101页。
[②] 当前，"公地悲剧"成为描述资源和环境退化的一个代名词：任何时候只要许多人共同使用一种稀缺资源，便会发生资源和环境的退化。参见傅剑清：《论环境公益损害救济——从"公地悲剧"到"公地救济"》，武汉大学2020年博士论文，第28页。
[③] 参见吕忠梅：《论环境侵权的二元性》，载《人民法院报》2014年10月29日，第8版。

度也不足以保护生态环境。传统侵权理论及制度重点围绕所有权及人格权的保护确立的规则同样难以充分保护生态环境,传统侵权法所保护的对象为人身关系与财产关系,而没有充分关注生态环境的美学、生态学等价值。

但是环境权的公共属性并非指环境权仅仅是一种公共利益,而不为个人所"享有",实质上,自然人是环境权的最终享有者。环境权理论的提出,既反对将其作为一种对立于传统私权意义上的权利,又反对将其视为一种与传统私权相同的权利,而是作为公共性和个体性的有机统一。环境权的个体性体现为,具体的自然人"享受和利用""清洁、健康的环境";享受是指使用环境的美学功能,如对环境的精神美学享受;利用主要指利用环境和自然资源以满足其基本需要;享受与利用均属于非排他性使用。① 概言之,环境权的内容超越了私法上"所有"的属性。

(二) 私益诉讼之于环境权司法生成的局限性

上面已经阐述,环境权理论甚至环境法的产生均是旨在克服传统私法及私权理论之于环境保护不足而产生的。传统侵权法救济的是传统私法范畴下的利益,该利益对应传统私法所调整的人身关系与财产关系,环境及其要素并不属于该利益范畴之下。也即是说,传统私法并不直接保护环境。正如曾世雄先生所言,私法以生活资源为本位,生活资源主要包括权利资源、利益资源和自由资源三类;私法为权利这一资源提供全方位的、完整的保护;私法为利益这一资源提供局部的保护,自由资源虽然被纳入私法范畴但却不为私法所保护,也即私法上自由资源属于放任自流的特定资源,诸如公海、荒山之兽等。② "自由资源"也即是环境及其要素,但即便这种为曾世雄先生所轻视的自由资源也未纳入我国私法范畴。我国《民法典》第114条第2款规定:"物权是权利人依法对特定的物享有直接支配和排他的权利,包括所有权、用益物权和担保物权。"也即,《民法典》只规制具有排他属性的物。但是诸如公害、空气、野生动植物资源等这类并不为任何人"所有"但却可以为任何人"享有"的非排他性物自罗马法以来一直为各国私法作为"一切人共有的物"纳入范畴,如古罗马法学家埃流斯·马尔西安(Aelius Marcianus)在其《法学阶梯》第3卷中说:"的确,根据自然法,空气、流水、大海及海滨是一切人共有的物。""一切人共有的物"是指公众可以自由、直接享用并没有权利排斥他人享有的东西或事物。③

上述9个判决原告胜诉的案例(可统称为"私益诉讼"案件),无论法官采用了何种路径或者方法支持原告诉求,均是通过救济当事人私权来达到救济当事人环境权益的。也

---

① 参见蔡守秋:《从环境权到国家环境保护义务和环境公益诉讼》,载《现代法学》2013年第6期,第8页。
② 参见曾世雄:《民法总则之现在与未来》,中国政法大学出版社2001年版,第73页。
③ 参见徐国栋:《"一切人共有的物"概念的沉浮——"英特纳雄耐尔"一定会实现》,载《法商研究》2006年第6期,第140–152页。

即是说，只有当侵权行为造成人身损害或者财产损害时，受害人才可以提起诉讼。尽管自环境问题产生以来，侵权法为各国最早采用来保护环境并一直延续至今，但是环境侵权不同于传统侵权导致侵权法保护私权的方式难以完全有效保护环境。[①] 区别于传统侵权，环境侵权最大不同在于损害后果的二元性：首先是环境污染行为与生态破坏行为造成的环境污染或者生态破坏，其次是被污染的环境或者被破坏的生态导致人之财产损害、人身损害或者精神损害。一般而言，环境侵权并不直接对人造成损害，对人之损害是环境污染与生态破坏的结果。[②] 因此，上述9个案件所代表的私益诉讼有严重的局限性，只有当环境侵权行为污染的环境或者破坏的生态造成当事人人身或者财产受到损害之后，当事人才可以提起诉讼。但现实中环境污染行为或者生态破坏行为多数时候仅仅是造成了环境的污染或者生态的破坏，并没有直接造成人身、财产或者精神损害，此时，因缺乏"直接利害关系人"[③]，也即不存在私益诉讼上的适格原告而不能提起诉讼，进而不能保护生态环境。

所以说，传统私权保护模式下，私益诉讼予以救济环境侵权行为受害人存在严重缺陷：只有环境污染行为或者生态破坏行为造成当事人受到损害时，生态环境才可能因当事人提起的私益诉讼而被间接救济，因为当事人的诉讼请求仅仅局限于自身的人身、财产或者精神损害。这种间接救济体现于当事人要求侵权人履行停止侵害、排除妨碍、消除危险、恢复原状等这些可以救济生态环境的责任承担方式。[④] 因此，更多情形下，环境资源案件（环境私益诉讼案件与环境公益诉讼案件的统称）与其说是解决当事人之间的纠纷，还不如说是为了践行环境公共政策或者环境保护法，因为环境资源案件并非仅仅解决私益诉讼案件所要解决的"人——人"之间的纠纷，而是主要关注"人——环境——人"之间的矛盾，或者很多情况下仅仅关注"人——环境"间的矛盾。

（三）公益诉讼模式下环境权的司法证成

首例"雾霾"案是2015年《环境保护法》实施以来的首例大气污染公益诉讼案件，2012年修订的《民事诉讼法》打开了环境公益诉讼的大门，但《民事诉讼法》公益诉讼条款在环境保护领域真正落地始于2015年1月1日开始实施的《环境保护法》，其第58

[①] 参见王丽萍、李宁：《无意思联络环境污染者对外责任研究——以〈侵权责任法〉第67条为展开》，载《政法论丛》2017年第1期，第104页。

[②] 参见吕忠梅：《论环境侵权的二元性》，载《人民法院报》2014年10月29日，第8版。

[③] 《民事诉讼法》第119条规定："起诉必须符合下列条件：（一）原告是与本案有直接利害关系的公民、法人和其他组织；……""直接利害关系"是指受直接涉及原告的人身、财产或者精神权益，也就意味着除非原告能提出证据来证明其受法律保障的人身、财产或者精神权益已遭受侵害，否则就欠缺起诉的资格。

[④] 《最高人民法院关于审理环境民事公益诉讼案件适用法律若干问题的解释》（法释〔2015〕1号）第18条规定："对污染环境、破坏生态，已经损害社会公共利益或者具有损害社会公共利益重大风险的行为，原告可以请求被告承担停止侵害、排除妨碍、消除危险、恢复原状、赔偿损失、赔礼道歉等民事责任。"不同于赔偿损失，停止侵害、排除妨碍、消除危险、恢复原状等是不以金钱给付为目的的责任承担方式，这些之于生态环境保护更有意义。

条为环境公益诉讼的具体开展铺好了"道路"。① 公益诉讼制度的构建是以传统私益诉讼保护公共利益存在不足为前提的,对接传统私权保护模式的传统私益诉讼要求,只有权利或者利益受到损害时,才享有原告资格,即原告资格的获得是以原告享有权利或者利益为前提的,原告必须是所受损害之权利或者利益存在"直接利害关系人"。这就意味着具有公共性特征的公共利益因无法归属任何具体的个人或者组织而难以被纳入传统私益诉讼管辖之下。"传统的适格理论建立在与生俱来的偏见上,在这套理论下,对个人或集体享有的经济利益大开方便之门,与此同时对公众或大部分公众'零散性'的利益给予不当的区别对待。"② 公益诉讼的应运而生正是为了克服传统私益诉讼下原告适格规则对公共利益的漠视。

上面已述,以救济私权为主要内容的私益诉讼在保护环境及环境要素方面遭遇困境,也正如上述 9 个私益诉讼案例所体现的,只有环境侵权行为所污染的环境或者所破坏的生态造成他人人身、财产或者精神损害时,受害人才可以就自己遭受损害而且仅限于人身、财产或者精神损害请求环境侵权行为人赔偿。环境侵权行为导致的是"人——环境——人"之间的矛盾或者"人——环境"之间的矛盾,只关注"人——人"关系的传统侵权制度与私益诉讼难以救济环境及其要素。直接利害关系最终还是以人身权益或财产权益加以量化的,即专注于对"人"之损害的救济,而"环境公益诉讼制度是为了解决对'环境'的损害的救济主体而确定的特殊制度,其不同于对'人'的损害的主体……其制度核心在于协调对'环境'的损害与对'人'的损害的确认。"③ 如美国联邦最高法院在 Sierra Club v. Morton 案中就指出,"与其他经济利益一样,美学和环境利益是我们社会中生活质量的重要组成部分,特定环境利益为许多人而不是少数人享有这一事实,并不会使这些环境利益更不值得通过司法程序的方式进行法律保护"。④ 公益诉讼,正如《民事诉讼法》第 55 条所规定的,是为了社会公共利益而提起的诉讼。环境公益诉讼,即为了救济社会公众的环境权益而提起的诉讼,旨在救济被污染的环境或者被破坏的生态。

首例"雾霾"案裁判之前的环境公益诉讼案件,关于"环境权益"的裁判说理基本上集中于对原告是否适格的论证,即对 2015 年《环境保护法》第 58 条关于环境公益诉讼原告是否适格的论证,⑤ 并未就何为环境权及环境权益的内容展开论证。"无救济则无权

---

① 参见王丽萍:《突破环境公益诉讼启动的瓶颈:适格原告扩张与激励机制构建》,载《法学论坛》2017 年第 5 期,第 91 页。
② [美] H. 盖茨:《公共利益诉讼的比较法鸟瞰》,载 [意] 莫诺·卡佩莱蒂:《福利国家与接近正义》,刘俊祥等译,法律出版社 2000 年版,第 83 页。
③ 吕忠梅、吴勇:《环境公益实现之诉讼制度构想》,载别涛主编:《环境公益诉讼》,法律出版社 2007 年版,第 23 页。
④ See Sierra Club v. Morton, 405 U. S. 727, 734 (1972).
⑤ 参见中国生物多样性保护与绿色发展基金会诉宁夏明盛染化有限公司、中卫市鑫三元化工有限公司、宁夏中卫市大龙化工科技有限公司环境污染公益诉讼案,最高人民法院(2016)最高法民再 45 号、46 号、48 号民事裁定书。

利",首例"雾霾"案是第一个就环境权予以界定的案例,这标志着环境权在司法领域正式生成。另外,首例"雾霾"案被纳入最高人民法院指导性案例,尽管指导性案例不具有法源地位,但作为现有法律框架下最高人民法院为维护法律规则在不同法院间、不同审判组织间尽力追求适用结果一致性而对制定法作出的补充,而具有"事实上的拘束力",可以作为判决理由加以援引。① 因此,首例"雾霾"案必将对我国关于环境权的立法产生重要影响。

结　语

由上可知,环境权是公共性和个体性的有机统一,该公共性体现为环境及其要素是一种公共利益,应当为特定区域或者全球范围内的全体自然人共同所有,因而不同于具有排他性的所有权。该环境权的公共属性,也是我们进行环境权保护的核心诉求。司法实践中,旨在救济人身、财产或者精神损害的传统私法制度与架构并不能很好地保护该特定社会法益,这也是反对者的主要诟病之处。针对该问题,环境公益诉讼打破了私益诉讼只关注"人——人"之间关系的弊端,承担起了保护生态环境的任务。也正因此,从权利救济方面考量,环境公益诉讼制度尤其是环境公益诉讼的具体司法实践,标志着作为新兴权利之环境权的正式生成,并构成保障人民美好生活的重要依据。

(编辑:宋保振)

---

① 参见刘峥:《指导性案例的适用效力》,载《人民法院报》2017 年 7 月 19 日,第 2 版。

拉斯克的法律价值证立理论研究

赵 静[*]

摘 要 通过《法哲学》这部著作，拉斯克首次创造性地将新康德主义西南德意志学派的价值哲学与文化哲学理论运用到法律领域，进而建立了一套法律的价值证立方案。其"批判价值学说"立足于法哲学的科学性，在方法论上持一种二元论立场，借此站在了自然法与实证主义，尤其是历史主义的对立面。同样，拉斯克试图为法律科学奠定逻辑—科学理论根基，将其建构为一门关涉价值的经验性文化科学，并在法律科学内部区分"法教义学"与"法社会学"。价值概念不仅作为一种建构性—方法论原则发挥功能，拉斯克还通过其"双重价值类型理论"，对法律价值进行了一种世界观意义上的证立，使之得以为实在法设定终极目的，进而克服价值的形式性问题。

关键词 新康德主义 拉斯克 法律价值证立 二元方法论 法律科学

引 言

学界通常将拉斯克（Emil Lask）与文德尔班（Wilhelm Windelband）和李凯尔特（Heinrich Rickert）共同看作新康德主义西南德意志学派——与科亨（Hermann Cohen）、纳托尔普（Paul Natorp）、卡西尔（Ernst Cassirer）等为代表的马堡学派相并列——的主要代表。拉斯克也被同时代人视为新康德主义者中最聪敏、最具原创性的天才思想家之一。[①] 然而，其作品的不完整性与理论方案的复杂性，使得他只能遗憾地成为少数专业哲学家才知晓的小众思想家。直到最近几十年，人们才再次对其思想萌生兴趣，并在他身上

---

[*] 赵静，山西阳泉人，北京化工大学文法学院讲师，法学博士，主要研究方向为法哲学。本文系中央高校20年自由探索项目《法学的科学性研究》（项目编号：ZY2012）的阶段性研究成果。

[①] 卢卡奇称拉斯克为"最聪敏、逻辑上最为自洽的现代新康德主义者"。参见 Georg Lukács, Geschichte und Klassenbewusstsein, in: ders. Georg Lukács Werke. Frühschriften, Bd. II, 2. Aufl., Darmstadt 1977, S. 323, Fn. 1.

看到了卓越的哲学人格。这种关注的复苏也有助于人们恰当认识拉斯克对二十世纪初重新定义文化场景所作的原创性贡献。① 拉斯克的思想不仅影响了他的两位导师文德尔班与李凯尔特，还对卢卡奇（Georg Lukács）②、韦伯（Max Weber）③、海德格尔（Martin Heidegger）④、拉德布鲁赫（Gustav Radbruch）⑤ 等哲学家与法学家产生了重要影响，他们在不同场合都曾表达过对拉斯克的钦佩和赞赏。

拉斯克生前共出版了三本哲学专著：《费希特的观念论与历史》（1902）⑥、《哲学逻辑与范畴学说》（1911）⑦ 和《判断学说》（1912）⑧。作为新康德主义西南德意志学派的杰

---

① Vgl. Jing Zhao, *Die Rechtsphilosophie Gustav Radbruchs unter dem Einfluss von Emil Lask. Eine Studie zur neukantianischen Begründung des Rechts*, Baden – Baden 2020; Uwe B. Glatz, *Emil Lask. Philosophie im Verhältnis zu Weltanschauung*, *Leben und Erkenntnis*, Würzburg 2001; Roger Hofer, *Gegenstand und Methode. Untersuchungen zur frühen Wissenschaftslehre Emil Lasks*, Würzburg 1997; Stephan Nachtsheim, *Emil Lasks Grundlehre*, Tübingen 1992.

② Georg Lukács, Emil Lask. Ein Nachruf, in: *Kant – Studien* 22 (1918), S. 349; Hartmut Rosshoff, VEmil Lask als Lehrer von Georg Lukács. Zur Form ihres Gegenstandsbegriffs, Bonn 1975.

③ 关于拉斯克与韦伯之间关系的研究参见：Éva Karádi, Emil Lask in Heidelberg oder Philosophie als Beruf, in: *Hubert Treiber/Karol Sauerland* (Hrsg.), Heidelberg im Schnittpunkt intellektueller Kreise, Opladen 1995, S. 378 – 399; dazu auch Andreas Anter, Männer mit Eigenschaften. Max Weber, Emil Lask und Georg Simmel als literarische Figuren in Berta Lasks Roman „Stille und Sturm, in: *Martin Lüdke/Delf* Schmidt (Hrsg.), „Siegreiche Niederlagen. Scheitern: die Signatur der Moderne, Hamburg 1992, S. 156 – 169。

④ 关于海德格尔与拉斯克之间的关系参见：István M. Fehér, Lask, Lukács, Heidegger: The Problem of Irrationality and the Theory of Categories, in: *Christopher Macann* (Hrsg.), Martin Heidegger. Critical Assessments, Bd. 2, 1992, S. 373 – 405; ders., *Wege und Irrwege des neueren Umganges mit Heideggers Werk*, 1991, S. 43; Georg Imdahl, Das Leben verstehen: Heideggers formal anzeigende Hermeneutik in den frühen Freiburger Vorlesungen (1919 bis 1923), 1997; Steven G. Crowell, *Husserl, Heidegger, and the Space of Meaning: Paths Toward Trancendental Phenomenology*, 2001, S. 37 – 55; ders., Die Heimatlosigkeit der Logik bei Lask und Heidegger, in: *Claudius Strube* (Hrsg.), Heidegger und der Neukantianismus, 2002, S. 93 – 107; ders., *Journal of the British Society for Phenomenology* 23 (1992), 222; Theodore Kisiel, Heideggers Dankesschuld an Emil Lask: Sein Weg vom Neufichteanismus zu einer Hermeneutik der Faktizität, in: *Studia Phaenomenologica*, Bd. 1 (2001), S. 221 – 247; ders., Why Students of Heidegger will have to read Lask, in: *Man and World* 28 (1995), S. 197 – 240. 另参见：贺念，《海德格尔与拉斯克（Emil Lask）——论海德格尔"是态学差异"与"林中空地"（Lichtung）的来源》，载《中国现象学与哲学评论》第 19 辑（2016 下）。

⑤ 对于他自己与拉斯克之间的思想传承关系，拉德布鲁赫在《法哲学》的第一个注释中是这样描述的："下面的论述是以文德尔班、李凯尔特与拉斯克的哲学理论为背景展开的，尤其是拉斯克的《法哲学》「……」对这些论述乃至整部书起到了引领作用"（Radbruch, Rechtsphilosophie, 1932, GRGA Bd. 2, S. 221, Fn. 1）。对于拉德布鲁赫与拉斯克二人关系的体系性研究详见：Jing Zhao, *Die Rechtsphilosophie Gustav Radbruchs unter dem Einfluss von Emil Lask*, 2020. Vgl. auch Marc André Wiegand, *Unrichtiges Recht*, Tübingen 2004, bzw. S. 69 ff., 114 ff., 122 ff., 135 ff., 209 ff.; Hidehiko Adachi, *Die Radbruchsche Formel. Eine Untersuchung der Rechtsphilosophie Gustav Radbruchs*, Baden – Baden 2006, bzw. S. 26 ff., 35 f., 42 f., 93 ff.; Friederike Wapler, *Werte und das Recht*, Baden – Baden 2008, bzw. S. 182 – 203, 213 – 232; Sascha Ziemann, *Neukantianisches Strafrechtsdenken*, Baden – Baden 2009, bzw. S. 63 – 70, 82 – 86。

⑥ Lask, Fichtes Idealismus und die Geschichte (1901), in: *Emil Lask. Gesammelte Schriften*, Bd. I, hrsg. von Eugen Herrigel, Tübingen 1923, S. 1 – 274.

⑦ Lask, Die Logik der Philosophie und die Kategorienlehre. Eine Studie über den Herrschaftsbereich der logischen Form (1911), in: *Emil Lask. Gesammelte Schriften*, Bd. II, hrsg. von Eugen Herrigel, Tübingen 1923, S. 1 – 282.

⑧ Lask, Die Lehre vom Urteil (1912), in: *Emil Lask. Gesammelte Schriften*, Bd. II, hrsg. von Eugen Herrigel, Tübingen 1923, S. 283 – 463.

出代表,早年的拉斯克试图通过自己的研究来延续他的两位老师——文德尔班与李凯尔特——的思想。《费希特的观念论与历史》这部历史哲学著作可以看作是拉斯克对李凯尔特历史方法论的进一步发展,其目的在于"揭示李凯尔特历史学方法论在德意志理念论中早有端倪,且蕴涵于中"。① 该作奠定了拉斯克作为西南德意志新康德主义哲学主要代表的地位。拉斯克晚年的两部著作《哲学逻辑与范畴学说》与《判断学说》涉及认识论、范畴理论、逻辑与本体论等问题,被作者本人视为其体系哲学的准备工作。在这里,哲学知识本身也必须经受认识论的检验。通过这两部作品,拉斯克完成了从"先验主体性优位"向"所予对象优位"的转向,向我们展示了一个极具原创性的、甚至充满颠覆性的理论哲学基础。借此,拉斯克摆脱了西南德意志学派那里"不幸的"价值概念以及价值哲学的基本思想,走上了本体论道路。② 这两部重要的著作引起了二十世纪哲学主要人物——如海德格尔、舍勒(Max Scheler)、芬克(Heinrich Finke)与胡塞尔(Edmund Husserl)——的极大兴趣。

一、拉斯克的《法哲学》:法律的价值证立

发表于 1905 年的《法哲学》③ 是拉斯克的教授资格论文,由文德尔班担任导师,也是他唯一一部法哲学领域的著作。这部作品篇幅只有不到 60 页,可以说是一本"纲领式的著作",书中提出的很多概念和理论尚未充分展开。然而,从重要性层面来讲,该作品不失为一部法哲学领域的跨时代著作。④ 借此,拉斯克成为将其两名导师的价值哲学与文化哲学理论运用到法律领域中的开拓者,并在这个过程中对二人的理论做了进一步发展。在这个意义上,该作可谓开辟了一条证立法哲学的全新路径,在法律领域迈出了重大的、甚至是革命性的一步。其中的核心问题就是如何对法律进行一种价值论层面的证立,即探讨在价值的基础上对法律进行证立的必要性、可行性及其方法论路径,包括其中面临的主要难题。

《法哲学》的主要内容分为两部分:第一部分放在"法哲学"的主标题下,并进一步

---

① Hobe, *Emil Lask*, 1968, S. 7. Vgl. auch Heinrich Rickert, Persönliches Geleitwort, in: Emil Lask. *Gesammelte Schriften*, Bd. I, hrsg. von Eugen Herrigel, 1923, S. VIII – IX。李凯尔特还评价这本著作为"一部自成一体的成熟学术作品。这部作品从本质上深化了我们对德意志观念论,尤其是对它与历史学思想之间的关系的理解。这部作品马上就会获得应得的认可"(Rickert, Persönliches Geleitwort, in: Emil Lask. *Gesammelte Schriften*, Bd. I, 1923, S. VIII – IX)。

② Hobe, *Emil Lasks Rechtsphilosophie*, ARSP 59 (1973), S. 234; vgl. ders., *Emil Lask* (1875 – 1915), Philosoph, in: *ÖBL 1815 – 1950*, Bd. 5 (Lfg. 21, 1970), S. 33.

③ Lask, Rechtsphilosophie (1905), in: Emil Lask. *Gesammelte Schriften*, Bd. I, hrsg. von Eugen Herrigel, Tübingen 1923, S. 275 – 332.

④ 德语学界对拉斯克法哲学思想的研究概况参见: Jing Zhao, *Die Rechtsphilosophie Gustav Radbruchs unter dem Einfluss von Emil Lask*, 2020, S. 30 ff.

细分为两个副标题：(a) "方法"（法哲学）；(b) "法律本身的价值"①。在本部分中，拉斯克将法哲学一方面放在自然法理论，另一方面放在法律实证主义（或历史主义）的对立面，并在方法论上将其确立为一种批判价值学说。接下来，他论述了法律价值本身的正当性，并在康德与黑格尔理论的基础上发展了出了一套双重价值类型理论。第二部分讨论 "法律科学的方法论"（Die Methodologie der Rechtswissenschaft），涉及法律概念的建构与经验科学的特殊形式，即 "科学的价值类型"。② 在本部分，拉斯克发展出一套法律科学的科学理论。

《法哲学》将整个法哲学学科从属于作为批判价值理论的哲学这一统一概念，一方面致力于探究法哲学知识，另一方面致力于探究法律科学知识，进而解决全部形式的法律知识。面对当时的法学界，拉斯克感叹道："一切有关法学的东西在方法论上都如此扭曲地发展"，以至于法律人 "有可能总是从一个固定的中心点出发「……」，直到迷失在终极问题之中"。对此，拉斯克表达了他对认识论与法学之间必然联系的思想，"哲学和法学的结合"（Vereinigung von Philosophie und Jurisprudenz）是他的 "决定"："为法律人带来备受尊敬的哲学训练，尤其是为进一步深化提供基础的训练"，这是一个紧迫的任务。③ 针对这个问题，拉斯克以国家法学家耶利内克（Georg Jellinek）作为 "反例"："目前，关于国家之法律人格的争论已经到了没有认识论就无法解决的地步——通过在这方面取得进步的人，即耶利内克，所写的这本书就可以看到，国家法学家并未掌握认识论。"④ 拉斯克在两封于1904年分别写给柯恩（Jonas Cohn）和李凯尔特的信中也述及他对十九世纪法哲学思想的基本观点："我很好奇我的法哲学会变成什么样。十九世纪的法哲学成果非常贫乏。几乎一切有价值的东西都在黑格尔那里得到了更好地展现"⑤。"然而，在法律科学学说的领域，几乎所有事物都只能期待未来，我不会错失前景。"⑥ 拉斯克通过其法哲学思想，一方面将文化哲学的观念运用到了法哲学领域，另一方面为关涉价值的文化科学的方法向法律科学的科学理论的过渡铺平了道路。在这个意义上，拉斯克的《法哲学》一书对

---

① 拉斯克以 "某些思潮"（Die einzelnen Richtungen）作为本节的标题，但将其阐释为 "法律本身的价值"（Wert des Rechtes selbst）。参见：Lask, Rechtsphilosophie, 1905, S. 307. 注：从拉斯克于1904年9月24日写给李凯尔特的一封信中可以看到，1904年计划的《法哲学》目录设置与1905年的出版稿略有不同。1905出版稿第一部分包括两个小节：Abs. I. a）与 Abs. I. b），全文共有两部分。然而，在1904年的方案中，拉斯克原计划将这两个小节设计为两个独立的部分：第一部分 "法哲学与经验法律科学（也许加一个副标题：自然法与历史学派）" 与第二部分 "法律的哲学"，之后是第三部分 "法律科学的逻辑"（对应1905年出版稿的第二部分）。两个版本只是在标题上发生了较大变化，相应的内容基本保持上不变。

② Lask, Rechtsphilosophie, 1905, S. 307.

③ Lask, Brief an Rickert im März 1901. 注：贝塔·拉斯克（Berta Lask）误将这封信加入了另一封信（拉斯克于1902年3月27日写给李凯尔特的信），已更正。

④ Lask, Brief an Rickert im März 1901. Vgl. Georg Jellinek, Allgemeine Staatslehre, 3. Aufl. Berlin 1914, S. 27；Oliver Lepsius, Georg Jellineks Methodenlehre im Spiegel der zeitgenössischen Erkenntnistheorie, in：Stanley L. Paulson/Martin Schulte（Hrsg.）, Georg Jellinek - Beiträge zu Leben und Werk, Tübingen 2000, S. 314.

⑤ Lask, Brief an Jonas Cohn vom 20.10.1902；vgl. auch Lask, Brief an Rickert vom 05.08.1903.

⑥ Lask, Brief an Rickert vom 22.03.1904.

拉德布鲁赫的法哲学思想产生了决定性的影响。① 拉德布鲁赫也曾毫不掩饰地表明拉斯克对于那个时代法哲学的鸟瞰对他产生了实质影响。②

拉斯克的《法哲学》是一本浓缩型的纲领式著作，研究其他相关文献不失为探究作者思想的又一重要途径。比如，赫里格尔主编的《拉斯克全集》第三卷，其中收录了拉斯克生前未出版的部分遗作，包括他的1911/12 年在海德堡大学讲授的"柏拉图"课程讲稿、三部遗稿兼哲学笔记：《论逻辑体系》（Zum System der Logik）、《论哲学体系》（Zum System der Philosophie）和《论科学体系》（Zum System der Wissenschaften）。③ 另一个重要的文献来源是拉斯克的手稿④，尤其是1901 到1906 年间的近100 封书信中的大量内容涉及他的法哲学思想，为我们理解这位哲学家的复杂表达提供了宝贵信息，也使我们对他的生平和学术生涯有了更全面的了解。

二、理论渊源：新康德主义西南德意志学派的价值哲学

那么，拉斯克《法哲学》的理论渊源及其思想形成过程是怎样的呢？这就要回到新康德主义西南德意志学派的价值哲学思想，尤其是"价值"（Wert）和"有效性"（Geltung）⑤ 这两个核心概念中。"价值"成为哲学上的抽象概念始于十九世纪后期，在德国哲学家洛采（Hermann Lotze）那里，"价值"被视为应然范畴，与作为实然的"自然"相对，价值的属性成为价值哲学或价值论的核心问题。在解释价值概念时，洛采将其与另一个关键概念联系起来，即有效性概念。⑥ 价值最重要的特征是它具备规范性与有效性，对它的研究需采用先验视角，进而与自然研究的机械论视角相对。有效性概念的确立开辟了一条用价值理论重新解释德国观念论的新路径，并在理论哲学和认识论中取得了核心地位，知识完全取决于其有效性。⑦ 洛采的这种价值论思想及其对有效性概念的阐述，将人

---

① 参见本文前第207 页注释5。
② Vgl. Radbruch，*Der innere Weg*，GRGA Bd. 16，S. 217.
③ Emil Lask. *Gesammelte Schriften*，Bd. III，hrsg. von Eugen Herrigel，Tübingen 1924.
④ 由德国科学基金会（Deutsche Forschungsgemeinschaft、缩写 DFG）资助的项目《埃米尔·拉斯克的学术通信——1875 - 1915》（Die wissenschaftliche Korrespondenz von Emil Lask – 1875 - 1915）已结项。该项目致力于收集、辨识、整理与评注拉斯克尚未出版的（学术）手稿。该项目成果已由德国摩尔·兹贝克出版社以专著形式出版：Andreas Funke，Roberto Redaelli，Jing Zhao（Hrsg.），Emil Lask. Die wissenschaftliche Korrespondenz von Emil Lask，Mohr Siebeck Verlag，Tübingen 2022. 拉斯克的大部分手稿原件收藏于海德堡大学图书馆的手稿馆并已电子化（http://digi.ub.uni-heidelberg.de/diglit/heidhs3820）。
⑤ 关于Geltung 这个概念的译法目前学界尚未统一，部分学者将其译为"效力"。
⑥ Vgl. Hermann Lotze，Logik，1912，S. 511 ff. 关于洛采有效性概念的研究参见：Felix Maria Gatz，*Die Begriffe der Geltung bei H. Lotze*，1929；Wapler，*Werte und das Recht*，2008，S. 48 ff.；Sascha Ziemann，*Neukantianisches Strafrechtsdenken*，2009，S. 74 ff.；Herbert Schnädelbach，*Philosophie in Deutschland. 1831 - 1933*，Frankfurt am Main 1983，S. 197 ff. bzw. 206 ff. Zur Wahrheit und Gültigkeit（„Giltigkeit"）des Erkennens bei Lotze siehe Lotze，Metaphysik，1841，S. 275 ff.；ders.，System der Philosophie. Zweiter Theil. Metaphysik，Drei Bücher der Ontologie，Kosmologie und Psychologie，1879，S. 123 ff.，157 ff.，161 ff.
⑦ Vgl. Sommerhäuser，Emil Lask in *der Auseinandersetzung mit Heinrich Rickert*，1965，S. 32.

类知识的客观性或客观性证立问题置于新的基础之上，对接下来的哲学研究起到了引领作用。新康德主义西南德意志学派的两大代表——文德尔班与李凯尔特——继承并发展了洛采目的观念论的先验价值哲学思想，对价值这一概念的性质及其有效性基础等问题进行了体系性回答，文德尔班将哲学描述为"只能作为普遍有效的价值之学说而存在"。①

作为一种"关于必然的与普遍有效的价值决定的科学"②，西南德意志学派的价值哲学一方面继承了康德的批判哲学传统，将自身视为"批判"哲学，进一步来说是"关于普遍有效的价值的批判科学"③；另一方面，针对知识的证立或知识的有效性这个问题，李凯尔特又选择了不同于康德的路径，他没有将知识的有效性基础归结于康德意义上的"范畴"，而是归结于"价值"。对于李凯尔特来说，尽管范畴确实可以产生客观现实的（判断）形式④，但人们不应忽视以下事实，即范畴首先是对价值（或规范）的承认（Anerkennung）。即使是纯粹的理论认识行为，其所涉及的也是针对某种价值的态度（Stellungnehmen zu einem Werte）。⑤ 借此，认知过程被重构为一种评价过程，当我们说某判断为真的时候，意味着认知主体应当（sollen）将其承认为真。于是，真理也被视为评价性的，即真理价值（Wahrheitswert）。

关于现实的知识的客观性完全基于价值，且仅以价值的有效性为前提。在西南德意志学派的价值理论中，一切知识的元素均代表某种被承认的价值的有效性。因此，尽管知识或对象的可能性条件是康德认识论的主题，但在西南德意志学派的认识论中，关于评价的有效性或真实性问题占居首位。正是在这种对知识基础的重新解释中，发挥构成性功能的范畴被转化为了发挥评价功能的价值（或规范）。而且，李凯尔特试图用"价值"这个概念统一理论与实践两种思维。价值是知识正当性的唯一理由，客观有效的知识只有在承认绝对有效的价值这一前提下方有可能。由此，价值成为哲学与科学的新基石，哲学的科学性源于对客观价值的先验逻辑关涉。如此，价值主观性命题便被克服了。

三、逻辑—理论层面的法律价值证立

（一）法律价值证立的必要性：法哲学的科学性诉求

在面对法哲学时，拉斯克遵循两位导师的价值哲学路径，摒弃了所有方法论自然主义

---

① Windelband, *Lehrbuch der Geschichte der Philosophie*, 15. Aufl. 1957, S. 580. 文德尔班明确将价值哲学的起源追溯到洛采，对此参见：Windelband, *Einleitung in die Philosophie*, 3. Aufl., Tübingen 1923, S. 246; ders., *Lehrbuch der Geschichte der Philosophie*, 15. Aufl. Tübingen 1957, S. 580 (zitiert bei Ziemann, Neukantianisches Strafrechtsdenken, 2009, S. 74 f.). 李凯尔特对洛采哲学的评论参见：Rickert, *System der Philosophie*, Erster Teil: Allgemeine Grundlegung der Philosophie, 1921, S. 121 ff.; ders., *Die Grenzen der naturwissenschaftlichen Begriffsbildung*, 5. Aufl. 1929, S. 81; Lask, *Logik der Philosophie*, 1911, S. 14 f。

② Windelband, *Was ist Philosophie?* (1882), in: ders., *Präludien*, Bd. 1, 9. Aufl. 1924, S. 26.

③ Windelband, *Was ist Philosophie?* (1882), S. 29.

④ Rickert, *Der Gegenstand der Erkenntnis*, 2. Aufl. 1904, S. 199; vgl. ders., 6. Aufl. 1928, S. 395.

⑤ Rickert, *Der Gegenstand der Erkenntnis*, 2. Aufl. 1904, S. 106.

的当代形式（例如生命哲学），提出了法哲学作为科学的哲学的诉求。鉴于其绝对性和有效性，价值成为证立哲学的科学性的关键概念；拉斯克继受了这一概念并将其具体化为法律价值。① 然而，此时对法律价值的研究是纯理论的（rein theoretisch），正如李凯尔特所言："我们必须知道，因为当然哲学并不只与理论材料有关，即不仅要思考思维本身，肯定还必须将一切——包括非理论的（atheoretisch）——对象，转化为理论形式或从理论上去思考它们。以便我们能够进入科学的殿堂。"②

在这个意义上，《法哲学》可被视为一部奠基之作；借此，拉斯克试图借此彻底重建当时的法哲学学科，其任务就是为法哲学寻找一个坚实的逻辑—认识论根基，使其知识在科学意义上是可证明的。③ 在拉斯克看来，绝对法律价值的预设是对法哲学之科学性的保证。这必然与当时蔚然成风的历史（相对）主义背道而驰。④

历史主义否认所有哲学学科（科学、伦理学和美学）的普遍性与必然性原则，放弃了哲学的科学属性。在历史主义者看来，上述原则都会随着时间和时代而变化，是由历史决定的。因此，所有原则仅被赋予相对的有效性，从中只能得出具有历史局限性的、相对的真理。这种历史相对主义通过将所有对真理的主张相对化，破坏了所有价值，成为追求科学的体系统一性与客观知识的新康德主义价值哲学首要瞄准的靶子。文德尔班形象地将相对主义描述为"对哲学的放弃与哲学的死亡"。⑤ 在拉斯克那里，历史主义被称为"相对主义最现代的、传播最广的、而且是最危险的形式"，这种形式会摧毁所有哲学和世界观。⑥ 通过承认价值概念的绝对性，拉斯克捍卫了法哲学的不可取代性，法律价值是法哲学的真正对象，是法哲学不可或缺的组成部分。借此，哲学得以运用先验的方法证立知识的客观性与有效性。在承认普遍有效的价值以及由其保证的法哲学之科学性方面，拉斯克并非一个相对主义者。

（二）法律价值证立在认识论上的可行性：法哲学的二元方法论

那么，法哲学是如何对价值展开研究的呢？其可行性又如何得以保障？在方法层面上，拉斯克将法哲学定性为一种"批判价值学说"（kritische Wertlehre）。该方法论立场可

---

① Vgl. auch Hobe, *Emil Lask*, 1968, S. 23. 在这里，根据拉斯克的观点，法律价值的形式预设实际上就足够了。Vgl. Nachtsheim, *Emil Lasks Grundlehre*, 1992, S. 34 ff.; Wapler, *Werte und Wahrheit*, 2008, S. 219。

② Rickert, *System der Philosophie*, Erster Teil: *Allgemeine Grundlegung der Philosophie*, 1921, S. 50. Zum Atheoretischen gehören ethische Werte (das Gute) und ästhetische Werte (Schönheit).

③ Lask, *Brief an Rickert vom* 05.08.1903; ders., *Rechtsphilosophie*, 1905, S. 307.

④ Siehe dazu Lask, *Rechtsphilosophie*, 1905, S. 291; vgl. auch Hobe, *Emil Lask*, ARSP 1968, S. 23; Alessandro Baratta, *Relativismus und Naturrecht im Denken Gustav Radbruchs*, ARSP 45 (1959), S. 507. Siehe auch Schnädelbach, *Philosophie in Deutschland. 1831-1933*, 1983, S. 120.

⑤ Windelband, *Lehrbuch der Geschichte der Philosophie*, 15. Aufl. 1957, S. 580.

⑥ Lask, *Rechtsphilosophie*, 1905, S. 291.

追溯至康德，即将批判问题（提问方式：*quaestio iuris*①）作为认识论所要处理的真正问题。西南德意志学派的认识论的核心任务便是如何运用批判方法，为客观知识的可能性与有效性提供一种先验证立。② 在李凯尔特那里，价值是一种"先验的理念"，不是以存在物或现实那样的实然形式（Seinsform）而存在的，③ 价值与现实之间有着一条逻辑——认识论上不可逾越的鸿沟。应然与实然、价值与现实之间这种逻辑对立构成了西南德意志学派整个认识论的出发点。李凯尔特清楚地表明将应然追溯到实然，从实然中推导出应然是不允许的。这种二元论也可以表述为事实性与有效性之间的二元论：现实是，但并非有效；而价值有效，并非是（Die Wirklichkeit *ist*, sie *gilt nicht*; während der Wert *gilt*, und nicht *ist*）。④ 尽管价值的存在方式不是现实的，但它是有效的，并且始终需要获得承认。

价值哲学与现实科学的对立也可以从价值与现实对立中推导出来。价值哲学是一门科学，它只关心价值作为非现实的有效性，并寻求客观知识之正当性。只有有效价值才是哲学批判方法所指向的对象。所以哲学的设问及其批判方法并非实然问题，而是意义问题。也正是借助价值概念，才能够科学地理解意义。⑤ 西南德意志学派通过将知识问题扩展到意义问题，认识对象得到了扩展。⑥ 相对而言，所有现实科学或个别实证科学只研究现实的起源、发生了什么以及现实是如何发生的问题（提问方式：*quaestio facti*⑦）。哲学的方法被视为批判的，与其他经验实证科学的方法之间泾渭分明。例如，洛采关于作为应然范畴的"价值"与作为实然的"自然"二元分立的观点，后来文德尔班又进一步明确区分了批判方法（kritische Methode）与发生方法（genetische Methode），并在此前提下展开哲学的证立活动。⑧ 据此，哲学被看作理性科学，与其他持发生方法的经验科学（如心理学、历史学、物理学等）相区别。

拉斯克继受并在法哲学中延续了这种二元论的观点，将其法哲学方法建立在"价值视

---

① 应然问题（quaestio iuris, quid iuris）这种提问方式所指向的是认识的权源（Rechtsgrund, Kant, KrV, B 117），即寻找认识的可能性与客观性的抽象前提，寻找有效性的法则（规范）。在西南德意志学派那里，这一权源唯一存在于普遍的"价值"之中，于是经验研究的方法与可能性被排除。Vgl. Wapler, *Werte und Das Recht*, 2008, S. 37.

② Vgl. Rickert, *Der Gegenstand der Erkenntnis*, 6. Aufl. 1928, S. 360 f.; Ziemann, *Neukantianisches Strafrechtsdenken*, 2009, S. 71.

③ Rickert, Der *Gegenstand der Erkenntnis*, 6. Aufl. 1928, S. 232; vgl. auch S. 315 ff.; ders., 2. Aufl. 1904, S. 125 ff.; vgl. 145 ff., 225 ff.

④ Vgl. Rickert, *Der Gegenstand der Erkenntnis*, 6. Aufl. 1928, S. 202 ff., 260; ders., 4./5. Aufl. 1915, S. 29; ders., *Die Grenzen der naturwissenschaftlichen Begriffsbildung*, 5. Aufl. 1929, S. 81, 216, 678 ff., 699.

⑤ Vgl. Rickert, *Thesen zum System der Philosophie*, in: Logos 21 (1932), S. 99.

⑥ Gerhard Sprenger, *Die Wertlehre des Badener Neukantianismus und ihre Ausstrahlungen in die Rechtsphilosophie*, in: Robert Alexy u. a. (Hrsg.), Neukantianismus und Rechtsphilosophie, 2002, S. 161.

⑦ 实然问题（quaestio facti, quid facti）指向寻求认识的经验性基础，相对于寻求权源/根基（Grund）的应然问题来说，实然问题寻求的是事实层面的原因（Ursache），即显现（Geschehen）的法则。Vgl. Wapler, Werte und Das Recht, 2008, S. 37.

⑧ Vgl. Windelband, *Präludien*, Bd. 2, S. 109 ff.; siehe auch ders., *Kritische oder genetische Methode?* (1883), in: ders., *Präludien*, Bd. 2, 9. Aufl. 1924, S. 111 ff.

角与现实视角的双重维度"（Zweidimensionalität der Betrachtungsweise）的基础之上，并进一步区分了批判法哲学与经验法律科学。拉斯克强调，尽管只存在唯一的"法律现实"，即实在法，却可以，而且应当分别从价值与现实两种视角去观察和认识该现实，前一种视角关注法律价值的有效性（即批判法哲学），以绝对的法律价值为研究对象，后一种视角则关注法律现实的事实性，以实在法为研究对象（即经验法律科学）。①

在上述法哲学的二元方法基础上，作为批判的价值思辨的法哲学既站在了自然法（本体二元论），又站在了实证主义，尤其是历史法学派（方法一元论）的对立面。② 在批判哲学的传统下，拉斯克在本体论层面上持一元论，即"法学的一元世界理论"（juristische Einweltentheorie）。③ 因为对拉斯克而言，实在法是唯一的法律现实，价值不具备任何超经验的—本体的存在形式。然而，形而上学导向的自然法却无一例外地致力于寻求如何将超经验价值实体化为现实与真实独立的生活力，并借此架通价值与现实，导致二者之间出现混同。对自然法学家而言，价值不仅赋予经验的心理—历史性事实以意义，更具备一种真实的效用。④ 自然法通过将法律价值实体化为法律现实，将自然法则的抽象物实体化为独立实在，抑或通过对法律提出伦理诉求摧毁实证规范性，将伦理原则实体化为具有法律效力的规范，进而摧毁了经验存在的独立性。与自然法"意图从绝对价值中变幻出经验载体"不同，在拉斯克看来，所有实证主义立场均忽略了价值这一维度，无视超经验价值及其经验载体之间的鸿沟，尤其是历史主义妄图"从经验载体中变幻出绝对价值"。⑤ 拉斯克将自然法和历史主义形象地称为"法哲学必须提防的两大暗礁"。⑥ 在这一点上，拉德布鲁赫法哲学的双重维度立场——既反对自然法，又反对实证主义（尤其是历史主义）——即来自拉斯克。⑦

（三）法律价值证立在科学理论上的可行性：法律科学的科学理论

拉斯克试图将哲学和经验论二者放到同一个分母之上，将其统摄于观察、学说、认知和科学的视角之下。⑧ 因此，认识论基础不仅对于法哲学的证立是必要的，同样对建构法

---

① Lask, *Rechtsphilosophie*, 1905, S. 280. 即使是经验法律科学也必须以普遍有效的价值为基础，因为科学理论论证是法哲学认识论结果的基础；放弃价值概念的真理属性意味着放弃作为真正科学的法律科学之最终基础。

② Vgl. Lask, *Rechtsphilosophie*, 1905, S. 279 f.

③ Lask, *Rechtsphilosophie*, 1905, S. 280.

④ Lask, *Brief an Rickert vom* 24.09.1904; ders., *Rechtsphilosophie*, 1905, S. 286. Siehe auch ders., *Brief an Rickert vom* 24.09.1904.

⑤ Lask, *Rechtsphilosophie*, 1905, S. 291.

⑥ Lask, *Rechtsphilosophie*, 1905, S. 291. 关于李凯尔特对相对主义与自然法的批判参见：Rickert, *Die Grenzen der naturwissenschaftlichen Begriffsbildung*, 5. Aufl. 1929, S. 679 ff., 689, 721 ff。

⑦ 在《法哲学纲要》中，拉德布鲁赫对这一承继关系也做了直接说明。参见：Radbruch, *Grundzüge der Rechtsphilosophie*, 1914, GRGA Bd. 2, S. 23。

⑧ Lask, *Rechtsphilosophie*, 1905, S. 306; vgl. ders., *Logik der Philosophie*, 1911, S. 27.

律科学的方法论也不可或缺。那么，究竟如何为法律科学奠定一个坚实的逻辑—科学理论根基呢？拉斯克对这一问题的探讨集中在经验科学——自然科学与文化科学——的认知状态上，经验科学的科学理论由此成为逻辑学的组成部分。逻辑学只对个别科学各自的科学—方法论形式感兴趣，涉及的是科学对象的逻辑—客观结构，而不是它们的经验材料或具体内容；① 正是科学形式建构了现实知识。因此，法律科学的逻辑或方法论目标在于如何确定法律的知识对象，尤其是确定法学思维的普遍有效性，使其免受任何具体的法律经验以及法律经验的任何具体经验结构的影响。在这个意义上，法律科学的科学理论探讨的并非"法律的哲学"，即"法律这一价值类型"（Werttypus Recht），而是"科学这一价值类型"（Werttypus Wissenschaft）②。不过，它也不属于实证法律科学的分支，而归属于逻辑学。

拉斯克法律科学的方法论同样可以回溯至文德尔班与李凯尔特，尤其是李凯尔特的文化科学理论。一方面，由于其价值关涉性，法律科学被拉斯克视为文化科学的一个分支，与价值无涉的自然科学相对立。另一方面，法律科学的定位是经验科学（empirische Wissenschaft），而非纯粹的规范科学（Normwissenschaft）。③ 拉斯克在价值哲学即规范性评价的意义上理解规范科学这个概念，将其置于与逻辑学、伦理学、美学相同的层面看待。规范科学以自然法模型为基础，从中可以推出正确行为的评判标准。与之相反，法律科学（尤其是法教义学）持一种现实视角，其任务仅是在经验性意义上呈现法律的规范结构，而不对其进行任何价值评价。这就意味着，当下的法律规范是否正确，其是否符合法律价值所设定的标准，这些均不属于法律科学的研究范围。在 1906 年写给韦伯的一封信中，拉斯克明确表明他尽管认可耶利内克对于"社会实然科学"与"教义规范科学"的区分，但不同意后者将法教义学视为一门经验性规范科学的观点。④ 凯尔森在构建其纯粹法学的理论大厦时，面对法律科学究竟是规范科学还是文化科学这一问题，也仔细剖析了拉斯克的观点，并在对其借鉴与批判的基础上，提出了自己关于法律科学是一门规范性科学的命题。⑤ 不过，凯尔森依然反对将法律科学视为一门因果科学（Kausalwissenschaft），并试图将法律规范理解为不融入意志行为的意义构造物，这都可以在拉斯克关于经验性文化科学

---

① Vgl. Hofer, *Gegenstand und Methode*, 1997, S. 70；Carl – Friedrich Stuckenberg, *Neukantianismus*, in：Urs Kindhäuser u. a. （Hrsg.）, Strafrecht und Gesellschaft, Tübingen 2019, S. 128.

② Lask, *Rechtsphilosophie*, 1905, S. 306 f.

③ Vgl. Lask, *Rechtsphilosophie*, 1905, S. 314 f.

④ Lask, *Brief an Max Weber* vom 31. 12. 1906.

⑤ 凯尔森对拉斯克法哲学与法律科学理论的评论参见：Hans Kelsen, *Die Rechtswissenschaft als Norm – oder als Kulturwissenschaft. Eine methodenkritische Untersuchung* （1916）, in：Hans Klecatsky u. a. （Hrsg.）, *Die Wiener rechtstheoretische Schule. Schriften von Hans Kelsen*, Adolf Merkel, Alfred Verdross, Bd. 1, Wien 1968, S. 73 ff. （jetzt auch in：Hans Kelsen Werke, hrsg. von Matthias Jestaedt, Band 3, S. 551 ff.）. Vgl. auch 另参见：张龑，凯尔森法学思想中的新康德主义探源，载《环球法律评论》2012 年第 2 期。

的思想中找到来源。①

在法律科学内部,拉斯克发展出来一种"法社会学"(或"法律的社会理论")与"法教义学"(即狭义的法律科学,Jurisprudenz)之间的二元方法论:法社会学将法律视为纯粹的事实,与之相对,法教义学的研究对象则是法律规范,具备规范性。② 尽管拉斯克并不反对作为法律科学对象的法律不可以是规范性的,然而,法教义学的方法"只能呈现那种针对被想象出来的意涵世界所进行的纯粹经验主义操作",从不试图探究文化意涵的绝对有效性。③ 拉斯克严格区分这里所说的法教义学中法律规范的意涵与法哲学中价值的绝对意涵,将二者视为两种不同的"应然",即"教义学意义上的应然"与"世界观学说意义上的应然"。④

到这里,拉斯克完成了从关涉价值的文化科学的方法论向法律科学的方法论的过渡,该理论对后来的法学思想产生了重大影响——正如李凯尔特所言:拉斯克的法哲学"不仅受到哲学家,也受到了法学家的很大重视"。⑤ 其中,特别值得一提的是拉德布鲁赫。这位新康德主义法学家在建构自己的理论时,紧追拉斯克的脚步,将狭义的法律科学或者法教义学视为经验性文化科学的一个分支,其研究对象是法律现实,具体来讲,是实在法或法律规范的客观意义。从法教义学的研究对象来看,它属于"实然科学"(Seinswissenschaft),区别于"规范科学"或"应然科学"(Sollenswissenschaft)。然而,从法教义学的方法来看,它又是规范性的,与将法律看作一种纯粹事实的法社会学相对立。⑥ 在这一点上,拉德布鲁赫与拉斯克的法哲学之间既有传承,也有变化。不仅如此,拉德布鲁赫还继承了李凯尔特和拉斯克那里被当作文化科学之前提的"关涉价值"(Wertbeziehung)概念,并将其进一步发展为一种三元方法论,并将该模型运用到理解法律的概念中来。⑦ 他

---

① Vgl. Kelsen, *Reine Rechtslehre*, 2. Aufl. 1960, S. 78 ff. Dazu siehe auch Jing Zhao, *Die Rechtsphilosophie Gustav Radbruchs unter dem Einfluss von Emil Lask*, 2020, S. 122 ff.; Andreas Funke,,, Uns bleibt ein Erdenrest/zu tragen peinlich " – Normativität in der Reinen Rechtslehre, in: Otto Depenheuer (Hrsg.), *Reinheit des Rechts. Kategorisches Prinzip oder regulative Idee?*, Wiesbaden 2010, S. 21 – 54.

② Vgl. Lask, *Rechtsphilosophie*, 1905, S. 306 ff. Ausführlicher siehe Jing Zhao, *Die Rechtsphilosophie Gustav Radbruchs unter dem Einfluss von Emil Lask*, 2020, S. 121 ff.

③ Lask, *Rechtsphilosophie*, 1905, S. 315.

④ Vgl. Lask, *Rechtsphilosophie*, 1905, S. 289 f.; Lask, *Brief an Max Weber vom 31. 12. 1906*.

⑤ Rickert, Persönliches Geleitwort, in: *Emil Lask. Gesammelte Schriften*, Bd. I, 1923, S. IX.

⑥ Vgl. Radbruch, *Grundzüge der Rechtsphilosophie*, 1914, GRGA Bd. 2, S. 175 f.; ders., *Rechtsphilosophie*, 1932, GRGA Bd. 2, S. 228, 343, 355. Siehe auch Ulfrid Neumann, *Wissenschaftstheorie der Rechtswissenschaft bei Hans Kelsen und Gustav Radbruch. Zwei " neukantianische " Perspektiven (2005)*, in: ders., Recht als Struktur und Argumentation, Baden – Baden 2008, S. 294 – 317. 关于拉斯克的法哲学、文化科学与认识论思想究竟在哪些方面具体影响到了拉德布鲁赫的法哲学这一问题详见:Jing Zhao, Die Rechtsphilosophie Gustav Radbruchs unter dem Einfluss von Emil Lask, 2020, bzw. S. 101 ff.; 赵静:《拉德布鲁赫的心灵之路与思想变迁》,载《燕大法学教室》,2021 年第 4 期。

⑦ Vgl. Radbruch, Entwurf eines Nachwortes zur ,, *Rechtsphilosophie*, 1947, GRGA Bd. 20, S. 37.

对法律的定义是:"法律是一种现实,其意义在于服务于法律的理念、法律的价值"①,"法律是被给定的(Gegebenheit),其意义在于实现法律的理念",② 而法律的价值或理念不是别的,唯有正义。③ 因此,也可以说,法律是一种服务于(或者实现)正义的现实。法律的概念理论成为打开拉德布鲁赫法哲学理论之门的关键性钥匙,围绕这个问题,学界也展开了激烈争论。④

四、价值具体化—世界观层面的法律价值证立

以上讨论集中在对法哲学和法律科学进行一种逻辑—理论层面的证立。然而,此时的研究依然停留在价值的纯粹方法论层面,(法律)价值和价值体系本身尽管具备一般性且直接有效,但相对于其评价对象的现实而言,仍然是纯形式的。价值单与认识过程本身有关,从中无法得出任何实质价值秩序。对于后者的讨论需要突破理论哲学的范畴,进入到世界观的讨论中来,即对法律进行一种文化哲学—评价逻辑层面的证立,将其置于特定的价值观与世界观背景中进行研究。

正是通过将法律与绝对的文化价值相关联,并在一种非理论—文化哲学的角度探索法律的绝对意义,拉斯克的法哲学突破了逻辑认识论框架,成为一门文化哲学学科。在《法哲学》前言部分,拉斯克即写道:"由于新兴的、前景广阔的方法论运动(第二部分)将迫使法哲学重新认识到,所有关于经验性文化科学的争论要突破纯粹的方法论层面,以期由一种超经验的价值体系来作出最终裁决。"⑤ 在一封于1904年写给李凯尔特的信中,拉斯克也明确表达了自己的这一观点。⑥ 法律价值,即正义本身,成为法哲学的原本研究对象,法哲学首先是一门法律价值学说,它致力于"研究法律的绝对意涵及其与其他绝对价值之间的关系"⑦,并提出如下诉求:"将经验性法律概念中的要素放入普遍的价值与世界观问题中进行检验"⑧。

这么一来,拉斯克站在了持有强烈智性主义倾向的、把所有价值问题视为纯粹认识论或方法论问题的马堡学派的对立面,并犀利地批评了施塔姆勒(Rudolf Stammler)的"正确法学说",因为后者尽管承认社会科学的独立科学结构,却否认社会存在的独立价值结

---

① Vgl. Radbruch, *Grundzüge der Rechtsphilosophie*, 1914, GRGA Bd. 2, S. 175; ders., *Rechtsphilosophie*, 1932, GRGA Bd. 2, S. 227, 251.
② Radbruch, *Rechtsphilosophie*, 1932, GRGA Bd. 2, S. 227, 352.
③ Radbruch, *Rechtsphilosophie*, 1932, GRGA Bd. 2, S. 256.
④ 对这个问题的详细讨论参见:Jing Zhao, Die *Rechtsphilosophie Gustav Radbruchs unter dem Einfluss von Emil Lask*, 2020, S. 207 ff.; Jing Zhao, On the Relation Between Law and Morality – From the Separation to the Connection Thesis in Gustav Radbruch's Legal Philosophy, ARSP – Beiheft 158, 2019, S. 269 – 303。
⑤ Vgl. Lask, *Rechtsphilosophie*, 1905, S. 278.
⑥ Vgl. Lask, *Brief an Rickert* vom 11. 11. 1904.
⑦ Lask, *Rechtsphilosophie*, 1905, S. 279 f., 303, 307.
⑧ Lask, *Rechtsphilosophie*, 1905, S. 286.

构。① 拉斯克的观点是，不单单法律的逻辑—方法论结构，包括法律的评价结构本身也应当被纳入法哲学的考量范围。只要法律能够在文化价值体系中找到属于自己的"先验的位置"②，法律就不再是纯经验性的；这就指向了法律的目的，拉斯克亦将解决此问题视为法哲学的首要任务。

此时拉斯克面临的棘手问题是：正义这个抽象的法律价值③如何实质化或者类型化，进而能够成为实在法追求的目的呢？事实上，在他初期的历史哲学著作《费希特的观念论与历史》中，拉斯克已经通过对于"价值个别性"（Wertindividualität）与"价值整体性"（Werttotalität）、个别的历史事件与抽象—形式的社会制度（soziale Institution，法律也是其中一种）之间的区分，对李凯尔特的历史哲学进行了具体化发展与完善。④ 在他的法哲学中，拉斯克延续了这一"价值具体化"目标，通过回溯到康德与黑格尔的道德哲学，在康德的个人主义世界观与黑格尔的超个人主义（集体主义）世界观基础上，发展出了一套"双重价值类型学说"，首次将抽象的法律价值具体化为两种具体的价值类型，即个人伦理价值与社会价值，并将其作为法律的终极目的，解决了价值的纯粹形式性问题。⑤ 拉德布鲁赫在阐述自己的价值相对主义思想与党派理论时，继承了拉斯克的这一区分并予以发展，在个人价值与社会价值之外增加一种新的价值类型，即作品价值，同时使后者成为跨人格主义法律观与国家观之下的法律之终极目的。⑥ 在这里，价值类型化的标准在于价值的载体，是人格、人类共同生活还是作品。在1948年的"《法哲学》后记草稿"中，拉德布鲁赫再次强调了这一思想传承关系。⑦

只不过类型化后的价值依然是复数的，且相互之间可能发生冲突。是否有"好"价值和"坏"价值之分？在面临价值冲突时，能否以及如何确立不同价值的位阶？面对这些问题，拉斯克并没有给出具体判定标准，而是将其留给未来的法哲学。⑧ 拉德布鲁赫在回答这个问题时，回到韦伯的价值相对主义，认为价值的位阶高低以及对于适用于一切时代和民族的终极应然原则的证立问题在哲学上无法给出终极答案，它取决于各个国家立法者与党派的法律观。在相对主义的前提下，价值冲突无法得到法哲学层面的解答，需进入实践

---

① Vgl. Lask, *Rechtsphilosophie*, 1905, S. 288, 308, 310.

② Hofer, *Gegenstand und Methode*, 1997, S. 96 ff.

③ Vgl. Lask, *Rechtsphilosophie*, 1905, S. 303. 拉斯克认为，"试图找到一个关于正义的统一定义是徒劳的。因为这一术语根本只想表明法律的绝对性和先天性；于是，正义成为所有那些根据不同价值观对法律所提出的要求之凝练。"

④ Vgl. Lask, *Fichtes Idealismus und die Geschichte*, 1901, S. 17 ff., 152 ff., 205 f.; vgl. auch ders., *Rechtsphilosophie*, 1905, S. 305, 308.

⑤ Vgl. Lask, *Rechtsphilosophie*, 1905, S. 292 ff.

⑥ Radbruch, *Grundzüge der Rechtsphilosophie*, 1914, GRGA Bd. 2, S. 101; ders., *Rechtsphilosophie*, 1932, GRGA Bd. 2, S. 279. 在1948年的"《法哲学》后记草稿"中，拉德布鲁赫再次强调了这一思想传承关系。Vgl. Radbruch, Entwurf eines Nachwortes zur „*Rechtsphilosophie*, 1947, GRGA Bd. 20, S. 37。

⑦ Vgl. Radbruch, Entwurf eines Nachwortes zur „ *Rechtsphilosophie*, 1947, GRGA Bd. 20, S. 37.

⑧ Vgl. Lask, *Rechtsphilosophie*, 1905, S. 304 f.

维度。① 对价值实质化这一问题的探讨一直延续到了后来舍勒的"实质价值伦理学"和哈特曼（Nicolai Hartmann）的"批判实在论"。②

五、结语

拉斯克的"批判价值学说"首次创造性地将新康德主义西南德意志学派的价值哲学与文化哲学理论运用到法律领域，进而建立起了一套法律的价值证立方案。鉴于法哲学的科学性诉求，法律的价值证立凸显了其必要性，其方法论层面的可行性分别通过法哲学的二元论和法律科学的科学理论得以保障。立足于二元方法论，拉斯克的法哲学持一种价值视角与现实视角的双重维度的立场，并站在了自然法与实证主义的对立面。在法律科学领域，拉斯克试图通过一套科学理论，将法律科学建构为一门关涉价值的经验性文化科学。尽管拉斯克承认法律规范为法教义学的研究对象，但否认其是一门规范科学。面对法哲学的智性主义倾向以及法律价值的纯形式问题，拉斯克建构出一套"双重价值类型理论"，通过对正义这个法律价值进行一种世界观意义上的证立，克服了其纯形式问题，引入了实质面向。借此，拉斯克通过将法律价值本身纳入法哲学的研究视野，突破了法哲学单一的方法论—理论哲学取向。

李凯尔特关于拉斯克的法学思想有过这样的评述："拉斯克的法学'确实'只是一个插曲"③，如果从拉斯克晚期思想的研究脉络与重心来看，该评价有充分根据。在《法哲学》出版后的几年里，这名哲学家越来越多地离开了他在早期著作中所呈现的反思框架，而是将兴趣从方法论与科学理论问题转向了逻辑与认识论基础问题。④ 即使如此，《法哲学》一书依然可谓是二十世纪上半叶德语法哲学的最重要的著作之一，并先后被译为日语、西班牙语、英语、意大利语和塞尔维亚语。⑤ 近年来，学界对这部作品及其与拉德布鲁赫和凯尔森法哲学之间思想渊源的关注度不断提升，这也使得新康德主义西南德意志学

---

① Radbruch, *Rechtsphilosophie*, 1932, GRGA Bd. 2, S. 233 ff.; ders., *Die Problematik der Rechtsidee* (1924), GRGA Bd. 2, S. 463 f.; vgl. Günter Spendel, *Jurist in einer Zeitenwende. Gustav Radbruch zum 100. Geburtstag*, Heidelberg 1979, S. 27. 关于价值的实践维度参见：Lask, *Rechtsphilosophie*, 1905, S. 281 f., 290; Lask, *Brief an Max Weber vom 31.12.1906*; Jing Zhao, *Die Rechtsphilosophie Gustav Radbruchs unter dem Einfluss von Emil Lask*, 2020, S. 287 ff。

② Max Scheler, *Der Formalismus in der Ethik und die materiale Wertethik* (1913/16), Hamburg 2014; Nicolai Hartmann, *Ethik*, 4. Aufl., Berlin 1962.

③ Rickert, *Persönliches Geleitwort*, in: Emil Lask. Gesammelte Schriften, Bd. I, 1923, S. IX.

④ Vgl. Hofer, *Gegenstand und Methode*, 1997, S. 3; vgl. auch Lask, *Zum System der Wissenschaften* (1913/1914), in: Emil Lask. Gesammelte Schriften, Bd. III, 1924, S. 288.

⑤ Ausführlicher siehe Glatz, *Emil Lask*, 2001, S. 285 f. 拉斯克《法哲学》（Rechtsphilosophie, 1905）的中文版近期将在商务印书馆出版。

派的思想逐渐崭露头角,成为国际法哲学界的前沿问题与众多著作的研究主题。① 不过,当今法哲学基本上还是从新康德主义的角度来理解拉斯克思想的,因此对其继受有片面之疑。事实上,他晚年的哲学思想对于二十世纪法哲学的发展来讲,作用也不可低估。②

(编辑:戴津伟)

---

① Dazu siehe Robert Alexy u. a. (Hrsg.), *Neukantianismus und Rechtsphilosophie*, 2002; Andreas Funke, *Allgemeine Rechtslehre als juristische Strukturtheorie*, Tübingen 2004, bzw. S. 159 ff.; Wapler, *Werte und das Recht*, 2008; Ziemann, *Neukantianisches Strafrechtsdenken*, 2009; Christian Krijnen, *The juridico‐political in South‐West neo‐Kantianism*, in: Peter Langford u. a. (Hrsg.), *The Foundation of the Juridico‐Political*, London 2016, S. 61; Jing Zhao, *Die Rechtsphilosophie Gustav Radbruchs unter dem Einfluss von Emil Lask*, 2020.

② 关于拉斯克晚年思想对拉德布鲁赫,尤其是其"事物的本性"理论的影响参见:赵静:《事物的本性与法学方法的二元论》,载《法哲学与政治哲学评论》2018 年第 3 辑;Jing Zhao, *Die Rechtsphilosophie Gustav Radbruchs unter dem Einfluss von Emil Lask*, 2020, S. 313 ff. 关于拉斯克晚年思想对凯尔森法哲学的影响参见:Kelsen, *Rechtswissenschaft und Recht. Erledigung eines Versuchs zur Überwindung der „ Rechtsdogmatik* (1922), in: Stanley L. Paulson (Hrsg.), *Die Rolle des Neukantianismus in der reinen Rechtslehre*: Eine Debatte zwischen Sander und Kelsen, Aalen 1988, S. 279 ff. bzw. S. 365 ff.。

法律方法的基础理论

语用学视角下的立法意图分析

[意] 达米亚诺·卡纳莱[*]　弗朗西斯卡·波吉[**]著
崔新群[***]译

摘　要　立法意图对理解法律制定和解释法律具有重要意义。任何有关立法意图的概念提出都需要解决立法机关是否具有意图和如何识别立法意图两个问题。埃金斯提出立法是一种会话模式。但会话模式的概念既没有清楚地表明任何立法行为都基于其确定的一般立法条件，也没有表明这些条件必然以追求共同利益为基础。会话模式的悖论是，一旦应用于立法交流，就破坏了立法的中心情形，将立法机关的意图变成了法律虚构。尽管立法机关向立法对象传达其意图，但立法并不是一种规范的会话交流形式，它具有区别于普通会话的特定制度特征，需要用不同的理论框架来解释这些特征。

关键词　立法意图　立法机关　中心情形　立法背景

一、引言

有理由相信立法是一种有意图的现象。一方面，法规是由被授权者引入、修正和废除的，认为法规的内容不是立法者的意图，是十分让人不解的假设。另一方面，如果立法对象理解立法机关的意图就会明白，立法通常倾向于规范社会行为。因此，可以合理地认为，制定法规是交流过程的一部分，立法机关的意图通过该过程以语言方式传达给立法对象。

然而，立法机关意图的概念引发了许多理论和实践问题。其中有两个值得一提：

---

[*]　达米亚诺·卡纳莱（Damiano Canale），博科尼大学教授。
[**]　弗朗西斯卡·波吉（Francesca Poggi），米兰大学副教授。原文发表在 The American Journal of Jurisprudence (2019) 64: 125–138。本文翻译已获作者授权。
[***]　崔新群，女，山东沂源人，华东政法大学博士研究生，山东农业大学讲师，研究方向为立法学。

(1) 本体问题：我们在寻找哪个实体？许多学者声称立法机关并不存在立法意图，单个立法者的立法意图无关紧要。由于像立法机关这样的集合体是没有思想的，因此他们无法承担通过制定法规传达精神指令（例如信仰、要求或意图）的任务。立法意图显然可以归属于单个立法者（即立法机关的每个成员），但个体意图并不能决定立法文本的内容。① 当立法机关通过一项法规时，我们所知道的只是该法规的颁布是多数人的意思，而不是这多数人中的每个成员都有相同且规范的意思需要通过颁布法规来传达。

(2) 认知问题：如果我们假设立法机关的意图是存在的，那这种意图如何得知？除了立法者明确阐述的情况外，立法机关的意图并不容易辨识。② 议会辩论、委员会报告和听证会以及立法史中收录的其他材料，往往对此所能提供的证据并不充足，特别是当立法过程中涉及各种文件、主体和机构的情况时。为了解决这个问题，法院通常从理性代理原则及其他背景信息中推断出立法机关的意图。在这样做的过程中，法院根据在给定语义下制定法规的理性预设或牵连，将意图态度归于立法机关。但即使我们接受这一观点，也有许多推理方案实际上是被法院用来重构立法机关的意图，而这往往会导致不同的结果。③ 因此，归于立法机关意图的内容似乎取决于法官所接纳的解释理论、这种理论所基于的道德和政治态度，以及被认为与该案相关的背景因素。刚才提到的问题在传统意义上表明了我们对正在研究概念的怀疑态度：立法意图似乎是一个虚构的实体，其属性根据法律决策者的态度、待裁决的案件、其他法律和法律体系的相关原则、管理目的等的变化而变化。

在《立法意图的本质》一书中，埃金斯（Richard Ekins）以独特的方式处理了这些问题，并对立法意图提出了独创的理解。④ 就本体论问题而言，埃金斯提出了一个绝妙的解决方案。他拒绝接受对立法意图这一概念的总结性描述，根据这一概念，立法机关的意图是机关成员意图的总和，也同样驳斥了那些需要要求本体论承诺的集体意图形式。他更关注的是典型的法律程序方面。在埃金斯看来，立法意图源于单个立法者的意图，但却不能简单归结于此。个人意图激活了一个受程序规则支配的制度进程，其特点是具有独特的目的和价值。在这方面，埃金斯区分了立法意图的两个方面：常备意图和特定意图。

立法机关的常备意图是通过一些程序，将立法作为它为实现其确定目的而采取行动的手段。但立法机关的确定目的究竟是什么？其目的是识别立法中的中心情形，即"（行

---

① 参见 Philip Pettit, "*Collective Intentions,*" in *Intention in Law and Philosophy*, ed. Ngaire Naffiine, Rosemary Owens, and John Williams (Aldershot: Ashgate, 2001), 250–1。

② 参见 Andrei Marmor, *Interpretation and Legal Theory*, 2d ed. (Oxford: Hart Publishing, 2005; 1st ed., 1992), chs. 8 and 9; James A. E. MacPherson, "*Legislative Intentionalism and Proxy Agency,*" Law and Philosophy 29 (2010): 2ff。

③ 参见 Mark Greenberg, "*Legislation as Communication? Legal Interpretation and the Study of Linguistic Communication,*" in Philosophical Foundations of the Language in the Law, ed. Andrei Marmor and Scott Soames (Oxford: Oxford University Press, 2011), 220 等。

④ Richard Ekins, *The Nature of Legislative Intent* (Oxford: Oxford University Press, 2012). 从该书中摘录的引文页码将放在文章正文的括号中。

使）对法律的能动控制，从而在有充分理由需要这样做时，通过立法来改变现有的法律规定。"换言之，为了促成中心情形的实现，立法机关具有在特定场合为共同利益行使其立法能力的常备意图。①

埃金斯通过迈克尔·布拉特曼（Michael Bratman）对计划概念的阐述进一步刻画了常备意图。② 常备意图是在特定情形下"计划采取的特定的（立法）计划"。换句话说，立法机关的常备意图是一种备选方案，它"产生于单个立法者相互关联的意向"。

每一位立法者都形成了这样的意图："我打算我们通过相关的程序进行立法，在该程序中，在三读时多数人投票赞成一项完整的法定提案，即认为立法机关制定了该提案。"这一意图与其他立法者的意图相互交织，达到类似的效果，因此"我打算我们立法……由于并根据各位的意图，我们立法。"

立法机关的特定意图是常备意图的副产品。它被埃金斯定义为：

（立法机关）在任何特定的立法法案中采取行动的意图，即立法机关为实现有价值的目标而作出的法律修改，以及它为引入这些修改而采取的计划，都是为表达一系列复合主张所采用的复杂手段。

因此，每一个特定的立法法案都可以被视为特定立法目的为实现公共利益行使立法能力的实例。

这使得我们考虑埃金斯对认知问题的回答：我们如何知道立法机关想说什么？在这方面，埃金斯批评了作为立法意图基础的认知怀疑论提供的传统解释。法规的语言内容不是简单地由规定在特定语境中语言使用的规则决定。他更赞同语言交流的"会话模式"，该模式强调发言者在任何语言实践中意图态度的重要性，通过该模式可以确定立法意图：

语言的使用是一种行为，这意味着它是有原因的。决定交流行为的是一种特定类型的意图，即发言者通过表达含有特定意图的内容，向听众传达某种或多或少具有特定意义的意图。因此，意图是具有反射性的。为了交流的顺畅，听众必须识别并理解发言者的意图，包括发言者想要听众识别的具有高度特殊意义的内容。

埃金斯提出的基本思想可以这样总结：会话模式使得识别立法机关的特定意图成为可能，将为公共利益而立法的常备意图具体化。

很明显，埃金斯对立法意图概念的分析是基于约翰·菲尼斯（John Finnis）阐述的"中心情形"方法。③ 根据这一著名理论，像立法这样的社会实践，只有了解参与其中的

---

① 议会对中心情形的常备意图是，通过对适合由一个理性的唯一立法者选择的行动建议采取行动来立法，这些行动建议是连贯的、合理的改变法律的计划。

② 参见 Michael Bratman, *Faces of Intention* (Cambridge: Cambridge University Press, 1999)。

③ 约翰·菲尼斯在《自然法与自然权利》第二版第一章中揭示了"中心情形"方法（Oxford: Oxford University Press, 2011; 1sted., 1980）对于这种方法的批判性讨论，参见 Timothy Endicott, "*The Irony of Law*," in *Reason, Morality, and the Law: the Philosophy of John Finnis*, ed. John Keown and Robert P. George (Oxford: Oxford University Press, 2013)。

人所设想的目的、价值和意义,才能充分理解它。而这种目的、价值和意义(立法的重点)反映在这些人的话语中,反映在他们应用的概念和他们得出的区别中。通过采用这种"实践观点",法理学家可以根据立法所合理服务的目的和价值,确定立法的中心情形(并将它们与边缘情形区分开来)。从本体论的角度而言,这就是埃金斯既不将立法意图视为精神实体也不将其视为虚拟实体的原因。它是一个"有目的的实体",使立法的中心情形在社会世界中成为可能。① 此外,这解释了埃金斯赋予会话模式的理论功能。该模式并非简单地对交流实践提供适当的解释,而是旨在说明为什么立法意图在法律中如此重要和有价值,以及为什么根据立法机关的意图解释法规是实现立法目的的唯一途径。如果这些都是正确的,我们可以说,在埃金斯的书中,会话模式通过解释立法意图如何得知,以及立法机关在中心情形中的实际特征(即一个为共同利益改变现有法律主张的集体机构),为认知问题和本体论问题提供了一个答案。运用社会本体论的观点,我们可以说,会话模式让每一个特定的立法法案都是基于常备立法意图(产生)的假设成为可能,这为立法创造了普遍条件。这种模式使人们将立法常备意图锚定到一个更基本的事实上:为了共同利益而改变法律。②

我们不讨论埃金斯方法论的立场和其复杂的表述,我们讨论的是:会话模式是否能够保证对立法机关意图的理解是明确的和成功的?要回答这个问题,我们将首先通过保罗·格莱斯(Paul Grice)对会话模式的开创性解释来对会话模式进行仔细审查,然后我们将审查会话模式是否能够遵从埃金斯分配给它的理论任务。

二、格莱斯会话模式

会话模式声称,立法是一种会话交流的形式,与普通对话没有显著差异,因为两者都是根据类似的进程表达并受相似的推理规则支配。特别是立法和日常对话都符合一种可以追溯到保罗·格莱斯(Paul Grice)对语言交流描述的模式。简单而言,在格莱斯看来,一个语言使用实例的意义就是说话者意图交流的意义:说话者通过说(计划说)X,意指S,当且仅当(a)听者领会到了S的存在;(b)听者至少部分基于说话者所说的X,领会到了说话者的意指,即(a);(c)听者对S的领会是基于(b)的实现的情况。

格莱斯会话模式的基本要素是:(a)存在一种复杂的反射意图;(b)双方说了什么(X);(c)是什么用意或隐含用意(S);(d)双方都知道的交流背景(至少就对话含义而言)(e)一些推理规则。

埃金斯显然认同会话式立法模式。首先,他拒绝普遍认为的立法机关所说内容仅由一

---

① "目的性实体"是指其身份由其目的所决定的实体。自然事实和社会事实都是由它们的目的或"最终原因"来确定的,这一观点传统上可以追溯到亚里士多德的《形而上学》1013b:6-9。

② 关于社会本体论中固定和锚定的关系,参见 Brian Epstein, *The Ant Trap: Rebuilding the Foundations of Social Sciences* (Oxford: Oxford University Press, 2015), ch.6。

组语言惯例决定的观点。埃金斯声称"惯例或许是不可或缺的,但也是相当不完整的"(191),并且惯例与文意的关系很难解释,即便这是内容的组成部分(187)。"语义学低估了说话者在说出一个句子时可能或可能想要传达的意思"。其次,他支持会话式的、以说话者为基础的语义模型,认为"说话者说一句话的意思就是他想表达的意思,这是听者通过推理和理解语义所确定的一个语用事实"。再者,埃金斯主张会话模式适用于立法:立法机关在制定法规时传达的法律内容是立法机关想要传达的内容,这可能与其制定法规的语义内容不同。

就日常对话而言,我们同意埃金斯的观点。事实上,一个句子的语义内容往往是不完整、不确定的,甚至不同于说话者在特定场合传达的内容。然而,我们将试图论证埃金斯所设想的立法意图不能扮演在格莱斯模式中说话者意图的角色。为实现我们的论证,区分说话者意图的四个层次是有用的:

(a) 有讲出(说、写)某事的意图;
(b) 意图讲出(说、写)的就是所说的(X)而非其他;
(c) 通过说 X 来表明(暗含、传达)某件事;
(d) 通过说 X 只为来表示(暗含、传达)S。①

第一个层次意义重大,因为它表征语言交流,并激活了旨在理解说话者想要交流的解释活动。为了阐明这一点,请考虑以下示例:

These spots mean measles.

这里的动词"mean"指的是斑点和麻疹之间的因果关系。它是某些事实和其他事实之间的规律性问题,前者构成了症状或迹象,因此没有任何交流的意图。这符合格莱斯所说的"自然意义"。② 同样地,想象大海把一些贝壳冲到海滩上:我当然可以认为 those shells have taken a shape that means "cat",但这里的动词"mean"并不是指某人有意的交流,因为大海并没有这些贝壳所显示的交流意图。所以,即使我发出一些随机的声音,或者在一张纸上潦草地写一些符号,我也不能说我意图说些什么,因为,这里没有交流的意图。换句话说,在会话模式中,第一个层次的意图定义了交流——是什么使某些声音或符号集被视为交流活动或具有交流活动的价值。这一层次也是任何解释的必要条件,被视为旨在理解说话者打算传达的内容的活动。

关于说话者意图的第二个层次,值得强调的是,格莱斯"说了什么"的概念与说(某种)字面意义(即所谓的上下文句子意思)并不一致。相反,说什么是"相当于用句

---

① 在最后两个层面,参考 Hrafn Asgeirsson "On the possibility of Non-literal Legislative Speech," in *Pragmatics and Law. Practical and Theoretical Perspectives*, ed. Francesca Poggi and Alessandro Capone (Cham: Springer, 2017), 82. 需要强调的是,根据格莱斯的描述,说话人的意图,即使是复杂的和反射性的,实际上是一个单一的意图。因此,我们在此区分的四个层次不能与不同的意图混淆,它们只是识别交流意图的内部表达。

② 参见 Paul H. Grice, *Studies in the Way of Words* (Cambridge, MA: Harvard University Press, 1989), 213ff.

子或话语的真实条件内容表达的观点,并反过来依赖于指代消解、索引定位和歧义消除"。① 最后,说话人意图的第三和第四层次是决定性的。格莱斯认为,某句话的话语含义是说话者打算传达的含义。因此,如果说话者说出 X 的目的不是让听者理解 S,那么说话者的意思就不是 S,S 就不是 X 所传达的意思。暗含其他事的意图或暗含 S 事的意图也依赖于相同的机制,或者更确切地说,如果说话者在那个语境中说的内容不具有合作性(即不符合会话准则),那么说话者就是在表明(暗含)其他事;如果说话者在那个语境中暗含 S 事(而非其他事)使的说话内容符合会话原则,那么说话者就是暗含(表明)S 事(而非其他事)。

让我们考虑以下示例。如果我进入意大利的一家咖啡馆并说要一杯意式浓缩咖啡,我所说的话不能暗含任何事,因为在此语境下这句话已经具有合作性了——我所说的信息足够丰富、明确、简短,等等。但是,如果我进入意大利的一家咖啡馆并说要一杯咖啡,那我所说的话只有当我打算暗含在这种情况下要一杯普通咖啡就是要一杯意式浓缩咖啡时才算具有合作性。

我们认为,埃金斯的立法意图概念可以很好地解释立法意图的第一个层次,但在解释其他层次上出现了一些问题。我们现在将主要关注后两个层次:表明(暗含、传达)某件事的意图和只表明(暗含、传达)S 事的意图。在我们看来,埃金斯所描述的立法常备意图和立法特定意图不足以识别出单一的意图表示,包括单一的表明(暗含、传达)某件事的意图和单一的只表明(暗含、传达)S 事的意图。

三、暗含意图

格莱斯认为,会话暗含(隐含、暗示)的意义是说话者意义的实例化:

一个人通过(在、当)说(或看起来是说)p 而暗示 q 的时候,可以说他在对话中暗示了 q,只要(1)他被认定遵守了会话准则,或至少是合作原则;(2)假设他意识到或认为,为使他说的话或好像在说的话 p(或在这种条件下做的这些)与此推定一致,说 q 是必须的。(3)说话者认为(并期望听者认为说话者认为)听者有能力凭直觉得出或掌握(2)中提到的假设。②

正如我们已经强调过的,说话者要暗含(某件事或去暗示)q 事,听者要推断(说话

---

① Stephen Levinson, *Presumptive Meaning* (Cambridge, MA: MIT Press, 2000), 171. 参见 Grice, *Studies in the Way of Words*, 31; Marga Reimer, "What is Meant by 'What is said': A Reply to Cappelen and Lepore," *Mind & Language* 13 (1998): 598; Jay D. Atlas, *Logic, Meaning and Conversation* (Oxford: Oxford University Press, 2005), 63; Kent Bach, "Conversational Implicature," *Mind & Language* 9 (1994): 124. 埃金斯在他的书中沿用了巴赫(Bach)的术语,即"说了什么"对应于句子的字面意思——"句子表明的字面意思"(199 – 200)。此外,埃金斯采用 动词 state 或 assert 表示说话者直接表达的内容,动词 imply 表示他间接表达的内容"(200)。按这一术语理解,格莱斯关于"说了什么"的概念实际上对应于"直接表明了什么",在本文中,我们将采用格莱斯的传统术语。

② Grice, *Studies in the Way of Words*, 30 – 1.

者已经暗示了某件事和已经暗示了）q事，四个要素是必要的。这些要素是说话者的意图、所说的内容、双方都知道的语境背景和一些会话规则。举例而言，以下句子：

The water flowed down the bank.

为了与格莱斯提出的关系和方式原则保持一致，① 这句话的表达在不同的语境中产生了不同的含义。如果我们在谈论乡村旅行，它就意味着河水顺着河岸流下，然而，如果我们谈论的是我们城市的洪水，它就意味着水从银行大楼流下。② 说话者是否打算暗示什么，以及暗示什么，取决于说话者和听者共同知道的语境。

然而，就立法和法律解释而言，沟通的语境构成似乎并不透明。这一点需要我们更仔细地考虑。

埃金斯承认"立法行为的本质背景……对于理解立法机关如何传达其立法决定以及解释者应如何推断这些决定至关重要"。然后，他认为立法交流的背景是"丰富而复杂的"，因为它包含许多可以合理考虑推断立法机关意图的混合特征。至少在最常见的情况下，这些背景特征是透明且易于识别的。然而，埃金斯的观点是有争议的。即使在普通对话中，交流的语境也往往是不透明的，很难确定哪些语境元素是显著的。这解释了为什么在格莱斯看来，暗含（即对话中隐含的意义）的一个特征是它的不确定性，而这种不确定性又源于交流语境的不确定性。

可以理解的是，埃金斯将立法的相关背景限制在"在颁布时被认为显著性的内容，因为正是这与推断立法机关可能的意图有关"。③ 但问题是：相关语境由哪些要素构成？埃金斯的这套理论包括"先前的法律状态、相关的一般原则、法定方案的其他部分、一般法律以及法规寻求实现的目标"，此外，在某些情形下，立法史也包括在内。当然，如此概述的相关背景肯定是丰富的，但其丰富性与其不透明性和不确定性成正比。该集合中的每个元素都是不确定的，并且可以以多种不同的方式构建。进而解释者通常无法合理地知道哪个要素（如果有的话）对立法者来说是显著的。

如果我们考虑"一般法律"和"先前的法律状态"，显然这些表述指的是一些不容易确定的混合因素。此外，对于具体的法规来说，其中哪些是真正突出的影响因素也不清

---

① 更确切地说，是方式原则的第二个子原则"避免模棱两可"在这里发挥了作用。Grice, *Studies in the Way of Words*, 27。

② 一些学者可能认为，文中的例子是所谓的"格莱斯循环"的一个例子：即暗示通过"侵入"所说的内容，以解决句子中存在的歧义。参见 Levinson, *Presumptive Meaning*, 186。现在，如果我们接受所说的内容可能是由暗示内容所决定的观点，那么我们可以得出以下结论（1）我们在文本中区分的不同意图之间存在强烈的联系；（2）在某些情况下，识别暗含的意图需要寻找所说内容（而不是其他内容）的意图。当然，在当代语言学和语言哲学中，"格莱斯循环"是一个争议很大的问题，在此不予讨论。

③ 为保持连贯性，埃金斯应将相关背景置于立法机关讨论和批准修改法律的提案时。之所以如此，是因为埃金斯声称"对所有立法者开放的提案定义了立法意图"。在这方面，人们可能会说，法官往往没有在法律制定时说明相关的背景，因为在大陆法律体系中，通常情况下，法律规定是根据随后颁布的宪法法律规范来解释的。但是，埃金斯可以回答说，这是对法规预期含义的合理例外。对于这一问题，参见 Greenberg, "Legislation as Communication?" 254。

楚。众所周知，对一个法规的解释不是孤立的，而是与该法规所属的法律体系相联系的。然而，这种"参照体系"通常不会与整个法律体系相一致，因为它（整个法律体系）是由可以以多种不同方式构建的法律条款的子集组成的，这在法律实践中是显而易见的。

这一子集包括规范关于同一事项的所有条款或原则，或与法定条款不严格相关但可能被视为与法案相关的其他条款和原则。解释者如何知道立法机关在制定法规时认为这些众多的、同样合理的参照体系中的哪一个是显著的？关于这个问题，埃金斯似乎把判例法纳入"先前的法律状态"。人们可以认为，判例法的相关性是毋庸置疑的，然而承认判例法的显著性是一把双刃剑。想象一下，立法机关通过了一项显然对法律状态做出相关改变的法规，在这种情况下，立法意图与判例法有何关联？人们可以认为，立法机关是打算通过使用不完全符合判例法的表述来革新先前的法律状态，人们也可以认为，立法机关的意图应参照以前的判例法解释来表述。换言之，判例法可能会证明立法机关意图可以合理地反向重构。

同样的问题也出现在构成埃金斯描述的立法背景的其他元素上：法律原则、法定方案的其他部分以及法规寻求实现的目标。立法机关在制定某条法律条文时考虑了哪些原则（如果有的话）？我们如何解释这些原则，因为众所周知，这些原则是模糊、不具体且不确定的。如果两个重要原则明显发生冲突，哪项原则在立法意图的构建中更占优势？如果我们试图从法定方案的其他部分推断立法意图，也可以观察到类似的情况。事实上，其他法定条款所传达的内容不能被理所当然的视为一种交流输入。这些条款的内容也可能存在争议，因此需要解释。同时，立法机关并不总是明确规定立法目的。在大多数情况下，法律规定的立法目的是从目前所考虑的背景中推断出来的。因此，它是解释活动的结果，而不是交流过程中的普遍假设。此外，即使法规立法目的非常明确，那也可以根据要决定的情况在不同的抽象级别上进行详细说明。

总而言之，刚才概述的问题具有双重性。

首先，所列出的每一个语境元素都可以通过许多不同的方式来构建，而它们在解释过程中的相关性往往是有争议的。然而，我们已经看到，法规所涉及的含义的变化取决于解释人员实际是如何构建相关文意的。因此，解释者可以根据法规文意合理地推断出同一法规的许多相互竞合的会话暗含（或非暗含）。

其次，解释者只有知道哪些语境元素与立法机关实际相关，才能正确解读立法文意。但是，通常情况下，这些内容通常不对解释者开放。从这方面看，埃金斯的观点似乎是循环的。为了确定立法机关的意图，我们必须知道一项立法行为的突出背景，但要确定这样的背景，我们应该知道立法机关的实际意图是什么。

值得注意的是，我们关注的背景的不透明性在法律解释中比在普通对话中更为普遍，造成这种情况至少有两个原因。首先，解释者在确定立法机关意图时应该考虑的背景因素的数量更多，至少埃金斯是这样认为的。其次，在法律解释中，与普通对话不同，说话者和听众并不处于相同的交流环境中,尤其是当法院被要求适用历史久远的法规时。正如斯科切恩所言:"从发言人(立法机关)发言到听众(法院)解释发言之间的时间间隔……为法律术语提供了一种独特的、具有挑战性的跨语境特征。"① 这种时间差产生了认知上的不对称,使得发言人(立法机关)和听众(解释者)很难相互了解沟通的相关语境特征。

最后,在埃金斯的论述中,问题不仅在于相关语境中包含的内容,还在于相关语境中不包含的内容,即构造规范,这一被埃金斯认定为对交流过程的简单假设。然而,这种假设很难证明是正确的。对立法机关,特别是对一个理性的立法机关来说,肯定清楚解释者是使用构造规范来解释的,而解释者也知道一个理性的立法机关肯定知道他们使用这些构造规范,而立法机关也知道解释者知道他们(立法机关)知道他们使用构造规范,等等。换句话说,这是一个典型的认知共享的情形,在格莱斯的观点中,这是每个交流语境的核心要素。② 换句话说,我们有理由相信,立法机关考虑了法院可能适用的构造(解释)规范,并据此制定了法规,以传达(或暗含)预期的内容。因此,将构造规范排除在交流语境之外似乎与会话模式不一致。为了阐明上述的观点,我们将在接下来考虑埃金斯在《立法意图的本质》中讨论的一个例子。

四、"火车站休憩"条款

假设有这样一项法规:

在任何火车站睡觉都是轻罪,可处以 5 美元的罚款。

该规定是否适用于(1)等待晚点火车的疲惫旅客在座位上打盹的情形。(2)一个人拿着毯子和枕头,已经安顿下来要睡觉,但还没有睡着的情形。这个由富勒(Fuller)首先提出的著名例子③通常是为了表明,当带来荒谬的后果时,不能按字面意思适用法规。然而,埃金斯引用了这个例子来论证,无论法规字面意思如何,一旦我们正确地区分了相关的交流语境,条款的预期含义就会变得清晰。

根据埃金斯的说法,对相关文意进行细化的正确方法如下:

"睡觉"的本意很可能是"故意睡觉",这意味着一种自愿的行为(*actus reus*)和一种有罪的心理(*mens rea*),而不是单纯的即使没有过错也能睡着或保持睡眠的状态……

---

① Izabela Skoczén "Implicatures Within the Legal Context: *A Rule – Based Analysis of the Possible Content of Conversational Maxims in Law*," in Problems of Normativity, Rules and Rule – Following, ed. Michal Araszkiewicz, et al. (Dordrecht: Springer, 2015), 360.

② 立法史(的使用)也是如此。埃金斯声称,即使立法记录对公众开放,也应该只在"没有其他方法来推断立法机关决定(的意图)"情况下使用(272)。这种说法令人费解。显然,立法提案受到议会辩论、委员会报告、法律顾问的分析、委员会听证会、所采取行动历史等的严格影响。因此,我们不清楚为什么不允许在立法机关想要表达的内容不明确的情况下使用立法史。

③ 参见 Lon Fuller, "Positivism and Fidelity to Law: A Reply to Professor Hart," *Harvard Law Review* 71 (1958): 630 – 672。

立法机关合理认定，所有的犯罪行为都包括犯罪意图和自愿行为。但当人们推断立法机关有意对相关罪行施加严格的或绝对的责任时，立法机关的这种假定就会被推翻（262）。

因此，在情况（1）中，疲倦的旅行者是没有罪的，而在情况（2）中，有枕头和毯子的人可以被认为有犯罪意图。然而，这种基于一般刑法原则的构建是值得怀疑的。

首先，睡眠不是一种自愿行为——每个失眠的人都了解。"去睡觉""准备睡觉""准备一张床睡觉"是自愿行为，"睡眠"不是。这是一个常识（和神经生物学）假设，应该合理地纳入相关的交流环境。其次，犯罪意图的概念不仅包括严格的自愿行为，还包括在行为人控制范围内，行为人能够通过意志努力阻止的任何行为。因此，睡着属于犯罪意图的范畴，因为它不是严格的或绝对的责任（想想那些在开车时睡着并导致事故的人）。此外，有人可能会争论说，立法机关的合理目的是维持火车站的体面和礼仪，因为火车站里有睡觉的人，所以车站的体面和礼仪会受到损害。如果这是立法机关想要达到的目的，人们就无法合理区分乘客和无家可归者：首先，因为法律没有做出这样的区分；其次，如果区分了，就会违反非歧视原则。① 根据上述的推理，我们可以得出这样的结论：等待火车晚点的疲倦旅客在座位上打瞌睡必须支付5美元的罚款，而一个人拿着毯子和枕头，已经安顿下来要睡觉，但还没有睡着的人，将会被判未遂。

实际上，对该法规的进一步解释可能是合理的。有人可能会说，根据刑法的一般原则，轻罪的规定应该旨在保护某些利益。在这里，立法机关打算保护的唯一合理的利益似乎是火车站的体面和礼仪。然而，这些利益并不会因为有人在睡觉这一简单存在而受到损害，而是因为有人以一种伸开四肢的姿势睡觉而受到损害，或者更进一步说，有人以一种睡在包间里的典型姿态睡在车站里而受到损害。因此，动词"sleeping"在这里的意思是"具有睡觉的人的典型姿态"。因此，在晚上安顿下来的人将受到惩罚（而不是未遂），等待晚点火车的疲倦乘客有条不紊地坐着打瞌睡，不应该受惩罚，而等待晚点火车的乘客如果躺在座位上休息，应该受到惩罚（即使他还没有睡着）。

值得注意的是，所有这些解释都符合埃金斯的假设，即立法机关有充分的理由行事并能够寻求到共同利益。这源于对法规颁布时相关交流背景的不同构建。应该优先选择哪一种利益？埃金斯认可的会话模式并没有解决这个问题。

五、从认识论问题回到本体论问题

在《立法意图的本质》一书中，埃金斯试图确定立法的意义，即"健全的立法行动的目标"。很明显，立法的目的是传达"公民可以将其内化为自己行为指令的实践理性规定"，以便实例化一种实现公共利益的状态。这就解释了为什么在埃金斯看来，立法机关

---

① 曼宁认为，"将法律适用于疲倦的持票人是荒谬的，这肯定是有问题的。这样的解释将减轻立法机关在立法时将'更富有的旅行者'排除在法律之外的政治和程序费用，从而使法律的一般规定只对那些在政治上最无法自保的人产生影响。" John F. Manning, "The Absurdity Doctrine," *Harvard Law Review* 116 (2003): n184.

的意图在物法中是最重要的。只有当一项法规的意思是立法机关想要表达的意图时，立法活动才符合其目的。

然而，我们已经看到，在许多情况下，立法机关的意图仍然不透明。立法机关的意图是从一组开放的背景变量中推断出来的，而这些变量可以证成相互排斥的意图内容。但是，如果立法机关的特定意图可以通过不同方式合理构建，那么哪一个可以确定是"真正的"立法机关的意图，即为公共利益行使立法能力的立法机关的意图？不用说，这个问题与解释实践相关，因为会话模式似乎无法解决最初讨论的认知问题。[1] 然而，从本体论的角度来看也是同样的问题。我们已经明确，在埃金斯看来，立法机关的特定意图实例化了立法机关的常备意图，常备意图确定了立法机关的真正含义。但是，如果实体的实例化是不确定的，则该实体则是无法识别的。正如奎因（Quine）所说的那样，"没有不具有一致性的实体。"[2] 换句话说，会话模式既没有清楚地表明任何立法行为都基于埃金斯确定的一般立法条件，也没有表明这些条件必然以追求共同利益为基础。会话模式的悖论是，一旦应用于立法交流，就破坏了立法的中心情形，将立法机关的意图变成了法律虚构。

我们相信，埃金斯可以用两种不同的方式来解决刚才概述的理论问题。埃金斯可以承认，立法不是一种会话交流的形式，尽管立法机关向立法对象传达其意图。但立法不是一种规范的会话交流形式，它具有区别于普通对话的特定制度特征，需要用不同的理论框架来解释这些特征。但埃金斯可以遵循另一条理论路径，即他可以提供一种规范的解释理论，指定法院应考虑哪些背景要素和推论来确定立法机关的意图。关于这一点，埃金斯承认："我尚未就立法意图应如何告知法定解释提出任何论据"（137）。我们认为，埃金斯应该承担这项任务，以加强和完善他在《立法意图的本质》中提供的引人入胜的理论图景。

（编辑：吕玉赞）

---

[1] 显然，这并不意味着实用程序在法律实践中不适用，也不意味着法官应该只依赖词语的惯例意义。我们的观点是会话模式不能执行埃金斯赋予它的苛刻的理论功能。显然，这并不意味着语用规则不适用于法律实践，也不意味着法官应该仅依赖于词语的惯常含义。

[2] Willard Van Orman Quine, *Theories and Things* (Cambridge, MA: Harvard University Press, 1981), 102.

作为法律推理工具的概念

——语用学如何提升国际法律话语和国际法学者们工作的合理性

[瑞典] 乌尔夫·林德福克[*]著 胡海龙[**]译

摘 要 概念是国际法学者们思考和讨论国际法的工具中的一个重要元素。它们具体表现为"管辖权""自卫"和"权利滥用"等概念性术语。要对国际法和国际法律话语进行批判性评价,就必须充分理解这些术语在其每一适用场景中所具有的意义。为此先要充分肯定法律语句的社会意义。概念性术语的使用不仅是为了描述法律,也是为了影响读者和听众的信仰、态度和行为。国际法学者们了解概念性术语具有的这一社会层面的意义,但却缺乏一种牢牢建立在语用学研究基础上的理论,来帮助他们系统地描述和研究它。本文提供了这样一种理论,并深入阐释了如何应用这一理论来提升国际法律话语和国际法学者们工作的合理性。

关键词 国际法律话语 社会意义 概念 概念性术语 国际法学者们的工作

一、引言

概念是国际法学者们思考和讨论国际法的工具中的一个重要元素。例如,如果没有"强行法"的概念,国际法学者们往往很难就国际法规范的位阶进行任何有意义的对话。

---

[*] 乌尔夫·林德福克(Ulf Linderfalk),瑞典隆德大学(Lund University)法学院国际法学教授。本文原标题为"Concepts as Tools of Legal Reasoning – How Pragmatics May Promote the Rationality of International Legal Discourse and the Work of Legal Scholars",载于《北欧国际法杂志》(Nordic Journal of International Law) 2021 年第 90 卷,第 373–404 页。因原文作者不熟悉中文,无法核对译文的准确性,故译文如有疏漏或差错,概由译者负责。

[**] 胡海龙,男,浙江宁波人,华东政法大学国际法学院博士研究生,研究方向为国际法学。

对"持久自由行动"合法性的讨论以"武装攻击"的概念为前提。同样，如果没有"人权"的概念，似乎很难想象联合国经社会理事会的权力；或者如果没有"投资"和"投资者"的概念，也很难想象 ICSID 仲裁庭的管辖权。

本质上，概念是一种心理表征。它是关于一种经验性或规范性的现象或事态或一组此类现象或事态的概括性的观念。① 正如"概括性的"一词所隐含的，概念是通过抽象形成的。它们是人类大脑功能发挥的结果。大脑的这种功能可以将现象或事态的某些方面的品质或属性感知为据以将这些现象或事态归入某个概念范围的共同特征，同时忽略许多并非这些现象或事态所共有的品质或属性。② 因此，概念是人类用来在其关于世界的聚合假设中创造相当程度的秩序的重要工具。③

出于同样的原因，概念对思维的效率至关重要。④ 以"条约"的概念为例。这一概念不仅帮助法学家们区分日常工作中碰到的各种不同的现象，而且还帮助他们从这些现象中得出某些推论。⑤ 如果一个国际法学者将某个现象确定为条约，他或她就可以作出某些推论，如：它为缔约方设定了法律义务；它可能受到批准或保留的限制；它必须得到真诚履行；对它的理解须受某些特定的解释规则的制约；缔约方不得以任何理由退出条约；等等。

在国际法和国际法律话语中，概念以概念性术语的形式呈现，如"强行法""武装攻击""人权""投资者""投资"和"条约"等。为了确保国际法律话语的合理性，充分理解这些术语在每一个具体使用场景下的意义是非常重要的。要实现这一目标，先要充分肯定法律语句的社会意义。无论使用某一概念性术语的人是谁——国家或国际组织的机关或代表、法律顾问、律师、非政府组织、法官或仲裁员，还是法学家——该术语都是他们主张的一部分，旨在对人类的信仰、态度和行为产生某种影响。事实上，国家和国际组织代表们工作的一个重要组成部分，就是向人们宣扬他们所代表的主体持有的立场，赢得人们对这些主体行动的认可，并激起人们对其他主体行动的反对。一个国际组织的机构可能会鼓励成员国研究一些普遍现象的影响；同样，他们也可能会敦促或呼吁成员国采取某些措施，以促进某些理想状态的实现。法律顾问们的工作是让他们的雇主了解法律的状况和/或采取某种或某类措施的法律和其他后果。律师们的工作是赢得客户的信任。非政府组织们可以将国际社会的注意力引向某些恼人和讨厌的事态，鼓励国际社会提出解决方案，或者为改变公共政策而奔走。甚至法官们和学者们也倾向于认为他们同样参与了此类社会

---

① 对此领域既有研究和各种成熟理论的精彩综述，see E. Margolis and S. Laurence, "Concepts", in E. Zalta (ed), *Stanford Encyclopedia of Philosophy*, Summer 2010 Edition, available at http://plato.stanford.edu/archives/sum2010/entries/concepts, last visited on 20 January 2020。

② *Ibid.*

③ *Ibid.*

④ *Ibid.*

⑤ *Ibid.*

互动。这一点从界定他们各自任务的关键问题中可以看出：这种推理是否足以说服当事人？他们会认为这个结果是公平的吗？同事们会接受我的前提和结论的合理性吗？他们会认可我的权威性以及判断的正确性吗？

尽管国际法学者们非常熟悉法律语句具有的这一社会层面的意义，但到目前为止，他们还缺乏一种牢牢建立在语用学研究基础上的意义理论，来帮助他们系统地描述和研究它。他们不应满足于丹麦法哲学家阿尔夫·罗斯（Alf Ross）在将这一主题引入法学研究时采用的意义指称论（the referential theory of meaning）①。意义指称论下，概念术语的意义在于作为法律推理中，连接识别标准与法律后果的一种指引。它假定法学家们可以仅通过明辨以下内容来学习概念性术语的意义：（1）确定某一特定现象或事态属于该术语所代表的概念之范围的特定属性；以及（2）对特定现象或事态如此归类在国际法中的特殊意义。②

当学者们试图掌握诸如"强行法"或"比例性"这样的术语的意义时，意义指称理论的不足之处变得尤其明显。而这些术语在国际法律话语中非常常见。有趣的是，研究者们使用这两个术语的动机，看起来与其说是用这两个术语指向什么具体的现象或事态，倒不如说是试图通过它们对国际法律话语中其他参与者的信念、态度和行为产生某种影响。这一认识是我在以前的文章中已经努力强调过的。③ 本文中，我会在更广泛的层面上来讨论概念性术语的意义。我会做我以前没有时间或空间去做的事情。我会为概念性术语语句的社会意义这一概念提供一个坚实的背景，以促进这一理论在分析国际法律话语和国际法学者们工作时发挥更重要的作用。我也将借此机会填补我先前写作中的一些空白，并纠正其中的一些瑕疵。

在第二部分，本文将阐明如何从语用学的角度，像解释词语的词汇意义一样，来解释语句④的社会意义。如下所述，对语句意义的任何解释，其关键在于，特定言语在特定语境中对潜在听话人的信念、态度或行为的潜在作用之间的关系。在第三部分，本文将对语境的概念作出定义。如下所述，与语用学通常的定义相反，至少就本文而言，语境并非听话人持有的一组定识⑤。它应该按照认知主义科学家丹·斯珀波（Dan Sperber）和迪尔德

---

① See A. Ross, "Tû–tû", 70 *Harvard Law Review* (1956–1957), pp. 812–825. 罗斯对意义指称理论的采用可以通过他对法律现实主义法律概念的采用来解释。T. Spaak, "Alf Ross on the Concept of a Legal Right", 27 *Ratio Juris* (2014), pp. 461–477. 这两者之间的关系往往被此后学术界所忽视。

② See Ross *supra* note 8.

③ U. Linderfalk, "All the Things That You Can Do With *Jus Cogens*: A Pragmatic Approach to Legal Language", 56 *German Yearbook of International Law* (2013), pp. 351–383; U. Linderfalk, "Towards A More Constructive Analysis of the Identity of Special Regimes in International Law: The Case of Proportionality", 2 *Cambridge Journal of International and Comparative Law* (2013), pp. 850–878.

④ 语句（utterance），即说出或写出的句子，而不论其为文字或口头形式。此外，说话人（utterer），是发出语句的人，听话人（addressee），是接收语句的人。以上皆为语用学术语，与本文密切相关。——译者注

⑤ 定识（assumption），语用学术语，指被个人当作现实世界表征的思想，也就是被个人当作事实的思想，为构成语境的基本单位。——译者注

雷·威尔逊（Deirdre Wilson）提出的理论来定义——作为一组对听话人来说显明的或可用的定识。① 在第四部分，本文将勾勒国际法律话语中概念术语语句意义理论的轮廓。如本文所推论的，要构建这一理论，就需要进一步澄清概念术语语句的潜在意义对其潜在听话人可用定识的依赖性。这正是本文第五部分的任务。最后，第六部分将探讨一个关键性的问题，即本文所提出的意义理论如何更好地促进国际法学者们的工作。

二、语句的社会意义通常是如何得以解释的

语句的社会意义是语言学的一个分支语用学的研究对象。② 根据语用学，使用语言的目的是进行社会互动。因此，当某人说话的时候，不管语句是文本形式还是口头形式，都是为了以某种方式影响某个或某些对象的态度、信仰或行为。③ 例如，考虑如下一个名叫吉尔（Jill）的人对她的丈夫杰瑞（Jerry）所说的话：

（1）"树在掉叶子！"

导致吉尔说出上面这句话的原因可能有很多。如果想当然地认为这句话是在秋天的时间背景下说的，那么吉尔可能是想建议她自己和杰瑞（或者只是杰瑞）把树叶耙起来，从草坪上移走；她可能是想让杰瑞意识到地上的树叶所带来的危险（因为湿树叶一般容易让走在上面的人滑倒）；或者她可能只是希望杰瑞分享她忧郁的心理状态（知道在明年春天之前还有许多黑暗的月份等着他们）。根据语用学，任何可靠的语句意义理论都必须考虑人类语言的社会效果。不管是什么原因促使吉尔说出"树在掉叶子！"，在某种程度上，它都必须被视为她语句意义的一部分。

正如这个例子所显示的，语句的意义本质上是体现说话人意图的。当一个人说话时，他或她总是想通过语句传达一些东西：例如，在前面的段落中，建议吉尔和杰瑞把树叶耙起来，从草坪上移走。这种意图在语用学中被称为"语句的意义"。语用学的一大挑战是如何解释意图——一个与特定个体和特定场合相关的现象——如何能够被听话人所理解。正如我们所假设的那样，如果语句不呈现出某些模式，那么言语交际就不可能实现。这就使我们有可能把语句的意义作为一种普遍现象来解释，就像用词汇表来解释词语的意义，用语法来解释词形的构造和句子的构成一样。语用学的观点是，这些模式存在于特定言语和其语境之间的关系中。

为了定义这种关系，学者们尝试了许多不同的方法。其中最著名的可能是言语行为理论，特别是对非语用学专业的人来说。根据这一理论，语句的意义最终总是取决于说话人

---

① *See* D. Sperber and D. Wilson, *Relevance. Communication and Cognition* (1986).
② 有关这一领域的一些优秀的、易于阅读的专题介绍，*see* e.g. SC. Levinson, *Pragmatics* (1983); D. Blakemore, *Understanding Utterances* (1992).
③ Compare J. Lyons, *Semantics* (1977), p. 725.

言语行为的类型，例如承诺、提问或请求等①只有当说话人能够向听话人传达他的语句所属的具体类别时，交际才会成功。② 因此，希望作出承诺的说话人必须表达出他正在做出承诺；希望提出问题的说话人必须表达出他正在提出问题；希望提出请求的说话人必须表达出他正在提出请求。反过来说，如果听话人不能确定正在进行的言语行为的类别时，她就无法理解这一语句。

言语行为理论研究者认为，他们的重要任务之一是明确规定每一类言语行为能够成功实施的条件。③ 为了完成这项任务，他们注意到了某些动词的重要性。这些动词似乎具有非常明显的行为功能，如"承诺""提醒""禁止""邀请"或"道歉"等。例如，如果一个人说出下面的句子（2），听话人可能轻易地理解这是一个邀请。如果一个人说了句子（3），听话人可以轻易地理解这是一个提醒。

（2）"我邀请您提交一篇探讨语言理论与国际法研究相关性的文章。"

（3）"我提醒你，你需要非常小心地处理这把刀，因为它非常锋利。"

其他语法特征，如语气，同样可以帮助听话人理解正在进行的言语行为的种类，如提问、请求和断言：

（4）"你会按照承诺提交你的文章吗？"

（5）"你必须按照承诺提交你的文章！"

（6）"我已经按照承诺提交了我的文章。"

尽管存在相关性，但很明显，语句的语法形式和它所实施的言语行为之间最终并没有简单的一一对应关系。以邀请或提醒为例。在适当的语境中，说话人在不使用动词"邀请"的情况下发出邀请，或者在不使用动词"提醒"的情况下发出提醒，都不会有什么问题，如示例（7）和（8）所示：

（7）"星期六晚上你有什么计划吗？我要办个派对。"

（8）"这狗咬人。"

某些言语行为的成功实施甚至可能不需要语法动词。比如说，吉尔和杰瑞已经花了相当长的时间来耙花园里的树叶，但是一天早上，在一场大风暴之后，他们发现大量的新树叶散落在草坪上。在这种情况下，说出一个在语法上不完整的句子，如下面两个句子中的任何一个，吉尔也可能可以成功地向杰里提出建议，由她和杰瑞再次承担起耙树叶的任务：

（9）"我们真是好运！"

（10）"锻炼的机会又来了，亲爱的！"

相似地，语法中的语态对理解一个语句也无法起到一锤定音的作用，而总是需要依赖

---

① See e. g. J. Searle, *Speech Acts* (1969).

② *Ibid.*

③ Compare K. Bach and R. Harnish, *Linguistic Communication and Speech Acts* (1979).

于语句的上下文。以下面这个句子为例:

(11)"我刚刚把那把刀磨好了。"

这个句子的陈述语气表明,它很可能是一个断言。在许多情况下,这种推断都可能是正确的,例如当说话人和听话人正在欣赏橱柜中的收藏品时。然而,在其他情况下,同样的陈述句可能被用来实施其他类别的言语行为。如果这句话是某人在厨房里对一个提出帮忙准备饭菜的客人所说时,它可能被用来表达提醒。如果这句话是一个正在威胁别人交出钱包或车钥匙的强盗在黑暗的小巷里所说时,它可能被用来实施敲诈行为。如果是在餐馆里,厨房经理对正在收集需要磨刀的员工所说时,它可能会被用来表达一项命令:不要磨刀!

通过这些观察,言语行为研究者们揭示了与他们的研究对象相关的一些重要的东西。正如语用学所假设的那样,语句和它们的语境之间毫无疑问存在着某种关系,但这种关系并不直接确定语句的意义,而只是它们的意义潜势(meaning potential)。言语行为理论的拥护者会把这种关系称为语句的语言学形式与这些语句在特定语境中可能被用来实施的言语行为类别之间的关系。本文中,考虑到并非所有语用学流派都赞同言语行为理论的基本前提——即成功的交际取决于听话人还原说话人实施特定类别的言语行为所要表达的意图的能力——我们将以某种不同的方式来表述这一结论。[1] 这一结论可表述为,特定言语在特定语景下对其潜在对象的信念、态度或行为可能产生的影响之间存在着一种关系。

这一结论促使我们审视语境的概念。迄今我们都在相当宽松的程度上使用这个概念。现在是时候给这个棘手的概念一个明确的定义了。如果一个语句的意义潜势在所有情况下都取决于其语境,那么问题就来了。这个叫作语境的东西是什么?更准确地说,一个语句的意义潜势依赖于什么?第三部分将就此展开讨论。

三、语境的概念

语境对理解语句很重要。这也正是为什么语句的意义潜势在任何情况下都依赖于语境的原因。言语理解是一个推理过程,由几个不同的分析阶段组成。[2] 为了说明这一点,请看下面这个人给同事讲故事时说出的句子:

(12)"汤姆,那个老人,追着狗跑。他把假牙含在嘴里。"

在第一阶段,听话人会注意到说话人所说的这段话本身。在第二阶段,通常情况下,听话人会利用他掌握的词汇和语法知识来对这段话解码。他会发现,这种做法并不能使他辨别出这段话中的名词"他"所指的对象。因此,他并不清楚嘴里有假牙的,是被称为汤姆的人,还是那条狗。在第三阶段,听话人会结合语境去理解这段话。他也许会想:

---

[1] 对此的详尽反驳,see e. g. Sperber and Wilson *supra* note 13, pp. 243 – 254。

[2] *See* e. g. Blakemore *supra* note 14, pp. 10 – 16.

(13)"假牙是人有，但狗没有的东西。"

在第四个阶段，听话人会根据这段话和语境之间的假设关系，来推断这段话的含义。加上定识（13），他会按照以下三段论进行推理：

(14) 说话人要么说的是那个叫汤姆的老人嘴里有假牙，要么说的是狗有假牙。

人有假牙，但狗没有。

汤姆的嘴里有假牙。

在这个例子中，显然，对语句（12）的理解依赖于命题（13）。这个命题不是物理世界的一部分。它是由听话人——在这个例子中是听到那两句话的同事——构建的定识。有人会说，物理世界影响了人对言语的理解，但事实是，它只是通过听话人对它的心理表征（mental representations）间接地影响了这个过程。①

想要对语境的概念作出任何合理定义，把握听话人用来提取诸如（12）这样的语句的意义的定识的来源，至关重要。② 如定识（13），它通常是基于知识或经验而形成的，并作为一般命题储存在听话人的记忆中。对于一个曾经接触过或听说过戴假牙的人，但非常不悉狗的人来说，(13) 确实是一个非常自然的定识，即人有假牙而狗没有。基于类似的例子，许多语用学家将语境设想为听话人在与人交流时所有的一系列定识。③ 但这并不能作为语境概念的合理的通用定义。虽然在很多情况下，听话人用来提取语句意义的定识都来自他们的记忆，但定识也可能源于它处。例如，它们可能来自听话人对片属于语句发生场景的要素的感知，或者来自对说话人提供的证据的推断，无论这种要素或证据是作为言语本身的一部分，还是在言语的其他（前面或后面的）部分。④

为了说明这一点，我们再以语句（12）为例。

(12) "汤姆，那个老人，追着狗跑。他把假牙含在嘴里。"

这段话引出了一个非常合理的问题：汤姆到底为什么要追着那条狗？假设听话人以前有一些关于狗的经验，她知道有些狗很喜欢抢夺各种能塞进嘴里的东西，尤其是当它们感到无聊并且发现有玩耍机会的时候。再假设听话人至少对假牙的成本或获得假牙的难度有一定的了解。基于人类根深蒂固为行为寻找合理理由的欲望，她很可能从话语（12）中推断出以下的一般命题：

(15) "如果一只狗以某种方式抢走了某个人的假牙，那么他或她就有充分的理由去追赶这只狗，把假牙找回来。"

如果听话人基于这一定识而不是定识（13）来理解语句（12），那么显然，她的推理过程和结论都会有所不同：

---

① *Ibid*, pp. 16 – 22.
② 关于此话题，*see* Sperber and Wilson *supra* note 13，pp. 38 – 46。
③ *See* e. g. S. Schiffer, *Meaning* (1972); D. Lewis, *Convention* (1969).
④ *See* Sperber and Wilson *supra* note 13，pp. 38 – 46.

(16) 说话人要么说的是汤姆嘴里有假牙，要么说的是狗有假牙。

如果那条狗以某种方式抢走了汤姆的假牙，那么这就给了汤姆追赶它的充分理由。

那条狗抢走了假牙。

正如这个例子所显示的，听话人用于理解语句的定识不一定是事先固定的。有时，它们可能正是在理解言语的过程中才确定的。这就是为什么传统的语境定义不能成立的原因。① 斯珀波和威尔逊建议将语境的定义替代为听话人可用的一组定识。② 如果采用这一定义，一个定识只要能被听话人所获取，即使听话人实际上并没有用到它，它也可以构成语境的一部分。斯珀波和威尔逊举了"罗纳德·里根总统和语言学家诺姆·乔姆斯基从未一起打过台球"的命题作为例子，来说明这个问题：

在你还没念到这里时，虽然大概根据你既有的知识和定识，你也可以借助非论证型推理而得出这个命题……但直到现在，它才成为你的定识。在此之前这只是一个显明于你眼前的定识。③

此外，正如他们进一步解释的那样，一个定识还可以基于可感知的证据而显明：

一辆汽车在大街上喧嚣而过。你还没有注意到它，所以没有关于它的最浅层意义上的知识或定识。但是，一辆汽车在街上经过的事实对你来说仍然是显明的。④

斯珀波和威尔逊对语境概念的新定义意味着我们需要转移关注的焦点。对语句的理解，重要的不再是听话人对客观世界的心理表征，而是他们在理解语句时能够实现的心理表征。正如第四部分将要阐明的，这种焦点的转移对实现本文的目的是非常有帮助的。

四、概念性术语语句在国际法律话语中的潜在意义：理论框架

本文的目标是提供一种有助于法学家们系统地研究和描述概念性术语语句在国际法律话语中的意义的理论。这种理论的可能性本身预设概念性术语语句的意义，可以独立于个别读者或听众在特定场合的理解，作为一种普遍性的现象来加以诠释。正如第二部分所解释的那样，这促使人们探究概念性术语语句的意义潜势。同样地，它也促使人们关注语句的语境，因为在任何情况下，特定言语与其在特定语景下对潜在对象的信念、态度或行为可能产生的影响之间存在着一种关系。

此时我们必须再次关注语境的概念。如果要实现本文的目标，就必须设想语境在某种意义上至少是由部分人所共享的。显然，如果语境在所有情况下都是相对于单一的听众或读者而言的，那么我们就不可能对概念性术语语句在特定语境中的意义作出一般性的诠释。斯珀波和威尔逊对语境概念的定义的重要之处在于，它非常巧妙地解决了这个问题。

---

① *Ibid.*
② *Ibid.*, p.46.
③ *Ibid.*, p.40.
④ *Ibid.*, p.41.

根据他们的定义,语境是指在说话的时候,听话人可用的一组定识。正如斯珀波和威尔逊所强调的,如果某个人有能力构建定识,那么这个定识就是对他可用的,比如当这个定识在这个人的认知环境中显明出来,并且她有能力在精神上复现它时。当这个定义被采用时——尽管定识本质上是一种精神状态,就其本质而言与一个人密不可分——一个语境就可能由几个人所共有。唯一的要求是,这些人具有接近的认知能力。可以说,国际法律话语的参与者就符合这种要求。他们接受相同的教育,在作出法律决策和借助法律规范解决问题方面有相当类似的经验。

以上的考察为我们提供了一个一般理论的框架。为了使这一理论更加完整,第五部分将说明在国际法律话语中,概念性术语语句可能传达的诸多不同的意义。更重要的是,它将解释每种潜在意义所依赖的可用定识。

五、概念性术语语句的意义潜势及其对相关可用定识的依赖性

(一)潜在地节约法律思维成本

在国际法律话语中,概念是法律推理的中间环节或连接因素。[①] 一方面,概念用与连接识别标准,藉此判断某个人、某项行动或某种事态,或某类人、行动或事态是否属于这个概念的外延。以国际责任法的适用为例,当一个国家 A 为了促使另一个国家 B 遵守其国际义务,采取一项行动时,如果这项行动具有下列特征之一,它就可能被认定为"不相称的对抗措施":(a) 它的影响时间明显长于 A 所受的损害;或 (b) 它影响到了比 B 造成的损害明显更重要的原则或利益;或 (c) 它造成的物质损失明显比 B 造成的伤害更为广泛。如 (a)(b) 和 (c) 等标准在下文中均将被称为"识别标准"。[②]

另一方面,概念性术语将属于某一概念范围的某个人、某项行动或某种事态,或某类人、行动或事态,与相应的法律上的结论相联系。就国际责任法而言,如果一项行动被视为不相称的对抗措施,那么它至少将引出以下结论:(d) 该行动必须立即终止;(e) 行为国有义务提供不再重犯的承诺和保证;(f) 行为国有义务对所造成的损害作出充分赔偿。如 (d)(e) 和 (f) 等结论在下文中均将被称为"法律后果"。[③]

正如法哲学家们所指出的,由于概念在法律推理中的这种功能,概念性术语因此是重要的认知工具。[④] 它们帮助听话人以更经济的方式思考法律问题。在这个例子中,如果不存在"不相称的对抗措施"的概念,相关的国际法将不得不以一个相当长的规则清单的形

[①] 关于此话题,see U. Linderfalk, "What Is so Special About *Jus Cogens*? On the Distinction between the Ordinary and the Peremptory International Law", 14 *International Community Law Review* (2012), p. 3, at 6 – 11。

[②] *Ibid*, p. 8。

[③] *Ibid*, p. 8.

[④] See e. g. Ross supra note 8, pp. 812 – 825;L. Lindahl," Deduction and Justification in the Law:The Role of Legal Terms and Concepts", 17*Ratio Juris* (2004), pp. 182 – 202.

式呈现出来：

如果（a），那么（d）。
如果（a），那么（e）。
如果（a），那么（f）。
如果（b），那么（d）。
如果（b），那么（e）。
如果（b），那么（f）。
如果（c），那么（d）。
如果（c），那么（e）。
如果（c），那么（f）。

利用"不相称的对抗措施"的概念，相应表述就可以大为缩减：

如果符合（a）、（b）或（c），那么一项行动就是一项不相称的对抗措施。
如果一项行动是不相称的对抗措施，那么（d）。
如果一项行动是不相称的对抗措施，那么（e）。
如果一项行动是不相称的对抗措施，那么（f）。

当然，概念性术语的这一功能的发挥依赖于识别标准和法律后果的数量。① 这似乎需要这样的定识，即至少存在两项识别标准和至少两项法律后果，而且其中任何一个都有三项或更多时更佳。② 取决于这一定识的可用性，概念性术语的使用可能有助于国际法律话语的参与者以更经济的方式思考法律问题。

（二）潜在地增强法律论证的规范效力

用于国际法律话语的诸多概念中，有几个在相邻的道德或政治话语中也有对应的概念。正如经验所示，法律与这些领域之间存在双向的互动。因此，国际法律话语有时会借用道德或政治话语中的术语；道德和政治话语有时也会借用国际法学者们使用的术语。当任何这样的借用行为发生时，都会增加言语的意义潜势。③ 在道德和政治话语中，概念也被用于规范推理中。例如，在政治话语中，"种族灭绝"的概念与以最强烈的措辞谴责种族灭绝行为的规范有关。在法律话语中，当说话者在论证中使用种族灭绝一词时，他可能会被理解为对所有种族灭绝行为均持类似态度。取决于这一定识的可用性，概念性术语的使用可能会增加法律论证的规范效力。这样一来，它可能会激起单凭国际法无法激起的反应。例如，系统地杀害一群人的行为可能被归类为种族灭绝行为，也可能仅仅被归类为违

---

① Compare Spaak *supra* note 8, pp. 468 – 469.
② Compare Lindahl *supra* note 32, p. 190.
③ *See* e. g. Lindahl *supra* note 32, pp. 195 – 198; L. Kähler, "The Influence of Normative Reasons on the Formation of Legal Concepts", in J. Haage and D. von der Pfordten (eds), *Concepts in Law* (2009), pp. 81 – 97.

反与赔偿和补偿等法律后果相关的国际法律义务的行为，而犯罪行为通常都会激起或多或少的鄙夷。

（三）潜在地帮助更系统地理解法律语句

根据本文所采取的本体论立场，① 概念是通过抽象化过程形成的。它们是人类大脑功能发挥的结果。大脑的这种功能可以将现象或事态的某些方面的品质或属性感知为据以将这些现象或事态归入某个概念范围的共同特征，同时忽略许多并非这些现象或事态所共有的品质或属性。② 概念的这一内在属性潜在地影响对概念性术语的理解。一个概念性术语总是表达某种定识，即特定的个人、行动或事态之间存在某种或某些关系。③ 例如，如果某人将数家或几家公司称为"投资者"，那么他的话就可能会被理解为隐含着这样的定识，即所有这些公司之间存在一种特殊的关系，而这种关系在不属于投资者概念外延的任何实体之间都不存在。取决于这一定识的可用性，概念性术语的使用可能有助于人们以更系统的方式理解法律语句，即将之理解为一个可普遍化的命题，而不是仅适用于特定场合的命题。

（四）潜在地使听话人摆脱既往观念的约束

当国家和国际组织起草一份法律文件，并在文件中使用一个概念性术语时，他们并不总是会提供界定相应概念的外延的标准。这就使后来者有可能主张国际立法者们使用这一术语仅用于泛指④，概念的外延的界定则依托于某些特定的制度实践，例如某种语言的使用、某些群体遵循的道德原则、自然科学的学说、或某些机构或司法机构的实践等。⑤ 因此，对某些概念性术语应作动态解释，其含义需要根据相关制度实践的演变来加以确定。为了说明这一点，以《联合国宪章》第 13 条和第 62 条为例。根据第 13 条，"大会应发动研究，并作成建议……以助成全体人类之人权及基本自由之实现。"同样，根据第 62 条，经社理事会有权"为增进全体人类之人权及基本自由之尊重及维护起见，得作成建议案。"基于对概念性术语意义的上述理解，有理由认为，大会和经社理事会可以对这两个条款中

---

① 关于本体论概念，see e. g. E. Margolis and S. Laurence, "The Ontology of Concepts: Abstract Objects or Mental Representations?", 41 Noûs (2007) pp. 561 – 593。
② Compare S. Laurence and E. Margolis, "Concepts and Cognitive Science", in E. Margolis and S. Laurence (eds), *Concepts. Core Readings* (1999), pp. 3 – 81.
③ Ibid.
④ 关于通用指称在条约解释中的适用，see U. Linderfalk, "Doing the Right Thing for the Right Reason: Why Dynamic or Static Approaches Should be Taken in the Interpretation of Treaties", 10 *International Community Law Review* (2008), pp. 109 – 141; U. Linderfalk and M. Hilling, "The Use of oecd Commentaries as Interpretative Aids: The Static/Ambulatory – Approaches Debate Considered from the Perspective of International Law", *Nordic Tax Journal* (2015: 1), pp. 34 – 59。
⑤ Ibid.

的"人权和基本自由"做任何符合他们职能的解释。这一点意味着一个非常特殊的定识：这正是那些曾经的立法者们的意图所在。① 取决于这一定识的可用性，概念性术语的使用有可能帮助国际法律话语的参与者独立地处理和理解法律文件，而不受前人既往观念的约束。

（五）潜在地促进对其他概念性术语的理解

正如语言学所指出的，一个概念性术语的意义总是依赖于它与属于同一语言系统的其他概念性术语之间的关系。② 举例来说，"蛋糕"的意义依赖于它与"饼干"的关系。"踢"的意义依赖于它与"脚"的关系。"法律"的意义依赖于它与"义务""法官"和"管辖权"的关系，等等。通过使用一个概念性术语，说话人将自己置身于存在一些能够解释这些关系的原则的定识中：例如，为什么"蛋糕"与"饼干"的关系比"雷雨"更密切，或者为什么"法律"与"管辖权"的关系比"水仙花"更密切？③ 取决于这一定识的可用性，在国际法律话语中使用一个概念性术语可能会促进参与者对同一人使用的其他概念性术语的理解。例如，如果听话人了解到，在说话人的概念世界中，"国家的连续性"是指一个国家在其政府发生违宪变化或领土大量丧失的情况下仍然继续存在，那么这通常会帮助她理解说话人通过使用"国家"这一术语所要传达的意思。同样地，如果听话人得知在说话人的概念世界中，"成比例划分海域"有助于实现公平的结果，这通常会帮助她理解说话人通过使用"公平原则"这一术语所要传达的意思。

（六）潜在地引起道德方面的考虑

在国际法律话语中，概念作为法律推理的中间环节，联系识别标准与法律后果。根据这种联系的表述方式，它可以起到揭示法律结论的真实性质的作用。以对国家责任法的适用至关重要的"国家的国际不法行为"的概念为例。根据《国家对国际不法行为的责任条款》（ARSIWA）第2条，"一国国际不法行为在下列情况下发生：（a）由作为或不作为构成的行为依国际法归于该国；并且（b）该行为构成对该国国际义务的违背。"④ 这一条款对"违反国际义务的行为"和"国际不法行为"进行了区分。据此可以推定，一个国家违反国际义务的行为并非必然被归类为国际不法行为。ARSIWA 第 20-25 条确认了这一点，规定如果某一行为属于这六条中任何一条的适用范围，则该行为的不法性就被解

---

① *Ibid.*
② *See* e. g. Lyons *supra* note 15, p. 230 et seq.
③ *Ibid.*
④ 《国家对国际不法行为的责任条款草案》，由国际法委员会第五十三届会议通过，见《国际法委员会第五十三届会议工作报告》，《国际法委员会年鉴 2001》第 2 卷第 2 部分，第 26 页及以下。2001 年 12 月 12 日，联合国大会通过了第 56/83 号决议，承认国际法委员会的工作并通过了国际法委员会条款。从那时起，国际法委员会的条款被正式称为《国家对国际不法行为的责任条款》。

除了，不会招致国际责任，即使它可能构成对一国国际义务的违反。

一国的国际不法行为这一概念的意义，在一国的特定行为根据 ARSIWA 第 20-25 条的规定被解除不法性的情况下尤为显著。以"托列峡谷号事件"为例。[①] 1967 年，一艘载有大量原油的利比里亚油轮在邻近英国的公海上搁浅。这次事故造成了大量的原油泄漏，对海岸线和海洋环境的安全构成严重威胁。英国当局决定轰炸该船。此举引燃了剩余的原油，有效地控制了损害。由于利比里亚没有同意这一行动，英国当局采取的措施违反了船旗国专属管辖的原则。该原则规定，对公海上的船舶行使执法管辖权是船旗国的特权。[②] 然而，正如国际法学者们所论述的，这一行动并没有引起英国的国际责任。[③] 他们认为，轰炸是英国当局保护其基本利益，对抗严重迫切危险的唯一办法，因此，它不属于"国家的国际不法行为"。

人们可能对究竟是什么因素促使英国当局采取了这样的行动感兴趣。很明显，当"托列峡谷号"搁浅，大量原油泄漏，威胁到海洋环境时，英国当局面临被迫做出决定的局面。他们不得不对是否进行轰炸作出决定。如果轰炸，他们可以保护清洁环境；不轰炸，他们可以维护航行自由。从国家责任法的角度来看，无论英国当局最终选择哪一个，都没有什么实际区别，因为无论如何，他们的行动都不会带来国际责任。现在看来，轰炸的决定不是由法律促成的，而是由道德考虑促成的。通过把轰炸行动说成是一项"国际非不法行为（internationally non-wrongful act）"，可以理解为说话人隐含地致力于这样的定识，即英国当局的决定在道德上是正确的。取决于这一定识的可用性，概念性术语的使用可能会引起道德上的考虑。

（七）潜在地帮助说话人掩盖法律知识的欠缺

正如第（一）节所指出的，概念性术语有可能帮助国际法律话语的参与者以一种更经济的方式来思考法律。这种潜力对法律交流产生了影响。在意见交流中，交流的重点是法律后果而不是识别标准，因此说话人无须描述用以确定某人、某项行动或某种事态是否属于某个概念外延的所有识别标准。在许多情况下，如不相称的对抗措施的例子所示，他或她可以用概念性术语来取代这些标准：

"如果一项行动是不相称的对抗措施，那么这一行动应立即终止；采取这一行动的国家有义务提供不再重犯的承诺和保证；这个国家还有义务对所造成的伤害进行充分的赔偿。"

识别标准源于法律。它们是法律用来确定某人、某项行动或某种事态是否属于某一概

[①] 关于本次事件，see further e. g. V. Nanda, "The Torrey Canyon Disaster", 44 *Denver Law Journal* (1971), pp. 400 – 425。

[②] Compare Art 6 of the 1958 Geneva Convention on the High Seas, 450 UNTS 11.

[③] See e. g. *ILC Yearbook* 1980, Vol ii, Part 2 (UN Doc a/cn. 4/ser. a/1980/Add. 1 (Part 2)), p. 39.

念外延的标准。因此，根据习惯国际法，"公海"被定义为不包括在专属经济区、领海或国家内水或群岛国家的群岛水域中的所有海洋部分。根据条约法，"条约"被定义为国家或国际组织之间以书面形式缔结的受国际法约束的国际协定。根据《1997年捷克共和国——以色列位双边投资协定》第1（3）条，"以色列投资者"被定义为"根据以色列国法律为其国民，但根据捷克共和国法律不为其国民的自然人"和"根据以色列法律注册或组成，并在以色列国境内有常设机构的法律实体"。①

当某人使用某个概念性术语时，由于各种原因，他可能并不完全熟悉相关的识别标准。这个人可能没有研究过确定相关法律的方法。或者，尽管这个人可能已经花了相当长的时间来研究确定相关法律的方法，但这些研究可能仍然不足以让他说出标准是什么。以"强行法"的概念为例，根据1969年和1986年《维也纳条约法公约》第53条的共同规定，强行法的定义没有指向任何确定的标准，而是源于国家对一些普遍界定的法律后果的接受和承认。② 然而，实践中，国际法学者们基于很多不同理由，试图将某些国际法规范确定为强行法。③ 取决于你询问的对象，不同的对象可能会试图从不同的角度来让你接受强行法的概念：强行法规范来自自然法；④ 强行法规范构成"国际宪法"；⑤ 它们体现了"国际公共秩序"⑥ 或"国际社会的共同利益"⑦ 或者强行法的概念有助于保护某些特定目标，如"开放的国际市场"⑧ 或"个人的基本尊严"⑨ 等。

无论在什么情况下，当某人使用诸如"公海""以色列投资者"或"强行法"这样的概念性术语时，即便这个人无法说出相关的识别标准，但这些概念性术语的使用引导读者或听众趋于这样的定识，即他是可以的。⑩ 因此，取决于此定识的可用性，概念性术语的使用可以潜在地帮助说话人掩盖相关知识的欠缺。

---

① 2078 UNTS 298.

② 《维也纳条约法公约》，1969年5月22日通过，1155 UNTS 331。比较1986年3月21日通过的《关于国家和国际组织间或国际组织相互间条约法的维也纳公约》中相同的第53条，UN Doc. a/conf. 129/15。在撰写本文时，1986年公约尚未生效。

③ 对这一现象的进一步研究，See e. g. U Linderfalk, *Understanding Jus Cogens in International Law and International Legal Discourse* (2021), pp. 116 – 117。

④ See e. g. D. Dubois, "The Authority of Peremptory Norms in International Law: State Consent or Natural Law?", 78 *Nordic Journal of International Law* (2009), pp. 133 – 175.

⑤ See e. g. S. Breau," Review Essay: The Constitutionalization of the International Legal Order", 21 *Leiden Journal of International Law*, (2008), p. 545, at 550.

⑥ See e. g. A. Orakhelashvili, *Peremptory Norms in International Law* (2006), p. 7 et seq.

⑦ See e. g. Brundner, "The Domestic Enforcement of the International Covenant on Human Rights", 35 *University of Toronto Law Journal* (1985), p. 219, at 249.

⑧ See e. g. M. Allen, "Globalization and Peremptory Norms in International Law: From Westphalia to Global Constitutionalism", 41 *International Politics* (2004), p. 341, at 346.

⑨ *Juridical Condition and Rights of Undocumented Migrants*, Advisory Opinion of 17 September 2003, oc – 18/03, paras 99 – 100.

⑩ 显然，如果听话人已经很熟悉强行法，这种定识就是不可用的。

（八）潜在地促进新法律知识的获取

正如第（五）节所指出的，某一个概念术语可能基于这样的定识而使用：在这个术语所指向的所有对象之间存在着某种特殊的关系，使说话人能够将它们作为同一类概念的组成部分来理解。取决于这一定识，使用一个概念性术语可能有助于将相应的法律语句作为一般化的命题来理解。概念性术语的这种潜在意义不考虑说话人预设的同一类概念的各个组成部分之间存在的关系的确切性质。它只依赖于存在某种关系的定识。比这个更进一步的定识是，这些组成部分之间存在非常精确的关系。取决于这个进一步定识的可用性，一个概念性术语的使用可能发挥更大的作用，如它可能促进对新的法律知识的获取。例如，如果某人将某项国内立法的引入或适用称为"对人权的不相称的限制"，那么国际法律话语的参与者可能会明白这项措施是不公正的；它是歧视性的或任意的；它对于实现某些特定的目的，如保护国家安全，是没有必要的；或者它与民主社会的理念相悖。

（九）潜在地阻止听话人对说话人的意图提出质疑

某个概念性术语的潜在意义任何时候都取决于一个或几个定识的可用性。正是基于对某个概念持有某种道德或政治态度具有适当性的定识，概念性术语的使用才有可能增强法律论证的规范效力。正是基于属于某个概念外延的所有个人、行动或事态之间存在着某种特殊的关系的定识，概念性术语的使用才有可能有助于以更系统的方式理解法律语句。正是基于法律文件的起草者可能将某个概念性术语的含义依托于某些特定制度实践演变的定识，概念性术语的使用才有可能帮助国际法律话语的参与者独立地处理和理解法律文件，不受既往观念的约束。有趣的是，有时候，这些定识会结合在一起，使概念性术语产生其他潜在的意义。[1]

为了说明这一点，请看一位学者在一次法律会议上说的下面一句话："禁止酷刑是强行法。"正如本文作者先前所言，在这样的句子中，将禁止酷刑作为强行法的提法，有可能使听众者无法质疑说话人的意图。[2] 事实上，在许多情况下，其效果可能与以下语句的效果十分相似。"我认为禁止酷刑是强行法，如果你不同意这个观点，这表明对你来说，酷刑有时可能是合法的。"强行法这个概念性术语的这种潜在意义是以两个定识的可用性为条件的：第一，对强行法的概念持某种道德或政治态度是适当的；第二，强行法概念的使用者能够描述判断某一国际规范是否为强行法的法律标准。这两个定识中的任何一个本身都不足以潜在地阻止国际法律话语的参与者对说话人的意图提出质疑。将违反强行法的行为视为卑鄙行为是适当的这一定识，并不能解释为什么质疑将禁止酷刑定性为强行法的

---

[1] 关于此话题的进一步分析，see Linderfalk, "All the Things That You Can Do With Jus Cogens" *supra* note 8, pp. 373–379.

[2] *Ibid*, pp. 378–379.

主张是不适当的。而强行法概念的使用者能够描述判断某一国际规范是否为强行法的法律标准的定识，也不能解释为什么将违反强行法的行为视为卑鄙行为是适当的。只有在这两个定识都具备的情况下，将禁止酷刑作为强行法的提法才有可能防止国际法律话语的参与者质疑说话人的意图。

六、语用学如何促进国际法学者们的工作

（一）语用学理论和成功交际的条件

这一部分的焦点是国际法学者群体。国际法学者们的工作有助于国际法律交际，就像国家的任何机关或代表、法律顾问、律师、法官和仲裁员以及非政府组织的活动一样。但是，它有一个非常具体的目标，这使它与国际法律话语中所有其他参与者的工作相区别。国际法学者们的工作是阐明法律和法律实践。这一目标赋予了所有有关国际法律话语中概念性术语语句的意义理论以工具性价值。它同样解释了本文最后一部分将专门讨论的问题的重要性：本文所建议的意义理论如何帮助国际法学者们完成他们的任务？

要回答这个问题，必须从明确成功实现法律交际的条件以及它们对概念性术语语句意义潜势的依赖性开始。正如第二部分所解释的，语用学所称的语句的意义是指说话人通过语句意图表达的内容。在任何情况下，当听话人能够理解这种意图时，交际就是成功的。这一观察解释了成功交际的两个重要条件。

其一，说话人使用的语句必须能够表达他的意图。显然，说话人不可能通过一段语句来表达不在该语句的意义潜势范围内的东西。正如本文的前几部分所阐明的，某一语句的意义潜势依赖于听话人的认知环境。如果以某语句能够表达特定的意图为交际成功的标志，且这种潜在意义依赖一种非常特殊的定识，那么如果这种定识对听话人不可用时，交际就无法成功。例如，如果一个说话人试图使用"不相称的对抗措施"这一术语来掩饰他实际上并不真正了解相关的识别标准，但听话人可能已经熟知确定相关国际法的公认手段的低效性时，他的意图就无法实现，交际就是不成功的。同样，如果某人试图使用这一术语来增强所论证法律命题的规范效力，但听话人基于与说话人不同的道德或政治态度来理解此术语时，如听话人基于"相称的对抗措施通常不足以促使一个顽固不化的国家遵守其国际义务"这样的定识时，他的意图也无法实现，交际也是不成功的。

其二，可用的定识必须被实际使用。即使某个定识在某人使用概念性术语时，对听话人是可用的，听话人仍有可能依赖可用的其他定识来理解这个人的意图。比如说，某人把某个国际机构称为"法院"，以向听话人传达这样一个命题，即这个机构具有某种特定的属性，比如做出具有法律约束力的决定的权力。听话人之前可能对法院这一概念有一些了解。例如，他们可能有过这样的经历：律师经常基于一系列不同的标准将一个机构归类为法院。这些标准可能包括说话人实际使用的标准，但也可能包括其他标准，如一个机构是否独立于创建它的政治机构，是否赋予诉讼当事人某些权利，或是否提供其所做决定的理

由等。在这种情况下,尽管所有法院都有权做出具有法律约束力的决定这一定识对听话人来说肯定是可用的,但他们可能无法从众多其他可用的定识中挑选出这一精确的定识。同样,在所有条件相同的情况下,由于"法院"一词的潜在意义超出了仅仅是促进新的法律知识获取的范围,听话人对这一语句的理解就可能基于对说话人表达的观点持有某种道德态度具有适当性的定识,而不是基于所有法院都有权做出具有法律约束力的决定的定识。在这两种情况下,交际都不会成功。

斯珀波和威尔逊的交际理论中最吸引人的一点是,它解释了说话人可以怎样采取行动来影响实现成功交际的条件。按照他们的理论,如果说话人不能完全确定听话人的认知环境是否使得他可以理解他的意图时,那么他可以采取行动改变它,从而避免误解的发生。因此,在说话人不确定所需的定识是否可用的情况下,他可以采取行动使其变得可用。①在说话人怀疑听话人无法从众多可用的定识中挑选出所需的定识时,他可以采取行动,将听话人的注意力准确地引向这一定识。② 斯珀波和威尔逊举了一个例子:两个人,玛丽和彼得,在看风景的时候,玛丽注意到了一个遥远的教堂。玛丽对彼得说:"我已经进过那个教堂了。"

她没有停下来先问自己,他[彼得]是否注意到了这座建筑?他是否认定她注意到了,并认定她注意到了他注意到了,等等。或者他是否认定它是一座教堂,并认定她认定它是个教堂,等等。她所需要的只是合理的信心,即他能够在需要时将该建筑识别为教堂;换句话说,某个定识会在正确的时间在他的认知环境中显明出来。在她说话之前,他不需要知道这个定识。事实上,在她说话之前,他可能会认为那个建筑是一座城堡,可能只是因为她的话的作用,那个建筑是一座教堂才对他显明出来。③

这些有趣的观察启发国际法学者们可以用同样的方法来改进他们对国际法律话语的理解。第五部分应该已经列举了一些概念性术语语句意义潜势对相关可用定识的依赖性。对这些依赖关系的认识,有助于学者们发现和解释说话人为改变实际或潜在听话人的认知环境,以使听话人更好地理解其意图,而采取的措施。以下第(二)节将在第五部分的基础上,进一步说明这种方法如何相对于概念性术语语句及其意义潜势发挥作用,同时也作为本文的结论。

(二)说话人怎样改善成功交际的条件:本文建议理论的实际运用

使用概念性术语可能会节约法律思维的成本。第五部分第(一)节借助"不相称的对抗措施"这一术语阐释了这一建议。通过将一项行动称为"不相称的对抗措施",说话人可以帮助听话人将冗长而复杂的法律信息串组织成块,减少他们的认知负荷。我们可以

---

① Sperber and Wilson *supra* note 13.
② *Ibid*, pp. 38 – 46 et passim.
③ *Ibid*, pp. 43 – 44.

通过以下关于"不相称的对抗措施"的讨论来说明这一过程,讨论的重点是不相称的对抗措施的识别标准。在此过程中,听话人无须在大脑中投射所有因某行动被确定为不相称的对抗措施而产生的法律后果问题,而只需要思考以下内容即可:

"如果一个国家 A 采取了促使另一个国家 B 遵守其国际义务的行动,但该行动的影响明显长于 B 造成的损害,那么该行动应构成不相称的对抗措施。"

"如果一个国家 A 采取了促使另一个国家 B 遵守其国际义务的行动,但该行动影响到了比 B 造成的损害明显更重要的原则或利益,那么该行动应构成不相称的对抗措施。"

"如果一个国家 A 采取了促使另一个国家 B 遵守其国际义务的行动,但该行动造成的物质损失明显比 B 造成的损害更广泛,那么该行动应构成不相称的对抗措施。"

概念性术语这种潜在意义的发挥需要基于这样的定识,即与术语关联的识别标准和法律后果多种多样,就像"不相称的对抗措施"这一术语所体现的一样。说话人可以通过各种方式来帮助听话人构建这一定识,或者引导听话人注意这一定识。例如,他们可以强调有关对抗措施的法律的巨大复杂性,[1] 或者提及相称性原则的关键作用。[2] 他们可以提到简化的必要性。[3] 同样,他们可以简单地提供一个类似于第五部分第（一）节中的全面的清单,列出与不相称的对抗措施概念关联的所有识别标准和法律后果。[4]

使用概念性术语可能会增强法律论证的规范效力。第五部分第（二）节借助"种族灭绝"这一术语,阐释了这一建议。通过把对一个群体的系统性杀戮或迁徙称为"种族灭绝",说话人可能会激起单凭法律无法激起的情感反应,从而使得他们的法律论证得到更广泛的接受。概念性术语这种潜在意义的发挥需要基于这样的定识,即对某类人、行动或事态持有某种道德或政治态度是适当的。在"种族灭绝"的情况下,说话人可以通过引用 1948 年《种族灭绝公约》的序言[5],将种族灭绝称为"可憎的祸害"和"被文明世界谴责的罪行",来帮助听话人构建这种定识,或引导听话人注意这一定识。[6] 他们可以说,不实施种族灭绝的义务是普适的,这使得防止违反这一义务成为人类优先关注的问题。[7] 他们可以宣布,禁止种族灭绝"是一种规则,如果一个国家提出抗议,会震惊人类的良知

---

[1] *See* e. g. Gab íkovo – Nagymaros *Project（Hungary/Slovakia）*, icj Reports 1997, p. 1, Dissenting opinion of Judge Vereshchetin, at 223.

[2] *Ibid.*

[3] *See* e. g. R. Rayfuse, "Countermeasures and High Seas Fisheries Enforcement", 51 *Netherlands International Law Review*（2004）, p. 41, at 51.

[4] *See* e. g. E. Zoller, *Peacetime Unilateral Remedies. An Analysis of Countermeasures*（1984）.

[5] *See* e. g. *Reservations to the Convention on Genocide*, Advisory Opinion of 28 May 1951, icj Reports 1951, p. 15, at 23.

[6] 《防止和惩治灭绝种族罪公约》,1948 年 12 月 9 日在纽约通过并开放签署,78 UNTS 277。

[7] *See* e. g. J. Wouters and S. Verhoeven, "The Prohibition of Genocide as a Norm of *Ius Cogens* and Its Implications for the Enforcement of the Law of Genocide", 5 *International Criminal Law Review*（2005）, p. 401, at pp. 406 – 409.

和公共道德标准。"① 同样,他们可以将种族灭绝归类为"令人发指的"罪行,② 或将其称为"暴行罪"③ 置于战争罪和反人类罪之列。

使用概念性术语可能有助于将法律语句作为一般性的命题来理解。第五部分第(三)节借助于"投资者"这一术语阐释了这一建议。通过将一个公司称为投资者,说话人可以表达出,无论这个公司的什么属性促使他认为它是一个投资者,只要这个属性被其他公司所共享,这些公司也应该被视为投资者。概念性术语这种潜在意义的发挥基于这样的定识,即在所有那些属于该术语所代表的概念范围内的个人、行动或事态之间存在着某种关系,就像在本例中,所有投资者共同具有的显著特征。④ 同样,说话人可以暗示,作为学者,他们的任务是使法律实践系统化,⑤ 或者暗示司法机构有道德义务对类似的案件作出相同的裁决。⑥

使用概念性术语可能使听话人摆脱既往观念的约束。第五部分第(四)节借助"人权和基本自由"这一术语阐释了这一建议。《联合国宪章》第13条和第62条在分别规定联合国大会和经社理事会的权力时,都使用了这一术语。如前所述,这一术语的采用,使我们有理由认为,联合国大会和经社理事会可能享有比十年或二十年前更大的权力。这一潜在意义的发挥基于这样的定识,即立法者希望将"人权和基本自由"这一术语的意义依附于联合国积极处理人权问题的两个主要机构,联合国大会和经社理事会的实践演进中。说话人可以通过强调《联合国宪章》没有有效期,⑦ 来帮助听话人构建这一定识,或引导听话人注意这一定识。他们可以强调,《宪章》应该反映现代背景⑧,或它具有宪法的性质。⑨ 他们可以提出一个问题,即在通过《联合国宪章》时,其起草者是否对"人权和基本自由"有任何确定的理解,因为这一概念在当时还只是新生事物。⑩ 他们还可以争辩

---

① See e. g. *Roach and Pinkerton*, Case No. 9647, res 3/87, Adopted on 22 September 1987, available at: http://www.cidh.org/annualrep/86.87eng/EUU9647.htm, para 55.

② See e. g. Report of the International Commission of Inquiry on Darfur to the Secretary – General, pursuant to unsc res 1564 (2004) of 18 September 2004 (Annex to UN Doc S/2005/60), para 506.

③ See e. g. Report on the Prevention of Genocide, Human Rights Council (UN Doc a/ hrc/41/24), p. 2 et passim.

④ See e. g. A. Orakhelashvili, "State Immunity in National and International Law: Three Recent Cases Before the European Court of Human Rights", 15 *Leiden Journal of International Law* (2002), pp. 703 – 714.

⑤ See e. g. G. van Harten, *Sovereign Choices and Sovereign Constraints. Judicial Restraint in Investment Treaty Arbitration* (2013), p. 1.

⑥ See e. g. *Scoppola v. Italy* (No. 3), Judgment of 22 May 2012, para 81.

⑦ See e. g. EP. Hexner," Teleological Interpretation of Basic Instruments of Public International Organizations", in S. Engel (ed), *Law, State, and International Legal Order. Essays in Honour of Hans Kelsen* (1964), pp. 119 – 138.

⑧ See e. g. S. Kadelbach, "Interpretation of the Charter", in B Simma et al (eds), *The Charter of the United Nations. A Commentary*, 3rd ed (2012), p. 71, at 79.

⑨ See e. g. R. Deplano, "Fragmentation and Constitutionalisation of International Law: A Theoretical Inquiry", 6 *European Journal of Legal Studies* (2013), p 67, at 84.

⑩ See e. g. E. Klein, "Human Rights, Activities of International Organizations", in R. Wolfrum (ed), *The Max Planck Encyclopedia of Public International Law*, Vol iv (2012), p. 1031, at 1032 – 1033.

说，人权和基本自由的性质决定了它们在任何时候都是"普遍法律良知"的反映。①

使用概念性术语可能会促进对其他概念性术语的理解。第五部分第（五）节借助"成比例划分海域"这一术语阐释了这一建议。如前所述，如果听话人称一项决定是一项"成比例划分海域"的决定，那么这通常会有助于她理解说话人所说的"公平原则"是什么意思。这一潜在意义的发挥需要基于这样的定识，即某种原则可以解释说话人使用这个术语所要表达的意义与同一说话人所使用的其他概念性术语的意义之间的关系。在这个例子中，只有当听话人了解到"成比例划分海域"有助于实现公平的结果时，这个术语的使用才有助于她理解说话人所说的"公平原则"的含义。说话人可以通过指出比例性是检验海域划分是否公平的一个标准，来帮助听话人构建这一定识，或引导听话人注意这一定识。② 他们可以将其称为对临时划界的公平性的最后检验。③ 他们还可以像国际法院在"尼加拉瓜诉哥伦比亚领土和海洋争端案"中那样，概述现代海洋划界进程三个阶段的细节：

第一阶段，法院在双方的领土（包括岛屿领土）之间确定一条临时划界线。在此过程中，法院将使用几何学上客观的、适合该地区地理环境的方法。这项任务包括在相关海岸相邻的情况下划出一条等距线，或在相关海岸相对的情况下在两个海岸之间划出一条中间线，除非在这两种情况下有令人信服的理由，导致划定这样一条线是不可行的……第二阶段，法院考虑是否有任何相关情况以致需要调整或移动临时等距线或中间线，以实现公平的结果……第三阶段，即最后阶段，法院进行不符合比例性测试，评估经调整或移位的线的效果是否使双方各自在相关区域的份额与各自的相关海岸明显不成比例。④

使用概念性术语可能会引起道德方面的考虑。第五部分第（六）节借助"国家的国际不法行为"这一术语阐释了这一建议。如上所述，这个术语的使用使最终决定国家在危机情况下行为选择的道德因素变得明显了。例如，英国必须决定是轰炸利比里亚油轮"托列峡谷号"以保护环境，还是不轰炸该船以维护航行自由。这种潜在意义的发挥需要基于这样的定识，即术语所代表的概念，作为推理的连接因素，在某种程度上涉及道德考虑。说话人可以通过对"法律的局限性"的评论，来帮助听话人构建这种定识，或者引导听话人注意这种定识。⑤ 他们可以明确或隐晦地提到法律赋予决策者的自由裁量权。⑥ 同样，

---

① See e. g. AA. Cançado Trindade, *International Law for Humankind. Towards a New Jus Gentium*, 2nd ed (2013), pp 232 – 233 et passim.

② See e. g. *Barbados/Trinidad and Tobago Maritime Delimitation*, Award of 11 April 2006, 27 riaa, p. 147, at para 240.

③ *Ibid*, para 238.

④ *Territorial and Maritime Dispute (Nicaragua v. Colombia)*, Judgment of 19 November 2012, icj Reports 2012, p. 624, paras 191 – 193.

⑤ See e. g. *Air Services Agreement*, Decision of 9 December 1978, 18 riaa 417, at para 83.

⑥ See e. g. *Continental Shelf (Libya/Malta)*, Judgment of 3 June 1985, icj Reports 1985, p. 13, at para 28.

他们可以强调所涉及的结论的敏感性①或所要作出的决定的微妙性。②

使用概念性术语可能有助于掩盖说话人法律知识的欠缺。第五部分第（七）节借助"强行法"这一术语阐释了这一点。在国际法律话语中，由于1969年和1986年的《维也纳公约》并没有规定将国际规范确定为强行法的标准，这一概念本质上仍有争议。因此，当国际法学者提出某种或其他国际规范具有强行法地位时，这往往并非学者适用某项确定相关法律的方法所得出的结果。但是在进行法律推理时，某一规范强行法地位的确定与国家对其地位的承认有关而与相关的识别标准无关，这一特征就被潜在地掩盖了。这种潜在意义的发挥需要基于这样的定识，即说话人能够对适用的识别标准做出很好的描述，如关于强行法的例子中，说话人能够很好地描述强行法规范的定义性特征。说话人可以帮助听话人构建这一定识，或者引导听话人注意这一定识。如可以通过将一个命题描述为"显而易见的"或"不言而喻的"，③或者直白地说"其他任何主张都是荒谬的"④；将该命题说成是"众所周知的结果"⑤，或者说是"普遍良知"⑥中根深蒂固的东西，也可以起到这样的作用。

使用概念性术语可以促进新法律知识的获取。第五部分第（八）节借助"国家的国际不法行为"这一术语说明了这一点。正如所述，如果说话人将某项国内立法的引入或适用称为"对《欧洲人权公约》中规定的言论自由权利的不相称的限制"时，听话人可能据此推断：这项措施是不公正的，它是歧视性的或任意性的，或者它不利于民主社会的理念。这种潜在意义的发挥需要基于这样的定识，即在该术语所代表的概念范围内的所有那些个人、行动或事态之间存在着某种非常精确的关系。在这个例子中，说话人可以通过指出《欧洲人权公约》的目的来帮助听话人构建这一定识，或者引导听话人注意这一定识。⑦他们可以明确或隐晦地提到《欧洲人权公约》的序言，⑧其中基本自由被描述为"正义的基础"⑨，他们可以强调法治对欧洲委员会工作的巨大重要性。⑩同样，他们可以着重指出，在《欧洲人权公约》通过的仅仅两年前，联合国成员们重申了他们对基本人

---

① See e. g. M. Kotzur, "Good Faith", in R. Wolfrum (ed), *The Max Planck Encyclopedia of Public International Law*, Vol iv (2012), p. 508, at 515.
② See e. g. T. Sebastian, "World Trade Organization Remedies and the Assessment of Proportionality: Equivalence and Appropriateness", 48 *Harvard International Law Journal* (2007), p. 337, at 382.
③ See e. g. CA. Ford, "*Adjudicating Jus Cogens*", 13 *Wisconsin International Law Journal* (1994 – 1995), p. 145, at 153.
④ *Ibid*, pp. 153 and 164.
⑤ See e. g. DL. Christopher, "*Jus Cogens, Reparation Agreements, and Holocaust Slave Labour Litigation*", 31 *Law & Policy in International Business* (1999 – 2000), p. 1227, at 1236.
⑥ *Ibid*, p. 1234.
⑦ See e. g. *Refah Partisi (The Welfare Party) and Others v Turkey*, Judgment of 13 February 2003, ECHR 2003 – ii, para 99.
⑧ See e. g. J Christoffersen, *Fair Balance* (2009), p. 33.
⑨ ETS No. 5.
⑩ See e. g. the preamble to the European Convention on Human Rights, para 5.

权、人的尊严和价值以及男女平等权利的信念。①

　　使用概念性术语可能可以防止听话人对说话人的意图提出质疑。第五部分第（九）节借助"强行法"这个术语说明了这一点。正如所述，如果说话人坚持认为诸如禁止酷刑的规范是"强行法"，听话人就可能放弃表达异议，因为他们不希望被理解为支持酷刑。这种潜在意义的发挥需要基于两个定识：第一，对酷刑持有某种道德或政治态度是适当的；第二，说话人能够很好地描述将某种致人痛苦或受折磨的行为界定为酷刑的标准。本部分前面几节已经说明了说话人如何帮助听话人构建这些定识，或者引导听话人注意这些定识。

（编辑：黄炎）

---

① *See* e. g. *ibid*, para 1.

法律学说的概念及相关用语辨析

周晓帆[*]

摘　要　法律学说是学者或者实务者对于法律问题所发表的观点和见解。近些年来，在司法裁判中援引法律学说得到了理论界和实务界的共同关注。学界对法律学说存在"法学理论""法理""学理""法学家法""专家意见"等不同称谓，既有研究并未对相关用语进行系统地梳理和厘清。法律学说不同于法理，学说是法理的具体化，法理是凝练的学说。各国对法律学说的使用习惯也并不一致，大陆法系较常使用"法教义（学）"，英美法系较常使用"法学学术"，后者在研究立场和研究方法上更为开放。准确界定法律学说的内涵与外延，是研究法律学说司法应用的前提。在类型上，法律学说可以划分为理论性学说与实践性学说、通说与非通说。在中国语境下，法律学说直接表现为学者以一国现行法秩序为基础在法学文献中所发表的学术观点，具有专业性、主观性、抽象性、时空性与时代性等特征。当前，在加强裁判文书释法说理以及统一法律适用等司法体制改革的大背景下，法律学说沟通理论与实务的重要性逐步凸显，对于法律学说的概念界定无疑是必要的前提性工作。

关键词　法律学说　法学家法　法教义（学）　法学学术

加强裁判文书释法说理，一直是我国司法改革的重点内容。2018年，最高人民法院发布了《关于加强和规范裁判文书释法说理的指导意见》（法发［2018］10号，以下简称《指导意见》），第十三条规定：除依据法律法规、司法解释的规定外，法官可以运用"法理及通行学术观点"作为论据，论证裁判理由。可见，最高人民法院觉察到援引法律学说

---

[*] 周晓帆，女，山东日照人，山东科技大学文法学院讲师，研究方向为法理学、司法理论。基金项目：本文系国家社会科学基金重点项目"法律方法论视角下我国法律统一适用之研究"（批准号：20AFX004）的阶段性研究成果。

对于解决当下裁判文书说理不充分的积极意义，并以司法政策的形式肯定了援引法律学说的可能性。近两年来，一些学者关注到了在司法裁判中援引法律学说的基本原理及其功能意义，并展开了不少有价值的研究。① 既有研究对法律学说的内涵并没有形成共识，特别是随着域外研究成果在国内的翻译及传播，法律学说与"法学家法""法理""法教义(学)""法学学术"等用语存在不同程度的混用与误用。在不同法文化传统中，对法律学说有不同的理解，在中国语境下，法律学说有其特有的特征与类型。当下，在司法裁判援引法律学说引起理论界与实务界广泛关注之际，有必要对法律学说及其相关用语进行系统的梳理与辨析，以便于进一步推进其实务应用。

一、既有研究与本文的界定

在考察法律学说的概念之前，首先需要探讨学说的概念。在汉语中，学说表示见解、说法；学术上自成系统的主张、理论。学说是一种理论，理论与特定的学科结合，可以被称为学理。在法学学科中，学理与特定的主题发生关联，就是学说，学者所提出的不同理论，都可以被冠以学说。在《法律大辞典》的释义中，学说是"学者关于学术问题之见解也。学说为法律渊源之一种。"② 比较法学家梅利曼认为：法学家们在其发表的著作中所反映的研究成果称为学说（the doctrine）。③ 概念的界定和理解在很大程度上取决于其所处的理论背景，鉴于学说并不是法学学科所独有的概念，本文将法律学说一词作为本文的工作概念。

（一）法律学说概念的使用情况

对法律学说的一种常见理解是"法学家的学术观点"，现有研究多在此种意义上使用这一概念。法律学说"指向法学领域内的各种学术观点和学理创建，其提出主体一般被限定在当代中国的法学学者"。④ "所谓'法律学说'，是指法学家在特定社会物质生活条件下创造的具有历史规定性和现实规范性的关于法律运行及其相关理论问题的科学思想体系"。⑤ 还有学者指出："学说，有的学者称为法理，是指权威的法学家在其著述中阐释的法学概念、原理和主张。"⑥ "'学说'是指学者或实务者等个人对成文法的阐明、对习惯

---

① 近两年的研究，可参见金枫梁：《裁判文书援引学说的基本原理与规则构建》，载《法学研究》2020 年第 1 期；彭中礼：载《论法律学说的司法运用》，载《中国社会科学》2020 年第 4 期；杨帆：《司法裁判说理援引法律学说的功能主义反思》，载《法制与社会发展》2021 年第 2 期；彭中礼：《司法裁判引证法律学说的功能研究》，载《现代法学》2022 年第 1 期，等等。
② 汪翰章主编：《法律大辞典》，上海人民出版社 2014 年版，第 978 页。
③ ［美］约翰·亨利·梅利曼：《大陆法系》，顾培东等译，法律出版社 2004 年版，第 80 页。
④ 杨帆：《司法裁判说理援引法律学说的功能主义反思》，载《法制与社会发展》2021 年第 2 期，第 75 页。
⑤ 彭中礼：《论法律学说的司法运用》，载《中国社会科学》2020 年第 4 期，第 92 页。
⑥ 刘想树：《学说与判例的法渊源地位研究》，载《公安大学学报》2002 年第 4 期，第 39 页。

法的认知及法理之探求所表示的意见，即是私人的法律观点和见解。"① 可以看出，现有研究多将法律学说定义为法学家的学术思想。这也体现在法律学说的英文译法上，如金枫梁一文将"学说"译为"学术观点"（academic opinions），王立梅教授使用的是"学者观点"（scholars' opinions）一词，② 彭中礼和杨帆教授均将法律学说译为"legal doctrine"，意为"法律原理""法律教义"。这些译法侧重法律学说的主观性与原理性，但诸如法理、原理、法教义等术语本身具有模糊性，并不能准确揭示法律学说的内涵。

目前，国内学界对于法律学说的专门研究尚处于起步阶段，在此之前，国内外著作和教科书中一般将学说视为一种"法律渊源"（sources of law）③。例如，梁启超指出，中国封建时代的法律渊源就包括：习惯、君主的诏敕、先例、学说、外国法。④ 庞德认为，法律渊源包括"科学探讨"（scientific discussion）⑤，格雷从普通法系的角度，认为法律渊源包括了"专家意见"⑥，日本法学家末弘严太郎同样承认学说有法源性。⑦ 在国内教科书中，对学说的表述也多在法律渊源部分，存在"法律学说"⑧ "权威法学理论"⑨ "法理学说"⑩ "法教义"⑪ 等称谓。值得注意的是，多数教材并未将学说与法理加以界分，比如，有教材认为：法理主要指法学家对法的各种学理性说明、解释和理论阐发；⑫ "法理学说作为法源，是指法学学术者的讨论被当成判决的依据或者被立法者赋予权威"。⑬ 总体而言，中西方学者大多认为学说可以作为非正式法源，但既有研究并没有将学说与法理、法教义、法学理论等术语相区分。

自 21 世纪初，作为学术术语的"法律学说"开始受到西方特别是欧陆学者的关注。根据瑞典法学家佩岑尼克的定义：法律学说（legal doctrine）在欧陆法中被称为"法律科学"和"法教义学"，由法律手册、专著等专业法律作品组成，其任务是现行法进行解释和体系化。⑭ 法国学者热斯塔茨与雅曼从"词与物"的角度，将"学说"的内涵分为三个

---

① 于晓青：《法理与学说作为法源之研究》，复旦大学出版社 2017 年版，第 85 页。
② 参见王立梅：《裁判文书直接引用学者观点的反思》，载《法学论坛》2020 年第 4 期，第 100 页。
③ "法律渊源"也称"法的渊源"或"法源"，指法的形式、效力与权威的来源。学界对于法律渊源的概念持不同的立场，相关研究也十分丰富，本文在宽泛意义上使用这一概念。
④ 参见梁启超：《饮冰室文集》第 2 卷，中华书局 1989 年版，第 45 - 48 页。
⑤ See Roscoe Pound, Jurisprudence, Volume III, West Publishing Co., 1959, pp. 383 - 415.
⑥ [美] E. 博登海默：《法理学——法律哲学与法律方法》，中国政法大学出版社 2004 年版，第 430 页。
⑦ 段匡：《日本的民法解释学》，复旦大学出版社 2005 年版，第 107 页。
⑧ 参见沈宗灵主编：《法理学》（第 4 版）北京大学出版社 2014 年版，第 270 页。
⑨ 参见舒国滢主编：《法理学导论》，北京大学出版社 2019 年版，第 80 页。
⑩ 例如，有教材以田永诉北京科技大学案以及英美法上的里格斯诉帕尔默案为例，将"法理学说"视为一种"间接法律渊源"。参见葛洪义主编：《法律方法论》，中国人民大学出版社 2013 年版，第 41 - 42 页。
⑪ 有教材认为："法教义"相当于"法理"或"法律学说"。参见舒国滢、王夏昊等著：《法学方法论前沿问题研究》，中国政法大学出版社 2020 年版，第 310 页。
⑫ 孙笑侠主编：《法理学》，清华大学出版社 2008 年版，第 157 页。
⑬ 陈金钊主编：《法理学》（第 2 版），北京大学出版社 2010 年版，第 446 页。
⑭ 参见 Peczenik, A. 2001, A Theory of Legal Doctrine, Ratio juris, vol. 14, no. 1, pp. 75。

层次：（1）一种学者法（un droit savant）；（2）一种法律渊源（une source du droit）；（3）一个作者群体（une collectivité d'auteurs）。① 值得注意的是，西方学者对"法律学说"的表述也各不相同，如有研究总结的：法律学说（legal doctrine）可以被定义为"学者法"（scholar-made-law）"科学法""科学意见认可的法"（the law of approved in science opinions）"书本法"（book law）甚至"法理学"（jurisprudence）。②

随着域外学术作品的引介与传播，国内学界先后出版了"法律学说"的相关译作。值得注意的是，囿于法律文化和制度的差异，域外学者对"法律学说"的有关表述与通常的理解并不一致，甚至加剧了对其定义的难度。例如，在《法律科学：作为法律知识和法律渊源的法律学说》的中文译作中，译者将"legal doctrine"翻译为"法律学说"，但舒国滢教授在介绍佩岑尼克的法律论证理论时，却将"legal doctrine"直接译为"法教义学"。③ 具有吊诡意味的是，佩氏本人对"法律学说"与"法教义学"两个概念也是混用的，其在一篇文章中使用的是"legal doctrine"一词，另一篇文章中使用的却是"legal dogmatics"，而且，其对两个术语的界定几乎完全相同。④ 这不禁让人困惑，似乎法律学说等同于法教义学？或者将法律学说译为"legal doctrine"是一种误译？

在既有研究的表述中，法律学说与法学、法教义（学）、法律原则等概念常常混淆使用，这些翻译而来的不同用语，加剧了对这一概念理解的难度。有论者称：法教义学绝非仅仅存在于德国，"在盎格鲁-撒克逊法中也存在"法教义"。尽管在普通法中人们更喜欢说"法律原则"（legal doctrine），在那里如果使用"法教义"（legal dogmatics）这一表达，大部分情况下是以一种蔑视的意义出现"⑤。还有学者指出：在大陆法系，法学被称作法教义学，而"在英美法的传统中，法学大致上也等同于所谓的'法律学说'（doctrinal theory of law），法学教科书即法律学说的汇编，学生们在法学院的学习内容，也主要是从判例或制定法中归纳出来的指导性学说。"⑥ 事实上，在不同法文化传统的语境中，法律学说具有不同的内涵和特征，在中国语境下，法律学说与法学、法教义（学）、法律

---

① 参见〔法〕菲利普·热斯塔茨、克里斯托弗·雅曼：《作为一种法律渊源的学说：法国法学的历程》，朱明哲译，中国政法大学出版社2020年版，第4-10页。
② Semenihin, I. 2018, Legal doctrine: aspects of understanding, *Problemi zakonnostì*, no. 141, pp. 8-21.
③ 具体译法参见〔瑞典〕亚历山大·佩岑尼克：《法律科学：作为法律知识和法律渊源的法律学说》，桂晓伟译，武汉大学出版社2009年版。舒国滢：《亚历山大·佩策尼克的法律转化与法律证成理论》，载《北方法学》2020年第1期，第38页。
④ See Peczenik, A. 2004, Can Philosophy Help Legal Doctrine?, *Ratio juris*, vol. 17, no. 1, pp. 106-117; Peczenik, A. 2000, Scientia Iuris: An Unsolved Philosophical Problem, *Ethical theory and moral practice*, vol. 3, no. 3, pp. 273-302. 有译文将佩岑尼克所称"legal doctrine"一词译为"法律教义学"。参见亚历山大·佩岑尼克：《哲学有助于法律教义学吗?》，柳承旭译，载葛洪义主编《法律方法与法律思维》，2007年卷。
⑤ 参见〔德〕海因·克茨：《比较法学与法教义学》，夏昊晗译，载《北航法律评论》2015年第1辑，第35页。
⑥ 王凌皞：《走向认知科学的法学研究——从法学与科学的关系切入》，载《法学家》2015年第5期，第3页。

原则是不同的学术概念。在域外学术成果引入国内之时，尤其应该注意西方理论如何与本土理论相衔接的问题。

在提高司法公信力、增强裁判文书释法说理的司法体制改革的背景下，在司法裁判中恰当适用法理、学说等非正式法源得到我国理论与实务界的共同关注。总结来说，既有关于法律学说的界定主要从以下三个层面展开：

首先，在字面意义上，法律学说指关于法律的理论，常见的用法如学说理论、理论学说、法学理论、法律理论等。大木雅夫就曾论述到，英国法官认为"学说即空谈之理论（academics）"。王泽鉴教授称："学说乃法律学者对法律的解释、习惯的认知及法理的探求所表示的见解，虽非法源，但居于重要的地位，其主要系民法法典等系以学说理论为基础而制定，法官因法学教育而通晓学说。"① 有教科书指出："权威法学理论指著名法学家对法律问题的系统解释、论述。"② 还有研究称："法学理论包括法律理论和法律学说"，"以规范实证法学（或称'教义式法律学'）为主流的法学理论，是关于制定法的陈述，探讨规范的意义，关切制定法的规范效力、规范的意义内容，以及法院裁判中包含的裁判基准"③。此外，与法律学说互换使用的还有学理一词。有研究指出："法律学说，有时称为法律科学（science of the law），是指关于全部法律或某一部门法律的学理"④。《瑞士民法典》中就将法理学说表述为"公认的学理"。胡玉鸿教授认为："学理"就是学者对法律原理的阐述，属于"法理"的一种特有形态。⑤

其次，将法律学说定义为法学文献。比如，魏德士将学说称为"法学文献"（法学家法），"在一些法理学的思维逻辑看来，资深法学家的研究成果或法学的讨论过程所形成的结果也属于法律规范"。⑥ 佩岑尼克认为：学说一词首先指法教义学中的专业法律著作，是"专业法律文献"。法国学者在界定"学说"（La doctrine）时，强调学说的整体性，其中就包括了"法学出版物之整体"。有国内教科书指出："法学权威著述（books of authority），又称为法理与学说。这是由学者通过分析、研究提出的，经过国家认可的，可以对法律实践有实际影响或直接约束力的法"。⑦ 奥地利学者克莱默认为："从现实的角度来看，今天也有主要以'权威著作'的形式表现的'公认的学理'，其对法院裁判的影响非常大，尤其是针对法律没有或仅有少数规定的问题。"⑧ 这些表述实际上将学说本身和学

---

① 王泽鉴：《民法思维：请求权基础理论体系》，北京大学出版社 2009 年版，第 149 页。
② 舒国滢：《法理学导论》（第三版），北京大学出版社 2019 年版，第 80 页。
③ 于晓青：《法学理论的实践向度——理论与实践难题的探索》，载《苏州大学学报》2012 年第 2 期，第 91 页脚注、第 93 页。
④ 黄进主编：《国际私法》，法律出版社 2005 年版，第 65 页。
⑤ 参见胡玉鸿：《清末变法中法理言说的兴起及其内涵——清末变法大潮中的法理言说研究之一》，载《法制与社会发展》2020 年第 2 期，第 13 页。
⑥ [德] 伯恩·魏德士：《法理学》，丁小春、吴越译，法律出版社 2003 年版，第 102、117 页。
⑦ 参见葛洪义：《法学方法论讲义》，中国人民大学出版社 2009 年版，第 128 页。
⑧ [奥] 克莱默：《法学方法论》，周万里译，法律出版社 2019 年版，第 223-224 页。

说的载体混为一谈。围绕《瑞士民法典》中"公认的学理"这一概念，有研究指出："其一，从学理的获知方式来看，学理是指运用法律原则进行科学解释的结果，可通过法典评注、专著、教科书、论文、判例评论等方式查明"；"其二，从学理所涉内容来看，学理通常应理解为致力于特定法律领域，就某一法律问题所取得的科学研究成果"。① 可以认为，法律学说需要通过一定的载体即法学文献的形式呈现，但学说本身与学说的载体又存在区别。

最后，从功能上将法律学说定义为一种法律渊源。尽管我国立法上并没有规定法理学说的法源地位，但各国民事立法比如瑞士、土耳其、阿根廷、韩国、日本以及我国的台湾地区等，都将法理学说列为除法律、习惯之外的第三个层次的法源。"从历史上看，学理解释曾经具有强大的法律拘束力，属于有权解释的一部分"。"在罗马法时代，若干权威学者被授予解答法律问题的资格，被称为解答权。拥有解答权的学者对法律的解释，具有法律效力。这一时期，学说解释成为法源之一，被称为学说法。"② 管欧指出："而有关法律的学说常能影响法律的适用，学说既经采用以制定为法律，即成为法律的产生渊源，古代罗马戴育杜二世（Theodous II）采当时五大法家的学说，使其具有法律的效力；查士丁尼皇帝（Justinianus）采当时三十九大家的学说编成法典，故学说是法律产生的原因，亦即是法源。"③ 也有论者指出："'理论'与'实践'分别对应'学说'与'判例'之法源常被人提及，相对应的法学则是'理论法学'与'应用法学'"。④ 学界关于法律渊源的研究中，多将法律学说视为一种非正式法源。

（二）本文对法律学说的界定

当前，学界对法律学说的界定主要从表现形式、载体以及学说的功能等层面展开。在中国语境下，法律学说的近似用语包括法学理论、法律理论、学理，属于一种非正式法律渊源。但是，一方面，法律学说并不完全等同于法学理论、法学文献，法律学说具有法律适用的功能；另一方面，对于法律学说功能的描述并不能取代其定义，比如，彭中礼教授认为：法律学说包括法理学说、权威著作（教材）、法学家法。"说法律学说是法律渊源是不严谨的，恰当的说法是基于法律学说形成的公认的原则或者规范才是法律渊源。"⑤ 既有研究并没有准确界定法律学说的内涵，仍存在一些尚待解决的理论争议。

其一，在宽泛意义上，"理论"与"学理""学者观点"可以被视为法律学说的同义

---

① 李敏：《论法理与学说的民法法源地位》，载《法学》2018年第6期，第106页。
② 柴田光藏：《罗马法学》，载碧海纯一等编：《法学史》，第38－39页。转引自梁慧星：《民法解释学》（第四版）法律出版社2015年版，第198页。
③ 管欧：《推开法律之门》，中国政法大学出版社2011年版，第107页。
④ 焦宝乾：《理论与实践的难题——以中国法律体系形成为背景的反思》，载《政治与法律》2012年第7期，第19页尾注部分。
⑤ 彭中礼：《法律渊源论》，山东大学2012年博士学位论文，第100－101页。

词。但细究而言，法律学说与这些近似语词仍然存在一些区别。因为，法学理论指一门学科，而在方法论意义上，学理解释则是一种法律解释方法，所以，法学理论与学理二词在范围上更广。此外，学者观点并不是严格意义上的法学术语，学者观点带有主观性，特别在涉及法律学说作为一种法律渊源时，使用学者观点这一表述不够严谨。其二，法律学说需要通过一定的载体和媒介呈现，但学说不同于学说的载体，学说指法学观点本身，而载体是承载学说内容的学术文献，如教科书、著作与期刊论文等。从法律适用的角度来说，法律学说代表了一种知识性权威，这种权威来源于学说内容本身或者法学家的权威地位，而不是指学术文献的权威。其三，国内外研究一般在法律渊源的层面论述法律学说，但功能并不能取代定义，特别是在目前理论界对于学说的法源地位、法律渊源概念本身的界定并没有形成共识的情况下，学说作为一种法律渊源并不能算作严格意义上的概念界定。

总之，目前法律学说的相关表述存在一定程度上的混乱，从规范学术表达的目的，需要明确法律学说的内涵和外延。在既有研究的基础上，本文认为，法律学说的内涵具有以下几点特征：其一，在主体上，法律学说有明确的提出主体，包括法学家、学者、学者型法官等；其二，在内容上，法律学说不同于法律规范，表现为某种理论或者学理，相较于法律规范的明确性，学说较为抽象、主观；其三，在形式上，法律学说需要通过某种载体或者媒介加以呈现，比如著作、教材、期刊甚至学术会议、立法建议稿等，这类学说的载体可以被称为法学文献。进一步而言，法律学说的外延主要包括：（1）法律学者或者实务工作者的观点、个人性的意见；（2）法教义学理论、法学理论、学理等一般法学理论；（3）各类法学文献中记载的学术观点、实务处理思路；（4）理论或者实务界形成的理论通说或者实务通说，等。易言之，本文对法律学说的界定不仅指一般意义上的学者观点，还包括实务界提出的观点、各类法学文献中的观点，在主体、表现形式上以及载体等方面实现了突破。本文对于法律学说的界定是司法功能主义导向的。

行文至此，我们可以给法律学说下一个简单的定义：法律学说指法学家或者实务者基于对法律的认识或者法律现象观察所得出的观点和见解，以学术著作、教材、期刊等载体媒介加以呈现。并不是只有权威法学家的观点才是学说，也并不是所有学者的意见都是学说，能够应用于司法实践或者作为法律渊源的法律学说是教义学意义上的学说，学说的内容受一国现行法律体系和法律职业共同体知识体系的制约。法律学说是一种知识性权威，经由法教义学加工、评价和检验的法律学说能够为个案的裁判提供理由。在裁判说理中，法律学说属于一种证立"裁判依据"之正确性的"裁判论точки"[1]。当然，单纯下定义的方式并不能准确揭示某一概念的内涵，我们还需要将法律学说与混淆用语进行辨析，以加深对法律学说概念的理解、规范学术用语的准确性。

---

[1] 参见吕玉赞：《如何寻找"裁判理由"：一种系统化的操作》，载《东方法学》2020年第3期，第102页。

二、法律学说与相关用语的辨析

近些年,随着国外相关理论资源的翻译与介绍,大量涌入国内的学术概念并未得到很好的整合,在引入我国后面临着制度与文化上的差异。在现有研究中,法律学说与法学家法、法理、法教义(学)、法学学术(legal scholarship)等用语存在不同程度的混用。在不同法律文化语境中,对于法律学说的理解并不总是一致的,想要刻画一种高度统一的法律学说面貌并不容易。但是,在中国语境下,法律学说的概念本身具有普遍的必要特征。规范学术用语是发挥法律学说司法功能的前提,下文将对法律学说与四组易混概念进行辨析。

(一) 法律学说与法学家法

在法律发展史上,法学与法学家之间的亲缘关系自不待言。早在古罗马时期,罗马法学家的意见对司法审判就有法律约束力,在罗马帝国时期,五大罗马法学家的意见是罗马法的组成部分。[1] 我国著名法学家王伯琦先生曾谓:"法学之昌明,全靠有几个法学之士,能从原则原理方面来使之发扬光大"[2],无论中西方法律史上,法学家阶层都扮演了非常重要的角色。字面上看,"法学家法"与"法律学说"存在相同之处,一些研究将其混用,如有学者指出:"学说是理论研究者对法律规范背后隐含的法理或法律实践的规律等进行总结、抽象与提升之后形成的理论观点。这种法学理论如被作为司法裁决的理论说明或隐性依据,则成为典型的法学家法。"[3]

"法学家法"是源自大陆法系的概念,在历史法学家萨维尼看来:"法律是民族精神的产物",但其更为精确的具体发展和应用却是学家阶层的特殊使命。萨氏在"论立法与法学的当代使命"这篇著名文稿中指出:"如今,法学家们越来越成为一个特殊的阶层:法律完善了这一阶层的语言,使其持取科学的方向,正如法律以前存在于社会意识之中,现在则被交给了法学家,法学家因而在此领域代表着社会。"[4] 法学家阶层一方面不断进行民族法的产生活动,在形式上也通过科学的方式将法带入意识之中并且对其进行描述。因此,"法学家法"(das Juristenrecht)可以被称为"科学法"(das wisssenschaftliche Recht)。[5]

在大陆法系国家,法学家的重要作用毋庸置疑。社会学法学家埃利希认为,18世纪

---

[1] 参见 [意] 彼得罗·彭梵得:《罗马法教科书》,黄风译,中国政法大学出版社2005年版,第14页。
[2] 王伯琦:《近代法律思潮与中国固有文化》,清华大学出版社2005年版,第101页。
[3] 参见姜涛:《法学家法与创造论证性的刑法解释》,载《刑事法评论》2014年第2期,第18页。
[4] [德] 冯·萨维尼:《论立法与法学的当代使命》,许章润译,中国法制出版社2001年版,第9-10页。
[5] 参见 [德] 萨维尼:《当代罗马法体系I:法律渊源·制定法解释·法律关系》,朱虎译,中国法制出版社2010年版,第42-43页。

末、19世纪初各个法典形成的"建筑石材",本质上是"法学家法"。① 同萨维尼一样,埃氏这里所谓的"法学家"不仅指法律学者,还包括法官、立法者等其他法律人群体。根据严存生教授的界定:"狭义上的'法学家法'是指真正的法学家(即法律教学研究者)通过学术研究活动所产生的法,又叫学术法、学理法,其表现形式是法学家的学术著作、对法律的解释和具体案件的意见;广义的'法学家法'指'一切法律人'(包括立法者、执法者和研究教授法律者)活动所产生的法律,又可叫制定法或人为法,它是相对于习惯法而言的"。② 按照这一定义,无论是萨维尼还是埃利希所谓的"法学家法",指的都是相对于习惯法而言的制定法,属于广义的法学家法,而法律学说更接近狭义上的法学家法。可见,在学术意义上,法学家法与法律学说是不同的两个概念,由此,出于规范学术表达与学术交流的角度,应当将二者加以界分。

法律学说不同于法学家法,不宜被法学家法这一用语取代。这表现在,一方面,在我国现行立法体制下,法学家法的表述不符合国家立法权的规定,容易引人误解,法学家法也不宜作为正式术语出现在裁判文书中;另一方面,法学家的用语较为严肃。比如,徐爱国教授曾指出:"法学家不应仅是法律家,而应该是有思想的法律家,是那些能够在人类思想史上留下印记的法律家。法律家出产的是法律,而法学家出产的是法律思想。"③ 按照这种看法,成为法学家需要一个较高的门槛,根据是否由法学家提出这一条件来判断是否属于法律学说自然标准较高。因而,从法律适用的角度,法律学说的用法更为合适,不宜被法学家法取代。

(二)法律学说与法理

在各国民法典或民法理论中,法理与学说往往作为一种兜底性法源同时出现。在一般意义上,法理与学说都可以指法律的基本原理。民法学家王伯琦认为,学说意指对法律的解释、对习惯法的认知以及对法理的探求。④ 王利明认为:"所谓法理,指的是民法的学说、理论"。⑤ 近年来,随着"法理研究行动计划"的开展与推进,法理研究成为国内法学学术的新常态。围绕法理的概念,学界已有相当数量的研究成果,但对于法理的内涵尚

---

① [奥]欧根·埃利希:《法社会学原理》,舒国滢译,中国大百科全书出版社2009年版,第463页。
② 严存生:《论"法学家法"——以埃利希的有关论述为切入点》,载《比较法研究》2010年第2期,第10页。
③ 徐爱国主编:《世界著名十大法学家评传》,人民法院出版社2008年版,第6页。还有研究指出:"一个人荣膺法学家之名,一般意义上言之,主要归结为其撰写了具有较高学术水准的法学著作,并在法学理论研究方面有一定的建树。从事学术研究作为法学家的一项重要职业活动,要求他们运用自己的全部智慧和法学知识,去阐明法律制度与法律现象,并揭示其内在规律"。蔡晓荣:《法界往事:民国时期法学家群体及其志业》,中国政法大学出版社2016年版,第122、123页。
④ 参见王伯琦:《民法总则》,正中书局1979年印行,第8页。
⑤ 王利明:《民法总则研究》(第2版),中国人民大学出版社2012年版,第68页。

未形成共识。① 相关经验研究表明，在我国司法裁判中，法律学说是法理最常见的表现形式。② 对于法理与学说关系的研究不多，有研究认为："学说与法理之间应属一种载体与内容的关系，而且学说所载内容不限于法理。"③ 事实上，载体和内容之别并没有完全厘清两个概念的区别，法律学说与法理在产生方式、内容、时空性等方面都存在明显区别。

本文所讨论的法律学说与法理是不同的学术概念，前者不能被后者所取代，这表现在：其一，从主体上看，法律学说一般有明确的提出主体，通常表现为法学家的学理观点，以学术著作或期刊论文等载体的形式呈现。如新编《法理学》教材中指出："学说是法学家对法律问题的见解或观点，法理通常指'事物当然之理'或'法之一般原理'，实际上就是我们所说的法的基本精神。"④ 简言之，法理没有确定的主体，具有抽象、概括的特点，以证成法律的正当性、宣示法律的价值目标，同时也带有某种宣言性的性质。

其二，在内容上，学说较为具体，往往存在不同的学术观点，法理是法的正当性原理，稳定性更强。比如我们会说三阶层、四要件理论是学说，而不会说这些学说是法理。如有新版《法理学》教材指出："法理的具体参考资料包括外国法理、学术论著、教科书、法院裁判、立法沿革资料等，法理的抽象衡量原则包括平等原则、公平原则、诚信原则、法律安定性原则等。"⑤ 法理的涵盖范围更加广泛，不限于学理，还包括了公理、原理等。"法理可能表现为学说""那些为人们所公认的学说，当属于法理"。⑥ 总体而言，学说的内容一般更为具体、明确，但也更具主观性；法理更为抽象，相较于学说其正确性更强。简言之，学说是法理的一种载体，法理是公认的学说。

其三，从时空上看，法律作为人类实践理性的产物，本身蕴含着公平、正义等内在价值，即法理，这些法的内在原理和公理不受时空的影响，而学说随着时间的推移会产生一定变化，不同学说在地域之间存在差异。例如，学界关于冷冻胚胎法律地位存在"主体说""客体说"的不同观点，不同学说观点之间并列甚至冲突。换言之，法理的稳定性更强，经由时空检验过的学理可能演化为法理，由于学说观点之间往往存在区别甚至分歧，

---

① 张文显教授指出，词语与概念是两回事，使用"法理"这个语词，并不意味着使用者持有"法理"概念。法理是一个统合概念，其内涵十分丰富，包括了法之道理、法之"是"理、法之原理、法的学理、学说、法之条理、法之公理、法之原则等基本语义。学界关于法理内涵的讨论，有法律原理、法律的内在根据、法实践的正当性理由等阐释。参见张文显：《法理：法理学的中心主题和法学的共同关注》，载《清华法学》2017年第4期；舒国滢：《"法理"：概念与词义辨正》，载《中国政法大学学报》2019年第6期；胡玉鸿：《法理即法律原理之解说》，载《中国法学》2020年第2期；王夏才：《作为法律之内在根据的法理》，载《法制与社会发展》2019年第5期；郭晔：《法理：法实践的正当性理由》，载《中国法学》2020年第2期，等等。
② 参见孙光宁：《法理在指导性案例中的实践运用及其效果提升》，载《法制与社会发展》2019年第1期；郭栋：《法理概念的义项、构造与功能：基于120108份裁判文书的分析》，载《中国法学》2021年第5期，第192页，等等。
③ 有论者将法理与学说的关系总结为三种：（1）法理等同于学说；（2）法理包含学说；（3）法理不同于学说。参见李敏：《论法理与学说的民法法源地位》，载《法学》2018年第6期，第100页。
④ 孙国华、朱景文主编：《法理学》（第五版），中国人民大学出版社2021年版，第112页。
⑤ 高其才：《法理学》（第四版），清华大学出版社2021年版，第86页。
⑥ 杨建军：《"法理"词义考》，载《宁夏社会科学》2008年第6期，第13页。

所以学说不能称为法理。

其四，从法律适用的角度，法律学说比法理更为具体。胡云腾大法官精确地区分了法理和学理，其认为前者是"法学的普遍之理"，后者是"判决的具体之理"。① 孔祥俊大法官也谈及："一般性法律原理往往都是整个法律领域或者特定领域的法理精华的凝结。它常常是对特定法律精神的高度抽象，……具有很大程度的普适性和指导价值，因此需要针对具体情况特定化"。② 法理的适用需要经由学说的具体化，或者说要受到"公认学说"的限制③。黄茂荣教授指出："法理则尚仅属于一些抽象的正法价值观点或原则。其具体化尚未达到能供法官直接适用于个别案件的程度。因此，引用法理补充法律前，尚必须就法理进一步加以具体化。该具体化的工作，常由学说或实务在日积月累的努力中逐步完成。"④ 易言之，法理与学说都可以作为一种非正式法源，但法理的适用需要经由学说的具体化，法教义学层面的学说在个案的处理上更具有可操作性。

总结来说，法律学说与法理存在相似性，但二者也存在区别。一般来说，学说有明确的提出主体，具有主观性，可能存在不同的学说观点，旧的学说观点会被新的学说观点取代，经由理论与实践检验的学说可能成为通说。此外，学说一般以法学文献为载体，记载于法学著作、教材、期刊乃至学术会议、立法建议书等各类媒介中。而法理没有具体的提出者和载体，是经由时空检验的法的基本原理，法理相较于学说而言稳定性更强、门槛更高，也更为抽象。法律学说以一国现有法秩序为基础，在司法实践中，学说是法理最为常见的表现形式之一。

（三）法律学说与法教义学

与"法律学说"相关的另一个术语是"法教义学"。近两年，关于法律学说的直接研究都将法律学说译为"legal doctrine"。一些关于法教义学的研究也多将"doctrine"视为法教义学（Dogmatic）的英文版本。⑤ 有研究指出："Rechtsdogmatik 是德语法学界的专有名词，英语学界主要用 legal dogmatics 或 legal doctrine 译之。"⑥ 事实上，早年间就有学者注意到有学者将哈贝马斯《在事实与规范之间》一书中的"Rechtsdogmatik"误译为"法理学"或"法律学说"。该研究还提到："另外一个跟法教义学相关的词是 legal doctrine 或 doctrine of law（意思是法律学说，法律原则，法律原理）"⑦。可见，界定法律学说需要厘

---

① 参见胡云腾：《论裁判文书的说理》，载《法律适用》2009年第3期，第50页。
② 孔祥俊：《法律方法论》（第一卷），人民法院出版社2006年版，第130-132页。
③ 张志铭：《司法裁判的说理性》，载《法理思考的印记》，中国政法大学出版社2003年版，第407页。
④ 黄茂荣：《法学方法与现代民法》，法律出版社2007年版，第472-473页。
⑤ 例如，许德风老师就认为："英文法律文献中'doctrine'通常指判例的传承与发展的规则，应是和德文 Dogmatic 最相近的概念"。许德风：《论法教义学与价值判断 以民法方法为重点》，载《中外法学》2008年第2期，第167页。
⑥ 白斌：《论法教义学：源流、特征及其功能》，载《环球法律评论》2010年第3期，第6页。
⑦ 参见武秀英、焦宝乾：《法教义学基本问题初探》，载《河北法学》2006年第10期，脚注部分。

清其与法教义学之间的关系。

　　从词源上说,法律学说与法教义(学)存在相似之处。教义学的词根是 dogma,根据拉丁语法律语用词典的释义,dogma 有教义、信条、教条、条规以及基本原则之意,而 doctrina 译为学说,还有学问、教训之意。① 有学者指出:"在古希腊,与 dogma 同根的词 doxa 原本就有意见的意思。在柏拉图(Platon)看来:教义并不是绝对正确的知识(科学),反而更接近意见。"② 易言之,"教义"与"学说"都可以指"意见""学问"。在功能上,二者也十分接近。比利时学者范·胡克指出:法律学说的本质任务在于对法律进行描述与系统化。③ 而学界的共识是:法教义学以一国现行实在法秩序为工作的基础及界限,并在此背景下开展体系化与解释的工作。由此,我们需要思考的是:法律学说与法教义学是什么关系? 能否将法律学说译为"legal doctrine"? 目前,学界对这一问题的研究并不充分。

　　在大陆法传统语境下,法律学说就是法教义(学),法律学说(法教义)是法教义学作业方式的产物。一方面,法教义学指的就是一国现行实在法框架下的法律学说体系,正如佩岑尼克有时将二者混用。雷磊教授指出:"作为一种作业方式,法教义学仅仅是指围绕现行实在法进行解释、建构和体系化的工作,法教义则是指学者们通过此工作形成的学说。"④ "作为知识的法教义学指的是由各个领域的法教义或者说法律学说构成的整体。"⑤ 另一方面,正如阿列克西指出,对于什么是法教义学,从来就没有定论。⑥ 即便同为大陆法系,法教义学所指代的含义也不尽相同。"Oliver Lepsius 认为在意大利等南欧国家提到教义学所指代的仅是学术观点,而不是德国法意义上的学术与实践的共同讨论文化"⑦。在法教义学概念本身未得到清晰界定的情况下,出于不同法律文化以及语言表述习惯,学界对术语进行翻译和使用的过程中难免出现误解。鉴于我国的大陆法系传统,而且"doctrine"一词本身有"原则""学说"之义,将法律学说译为"legal doctrine"并不算一种误译,但为避免学术表述之混乱,有必要对二者之间的区别加以明确。

　　在中国语境下,法律学说有其特有的内涵,不能被法教义学所取代。第一,法教义学是一个舶来概念,来自欧陆特别是德国法律文化传统,对其认识与应用需要借鉴国外理论成果与经验。学说的司法应用有悠久的历史,我国古代就存在与学说类似的律学与注释律

---

① 参见陈卫佐:《拉丁语法律用语和法律格言词典》,法律出版社 2009 年版,第 46 页。
② 雷磊:《作为科学的法教义学》,载《比较法研究》2019 年第 6 期,第 91 页。
③ See Van Hoecke, M. & Warrington, M. 1998, Legal Cultures, Legal Paradigms and Legal Doctrine: Towards a New Model for Comparative Law, The International and comparative law quarterly, vol. 47, no. 3, pp. 523. 中文译作将"legal doctrine"译为"法律学说"。参见马克·范·胡克、马克·沃林顿:《法律文化、法律范式与法律学说——迈向一种新的比较法研究模式》,魏磊杰译,载《人大法律评论》2010 年第 1 期,第 356 页。
④ 雷磊:《司法裁判中的价值判断与后果考量》,载《浙江社会科学》2021 年第 2 期,第 44 页。
⑤ 雷磊:《法教义学:关于十组问题的思考》,载《社会科学研究》2021 年第 2 期,第 11 页。
⑥ 参见[德]罗伯特·阿列克西:《法律论证理论》,舒国滢译,中国法制出版社 2002 年版,第 310 页。
⑦ 卜元石:《法教义学的显性化与作为方法的法教义学》,载《南大法学》2020 年第 1 期,第 67 页。

学，清代律学著作经常是审判机关判案的重要依据。① 第二，从性质上来说，法律学说具有主观性，在学术共同体与司法实践的互动中不断推进的过程中，学说可能会因说服力或权威性不足等原因被新的学术观点所取代。而法教义学是一种"弱意义上的科学"，受实在法规范以及"通说"的约束，② 法教义（学）的客观性更强。第三，从法律适用的角度，法律学说在司法实践中的价值逐步被我国理论界和实务界所关注，其援引方式、原因条件等具体援引规则的建构正在探索过程中，③ 而在国内学术语境中，法教义学更多强调的是一种研究立场和方法，我们可以说司法裁判援引了某一法律学说，但不会直接说司法裁判援引了法教义学。

（四）法律学说与法学学术

法律学说另一种表达是法学学术或法学学术研究，英译为"legal scholarship""legal academic"或"legal research"。根据《牛津法律大辞典》的释义：法律学术是对法律科学的系统性研究、思考和著述，通常由法律学者承担，也涵盖了其他行业的学者以及哲学、历史等视角的参与。④ 从特征上看，法学学术与法律学说具有相同之处。一方面，在德国法特别是概念法学的语境中，法学是"法学家们的一致意见"或者法学家们的"通说"，也是"建立在科学根据之上的意见"，⑤ 科学法本身就是一种法源。另一方面，法学学术也可以指广义的法学。早在90年代末，我国法学理论界关于"法学科学性"的学术大讨论中，就有学者将"法学"译为"legal scholarship"。⑥ 国内有译著将荷兰学者斯密茨所言的"法律学术"（legal academic）直接译为了"法学"。⑦ Shecaira指出："legal scholar-

---

① 中国古代律学包括解释法律概念和术语、诠释法律条文、探究律文的篇目沿革、阐发法律原理等内容。中国古代律学家不仅关心法律适用问题，而且关心立法问题，他们在法律实践中总结出了一些独特的法律解释方法与立法方法。具体内容参见沈岚：《中国古代律学浅论》，载《兰州学刊》2005年第1期；陈锐：《"例分八字"考释》，载《政法论坛》2015年第2期；何勤华：《清代法律渊源考》，载《中国社会科学》2001年第2期，等等。

② 严格意义上的"法律学说"特别是"通说"，是法教义学活动的产物，法教义学旨在形成法学家的"共同意见"。参见雷磊：《什么是法教义学？——基于19世纪以后德国学说史的简要考察》，载《法制与社会发展》2018年第4期，第120页。

③ 参见齐健：《裁判文书援引法律学说实证研究》，载《法律适用》2021年第7期，第126-135页。

④ 参见[英]戴维·M. 沃克：《牛津法律大辞典》，光明日报出版社1989年版，第542页。

⑤ 参见舒国滢：《格奥尔格·弗里德里希·普赫塔的法学建构：理论与方法》，载《比较法研究》2016年第2期，第9页。

⑥ 参见郑戈：《法学是一门社会科学吗？——试论"法律科学"的属性及其研究方法》，载《北大法律评论》1998年第1期。

⑦ 在斯密茨看来，法学学术了涵盖不同类型，描述性法学、实证性法学、理论性法学和规范性法学四部分。描述性法学通常被视为法教义学研究方法或法律系统化的同义词，通常采取一种内部视角。实证性法学是关于"法律效果"的研究，这个领域不大关注法律规定了什么，而在于法律实际上产生了什么效果。理论性研究是"关于法律"的研究，是一种"元法律视角"，目的在于为法律寻找一个新的哲学基础。作者倡导一种"实证-规范性"法学的研究方法，这种研究方法着眼于法律应当是什么。See Smits, J. M. 2012, The mind and method of the legal academic, Edward Elgar, Cheltenham, UK; Northampton, MA, USA. 中文版译著参见[荷]扬·施密茨：《法学的观念与方法》，魏磊杰、吴雅婷译，中国法律出版社2017年版。

ship"常常被视为一种"允许法源"(a permissive source of law),偶尔也获得"应当法源"(should-source)的地位。"它们是以法律为核心主题的智力事业的典范"。① 界定法律学说的内涵,需要辨析其与法学学术之间的关系。

在英美法系国家,尤其是美国较常使用法学学术这一用法。正如波斯纳大法官在论述法学教授越来越无助于美国司法实务工作时就指出:"而无论有没有在实务部门干过,他们都认为自己主要是训练下一代律师的法律人,并通过法律学术——法律评论的论文、专著、模范法典和法律重述——来指导法官和实务律师进行坚实的法律推理。"② "法律学说也被称为法教义学(legal dogmatics),法学学术(legal scholarship)一词在英美法中最为常见。"③ 由此产生的问题是:法学学术与法律学说或者说法教义学是一回事吗?如果存在区别,那他们的不同之处是什么?

在英美法语境下,法学学术涵盖了多学科的研究视角。波斯纳认为:"跨学科"(interdisciplinary)研究是一种"关于"但是"外在于"法律的学术研究。④ 美国学者卡恩结合了哲学、人类学、历史学等学科的理论成果,特别是福柯的谱系学与格尔茨的文化人类学,提出一种"外在于"法律的法学进路。⑤ 总体而言,相较法律学说而言,法学学术的外延更广,在研究立场上对各种研究进路保持开放。

在普通法的语境中,教义学意义上的法律学说是法学学术的进路之一。有研究指出,美国和欧洲的法学学术来自不同的知识传统,欧洲的法学学术属于"教条式研究"(doctrinal scholarship),⑥ 荷兰学者海塞林克指出:"法学研究(die Lehre, la doctrine)在很大程度上建立在诸多(本质上为学术化的)权威性论据的基础之上。"⑦ 从语词上看,这里对于法学学术的用法侧重于一种法教义学式的研究,属于斯密茨所指的"描述性法学"。按照阿蒂亚和萨默斯在1987年出版的《英美法中的形式与实质》这本经典著作中的解释:英国法律体系是高度"形式性"的,而美国法律体系是高度"实质性"的。借鉴这一观点,我们可以尝试性地分析:法律学说与法学学术表述上的不同本质上源于不同国家法律文化传统的差异。欧洲法律体系更强调形式主义,无论是法学研究方法还是司法裁判中,都注重法律的体系化,普通法系国家强调实质主义,因而在普通法语境下,法学学术的内

---

① Shecaira, F., *Legal Scholarship as a Source of Law*, Springer, 2013, p. 36.
② [美]波斯纳:《超越法律》,苏力译,中国政法大学出版社2001年版,第95页。
③ Semenihin, I., The use of legal doctrine in judicial reasoning, *Problemi zakonnosti*, 2017, no. 137, pp. 8 - 18.
④ 20世纪70年代,兴起了一种新的法学研究模式。这一模式从外部(outside),如经济学、政治理论、道德哲学、文学理论、马克思主义、女性理论等其他学术领域形成的视角审视法律。See Posner, R. A. 2002, Legal Scholarship Today, *Harvard law review*, vol. 115, no. 5, p. 1316。
⑤ 参见[美]保罗·卡恩:《法律的文化研究:重构法学》,康向宇译,中国政法大学出版社2018年版。
⑥ See Gestel, R., Micklitz, H. & Rubin, E. L., *Rethinking Legal Scholarship: A Transatlantic Dialogue*, Cambridge University Press, 2017, , pp. 1 - 9.
⑦ [荷]马丁·W. 海塞林克:《新的欧洲法律文化》,魏磊杰、吴雅婷译,中国法制出版社2018年版,第151页。

涵和外延更为广阔。

从用语辨析的角度,法学学术不同于本文所研究的法律学说,前者强调研究的过程和方法,后者更关注学说的具体内容本身。具体来说,法学学术的内涵除了包含研究成果与内容,即法律学说之外,还指法学研究的范围、方法与风格,而法律学说在研究立场上较为保守,受教义学方法和思维的约束。当然,两种研究方法并不截然对立,即便在英美法系国家,越来越多的学者认识到教义学研究的重要性。海塞林克指出:"美国法律界并没有拒绝学说,因为他们并没有拒绝法官根据某种规范性标准来决定案件的观点"[1]。即便波斯纳本人也认为:"跨学科研究增长迅速,但教义研究继续存在"。[2] 欧洲法学界也表达了类似的看法,海塞林克表明,为适应欧洲一体化和社会形式的变化,新的欧洲法律文化正在逐步实现对传统的法律教条主义到法律实质主义的变迁。

总之,"legal doctrine"与"legal scholarship"是不同法文化传统和制度的产物。法律学说与法教义学相关,秉持一种从规范出发的立场,以一国现行实在法秩序为描述对象,强调的是"法律本身的原理或教义"(doctrines of law)。法学学术在研究立场和方法上更为开放,其内涵除了包含微观的研究成果外,还指宏观意义上的研究方法,属于"关于法律的理论"(theories about law)。在中国语境下,无论是法教义(学)还是法学学术,都偏离了我们对法律学说的一般理解,从方便学术交流,规范法律学说司法应用的角度,应该将法律学说与容易混淆的术语加以区分辨析。

综上所述,在不同法律文化语境中,对于法律学说的理解并不总是一致的,想要刻画一种高度统一的面貌并不容易。经由上文的概念辨析,我们可以得出:在我国司法裁判的语境中,法学家法不宜作为正式用语出现在裁判文书中。法律学说不同于法理,学说是法理的具体化,法理是凝练的学说。此外,各国对法律学说的使用习惯并不一致:大陆法系较常使用法教义(学),而英美法系较常使用法学学术,后一种用语在研究立场和研究方法上更为开放。总之,法律学说不应被上述用语取代。在司法裁判援引法律学说问题引起理论界与实务界广泛关注之际,有必要对法律学说及其相关用语进行系统的梳理与辨析,以便于进一步推进其实务应用。

三、法律学说的类型与特征

准确界定法律学说的内涵,是研究学说司法应用的前提。既有研究使用的"理论学说""法理学说""学理""法教义学""法学学术""专家意见"等不同用语,有些是法律学说的同义词,不需要明确区分使用,有些则是不同的学术术语,需要加以辨析后使用。在中国语境下,法律学说概念本身具有普遍的必要特征,从类型与特征上展开进一步

---

[1] Leiter, B. 2015, Legal Realism and Legal Doctrine, *University of Pennsylvania law review*, vol. 163, no. 7, pp. 1975 – 1984.

[2] Posner, R. A. 2002, Legal Scholarship Today, *Harvard law review*, vol. 115, no. 5, pp. 1314 – 1326.

界分，有助于加深对这一概念的理解。

(一) 法律学说的类型

学界对法律学说进行分类的研究不多见，本文将其大致归为两种类型：其一，理论性学说与实践性学说，这是从学说的表现形式上划分的；其二，通说与非通说，这是从法律学说被接受的程度上划分的。两种类型之间并不存在严格的界限。

关于学说的分类，宫泽教授曾指出，法学上的学说至少可分成两类，第一种学说属于结论是理论认识工作的性质，第二种学说属于结论是实践上价值判断工作的性质。前者为"科学性学说"，后者为"解释性学说"。[①] 我国台湾地区学者杨仁寿也持这一观点，其认为"理论性学说系一种社会现实存在的法之认识活动，并非创造法律，而系观察法律"。而"解释性学说"的本质是"实践"，"例如使不明确的法律明确（狭义的法律解释），将抽象的法律具体化（价值补充），就有漏洞的法律加以填补（漏洞补充），均属之类。"[②] 本文一定程度上参考了这一分类。

理论性学说是以理论形式表现出来的学说。认识理论性学说的重点在于何为"理论"。魏德士指出："理论这个词指对特定事物的大量观察、经验和陈述进行系统地收集和整理"，"理论的内容就是它对特定事物的规律进行陈述、说明和阐释模式。"[③] "理论"来自人对特定事物的观察，进而理论性学说是学者对现行法秩序观察基础上的产物，可以表现为对法律目的探寻，也可以表现为对法律概念、法律原理的分析和阐释。需要注意的是，尽管不少研究在论及某些思想家的观点时也会使用"学说"一词，如考夫曼在提到卢曼的功能主义法律观、拉德布鲁赫"事情的本质"理论时，就使用了"学说"一词。[④] 类似的，康德、黑格尔等伟大哲学家的思想也可以被称为学说，但这种纯粹哲学思辨性的学说不属于本主题的研究范畴。有些学者的理论性学说反映着社会的变迁，比如，狄骥的财产权社会功能学说就深刻地影响了拉丁美洲一些国家的立法和司法实践。[⑤] 尽管如此，相较于实践性学说，理论性学说的学理性、抽象性更强，不一定直接指导司法实践。

实践性学说是关于如何正确适用法律的理论。"实践"是与"理论"相对的用语，"自亚里士多德起，实践一词就是专门用于指称人的追求正确、正当行为的活动，"[⑥] 法律具有实践的属性，"实践"即正确的选择。实践性学说与司法实务的联系更为紧密。比如，

[①] 参见吕荣海：《法解释学上客观性之问题》，载吕荣海：《从批判的可能性看法律的客观性》，蔚理法律出版社1987年版，第97-98页。

[②] 参见杨仁寿：《法学方法论》，中国政法大学出版社2013年版，第288-290页。

[③] [德] 伯恩·魏德士：《法理学》，丁小春、吴越译，法律出版社2003年版，第10页。

[④] [德] 阿图尔·考夫曼：《当代法哲学和法律理论导论》，郑永流译，法律出版社2002年版，第122-125页。

[⑤] 参见夏立安、周晓帆：《财产社会化的理论与实践：以拉美的法律发展为例》，载《浙江大学学报》（人文社会科学版），2020年第4期，第191-199页。

[⑥] 葛洪义：《法律的实践属性与旨趣》，载《浙江社会科学》2020年第5期，第27页。

在《民法典》出台之前，我国现行法律并没有对"保理合同"的规定，在"珠海某银行股份有限公司与江西某燃料公司合同纠纷案"中，① 法院先是依据学界理论性学说对"保理业务"做出解释，对于争议焦点珠海某银行向江西某燃料公司的求偿权和向广州某煤炭公司追索权能否同时并存的问题，法院引用大陆法系的通说，指出有追索权的保理业务所包含的债权转让合同应认定为是具有担保债务履行功能的间接给付契约。在司法实践中，对保理商有追索权的保理业务中，在债权未获清偿的情况下，保理商不仅有权请求基础合同的债务人向其清偿债务，同时有权向基础合同债权的让与人追索这一问题。在这一案例中，法官对保理合同、间接给付的学理分析属理论性学说，对保理商债务清偿权和追索权能否并存的解释就属于实践性学说，实践性学说以解决司法个案为目的。

总之，如果说理论性学说涉及"法的认识"层面，实践性学说是学者围绕现行法的适用所发表的观点意见，属于"法的发现"层面。理论性学说追求的目标是法的"正确"，实践性学说的目标是案件的解决，带有很强的策略性。前者发挥作用的场域主要是学术界，后者涉及司法场域价值判断、漏洞填补等法律方法的应用。当然，两种学说之间的界限并不总是泾渭分明的，如阿尔尼奥总结的，理论法学主要关注的是法律秩序的体系性结构，其方法是分析概念，实践法学的任务在于解释特定的文本，是实用导向的，其方法是论证性的。在研究工作中，这两种导向模式存在连续的内在关联。② 因而，在拘束力上不能说何种学说拘束力更强，学说的权威决于其在个案论证中的说服力。

法律学说的第二种类型是通说与非通说，其中，通说也是极易与学说相混淆的概念。近些年来，在一些留德学者的介绍与引进下，法学通说的概念与功能开始得到学界的重视。简单来讲，通说即通行的法律学说。有经验研究表明，在我国司法实践中，不乏法官与当事人群体援引法学通说论证案件事实或者指引法律适用的情况。③ 根据《〈指导意见〉的理解与适用》一书中的提法，要"尽可能去引用已形成共识、通识的观点"。官方的立场似乎倾向于在司法裁判中援引通说而不是非通说。而在一些学者的论述中，法律学说的应用似乎可以等同为通说的应用。应当明确，法律学说的应用与通说的应用存在一定的区别。

"通说"（herrschende Meinung）是一个德国法概念，德文原意为"支配性意见"。"具体指，针对现行法框架中某一具体法律问题——通常是司法适用问题——学术界和司法界人士经过一段时间的讨论后形成的、由多数法律人所持有的法律意见（法教义学意见），所以通说也被称作'多数意见'"。④ 也有学者对"通说"的译法提出质疑，认为德国学界

---

① 参见广东省深圳市中级人民法院（2020）粤03民终11549号民事判决书。
② See Wintgens L. J. （eds）, *The Law in Philosophical Perspectives*, vol 41. Springer, pp. 19.
③ 参见周晓帆：《论法学通说在我国司法实践中的应用——以裁判文书说理为视角》，载《西部法学评论》2021年第6期，第55-61页。
④ 黄卉：《论法学通说（又名：法条主义者宣言）》，载《北大法律评论》2011年第2期，第335页。

与实务将学说分为"通说"（Allgemeine Meinung）"主流说"（herrschende Meinung）与"少数说"（Mindermeinung），"非通说分为少数说与多数说"①。

　　法律学说包括通说与非通说，本文在宽泛意义上使用非通说的概念：指由少数学者持有或者与主流学术观点不相一致的学说。除了概念完整性的原因，本文将从两个角度来论证非通说存在的合理性。

　　其一，从语义上来说，通说指通行的学说，但对于哪些学说可以成为"通说"，学界并没有形成统一的判断标准。事实上，判断一项学说是否取得通说地位，无外于满足"数量"和"质量"两个要求，但这种标准一则难以统计，二则，即便是占据"多数""主流"的学说也不一定就是真理。通说的标准难以成立，进而影响了其功能的实现。如通说怀疑论者指出的："'通说'仅仅是一个事实概念，是指实际上被大多数接受的概念。而法律裁判中的说理，要求的是学说的理性论证力量"，"'通说'并不能实质上减少法官的说理责任"。② 司法裁判是一项以说理来解决纠纷的活动，通说与非通说的功能都是协助案件的解决，取得通说地位并不意味着更具有权威。

　　其二，由个别或者少数学者提出的非通说，可以经由理论研讨与实务界检验进而获得权威地位，成为通说，乃至被立法确认。例如，在《合同法》颁布之前，"缔约过失责任"仅仅停留在学者的学术探讨中，而在现有法律体系和制度下，缔约过失责任已经成为正式的法律概念，以及"民事案件案由"③。反之，原本具备通说地位的学说，也可能随着时代的发展被理论与实务界淘汰成为少数说、非主流说。换言之，非通说与通说可以相互流动。

　　从理论角度，学术研究的目的不是"达成一致"，而是"接近真理"，且真理往往掌握在少数人手中，本质上说，任何学说都是非通说，非通说不可或缺。从司法实践的角度，司法的最终目的是实现个案的"妥当"解决，法官在裁判说理中援引非通说，更能体现审判决定是理性考量的结果，而不是对权威的盲从。现有对通说的理论探讨多是基于德国语境下的考量，在大陆法传统中，法学通说是"法教义学工作的目标"，是以法教义（学）的权威地位为前提的。在国内学界对于法律学说的概念及其裁判地位尚没有形成共识的情况下，与其赋予通说过多的期待，倡导建立通说机制，更为重要的前提性工作毋宁是认真对待法律学说，在准确界定法律学说的内涵的基础之上，发现法律学说在我国司法裁判中存在的问题，规范学说司法适用的程序和模式。

---

　　① 参见金枫梁：《裁判文书援引学说的基本原理与规则构建》，载《法学研究》2020 年第 1 期，第 198 页。
　　② 王凌皞：《存在（理智上可辩护）法律教义学吗？——论法条主义、通说与法学的智识责任》，载《法制与社会发展》2018 年第 6 期，第 30 页。
　　③ 2021 年《最高人民法院关于印发修改后的〈民事案件案由规定〉的通知》将缔约过失责任设置为独立的"民事案件案由"。

（二）法律学说的特征

西方学者的相关研究展现出对法律学说特征的关注。斯密茨认为：学说"旨在系统阐述管辖特定法律领域或机构的原则、规则和概念的研究，并分析这些原则、规则和概念之间的关系，以解决现有法律中的不一致和差距。"法律学说具有三个基本特征：第一，法律学说采取了一种内部视角，教条主义者将自己置身于法律体系之中；第二，将法律视为一个系统，这对于教义方法至关重要；第三，法律学说是对现行法律的系统化，"其目的是实现法律发展的稳定性和灵活性"。① 在佩岑尼克看来，法律学说旨在构建一个融贯的法律图景，不仅具有描述性（descriptive）而且具有规范性（normative）。② Shecaira 指出，"标准法学学术"（standard legal scholarship）具有三个特征：（1）规范性（prescriptive）；（2）它不仅针对其他学者，而且针对法律官员和从业人员；（3）它采用由典型法律专业人士构成其受众的话语和论证风格。③

域外学者对于法律学说的论述无疑具有启发和借鉴意义，但上述特征描述具有明显的语境特点，与我们一般理解的法律学说有所不同。在不同法文化传统与制度下，法律学说存在不同的理解与用法，出于规范法律学说司法适用的目的，有必要对法律学说在中国语境下的一般特征进行系统的总结和概括。

第一，法律学说具有专业性。专业性表现为学说的主体一般限定在法律职业群体内部，特别是法律学者。法学是一门专业性强的学问，这就导致相较于普通主体而言，学者对于法律问题的见解、法律条文的解读更具权威性。正如柯克（Coke）所言，法律理性是"通过长期的研究、深思与经验"与"很多代人的实践"得以形成的，"只有经过长期的学习和经验积累，才可能获得对法律的正确理解"。④ 问题是，由书斋里的法学家提出的学说究竟能否指导司法实践，学者教法官判案是否有"教鱼游泳"之嫌？正如阿尔尼奥所言："学者并不处理案件。学理解释的内容是对典型案件的考察。但是，法教义学和法律适用，在某一特定的意义上来讲，也位于栅栏的同一侧。法官也必须解释法律。""在某一特定的意义上，法官与学者都有着某种类似的内部视角"。⑤ 易言之，学者与法官在解释法律以适用于个案层面，都处于同一个内部视角。

法律学说是法律人的专业语言，是法律语言。司法裁判活动是一项法律人的专业活

---

① van Gestel, R., Micklitz, H. & Rubin, E. L. 2017, *Rethinking Legal Scholarship: A Transatlantic Dialogue*, Cambridge University Press, New York. p. 210 – 212.

② See Peczenik, A. 2001, A Theory of Legal Doctrine, *Ratio juris*, vol. 14, no. 1, pp. 75 – 105.

③ See Shecaira, F., *Legal Scholarship as a Source of Law*, Springer, 2013, pp. 36.

④ Steve Sheppard, *The Selected Writings and Speeches of Sir Edward Coke*. Vol. 1. Indianapolis: Liberty Fund, Inc., 2003, p. 481.

⑤ ［芬兰］奥利斯·阿尔尼奥：《作为合理性的理性：论法律证成》，宋旭光译，中国法制出版社 2020 年版，第 14 页。

动,律师、法官、检察官等群体在职业活动的过程中需要使用法律语言、法律术语。法律语言不同于日常语言、道德语言、也不同于政治语言。法学家通过其创造的法律术语,打造了一套区别于日常语言体系的法律专业体系,塑造了法律职业共同体的同一性(identity)。"这不仅指法学家的理论著作有时会被官方正式认可为一种'法律渊源',更是指法学家的智识努力和理论建设为法律职业活动提供了一种可供整个法律职业群体利用的知识资源。"① 换言之,这种法律职业共同体经过长期学术探讨和经验积累的专业权威,也是一种技艺理性,是法律职业共同体在法学教育、学术研究与司法经验过程中长期积累的结果。

第二,法律学说具有主观性,主观性意味着差异性。学界对于法律学说内涵的理解,多从学者观点这一层面展开。乌克兰学者 Semenihin 指出:"我们将法律学说理解为已知法律学者的观点(广义上还包括观点、假设、理论、法律结构、概念等),这些观点主要凭借其可信度和说服力,得到大多数律师的支持。"② 法律学说的主观性是其区别于其他类型法源的重要特征之一。法律学说带有学者的个人评价性色彩,所谓"学识渊博者总是与众不同"(doctors certant)③,不同学说观点之间可能存在争议。举例来说,在我国刑法学领域,不同学者对犯罪构成理论持有"三阶层"与"四要件"不同学说。另如,就"知假买假"行为是否可以主张惩罚性赔偿问题,在司法实务中存在不少"同案不同判"的现象,不同学者持有不同的观点,"肯定说"认为"知假买假"者属于"消费者","否定说"则相反。④ 换言之,法律学说的主观性往往伴随着争议性。

由于法律学说在形式上不具备法律规则所具有的事实要件和法律效果要件,相较于正式法律规范来说,法律学说的客观性不足,缺乏稳定性和明晰性,故学说的权威性较低,往往被视为一种非正式法源。法律学说具有主观性,并不意味着学说的任意性。总体上,学说的内容受学术共同体内部知识体系的制约,即便学者围绕某一法律问题持有不同的立场和解决方案,他们的讨论始终限定在法教义学的框架之内。法律学说的主观性和争议性受到专业性的限制,法教义学体系及其思维模式发挥着对学说内容的制约作用。

第三,法律学说具有抽象性。简单来说,法律学说指学者发表的抽象性的学术观点,表现为抽象的原理、学理、理论。不同于法律规范的假定条件、行为模式、法律后果的逻辑结构,法律学说具有抽象性和原理性。学说的这种特征也是一些学者反对裁判文书直接引用学者观点的重要原因:"学者观点往往是基于某一学术问题、某一类案件、某一个规则的抽象性的论证。这样的论证不是基于案件事实,特别是个案的事实。因而法官在引用

---

① 郑戈:《法律与现代人的命运:马克斯·韦伯法律思想研究导论》,法律出版社2006年版,第25–27页。
② Semenihin, I. 2017, The use of legal doctrine in judicial reasoning, *Problemi zakonnosti*, , no. 137, pp. 8 – 18.
③ [比] R. C. 范·卡内冈:《法官、立法者与法学教授:欧洲法律史篇》,薛张敏敏译,北京大学出版社2006年版,第126页。
④ 有关"知假买假"的学理分析与司法适用问题,学界已有相当数量的研究成果,在此不做赘述。

学者观点时，容易将判决的核心点从围绕当事人的诉求，变成围绕某一类案件的规则选择。从具体走向抽象，虚化案件事实，并没有增强说理的说服力"。①

美国波斯纳大法官以哈佛大学法学院顶尖教授法伦（Richard Fallon）有关制定法解释的一篇文章为例指出：当今典型的学术文献"都太复杂了，其抽象的高度，只有法学教授才能明白"，"从法伦的论文以及从许多其他精英法学文献中，人们看到的是学术性法律正变得日渐深奥晦涩。"② 这是当今美国法学界和实务界"各行其是"的重要原因之一。诚然，学术作品有其特殊的受众，即学者和法科生，因而学术作品与法律规范以及判例的目的是不同的，前者注重理论的逻辑和精细，抽象程度更高。学术研究需要与实务保持一定的界限。

第四，"法律学说"具有时空性。评价是否属于学说要受到时间和空间因素的限制。法律学说是在具体历史语境中构建的，"法学知识终将是具体历史语境中的"，"换言之，学术中的法学知识，尽管是以观念阐述为表现方式的，终将是社会法律实践的一个组成部分，都在参与、影响直至有限度地推动社会法律实践的生成和变化，同时都从社会法律实践中的各类深受不同政治、道德、文化观念影响和利益冲突掺杂其中的存在中，汲取养分与质素，并受其制约，从而固执、坚决、胸怀征服他者意念地相互争斗"③。具有实践指向的法律学说是对现行法秩序的描述。如范·胡克所言："对特定法律制度内当前有效法律的描述是法律学说最明显、也是最重要的任务"。④ 例如，随着《合同法司法解释二》以及《民法典》的出台，情势变更原则转变为具体的规则。因此，在20世纪90年代被视为法律学说的情势变更原则，现有法律制度中就不再属于法律学说而是法律规则。

不同国家、地区间的法律规定不尽相同，学者对某一问题的看法也不一致。知识不同于真理，真理是普遍的，而知识具有地方性。吉尔兹认为，"法律就是一种地方性知识"⑤，作为一种知识存在的法律学说具有地方性。比如，对"冷冻胚胎"的法律地位，我国立法尚没有明确规定，学界大致存在"主体说""客体说"和"折衷说"几种学说。西方国家对这一问题的处理不尽相同，但是西方国家的判例学说对我国司法审判并不具有拘束力。对于冷冻胚胎的法律地位，要结合我国国情以及个案裁判的具体语境。在2021年发生的一起"冷冻胚胎返还案"中，法院在审理时指出："尽管人体胚胎的法律性质尚无定论，但不能否认两原告在生命伦理上与两枚胚胎具有最密切的联系，是理所当然的权

---

① 王立梅：《裁判文书直接引用学者观点的反思》，载《法学论坛》2020年第4期，第96页。
② ［美］理查德·波斯纳：《各行其是：法学与司法》，苏力等译，中国政法大学出版社2017年版，第32页。
③ 刘星：《法学"科学主义"的困境——法学知识如何成为法律实践的组成部分》，载《法学研究》2004年第3期，第36-37页。
④ Hoecke, M. & Ost, F. 1998, Legal doctrine in crisis: towards a European legal science, *Legal studies*, vol. 18, no. 2, pp. 197-215.
⑤ ［美］吉尔兹：《地方性知识：事实与法律的比较透视》，邓正来译，载梁治平：《法律的文化解释》（增订版），生活·读书·新知三联书店1998年版，第145页。

利人，享有保管、处置胚胎的民事权益"。① 虽然法官在裁判文书中并没有指明适用何种学说，但裁判理由认为"冷冻胚胎"的法律属性是物，表明法官实际上选择了"客体说"。法律学说的评价标准是语境依赖的，抽象哲学层面的学说较少受时空因素的限制，但具有实践指向的法律学说要以一国现有法秩序为基准，受到时空因素的限制。

第五，法律学说具有时代性、更新性。法律具有滞后性，但学者的思想却能随着时代的发展不断更新，过去的学说会被新的学说所取代。以我国刑法学界中关于三阶层、四要件的学说争议为例。根据张明楷等刑法学家的分析，在1949年新中国成立后，国内主要沿用的是苏俄的法学理论，直到1978年恢复法制以来，带有苏俄刑法学烙印的四要件犯罪论体系依然对我国刑法学理论发挥着重要影响。过去十几年来，随着德国、日本刑法学知识的传入，一些学者认识到三阶层理论的有效性，逐渐成为刑法理论研究的主流力量。② 时代性表现为，相较于立法而言，法律学说能够对新出现的法律问题进行即时性的回应，为立法做准备。比如，我国当前立法对代孕和冷冻胚胎这类新类型案件缺乏相应的法律规定，但即便面对无法可依的案件，法官也需要做出裁判，此时，学界对新型问题的探讨就可以为法官的裁判提供借鉴。

法律学说具有时代性，能够填补相对静止的法律条文和不断变动现实生活之间的空隙。在后法典化时代，法律的发展主要是靠司法推动的。因为生活世界依然会不断出现新的问题，新的问题便可能构成法规范新的生长点，特别是，随着现代科技的发展和经济的进步，新型交易模式和交易规则不断涌现，静态化的民法规范在应对超出其规范框架的新问题往往力不从心，法律学说的发展能够督促立法文本保持时代性。可以说，法律学说是社会法律实践的组成部分，同时受社会实践的制约，"法学知识终将是具体历史语境中的"③。学说的时代性表现为学者能够对现实社会出现的新兴问题进行即时性的回应，为新型案件的处理提供了裁判思路。在这种意义上，学说不同于"教条"（doctrine），其灵活性能够弥教条或者教义的僵化。当然，新、旧学说并不总是直线变化的，新的学说观点可能在经历理论与实务的检验后回归到旧的学说立场上来。

综上所述，在我国语境下，法律学说的特点可以归纳为以下几个方面：其一，法律学说是法学家关于法律的学问、知识，使用法律职业群体内部共同的法律语言，具有专业性；其二，法律学说的主体一般是法律学者，具有主观性，对于某一法律问题，不同主体可能存在不同的学说观点，因而不同学说之间可能存在争议；其三，法律学说往往以学术

---

① 《广州越秀宣判一起冷冻胚胎返还案》，载《人民法院报》2021年2月10日。对于冷冻胚胎法律性质的相关学说，参见杨立新：《人的冷冻胚胎的法律属性及其继承问题》，载《人民司法》2014年第13期，第25-27页。

② 张明楷、陈兴良、车浩：《立法、司法与学术——中国刑法二十年回顾与展望》，载《中国法律评论》2017年第5期，第31-32页。

③ 刘星：《法学"科学主义"的困境——法学知识如何成为法律实践的组成部分》，载《法学研究》2004年第3期，第36页。

理论、学术研究的形式呈现，相较于具体的法律规范而言具有一定程度的抽象性；其四，法律学说以一国现行法秩序为基础，受到时空因素限制。这表现在不同国家、不同历史时期，对于某一个法律问题可能会存在不同的认识；其五，法律学说具有时代性，相较于立法的滞后性，学说能够对社会中新出现的法律问题做出即时性的回应，学者的批判反思思维推动学说随着时代的变化而更新。

通过以上特点可以看出，法律学说在司法实践中，既有优势，也有劣势。其优势在于学说具有专业性，立法具有滞后性，理论界能够跟随时代的发展，即时性地回应社会问题。然而，法律学说的劣势也十分明显，这表现在：一方面，司法裁判要求稳定性、明确性，学说是学者个人性的观点，具有个殊性，不同观点存在争议；另一方面，法律学说不同于客观、明确的法律规范，不具有法律条文的逻辑结构，而且有些学说是抽象的理论性观点，在司法中存在操作上的困难。进一步而言，法律学说在我国司法实践中是如何运作的？具有哪些功能？司法裁判能否应用法律学说？学说在我国司法中处于怎样的地位等。这些问题都需要从实证与理论层面展开进一步地分析和论证。

四、结语

作为解决问题和争议的场所，司法的一个重要特征在于对各种理由保持开放。近些年来，随着指导性案例、类案检索、裁判文书释法说理等系列司法改革举措的推进，在裁判说理中应用法律学说的问题得到了理论界和实务界的共同关注。法律学说具有限制法官自由裁量权、指引司法裁判、辅助裁判说理等现实功能，学说在援引方式和援引程序上也存在不少问题。值得注意的是，既有研究中关于法律学说的用语并不一致，学界对于学说的理解大多局限在将学说视为法学理论或者非正式法律渊源，随着近些年来西方学术作品的引介，法律学说的概念愈加模糊。目前，学界对法律学说及其近似用语的理论研究尚不够充分，对这一概念没有形成共识性的定义。在不同法律文化语传统，对法律学说的理解并不总是一致，想要刻画一种高度统一的法律学说面貌并不容易。但是，在中国语境下，这一概念本身具备着普遍的必要特征，正如德沃金所指明的，任何重大理论问题都不是"在阴雨天猜谜做游戏"，而是困扰着司法实践的根源。[①] 法律学说之所以重要，源于学说在实现法学理论和司法实践良性互动中的重要功能，于此，澄清法律学说的概念内涵，无疑是初步且必要的前提性工作。

（编辑：吕玉赞）

[①] 参见［美］罗纳德·德沃金：《认真对待权利》，信春鹰、吴玉章译，中国大百科全书出版社1998年版，第30页。

法理在法律类推中的作用

谭 婷[*]

摘 要 在充满不确定性的社会背景下，法律类推可以法理为基础科学地延伸法律的逻辑，以填补法律漏洞。法理指具有客观性的规范目的或法律理由。法律类推包括"个别类推"与"整体类推"。在"个别类推"中，法官需要诉诸法理来判断手头案件与特定法律条款所调整的标准案型之相似性。整体类推是从两个以上具有相似规范目的的法律条款中还原出法理（或一般法律原则），并将有关法理适用到手头案件中。之所以可以从法律规范中"还原"出法理，是因为法理是法律规范的基础。在法律类推中诉诸法理是构建"回应型审判"的应有之义，有助于法官在司法实践中回应社会公众对正义的追求，也有利于在"两大变局"中萃合人心和总摄众志。

关键词 法理 法律类推 个别类推 整体类推 回应型司法

在当下充满不确定性的时代背景中，已有的法律规则无法完美地涵摄新兴的、疑难的案件事实，或者严格地按照法律规则进行裁判可能会造成不公正的裁判结果。具体来说，在社会结构与发展相对平稳的时空，权威立法机构与传统习惯共同筑成的复杂"规则网络"足以为法官提供司法裁判所需的规范资源或严格意义上的法律渊源。然而，现下对"忧患意识""底线思维""辩证法"等话语的强调，预示着裁判工作面临着与日俱增的不确定性因素，这在立法层面表现为法律文本的更新升级甚至赶不上社会实践的发展变化。除了特殊的时代背景，鉴于法律规则的一些特征，法官也不能在疑难案件中严格地、教条地适用法律规则。例如，由"概念—命题"体系构成的法律规则存在着难以解决的悖论，即概念与命题越抽象则内涵越小；严格适用法律规则的裁判模式并不将实现个案的实质正

---

[*] 谭婷，女，贵州兴义人，浙江财经大学法学院讲师，法学博士，研究方向为法理研究、法学方法论等。

义作为最高目的；法律规则必须符合语言简洁清晰、表述精准确定、内容丰富翔实、命题可被验证等要求，否则反而会增加法官的论证负担。为此，在民商事案件、经济法案件、社会保障法等社会法案件、司法救济案件等法律领域的疑难案件中，当法官缺乏恰当的法律条文作为法律依据时，法官可以在法律类推中诉诸法理来科学地延伸法律的逻辑，以填补法律规范的漏洞。本文首先阐述了法律适用语境中法理的含义以及法律类推的基本类型，并在此基础上详细分析了法理在"个别类推"与"整体类推"中所发挥的作用。接着分析了法律类推中所蕴含的认识论观点，即法理是法律规范的基础。最后，本文分析了在法律类推中诉诸法理对构建"回应型审判"的意义。

一、法理的定义与类推的类型

法律适用语境中的法理主要指具有客观性的规范目的、法律理由、立法理由等。根据类推的前提的不同，法律类推可大致分为基于规则的类推以及基于一般原则的类推；根据类推时所依据的法条数量的不同，法律类推分为"个别类推"与"整体类推"。

（一）法律适用语境中的法理

目前与法理有关的研究成果主张法理是一种统合性、综合性概念。例如，张文显教授通过语义分析的方法梳理出法理的语义清单，并认为法理是一个综合概念、文化概念，是具有普适内涵的概念以及实践性概念。[1] 总体而言，学者们将法理理解为法之原理、道理、条理、正当性理由、原因性根据，等等。例如，有观点认为法理是"在综合各种法律现象的基础上，由学者所抽象并为社会所认同的有关法律基础、法律根据、法律判准、法律渊源的基础性、普遍性原理"。[2] 有学者认为法理是内嵌于法律规整或法规所规定的待处理事项中的根据。[3] 有学者将法理视为法律实践的正当性理由。[4] 有学者认为，法理是中华法律文明的内生产物和固有概念，表达了具体的法律之"规范"与"原理"。[5] 有学者认为法理是一个去中心化的概念，存在四个义项：对于法律的理性认识成果、法律条文的义理内容、法律规范的正当性理据以及法律作为一种规范性理由。[6] 有学者认为法理是法律之内在根据，区别于"关于"法律的道理。[7] 综上所述，已有研究仍比较缺乏在法律适用的语境中对法理展开方法论层面的细致考察。

---

[1] 参见张文显：《法理：法理学的中心主题和法学的共同关注》，载《清华法学》2017年第4期，第15-17页。
[2] 参见胡玉鸿：《法理即法律原理之解说》，载《中国法学》2020年第2期，第23页。
[3] 参见舒国滢：《"法理"：概念与词义辩正》，载《中国政法大学学报》2019年第6期，第14-16页。
[4] 参见郭晔：《法理：法实践的正当性理由》，载《中国法学》2020年第2期，第133页。
[5] 参见刘晓林：《中国古代的"法理"与"法典"》，载《检察日报》2021年5月27日，第3版。
[6] 参见郭栋：《法理概念的义项、构造与功能：基于120108份裁判文书的分析》，载《中国法学》2021年第5期，第182-201页。
[7] 参见王奇才：《作为法律之内在根据的法理》，载《法制与社会发展》2019年第5期，第7-8页。

在法律适用的语境中，法理指具有客观性的规范目的、法律理由、立法理由、法律原则等。法理概念本身具有跨文化、跨地域的解释力，这表现为尽管不同的法律文化塑造了迥异的司法制度，但是各法系中均存在与法理具有相同"概念观"（conception）的概念。如"*ratio legis*"（规范目的）、"substantive canon"（实质准则）、"*qiyās al-'illa*（类比理性）"等等。① 这些概念以及围绕这些概念所展开的研究为理解司法实践语境中的"法理"具有重要的借鉴作用。将法理理解为具有客观性的规范目的，意味着法理与"理想的立法者"概念有紧密联系。一方面，从解释目标上来说，基于法理的法律适用活动将客观目的而非立法者的主观意旨作为解释的最高目标。即法官应在当代社会环境和价值观的背景下，寻求重构具有客观性的规范目的而不是严格执行实际的立法者在制定规范时的主观意图。另一方面，从解释要求来看，基于法理的法律适用活动将正确适用法律优先于严格适用法律，换言之，法官需要基于法律推理的可废止性（defeasibility）与理由模型②，选择那些与实践理性有一致性的解释结果，从而在保障一定程度的法安定性之基础上，最大限度地保障裁判结果的合目的性与可接受性。

司法实践者在法律类推中诉诸法理，可以使用规范性论证形式与描述性论证形式。法官使用规范性法理论证形式来回答"法官们如何证立他们的决定是正当的"这一问题，且使用的句式包括"根据法理……，法官应当……""……违背法理""……缺乏法理基础"等。③ 该论证形式阐述了法官"应当"如何证成（justify）裁判得以成立的"理由"等内容。其次，描述性法理论证形式回答了"是什么推动立法者制定了某法""是什么使得法官做出这个裁判结果"这样的事实性问题，且使用的句式为"……的法理是……"等。该论证形式意味着法理具有说明（explain）广义上的因果关系之面向，即说明促成特定规则得以制定的"原因"以及既有法律规范想实现的目的或功能等。

（二）法律类推的类型

法律类推（analogy）与法理本身就存在强关联关系。从词源上来说，"analogy"在希腊语中就是"根据理（ratio）"的意思，所以法律类推也可以被理解为"根据法律之理"。在成文法传统中，根据解释者填补法律漏洞所依赖的基础，类推分为两种类型：第一种是

---

① 大陆法系的学者在法律解释、法律论证等语境中所使用的"类法理"概念是"*ratio legis*"。在民法研究中，学者们该概念翻译为"规范目的""法律理由""立法理由""立法意旨"等。以案例法为核心特征的普通法系所使用的类法理概念有"substantive canon"（实质性准则）、"legal maxim"（法律格言）、"the reason of the law"（法律理由）、"legal doctrine"（法律原理）、"legal principle"（法律原则）等。在伊斯兰法系中，"*qiyās al-'illa*"（类比理性）与"法理"具有相同概念观。其中，"*qiyās*"指对比、类比的方法，而"*al-'illa*"是指触发特定法令得以适用的因素。"类比理性"被认为是有效的次要法律渊源，是能够将特定案件裁决结果应用于新案件的依据和理由。

② 参加［荷］雅普·哈赫：《法律逻辑研究》，谢耘译，中国政法大学出版社2015年版，第318-321页。

③ See Adam Dyrda, "the Real *Ratio Legis* and Where to Find It", in Verena Klappstein and Maciej Dybowski, eds., *Ratio Legis: Philosophical and Theoretical Perspectives*, Switzerland, Springer, 2018, p.10.

从法律文本、特定法理出发的"基于规则的类推"(analogia legis);第二种是基于一般原则的"基于原则的类推"(analogia iuris)。这两种类推的核心要点是相同的,即以两个对象的实质相似点为由,将有关法律后果或法律评价扩展到有关规则原本并未规整的案件中。不过两种推理的操作模式有所不同,其中"基于规则的类推"是一种解释性类推,即通过扩大或限缩规则字面含义的方式,来重新划定法律规则的调整范围。而"基于原则的类推"是一种产出性(productive)类推,即通过引入一个新的实质性准则,来填补法律的空白。[1]

根据类推时法条数量的不同,法律类推分为"个别类推"(gesetzesanalogie,或译为"法条类推")与"整体类推"(gesamtanalogie)。其一,"个别类推"是法律类推的一般或标准形态,可以被归属为"基于规则的类推"。其论证目标是将调整某个标准案型的法律条文,类推运用到另一个待决案件中。为了判断手头案件与特定法律条款所调整的标准案型之相似性,需要确定决定法律评价的那些关键要素或构成要件,并权衡手头案件与这些关键要素不一致的地方是否排除该法律评价。法理是判断上述相似性的核心依据或参照物。其二,整体类推可以被归属为"基于原则的类推",是从两个以上具有相似法律精神的法律条款中还原出法理或一般法律原则,并将还原出的法理适用到原先有关法律条款并未调整的案件中。将多个法律规范"还原"为法理的做法,是以更具一般性、原则性的法理来理解法律规范的操作。

二、法理在法律类推中的作用

(一)法理在个别类推中的作用

"个别类推"(或"法条类推")是法律类推的一般或标准形态,是指法官将一个法律规范适用到一个它未曾规整的案件事实上。从条件上来说,尽管某待决案件不能被完全涵摄于条款的构成要件之下,但在法理的视野中使该待决案件接受该条款的规整是可欲的,此时便适宜进行个别类推。换言之,尽管手头案件无法与特定法规的构成要件完全对应,法官也需要进一步确定是否存在支持适用该法规的助益性理由,从而支持"类推式"应用该规则到手头案件中。

学者们对法条类推提出了不同的定义,其中拉伦茨所提出的类推更加清晰地阐释了类推的定义且基本涵盖了其他学者的阐述。拉氏认为,类推适用是指"将法律针对某构成要件(A)或多数彼此相类的构成要件而赋予之规则,转用于法律所未规定而与前述构成要件相类的构成要件(B)。"[2] 换言之,在类推适用中,法官首先需要评判在规则中哪些要

---

[1] Giovanni Damele,"*Analogia Legis* and *Analogia Iuris*:An Overview from a Rhetorical Perspective",in Henrique Jales Ribeiro(eds),*Systematic Approaches to Argument by Analogy*,Springer,2014,pp. 243 – 255. 值得注意的是,并不是所有的领域都能适用类推。因此类推有时被认为是一种"修辞手法",也是"法律论证的核心"。

[2] 参见 [德] 卡尔·拉伦茨:《法学方法论》,陈爱娥译,商务印书馆2018年版,第258页。

素或构成要件能够决定法律评价;然后再确定手头案件与该规则在这些要素或构成要件上相一致,且二者不一致的地方不能排除前述法律评价。因而,个别类推的论证目标是将调整标准案型的法律条文,类推适用到法官的手头案件中。与"遵循先例"实践中判断案件相似性的论证有所不同,个别类推并未直接判断手头案件与先例的相似性特征,而是以标准案型为桥梁,来判断手头案件与法律规则的(决定法律评价的那些)构成要件是否一致。换言之,个别类推的关键是判断标准案型中哪些要素对于获得特定法律评价是必要的、关键的,并以此为基础决定是否将调整标准案型的法律条文适用到手头案件中。

最重要的问题是法理在个别类推中发挥作用的机制和环节。一些学者在宽泛的意义上阐述了法理在类推适用中发挥的关键角色。例如,民法学者王泽鉴教授认为,法是一种价值判断,有其"规范的目的"(*ratio legis*)。类推适用是一种逻辑性、目的性的推论过程,属于"法理"的层次,可以用来认定和填补法律漏洞,以贯彻法律的价值判断。此外,两个案型的相似性认定在于探求相同的法律理由,系属价值判断及利益衡量。[①] 还有学者认为,在类推适用中,立法意旨(属于法理的一种样态,作者注)是类似性断定的依归。而立法意旨应通过探求法秩序的基本原则、法律意义脉络的一致性、事物的本质等方面而获得。[②] 这些论断为论证法理在类推中的重要性提供了概括性论据。

在更多的时候,学者们在"同类事物应作相同处理"(本身也是一种法理)的语境中阐述法理与类推的关系。例如,有学者认为,在漏洞填补中,法官在适用类推的方法时需要受到一些规则的限制,我们所采纳的可用规则所调整的案件必须与我们手头需要处理的案件类似。为了评估这种相似性,法官必须将法理考虑在内,也就是规则的理。[③] 还有学者指出,在类推中,"需要判断系争法律规定的规范意旨,然后才能认定其规范评价之有意义之事项,并据以判断拟处理之案件是否具有法律所规定案型之一切重要的特征。"[④] 拉伦茨认为,在类推适用中,为了实现此"同类事物应作相同处理"的平等正义要求,需要判断两个不同的构成要件(可以理解为案件事实)在"与法律评价有关的重要观点上"是否一致,具言之,需要回答哪些要素对法定评价具有重要性以及判断根据。为回答这些问题,"必须回归到法律规整的目的、基本思想,质言之,法律的理由上来探讨"。[⑤] 笔者认为,无论是"规范目的""规范意旨""相同内涵""立法目的""法律的理由""重要观点"等概念均指向的是法理。

个别类推的步骤以及法理在其中发挥的作用可总结如下表1:

[①] 参见王泽鉴:《民法学说与判例研究·第七册》(修订版),中国政法大学出版社2005年版,第209–215页。

[②] 参见屈茂辉:《类推适用的司法价值与司法运用》,载《法学研究》2005年第1期,第14–15页。

[③] D. Neil MacCormick and Robert S. Summers eds., *Interpreting Statutes a Comparative Study*, Routledge, 1991, p. 225.

[④] 参见黄茂荣:《法学方法与现代民法》(第五版),法律出版社2007年版,第480页。

[⑤] 参见[德]卡尔·拉伦茨:《法学方法论》,陈爱娥译,商务印书馆2018年版,第258页。

表 1：个别类推的各步骤以及法理的作用

步骤	说明
1. 确定存在法律漏洞	因立法者疏忽或因社会发展（而非立法者有意沉默）导致法律漏洞；法官手头的待决案件 C1 无法与现有法律条款完全对应
2. 寻找作为类推前提的法律条文	根据法律规定，法律条款 P 调整和规范标准案型 C2
3. 探究条款 P 的法理或规范目的作为类推依据	目标：判断那些决定了标准案型 C2 受条款 P 调整、并获得法律评价的关键要素或构成要件
4. 将条款 P 的法律评价应用于待决案件 C1 有正当性	正面条件：待决案件 C1 的与标准案型 C2 相似，即两个案件在获得相同法律评价的构成要件上相似
	消极条件：经过以法理为依据的权衡，待决案件 C1 与 C2 不一致的地方不能使 C1 排除条款 P 的调整
5. 转用法律评价	将规则 P 的法律评价应用于待决案件 C1 上

概括而言，在个别类推中，法理作为核心依据或参照物，主要在确定待决案件与规则所调整的标准案型之相似性这一环节发挥作用。首先，法理是确定影响法律评价的关键因素或构成要件之核心依据，换句话说，在判断标准案型中哪些要素或观点对获得法定评价具有重要性时，需要回归到法理去探索。在个别类推的论证过程中，法官并没有直接抽象出新的一般性原则，而是从法理的视角辩证地去观察、"摘取"法条中决定法律评价的关键要素，并确定标准案型和待决案件在这些关键要素上是否相一致。在上述确定关键要素的过程中，论证者能够重新界定（一般而言是扩宽）一个已然存在的法律概念之内涵，从而使已有的法律规则能够扩展地应用到其他相似案件中。其次，在判断待决案件与标准案型不一致的地方是否能够排除规则的调整时，也需要运用作为价值的法理进行衡量。例如，有学者认为，规范目的（即本文中的法理，作者注）作为一种实质性的判断理由，在判断和衡量两个案件的相似点是否比不同点更具压倒性的优势方面发挥着根本的决定作用。① 该表述充分肯定了法理在权衡方面的作用。

法官、律师、当事人等司法实践的参与者已开始在个案中诉诸法理、规范目的来进行类推适用，以填补法律漏洞。例如，熊某某、沈某某申请执行人执行异议之诉案的争议焦点是：夫妻二人在婚姻关系存续期间以共同共有财产成立的且完全持股的青曼瑞有限责任公司是否属于"实质上"的一人有限责任公司。最高人民法院经再审认定，青曼瑞公司与一人有限责任公司在主体构成和规范适用上具有高度相似性，所以该公司属于实质意义上

---

① 参见孙海波：《重视发现"同案"：构建案件相似性的判断标准》，载《中国法学》2020年第6期，第277–279页。

的一人有限责任公司。所以法官类推适用《公司法》第 63 条的规定，将公司财产独立于股东自身财产的举证责任分配给股东熊某某与沈某某。由于二人未证明公司财产独立于股东财产，法院最终判决二人对公司债务承担无限连带责任。

该案的二审裁判（湖北省高级人民法院民事判决书〈2018〉鄂民终 1270 号）与再审裁判（最高人民法院民事判决书〈2019〉最高法民再 372 号）均使用了个案类推的方法。第一，对于夫妻共同设立并完全持股的有限责任公司的法人人格否认，《公司法》对举证责任的分配并未做出明确规定。因此存在法律漏洞。第二，法官找到了《公司法》第 63 条作为类推前提，即"一人有限责任公司的股东不能证明公司财产独立于股东自己的财产的，应对债务承担连带责任。"根据该条款，一人有限责任公司的法人人格否认适用举证责任倒置规则。第三，法官分析了该条款的法理或规范目的，并将该法理作为类推的基础。法官指出，该条款中影响法律评价的关键要素或构成要件包括：（1）一人有限责任公司没有完整的工作部门职能，缺乏分权制衡的内部治理结构，这将导致公司内部监管的缺失；（2）一人有限责任公司的股东不仅是所有者还是管理者，这使得个人财产和公司财产极易混同从而损害公司债权人的合法利益；（3）通过举证责任倒置，可以强化一人有限责任公司的财产独立性和夫妻股东的义务、保护债权人的合法权益、规制财产混同带来的风险，而且符合公平原则。

第四，法官认为将《公司法》第 63 条的法律评价应用于手头案件具有正当性。从正面条件来说，夫妻在婚姻存续期间以共同财产成立的且完全持股的有限责任公司与一人有限责任公司在构成要件方面有高度相似性与一致性。具体来说，在该案中，熊某某与沈某某的利益具有高度一致性且难以形成有效的内部监督；二人均实际参与公司的管理经营从而容易导致人员混同、财产混同、业务混同；只有使二人承担证明公司财产独立于股东财产的责任，才能有效保护本案债权人的合法权益。从消极条件来说，二审法官认为，尽管熊某某与沈某某将共同财产出资和股权分别登记在各自名下，但这并不构成对夫妻共同财产分割的约定。所以青曼瑞公司的全部股权在实质上具有利益的一致性和实质的单一性，属于夫妻共同共有的财产。从而，该案的事实与法律条款的构成要件不一致的地方并不能排除使该案接受有关法律评价。第五，法官将《公司法》第 63 条类推适用到本案中，判定熊某某、沈某某承担证明公司财产独立于股东自身财产的责任，并最终判决二人对公司债务承担无限连带责任。

（二）法理在整体类推中的作用

与个别类推相比，"整体类推"必须经由多个规则相合作。整体类推是指，法官"将由多数——针对不同的构成要件赋予相同法效果的——法律规定得出'一般法律原则'，该原则在评价上也同样适用到法律并未规整的案件事实上。"运用整体类推是基于以下共识："所有被援引的个别规定，其共通的'法律理由'不仅适用于被规整的个别事件。反之,只要某特定要件存在……其即得以适用。因为回归到所有个别要件的法律理由上,因此我们能形成一般的法律原则,法律原则因其所含之实质的正义内涵而'具有说服力'。""对'整体类推'的程序而言,具决定性的是回归到所有个别规定共同的'法律理由'及其一般化"。① 总之,整体类推是从两个及以上具有相似法律精神或正义内涵的法律条文中还原出法理(或一般法律原则)的过程,而还原出的法理可以被类推适用到原先法律条款并未调整的案件中。之所以法理能够被适用到新的案件中具有合理性,是因为它具有正义的内涵。所以,整体类推其实是"基于一般原则的类推",但与"遵循先例"实践中所采用的"相似性论证"相比,有关一般原则来源于法律规范,而非具有法律拘束力的司法案例。

整体类推的具体步骤②可整理如下表2:

表2:整体类推的各步骤以及法理的作用

步骤	说明
1 确定存在法律漏洞	因立法者疏忽或因社会发展(而非立法者有意沉默)导致法律漏洞;待决案件无法与现有法律条款完全对应
2 寻找作为类推前提的法律条文	运用法律"前见"对影响法律评价的案件构成要件进行分析,并查找两个以上含有共通法理的法律条款
3. 探究多个条款的法理或规范目的作为类推依据	通过"还原"的方法从多个法律条款中还原出共通的法理(或一般原则)
4. 将法理应用于待决案件具有正当性	正面条件:将法理运用于手头案件符合规范目的
	消极条件:尽管还原出的法理存在反例,但待决案件与法理的相关性更高
5. 类推适用	将还原出的法理运用至手头案件中

整体类推方法可以科学地延伸法律内在的逻辑,以填补法律漏洞。从理论研究成果的角度来看,有学者提出,《民法典》没有对因信赖关系遭到破坏而终止合同的一般性情形进行规定。对此,在适用法律时,可以通过整体类推的方法,将《民法典》第933条以及第1022条第2款中针对定期的持续合同之特别终止权规则适用到其他类型的合同中,即"对于任何定期的持续合同,若存在重大事由,均可以无须指定期间地进行终止。"③ 又如,有学者认为,原《合同法》第167条第1款意在保护买受人的利益,但在出卖人解除

---

① 参见[德]卡尔·拉伦茨:《法学方法论》,陈爱娥译,商务印书馆2018年版,第260–262页。
② 表格部分参考了余文唐:《司法技艺:法律解释与空缺填补》,人民法院出版社2020年版,第166–169页。
③ 参见王洪亮:《民法典中解除规则的变革及其解释》,载《法学论坛》2020年第4期,第23–32页。

权的发生要件上存在规范漏洞。为了弥补该漏洞，需要根据权衡买卖双方的权益、鼓励市场交易等法理，从原《合同法》第248条与原《关于审理融资租赁合同纠纷案件适用法律问题的解释》第12条第3项的规定中，通过整体类推的方法，还原出一般性原则或法理，即"出卖人在解除合同前应履行催告程序，并再给予买受人履行债务的合理期限"。① 在法律漏洞被完善之前，这一通过整体类推还原出一般性原则的操作确实具有合理性。这体现在《民法典》第634条第1款增加了"经催告后在合理期限内仍未支付到期价款"作为出卖人解除权的条件。再如，法官可以从表见代理、善意取得、债权之表见让与制度等条款中，还原出维护交易安全之信赖保护原则，即"为维护交易安全，必须保护第三人对由真正权利人或本人所造成之表见事实的信赖"。② 最后，有学者认为，鉴于行政法规范与民法规范有共通性，因而将民法规范类推到行政法领域具有可行性。从类推的分类来看，个别类推便是将单个民法规范适用于行政法领域；整体类推就是将多个民法规范中共通的法律理由（即本文的法理，作者注）一般化，并将有关法律理由适用到行政法领域中，以使行政主体承担合理的义务。但是有关类推适用不得违反民主与法治、效率、公正等原则。③ 总之，整体类推的方法一般被应用于民商事领域，而且类推出的法理不能与案件所涉及的法律部门之核心原则与价值相冲突。

从司法实践的角度来看，因立法者的疏忽或因社会发展而导致法律漏洞，使得手头案件无法与现有的法律条款完全对应时，法官可以通过整体类推的方式确定案件的法律评价。例如，根据《民事诉讼法》第34条、第35条等有关法律规定，涉及财产权益纠纷的当事人可以通过书面形式选择那些与争议有实际联系的地点的人民法院管辖，但不得违反级别管辖与专属管辖的规定。其中，专属管辖包括因不动产纠纷提起的诉讼、因港口作业发生纠纷提起的诉讼、因继承遗产纠纷提起的诉讼。一般而言，专属管辖与协议管辖不存在管辖竞合的问题，但在"诉的客体合并"这一情形中二者可能会发生冲突，但有关法律及司法解释并未对该问题做出规定。"诉的客体合并"是指在同一诉讼程序中，同一原告向同一被告主张两个以上基于不同法律关系的诉讼请求，且法院对这些诉讼请求均有管辖权。对于诉的客体合并，法律并没有明确规定当事人必须分别起诉。此外，若法官决定合并审理时，法律也并未强制要求必须事先经过当事人的同意。④ 对于诉的客体合并诉讼中专属管辖与协议管辖相竞合的问题，法官可以适用整体类推的方法加以解决。具体来说，法官可以从《民事诉讼法》第18条到第35条还原出"便利当事人诉讼"原则，从而裁定由专属管辖法院合并审理，以兼顾双方当事人的诉讼利益以及节约司法资源等公共利益。

---

① 参见蔡睿：《分期付款买卖中出卖人解除权的制度构造与立法反思》，载《法律科学（西北政法大学学报）》2019年第3期，第129-130页。
② 参见黄茂荣：《法学方法与现代民法》（第五版），法律出版社2007年版，第743-746页。
③ 参见王贵松：《民法规范在行政法中的适用》，载《法学家》2012年第4期，第51-52页。
④ 对于诉的客体合并的规则，可参见庞晓：《大陆法系诉的客观合并规则》，载《人民法院报》2019年5月31日，第8版。

除了个别类推与整体类推，法理还在当然类推以及反面推论中发挥作用。有学者认为，当然类推、反面类推都具有共同的指向："将法律并未明确规定的多种考量因素纳入补充法律漏洞的过程之中，而法律原则（大致相当于立法意旨或者所谓一般化法律理由）在其中扮演着十分重要的角色。"① 笔者认为，这里的法律原则、立法意旨或法律理由便是法理。学者们认为，当然类推包括刑法适用中的"举重以明轻"。根据法律规定，对于案件的构成要件 A 应当赋予法律效果 R，假如案件的构成要件 A 与构成要件 B 相似，且规则的法律理由（即本文的法理，作者注）更适宜构成要件 B 的话，那么法律效果 R "更应"赋予构成要件 B。"反面推论"是指"法律（仅）赋予构成要件 A 法律效果 R，因此，R 不适合用于其他构成要件，即使其与 A 相似"。换言之，若根据法理，法律规则仅将法律评价 R 赋予案件的构成要件 A，那么就算构成要件 B 与构成要件 A 相似，也不能将法律评价赋予构成要件 B。正如拉伦茨所总结的那样，"对一项法定规则可否为反面推论，如其不然，其可否为类推适用（个别类推，或与其他规则合作为整体类推）、'举重以明轻的推论'，或者作为认识、形成一般法律原则的基础，这些都不是借形式逻辑可以解决的问题，反之，其系法律目的，或借该规则表现出来的评价，质言之，'法律理由'的问题。"② 从而，在法律类推中，法理应受到更多司法实践者的重视。

三、从法律规范中还原出法理

个别类推与整体类推都将某法律条款运用于那些原本不受到该条款调整的个案中，且两种推理都需要考虑法理。法律类推的方法需要运用"还原"的方法。之所以能从法律规范中还原出法理，这蕴含了一个重要认识论观点——法理是法律条款之基础，相应的法律规范是法理的具体化。在法律类推中诉诸法理可以增强裁判的合理性和可接受性。

（一）还原方法

理解还原（reduction）的方法对认识法律与法理的关系具有重要意义。有一些学者将整体推论的性质总结为归纳法与演绎法的结合。③ 即先归纳出诸多法律规范中的法理，进而将该法理演绎地适用于法律未明确调整的案件中，且该案件不存在能够排除适用该法理的理由。不过，这种理解存在一定的疑问。归纳的典型特征是：根据观察到的经验特征，从 L1、L2、L3 中抽取共同的一般性特征或属性 R，但当出现例外时，归纳出的属性 R 便会被证伪而不再成立。但是，在法律规范的还原中，由于法规范多数都允许有例外，因而就算个别规范不符合（具有原则特征的）法理，也并不妨碍该法理的一般性，从而从法律规则中推导出法理的过程与归纳并不等同。

---

① 参见孙光宁：《漏洞补充的实践运作及其限度》，载《社会科学》2017 年第 1 期，第 86 页。
② 前引参见［德］卡尔·拉伦茨：《法学方法论》，陈爱娥译，商务印书馆 2018 年版，第 265–267 页。
③ 参见［奥］恩斯特·A. 克莱默：《法律方法论》，周万里译，法律出版社 2019 年版，第 176 页。

更多的学者认同法律类推使用的是"还原"的论证方法。例如，德国学者阿列克西等学者在法律论证的语境中探讨类推时指出，"对还原的论证限制了某些字面含义过广的规范之意义范围。通常还原被规范的目的所证立（目的论的还原）。还原可以被理解为'Cessante ratione legis, cessat lex ipsa'（法律理由终止，则法律本身亦终止）原则的个例"。[1] 该表述不仅肯定了可以通过还原获得法理，还说明了法理对法律规则的重要性——法理可能是法律条文的基础，甚至就是法律本身（ratio legis est lex ipsa，译为"法理就是法律本身"）。其实，还原的过程与发现知识的过程相似，即先以理想化的方法形成具有指导性的理论模型，再将理论具体化到实践的场景之中。

许多学者主张应从认识论的角度来探索自然科学与社会科学中定律和理论的还原。还原的经典范式是通过一个更一般的理论来解释某定律或理论：假设待还原或待解释的理论是先发现的理论 T1，而还原后的更一般的理论是 T2，那么当 T1 被还原为 T2 时，意味着可以从 T2 可以具体化为 T1。还原的过程涉及理想化的操作。理想化方法通过假定那些发挥核心作用的主要因素，并忽略掉次要因素，在此基础上建立理想模型并反映和发现事物的本质。例如伽利略的自由落体定律重点考虑了重力因素而省略了空气阻力等因素；马克思重点分析了资产阶级、无产阶级而选择性地省略了其他社会阶层或群体。这种方法属于典范解释（canonical interpretation），是一种仅包含着核心要素的广义上的因果关系模型，该模型认为只有找出主要原因，才能正确地解释现象。此外，还原的方法分为同质还原与异质还原，二者的区别为是否使用相同的术语，以及是否需要在两种理论之间搭建桥梁规则。[2]

总之，将法律规范还原为法理的做法就是一种典范解释，也是以更具一般性、原则性的法理来理解法律规范的操作。鉴于法律规范与法理所使用的都是法律专业用语，且这些术语所表示的事物或属性在本体论上是相同的，因此从法律规范中还原出法理的活动属于同质还原，且二者之间不需要搭建桥梁规则或转换规则。还原法理的框架如下图1所示：

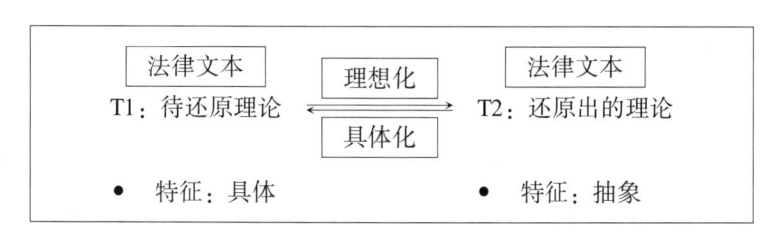

```
┌─────────────────────────────────────────────────┐
│   法律文本              理想化        法律文本      │
│   T1：待还原理论       ⇄         T2：还原出的理论  │
│                       具体化                      │
│   ● 特征：具体                   ● 特征：抽象     │
└─────────────────────────────────────────────────┘
```

图1：还原理论涉及理想化与具体化

将法律规范还原为法理这一操作的性质，可以理解为理想化（idealization）的操作，

---

[1] See D. Neil MacCormick and Robert S. Summers eds., *Interpreting Statutes a Comparative Study*, Routledge, 1991, p.89. 有学者认为，该原则适用于判例法中的先例但不适用于制定法中，因为在制定法中的法律规定与证立法条的理由相分离。但本文认同法律规范与法理的关系存在三种不同的样态，因此不予严格区分。

[2] Rick C. Looijen, *Holism and Reductionism in biology and ecology*, Springer, 2000, p.30、34、108、124.

还可以被理解为确定广义上的因果关系之过程。① 一方面，在法律类推中，法官以法理的视角来确定哪些关键因素或构成要件影响了法律效果，而这一过程也是确定"因"的过程。事实上，描述性法理论证形式正是通过广义上的因果关系——"解释的覆盖律模型"（covering - law model of explanation）来说明"在情境 Z 中，某原因 C 如何导致了一些法律行为 L"，从而回答了"是什么推动立法者制定了某法""是什么使得法官做出这个裁判结果"这样的问题。根据该模型，要引用事件 B 作为原因和条件来解释事件 A，以说明二者存在因果关系，就需要诉诸已经被反复观察到的某定律或一般命题，而该定律将事件 A 与被引用的事件 B 关联起来，换句话说，事件 A 与事件 B 都是该定律的具体实例。② 笔者认为，法理与广义上的因果关系存在高度关联，这一结论具有启发性、导向性。这意味着当法律人在谈论类推中的法理时，不再充满神秘和不确定的色彩，且对"因果关系"的探讨和交流使得类推适用的"科学性"得到部分证立。

另一方面，理想化的操作方法也是法理的还原能够具备科学性特征的关键。理想化的主张与理性假设有关，它以反事实的思维假定行为与结果之间存在明确的联系，尽管这种联系只是一种可能。根据马克思与恩格斯的观点，科学的主要特征就是对理想化方法的应用。成熟的理论研究是以理想化为基础的，只有在理想化的基础上，科学才能完成其真正的任务——揭示现象的深层结构。《资本论》的特点就是不断强调区分本质因素和外在因素、区分内在联系和表现形式、区分真实和表象。③ 运用理想化的操作，能够超越归纳的方法，依次剥离出法律现象中干扰的次要因素。在最理想的情况下，能够发现"零次要因素"的形式或者说事物本质，最终得以抽象出法律现象中蕴含的法理。

（二）法理是法律规范的基础

还原方法的特征，为我们理解法律规范与法理的关系提供了重要线索。法官之所以可以在法律类推中将法律规范还原出法理，一方面是因为法理是法律规范之基础，另一方面是因为法律规范是法理具体化后所得到的结果。

一方面，法理可以被理解为法律规范之基础。有学者将法理与实证法的关系区分为三种不同的样态：（1）法律明文规定法理，即法理是宪法、法律或习惯法中的法律原则；（2）法理存在于法律基础中，即宪法法律以法理之实践作为其立法目的；（3）法理存在于法律上面，即实证法的整体以法理为基础。④ 在这三种样态中，法理主要以法律之基础

---

① Wladyslaw Krajewski, *Correspondence principle and growth of science*, D. Reidel Publishing Company, 1977, pp. 13 - 29.

② See Adam Dyrda, "the Real *Ratio Legis* and Where to Find It", in Verena Klappstein and Maciej Dybowski, eds., *Ratio Legis: Philosophical and Theoretical Perspectives*, Switzerland, Springer, 2018, p. 10.

③ Leszek Nowak, *The Structure of idealization: Towards A Systematic Interpretation of the Marxian Idea of Science*, Springer, 1980, pp. 95 - 96.

④ 参见黄茂荣：《法学方法与现代民法》（第五版），法律出版社 2007 年版，第 472 - 491 页。

的形象出现。关于法律原则、规则、法理之间的关系,拉伦茨也有两种不同的阐述。第一种表述比较容易理解:可以直接适用的"法条形式的原则"(对应于不可直接适用的"开放的原则")本身就是法理,它们"已经凝聚成为可以直接适用的规则,其不仅是法律理由,毋宁已经是法律本身。"如环境保护法中的污染者付费原则等。第二种表述认为,类似于"诚信原则"之类的其他原则,"可以由法律所明定,或是回归法律的理由(=正当化法律规定的根据),而由法律本身推得"。① 简言之,有些法条本身就是法理,而有些法理可以从法律条文"还原"而来。这两种表述无疑都在证立法理是法律之基础这一命题。

另一方面,法律规范可以看作是法理具体化的结果。在法律领域中,不同的学者对"具体化"有不同的理解。有学者将具体化理解为法律的特征,或是一种填补法律空白的手段,抑或是法律规整过程中的一种属性。多数学者认为具体化在逻辑上关涉不确定性到确定性的过渡。② 从法律效力的角度出发也可以证立上述结论。在法理的视野中,法律的效力问题本质上是一个认识论的问题,即通过哪些标准可以判断出规则的有效性,从而法律规则的有效性转换为服从或遵守特定规范的理由是否成立的问题。从法理出发,这些理由是隐藏于规范系统背后的那些"可普遍化的应然"。换言之,规范的有效性主要来源于规范的内容(content)而非权力机关的层层授权,这些内容是内在的、源于理性的。从而法律规则可以从更一般的法理中推导而来,它们是特殊与一般、个别与"共相"的关系。法理提供了法律规则具备有效性的理由,且主张法律规范之间存在一定的推演关系或层次关系。总之,在探求规范发生效力的根据时,应回溯到另一个可普遍化的实质性准则,但该实质性准则并不一定是被授权制定的法律规范。这里的可普遍化的实质性准则便是法理,是规则之所以具备有效性的理由或原因性根据。

法理作为规则有效性之依据,具有法律拘束力。对于该命题的辩护需要借鉴区分事物本身与事物的外观(语言表现)的理论。根据该理论区分,法律规则是法理的外观或语言表现,且有以下两种观点都存在得到辩护的理由。第一种观点认为,法理完全在法律文本中得以体现,从而法理会随着社会的变迁而更新。在此种理解中,法律文本构成了法官进行哲学层面的价值反思与司法适用的中间物,所以法官无需再单独考虑个别法理,只需要按照文本的字面含义去判案即可。从而法律规则可以被看作立法机关权衡各种法理后作出的具有权威性质的决定,而服从于法律是人们认识到个体局限性后的一种理性选择。第二种观点认为,法理并未完全表现于法律文本中,从而法理是永恒不变的,它们在过去、现在和将来都是外在于法律文本的超验逻辑之预设。那些在制定规则时未考虑周全而被暂时"搁置"的法理,或者随着时代发展而新发展出的法理,它们作为支撑法律的底层逻辑均是有效力的。总之,无论法理是否完全表现为法律文本,均具有法律效力和拘束力。从

---

① 参见 [德] 卡尔·拉伦茨:《法学方法论》,陈爱娥译,商务印书馆2018年版,第293、348、353页。
② Xenia Dovgan, "Concretization of law: legal forms", *RUDN Journal of Law*, 2020, p. 867.

而，在疑难案件中，若缺乏有关规范作为裁判依据，法官通过还原法理的方法来延伸法律逻辑成为一种道德层面的义务和责任。

法理是法律规范之基础，以及法律规范是法理的具体化，是两个相互印证的、可以被获得辩护的命题。法理之所以需要被具体化为法律规范，是因为法理的陈述时常表现为"人有自由权""人有财产权"等抽象表达形式。由于这种抽象表达形式并不附加适用条件，因此它是否适用于某一特定情形，就需要依赖对法理进行具体化，即将抽象的法理命题与实践问题结合起来，来判断是否在具体的场景应用某种法理。法理的具体化与法理的创设和发现并不相同，前者是将抽象化的法理根据手头面临的情况予以具体的呈现，后者是发现新的独立于已存在的法理。基于正当性效果的考虑，一般应先考虑法理的具体化，在难以实现的情况下才会考虑法理的创设或派生。

四、回应社会公众对正义的追求

在新兴、疑难案件中，法官通过法律类推的方法来填补法律漏洞，可以及时地回应社会公众对正义的追求，有利于构建"回应型审判"，践行"司法为民"的原则，真正实现让人民群众在每一个案件中感受到公平正义。在法律类推的方法中突出法理，是构建回应型审判（responsive judging）的应有之义，有助于在错综复杂、充满利益纠葛的现实社会中回应社会公众对目的、正义的需求，也有利于在"两大变局"时代背景中萃合人心和总摄众志，即缩小因利益、立场、观点分歧带来的发展制约力。

回应型审判是"回应型法"的关联概念，而"回应型法"之所以区别于其他法律系统，其中的一个重要原因是目的在其中发挥了关键性作用。与"自治型法"和"压制型法"相比，"回应型法"处于最高的法律发展阶段，它强调法的动态发展、法的不确定性和灵活性。为了结合完整性与开放性、固定规则和自由裁量权，"回应型法"使目的在法律推理中具有客观性和权威性，并处于支配性、关键性、主导性地位。在该发展阶段，法律与政策中所内含的目的与价值呈现普遍化特征，为制定新规则、批判旧规则提供权威标准。这使得在法律类推的过程中，目的具有了削弱规则的"批判性权威"，扩大了法律评价的裁量空间，提高了法律适用的合理性与可接受性。[①] 总之，"回应型法"在尊重规则同时，以目的为关键标准来构建一个能够有效应变的法律秩序，它具有"完整性"与"开放性"的综合特质，这对于构建"两大变局"时代背景中的司法制度具有重要意义。

以"回应型法"理论为参照，富勒（Fuller）等学者提出了经典版的"回应型审判"的概念。在此类型的审判中，英美法系中的法官需要做到：（1）及时终结手头案件；（2）考虑诉讼参与人就争议或案件提交的意见书；（3）在做裁判决定时使用有关意见书；

[①] See Philippe Nonet and Philip Selznick, *Law and Society in Transition: toward Responsive Law*, Routledge, 2017, pp. 73–104.

(4) 围绕意见书展开解释和证立。① 在此经典理解的基础上,有学者进一步提出了扩展版或强化版的回应型审判,即法并不是被规范束缚的纯自治实践,而是一种嵌入在社会中的半自治实践。在该版本的"回应型司法"中,法官除了坚持忠于法律、公正以及整全等核心原则外,还应当是实现正义的有成本意识的诉讼管理人,有探究法律决定的好奇心和耐心,重视和钻研于构建与诉讼参与人相互尊重的融洽人际关系,是正义的使者和公众的法律"教导员"。

具体来说,法官的审判应对法官责任、网络社会、诉讼当事人的需求(提供公正且及时的裁决、实现更灵活的程序性交流、权衡公正与同情等)、公众关注(与公众建立更直接的联结以提高裁判的透明度)进行及时地回应。从裁判的环节来说,在制定裁判结果的环节,法官为了回应个人、社会与法律体系需要做到以下几点:裁判决定要考虑到案件当事人的需求;恰当地核查认知并基本框定决定;考虑裁判对社会、法律体系的影响,包括司法的成本等;提请注意政策或立法的不足之处;发展和阐明法律理论;分析和推理要结合更广泛的社会观点。② 尽管这些标准是以英美法系的实践提出来的,但是这些标准仍有重要的借鉴意义。

在我国,"马锡五审判方式"在某种程度上也是一种回应型审判,该审判方式具有以下特点:"一切为了人民""注重调查研究""就地化解纠纷""追求案结事了""倾听群众感受"。该审判方式以务实的、高效率的方式解决了多方面的龃龉,包括:诉讼程序的专业性与人民群众可参与度之间的差距;司法裁判技术性与当事人可接受度之间的差距;个人民事权益广泛性与司法救济有限性之间的差距;诉讼调解普及性、准强制性与程序正当性之间的差距。③ 这样的司法审判制度或审判方式都以更加实用的、功能性的、情境性的态度来考虑裁判对社会的实际影响,并旨在提高审判活动的可接受性与信任度。

本文认为,将上述两种类型的审判要求相叠加,可以得出回应型审判在确定裁判结果这一环节更全面、更有共性的总体要求。而且,法理作为社会共同体共享的理念、道德观、价值等,是各方合力构建"回应型审判"的重要标准和依据。

其一,在法律类推中诉诸法理不仅可以充分考虑和权衡案件当事人的权利,还可以权衡裁判对社会公众生产与实践的后果与影响。一方面,法律类推的方法有时会运用权利推定的方法来推定那些未被明确规定于规范性文本中的"非实证性"权利,或者用来处理权利冲突。而权利推定本身属于一种法理推理④,即权利推定需要法理的支持或以法理为依

---

① See Lon L. Fuller and Kenneth I. Winston, "The Forms and Limits of Adjudication", *Harvard Law Review*, vol. 92, no. 2, 1978, pp. 353 – 409.
② See Tania Sourdin and Archie Zariski, "What Is Responsive Judging", in Tania Sourdin · Archie Zariski eds., *The Responsive Judge: International Perspectives*, Springer, 2018, pp. 1 – 22.
③ 参见贺小荣:《"马锡五审判方式"的内在精神及其时代价值》,载《法律适用》2021年第6期,第3 – 5页。
④ 张文显:《法理:法理学的中心主题和法学的共同关注》,载《清华法学》2017年第4期,第15 – 17页。

据。另一方面，法律类推的方法本身会涉及目的论证或者结果论证的方法。例如，在确定作为类推依据的法律条款时，法官通过充分考虑"成本—收益"、社会善的最大化等目的与价值，充分考虑了裁判对社会的影响。

其二，在法律类推中诉诸法理可以发展和阐明一些法律理论，并供后续有关规范性文件所借鉴、参考。法官在个别类推中可以通过厘清法理来重新界定已有法律规则的内涵；在整体类推中还原出"一般法律原则"，这两种方式都发展出或创造出新的一般法律理论。例如，在前述熊某某、沈某某申请执行人执行异议之诉案中，法院在某种程度上重新界定了《公司法》第63条的调整范围，即将夫妻在婚姻关系存续期间以共同共有财产成立的且完全持股的有限责任公司也纳入调整的范畴。而类似这样的法律评价可能会被后续的立法或者司法解释等规范性文件所吸收。

其三，在法律类推中诉诸法理不仅可以核查法官的认知，还结合了更广泛的社会观点。在更为宏观的层面上，法理不仅是蕴藏于个案中的判决理由，还是被法学法律共同体接受、并被广泛引用的支配性意见，还是社会共同体共享的理念、道德观、价值等。因此，在错综复杂、充满利益纠葛的司法实践中关注法理，可以回应社会公众对目的、正义的追求，也有利于在"两大变局"时代背景中萃合人心和总摄众志。

综上所述，为了实现让人民群众在每一个个案中感受到公平正义、满足人民对美好生活的向往、积极回应社会公众对正义的追求，应努力构建回应型司法。回应型司法倡导法官肯认司法裁判对社会价值的责任，他们不仅要通过权威的方法来认定蕴含在法律文本中的价值，还需要超越找法以及说理的角色、超出裁决与审判的范畴，将与回应正义的有关需求考虑在内，积极探索那些有利于增进人民福祉的裁判方案。

（编辑：杜文静）

动态体系论：一种方法的祛魅[*]

任我行[**]

摘 要 动态体系论作为一种法学方法，以要素的限定与原则性示例的抽出作为客观化的评价机制，意在通过原理的抽出将法的内在体系外显，并直接将法律效果的形成还原为原理权衡，其实质在于对一般条项模式与"要件—效果"模式进行折中，其目的在于为法律系统提供一种对外部世界的回应机制。然而，动态系统论实践价值不应被高估。一方面，要素的限定只有在内在体系获得了较为清晰界定的场合才能真正实现，而原则性示例在多数场合只有在案型形成后才能被抽出。另一方面，在现有的实证法上，原则上只有部分"要件—效果"式规范、"要素—效果"式规范、一般条项才具有动态体系化的可能。全面的动态体系化只能以立法的方式实现。动态体系论仅仅提供了一个"范围有限"的评论框架，至于在多种可能的评价中如何抉择，最终还是有赖于判断者的决断。在这一过程中，法律的意义脉络极有可能被人为割裂。动态体系论以维护法的安定性为名，最终却可能行破坏法的安定性之实。动态体系论只是司法三段论发展过程中的"必然"，而不是"范式转型"。我们真正需要面对、解决的问题，不在于如何完善与发展动态体系论，毋宁说是丰富与发展司法适用理论本身。

关键词 动态体系论 论题学 评价法学 内在体系 要素体系

一、绪论

如果要让私法学者在法学方法中选择一位"天王巨星"，恐非动态体系论莫属。

---

[*] 本文系国家留学基金委"国家建设高水平大学公派研究生项目"（项目编号：202206210227）阶段性研究成果。

[**] 任我行，男，四川成都人，清华大学法学院博士研究生，德国（汉堡）马克斯·普朗克外国私法与国际私法研究所联合培养博士生，主要研究方向为民商法。

作为一种法学方法，动态体系论于21世纪之初经由解亘教授的译介传入国内，历廿载，已蔚为大观。① 此一思想的雏形，在著名的奥地利法学家Wilburg于1941年发表的《损害赔偿法的要素》一书中就已经形成，Wilburg于1950年就任奥地利格拉茨大学校长时发表的著名演说——《私法领域内动态体系的发展》（以下简称"演说"）——可谓正式宣告了动态体系论的诞生。1986年出版的Wilburg八十诞辰祝寿文集更是群英荟萃，将动态系统论的研究提升到了新的高度。

在学者们的积极推动下，近年来一些比较示范法的起草也受到了动态体系论的影响。例如，《欧洲私法共同参考框架》（以下简称"DCFR"）第Ⅵ.-2：101条第3款规定，就损害赔偿责任的发生，应考察可归责性、损害的性质与近因、受害人的合理期待、公共政策的考量。相关草案的负责人von Bar认为，这些要素为法官判断被侵害的权益是否值得保护提供了线索。② 又如，《欧洲侵权法原则》（以下简称"PETL"）第2：102条就受保护利益范围之认定，列举了利益的性质、责任性质、行为人的利益等要素。在该条文的评注中，Koziol明确指出，"这一条文建立了一个多种要素存在内在关联的动态体系。这些要素既是法官思考的初步指引，又可以保证判断的广泛一致性。"③ 类似地，PETL第3：201条规定，责任范围的认定应参考行为人对损害的预见能力、受保护利益的性质和价值、责任基础、生活中通常风险的程度、被违反的规则之保护目的。该条文评注的撰写者Spier指出，诉诸一系列要素来确定责任范围，这无疑具有革命性（revolutionary）。他举例说，如果损害在行为时无法合理预见，那么责任就不易确定，而故意则可以弥补责任发生的缺陷。④

像这样，通过要素的列举以及考察要素之间的相互作用来推导出特定的法律效果，可以被视为动态体系论的基本思考方法。在这样一种方法的加持下，学者们开始探讨将法律

---

① 在民商法领域运用动态体系论解决具体问题的尝试不胜枚举，例如，蔡睿：《显失公平制度的动态体系论》，载《法治社会》2021年第6期；尚连杰：《缔约过程中说明义务的动态体系论》，载《法学研究》2016年第3期；周晓晨：《过失相抵制度的重构——动态系统论的研究路径》，载《清华法学》2016年第4期等。在其他部门法乃至于方法论的层面，学者对于动态体系论也倾注了相当的研究热情，例如，胡学军：《民法典"动态系统论"对传统民事裁判方法的冲击》，载《法学》2021年第10期；王磊：《动态体系论：迈向规范形态的"中间道路"》，载《法制与社会发展》2021年第4期等。

② Christian v. Bar etc., *Principles of European Law on Non-Contractual Liability Arising out of Damage Caused to Another*, Sellier European Law Publishers, 2009, p. 309.

③ European Group on Tort Law, *Principles of European Tort Law: Text and Commentary*, Springer, 2005, p. 31. 须指出的是，Koziol所谓"判断的广泛一致性（broad consistency in decision-making）"并非"判断结果"的广泛一致性，毋宁只是"判断过程"的广泛一致性。这一点，涉及动态体系论的方法论构成（二〈二〉）。

④ See European Group on Tort Law, *Principles of European Tort Law: Text and Commentary*, Springer, 2005, p. 60. 据Spier介绍，PETL第3：201条列举的五项要素来自一系列的判例，而这些判例又是从不同的国内判例法中获得了借鉴和启发，这意味要素并未被穷尽列举——这从"factors such as"这样的表述也可见一斑。果真如此，PETL第3：201条是否真的形成了动态体系就要打上一个问号。诚如下文所言，动态体系论为避免评价的恣意，能够被考虑的要素预先都已被固定。在这个意义上，动态体系论的要素是封闭的，而PETL第3：201条不符合动态体系论的这一要求。

转化为一种可变构造的可能性,即一方面摆脱"要件—效果"模式与生活脱节的危险,为法律体系注入活力,另一方面则以动态的手法弹性地决定法律效果,服务于个案正义的实现。这样一种诱人的法学方法名正言顺地成为理论家的宠儿。然而,"阳光越是强烈的地方,阴影就越是深邃。"动态体系论真的完美无瑕吗?

实际上,在发表于 1995 年的《民法中的动态体系论》一文中,日本学者山本敬三早就指明了这一法学方法的局限性。① 解亘教授和班天可教授于 2017 年发表的《被误解和被高估的动态体系论》一文更是针对国内"动态体系论滥用"的现象展开了细致入微的批判。尽管如此,动态体系论的思潮并无急流勇退之意。在某种意义上,国内呈现的动态体系论狂热更像是平行世界中的偶然与想象,若论者完成了思想祛魅,是否仍然义无反顾支持这一方法,恐又呈现另一番景象。

本文的目的在于尽可能全面地检讨这一法学方法的局限性,还原其炫丽外表下真实的理论全貌。为此,下文首先对动态体系论进行概观,明确其原理及功能(二),并以此为基础,重点围绕其方法论构成和适用领域进行反思(三),接着,结合分析的结果明确动态体系论的理论射程及其体系定位(四),最后简单作结(五)。

二、动态体系论的方法论构成

身处法学思想演进的十字路口,Wilburg 敏锐地意识到,无论是传统的概念法学还是新兴的自由法运动,都不可能满足日常生活的需要和社会正义的要求。在他看来,问题解决的可行方法,是将法律转化为一种可变的构造,即在观念上放弃其固定实体之地位,转而以各种力量的动态作用(bewegliches Zusammenspiel der Kräfte)来重构法律。具体来说,特定法律效果的发生不应建立在一个统一的理念上,而应着眼于多个动态力量(bewegende Kräfte)——也就是"要素(Element)"——的相互作用。②

例如,在 Wilburg 看来,构建一个包含无过失责任在内的损害赔偿法的可行路径,是将损害赔偿责任还原为多个强度不同、相互组合的要素——①因侵害或者危险化而导致的对他人权利领域的利用;②因责任承担者领域发生的事情而导致损害事实的引发;③就瑕疵对责任承担者领域提出的责难;④被害人一方的损害原因,并以此决定损害赔偿责任的

---

① 参见[日]山本敬三:《民法中的动态体系论》,解亘译,载梁慧星主编:《民商法论丛》(第 23 卷),金桥文化出版有限公司 2003 年版,第 233 – 237 页。

② 参见[奥地利]瓦尔特·维尔伯格:《私法领域内动态体系的发展》,李昊译,载《苏州大学学报(法学版)》2015 年第 4 期,第 108 – 112 页。值得说明的是,Wilburg 承认,就着眼于法律中的"原因力"这一点而言,动态体系论与利益法学具有相似之处,但二者的区别在于:利益法学将立法者对于利益冲突的裁断置于了规范形成前的阶段,并指引法官去发现立法者的价值判断;而动态体系论则将多个动态力量置于规范的层面进行观察([日]山本敬三:《民法中的动态体系论》,解亘译,载梁慧星主编:《民商法论丛》(第 23 卷),金桥文化出版有限公司 2003 年版,第 181 页)。

发生与范围。① 又如，合同效力的判断同样具有动态体系化的可能：作为合同诚信原则（Prinzip der Vertragstreue）的例外，错误、胁迫或欺诈、无行为能力、情势变更、合同悖于善良风俗等情形，无疑可能导致合同无效。一方面，当事人在合同缔结的过程中无法适当保护自己利益——如存在行为能力的欠缺、无经验、错误等情势——的程度越高，合同也会相应朝着无效的方向滑动。另一方面，一方有过错地作出了错误的意思表示可以成为支持合同向有效方向发展的理由。②

Wilburg 指出，这些要素与固定的构成要件不同，既非缺一不可，亦无不可或缺的特定要素，只有将个案中可能涉及的要素按其强度进行组合，探究要素相互作用之下的"整体像"，才能决定特定法律效果的发生与范围。③ 在这种观念的指引下，动态体系论逐步发展为了一个"由两根支柱支撑起的评价框架"。④ 这反映出动态体系论的两大核心命题：第一，动态体系论用什么评价？此涉及"要素"的提取及其"相互作用"的实现。第二，动态体系论如何评价？这一问题，又与作为评价标准的"基础评价"与"原则性示例"有关。可以说，"用什么评价"以及"如何评价"，是动态体系论在方法论层面必须回答的两个问题。

（一）动态体系论的评价基础：要素

诚如前述，为推导出特定的法律效果，Wilburg 考虑了多种力量的相互作用。在他的表述中，这些动态力量虽被称为"要素"，⑤ 但他并未明示何谓要素。⑥

1. 要素与法的内在体系

山本敬三教授指出，若考察不同学者有关动态体系论的著述，可以发现，要素至少具

---

① Wilburg 在 Die Elemente des Schadensrechts、Entwicklung eines Beweglichen System im Bürgerlichen Recht 以及 Zusammenspiel der Kräfte im Aufbau des Schuldrechts 三部文献中列举的要素略有差异，参见 [日] 山本敬三：《民法中的动态体系论》，解亘译，载梁慧星主编：《民商法论丛》（第 23 卷），金桥文化出版有限公司 2003 年版，第 242 页，注 [23]。

② 参见 [奥地利] 瓦尔特·维尔伯格：《私法领域内动态体系的发展》，李昊译，载《苏州大学学报（法学版）》2015 年第 4 期，第 113 – 114 页。

③ 此处遗留的问题是，要素如何互动才能推导出特定的法律效果？对此，Wilburg 指出，可以运用"平均规则（Durchschnittregeln）"作为参考标准，例如，"任何人都必须就其有责行为所造成的损害，根据其责任的程度承担责任""在危险加大的情形，事业人对非因过失造成的业务瑕疵也要承担责任"等。参见 [日] 山本敬三：《民法中的动态体系论》，解亘译，载梁慧星主编：《民商法论丛》（第 23 卷），金桥文化出版有限公司 2003 年版，第 183、189 – 190 页。

④ 这一判断揭示了动态体系论的核心特质——"评价"，这也是其被归为评价法学的一个版本之理由。解亘、班天可：《被误解和被高估的动态体系论》，载《法学研究》2017 年第 2 期，第 44、47 页。

⑤ 参见 [奥地利] 瓦尔特·维尔伯格：《私法领域内动态体系的发展》，李昊译，载《苏州大学学报（法学版）》2015 年第 4 期，第 109 页。

⑥ 参见 [日] 山本敬三：《民法中的动态体系论》，解亘译，载梁慧星主编：《民商法论丛》（第 23 卷），金桥文化出版有限公司 2003 年版，第 199 页。

备以下两种表现形式:① 一方面,要素可能表现为"因子": Wilburg 在描述决定损害赔偿责任的四项要素时,运用了这样一种思考方法,即分别将各项要素进一步细分为因子。例如,Wilburg 将"被侵害的财产之性质"以及"行为的危险程度"作为①中"利用"的因子,又在②中进一步言及"领域"与"原因"这两个下位因子。另一方面,要素还可能表现为支配某一特定法律领域的"原理": Bydlinski 有关法律行为法的要素列举——①私法自治;②交易安全;③给付的等价性;④合同诚信——就体现了与 Wilburg 不同的思考方法。这些要素,与单纯的因子不同,"自身具有规范的性质"。

尽管表现形式不同,但"原理"与"因子"的内在关联不容忽视。不难发现,表现为因子的要素,本身就有抽象为原理的可能,而表现为原理的要素,并不妨碍被具象化为因子。② 在这个意义上,可以说 Wilburg 实际上是在运用更多的因子支撑其思考,而这些因子的综合、抽象,至少反映了支配损害赔偿法的以下原理:风险归责、信赖保护、行为自由与权益保护、损害填补等。同理,Bydlinski 用以理解法律行为法的要素,由于相当抽象,在思考具体问题时无一例外须被足够具体化。③ 由此可见,Wilburg 的四项要素可以说是介于因子与原理之间的中间状态,它们既可以往水平的一端滑动,彻底解构为因子,又可以往水平的另一端滑动,融合、抽象为原理。

这么看来,学者们实际上是在一个由因子与原理各执一端的"观念水平"上理解动态体系的要素的。一方面,因子具有何种表征,最终是由原理决定的,因此,可以将原理视为要素的真正内容(规范性的要素)。④ 另一方面,因子可以作为具体问题中原理实现程度或被侵害程度的参照。⑤

然而,即便承认要素是由原理构成的,"原理从何而来",依然是悬而未决的问题。事实上,若着眼于 Wilburg 与 Bydlinski 列举的诸项要素,我们至少可以得出一个最低限度的结论:原理应当支配特定的法律领域。⑥ 转换一种表述,以要素为基础的动态体系之建构,首先应当挖掘在特定法律领域内妥当的原理。⑦ 涉及这一问题的,是以原理的相互作

---

① 参见[日]山本敬三:《民法中的动态体系论》,解亘译,载梁慧星主编:《民商法论丛》(第23卷),金桥文化出版有限公司2003年版,第200-203页。
② 参见[日]山本敬三:《民法中的动态体系论》,解亘译,载梁慧星主编:《民商法论丛》(第23卷),金桥文化出版有限公司2003年版,第203-204页。
③ 参见[德]卡尔·拉伦茨:《法学方法论》,陈爱娥译,商务印书馆2003年版,第348页。
④ 山本周平「不法行為法における法の評価の構造と方法(五)・完」法学論叢169巻6号(2011年)45頁参照。
⑤ 王磊:《动态体系论:迈向规范形态的"中间道路"》,载《法制与社会发展》2021年第4期,第167页。
⑥ Wilburg 针对损害赔偿、合同、不当得利等领域分别列举了不同的要素,也体现了这一思考方法。参见[奥地利]瓦尔特·维尔伯格:《私法领域内动态体系的发展》,李昊译,载《苏州大学学报(法学版)》2015年第4期,第112-115页。
⑦ 参见[日]山本敬三:《民法中的动态体系论》,解亘译,载梁慧星主编:《民商法论丛》(第23卷),金桥文化出版有限公司2003年版,第205页。

用为基础,逐渐孕育出内在统一性的"法的内在体系(inneres System)"。① 这意味着,要素来自内在体系,并说明内在体系。在这个意义上,所谓动态"体系",即为通过作为原理之要素的相互作用而被说明的内在体系。② 作为当然的结果,内在体系本身也对要素起到了关键的限制作用——能够被考虑的要素预先都已被固定。③

2. 要素的分层与相互作用

诚如前述,在 Wilburg 看来,"动态"体系有别于传统的"要件—效果"模式。在后者,法官必须在三段论的指引下,将系争案件事实涵摄于特定的构成要件之下以便决定法律效果。④ 在传统理论中,构成要件本身只能被评价为"全有或全无",而且,任何构成要件的欠缺都无法推导出特定的法律效果。⑤ 要素与构成要件的特点恰好相反。一方面,个案中的要素本身具有强弱之分,或"可分层(abstufbar)"的特点,⑥ 换言之,要素可以被评价为"或多或少";⑦ 另一方面,要素之间具有可交换性以及互补性,单个要素的缺失可以由其他更强的要素予以弥补,由多个要素相互作用形成的"整体像"才是决定法律效果的关键。⑧

(二)动态体系论的评价方法:比较命题、基础评价与原则性示例

动态体系论作为一种评价框架,除了"用什么评价"(评价的基础)之外,还必须对"如何评价"(评价的方法)予以明确。

1. 比较命题

首先,Otte 运用了"比较命题(komparative Sätze)"——一种有关"越 a 则越 b"的

---

① 参见[德]卡尔·拉伦茨:《法学方法论》,陈爱娥译,商务印书馆 2003 年版,第 351 页。
② 参见[日]山本敬三:《民法中的动态体系论》,解亘译,载梁慧星主编:《民商法论丛》(第 23 卷),金桥文化出版有限公司 2003 年版,第 206 页。
③ Canaris, *Systemdenken und Systembegriff in der Jurisprudenz*, 2. Aufl., 1983, S. 76ff.
④ 参见[德]卡尔·拉伦茨:《法学方法论》,陈爱娥译,商务印书馆 2003 年版,第 152 页。
⑤ Canaris, *Systemdenken und Systembegriff in der Jurisprudenz*, 2. Aufl., S. 78.
⑥ Bydlinski, *Juristische Methode und Rechtsbegriff*, 1982, S. 535.
⑦ Otte, Zur Anwendung komparativer Sätze im Recht, in Bydlinski u. a., *Das Bewegliche System im geltenden künftigen Recht*, 1986, S. 271 – 286.
⑧ Helmut Koziol, *Das bewegliche System: Die goldene Mitte für Gesetzgebung und Dogmatik*, ALJ 3/2017, S. 169. 应当看到,如果法律效果的得出仅与唯一要素有关,实则不属于动态体系论讨论的范畴。例如,根据《民法典》第 590 条第 1 句正文,导致"部分或者全部免除责任"的,只有"不可抗力的影响"这一个因素,尽管法律效果的确定与要素的分量相关,但并不存在多个要素的相互作用,因此并不涉及动态体系。同理可见《民法典》第 1190 条第 2 分句(补偿责任发生与否,只考虑"行为人的经济状况")。值得注意的是,有的条文看似涉及了多个要素,但实际上并非如此。例如,《民法典》第 622 条第 1 款将"标的物的性质"和"交易习惯"并列,这实际上毫无意义。理由在于,法官无法单纯凭借"标的物的性质"作出判断,因为"标的物的性质"并不包含任何价值指向,足以为判断提供方向的,只有"交易习惯"而已,而"交易习惯"并非空中楼阁,它只有围绕"标的物的性质"进行评价才有意义。在这个意义上,"交易习惯"完全可以吸收"标的物的性质"。因此,第 622 条第 1 款中的要素看似有二,实则唯一。

陈述——来阐释要素之间相互作用的形式。① 以 Wilburg 列举的关于合同效力判断的要素为例，运用比较命题，可作如下表述："当事人于缔约时越无法保护自己利益，则合同越应当无效"，或"当事人缔约时的过错越严重，合同越应当有效"。②

比较命题固然有助于说明要素与法律效果之间的联系，但它无法明确，要素"越"达到何种强度，才能得出法律效果。由此可见，比较命题仅提供了思考的指向性——它更类似于罗盘而非定位系统，我们无法期待依之作出客观和可检验的评价。在这个意义上，Wilburg 止步于与比较命题具有同一性质的"平均规则"，并未真正完成动态体系论的理论构建。

2. 基础评价

除了思考的指向性，法官还需要一个确定的"锚"作为判断标准，③ 即"当某一要素的满足度达到 T 时，效果为 R"。这一标准，是由所谓的"基础评价（Basiswertung）"提供的。基础评价的特点在于"控制变量"，即考察某一要素的实际满足度 t 与法律效果 R 之间的关联时，须以其他要素处于平均状态为前提。④ 但问题在于，个案中的其余要素可能在多数场合都并不处于平均状态。假设，为了考察要素 A 的满足度 t（A）是否足以得出法律效果 R，基础评价 X 将要素 B、C 置于平均状态，但实际的情况是 t（B）或 t（C）并未达到 X 预设的平均状态。若通过与"T→R"对比，"t（A）→R"成立，此时，针对要素 B，法官必须借助另一基础评价 Y，考察"t（B）→R"是否成立，要素 C 亦然。如果"t（A）→R""t（B）→R""t（C）→R"都成立，那么法律效果 R 的得出在该案中一定是妥当的。

尽管如此，我们仍然可能面临如下问题：第一，基础评价 Y、Z 一定存在吗?⑤ 第二，即便基础评价 Y、Z 存在，但是最终的判断结果是"t（A）→R"成立，而"t（B）→

---

① Otte, Zur Anwendung komparativer Sätze im Recht, in Bydlinski u. a., *Das Bewegliche System im geltenden künftigen Recht*, 1986, S. 271f.

② Alexy 的"权衡法则（Abwägungsgesetz）"与 Otte 的比较命题具有相似的表达方式，此二者所揭示的，都是原理或原则之间的冲突。参见［德］罗伯特·阿列克西：《法：作为理性的制度化》，中国法制出版社 2012 年版，第 149 - 150 页。值得注意的是，Bydlinski 也注意到了动态体系论与 Alexy 的权衡法则之间的关联。Vgl. Bydlinski, *Fundamentale Rechtsgrundsätze: Zur rechtsethischen Verfassung der Sozietät*, 1988, S. 125ff. 这进一步彰显了动态体系论与法律论证理论的密切联系。

③ 参见蔡睿：《显失公平制度的动态体系论》，载《法治社会》2021 年第 6 期，第 63 页。

④ 解亘、班天可：《被误解和被高估的动态体系论》，载《法学研究》2017 年第 2 期，第 50 页。例如，ABGB 第 934 条为给付的不均衡性（T）与合同效力（R）之间的关联提供了一项基础评价，即当给付与对待给付之间的价值差额多达二倍时，合同的效力可能被否定（受害人享有撤销权）。据此，在其他要素不变的情形下，若某一案件中给付与对待给付之间的价值差额多达三倍，就应当赋予受害人撤销权来摆脱合同拘束。相反，若某一案件中给付与对待给付之间的价值差额不足二倍，法官是否仍然可以运用基础评价来决定撤销权的发生，最终取决于以个案具体情况为基础的权衡。参见［日］山本敬三：《民法中的动态体系论》，解亘译，载梁慧星主编：《民商法论丛》（第 23 卷），金桥文化出版有限公司 2003 年版，第 217 页。

⑤ 这一点涉及基础评价从何而来的问题，由于原则性示例也会遇到相同问题，故在原则性示例处一并讨论（二（二）2（3））。

R""t（C）→R"不成立或其中之一不成立，法律效果 R 何去何从，基础评价对此欠缺说理能力。此时，要素之间的相互作用又复归于无法评价的状态。

动态体系论还能提供其他的评价方法吗？

3. 原则性示例

上述问题的实质在于，是否存在这样一种评价方法，它能同时考察多个要素的满足度之加权与特定法律效果之间的关联？对此，"原则性示例"具有相当参考价值。

原则性示例的思考过程可以公式表述如下：要素 A 的满足度 T（A）+要素 B 的满足度 T（B）+要素 C 的满足度 T（C）=法律效果 R，即"T（A）+T（B）+T（C）= R"。① 若某一案件中，t（A）、t（B）、t（C）都达到或超过了 T（A）、T（B）、T（C），那么，R 一定发生。如果 t（A）=T（A）、t（B）<T（B）、t（C）≥T（C），R 是否依然成立，则取决于 t（B）与 T（B）之间是否具有"质"的差别，或者 t（C）是否足以弥补 t（B）的不足这样的价值判断。②

相较而言，原则性示例能够发挥更加明确的评价指引功能，那么如何寻觅妥当的原则性示例呢？一般认为，原则性示例乃至于基础评价应首先来自立法，但在欠缺规定的情形，也可以通过判例甚至学说来补充。③

（三）小结

就表现形式而言，这种通过要素的相互作用来决定法律效果的思考方法体现了"动态"的特征，而作为原理之要素的相互作用又说明、具象了法的内在体系，展示了思维"体系化"的特点。若将"动态"置于"体系"的语境下进行观察，即可发现动态体系论有别于传统三段论的说理方法：拒绝概念逻辑，通过原理的抽出将法的内在体系外显，④并直接将法律效果的形成还原为作为规则形成基础的原理权衡。如果说概念逻辑以构成要件的明确为基础，体现了一种尊重"建构"的特点，那么，动态体系论则更多与"解构"的思维有关。但这并不意味着动态体系论要通过暴力革命的方式彻底否定实证法的外在体系，因为作为评价方法的基础评价与原则性示例原则上仍应当首先来自立法。换言之，动

---

① 参见解亘、班天可：《被误解和被高估的动态体系论》，载《法学研究》2017 年第 2 期，第 50 页。解亘教授认为，"当加害人带有害意侵害债权时，应当承担损害赔偿责任"（德国民法典第 826 条）是一项基础评价。本文持反对意见（详见三〈二〉4）。

② 在个案中，若要素 A 的满足度 t（A）没有达到基础评价的标准 T（A），法官必须就 t（A）与 T（A）是否具有质的区别进行判断。相同的理由在此处也同样适用。参见 [日] 山本敬三：《民法中的动态体系论》，解亘译，载梁慧星主编：《民商法论丛》（第 23 卷），金桥文化出版有限公司 2003 年版，第 217 页。

③ 解亘、班天可：《被误解和被高估的动态体系论》，载《法学研究》2017 年第 2 期，第 50 页。

④ 参见方新军：《内在体系外显与民法典体系融贯性的实现——对〈民法总则〉基本原则规定的评论》，载《中外法学》2017 年第 3 期，第 569 页以下。

态体系论自身通过对于要素以及评价方法的限制宣誓了对实证法的忠诚。① 在这个意义上，Bydlinski 对于"本源的动态体系论"——以内在体系中的原理作为权衡的基础，并以限定性的评价方法担保评价的客观与可检验——与"动态的法思考"——其唯一特点就在于"动态地构筑了法规范"——的区分，对于问题视域的廓清至关重要。② 可以说，那种只关注要素的相互作用而忽略限定性评价方法的理论尝试，归根结底只能被归入"动态的法思考"之流。

最后必须指出的是，动态体系论的实践运用会增加论者"相互主观的理解可能性（intersubjektiv verstehbar）"，但它并不保证每个评价的结果完全相同，③ 这是由其作为单纯的"评论框架"，而非教义学的性质所决定的。④

三、对动态体系论的反思

以上文的认识为基础，以下将从方法论构成、适用领域两个方面对动态体系论进行检讨，析出这一法学方法本身存在的问题。

（一）对方法论构成的反思

1. 要素的不确定性

诚如前述，要素是支配特定法律领域的原理，它来自法的内在体系，并受其制约，在这个意义上，要素具有限定性。这也被誉为动态体系论区别于论题学（Topik）的标志。⑤ 但现实的情况可能恰好相反，除非实证法已经明确了应予考量的要素，法官在作价值判断时将何种原理纳入考量、是否穷尽了某一法律内所有的原理都难以检验。像《民法典》第998条、第1026条这样对要素进行明确列举的条文极为罕见，更多的条文，法官只能从法律的只言片语中自行挖掘要素。以《民法典》第188条第2款但书后段为例，最长时效期间能否延长，法官必须就是否存在"特殊情况"进行权衡。在本文看来，"特殊情况"可

---

① 这一点，可能更多体现了动态体系论作为司法裁判理论的底色。在这个意义上，动态体系论与 Heck 所谓利益法学的核心就是"为了法官的案件判决而获得法律规范"具有异曲同工之妙（Heck, Begriffsbildung und Interessenjurisprudenz, 1932, S. 18.）。不可忽视的是，作为一种法学方法，它仍然可能受到立法者的青睐（参见解亘、班天可：《被误解和被高估的动态体系论》，载《法学研究》2017年第2期，第43页），DCFR 和 PETL 的制定即为著例。甚至在我国《民法典》编纂的过程中，动态体系论也受到了相当重视，参见王利明：《民法典人格权编中动态系统论的采纳与运用》，载《法学家》2020年第4期，第3页。

② Vgl. Bydlinski, Die „Elemente" des beweglichen Systems：Beschaffenheit, Verwendung und Ermittlung, in：Schilcher u. a. （hrsg.）, Regeln, Prinzipien und Elemente im System des Rechts, 2000, S. 18.

③ Otte, Komparative Sätze im Recht. Zur Logik eines beweglichen Systems, Jahrbuch für. Rechtssoziologie und Rechtstheorie II （1972） S. 301ff.

④ 参见［日］山本敬三：《民法中的动态体系论》，解亘译，载梁慧星主编：《民商法论丛》（第23卷），金桥文化出版有限公司2003年版，第234页。

⑤ 参见［日］山本敬三：《民法中的动态体系论》，解亘译，载梁慧星主编：《民商法论丛》（第23卷），金桥文化出版有限公司2003年版，第214－215页。

能与以下原理有关：①稳定法律关系的思想；②权利保护思想；③风险归责思想。其中，①作为诉讼时效的立法意旨，当然能够被抽出作为这一领域的支配性原理。②则需要考察因最长时效期间的存在而被排除之权利的保护必要性，即某种权利是否具有高度的保护要求，以至于可以突破最长时效期间的形式限制。③也是必要的，它与超过最长时效期间的权利行使是否可以被归责有关，风险归责思想作为私法领域内的一般原理，在此处也应有其适用空间。但上述三项原理是否为真，是否穷尽了其他可能，仍不无斟酌余地。在这个意义上，要素又具有不确定的特征。这一现象颇为费解。

事实上，要素的表现方式如何，最终取决于法的内在体系是否明晰。Larenz 指出，内在体系是一种原理之间相互作用构成的演绎式的体系，由于原理的协作方式可能改变，且新的原理之加入亦为可能，故其具有开放的特征。但是，这并非绝对。虽然内在体系必须借助原理与下位原理、一般法条之间的交互澄清才能被说明，① 但在某些领域，借助为数众多的个案评价，内在体系已经获得了较为清晰的界定，它们要么被立法者固定在法律规范中以便限制、指引法官的价值判断，要么通过判例对新的案件产生影响。总而言之，在"开放"的内在体系中，某些领域呈现出相对稳定的特征。而在其他领域，内在体系仍待阐发，正因如此，这些领域的要素表现出不确定的特征，或者说这些领域的要素仍待挖掘。

可以发现，至少在后一种情形中，动态体系论的用武之地根本就不存在，因为作为评价基础的要素尚且未被发掘，根本无法以要素的限定来确保评价的客观和可检验。

2. 基础评价的不足与原则性示例的缺失

即便要素可以限定，基础评价与原则性示例的缺失仍然是阻碍我国实证法动态体系化的一道障碍。在权威学者看来，《民法典》人格权编对于动态体系论的吸收与借鉴是其重要特色之一。在多个条文中，立法者明确了法官应当考量的要素，并对这些要素进行了数量上的限定和价值位阶的排序。② 然而，诚如动态体系论的方法论构成所显示的那样，要素的限定固然重要，评价方法——基础评价与原则性示例——同样不可或缺。无论如何赞美要素的作用，第 998 条、第 999 条、第 1000 条第 1 款、第 1026 条中基础评价与原则性示例的缺失仍然是人格权编通往动态体系的最后一块绊脚石。在这个意义上，即便是被誉为全面动态体系化的《民法典》人格权编，也因评价方法的缺失而难谓真正的动态体系。

首先值得思考的问题是，基础评价与原则性示例可以等量齐观吗？正如本文第一部分指出的那样（一〈二〉2），基础评价的目的在于，在将其他要素置于平均状态的前提下探讨某一要素的满足度与特定法律效果的关联。但是，特定法律效果是否发生，最终还是要取决于多个要素的满足度之加权。除非某一案件中其余要素恰好呈现平均状态，否则基

---

① 参见 [德] 卡尔·拉伦茨：《法学方法论》，陈爱娥译，商务印书馆 2003 年版，第 348－349、359 页。
② 参见王利明：《民法典人格权编中动态系统论的采纳与运用》，载《法学家》2020 年第 4 期，第 1－11 页。

础评价在个案中几乎无法适用。这么看来,基础评价在司法适用理论层面是失格的。但这并无法完全否定其价值。如同立法者总是在参考一定的预设调整对象的基础上将不确定概念或一般条项写入实证法那样,① 立法者通常也是以平均状态对要素进行设计的。② 就此而言,基础评价更多表现为立法者而非法官运用的方法。

克服上述局限,并将法官的价值判断表面化、客观化的,只有原则性示例,在这个意义上,原则性示例是动态体系论维护法的安定性的最重要的手段。然而,能够直接从实证法中抽出的原则性示例屈指可数。③ 可以说,实证法在动态体系论的评价方法上存在供给不足的尴尬局面。Schilcher 也认识到了这一问题,他指出,与其在乏善可陈的实证法中寻找原则性示例的痕迹,不如直接以立法的方式进行明确。④ 这固然彰显了原则性示例与立法的关联,但正如立法者的有限理性所昭示的那样,我们终究无法期待每一个价值判断都有立法提供的原则性示例。如此一来,通过判例与学说来补充原则性示例就是一条必由之路。

(1) 从判例中抽取原则性示例。

一般来说,从判例中抽取原则性示例蕴含了如下两个前提:第一,判例形成一定规模;第二,裁判理由具有相对稳定性。这是因为,只要价值判断并非第一次,它至少会受到平等原则的拘束。⑤ 这样思考的话,为恰如其分地以平等原则为基础对价值判断进行有意义的定型,案型(Fallgruppen)的建构是不可或缺的。⑥ 只有从案型中对原则性示例进行抽取,才能保证以原则性示例的形式被表面化、客观化的价值判断具有可预见性,进而维护法的安定性。⑦

---

① 参见 [德] 卡尔·拉伦茨:《法学方法论》,陈爱娥译,商务印书馆 2003 年版,第 172–173 页。
② 参见 [日] 山本敬三:《民法中的动态体系论》,解亘译,载梁慧星主编:《民商法论丛》(第 23 卷),金桥文化出版有限公司 2003 年版,第 228 页。
③ 参考《民法典》第 566 条第 1 款第 2 分句、第 580 条第 1 款第 2 项第二种情形、第 1084 条第 3 款第 2 句、第 1087 条第 1 款、第 1231 条、第 178 条第 2 款即不难得出此一结论。值得说明的是,在我国语境下,原则性示例还有可能来自司法解释乃至司法文件。例如,《最高人民法院关于适用〈中华人民共和国民法典〉有关担保制度的解释》第 17 条第 1 款、《广东省高级人民法院关于审理伪卡交易民事案件工作座谈会纪要》(粤高法〔2012〕236 号)第 15 条。
④ Schilcher, Gesetzgebung und Bewegliches System, in Bydlinski u. a., *Das Bewegliche System im geltenden künftigen Recht*,1986, S. 293ff.
⑤ 黄茂荣:《法学方法与现代民法》,法律出版社 2007 年版,第 270 页。但应注意,平等原则要求比较对象在整体上具有"同一类型"的面貌与内涵(黄茂荣:《法学方法与现代民法》,法律出版社 2007 年版,第 583 页)。
⑥ 不同的是,Lorenz 认为应通过案型的建构代替动态体系论,如此方能提供具有可操作性的标准,确保法律适用的安定性。在他看来,案型建构本身就具有替代动态体系论的功能。Vgl. Lorenz, *Der Schutz vor dem unerwünschten Vertrag*: eine Untersuchung von Möglichkeiten und Grenzen der Abschlusskontrolle im geltenden Recht,1997, S. 416ff.
⑦ 王利明教授指出,这些类型化的整理有助于减轻法官的论证负担。王利明:《民法典人格权编中动态系统论的采纳与运用》,载《法学家》2020 年第 4 期,第 12 页。Mayer-Maly 同样指出,动态体系论可以作为一种案型整理的方法,服务于价值判断的论证减负。Mayer-Maly, Bewegliches System und Konkretisierung der guten Sitten, in Bydlinski u. a., *Das Bewegliche System im geltenden künftigen Recht*,1986, S. 126.

那么，我们能否从单一判例中抽取原则性示例呢？本文对此持肯定意见。事实上，从案型中抽取原则性示例与从判例中抽取先例性规范的意义，在本文看来是相同的。理由在于，先例性规范的射程仅及于定型化事实，而判例抽取的原则性示例也不具备一般、普遍的特征，反而只在"相似案件"中才有拘束力。这表明，二者的射程或拘束范围在实质上是等值的。既然先例性规范可以通过裁判要旨、案件事实与结论的对应关系、整合多个判决的方式来抽取，① 那么原则性示例当然也可以从单一判例中抽取。明确了这一点，我们还必须认识到，从判例或案型中抽取的原则性示例与由立法确定的原则性示例不同，其拘束范围是有限的。因此，案型的数量只有具备相当规模，才能通过若干范围有限的原则性示例之重叠，抵销其欠缺一般、普遍性之局限。

（2）从学说中抽取原则性示例。

由于学说只有在经由法官援引并形成判例后才有规范意义，其归根结底只是一种服务于判例形成的方法，想要直接从学说中抽出原则性示例注定是徒劳的。② 在这个意义上，称"通过判例与学说来补充原则性示例"恐怕并不妥当，因为判例与学说既不是作用于同一平面的方法，二者的重要性也并不相同。

总结起来，那种寄希望于原则性示例来确保价值判断客观和可检验的想法，恐怕在多数场合只有在案型形成后才能实现。这么看来，动态体系论是一种被"后置"的方法。

3. 被后置的动态体系论

作为一种被"后置"的方法，动态体系论与论题学存在密切关联，早在动态体系论的发展初期就有学者指出了这一点。③ 简单而言，论题学的思考方法，是就某一法律问题的论证，选取若干支持与反对的观点（topos），并围绕着由这些观点汇总形成的"观点目录（topoi）"展开讨论，只不过，观点目录并不固定，可以任意扩充。④ 在 Larenz 看来，论题学的目标在于"获致参与讨论者之合意"。⑤ 可以说，论题学本质上描述的是一个通过充分讨论获致妥当结论的程序——"它为我们提供的指示只有一个，即讨论"。⑥

作为一种问题导向的思维模式，论题学与动态体系论具有相似之处。前文已经指出，动态体系论区别于论题学的关键即在于"要素的限定性"。之所以强调这一点，是因为论

---

① 解亘：《先例性规范的抽取》，载《法律适用（司法案例）》2019 年第 4 期，第 23-26 页。
② 学说与法源的关系，参见于飞：《民法总则法源条款的缺失与补充》，载《法学研究》2018 年第 1 期，第 36 页以下。
③ 参见 [德] 特奥多尔·菲韦格：《论题学与法学——论法学的基础研究》，舒国滢译，法律出版社 2012 年版，第 112 页。
④ [德] 特奥多尔·菲韦格：《论题学与法学——论法学的基础研究》，舒国滢译，法律出版社 2012 年版，第 55 页。
⑤ [德] 卡尔·拉伦茨：《法学方法论》，陈爱娥译，商务印书馆 2003 年版，第 5 页。
⑥ 柯伟才：《论题学的运用方式及实践意义——评里森和菲韦格的论题学理论》，载《南大法学》2021 年第 4 期，第 13 页。

题学受到了"无视实证法的拘束力"这样的批判,[1] 因此动态体系论急于与之划清界限。必须指出的是,论题学本身并不是一个完全非理性的产物,不应将之天然地作为批判的对象。从模糊的直接感受到相对明晰的思考指引,论题学本身也会经历从"初级论题"到"次级论题"的蜕变,只不过为了提炼出一个相对明确的观点目录,人们往往需要在不同层级的论题之间反复回旋。经过此一阶段的论辩和选择,作为思考支点的观点逐渐浮出水面,观点目录的编撰也就水到渠成了。[2] 可以说,论题学所欲实现的,依然是为讨论(演绎推理)设定一个具有共识的大前提,这何尝不是一种向科学靠拢的方法?尽管论题学的思考方法具有妥当性,但一个更为根本的问题是,观点从何而来?对此,Neumann 指出,只有当言说者置身于情境要素钩织的情境关系中,所有的论辩才变得可以理解,因此,观点来自情境关系,而情景关系则制约着问题与体系的关系走向。[3] 但"情景关系"本身并不具有客观性,在这个意义上,观点的提出归根结底是一个无法言说的、非理性的过程。不仅如此,观点目录的任意扩充性难道不会抵销论题学在通向客观评价之路上的努力吗?再者,不加限制地在一个充满了由实证法所固定的价值判断的场域广泛地运用论题学,其妥当性何在?由此可见,动态体系论对于论题学的提防并非毫无理由。

然而,如果我们把目光投向不确定概念或一般条项的具体化,这样的批评可能就站不住脚了:此时,法官本身就难以找到实证法上的观点,何谈实证法的拘束力呢?尽管动态体系论想要通过"要素的限定性"这一特征与论题学划清界限,但就像前文分析所指出的那样,只有在内在体系获得了较为清晰界定的场合这一目标才能真正实现。换言之,动态体系论强调要素限定的真正意旨,恐怕就在于通过法的内在体系担保价值评价的客观和可检验,[4] 即将讨论的边界限定在获得了较为清晰界定的内在体系之中,并经由已被阐明的原理之相互作用获致结论。若内体系尚待明晰,则根本不存在动态体系论的用武之地,但这反而为论题学提供了表演舞台,即通过论题学的应用在个案评价中形成"重叠共识",进而说明内在体系,为要素的挖掘提供土壤。

应当看到,内在体系的明晰仅为动态体系化的第一步,原则性示例的抽出才标志着动态体系的完成。然而,无论是哪一步,恐怕都有赖于论题学的应用。这么看来,动态体系论与论题学恐非作用于同一平面的方法,与其对二者作横向比较,不如以纵向、演进的观点把握二者的关联:①要素形成之前——论题学;②要素形成后,原则性示例形成前——论题学;③原则性示例形成后——论题学到动态体系论的蜕变。

从论题学到动态体系论,未尝不是一个由"初级论题"向"次级论题"蜕变的过程,

---

[1] Canaris, Systemdenken und Systembegriff, 2. Aufl., 1983, S. 143f.
[2] 参见戴津伟:《法律中的论题及论题学思维研究》,山东大学 2012 年博士论文,第 25、77 页。
[3] 参见[德]乌尔弗里德·诺依曼:《法律论证学》,张青波译,法律出版社 2014 年版,第 63-64 页。
[4] Canaris 指出,论题学忽视了体系性思考的意义,尤其是忽视了论题学与法的内在体系之间的可能联系。Canaris, *Systemdenken und Systembegriff*, 2. Aufl., 1983, S. 136ff.

这也是一个法官的价值判断被逐步表面化、客观化的过程。但动态体系论对于要素以及评价方法的自我设限又使其日益趋近更为"恰当、可靠、有力的理解",从而在相当程度上区别于本源意义上的论题学。在这个意义上,我们不妨将动态体系论视为论题学的高级形式——它需要论题学为其提供并廓清适用场域,这也是动态体系论被"后置"的真正意涵。这也表明,动态体系论仅仅是一个规范发展到特定历史阶段的产物,那种脱离规范发展的一般规律盲目地以所谓的"动态体系论"解决问题的尝试,究其实质无非是一种"动态的法思考"。

4. 动态体系论的评价框架之局限

值得注意的是,作为论题学之高级形式的动态体系论在论证方法上与论题学是相似的——二者都拒绝概念逻辑,直接将问题讨论还原为观点或原理的权衡。这体现的,是一种"解构"的思维——归根结底,是对法的外在体系的疏离。吊诡的是,动态体系论要求原则性示例必须首先来自立法。这无非意味着,动态体系论一方面要求超越外在体系思考问题,另一方面却要求指导问题思考的标准必须首先来自外在体系。① 这看似矛盾,实则不然。Heck 早就指出了法官应受实证法拘束的重要性:立法者已经对冲突的利益进行了衡量和判断,基于法治国以及权力分立原理,法官就不能依自己的价值理念而为判断,必须受到立法者固定于实证法中的价值判断的拘束。② 如果考虑到外在体系本身就是立法者对于内在体系的衡量与判断的产物的话,这一点就不难理解了。至于应通过判例补充原则性示例的情况,亦未超越 Heck 所谓"制定法的远距作用"之范畴。③ 在这个意义上,动态体系论通过要素的限定与原则性示例来担保对于实证法的忠诚,与利益法学—评价法学④的目标是一致的。⑤

这么看来,即便坚持在内在体系的层面思考问题,动态体系论也并不会危害法的安定性——无论是实证法化的价值判断,还是"制定法的远距作用",都可以作为个案评价中被客观化的制约,掣肘法官。尽管如此,得出这一结论恐怕为时过早。

首先,动态体系论仅仅提供了一个"范围有限"的评论框架,至于在多种可能的评价中如何抉择,最终还是有赖于判断者的决断。⑥ 不可否认,原则性示例对于个案评价的矫正功能在相当程度上可以增加论者"相互主观的理解可能性",但诸如"个案中要素的满

---

① 这极为有力地说明了动态体系论作为一种立法方法的有益性:立法者可以将某一法律领域内应予考虑的要素在法律规范中进行限定,并提供妥当的原则性示例,如此一来,即可实现与"内在体系外显"相同的效果。
② 吴从周:《概念法学、利益法学与价值法学》,中国法制出版社 2007 年版,第 228-230 页。
③ Heck, *Gesetzesauslegung und Interessenjurisprudenz*, AcP112(1914), S. 230.
④ 评价法学与利益法学是一脉相承的,前者并非后者的"范式转型"。Fikentscher, Methoden des Rechts, Band 3, S. 383。
⑤ 参见解亘、班天可:《被误解和被高估的动态体系论》,载《法学研究》2017 年第 2 期,第 44 页。而且,动态体系论之所以强调评价方法的限定,也意在使其说理方法回归三段论思维。
⑥ 参见[日]山本敬三:《民法中的动态体系论》,解亘译,载梁慧星主编:《民商法论丛》(第 23 卷),金桥文化出版有限公司 2003 年版,第 236 页。

足度如何","由要素相互作用所形成的整体像与原则性示例表征的图景是否具有本质区别"这样的问题,仍然需要法官作出价值判断。此时,法官能够参考的,只有"共认的价值标准"这一模糊原则。[1] 由于不存在确定的论证出发点以及论证步骤,这一过程最多只能被归入论题学或者 Alexy 所言"商谈理论"的范畴。[2] 由此可见,即便确立了动态体系论的适用前提,其评价过程也无法彻底排除非理性的成分做到百分之百的可反驳。[3] 然而,如果我们承认法评价"虽受法律拘束,但不完全由法律决定"的局限性,以价值的安定性取代逻辑的安定性,[4] 那么,这里的不确定性尚且是可以被容忍的。[5]

真正需要关注的是如下问题。动态体系论的实践特点是,在特定的法律领域——既可能是某一法律规范,又可能是某一法律问题,通过这一领域内占据支配地位的原理构建动态体系。[6] 这意味着,动态体系论所着眼的并非内在体系的全部,而是特定法律领域的内在体系,即一种被人为切割的内在体系。[7] 至于如何判断"此"法律领域与"彼"法律领域的区别——即切割内在领域的方法,延续动态体系论的方法论特征似乎可以认为,实证法所作安排应有相当参考价值。例如,我国《民法典》第一编第六章"民事法律行为"与第七章"代理",至少在立法者看来就应分属两个不同的法律领域,相应地,其内在体系也可能存在差别。然而,基于这种认识所建立的动态体系,却极有可能忽视法律的意义脉络,即规整脉络中诸条文间事理上的一致性。[8] 以表见代理为例,在表见代理的成立上要求被代理人具有可归责性的观点在我国民法学界已经成为主流,分歧仅仅在于,被代理人的可归责性应当采用何种认定标准。[9] 有学者认为,在风险归责原理之下,过错、诱因等都可以作为被代理人是否具有可归责性的综合考量因素,这也为"更为多元化和动态的综合权衡"提供了可能。[10] 但是,一旦论者注意到代理权通知对于被代理人与相对人之法

---

[1] 黄茂荣:《法学方法与现代民法》,法律出版社 2007 年版,第 269 页。
[2] 参见[德]罗伯特·阿列克西:《法·理性·商谈》,朱光、雷磊译,中国法制出版社 2011 年版,第 106 页。
[3] 解亘、班天可:《被误解和被高估的动态体系论》,载《法学研究》2017 年第 2 期,第 57 页。
[4] 王磊:《动态体系论:迈向规范形态的"中间道路"》,载《法制与社会发展》2021 年第 4 期,第 174 页。应该看到,在简单案件中,价值的安定性与逻辑的安定性是统一的,但是在涉及多种价值相互冲突的复杂案件中,二者往往出现分歧。一方面,在规则欠缺而不得不适用一般原则的案件中,实证法本身就承认了价值安定性的兜底功能。另一方面,在规则与原则冲突的案件中,法律漏洞的填补方法也将价值安定性的维护置于了更高地位。由此可见,逻辑的安定性固然重要,但价值的安定性更应当是我们追求的目标。
[5] 山本敬三指出,就算在"要素"一端存在评价框架,"法律效果"一端的评价框架之欠缺也是动态体系论不可忽视的问题。参见[日]山本敬三:《民法中的动态体系论》,解亘译,载梁慧星主编:《民商法论丛》(第 23 卷),金桥文化出版有限公司 2003 年版,第 236 页。
[6] [日]山本敬三:《民法中的动态体系论》,解亘译,载梁慧星主编:《民商法论丛》(第 23 卷),金桥文化出版有限公司 2003 年版,第 207 页以下。
[7] 例如,Bydlinski 认为,法律行为法是由如下四项要素构成的:①私法自治;②交易安全;③给付的等价性;④合同诚信。相应地,意思表示不真实、不自由,即可通过这四项要素予以说明,而诉讼时效则否。
[8] [德]卡尔·拉伦茨:《法学方法论》,陈爱娥译,商务印书馆 2003 年版,第 207 页。
[9] 杨代雄:《法律行为论》,北京大学出版社 2021 年版,第 572 页。
[10] 朱虎:《表见代理中的被代理人可归责性》,载《法学研究》2017 年第 2 期,第 66 页。

律关系的形成作用，就不得不考虑在被代理人可归责性的判断问题上引入法律行为的一般理论，如意思表示成立、效力的判断规则。这是因为，相较于模糊的风险归责原理，意思表示的一般理论——同样也是一种风险分配规则①——能够为被代理人是否具有可归责性提供更为客观和明确的判断标准。②

由此可见，即便要在代理这个法律领域建构动态体系，我们也极有可能忽视其与法律行为之动态体系的内在关联。造成这一局面的根本原因，恐怕正是动态体系论以维护法的安定性为由，意图以"特定的法律领域"之"内在体系"对要素进行限制的手法。

这种手法存在如下两个问题：一方面，在内在体系获得了清晰界定的场合，这种手法固然有其正当性。但问题在于，由于建立在基本原则或价值之相互关联上的内在体系难以回避其历史性、可变性、开放性，至少在部分场合，始终无法无疑义地为人们所把握，这又在相反方向上动摇了上述手法的基础。另一方面，如何恰如其分地对内在体系进行切割——即明确"此"法律领域与"彼"法律领域的区别——甚至是否具有切割的必要，也是一个必须直面的问题。类似地，在面对概括、抽象的问题时，学者们倾向于运用类型化的方法作为问题解决的抓手。但不同的类型之间很难存在明确的边界，毋宁只有模糊、流动的区别，其彼此之间往往还具有可交互性。③ 在这个意义上，人为地对内在体系进行切割，本身就是一种值得怀疑的理论尝试。由此可见，动态体系论要想真正提升其作为一种评价框架的客观性，必须同时在上述两个方向上做出努力：一边在交互澄清的过程中将内存于法秩序中的意义脉络显现出来，并予以描述，④ 同时以一种柔化的视角把握不同法律领域之间的内在关联。若非如此，就像上述事例所表现的那样，法律的意义脉络被人为割裂的危险是现实存在的，由此引发的结果即为对价值体系式思考以及平等原则的悖离。⑤

（二）对适用领域的反思

以私法为例，动态体系论可以适用于实证法的所有领域吗？Wilburg 并未给出明确答案，他仅仅指出，尽管某些法律领域（如土地登记、票据）仍然要求形式化的规则，但在绝大多数场合皆有必要改变私法的僵化结构。⑥ 这一问题的核心在于，外在形式表现为"要件—效果"模式的规范能够被动态体系化吗？⑦ 对此，Bydlinski、Canaris 以及 Wester-

---

① 纪海龙：《走下神坛的"意思"：论意思表示与风险归责》，载《中外法学》2016 年第 3 期，第 663 页以下。
② 王浩：《"有理由相信行为人有代理权"之重构》，载《华东政法大学学报》2020 年第 4 期，第 188 页。
③ 参见 [德] 卡尔·拉伦茨：《法学方法论》，陈爱娥译，商务印书馆 2003 年版，第 337 页以下。
④ [德] 卡尔·拉伦茨：《法学方法论》，陈爱娥译，商务印书馆 2003 年版，第 360 页。
⑤ Canaris, *Systemdenken und Systembegriff in der Jurisprudenz*, 2. Aufl. , 1983, S. 14ff.
⑥ 参见 [奥地利] 瓦尔特·维尔伯格：《私法领域内动态体系的发展》，李昊译，载《苏州大学学报（法学版）》2015 年第 4 期，第 108 页。
⑦ 前述案例一就涉及这一问题。

hoff 的观点尤其值得关注。

1. Bydlinski 的见解①

在 Bydlinski 看来,"要件—效果"式规范并不必然排斥动态体系,即便存在要件标记,只要这些复数要件满足内部可分层的要求,而且能够进行综合评价,就存在动态体系化的可能(以下简称"原则事例")。相反,不满足上述要求的"要件—效果"式规范则无法被动态体系化(以下简称"例外事例")。但"例外事例"还包含一种特殊情形:如果构成要件无法被无疑义地具体化,以至于案涉事实无法被涵摄的,同样存在动态体系化的可能,他将此称为"概念的周边部位(Begriffshof)"(以下简称"概念的周边部位事例")。对此,他列举的事例是 ABGB 第 879 条(暴利行为)中有关"显著不均衡""强制状态""恶意利用"的解释。然而,若作细致观察,ABGB 第 879 条的构成要件同样满足其所谓内部可分层、可做综合评价的要求(Bydlinski 将"概念的周边部位事例"中的综合评价称为"复合性解释(kombinatorische Auslegung)")。由此可见,这种"概念的周边部位事例"仍然属于"原则事例"之范畴,②其特殊性恐怕就在于专指构成要件属于不确定概念的情形。

Bydlinski 指出,之所以如此广泛地认可动态体系论,目的就在于拓展体系化、目的论解释的可能性。例如,法律行为责任与信赖责任在动态体系论的思考方式下具有统合的可能性,因为在这些规则背后,可以发现一些共同的原理。而那些"要件—效果"式规范仅仅是立法者以要件处于平均状态为前提设计出来的,其本身不具备拘束力,规范背后的内在体系才揭示了法形成的方向。

2. Canaris 的见解③

Canaris 认为,现行法原则上是一个相对固定的体系,之所以如此,目的在于避免法官的自由裁量危害法的安定性。因此,"要件—效果"式规范不具有动态体系化的可能。相反,一般条款则可以考虑通过动态体系论进行具体化,例如德国民法典第 242 条(诚信原则)涉及的信赖责任、失权(Verwirkung)抗辩、矛盾行为禁止。但他特别指出,不应高估动态体系论对于一般条项的具体化功能。例如,第 242 条涉及的其他情形仍然只能通过论题学进行逐步探索。

值得注意的是,Canaris 虽然拒绝对"要件—效果"式规范进行动态体系化构成,但他仍然意识到这些规范背后存在互动的原理。例如,德国民法典第 116 条至第 144 条规定

---

① [日]山本敬三:《民法中的动态体系论》,解亘译,载梁慧星主编:《民商法论丛》(第 23 卷),金桥文化出版有限公司 2003 年版,第 222 – 225、228 页。
② 蔡睿博士就以 Bydlinski 的学说为基础对我国《民法典》第 151 条进行了动态体系化尝试。值得注意的是,他并未将该条置于"概念的周边部位事例"进行把握,反是将之作为本文所谓"原则事例"进行对待。参见蔡睿:《显失公平制度的动态体系论》,载《法治社会》2021 年第 6 期,第 58 页。
③ [日]山本敬三:《民法中的动态体系论》,解亘译,载梁慧星主编:《民商法论丛》(第 23 卷),金桥文化出版有限公司 2003 年版,第 225 – 228 页。

的法律行为法就是由私法自治以及信赖责任原理构成的。① 但即便如此,"要件—效果"模式本身就体现了立法者的价值判断,其本身的拘束力排斥了动态体系的构成。

3. Westerhoff 的见解

Westerhoff 的观点独树一帜,在他看来,我们必须尊重立法者赋予"要件—效果"式规范的拘束力,但支持这种拘束力的要求②应当作为动态体系中的一个要素和其他要素进行较量,最终决定是否放弃"要件—效果"式规范的拘束力。③

4. 观点的评析

第一,Bydlinski 与 Canaris 的观点是相互对立的,二者争议的核心问题在于,"要件—效果"式规范是否具有动态体系化的可能。在 Canaris 看来,Bydlinski 是在错误的意义上理解构成要件的意义,并将之过度软化,法的安定性因此受到危害。④ 诚然,将"要件—效果"式规范全面动态体系化的确是不妥当的,但是,Bydlinski 的观点并不能被简单理解为主张实证法的全面动态体系化,毋宁说,他是相当谨慎的:只有在复数要件满足内部可分层的要求,而且能够进行综合评价时,才可以考虑动态体系化。在这个意义上,Canaris 错误地理解了 Bydlinski 的主张。实际上,从前述"原则事例"以及"概念的周边部位事例"可见,Bydlinski 意图动态体系化的,绝大多数是涉及构成要件属于不确定概念的情形。由于不确定概念本身需要被具体化,但立法者并未提供充分的指引,甚至授权法官对之为评价的判断,就此而言,它和一般条项具有同样的规范属性。⑤ 既然 Canaris 认可动态体系论对一般条项的具体化功能,为何又——以拒绝对"要件—效果"式规范进行动态体系化的形式——全然否定动态体系论对于不确定概念的具体化功能呢?这难道不是一种评价矛盾吗?可以说,由于 Canaris 没有像 Bydlinski 那样区别对待不同类型的"要件—效果"式规范,以至于走向了极端。

第二,作为问题思考的第二层次,Bydlinski 与 Westerhoff 在"要件—效果"式规范本身是否具备拘束力的问题上也有不同见解。Bydlinski 旗帜鲜明地主张,"要件—效果"式规范或者构成要件本身不具备拘束力。⑥ 吊诡的是,为何他仍然要在基础评价或原则性示

---

① 德国通说认为,法律行为法内涵多种价值,如自我决定、信赖保护、交易保护等。Vgl. Reinhard Singer, in: Staudinger Kommentar BGB, 2004, Vor § § 116 – 144 Rn. 19。

② 这些理由是:①抑制法官的主观臆断;②强调法的安定性、避免信赖损害;③裁量的简易、便捷化;④减轻法官的负担;⑤交易和行政行为的简单化;⑥防止诉讼增加;⑦行为引导作用。Westerhoff, Die Elemente des beweglichen Systems, 1991, S. 70。

③ Westerhoff, *Die Elemente des beweglichen Systems*, 1991, S. 69. 与 Westerhoff 的观点类似,Schilcher 反对先验地限定动态体系论的适用领域,参见解亘、班天可:《被误解和被高估的动态体系论》,载《法学研究》2017年第2期,第56页。

④ [日]山本敬三:《民法中的动态体系论》,解亘译,载梁慧星主编:《民商法论丛》(第23卷),金桥文化出版有限公司2003年版,第228页。

⑤ 黄茂荣:《法学方法与现代民法》,法律出版社2007年版,第262 – 263页。

⑥ 这一主张可见于 Bydlinski, Diskussionsbericht, in Bydlinski u. a., *Das Bewegliche System im geltenden künftigen Recht*, 1986, S. 325。

例的意义上理解这些规范呢？Westerhoff 的见解与之不同。应当看到，像 Westerhoff 那样，将构成要件的拘束力本身作为动态体系的要素进行思考的观点，即便在既有的法学方法论中也可以发现蛛丝马迹。例如，如果法律文本依其目的、"事物的本质"或法律中针对特定案型有优越效力的原则，应受限制而未受限制，即存在"隐藏漏洞"的场合，基于平等原则（不同事物应作不同处理），应通过对法律文本添加合理限制的方式，即目的性限缩，对漏洞进行填补。① 不难发现，目的性限缩之运用，要求法官对于法律文本的拘束力与正义命令之要求作出权衡，此时，实证法的拘束力本身也被纳入了综合考量的范畴。②

另一方面，Alexy 有关法律原则之非典型适用方式的论述也在相当程度为 Westerhoff 的观点背书。③ 在 Alexy 看来，如果一个法律规则 R 极端不正义地违背了某个法律原则 p（"规则—原则"冲突），则 p 具有优先性。他认为，详细的判断过程，必须回到"理由"的层面进行观察：R 同时得到了实质原则 R. p 以及形式原则 R. pf 两类原则的支持，此二者构成了 R 证立之理由。所谓 R. p，是支撑某一规则的法之实质，它因规范的内容变化而变化。至于 R. pf，则可以被理解为"立法者的意旨应当得到遵守"这样的命令，它肩负了法的安定性价值。至于 p 是否具有优先性，必须回答如下两个问题：第一，R 是否违反 p，即 R 是否不正义；第二，R 的不正义是否达到了极端的程度。就第一个问题而言，应对 R. p 与 p 的进行权衡。④ 如果 p 的权重高于 R. p，则 R 不正义。至于 R 的不正义是否达到了极端的程度，还应在 R. p 之外加入 R. pf 再做判断，只有 p 大于 R. p 与 R. pf 二者的权重之和时，才能获致肯定结论，赋予 p 优先性。这意味着，在 R 极端不正义的情形下，以有损法的安定性之方式赋予 p 优先性的结论是可接受的。在这个意义上，Alexy 的原则理论将规则的形式原则 R. pf，即规则的拘束力本身也视为了一个权衡对象。

由此可见，Westerhoff 将构成要件的拘束力本身作为动态体系的一个要素进行把握的观点的确具有方法论上的妥当性。

第三，接下来的问题是，在一个由包含了构成要件的拘束力在内的多种要素组成的动态体系中，原则性示例从何而来？对此，Westerhoff 未予明示，他仅仅指出，一旦构成要件的拘束力被破除，则原先的"要件—效果"式规范就会转换为一项基础评价或原则性示例。⑤ 不难发现，Westerhoff 的观点出现了断层。他只看到了"要件—效果"式规范的拘束力被破除之后的状况，但并没有说明破除这种拘束力的评价标准从何而来。在结果上，

---

① ［德］卡尔·拉伦茨：《法学方法论》，陈爱娥译，商务印书馆 2003 年版，第 267－268 页。
② 相应地，若法的安定性利益要求严守字义，则不得进行目的性限缩。［德］卡尔·拉伦茨：《法学方法论》，陈爱娥译，商务印书馆 2003 年版，第 268 页。
③ 参见雷磊：《法律原则如何适用？——〈法律原则适用中的难题何在〉的线索及其推展》，载《法学方法论丛》（第 1 卷），中国法制出版社 2012 年版，第 244－246 页。
④ Alexy 所谓"权衡"，在其理论中专指原则的适用方式，此处涉及所谓"原则碰撞（collisions of principles）"问题。参见［德］罗伯特·阿列克西：《法：作为理性的制度化》，雷磊编译，中国法制出版社 2012 年版，第 134－136 页。
⑤ Westerhoff, *Die Elemente des beweglichen Systems*, 1991, S. 71.

我们必须承认，即便将构成要件的拘束力理解为一项可变的要素，也不存在相应的动态体系，因为原则性示例是不存在的。Alexy 也指出，包括目的性限缩在内的狭义的法续造主要涉及两类原则的冲突，即民主、权力分立和法的安定性原则以及融贯性和内容正确性原则。"如何解决这一冲突，取决于具体有限的宪法以及解释者所代表的法哲学。"① 可见，这早已超出了动态体系论的范畴。

第四，尽管如此，Westerhoff 提出的"要件—效果"式规范的功能转型说，仍有意义。就此，我们不妨结合 Bydlinski 对"要件—效果"式规范的分类进行观察。第一，如果我们着眼的是"原则事例"，则 Westerhoff 的上述观点意义不大，因为"要件—效果"式规范本身就表现为一项原则性示例。换言之，"要件—效果"式规范的拘束力，恰好就表现为其本身具有原则性示例的价值。第二，"概念的周边部位事例"也可以作与"原则事例"相同的解读。第三，就"例外事例"而言，Bydlinski 认为不存在动态体系化的可能。由此可见，二者观点的实质区别就表现在"例外事例"是否具有动态体系化的可能这一问题上。

"例外事例"中的构成要件不满足内部可分层的要求，这看似是其无法动态体系化的原因。但另一个不容忽视的观察视角是——这恰好也是 Bydlinski 自己的见解，"例外事例"中的构成要件只不过是多个要素满足度的一个示例。② 以德国民法典第 826 条为例，根据该条，对他人利益的侵害，仅故意以悖于善良风俗之方法为限，始负赔偿责任。因其构成要件皆无内部可分层的可能，故将该条归入"例外事例"，应无疑义。但站在立法者的角度可以说，该条是将要素 A "有责性"的满足度置于了"故意"的刻度，并将要素 B "行为违法性"的满足度置于了"悖于善良风俗"的刻度。在一般情形下，不应将该条动态体系化，因为构成要件"全有或全无"的特征已经剥夺了法官结合要素的满足度为综合评价的权限。然而，针对某些例外情形，德国民法典第 826 条的构成要件已经出现了松动。例如，德国法院在专业人员提供错误信息导致纯粹经济损失的案型中，往往将加害人的轻率与故意等同。③ 又如，为了扩大对人格利益的保护范围，德国法院发展出了一般人格权的概念，并通过第 823 条对其进行救济。④ 可以说，在相当程度上，第 826 条的"故意"要件已被软化。⑤ 由此可见，如果某些利益的保护要求更高，而"故意"限制了其保护可能性的，考虑到正义命令的要求，构成要件的拘束力被破坏，法官可以将"有责性"

---

① ［德］罗伯特·阿列克西：《法·理性·商谈》，朱光、雷磊译，中国法制出版社 2011 年版，第 84 页。
② Vgl. Bydlinski, *Juristische Methode und Rechtsbegriff*, 1982, S. 535.
③ 于飞：《违背善良风俗故意致人损害与纯粹经济损失保护》，载《法学研究》2012 年第 4 期，第 51 页。
④ 参见方新军：《利益保护的解释论问题——〈侵权责任法〉第 6 条第 1 款的规范漏洞及其填补方法》，载《华东政法大学学报》2013 年第 6 期，第 114 页。
⑤ 参见［德］埃尔温·多伊奇、汉斯-于尔根：《德国侵权法：侵权行为、损害赔偿及痛苦抚慰金》，叶名怡、温大军译，中国人民大学出版社 2016 年版，第 113–114 页。我国台湾地区"民法"第 184 条第 1 款后段与德国民法典第 826 条相似，考虑到德国法上的解释论困境，学者多主张对主观要件从宽解释。参见陈聪富：《侵权行为法原理》，元照出版公司 2016 年版，第 393 页。

的满足度调低。就这种情形而言，第826条表现出原则性示例的特征。总而言之，在构成要件的拘束力被破除后，"例外事例"仍然具有动态体系化的可能。

5. 本文的见解

动态体系论的适用领域如何，学说争议的核心在于"要件—效果"式规范是否具有动态体系化的可能。对此，Bydlinski 的区别对待说是值得赞同的。这种观点的合理性在于，现行法上的构成要件并不单纯指向"事实"，还可能与"价值判断"挂钩。① 不确定概念、类型式概念即为著例，其特点在于，将这些概念用作构成要件时，不能以涵摄的方式操作，必须为评价的判断始能将之作为判断标准。②

有鉴于此，本文认为，原则上，"要件—效果"式规范动态体系化的最低要求是，复数要件内部可分层，且能够进行综合评价。③ 具体而言，其包含了如下情形：第一，构成要件涉及不确定概念的情形，例如《民法典》第188条第2款但书后段、第388条第2款、第682条第2款、④ 第566条第1款第2分句等。第二，构成要件涉及类型式概念的情形，例如《反垄断法》第13条第2款、第14条。⑤ 除此之外，明确表现为"要素—效果"模式的规范以及一般条项⑥也可以动态体系化，前者如《民法典》第998条、第999条、第1000条第1款、第1026条、第1084条第3款、第1087条、第1231条、第178条，后者如《民法典》第5条、第6条、第7条、第8条、第9条等。

综上所述，部分"要件—效果"式规范、"要素—效果"式规范、一般条项都具有动态体系化的可能。但必须指出的是，这仅为动态体系论在实证法上能够延伸的最远边界，就像前文一再强调的那样，只有要素的限定和原则性示例的抽出才意味着动态体系论的最终完成，为实现这一目标，法的内在体系必须获得了清晰界定，此外，若不存在立法上的原则性示例，则案型的形成是必要的。

尽管如此，动态体系论的适用场景仍然具有局限性，止步于此，无法完全实现动态体系论"内在体系外显"，为法律系统提供对外回应机制的目标，因为现行法原则上仍然是

---

① 参见顾祝轩：《民法系统论思维》，法律出版社2012年版，第165页。
② 黄茂荣：《法学方法与现代民法》，法律出版社2007年版，第263页。
③ 在这个意义上，前述案例一所涉原《物权法》第9条第1款、《民法典》第209条第1款无法被动态体系化。
④ 《民法典》第388条第2款、第682条第2款具有一定的特殊性。该条的构成要件为：①"担保（保证）合同无效"；②债权人受有损失；③各方当事人有过错。其中，①和②属于固定的构成要件，③可以被拆分为复数相互作用的原理，且满足内部可分层的要求。三者的关系为，①和②确定后，根据③的具体情况确定法律效果。此种"要件—效果"式规范的特殊性在于，未将所有构成要件纳入动态体系，毋宁只是将其中的某些构成要件作为法律效果发生的初步基础，再凭借剩余的构成要件建构动态体系。尽管如此，其在本质上仍未脱离"要件—效果"式规范的范畴。
⑤ 类型与评价密切相关，例如，一旦将某种合同认定为《反垄断法》第13条第2款所谓"垄断协议"，则结合《民法典》第153条第1款第1句，该合同无效。参见［德］卡尔·拉伦茨：《法学方法论》，陈爱娥译，商务印书馆2003年版，第344－348页。
⑥ 一般条项与不确定概念、类型式概念的规范性质相同，参见黄茂荣：《法学方法与现代民法》，法律出版社2007年版，第262－263页。

一个相对固定的体系。① 由此可见，动态体系论的全面展开，似乎只能依靠立法。在这个意义上，动态体系论作为一种立法方法的价值，更应受到重视。② 然而，动态体系论的立法实践仍然差强人意。就算是被誉为全面动态体系化的 PETL，也被认为存在基础评价与原则性示例不足的问题。③ 这主要是因为原理冲突的模糊性决定了不可能存在如同数学一般精确的评价标准。④ 当然了，未尝不可以将上述问题的解决留待学说与判例的发展。在这个意义上，作为立法方法的动态体系论与作为司法适用理论的动态体系论相同，只能是一种被"后置"的方法。⑤

最后需要指出，原则上不应将构成要件不满足内部可分层要求的"要件—效果"式规范动态体系化，但若构成要件的拘束力基于正当理由被破除的，也存在动态体系化的可能。⑥

（三）小结

第一，动态体系论作为一种法学方法，以要素的限定以及原则性示例的形成作为客观化的评价机制，意在通过原理的抽出将法的内在体系外显，并直接将法律效果的形成还原为原理权衡，其实质在于对一般条项模式与"要件—效果"模式进行折中，为法律系统提

---

① Canaris, *Systemdenken und Systembegriff in der Jurisprudenz*, 2. Aufl., 1983, S. 78.

② Canaris 赞美动态体系论丰富了立法者的"方法工具库"。Canaris, *Systemdenken und Systembegriff in der Jurisprudenz*, 2. Aufl., 1983, S. 85。

③ Schilcher, Das bewegliche System wird Gesetz, in: *Festschirift fur Claus - Wilhelm Canaris zum 70. Geburtstag. Bd. 2.*, 2007 S. 1316ff.

④ 解亘、班天可：《被误解和被高估的动态体系论》，载《法学研究》2017 年第 2 期，第 54 页。值得注意的是，关于原则冲突，Alexy 提出了著名的"重力公式（Gewichtsformel）"，但其适用仍需权衡。参见［德］罗伯特·阿列克西：《法：作为理性的制度化》，雷磊编译，中国法制出版社 2012 年版，第 156 页以下。

⑤ 有学者指出，贯彻动态体系论即意味着立法者的失职，它破坏了立法与司法的分工，并且不恰当地增加了法官的负担（若林三奈「オーストリア損害賠償改革の現状——2011 年折衷草案の概要」社会科学研究年報 44 号〈2013 年〉195 頁参照）。本文认为，这一观点非常值得重视。理解这一问题的前提在于，我们如何认识动态体系化的立法？可能的理解是，其是指①"要素—效果"式规范，或者②在此基础上提供了原则性示例的规范。若动态体系化的立法是指①，前述批评意见是成立的，因为立法者没有提供由评价基础与评价方法组成的"评价框架"，即大前提，这会使得司法裁判具有沦落为"卡迪司法（Kadijustiz）"的危险。相反，若答案是②，则前述批判不成立，因为立法者提供了"在具体个案之外仍有意义"的真正大前提。这也进一步说明，动态体系论仍然没有脱离三段论思维。

⑥ 例如，在公报案例"钟永玉与王光、林荣达案外人执行异议纠纷案"（最高人民法院"〈2015〉民一终字第 150 号"民事判决）中，最高人民法院指出，"由于执行程序需要贯彻已生效判决的执行力，因此，在对执行异议是否成立的判断标准上，应坚持较高的、外观化的判断标准。这一判断标准，要高于执行异议之诉中原告能否排除执行的判断标准。由此，最高人民法院《关于人民法院办理执行异议和复议案件若干问题的规定》第二十五条至第二十八条的规定应当在如下意义上理解，即符合这些规定所列条件的，执行异议能够成立；不满足这些规定所列条件的，异议人在执行异议之诉中的请求也未必不成立。"以《最高人民法院关于人民法院办理执行异议和复议案件若干问题的规定》第 28 条为例，尽管该条列举的四项要件并不满足内部可分层、相互之间具有可交换性以及互补性的特征，但最高人民法院仍然指出，在执行异议之诉中，此四项要件并非缺一不可，法官被授权结合个案中要素的满足度，动态地判断是否支持原告的请求（排除强制执行）。易言之，该条列举的四项要件仅在执行异议程序中具有拘束力，在执行异议之诉中仅被视为一项原则性示例。

供一种对外部世界的回应机制。

第二，其实践价值不应被高估，一方面，要素的限定只有在内在体系获得了较为清晰界定的场合才能真正实现，而原则性示例在多数场合只有在案型形成后才能被抽出。另一方面，在现有的实证法上，原则上只有部分"要件—效果"式规范、"要素—效果"式规范、一般条项才具有动态体系化的可能。构成要件不满足内部可分层要求的"要件—效果"式规范，只有在构成要件的拘束力被破除后才能实现动态体系化。全面的动态体系化只能以立法的方式实现。在这个意义上，动态体系论归根结底是一种被"后置"的方法。

第三，动态体系论仅仅提供了一个"范围有限"的评论框架，至于在多种可能的评价中如何抉择，最终还是有赖于判断者的决断。在这一过程中，不仅评价无法彻底排除非理性的成分，法律的意义脉络还有可能被人为割裂。可以说，动态体系论以维护法的安定性为名，最终却可能行破坏法的安定性之实。

四、动态体系论的定位

以上文的分析为基础，我们可以清晰地看到，学者们实际上是在两种不同的意义上理解、看待动态体系论的：一方面，动态体系论被视作了一个过程。这具体包含两种情况：其一，通过部分"要件—效果"式规范、一般条项的实践运用，抽出要素与原则性示例；其二，通过"要素—效果"式规范的实践运用，抽出原则性示例。此处所谓的"过程"，是指以实证法为基础的动态体系论的形成过程。这可以说体现了动态体系论作为一种司法适用理论的性格。另一方面，动态体系论被视作了一个结果。即将动态体系论对前一阶段实证法（全面动态体系化之前的立法）的发展固定为立法。此处所谓的"结果"，就是指以立法的方式将实证法全面动态体系化的结果。这可以说体现了动态体系论作为一种立法方法的性格。

但显而易见的是，两种意义上的动态体系论并不具有同样的重要性，整个动态体系论的重心可以说是被置于"过程"之上的，因为实证法的全面动态体系化仅仅是通过动态体系论对于实证法进行"改造"的结果。考虑到这一点，我们就不难理解，为什么学界目前有关动态体系论的最远讨论边界就是像上文那样，指出作为评论框架的动态体系论本身也无法确保评价的合理性。[①] 这样的说法固然把握了问题的本质，但它充其量只是以动态体系论本身作为观察对象，着眼于其"功能"或者"意义"所作的评价。不可否认，采取此一视角固然有其合理性，但它无法给予我们一个超越动态体系论本身的视角。在本文看来，只要我们承认（或着眼于其作为司法适用理论的性格），动态体系论不过是更为广阔的司法适用理论中的一部分，相应地，采取一种"超越"的视角，结合其体系位置，厘清

---

① 参见［日］山本敬三：《民法中的动态体系论》，解亘译，载梁慧星主编：《民商法论丛》（第23卷），金桥文化出版有限公司2003年版，第236－237页；解亘、班天可：《被误解和被高估的动态体系论》，载《法学研究》2017年第2期，第57页。

其理论射程并作出相应评价,恐怕就是更值得努力的方向。在这一视角下,问题的走向不再是简单的"如何发展与完善动态体系论",而是"如何妥当评价动态体系论并明确真正的问题之所在"。

诚如前述,作为一种法学方法,动态体系论仍然没有脱离三段论思维。那么,被镶嵌到三段论之中的动态体系论,到底表现出了何种规范上的新颖性?若着眼于其运作过程——要素的限定以及原则性示例的抽出——就不难发现,动态体系论的核心目标就是要担保个案权衡的客观与可检验。一般认为,个案权衡与任何一种权衡都是相似的,即论者必须找出与权衡相关的、支持或反对某个结论的材料,并根据这些权衡材料的抽象权重(大前提的具体化)和具体的实现程度进行判断(小前提的确定以及结论的作出)。① 此处可能出现的问题是,权衡材料的范围及其抽象权重是不确定的(以下简称"命题①")。而且,法官只能自行确定个案中这些权衡材料的实现程度,也就是说,决定评价结果的标准只能是法官的主观确信(以下简称"命题②")。②

命题①所面临的问题在于,作为裁判规则的大前提始终没有从具体的案件事实中抽象出来,个案权衡具有沦为"卡迪司法"的危险。对此,动态体系论似乎能够提供有意义的价值供给:首先,动态体系论对于评价基础——要素——的限定就是一种限制权衡材料的尝试。如果小前提的确定恰好可以被还原为原理的互动(如履行费用过高的判断),那么完全可以通过法的内在体系来限制权衡材料的选择;即便小前提的确定无法以原理的互动评价之,通过立法等第三方媒介(如学说与判例的积累)来实现权衡材料的限定也是一种可能的途径。其次,动态体系论对于评价方法的限定则是一种预先确定权衡材料之抽象权重的尝试。在这个意义上,动态体系论是一种对不确定的大前提进行具体化的方法。

命题②的问题更为突出。即便通过各种方法将权衡材料的范围及其抽象权重进行固定,从而形成了相对具体的大前提,个案中权衡材料的具体实现程度是否达到了抽象权重的要求,也是个悬而未决的问题。由于在动态体系论之下,各个要素的满足度之加权是否达到了原则性示例的要求,同样需要法官作出价值判断。因此,有或没有动态体系论,我们面临的问题都是相同的:如何保证小前提的确定所涉及的个案权衡的客观和可检验,这是动态体系论没有解决的问题。

像这样,把动态体系论置于涵摄的过程进行观察就足以发现,其理论射程仅止步于大前提的具体化。然而,动态体系论也并不是唯一一种服务于大前提之具体化的方法。例如,根据《民法典》第 680 条第 3 款第 1 分句,借款合同利息的确定与诸多因素有关,但这些因素,是否该当动态体系论所谓要素?第一,上述因素并非某一法律领域内占据支配

---

① 参见[德]托马斯·里姆:《个案所有情况之权衡——一个不为人知的现象》,张抒涵译,载《法哲学与法社会学论丛》(第 18 卷),法律出版社 2013 年版,第 202 页。

② [德]托马斯·里姆:《个案所有情况之权衡——一个不为人知的现象》,张抒涵译,载《法哲学与法社会学论丛》(第 18 卷),法律出版社 2013 年版,第 206 页。

地位的原理；第二，因素内部不可分层；第三，因素之间不具有可交换性以及互补性。由此可见，上述因素并非动态体系论意义上的要素。这意味着，该条款并不具有动态体系化的可能性。尽管如此，该条款列举的诸多因素仍然——以一种有别于动态体系论的、类似于"动态的法思考"的方法——服务于大前提的具体化。又如，在"重庆市人民政府、重庆两江志愿服务发展中心诉重庆藏金阁物业管理有限公司、重庆首旭环保科技有限公司生态环境损害赔偿、环境民事公益诉讼案"[①] 中，法院认为，"鉴于委托排污型环境侵权中委托人侵权故意的隐蔽性，对委托人和受托人共同侵权主观故意的认定可以采用推定的方式，依据排污主体的法定责任、行为的违法性、主观上的默契及客观上的相互配合等因素进行综合判断。"法院看似是在对"共同侵权"这一构成要件是否充分运用动态体系进行评价，但事实并非如此。此处，不同因素的相互作用指向的毋宁是经验法则的具象化。[②] 应当看到，经验法则的具象化与动态体系论想要实现的目标是相同的，都是大前提的具体化，但前者针对的是不具备规范特征的描述性概念，而后者则意在调整规范性的不确定概念。如此一来，似乎还应当进一步将动态体系论的功能进行限制。

但即便如此，在法治国原则下，法官本来就应当尽可能实现上述目标——根本理由是，"决定被法律确定的部分越少，裁判证立的意义就却大"[③]，称动态体系论为之提供了价值供给，恐怕誉过其实。种种迹象表明，动态体系论只是司法三段论发展过程中的"必然"，而不是"范式转型"。同样地，动态体系论也不是司法适用理论的终焉，因为动态体系论将模糊的大前提具体化，为其上升为相对明确的"要件—效果"式规范提供了可能。[④] 在这个意义上，动态体系论仅仅是规范发展过程中的一种表现形态而已。我们甚至可以说，理论家无非是将规范发展的某一阶段——在法律适用的过程中对大前提进行具体化，并进一步以立法的方式将被具体化的大前提固定下来，以"动态体系论"之名进行了概括而已。相应地，"通过动态体系论，超越动态体系论"就成为一种必然，我们真正需要面对、解决的问题，不在于如何完善与发展动态体系论，毋宁说是丰富与发展司法适用理论本身。

---

① 重庆市第一中级人民法院"（2017）渝 01 民初 773 号"民事判决（指导案例 130 号）。
② 比照《民法典》第 933 条，《民法典》第 584 条中的"合同履行后可以获得的利益"包含"直接损失"和"可得利益"两部分。就后者而言，事实因果关系的判断常面临不确定的问题。应当看到，这种判断，可能和多种因素有关，如市场行情、经济形势、经营好坏、税收政策等（孙维飞：《〈民法典〉第 584 条〈违约损害赔偿范围〉评注》，载《交大法学》2022 年第 1 期，第 36—37 页）。上述因素的相互作用所指向的，同样也是"事实因果关系是否成立"这一法律事实判断之经验法则的具象化。相同的情况，还可见诸《民法典》第 1182 条——由于系争案件实施是否对应相应数额的损害不清楚，第 1182 条授权法官"根据实际情况"进行判断，也就是运用经验法则，或者在经验法则欠缺时通过利益衡量进行判断。此充其量仅为"动态的法思考"。
③ [德] 托马斯·里姆：《个案所有情况之权衡——一个不为人知的现象》，张抒涵译，载《法哲学与法社会学论丛》（第 18 卷），法律出版社 2013 年版，第 217 页。
④ 参见胡学军：《民法典"动态系统论"对传统民事裁判方法的冲击》，载《法学》2021 年第 10 期，第 148 页。

五、结语

观察动态体系论的方法论构成,从中析出问题点,并以历史的、发展的眼光看待这一法学方法,便不难发现,动态体系论仅仅是一个规范发展到特定历史阶段的产物,它终究难以产生超越时空的影响力。当然了,称动态体系论为我们直面法律中评价的必要性提供了有意义的观察视角也是可以接受的,但这在多大程度上属于动态体系论独有的价值呢?哪怕是这一点,也会被打上一个问号。这么看来,真正属于动态体系论的贡献,恐怕也为数不多。①

行笔至此,本文绪论所言"平行世界中的偶然与想象"似已成的论,动态体系论的神话可以休矣!

(编辑:戴津伟)

---

① 可以考虑到的是,动态体系论真正的功劳,应当说是开创了"要素—效果"式规范这一新型的规范形式。

论经济分析在法律推理中的局限性[*]

张志朋[**]

摘　要　"经济分析在法律推理中适用"的主张以疑难案件与简单案件之区分作为理论前提预设。可以把法律的经济分析归于社科法学研究阵营中。法教义学和社科法学彼此攻讦，但国内学者很少从法律推理角度分析法律的经济分析之局限性。法律是权威的行动理由，其自称具有合法权威，这意味着它限制经济分析等法律经济学理论再次进入法律推理过程；法律自身并不预设疑难案件与简单案件之区分，法律的要素包括概念、规则和原则，这些要素能够为司法裁判提供裁判理由，对经济分析在法律推理中的适用施加了限制。这两个批判理由能够阐明经济分析在法律推理中的局限性。

关键词　法经济学　法律推理　合法权威命题　疑难案件　区分命题

一、问题的提出

1990年代迄今，法律经济学引入中国法学界已近40年。[①] 法律经济学利用经济学中"成本—收益""效率"以及"价格"等理论方法分析法律问题，为法学研究提供了新路径。其中，科斯《社会成本问题》一文是其典型代表。近来，法律经济分析学者（economic analysis of law）也参与社科法学和法教义学之间激烈的学术争论中，认为利用经济学方法可以驱散笼罩于法理学主题之上的哲学迷雾。[②] 另外，从1978年以来，国家政治由阶级斗争转变到以经济建设为中心上来，革命话语和斗争话语逐渐让位于以构建法治国家

---

[*] 本文系华东政法大学博士研究生学术研究项目"法律推理中的道德理由研究"（项目编号：2022-2-015）的阶段性成果。
[**] 张志朋，男，山东莘县人，华东政法大学法律方法研究院博士研究生，研究方向为法律方法论和法理学。
[①] 魏建、宁静波：《法经济学在中国：引入与本土化》，载《中国经济问题》2019年第4期，第19-39页。
[②] 桑本谦：《法理学主题的经济学重述》，载《法商研究》2011年第2期，第25页。

为理想追求的法治话语,①一时间为经济建设服务成为法制（法治）建设的核心目标,学术研究中的"经济学帝国主义"渐成气候,经济分析俨然已经成为法学方法理性化与现代化的代表,② 它在法学中的运用也获得了正当性。笔者注意到这一现象,但力图说明法律经济学或法律的经济分析进路存在固有的不足之处；在法律推理领域,经济分析方法的运用具有固有的局限性。

当前,法学界对法律经济学的批判有整体与具体两种路径。一是从对社科法学的批判着手。法律经济学的研究范式使它成为社科法学阵营的独特成员,对社科法学的整体批判也构成了对法律经济学的批判。③ 二是针对法律经济学自身所仰赖的理论基础展开批判。④ 这两种进路对法律经济学的批判性检视各有所长,本文的检视将从司法视角,从经济分析法学在法律推理中的局限性分析来展开,以此说明法律的经济分析不能构成法律推理的权威性理由。

法律推理理论是法理论的重要内容。任何法律推理理论都必然系于某种法学理论,反过来,任何法学理论都必须可用于说明、指导并证成法律推理实践。⑤ 具体而言,本文遵循下述论证思路。第一,经济分析法在法律推理中适用的理论前提是"预设简单案件与疑难案件之区分"（下称"区分命题"）,其倡导者或拥护者未加反思地接受了"区分命题",并将它当成"经济分析在法律推理中可以适用"的理论起点。第二,法律主张其自身具有合法权威（以下称合法权威命题）,这是法律的特征。拉兹的这一观点构成了本文分析的基础。第三,论证"法律存在本身"并不预设简单案件与疑难案件两分之"区分命题",由此说明经济分析在法律推理中适用的局限性。

二、"区分命题"是经济分析在法律推理中适用的前提预设

根据法律经济分析学者的论点,经济分析之所以可以适用于法律推理之中,是因为司法案件有疑难案件与简单案件之分。即是说,"区分命题"是经济分析方法在法律推理中的可适用性的前提条件。这也意味着,如果"区分命题"不成立,那么,以其为基础的"可适用主张"就不能成立。

主张经济分析可适用于法律推理（即"可适用性命题"）的倡导者们,把司法看成是对当事双方利益进行再分配的过程。依此见解,法律是对利益的第一次权威分配,司法过程是对各种利益进行分析,通过诉讼机制解决利益冲突,进行利益再分配的过程。简单案

---

① 参见陈金钊：《面向法治话语体系建构的中国法理学》,载《法律科学》2020年第1期,第16-23页。
② 丁南：《论经济分析在法律判断上的局限性——以康德法哲学为视角的批判》,载《法制与社会发展》2009年第5期,第143页。
③ 参见陈景辉：《法律与社会科学研究的方法论批判》,载《政法论坛》2013年第1期,第46-60页。
④ 参见林立：《论经济学理念在法律推理中之局限性——以波斯纳的经济分析方法为例》,载《浙江社会科学》2004年第5期,第48-53页。
⑤ 参见李桂林：《法律推理的实践理性原则》,载《法学评论》2005年第4期,第3页。

件中不存在利益衡量，法官可以运用三段论式的演绎推理方法作出最终的法律决定；而在疑难案件中，法官的法律推理需要进行利益衡量，利益衡量是法官解决疑难案件不可或缺的思维方法。[①] 存在法律漏洞、规范冲突以及合法不合理等情形的案件就是疑难案件，这些案件的裁判需要实质推理，而利益衡量是实质推理的灵魂。[②] 另外，法官在运用利益衡量判决疑难案件的时行使着自由裁量；此时，法官的自由裁量不能超越制定法和司法解释，应在妥当的法律制度和法律疆界内适用，从而维护形式法治。[③] 也有研究者断言疑难案件的存在，并主张：要解决疑难案件，完整的法律论证必然要吸收法外因素。[④] 要想增强法官在疑难案件裁判中进行利益衡量和价值判断的科学性和妥当性，应该求助于其他社会科学。[⑤] 同时，有学者在此基础上更进一步指出各种法外因素需要通过法律渊源的拟制，并结合法律方法以法治的方式进入法律体系。[⑥]

上述观点背后的理论逻辑实质上与法律性质问题和法律适用问题紧密相关。所谓的"法律性质问题"关系到有关法律性质的宏观认识，即在司法裁判中"法律是什么"的问题。"法律适用问题"是一种微观研究，即在司法裁判中如何运用实在法的问题。因此，对法律性质的不同认识将衍生宏观研究所遵循的以下理论逻辑：（1）法律/法律体系并非完美无缺；（2）法官不得拒绝裁判；（3）司法裁判必然围绕法律适用展开，或者说，司法裁判必须是依法裁判；（4）法律/法律体系自身的非完美性，导致司法裁判中法律规范与案件事实之间不能做到完美衔接；（5）法律规范与案件事实之间不能完美衔接，导致疑难案件的出现。就法律经济学的可适用性而论，上述链条导致的结论是：由于存在疑难案件，经济分析方法应该应用在法律推理之中，进行利益衡量，为法律推理提供非法律的理由。基于"法律适用问题"展开微观研究的理论逻辑可以总结如下：（1）法律在制定出来后，在适用过程中需要解释和证成/正当化论证；（2）无论是法律解释还是对法律规范的正当化论证，都涉及方法选择和价值判断；（3）最终采取何种解释方法或者价值判断，必然涉及相关理由和因素的考量；（4）经济分析等法律经济学理论能够参与到方法选择和价值判断过程中。这一推理链条的结论是，经济分析等法律经济学理论在法律解释方法选择或者价值判断方面扮演着重要角色。上述宏观理论逻辑链条的前提是法律/法律体系本身存在漏洞，导致司法审判必然存在疑难案件。微观理论逻辑链条的前提是，法律适用中必然要进行法律解释和价值判断。仔细地看，微观研究是以疑难案件与简单案件的区分为

[①] 参见沈仲衡：《论法律推理中的利益衡量》，载《求是学刊》2003年第6期，第81－86页。
[②] 参见张光宏：《实质法律推理中利益衡量》，载《求索》2005年第12期，第90－93页。
[③] 参见焦宝乾、彭金玉：《利益衡量艺术及其规制》，载《法治研究》2010第11期，第86－90页。
[④] 参见陈坤：《疑难案件、司法判决与实质权衡》，载《法律科学》2012年第1期，第3－12页。
[⑤] 梁迎修：《超越解释—对疑难案件法律解释方法功能之反思》，载《学习与探索》2007年第2期，第111－115页。
[⑥] 参见陈金钊：《"社会主义核心价值观融入法治建设"的方法论诠释》，载《当代世界与社会主义》2017年第4期，第25－27页；陈金钊：《价值入法的逻辑前提及方法》，载《扬州大学学报（人文社会科学版）》2021年第3期，第39－53页。

理论预设；正是这一区分，法律解释方法的选择与优先性问题以及价值判断才有了存在必要性。

三、法律是合法权威

"法律是什么？"涉及法律基本性质的讨论，是法理学的核心问题。在这一问题上，不同的法理论都持有不同立场，由此产生自然法学与法律实证主义的分野。关于上述核心问题的争论围绕三个议题展开：法律与命令/强制的区别和联系？法律与道德有无必然联系？以及，在何种程度上法律是属于规则的问题？[①] 法律实证主义主张：法律是一个规范性的社会实践；[②] 法律最显著的特征是，法律的存在意味着某些类型的人类行为不再是随意的，而是在某种意义下具有义务性（obligatory）。[③] 在法律与道德关系问题上，哈特及其追随者主张"分离命题"和"社会事实命题"。"分离命题"是指法律与道德之间不存在定义上或者概念上的必然联系，即法律是否为法律，与法律是否符合特定的道德观念无关。"社会事实命题"是指法律的存在以某些社会事实作为判准或者鉴别标准，这些事实包括：(1) 官员对承认规则的接受；(2) 承认规则的意义（拟定的法律是否满足这些检验）；以及 (3) 共同体对于有效法律的普遍服从。[④] 虽然这几个核心理论命题构成了"法律是什么？"的基本立场与讨论基础，但上述对法律概念的定义性阐释不能为理解"法律的存在意味着什么？"提供全面的理由。对"法律的存在意味着什么？"的阐释是论述法律推理的前提条件，是完成本文批判任务必然关涉的根本问题。

（一）行动理由与法律权威：由哈特到拉兹

继哈特利用"理由"（reason）来区分规则和习惯之后，[⑤] 拉兹也把"行动理由"作为阐述法律权威的核心概念，由此，法律被认为是合法行为的排他性理由。不仅如此，拉兹主张，"法律存在事实本身宣称法律是合法权威"。法律规则和习惯的区别在于：偏离法律规则的行为会受到群体成员批判，而且，法律规则的存在本身就成为群体成员对偏离规则的行为进行批判的正当理由；偏离习惯的行为不一定受到群体成员的批判，即使受到他们批判，习惯的存在本身并不构成这种批判的正当理由。比如，"某个社群有每餐吃土豆的习惯"与"某个社群有每月必须朝圣的规则"，这两者之间存在明显差异。如果该社群中的某成员早餐开始喝牛奶吃面包而没有遵循"每餐吃土豆"的习惯，社群的其他成员不太可能对违背习惯的该成员进行批判；即使某些成员以"社群有每餐吃土豆的习惯"批评

---

① 参见［英］哈特：《法律的概念》，许家馨、李冠宜译，法律出版社2011年版，第12–13页。
② 参见［美］朱尔斯·L. 科尔曼：《原则的实践—为法律理论的实用主义方法辩护》，丁海俊译，法律出版社2006年版，第94页。
③ 参见［英］哈特：《法律的概念》，许家馨、李冠宜译，法律出版社2011年版，第6页。
④ 参见［美］大卫·莱昂斯：《伦理学与法治》，葛四友译，商务印书馆2016年版，第57–69页。
⑤ 参见［英］哈特：《法律的概念》，许家馨、李冠宜译，法律出版社2011年版，第51–53页。

他，但习惯在此并不是一个正当理由。相反，如果某成员没有遵循社群的朝圣规则，社群其他成员就可以根据"社群有每月必须朝圣的规则"批评他，并且该规则本身就构成了这种批评的正当理由。

正是基于习惯与规则的区分思路，拉兹将"行动理由"与"法律权威"联系起来。行动理由能够用来说明、评价和指导人的行为，尽管这个概念也用于其他目的，但说明、评价和指导是最主要的三种目的。[①] 法律规则能够用来说明、评价和指导人们的行为，由此法律规则存在本身就构成了理性个体的行动理由。还是以上述事例来讨论。如果社群成员 M 问"社群成员为什么必须每月朝圣？"，我们就可以说"因为社群规定或存在每月必须朝圣的规则"；如果社群外人员问"为什么社群 C 每月都会去朝圣？"，我们同样可以说"该社群 C 规定或存在每月必须朝圣的规则"；如果社群成员问"社群成员每月必须付诸何种行动？"，我们还是借由社群规则说"由于社群 C 规定或存在每月必须朝圣的规则，所以每月朝圣是社群成员必须付诸的行动。"上述三种基于规则存在本身的回答，清晰地说明了规则所具有的评价、说明和指导作用，把"法律存在本身"与"行动理由"两者联系起来。但是，论证至此仍然没有说明"行动理由"与"法律权威"的理论联系。拉兹通过依赖性命题、常规证成命题和优先性命题论证法律是合法权威。依赖性命题与行动理由紧密相关：权威颁布之命令应当以行动者所采取的行动理由为基础，权威在发布指令时应全面考虑与该指令所指向的行为相关的理由，在此基础上作出决定。权威发布的指令的基础是行动者在采取行动时所考虑的所有理由。比如，某人可能因为各种理由决定去见导师，这些理由可能是 R_1 导师要求，R_2 某人请导师修改论文，R_3 单纯和导师沟通……Rn；而权威针对某人发出的指令必须以上述理由为基础。常规证成命题与证成权威的合理性存在有关：证成一个人对另外的人具有权威的常规方式是，如果行动者没有直接遵循本来适用其自身的各种理由，而遵循权威发布之指令，那么对于行动者而言就是遵循了更好的理由。比如，某人为了达成"瘦身"的目的，她可能采取包括节食、跑步以及求助医疗美容机构等各种行动，但是如果权威提出的方法能够更好达成其目的，那么权威指令就符合常规证成命题的要求。优先性命题强调"权威存在事实本身"："权威存在"这一事实本身排除包括权威理由在内的各种行动理由的再次衡量，权威理由不是与其他行动理由处于同一位阶的理由，相反它是一种二阶理由，是"针对行动理由的理由"。还是以"瘦身"为例：为达"瘦身"目的，可能采取 R_1 节食，R_2 跑步以及 R_3 求助医疗美容机构……Rn；当权威针对行动者提出"合理运动，健康饮食"的理由 Rm 时，行动者在采取行动时就可以直接采取 Rm 而不用再次对 R_1、R_2、R_3……Rn 以及 Rm 何者是更好或者更正当的理由再次衡量；Rm 是与其他理由不同位阶的理由。优先性命题表明每一权威都声称自己是合法权威或者被人们认为是合法权威；它主张其指令应该得到人们的遵守和服从，人们应该服

[①] 参见 [美] 约瑟夫·拉兹：《实践理性与规范》，朱学平译，中国法制出版社 2011 年版，第 1—2 页。

从权威的指令；或者人们认为自己应该遵守或服从其指令，视其为合法权威。①

(二) 法律存在事实本身宣称法律是合法权威

经由上述略显繁琐的理论努力，"行动理由"与"法律权威"之间的关联得到证成；由此出发，"法律存在事实本身宣称法律是合法权威"（以下称"合法权威命题"）的命题也随之跃然纸上。然而，仍未解决的问题是：即使合法权威命题成立，这与完成论证经济分析在法律推理中运用的局限性又有何逻辑论证关联？下面就重点解决这个问题。

合法权威命题主张限制经济、利益、政治以及价值等诸多因素的二次衡量，同时也与法教义学紧密相关。立法者制定法律的目的可能包括政治、经济以及社会等诸多目的，立法过程中也必然涉及对经济因素、利益因素、政治因素以及价值因素等各种立法理由的考量；正是在衡量上述各种立法因素基础上，法律才得以被制定并进一步得到实施。更为凝练的表达是：法律存在本身就代表了一种规范取向。立法者在制定法律时综合考虑各种立法理由和衡量各种立法因素，其本身就是为法律制定后的实施节约考量成本，避免在司法裁判中对法律合理性的再次探讨。对法律合理性的评价不是司法机关的主要任务，其任务在于适用法律；如果法律制定之后，司法机关仍然站在"立法论"视角对法律规定的合理性进行探讨，而忽视"解释论"视角下对法律适用的坚守，则极易消解法治的意义。与此同时，法教义学最基本的特征是预设实在法体系的有效性。② 理论上"预设实在法体系有效性"强调法律制定之后其本身就是有效的，以具体法律为基础形成的实在法体系也必然是有效的。在此基础上，法教义学秉持"解释论"视角，摒弃司法裁判中关于法律合理性或有效性的探讨；这既是法教义学成立的基础也是其展开理论阐释的方式。更重要的是：这种理论取向对维护形式法治，保障法律权威和尊严，推进依法治国具有重要意义。正是在尊重"法律存在事实本身"所具有的法治意义层面，合法权威命题与法教义学紧密关联起来。合法权威命题重申：在司法裁判中，法官的主要任务是适用法律，不能再次讨论法律规定的合理性。即是说，合法权威命题否定司法裁判中对相关因素进行再次考量。比如，改革开放初期，国家为了吸引外资促进经济发展，出台了"外资三法"（《中外合作经营企业法》《经营企业法》《外资企业法》）；及至近日，为进一步扩大对外开放取代"外资三法"而制定的《外商投资法》，是在考虑了包括经济发展在内的各种因素后制定出来的。但是，这些法律一经制定，司法机关直接适用即可，不必再次陷入关于制定该法律合理性的探讨。立法者在制定法律时已对相关因素进行了综合考虑，法律就是这种综合考虑的结果；如果允许法官运用经济分析等各种方式对案件裁判方案进行考虑，显然是对

---

① 参见李桂林：《权威、合理性与法律——拉兹的法律权威论研究》，载《学习与探索》2012年第5期，第61页。

② 参见陈景辉：《部门法学的教义化及其限度——法理学在何种意义上有助于部门法学》，载《中国法律评论》2018年第3期，第67-81页。

相关理由的重复衡量,既是浪费司法成本又是在消解法治。

有关"法律存在本身"这一事实的探讨成为合法权威命题和法律推理产生必然关联的原因,同时它也是理论阐释得以展开的基础。至关重要的是,司法三段论形式的演绎推理是法律推理的真正核心。法律规范是演绎推理的大前提,对法律性质的认识在关于法律推理理论的探讨中占据了根本地位。上述"合法权威命题"在本质上是关于"法律存在"这一事实的阐释,是对法律自身性质的解说。正是基于对法律性质的这一阐释,"合法权威命题"与法律推理具有必然联系:合法权威命题思考"法律存在"这一事实,法律推理必然关涉有关法律性质的探讨。法律是一种规范性的社会实践,同样,法律推理也是规范性的社会实践,这表现为广为人知的一项原则:"以事实为依据,以法律为准绳"。这是对司法机关的基本要求。司法权本质上是一种判断权,但司法判断必须依法律和程序进行。① 规范性是法律的核心要素,② 没有法律规范的指引,司法裁判必定沦为任意裁判。我们为了维护案件当事人的财产和自由,为了维护社会公平正义,现代法律给司法机关设定了依法裁判的义务。法律的存在本身就对法官的法律推理设定了规范要求,明确了法律的价值判断,排除了法官在司法推理中就作为裁判依据的法律规范进行合理与否的再次考量。

至此,在阐释合法权威命题和法律推理性质的基础上,本人指出了经济分析在法律推理中的局限性:法律存在这一事实本身,是各种立法因素衡量后的结果;演绎推理是法律推理的主要形式,以法律规范为大前提,以案件事实为小前提,遵循逻辑涵摄得出司法裁判结论,在此过程中限制再次利用经济分析等法律经济学理论对法律适用过程进行探讨;否则会有立法因素重复评价之虞,更是存在消解法治意义的危险。

四、法律并不预设疑难案件和简单案件的区分

前文论证了经济分析在法律推理中适用的局限性。但是,对经济分析法学在法律推理中可适用性的否定,除前述理由之外,还有更重要的理由。上节批判仍然为该论点提供了生存空间:无论是在理论预设还是司法实践中,疑难案件似乎是不可避免的现象;正是坚持"疑难案件与简单案件之区分",经济分析在法律推理中的适用这一观点似乎仍然可以逃避被彻底批判的命运。因此,若要彻底论证该论点的局限性,就要否定其预设的"疑难案件与简单案件之区分"。

在法理学观念中,研究者们通常接受了疑难案件与简单案件的区分。人们把疑难案件产生的原因,归为以下几种情况:(1)规则本身模糊;(2)规则之间存在冲突或矛盾;(3)法律规则本身存在漏洞。③ 但是,对这种认识存在若干值得反思的问题:理论上是否

---

① 参见孙笑侠:《司法的特性》,法律出版社 2016 年版,第 3 – 10 页。
② 参见范立波:《论法律规范性的概念与来源》,载《法律科学》2010 年第 4 期,第 21 页。
③ 参见孙海波:《不存在疑难案件?》,载《法制与社会发展》2017 年第 4 期,第 52 – 53 页。

存在这种划分？即便存在这种划分，它的存在条件是什么？另外，从法律效果看，即便认可这种划分，它究竟是便利司法实践还是客观上对司法实践造成了困难？哈特和德沃金围绕疑难案件进行了较为深入的讨论，这为本节论证的展开提供了智识资源。

（一）理论预设：疑难案件与简单案件区分

不同法学家基于各自不同的理论取向，对疑难案件理论展开彼此攻讦；然而，真正决定理论生命力的是某一理论的解释力和自身独特价值。哈特经由规则学说延及法律规则开放结构的讨论，似乎与司法实践更加符合，由此获得更多拥趸。主张经济分析在法律推理中适用的学者，把"疑难案件与简单案件的区分"作为前提接受下来，并未对这一前提做深入的逻辑阐释。当前，对经济分析在法律推理中适用的分析，忽略对这一理论前提的阐释，而直接进入操作层面的探讨中。他们试图在法律经济分析与传统法释义学研究之间展开对话：将法律经济分析整合地运用到传统法律方法之中，这样，经济分析就不是一种独立的法律解释方法，在历史解释、目的论证以及体系解释中都可以运用经济分析，力图将其融入现有法释义学的框架之中；同时，以效率为核心的经济分析可以解决不同解释方法之间的冲突与优先性等后设方法论问题，效率标准可以作为证成、选择法律解释以及是否采取法律续造的理由。[1] 另外有学者指出，经济分析可以为司法裁判中法律的外部利益衡量奠定理论基础：当法官无法按照既有法律妥当、公正地处理案件时，便会把个人的价值偏好代入司法活动，做出司法上的利益衡量；同时，经济学中的科斯定理、希克斯标准、帕累托效率以及博弈论等都为法律经济学提供理论支援。[2] 上述对法经济学宏观分析的进路表明，秉持这一理路的学者力将经济学理论融入法理论，也有一些学者把经济学理论运用到部门法之中。有的学者把法经济学理论运用到传统侵权理论法中进行纯粹经济损失分析，在遵循传统侵权法适用逻辑的前提下，考虑社会成本和经济效果因素，建立实质性和历史性相结合的纯粹经济损失计算标准。[3] 另有学者认为《民法典》中的绿色原则[4]是法经济学入法的典范：节约资源实际与法经济学上的效率相当；社会成本最小化就是要在民事活动中避免浪费资源，社会财富最大化意味着在民事活动中有效利用资源。[5] 还有学者基于债权人保护角度从成本收益角度分析公司资本制度改革的正当性问题：基于新制度经济学的制度变迁和法律改革理论的角度看，公司资本制度改革引入债权人保护机制新范

---

[1] 参见王鹏翔、张永健：《论经济分析在法学方法之运用》，载《台大法学论丛》2019年第3期，第791–871页。
[2] 参见谢晖：《论诸法学流派对法律方法的理论支援》，载《法律科学》2014年第2期，第26–38页。
[3] 参见张瀚：《纯粹经济损失的法经济学分析》，载《政法论坛》2020年第3期，第125–138页。
[4] 《民法典》第九条规定：民事主体从事民事活动，应当有利于节约资源、保护生态环境。
[5] 参见贺剑：《绿色原则与法经济学》，载《中国法学》2019年第2期，第110–127页。

式，较之此前的制度具有法律净收益；但是付出的变法成本也亟待成本收益分析的评估报告。①

结合第二节和本小节所述，基于"法律性质问题"和"法律适用问题"，学者从宏观角度和微观角度展开经济分析在法律推理中适用的研究。区分命题是相关主张的构成性前提预设。因此，若要彻底论证相关主张的局限性，则需要对该区分命题进行批判。只有动摇或者批判此区分命题之成立，才能最终达到论证目的。

(二) 疑难案件与自由裁量

从前文可以看出，坚持疑难案件与简单案件之区分是经济分析在法律推理中的可适用性的理论前提。但是，我们从自由裁量理论和德沃金"整全法"理论出发，可以看出这一理论前提是不成立的。

"法律的开放结构"是哈特法实证主义理论中的重要命题。法律规则，无论是判例法规则还是制定法规则，都展现出一种"开放结构"（open textured）：规则存在开放结构；在规则的核心地带，大部分行为可以明确地借规则加以规范，在边缘地带法律规则的意义不确定，其本身在内容上并不包含可变的标准；边缘地带的领域如何规范，要由法院或官员去发展，法院或法官被赋予自由裁量权，在相互竞争的利益间取得均衡。② 正是开放结构的存在，导致疑难案件（hard cases）出现；要对疑难案件作出司法裁判，法院必须发挥"裁量"（discretion）的有限立法功能。③ 针对哈特的这一观点，德沃金提出针锋相对的观点。德沃金在两种意义上区分"裁量"的概念：弱意义的裁量与强意义的裁量。弱意义的裁量是指法官的行为仍然存在某种行为标准，但在两种意义上行使裁量：一是法官不是机械地适用，而是要求法官运用判断力；二是被授权者的判断有最终地权威性，不受到审查或者更改。④ 比如，《民法典》第 10 条规定：处理民事纠纷，应当依照法律；法律没有规定的，可以适用习惯，但是不得违背公序良俗。上述规定表明习惯在法律领域的适用具备了实在法上的依据。⑤ 但是，如何确定何种习惯在某个案件中是否可以适用，则需要法官结合法律规则自行进行判断。在这里，虽然法官享有自由裁量权，但他必须遵循一条原则，即"找到被法律承认的习惯"；这种自由裁量是一种弱意义的裁量。德沃金认为哈特所谓的"疑难案件"就是法官找不到可适用规则的案件，此时，法官的裁判不受规则约束；用法官主观认定的价值判断，这种裁量是根据法律以外的尺度，例如法官认为正确的

---

① 黄辉：《公司资本制度改革的正当性：基于债权人保护功能的法经济学分析》，载《中国法学》2015 年第 6 期，第 159 - 178 页。
② [英] 哈特：《法律的概念》，许家馨、李冠宜译，法律出版社 2011 年版，第 121 - 124 页。
③ [英] 哈特：《法律的概念》，许家馨、李冠宜译，法律出版社 2011 年版，第 221 页。
④ 林立：《法学方法论与德沃金》，中国政法大学出版社 2002 年版，第 33 页。
⑤ 陈景辉：《"习惯法"是法律吗?》，载《法学》2018 年第 1 期，第 3 页。

道德、正义观；依此做成的判决，便是造法、是回溯。①

上述围绕疑难案件与简单案件区分的理论争论为我们展现出理论争议的核心所在。按照哈特的疑难案件理论，主张经济分析在法律推理中适用是可以成立的。但是，德沃金从疑难案件的定义以及法律解释两个方面对此展开批判。第一，德沃金否定上述强意义裁量的存在，他认为即使在疑难案件中，发现各方的权利究竟是什么而不是溯及既往地创设新的权利仍然是法官的责任。② 德沃金理论中的疑难案件与哈特所谓的疑难案件内涵不同。哈特所谓的疑难案件就是因为规则存在开放结构，以致在有些案件中不存在可资法官援引判案的法律规则，也就是法律存在漏洞或者空隙的情景。这与我们对疑难案件的理解基本相同。德沃金对疑难案件的阐释以其法律观为基础：法律不仅包括规则，也同样包括原则。因此，某一案件虽然没有被现行的法律规则涵盖，但是却被某些抽象性、概括性的法律原则所涵盖。疑难案件并不像哈特所说的那样，疑难案件只是在找出既存法律中的"唯一正解"时比较难而已，而不是在既有法律中没有解答。③ 按照德沃金的理解，法律不存在漏洞：没有规则可以适用的案件，法官同样可以在法律原则中找到案件结论，找到既存于法律中的案件各方的权利。因此，在德沃金看来，法官在这类案件中不存在自由裁量权；运用法律的建构性解释，我们综合考虑"适当"（fit）和"证成"（justification）两个维度，使得既有的法律材料得到最佳的阐释（in the best light）。④ 第二，在批判哈特疑难案件理论之后，德沃金提出自己的法律解释理论。法律既包括规则也包括原则：原则是确保法律整体性的基准，在法律解释、规则协调以及规则空白的情况下，只有诉诸原则才能确保法律整体性进而得出正确判决。⑤ 同时，在司法实践中，原则一贯性作为裁判原则，则要求法官尽可能地将法律视为由一组融贯的原则所构成的整体。⑥ 主张整全性法律（law as integrity）的同时，德沃金主张建构性解释。建构性解释主张法律存在"唯一正解"，法官的任务就是从当前问题出发，既要总结共同体过往的法律历史传统，又要面向未来。建构性解释下的法律解释活动是一个动态性的解释过程，法官坚持建构性解释既发现法律，也创制法律，二者统一于法律解释过程。理想的法官并不认同法律存在所谓的"开放结构"，法律是一张严密的无缝之网。因此，按照上述理论分析，司法案件的结论就蕴涵在法律之中：当规则无法为案件提供明确依据时，法官必须从整体法律出发求助法律原则，从中发现当事人的权利，得出裁判结论。

我们利用德沃金上述理论批判疑难案件与简单案件之区分的理论预设：法律自身并没

---

① 参见林立：《法学方法论与德沃金》，中国政法大学出版社2002年版，第35页。
② 参见［美］罗纳德·德沃金：《认真对待权利》，信春鹰、吴玉章译，上海三联书店2008年版，第118页。
③ 参见林立：《法学方法论与德沃金》，中国政法大学出版社2002年版，第12-14页。
④ 参见刘叶深：《法律的概念分析：如何理解当代英美法理学》，法律出版社2017年版，第252页。
⑤ 参见高鸿钧：《德沃金法律理论评析》，载《清华法学》2015年第2期，第103页。
⑥ 参见王鹏翔：《法律、融贯性与权威》，载《开学文化》2014年，第89-90页。

有如法律经济学所主张的那样预设疑难案件之存在，相反，法律制定出来后即主张司法案件的裁判结论可以在整体法律中获取；法官的任务就是通过建构性解释寻找案件的结论，利用法律说服案件当事人。最终，经由对理论预设的批判，经济分析在法律推理中适用的主张被进一步批判。

五、结语

本文意在论证经济分析等法律经济学方法在法律推理中适用的局限性。经济分析在法律推理中的适用主张预设疑难案件与简单案件之区分。本篇文章结合相关法理论进行论证：法律作为权威性的行动理由，其存在自身主张合法权威命题；法律自身并不预设疑难案件之存在，整体性法律中已经蕴含司法裁判之结论。这两个批判理由之展开，已经限制经济分析等法律经济学理论进入法律推理的路径；经济分析在法律推理中适用的局限性也由此得到阐明。

（编辑：吴冬兴）

中国传统法律法律适用的实质：
基于方法论的考察

管 伟*

> **摘 要** 中国传统司法进程中法律适用广泛存在着形式上的不确定性，这既是中国传统社会具体列举式的立法模式所导致的法律的适应性不足之故，也是中国传统社会一直追求情法相平司法效果的产物。在律文应对不足，但又要满足"引断允协"与"情法相平"司法目标过程中，中国传统司法者在既有律例框架下，运用多种技巧和方法"实用性"地适用法律，同时以其深厚的儒家伦理为基础，以"权变"论为标准，基本保障了裁判结果的相对确定性。
>
> **关键词** 传统司法运行 法律适用 方法论 权变论 情法相平 "实用性"

一直以来，中国传统司法运行及法律适用的研究始终是学界研究的重点领域。对中国传统法律适用性质的判断和评价，学界基本脱离了以西方近代以来所形成的司法体系及其运行范式为基准进行学术考察的研究思路，① 转而从具体的司法个案以及基层案牍和地方史志材料入手来分析判断中国传统司法的运行状况，成果显著。既有的研究表明，通过对具体的案例分析入手，对于中国传统司法运行及法律适用性质的判断和评价结论的得出，一方面基于规范主义立场，将问题的中心归结于中国传统法律适用是否是"依法裁判"的

---

* 管伟，男，山东省青岛人，山东政法学院教授，山东政法学院监察法学重点学科负责人，研究方向为法律方法、司法传统、监察法文化。

① 美国学者马克思·韦伯曾以所总结的西方近代形成的司法体系及其运行范式为基准，判断中国古代司法是一种实质非理性的运作过程。[美] 马克斯·韦伯：《经济与社会》下卷，林荣远译，商务印书馆1997年版，第148页。观点并未形成学界共鸣，但国内学者也经常以形式主义理性和实质主义理性的框架来分析判断中国传统司法的特征。如孙笑侠：《中国传统法官的实质性思维》，载《浙江大学学报（人文社会版）》2005年第4期，第5-12页；郑素一：《中国古代法官的实质性思维模式探讨》，载《太平洋学报》2006年第8期，第90-96页。

论证中，同时也因研究立场各异，以致结论各不相同。① 另一方面，国内学者亦从法社会学的角度，从中国传统的社会伦理现实出发，并结合司法实践来分析评价中国传统司法的性质，将中国传统法律适用的性质认定与伦理化的"情理"属性分析结合起来进行判断。② 近年以来，更多学者以司法判决为切入点，从中国传统法律适用方式、风格及特色的分析出发，进而概括总结出中国传统司法的特质。③

本文以传统法律适用所形成的方法论为视角，总结概括中国传统法律适用的样式，进而揭示传统法律适用的一般特性。论文的思路主要沿着当前学界普遍得到认可的"形式上尊重，工具性运用"的传统法律适用模式而展开，探求传统司法进程中"工具性"或"实用性"适用法律的内因及其界限，在其"工具性"或"实用性"适用法律过程中，实现国家统治者对于社会秩序稳定性和统一性需求相一致的思路和方法，进而分析梳理并概括总结传统司法者在解决"情轻法重"与"情重法轻"等疑难案件时保障法律适用的相对一致性的理念、方法，这既是我们对于传统司法性质作出分析评判过程中必须要关注的问题，同时也期望能对当下特色社会主义法治建设提供一点可资借鉴的历史经验。

一、以"收权"为核心的立法模式是传统法律"实用性"适用的制度内因

"收天下之权予一人"是中国传统社会权力分配的本质所在，一切权力的运行皆以实现"君权独制"为目标。传统统治者在相关制度设计过程中，客观上就会以防范各级官僚组织行权异化为前提，对于司法权的行使更是始终保持着高度的警惕。为防止司法实践过程中所可能出现的"权力下移"，传统统治者一方面通过严格规则主义的制度设计，强调司法官吏必须严格遵守条文，以严格的"审转"制度来监督法官的"依法裁判"并不断

---

① 如较早时期钱穆先生从政治运行角度分析后认为："现代的一般人，都说中国人及其运行实践的不讲法，其实中国政治的传统毛病在于太讲法，什么事都依法办，一条条文进出，一个字两个字，往往上下反复，把紧要公事都停顿了。"钱穆：《中国历代政治得失》，生活读书新知三联书店2001年版，第126-127页。贺卫方教授则通过对具体的案例分析入手，得出的结论是："这类撇开法律而径直依据情理或其非成文法渊源判决案件的情况不仅仅存在于有宋一代，实际上，它的历史至少可以追溯至汉代的春秋决狱，晚至清代仍然如此。"贺卫方：《司法的理念与制度》，中国政法大学出版社1998年版，第193页。以滋贺秀三为代表的日本学者强调以明清为代表的中国传统社会民事审判并非是依法裁判，认为"'所有判断都必须根据对国法的解释才能作出'这种思想方法，从根本上是不存在的。""传统中国法官以情理为基准进行裁判"。参见 [日] 滋贺秀三：《清代诉讼制度之民事法源的概括性考察》，载王亚新、梁治平编译《明清时期的民事审判与民间契约》，法律出版社1998年版，第24页、第29页。而美国华裔历史学家黄宗智则以淡新、宝坻、巴县三大档案为基本史料，得出了与滋贺先生截然相反的结论。参见黄宗智：《民事审判与民间调解：清代的表达与实践》，中国社会科学出版社1998年版，第78页。

② 比如有学者认为法律都是"指引"司法官员裁解决纠纷的一种"潜在"依据。也就是说，尽管司法官员可能没有直接援引法律条文，但是这并不意味着法律不起作用。"如果把情理看作是一种'活法'，那么将情理作为判决的依据也可以说是'依法判决'"。参见徐忠明：《案例、故事与明清时期的司法文化》，法律出版社2006年版，第303页。

③ 比如有学者通过梳理中国传统法律的适用方式，认为中国传统司法实践的实际现状主要表现为"形式上尊重，工具性运用"，这一论断渐成为学界主流观点。王志强：《制定法在中国古代司法判决中的适用》，载《法学研究》2006年第5期，第145页以下。

强化法官的过错追究责任制度,抑制可能出现的枉法裁判和司法任意。另一方面,历代统治者也试图通过特定立法模式,即对法律规范中的行为模式以具体主义和列举主义,以及与之相配合的量刑上的绝对化描述的立法模式,尽可能地消除法律适用过程中的主观性。正如戴炎辉总结道:"我国旧律对犯罪的处罚,不从主观的、概括的主义,而采取客观的、具体的态度。盖由于罪刑法定主义的要求,对罪刑采取绝对主义,以防止官司的擅断。这种主义,自秦汉以来,一直保守到清末的现行刑律。故同一罪质的犯罪,依其主体、客体、方法、犯意、处所、数量(日数、人数、赃数等)及其他情况,而另立罪名,各异其刑。"① 表现了立法者不断限制法律适用过程中可能出现任何主观性的努力。

以具体主义和列举主义为特征的行为模式描述,以及与之相配合的量刑上的绝对化,中国传统立法者意图使法律适用的过程形如"自动售货机"一样,输入事实便会自动生成裁判依据而不须有任何的主观能动性。但问题并非如此简单,姑且不论犯罪者是否会按照法律所规定的具体的行为模式进行犯罪,"民之所犯不必正有法同",以具体、列举形式为特色的传统法律规范,在事实与规范的对应过程中,由于法律规范构成中的语言载体所具有的天然不确定性,使再具体的法律规范同样存在着一定的模糊空间。② 更为严重的是,因具体化和绝对化的立法模式而导致的律文概括性和弹性的不足,难以应对社会现实中层出不穷的新事实、新情况,立法者即使不断进行立法设定的方式来弥补。"法典中的律文不足以包罗万象,恐法外遗奸,或情罪不当,因此针对不同的情况而有例。但例也同样不足以包罗万象,于是例愈来愈多,愈来愈烦琐,甚至前后抵触。"③ 但律文的弹性不足所致的适用性差的问题仍不可避免地被无限放大,在"民之所犯不必正有法同"时,司法裁判必然无法按照"依法裁判"的路径进行,"实用性"法律适用就不可避免地广泛出现。

中国传统法律规范的语言构成特色是形成中国传统法律适用过程中"实用性"适用的另一重要原因。自春秋战国兴起封建法典化运动以来,立法须简约一直是传统立法者所信奉的主要信条。作为中华法系的代表作的《唐律疏议》,集中体现了中国古代法典法律语

---

① 戴炎辉:《中国法制史》,台北三民书局1989年版,第31页。瞿同祖也指出了中国古代立法烦琐而具体,法律日益趋于具体化,"例如伤害罪,折人一齿、一指,眇人一目,是何处分;折人二齿、二指,眇人两目,是何处分;断舌及毁败人阴阳者是何处分,规定得极为具体。又如强盗罪,强盗人数,持杖不持杖,是否伤人,得财多少,问罪不同。清代陆续制订的有关强盗条例竟有50条之多,着眼于犯罪的具体情况的种种差别,企图使罪刑相当,立法也就越来越繁琐,具体化的结果使得概括性的原理原则难于发展。"瞿同祖:《瞿同祖法学论著集》,法律出版社1998年版,第406页。

② 比如《大清律例》在描述加害人在与被害人存在一定依附关系的前提下,非法拐带或侵吞他人财物据为己有这一类犯罪行为时,却有不同的律文以规制。《大清律例·刑律·贼盗》"诈欺官私取财"律文第三款:"冒认及诓赚局骗,拐带人财物者,亦计赃,准窃盗论"、《大清律例·户律·钱债》"费用受寄财产"条:"凡受寄人财物,畜产而辄费用者,坐赃论,减一等。诈言死失者,准窃盗论,减一等。"及《大清律例·刑律·贼盗》"窃盗"条下所附之"店家、船户、脚夫、车夫有行窃商民及纠合匪类窃赃朋分者"例。不同条文的调整范围存在一定类似性,但量刑却迥异,假如被害人与作为加害人之间的关系既是朋友,又是可能船户或其他关系而出现财物被骗被拐等情形出现,难免会使承审法官有难以选择的困惑。

③ 瞿同祖:《瞿同祖法学论著集》,中国政法大学出版社1998年版,第422-423页。

言简洁概括的特色。① 但是，简洁概括的法律语言表达方式的另一面则形成了条文言逾简而意愈费解，辞逾艰而理逾难明的法律理解困境，再加上中国古代文言文表达上的微言大义特征，即使进行一般阅读尚有一定困难，更不用说法官对其准确的理解与把握了。即使是立法者不断以疏议或篡注的方式对相关问题进行源与流的梳理，以及通过各种具体的方式加以阐明，但仍无法消除理解的困难。比如，《大清律例》对于律内极为概括而又意义深远的几个关键用词专列"例分八义图"，试图为法官理解提供指引，但在实践中却并无实际之功，清代注释律学之兴实为其佐证。② 同时，在强调中国传统法律规范构成的语言载体具有专业性和规范性的一面同时，③ 也必须看到律文中所掺杂的大量日常俗语甚至是俚语。当然，即使以现代眼光视之，构成法律规范的语言载体也不可避免地包括大量的日常用语，但日常用语在律文的出现必须有一定限度，且在律文中的使用要始终保持一致，否则有失法律的严肃性及实施上的一致性。但审视中国古代律典条文，特别是"例""令"等法源形式的语言构成中却呈现出极度不严谨性的一面，不但无法保持例文用语的前后一致，而且掺杂在其中的大量的俗语、俚语，使例文的适用范围的界限难以界定。比如《大清律例·户律·婚姻》"强占良家妻女"条，"良家妻女"的表述方式本身就是日常俗语，但在该律文之后所附例中，立法者却分别运用了强夺"良人妻女""良家妻女""良人妇女""犯奸妇女""路行妇女""兴贩妇女"等不同的表述方法，④ 不但有损法律所固有的严肃性和一致性，增加了对于律文理解的难度。

实现对社会事实指引的确定性，是法律规范的应有之义。但是，语言本身所具有的天然的不确定性，使主要以语言文字为载体的法律规范必然存在着一种实然上的不确定性。通过立法技术只能达致法律条文的相对确定性，却永远无法实现对于构成法律条文的语言文字的绝对一致的理解。因此，法官在法律适用过程中主观能动性的发挥，并非取决于立

---

① 比如《唐律·名例律·化外人有犯》条，仅以二十五个字符就高度概括了处理外国侨民在华涉及民事或者刑事案件时的处理原则。该条规定："诸化外人，同类自相犯者，各依本俗法；异类相犯者，以法律论"。反映出古代立法者在运用极其精练的语言描述复杂社会事实的高超水平，再如《唐律疏议》卷十八《贼盗律·夜无故入人家》规定："诸夜无故入人家者，笞四十。主人登时杀死者，勿论；若知非侵犯而杀伤者，减斗杀伤二等"。该条共三十五个字符，就将他人夜无故入室的情况下的各种防卫现象做了精确的描述各种防卫现象做了精确的描述，其中涉及正当防卫、防卫过当和不当防卫等概念的内涵都作出了明确的界定。因此，不能不使人叹服以唐律为代表的中国传统法律语言的简洁和概括。

② 参见何敏：《从清代私家注律看传统注释律学的实用价值》，载《法学》1997年第5期，第7-9页。

③ 传统立法者很早的时候就注意立法中对于法律概念和术语的使用，据《左传·昭公十四年》引夏书："昏墨贼杀，皋陶之刑也"。春秋时期晋国叔向解释为："恶而掠美为昏，贪以败官为墨，杀人不忌为贼。"表明中国先人很早就注意在立法中对于高度概括性的法律概念和法律术语的使用。而在进入成文法典时代，伴随着法律形成、发展的过程，逐步形成了一些规范化和概括化的法律术语，如《秦律·法律答问》中反复出现的"端为"（故意）、"不端""失"（过失）等等。《晋书·刑法志》记载明法掾张斐之上注律表中，提出了对于律典中二十个重要法律概念和术语的解释，"其知而犯之谓之故，意以为然谓之失，违忠欺上谓之谩，背信藏巧谓之诈，亏礼废节谓之敬，两讼相趣谓之斗，两和相害谓之戏，无变斩击谓之贼，不意误犯谓之过失，逆节绝理谓之不道，陵上僭贵谓之恶逆，将害未发谓之戒，唱首先言谓之造意，二人对议谓之谋，制众建计谓之率，不和谓之强，攻恶谓之略，三人谓之群，取非其物谓之盗，货财之利谓之赃；凡二十者，律义之较名也"。

④ 田涛、郑秦点校：《大清律例》卷十，法律出版社1999年版，第211页。

法者的主观意志,而是由法律规范之载体的语言文字自身的本质属性所决定的。而传统法律规范的语言构成特色更是加剧了这种不确定性的因素。因此,法律规范因语言载体而形成的天然的模糊性,再加上汉字象形字的特征,且以文言文为主的表达方式,使传统司法者只能将主要的精力用于理解领会法条中的微言大义,在此基础上的条文选择与适用无疑会带有强烈的主观性,导致了司法进程中"实用性"法律适用的必然性。

更为重要的是,伴随着汉以来的礼法结合,传统立法者一方面通过立法促使法律不断道德化和伦理化的同时,另一方面又赋予了司法官员们"承流宣化,惠养百姓"的"道德教化官"职责,负担着向社会输出伦理精神的使命,不断释出执法原情,论心定罪的政策倾向,对法律适用活动进行方向性的引导。显然,对于承担司法审判职责的司法官员们,作为其政治活动中最重要的组成部分——司法裁判就成为其完成使命的最主要、也是最有效的平台。也正是在这种背景下,传统司法官员们在裁判过程中,通过"实用性"适用法律以实现"情法相平",弥平两者之间可能的冲突就变得理所应当,甚至为统治者所默认。

二、"情法相平":传统"实用性"法律适用方法的目标准则

近现代以来的司法实践史已经充分证明,人类理性的有限性和社会生活事实的无限性,以及"立法者难以预见到社会生活中涌现出来的大量错综复杂的、各种各样的情况"①,要满足法律对于不断变动的社会的适应性,只能是采取一种开放性的类型主义立法描述,使法律能够通过解释满足处于永久运动中的社会所有新的需要。但吊诡的是,以具体和列举主义方式描述的中国传统法律规范却存在了上千年,经久不衰,而且在稳定国家统治秩序方面同样发挥了巨大作用。究其原因,中国传统制度内设的类推和比附援引制度的广泛运用,是弥补中国传统法律规范弹性不足的制度因素。同时,传统司法者司法运行中"实用性"甚至是创造性的适用法律更是不可忽视的方法因素。

比附在中国具有十分悠久的历史渊源。早在《尚书·吕刑》中有"上下比罪""上刑适轻下服,下刑适重上服,轻重诸罚有权"的规定。秦汉以后,比附得到了广泛的发展。汉初高祖曾诏曰:"廷尉所不能决,谨具为奏,付所当比律令以闻。"唐时期进一步将类推比附制度化。《唐律疏议·名例》规定:"诸断罪而无正条,其应出罪者,则举重以明轻;其应入罪者,则举轻以明重。"② 至明清时期,关于比附的内涵与外延较前则有了较大的拓展。《大清律例》专列"总类比引律条":"按律无正条,则比引科断,今略举条,开列于后,余可例推。""凡律令该载不尽事理,若断罪无正条者,(援)引(他)律比附应加

---

① [法] 亨利·莱维·布律尔:《法律社会学》,许钧译,上海人民出版社1987年版,第63页。
② 唐律中所规定的"轻重相明"的类推似乎只是指导法官通过"自然解释"的方法以揭示相关律文的真实内涵,尚未完全摆脱律文文义内涵的规制,与明清期的比附略有不同。

应减定拟罪名（申该上司），议定奏闻，若辄断决致罪有出入，以故失论。"①

比附援引的制度化以及在传统司法中被广泛适用的根本原因，首先是与传统立法的模式有关。正如上文所述，以具体主义和列举主义为特色的传统立法模式，导致了中国传统律例的适用性越来越差的问题，故实有比附之存在的制度空间。同时，中国古代尽管一直强调司法适用中的严格规则主义，但却并不迷信成文法的万能性，从荀子的"有法者以法行，无法者以类举，听之尽也"②，到唐代孔颖达的"法之设文有限，民之犯罪无穷，为法立文，不能网罗诸多，民之所犯不必正与法同，自然有危疑之理"③。比附不但在传统中国有其存在的思想根源。而"金科虽无节制，亦须比附论刑。岂为在律无条，遂使独为侥幸"的观点，也使比附存在具有了合理性的社会氛围。

自其内涵而言，比附即是"今甲事项，并无可据之条，仍将其比附于乙事项，而将乙事项之规定类推适用之意"④。亦是指将现行法律规则并没有涵摄的、本不具有法律意义的事实，通过法官的解释，使与欲比附规范中的制度事实形成一种类的对应，从而释放出法律意义，⑤ 从法律适用角度上讲，比附实质上是法官对于受理的案件在法律上未有规定，即"律无正条"时，依其主观性的认知，通过案件事实与相关类似条文所包含的制度事实之间进行比较解释，从而形成一条新的裁判规则。因此，比附援引的广泛适用极大增强了传统中国法律的适用性，在一定程度上也弥补了僵化之立法模式的不足。但它的存在也给传统社会的统治秩序带来了潜在的严重后果。过于膨胀的法官自由裁量权，不但侵蚀了皇权，而且无节制的滥用竟然会形成"奸吏因缘为市，所欲活则傅生议，所欲陷则予死比，议者咸冤伤之"的后果。因此，历代统治者在创设比附援引制度的同时，也采取种种措施严格限制传统司法者比附援引的权限，比如明清时期，立法者一方面通过制度设计，明确了司法者通过比附援引裁判案件的程序条件：其一，比附援引只有在律无正文，即法律确实没有明确规定时才可适用；其二，比附援引是比照现有律例中的相关条文，而不是既往的判例（当然，当判例内容因修例而纳入律典体系或为"通行"则不在此限）；其三，比附援引必须遵循"具奏上闻"，提交给君主批准。⑥ 另一方面，立法者也特别强调，在律例皆无明文的前提下，比附援引的适用还应满足其内在的原理性要求，即案件事实与现

---

① 田涛、郑秦点校：《大清律例》卷四十七，法律出版社1999年版，第908页。
② ［清］王先谦：《荀子集解》卷五，沈啸寰 王星贤点校，中华书局1988年版，第151页。
③ 《左传》昭公六年孔颖达疏，资料转见高道蕴等编：《美国学者论中国法律传统》，清华大学出版社20104年版，第304页。
④ 戴炎辉：《唐律通论》，中正书局1970年刊行，第25-26页。
⑤ 制度事实的说法主要来自［英］麦考密克、［奥］魏因贝格尔的《制度法论》（中国政法大学出版社1994年版）。所谓的制度事实是一种抽象了的事实，它是立法者经过理性抽象所概括的事实。对于制度事实与法律事实的区分，杨建军在《法律事实的解释》一书中有详细的论述，山东人民出版社2007年版，第23—27页。
⑥ 《大清律例·名例》规定："其律例无可引用，援引别条比附者，刑部会同三法司共同议定罪名，于疏内声明，'律无正条，今比照某律某例科断或比照某律某例加一等减一等科断，详细奏明，恭候谕旨遵行'"。

有某些律例条文中所拟制的事实"事理切合""情罪一致"。① 因此，传统司法者在"律无正条"时所采取的比附援引的方法，尽管形式上具有极强的创造性特征，但其能动性的发挥始终被"情罪一致""情法相平"目标所指引。

在"律有正文"的前提下，尽管传统中国形式上强调了严格规则主义，要求司法者依律裁判案件，而且要"引断允协"，但在实践中，出于彰显儒家伦理精神及宣扬统治者"为政以德"的理念，统治者往往又对法官的具体司法实践提出了"情法相平"的司法要求。因此，传统司法者在"律有正文"的司法实践中，仍然面临着诸多"情重法轻"或"情轻法重"疑难个案，需要沿着"实用性"适用的思路而展开。在"律有正文"的前提下，围绕"情法相平"目标的实现，传统司法者需要在既有的成文律例的体系框架内，基于"律意"，利用不同的适用技巧和方法选择可以达致"情法相平"的裁判结果。有学者称，在面对"情轻法重"或"情重法轻"等"疑案"时，为达致"情法相平"目标所采用的法律适用技巧和方法的过程，实质上是"融合了意识形态式的情感直觉、司法经验判断和形式上的合法性论证，既尊重律例规则，但为缓冲一罪一刑的刻板条文可能造成的不合理结果，又在实践中通过各种技术手段"，② 当然，从合理地利用律例规则并"实用性"地适用规则以达到目标的过程，实质是从规则自身有及案件事实两方面入手。

面对案件事实与相应的成文规则形成对应而本应选择并确立的裁判规则，传统司法者依其对于儒家伦理精神的理解和司法经验的本能反应，认为固守此律文可能导致情法难平之时，他所要做的，既非是不计后果的以形式推理的识别方法来选择，也非是径行抛弃该成文规则，而是立足于整个成文法体系以详译律意，以此阐发律中所蕴之情理内涵，以此论证该规则的不恰当性和选择其他规则的合理性，从而规避在规则发现过程中的"律有正条"。如定陵侯淳于长坐大逆诛。长小妻乃始等六人，皆以事未发觉时弃去，或更嫁。及长事发，丞相方进、大司空何武议曰："令，犯法者各以法时律令论之，明有所讫也。长犯大逆时，乃始等见为妻，已有当坐之罪，与身犯法无异。后乃弃去，于法无以解。请论。"廷尉孔光则认为"大逆无道，父母妻子同产无少长皆弃市，欲惩后犯法者也。夫妇之道，有义则合，无义则离。长未自知当坐大逆之法，而弃去乃始等，或更嫁，义已绝。而欲以为长妻论杀之，名不正，不当坐。"③ 法官孔光正是从阐发律意入手，合理地规避了本应适用的、含义且明确无疑的"犯法者各以法时律令论之"裁判规则。

但是，如果对于"律有正条"所进行的律意的情理性阐发，并不总是那么得当，或者说无法通过律意的情理解释来规避适用"律有正条"时，法官也可能有意识跳过本应适用的律例正文，而径直选择以类推比附的方法重新确立裁判依据，以实现其心目中的"情法相平"。清代《刑案汇览》所载众多的比附案例中，此种情形所占比例不小，比如卷八所

---

① 参见陈新宇：《从比附援引到罪刑法定》，北京大学出版社 2007 年版，第 35-38 页。
② 王志强：《制定法在中国古代司法判决中的适用》，载《法学研究》2006 年第 5 期，第 147 页。
③ [唐] 杜佑：《通典》卷一六六，中华书局 1984 年版，第 878 页。

载"受人临终寄托辄复奸占其妻"一案。① 案件并不复杂,李二因与张邢氏故夫张幅素好,张幅临死时嘱其照应家务,该犯随与其妻张邢氏通奸,复捏称张邢氏系坐产招夫,与张邢氏俨成夫妇。结合本案当事人所犯,显然与律例中的"无夫和奸"律是完全对应的,但法官所最终选择的裁判依据是"将李二比照强夺良家妇女奸占律量减一等",对于为何不依本律而径自比附于他律的原因,法官在此并未做任何解释。但即使如此,它显然也昭示了古代法官在选择裁判依据过程中,为了实现情法相平而采取的"实用性"适用法律的一种方法。

当成文规则所呈现的字面含义无法展现律文的真正意蕴而可能形成情法难平时,传统法官则倾向于通过限缩或扩张律文字面含义,从而达成法律适用中的"情法相平"。如《折狱龟鉴》曾记载一案,曾公亮侍中在政府时,每得四方奏狱,必躬阅之。密州银沙发民田中,有强盗者,大理论以死。公亮独谓:"此禁物也,取之虽强,与盗民家物有间,罪不应死。"先是,金银所发多以强盗坐死,自是无死者。② 本案承审法官对于"盗民家物",显然是作了限缩性的解释,将民田所发现之金银排除于"民家物"的范畴,即民间所收之国家所禁之物非为民家物,从而作出了与以前不同的判决。再如《驳案新编》卷三"本夫奸所获奸将奸妇杀死奸夫到官不讳"一案中,承审法官正是通过对于"奸所"的扩张性界定而作出的判决。貌应瑞之妻张氏与王幅多次通奸,被貌应瑞撞破后受到责打,仍不思悔改。后王幅买馍送与张氏,在巷道内共坐谈笑,被貌应瑞撞见,张氏被貌应瑞殴死。就本案事实言,相关的律条有本夫奸所杀死奸妇条,其刑责为本夫为杖责,奸夫为绞候;本夫于非奸所杀死奸妇条,其刑责则为本夫、奸夫各杖一百。适用何条律例的关键就在于如何认定"奸所"。初审者认为巷道之内并非奸所,从而选择以杀奸处为非奸所而判奸夫、杀者(本夫)各杖一百,徒三年。但刑部认为:"平日未经和奸之人,一男一女面见然一处,亦涉调戏勾引之嫌,况王幅素系该氏奸夫,今复同坐说笑,其为恋奸欲续情事显然。是同坐既属恋奸,巷道即属奸所。律载非奸所一条,非谓行奸必有定所,亦不必两人正在行奸之时。巷道之内,奸夫奸妇同坐一处,不可不谓之奸所。"因此,本案刑部官员作出驳案的根本实在于对"奸所"这一法律概念所进行的扩张性的理解和解释,从而也选择了不同的裁判依据并导致了不同的处理结果。

在案件事实本是清楚无疑,且与法律规则中的事实构成完全吻合,但结果却是"情重法轻"或"情轻法重",无法完全彰显伦理的精神时,传统法官往往就会在法律事实认定过程中,人为地增添或减少一些与规则事实构成无涉的事实因素,并以此重新界定法律事实,从而使法律事实无法释放其原始的意义。如唐穆宗时期的康买得杀人救父案,14 岁的康买得,因其父康宪被善于角抵的张莅所拉,气将绝,遂用木锸击张莅头部而死。依唐

---

① 祝庆祺、鲍书芸等编:《刑案汇览三编》(一),北京古籍出版社 2004 年版,第 275 页。
② [宋]郑克:《折狱龟鉴译注》,刘俊文译注点校,上海古籍出版社 1988 年版,第 210 页。

律,父为人所殴,子往救,击其人折伤,减凡斗三等,至死者,依常律。故有司当以死刑。但刑部员外郎孙革则奏:"买得救父难,非暴击。《王制》称五刑之理,必原父子之情;《春秋》之义,原心定罪。今买得幼孝,宜在哀矜,伏冀中书门下商量。"上因而敕旨:"买得尚在童年,能知子道,虽杀人应死,而为父可哀。若从沈命之科,恐失原情之义。宜付法司,减死罪一等"。① 本案买得杀人事实成立,又有相应规则对应,事实理应被确定为法律事实,从而释放出相应的法律意义(杀人应死),尽管康买得年幼可矜,但唐律相关规则却并无规定救父之子是否年幼而区别对待,但正是出于维系伦理精神的政治性思维的支配下,买得杀人这一法律事实中人为地增添了"买得幼孝"这一事实因素,从而改变了案件最终的裁判结果。通过事实的特别认定而"实用性"地适用"情法相平"法律条文的方法,② 清代的著名幕僚王又槐曾做过总结,他说,"叙供以律例为主。案一到手,核其情节,何处更重,应引何律何例,犹如讲究此章书旨,重在何句,此一题旨又重在何字也。情重则罪重,情轻则罪轻,若罪轻而情重,罪重而情轻,牵扯案外繁冗,干碍别条律例","一切则当因时因地,顺乎人情,参诸条例,设身处事,不可徒执己见,擅逞其才"。③

三、"执经达权":传统"实用性"法律适用目标达成的理论保障

尽管中国传统司法因"实用性"的适用法律规范而致裁判依据缺乏法律形式上的一致性,但始终未产生"卡迪司法制"式的司法任意。④ 中国传统社会并非绝对轻视法律适用的一致性,统治者对于法官的依律裁判不但进行了严格的法律规制,而且强调引律不当要承担严厉的司法责任。但统治者对于司法实现的目标显然并非要求法官机械刻板地适用法律,而是希望实现法律的形式公平与个案实质公平的有机统一,既要求法官"引断允协",又要求法官"参情酌法""情罪相符"。特别是进入伦理化时代之后,传统统治者一直宣扬"道德为本""敦德化而薄威刑"的立法目的论,唐以后各朝进一步强调立法"一准乎礼以为出入""明刑以弼教"。当法律担负的使命及所维护的利益与"天理""人情"所反映的要求并不能完全重合,"情轻法重""情重法轻"等情况时有存在,甚至还会发生两

---

① [后汉]刘昫等:《旧唐书》卷三十,中华书局1975年版,第2155页。
② 在中国传统的成文法体系初创以及刘汉代秦之后的一段历史时期。因成文法体系初创时期立法的粗疏,乃至成文法应涉及的领域出现了法律空白以及"罢黜百家,独尊儒术"致使社会主流的价值观已发生根本性转折,而现行法律中却不能及时地体现这种价值观转变的特定时期,司法进程中甚至出现从事实中创制规则从而实现情法相平的案例,且得了了统治者的默认。比如汉景帝时,防年继母陈杀防年父,防年因杀陈,依律以杀母大逆论。帝疑之。武帝时年十二,为太子,在帝侧,遂问之,对曰:"夫继母如母,明不及母,缘父之故,比之于母。今继母无状,手杀其父,下手之日,母恩绝矣。宜与杀人同,不宜以大逆论。"太子正是从本案事实中创造性地发现了"继母无状,手杀其父,下手之日,母恩绝矣"这样一条现行法律不存在的规则。案例见[宋]郑克:《折狱龟鉴译注》,刘俊文译注点校,上海古籍出版社1988年版,第179页。
③ [清]王又槐:《办案要略》,郭成伟主编《官箴书点评与官箴文化研究》,中国法制出版社2005年版,第180,166页。
④ 参见张伟仁:《中国传统的司法与法学》,载《现代法学》2006年第5期,第65页。

者之间出现严重对立的情形下,传统统治者就不断释出执法原情、论心定罪的政策倾向,对传统司法的法律适用活动进行方向性的引导。对此,南宋名公有非常精准的总结:"祖宗立法,参之情理,无不曲尽。倘拂乎情,违乎礼理,不可以为法于后世矣。""殊不知法意、人情,实同一体,徇人情而违法意,不可也;守法意而拂人情,亦不可也。权衡于二者之间,使上不违于法意,下不拂于人情,则通行而无弊矣!"①因此,法律实践过程中,传统司法者在面临"情轻法重""情重法轻",甚至还会发生两者之间出现严重对立的情形时,通过法律适用过程中的技巧性地运作,消弭两者的可能的冲突与矛盾,达致情、理、法相融的实质效果,正是传统司法追求的应有之义。

"情""理""法"相融目标能否统一实现,关键在于司法者对于人情、天理、国法是否有着统一的理解和解释,使法律规范的"实用性"适用所可能导致的不确定性局限于传统社会所能承受的限度内。就现代社会而言,作为法律职业共同体的形式存在,以相对一致的法律思维方式对法律进行理解和适用的司法者,其法律适用的一致依赖于法律职业共同体在知识背景、概念把握、对特定条文含义的理解上的一致性,正是法律思维方式为法官的法律适用提供了一种相对确定的逻辑标准。尽管中国传统社会从来没有也不可能形成现代性的法律职业共同体,司法官员们的身份不但充满了多面性,而且其自身的角色定位、知识储备与知识结构与现代法官也大相径庭,但并不意味着形式上必然始终缺乏法律适用相对一致性和裁判结果相对确定性的主体要求和知识结构要求。

从中国传统司法者的职业性质来看,在司法与行政不分的政治体制下,司法者从未被当作一个专门的职业群体来看待。中国传统司法者的构成的来源相当复杂,既有位于权力最顶端的封建君主,也包括作为科层式权力体制下的封建官僚群体,同时也存在着游离于权力体制之外但却实际主导审判和法律解释的幕僚属吏等。就权力体制下从事司法审判的司法官员而言,基本上也分为两类:一类是中央政府的官员,他们属于相对专门的司法官员,另一类则是各级地方政府的行政长官,司法审判只是他们行政职能的一个组成部分。当然,其他政府机关的官员也在一定程度上参与了司法活动,甚至可以说是古代中国的政府官员均有参与司法审判的某种权限和可能。因此,从中国古代司法权执掌的主体的多样性而言,依现代法治观点言,古代中国的司法审判具有一种"弥散性"特点,也是一种反司法、反专业的特点。②但同样不可忽视的是,作为传统司法者最主要来源的科甲正途的士人举子,在担任司法者前的知识储备上,尽管对于法律及法律操作技术的知识储备几乎可以忽略不计,但入仕之前长时期所受到的严格的伦理教育,已经使他们形成了较为固定

---

① 中国社会科学院历史研究所宋辽金元研究室点校:《名公书判清明集》(下),中华书局1987年版,第448页。
② 徐忠明:《众声喧哗:明清法律文化的复调叙事》,清华大学出版社2007年版,第233页。

的思维模式和价值趋向,入仕之后对法律的研习,① 也仅是为他们之前所熟悉的伦理精神寻找物质载体的过程,摆在他们眼前的律令,只不过是伦理化载体而已。通过伦理这样一种共同的知识结构和外在的标准来衡量和理解法律,使中国传统司法者对法律意义的理解和认知有了相对一致的结合点。② 因此,即使在法律知识匮乏的前提下,依靠对于儒家伦理目标的恪守,法律的适用与司法的过程并非是一个忠实而刻板地法律逻辑的推演过程,而是必须充分考虑民意期待,以是否有利于恢复或者维系一种和谐的社会秩序和人际关系的目标为前提,通过"实用性"适用法律以达至情法相平的实践过程,从而能在一种非专业化司法的体制下仍然能够维持传统社会秩序的相对确定性,尽管这种确定性有其脆弱性的一面。

进一步而言,传统司法运行中,是否存在"情轻法重"或"情重法轻","情""理"与"法"之间是否出现冲突与矛盾,以及考量其中的冲突与矛盾能否在立法者或统治者所能接受的限度内弥合,并由此来选择是否完全忠实于律例条文的规范含义,还是通过"详译律意",充分展现立法者的意图,达致"情法相平"的目标的关键,是儒家伦理学体系的"经权"观被引入到司法实践中,成为传统司法者在司法运行过程中解决上述难题的理论依据和主要对策。

儒学经权观是儒学理论体系的方法论,以"执经达权""经权合一"为理论重点。其内涵如孟子所言,"常谓之经,变谓之权,怀其常经而挟其变权,乃得为贤"。③ 孟子对于儒家经权观的阐述,实际上也暗含了其对于儒家伦理道德实现途径的设想,亦即是"子莫执中。执中为近之,执中无权,犹执一也。所恶执一者,为其贼道也,举一而废百也。"④ "执中"不是僵化地固守于某一教条而不能变通,而是要正视道德的多元表现,道德判断与道德实践应具有一定的创造性与弹性。儒家先贤对儒学中的经权观的理论阐释,对于致仕后的儒家知识分子更具有行为上的指导意义,"通经以致仕"的实践意义也在于此。正如司马迁所说:"为人臣者,不可以不知春秋,守经事而不知其宜,遭变事而不知其权。"⑤ 对于传统司法者而言,当他们面临着"情轻法重"或"情重法轻"难以抉择时,儒家的经权理论为他们提供了解决问题的思路,"夫理者,精玄之妙,不可以一方行也;

---

① 魏明帝时期所设律博士一职及明清时期在律典中专设"讲读律令"条,在一定程度上反映了封建统治者对于法官所应具备的一定法律知识的重视。

② 比如,《汉书·朱博传》载:汉成帝的廷尉朱博,为山阳太守,病免官。复征为光禄大夫,迁廷尉,职典决疑,当谳平天下狱。博恐为官属所诬,视事,召见正监典法掾史,谓曰:"廷尉本起于武吏,不通法律,幸有众贤,亦何忧!然廷尉治郡断狱以来且二十年,亦独耳剽日久,三尺律令,人事出其中。掾史试与正监共撰前世决事吏议难知者数十事,持以问廷尉,得为诸君覆定之。"正监以为博苟强,意未必能然,即共条白焉。博皆召掾史,并坐而问,为平处其轻重,十中八九。参见[汉]班固:《汉书》卷八三,中华书局1962年版,第3403–3404页。

③ [宋]朱熹:《孟子集注》,齐鲁书社1992年版,第103页。

④ [宋]朱熹:《孟子集注》,齐鲁书社1992年版,第196–197页。

⑤ [汉]司马迁:《史记》第130卷,"太史公自序",中华书局1983年版,第3298页。

律者,幽理之奥,不可以一体守也。或计过以配罪,或化略以循常,或随事以尽情,或趣舍以从时,或推重以立防,或引轻而就下。公私废避之宜,除削重轻之变,皆所以临时观衅,使用法执诠者幽于未制之中,采其根牙之微,致之于机格之上,称轻重于豪铢,考辈类于参伍,然后乃可以理直刑正。"① 对于司法者而言,要使裁判结果"理直刑正",严格援律而断固然重要,但也要根据案情的具体情况有所变通,"临时观衅",亦即是要具有"权变"的意识。

但是,传统司法者在审理个案时如何把握这种"权变"的范畴和界限呢?儒家经典中仍然给出了一定的答案。《礼记·王制》曰:"凡听五听之讼,必原父子之亲,立君臣之义,以权之;意论轻重之序,慎测浅深之量,以别之;悉其聪明,致其忠爱,以尽之。"② 要正确把握和理解这种权变的范畴和界限,还必须再次回到儒家经典,深刻体会法律中所蕴含的儒家伦理道德的真正内涵。如明代学者丘濬所论:"经者,礼义之所自出;人必违于礼义,然后入于刑法;律令者,刑法之所在也;议而校定,必礼义法律而两无歉焉。后世乃谓儒生迂拘,止通经术而不知律意。应有刑狱之事,止任柱后惠文冠,而冠章甫衣缝掖者无与焉。斯人也,非独不知经意,而其所谓律意者,盖有非先王之所谓者矣。汉世去古未远,犹有古意,此后世所当取法者也。"③ 因此,传统司法者解决"情轻法重"或"情重法轻"等疑难案件时,就必须基于对儒家伦理的理解和把握,甚至可以"引经"来详译律意,以此阐发律中所蕴之情理内涵,衡量其中可以"权变"的因素。晋之杜预对于《晋律》所作注解,其意亦主要是基于此。《晋律·杜预传》载:"法者,盖绳墨之断例,非穷理尽性之书也。刑之本在于简直,故必审名分。审名分者,必忍小理。古之刑书,铭之钟鼎,铸之金石,所以远塞异端,使无淫巧也。今所注皆纲罗法意,格之以名分。使用之者执名例以审趣舍,伸绳墨之直,去析薪之理也"。

可以说,为解决"情轻法重"或"情重法轻"等疑案"实用性"适用法律的传统司法进程,绝非是传统法官个人主观任意的结果,而是基于其深厚的儒学理论为基础,以"经权"观为判断依据,将"实用性"适用的边界限于传统统治者乃至整个社会价值期待相符合的范围。从司法者个人角度讲,这也是其"实用性"适用法律形成的裁判结果获得体制的支持,甚至整个社会的认可并避免相应的司法责任追究的必然途径。

综上,"实用性"法律适用在传统中国特别是在汉代之后的司法进程中的广泛实施,在很大程度上是源于后世统治者对于秦代因过分迷信"重刑"实施的统一性,以致因残酷刑罚所形成的社会张力缺乏缓解的途径而灭亡的教训总结。因此,以"引断允协"与"情法相平"为目标的"实用性"法律适用的司法进程,是以维护法律的社会亲和力为宗旨,力图使法律的威严建立在民众认同的基础之上,既满足民众对于"法通人情""民

---

① [唐] 房玄龄:《晋书》卷三十,中华书局1974年版,第930-931页。
② 鲁嵩岳:《慎刑宪点评》,法律出版社1998年版,第53页。
③ 鲁嵩岳:《慎刑宪点评》,法律出版社1998年版,第101-102页。

情"的价值期待,在彰显了儒家伦理精神的同时,又可达到"教化迁善""推恩足以保四海"的社会目的,在一定程度上缓解了专制高压下的社会张力。同时,"实用性"的法律适用,在缓解了法律自身的开放性与法官忠于法律之间紧张关系的同时,也在一定程度上促进了传统法律的发展与成熟,比如封建律典中的"义绝"等制度的构建,正是传统司法者通过个案的"实用性"适用法律规范的进程中逐渐发展起来的。

当然,我们也不能忽视以整个传统司法群体的道德自律或对其心目中伦理目标的恪守而形成的伦理意义上的一致性和确定性,来作为中国传统司法进程中"实用性"适用法律保障的脆弱性。但是,在以血缘宗法为核心的传统社会结构体系中,和睦相处与和谐是处理人与人关系的最重要的准则,充分考虑到民俗、情理与习惯,志于恢复或者维系一种和谐的社会秩序和人际关系才是符合传统社会现实基础和文化基础的司法。可以说,中国传统司法运行过程中以"情法相平"为目标而"实用性"适用法律,以及围绕这一目标而建构的司法体系,理应也是基于中国传统社会现实而做出的符合历史要求的选择,且经过上千年历史的延续而形成的司法传统,值得我们从中挖掘并整理,寻找可借鉴于当代中国特色社会主义法治建设有益的资料,丰富社会主义司法建设中的民族性特色。

(编辑:吕玉赞)

论法律解释的义理

——从"道德支持法治"切入

朱 瑞*

摘 要 义理是概念背后的道理。法律解释不仅是人和事的关系，也是充满尊重关怀的人和人的关系，具体表现为法官、当事人和拟人化文本的三方构造。这种法律解释的主体间关系分析方法构成了法律解释的义理范式。法律解释场域中，各个主体保有根源于"自我意识"的独立性，独立使得法官有获得权威的可能。虽然法官的独立性额外受到关注，但也应注意防止因法官的独立性而产生霸权进而侵蚀其他主体的情况。这就需要法官克制整体性思想和辩证思维的前见，尽可能摒除非相关因素。在阅读法律文本的过程中，法官不可避免地产生道德判断，因而法治原则将法律文本列绝对优先考虑因素之列。完成阅读后，法官在文本建构场域应充分注重道德对法律的支持效应，充分利用法律解释的"接口"作用，平衡文本表述和文本建构的关系。

关键词 法律思维 司法裁判 法律解释 法律文本 持法达变

2022年1月10日，山东省青岛市城阳区人民法院对原告江秋莲（江歌母亲）与被告刘暖曦（刘鑫）生命权纠纷案作出一审判决，全网旋即就裁判理由掀起法律和道德关系的讨论。学界高度评价了裁判展现的人文关怀和价值导向，但总有一些"不定神"的感觉，认为解释法律的进路似乎还有可以商榷的空间。学界争议主要集中在两方面，部分学者主张在规范内"了却此事"，部分学者认为需要在"更高维度"理解此案。前者的争议主要

---

* 朱瑞，男，河北邯郸人，南京师范大学法学院法学理论博士生，研究方向为法理学和法律方法。本文系省部级科研创新项目：2022年江苏省研究生科研创新"中国式法治现代化新道路的自主性及实践方式"（KYCX22_1401）阶段成果。

涉及刘暖曦承担责任的基础，包括违法行为的混合评价和形态定性问题，以及刘暖曦是否存在安全保障义务和告知提醒义务，也即规范是否能够完美解释此案的问题。后者争议主要涉及说理的具体进路：有的是关于裁判背后的正当性问题，认为道德直觉要求法官寻找一些法律之外的正当性基础，诸如"过错冗余"与"有难同当"；①抑或从"恩义文化"出发，扩大解释《民法典》第183条②：不仅教"通常的受益人感恩"，也要"教忘恩负义的受益人感恩"。③ 规范进路与更高维度进路的差别在于是否承认义理参与司法裁判和法律解释的正当性。所谓"义理，可以说是理之义"④。一个道理背后有很多"底理"支撑，这个道理所蕴含的诸多"底理"就是"此理之义"。义理，也即理之义，是种加属差的关系。法律的义理就是法律背后的道理，"义理是法理的来源，法理是对法律理由的探究，是对于法律包括义理的建构。"⑤ 如果在法律规范之中无法解决社会问题，那就需要"根据事物之义理、法律目的、法律价值等变更法律。"⑥ 作为法律解释背后的道理，义理牵扯法治中法律和道德的关系，法官和当事人的关系等诸多问题。构建、厘清法律解释的义理对于解决法律解释的正当性（legitimacy）问题至关重要。

一、范式：义理中的主体关系

马丁·布伯认为，人类社会存在两种关系，一种是"我—它"关系，是在工具理性中不断物化他人的关系；另一种是"我—你"关系，是每个人都把别人当成"人"来看待的关系。布伯将作为主体的"你"从"在者"概念中剥离出来，使其能够替代"我—它"关系中"它"的客体化表述。如布伯所言，"人栖身于'你'之世界。在其间他与在者的'你'相遇，或者说，与作为'你'的在者相遇。此时，在者于我不复为与我相分离的对象。"⑦ 在布伯的表述中，"我—你"关系是人化的关系，是主体遇到主体的关系，这种关系中摒弃了互为主客体的因素，完全是主体之间表达。

（一）性质：基于尊重的人之关系

我们可以把法官、法律文本和当事人简称为"三者"。在"我—你"的关系中，"三者"的关系是共时条件下特定场景的"人—人"关系。以"三者"中法官和当事人的关

---

① 桑本谦：《"过错冗余"与"有难同当"——以"江歌案"一审判决为例》，载《探索与争鸣》2022年第4期，第105页。
② 第一百八十三条：因保护他人民事权益使自己受到损害的，由侵权人承担民事责任，受益人可以给予适当补偿。没有侵权人、侵权人逃逸或者无力承担民事责任，受害人请求补偿的，受益人应当给予适当补偿。
③ 贺剑：《忘恩负义，不应只是道德评价》，载中国法律评论公众号 https://mp.weixin.qq.com/s/udW8Gv3Mb7oCaO8UlUwgXA
④ 冯友兰：《冯友兰文集》（第5卷上），长春出版社2017年版，第102页。
⑤ 陈金钊：《带伤的思考及法律方法矫正》，载《探索与争鸣》2020年第8期，第57页。
⑥ 陈金钊：《体系思维及体系解释的四重境界》，载《国家检察官学院学报》2020年第4期，第74页。
⑦ [奥] 布伯：《我与你》，陈维纲译，生活·读书·新知三联书店1986年版，第8页。

系为例,处在同一时空之下的法官与当事人一旦相遇,其在同一场景中便融为一体。当事人从众多平和的对象之中显现出来直面法官时,法官就不再是相对人加以利用的主体,也不是被物化的人,也就是说法官不是为了满足自己解释的需要而与当事人建立联系,他是出于无所缘由地尊重另一个和他类似的主体,才与之发生关联。在由于偶然的现实矛盾或者其他原因,法官与当事人相遇之时,两者才能在这种无来由的偶然中实现人和人相处的人化关系。也即,两者在同一时空场景之下,法官的所言所思便是当事人的所言所思,两者互相拥有对方的一切。换言之,在两者相遇之后,解释行为发生之前,当事人是法官的绝对存在者。绝对存在意味着,法官不应该将当事人与现实中其他潜在或者过往的当事人做比较,甚至也不应该"分析""打量"当事人。

我们可以在解释权的运作和构造中理解基于尊重的"三者关系"。多主体参与的关系之中存在着权力分配,法律解释关系尤为如此,如学者所言,法律解释权的存在是一个不争的事实。[①] 当事人是解释事件的触发者,文本是解释权的核心,法官是解释权的执行者。解释事件的核心在于解释权,解释权的核心在于权能。[②] 解释权能是法官为实现对文本的解释而采取的各种具体手段,即解释权的具象化表现。结合学界的观点,我们可以将立足于"我—你"的解释权能表述为三个方面:选择权、释明权和回思权。选择权:"我—你"关系之中的选择权能是限定的,法官专注于文本和当事人自身,他的选择不会超脱于面前的主体,更不会纳入不相关因素;释明权:若把释明理解为"讲清楚""说明白"那等于重叠赘言,所谓释明在于满足解释行为的可接受性。解释的可接受性是解释事件所有的主体都参与或预知的一系列解释程序的实践理性标准,这并不意味着所有的主体都要接受最后的解释结果,只意味着各主体参与解释事件时共同同意某项特定客观标准;回思权即为反省权,法官面对的并非有所待的物,而是面对着和自身高度相似的主体,解释权的运作应当以"吾日三省吾身"的回思来结尾,以此彻底检视解释事件。

在法律解释中,各个主体平等交谈是保持尊重感的重要方式。主体间的交谈是一条链式反应,在语言学上这个链条被归纳为,"说话人发出话语(发言行为)——话语命题(言内行为)——听话人反应(言效行为)。"[③] 解释的运作不仅要求法官和当事人充分的交谈,且在交谈过程中不能漫无边际,应该言之有物、有的放矢,形成一个命题式的交谈。另外,要充分注意主体在交谈过程中是否能够领会对方的解释。每一次解释都是一个完整的链条,链条的末端也即确认对方的领会行为是解释运作过程中最容易被忽视的部分。如果当事人并没有理解法官的意思,那整个解释事件其实还是处于待完成的状态。语言学上的例子能在此提供形象的说明,"完整的言语行为必须有听话人(当事人)的合作

[①] 陈金钊:《"法律解释权"行使中的"尊重和保障人权"》,载《政治与法律》2019年第1期,第67页。
[②] 胡敏敏:《法律解释权研究》,载陈金钊、谢晖主编《法律方法》(第5卷),山东人民出版社2006年版,第181页。
[③] 谢龙新:《文学叙事与言语行为》,中国社会科学出版社2017年版,第168页。

才能完成,如果没有听话人(当事人)的合作就没有言语行为,如果对着墙壁说'对不起',该话语的言内行为就不是'道歉'。言内行为是在听话人的理解中实现的。"① 我们可以对自家的宠物狗发出命令,宠物狗也的确会按照你的命令完整特定的行为,但是其中没有解释存在的余地。"我—它"的关系中可以含有不带感情色彩的命令,但"我—你"的关系中保有基于尊重的"言效行为"。

如果法官纯粹为了解释而解释,为了解释而"利用"当事人,那他将会变成拒绝思考的"法匠",法律解释权便也极有可能在不负责任之中被扭曲、误用。那些立足于"我—它"关系的法官曾被富勒称为有缺陷的人,"人有时可能无法实现自己最全面的能力。作为一位公民或者一位官员,他可能被判断为不够格。但在这种情况下,他会由于失败而受谴责,而不是由于疏于履行义务;由于缺点,而不是由于犯错。"② 而基于"我—你"的解释关系可以"将若干原则融入法律思维和法律方法之中。"[15] 这条融合性进路是将尊重作为法官与当事人关系的基础。法律解释权力构造和运作之中暗含着权力规制的问题,法律解释权规制的关键建立法官与当事人之间的尊重关系。

法官的每一份判词皆是对法律规范的解释,或许解释为什么要判死刑,或许是解释为什么赔偿的数额是一个带小数点的精确数字。法官作出解释,并非仅源于地位或职责,更加并非因为法庭之下有一个等待适用法律、解释法律的可怜当事人。一切基于职责或者怜悯所做的决定都是"有所待"的:或有待于他人的祈求,或有待于当事人地位的卑微,或有待于与上一个当事人所做的比较。若是"有所待",那法官所作出的每一次判决都立足于无足轻重的偶然。只有无所待的法官才能保证其与当事人在案件中相遇的一刹那,"他们之间因偶然性而产生的差异顿然消失"③,法官和当事人在思维上融为一体,当事人的一切外在形式都已然被剥离,法官也与当事人眼里的主审法官相遇,两者都能够在相互理解的基础上向对方致以最大的尊重。

(二)结构:真诚与公正的三方构造

法官和立法者之间的关系结构组成了法律解释上的"双方结构",尽管立法者以文本形式出现在法官面前,但并不影响双方对话。随着当事人的出现,"双方结构"便升级成为更加复杂的"三方结构"。在这样的结构中,各个主体都面临着"你要说什么?""你在哪里说?""你要对谁说?"之类的问题。

列维纳斯把语言对话中的问题分成了两类,一类是"说",另一类是"所说"。列维纳斯指出,"'别于存在'是通过一种'说'来表述的,这种'说'也应该是未说,以便'别于存在'从'所说'之中抽取出来,在'所说'之中别于存在,已然只是意指一种不

---

① 谢龙新:《文学叙事与言语行为》,中国社会科学出版社2017年版,第168页。
② [美]富勒:《法律的道德性》,郑戈译,商务印书馆2009年版,第7页。
③ [奥]布伯:《我与你》,陈维纲译,生活·读书·新知三联书店1986年版,第7页。

同的'存在'"。① 列维纳斯的"所说",其内涵意指各种各样的陈述与命题,"所说"是概念本体诞生的地方,其表达的是一种单向性;列维纳斯的"说",其内涵意指"我"面对着"他者"②的场景、结构或事件,"说"是双主体相遇的地方,表达的是一种双向性。法官和当事人存在于"所说",相遇于"说"。"所说"是两者存在之处的基本环境构建,此种构建如同空气对人的重要性,拥有之时不觉重要,一旦失去便是死亡。

对法官和当事人而言,一旦失去"所说",两者失去了"再相遇"的可能,解释事件也不会发生,更谈不上后来"说"的问题。在完成"所说"的基础性构建之后,才能达致"说"的场域。法官和当事人在"说"中相互靠近,在"说"中逐步将作为主体的自身暴露出来,在"说"中甚至压制自己的主体个性,双方以毫无保留地向对方展现出自身的脆弱来表达真诚。其实不难理解,以喝酒为例简述之。酒精对人体的危害作用远远大于微乎其微的保健作用,但似乎诸多文明都产生了劝酒文化。为什么明知自身的脆弱还要实施此行为以自伤呢,主体试图以自伤后的脆弱性展现其真诚。

只有法官和当事人坦诚相对,才能进入第三方见证结构之中,也即公正的解释结构之中。列维纳斯描述了双主体交往的第三方见证结构,他认为"我"与"他者"的遭遇必然存在第三方在场的结构。③"我"与"他者"(在此也即为法官和当事人)处于同一时空的关系属性不同于文本的封闭性,其开放性体现在,这种关系一定会在交往中蔓延到道德、政治和其他领域。法官和当事人遭遇之时,文本必然在场,类似于法官和当事人的其他主体也必然在场,同一时空场域之下,文本和其他类似主体构成了对解释事件的见证。当法官作为主体时,责任将不会来自偶然,也不是来自所谓的"利他意志""爱""仁慈",这种责任应该是接近于蛮不讲理且不可避免的内心强制。法官和当事人在三方结构的关系之中,将会如同关切自己一般关切类似于自己的"他者"。在公正的哲学之中,我们通过语言的技巧而将"说"还原为"所说",将所有意义都还原为关心。④

这种架构表达了法官与当事人之间的相互倾听与理解,这也使得交流成为可能,而法律的解释就存在于这种交流之中。在两个活生生的人的交往关系模式下,踏入社会正义场域的法官和当事人将会不可避免地在第三方的见证之下完成行为的交互。

---

① [英] 柯林·戴维斯:《列维纳斯》,李瑞华译,江苏人民出版社 2006 年版,第 80 页。
② 文章中的"他者"采用了列维纳斯的"他者"理论定义。也即,"他者"为理解自我的新视角,其哲学价值在于建立一种与"自我中心主义"相对立的"异质性"的"他者"理论。他者是一种绝对的相异性和绝对的外在性,是不可认识、不可理解的,它存在于我们的理解力难以到达的地方。自我与他者之间存在着原初的差异和间距(或异质性)。文章中大部分情况下都是以法官的视角展开举例的,将法官放置到"同者"的地位,将当事人放置到"他者"的地位,但是这并不说只能以当事人为"他者",只是举例的视角问题而已。定义参见法列维纳斯:《总体与无限》,朱刚译,北京大学出版社 2016 年,第 7 页。
③ [法] 伊曼纽尔·列维纳斯:《另外于是,或在超过其所是之处》,伍晓明译,北京大学出版社 2019 年,第 54 页。
④ [法] 伊曼纽尔·列维纳斯:《另外于是,或在超过其所是之处》,伍晓明译,北京大学出版社 2019 年,第 55 页。

二、独立：解释场域主体的性质

居中独立是裁判令人信服和获得权威的重要条件。立足于"我—你"的关系范式，独立性表现为法官和其他主体之间的"人—人"关系，而非"人—物"关系，植根于主体的"自我意识"之中。独立性地失衡一方面表现在其他权力主体对法官的影响，另一方面也表现在法官面对当事人的过分亲近或者干预。任何侵犯法官或当事人独立性的行为都是不正当的。

（一）解释场域的独立根基

"独立"存在于关系之中，脱离解释场域中人和人之间的关系，独立性的概念将难以把握。法国社会学家布尔迪厄曾提出场域理论，认为"场域"是观察人类行为模式的重要概念，是一种"从关系的角度进行的思考"。[1] 解释场域中主体的独立性表现为"同者—他者"的关系，同者是远离"自我中心主义"的"我"，他者是一个遥不可及的"我"。法官的解释行为往往伴随着居高临下的姿态，换言之，法官在享受当事人侧耳倾听。如果我们把享受看作"自我在拥有世界的过程中所感到的兴奋，其本质就是将异者融进同者。"[2] 那把当事人归入"异者"[3] 之中，显然是极大的蔑视。在同者和他者的关系中，法官和当事人的关系是绝对独立的，谁也不可能融入另一方当中。即使法官拥有无上权威和最终裁决的权力，其也无法阻止当事人完全拒绝来自法官的"享受"欲望。在当事人建立起类似"同者"一般的自我主体意识时，他将有能力忽视来自法官的挑战，即使发现法官的言说中有着诸多不当之处，当事人依旧能够保持自己的独立性。这种独立性关系的根基建立在"同者"和"他者"的关系上，而非"同者"和"异者"的关系。在"同者"和"异者"的关系之中，当事人最初的拒斥会逐渐消解在法官的权威之中，最终完全成为法官思维的一部分。

（1）独立性根源于"自我意识"。法官在参与解释事件时，有着植根于"自我意识"的独立性。自我，是"同者确认自身的场所，这并不意味着自我是不变的或者不可改变的，相反他总是不知不觉地被世界和其自身所掌握，总是发现自己不像他自己所相信的那个样子。"[4]"自我意识"是一种在接纳他人观点过程中保持自己独立性思维，当拥有了自

---

[1] [法] 皮埃尔·布迪厄、[法] 华康德：《实践与反思 反思社会学导引》，李猛、李康译，中央编译出版社 1998 年版，第 133 页。

[2] [英] 柯林·戴维斯：《列维纳斯》，李瑞华译，江苏人民出版社 2006 年版，第 46 页。

[3] 现象学术语，异者和他者的区别在于，异者没有独立性，他可以被吸收转换；他者则不一样，其可以改变自己的他性但是自己的独立性本质不会改变，自我只有通过承认自己是同者才能够获得同一性，在列维纳斯对这两个概念的描述也是大抵如此。他者也是他者自身的同者，是同者所绝对不兼容的他者。但异者和他者不一样，异者是可以被同者所吸收的。

[4] [英] 柯林·戴维斯：《列维纳斯》，李瑞华译，江苏人民出版社 2006 年版，第 46 页。

我意识的法官和当事人处于同一场域时，他们会将对方的想法、观念纳入自己的思考之中，也可以帮助对方发现自身的不同，但绝不会将自己完全纳入对方的思维或者说"自我意识"之中。双方在保持自我的前提下再去参与法官与当事人的关系，便可以尽可能地避免自身被"他者"的属性所吞噬，也可以克制自身成为"他者"的属性。在相互独立与克制的基础上构建的法官与当事人关系展现出另一种关系本性，这种关系不再类似康德式的理性，而是更加接近列维纳斯指称的交往状态：是要把他者带进自我的熟悉领域，从而使他可以从自我的角度得到理解并减少其真正的他者性。如果将关系的本性立足于康德式的理性之上，那么就又回归到"我—它"关系之中，因为如果理性是所有理性主体之间共识的来源，那么理性之间就不会有对话。他就不会允许任何同他者的相遇，一切都只是同者无缝的独白。康德式的表达缺少交流空间和双向性，独立性不在康德之中。

（2）相互独立的"质疑"成就法官的权威。法官可以利用权威命令当事人接受解释，但却没有办法勒令当事人信服。法官和当事人的关系超脱了义务与责任。对于法官而言，"任何强迫我尊重他者之脆弱性的理性论证或肉体强制，都没有增强我对他者的义务。"[①]同一场域中的法官与当事人，法官往往处于优势地位。这种列维纳斯式的强弱关系和主体自我保持强势性的原理相悖。[②] 此种悖论展现了当事人的天然抗拒和法官强权倾向。强权终究走向失败，暴力终将走向腐朽，双方在强权和暴力中永远不能够实现真正的目标——信服。法官与当事人的独立关系不是表现为海德格尔所言的相互吸收融合的"共在"，也并非表现为萨特所坚持认为的"暴力冲突"，而是表现为列维纳斯所言的"非交战式质疑"，[③] 或者如罗蒂所言"要对话，不要对抗。"也即，法官的权威不仅仅来自制定法、神圣权威、"最大多数人最大幸福"式的功利主义或者康德式绝对律令，它还来自非交战式的质疑。

（二）克制独立关系中滥用优势地位倾向

法官和当事人虽都是独立主体，但法官并非解释事件的触发者，他是"以逸待劳"的守城者，在解释权上，他具有天然优势。保存这份天然优势是必要的，若是当事人触发解释事件后自行兼任法官，解释就没有意义了，根本也不存在结构问题、关系问题。现象学对"同者"与"他者"关系的探讨中已经看到了"同者"的优势，他们认为"要保护他者，他就万万不可成为知识或经验的对象，因为知识总是'我的'知识，经验总是'我

---

① [英] 柯林·戴维斯：《列维纳斯》，李瑞华译，江苏人民出版社2006年版，第54页。
② 在马丁·布伯看来，我和他人相处之时，他人居于崇高的位置，他人拥有无限的能力。而列维纳斯则正好相反，从列维纳斯的角度来看，他认为他者是弱不禁风、亟待保护的。但无论从哪一条进路出发，一旦进入了"我"的世界，那么我就应该是无比强大的。
③ [法] 伊曼努尔·列维纳斯：《总体与无限：论外在性》，朱刚译，北京大学出版社2016年版，第233页。

的'经验,当'他者'是'为我'而存在时,'他者'的他性就立刻减少了。"① 从法官视角来看,作为"同者"的法官和作为"他者"的当事人也存在类似的吞噬关系,尤其是解释事件中双方相互制约的属性很弱时,这种吞噬倾向表现得更为突出。

(1)以"去整体思想"克制法官优势地位。为了平衡法官的天然优势,便运用"去整体思想"的思维模式赋予当事人必要特权。戴维斯尤为支持"去整体思想"的思路,他认为"通过给予他者而不是同者以特权地位,就将不必重复列维纳斯试图逃避的总体思想,那种总体思想总是导致他者对同者的侵犯,这对概念中的一个总是尝试压制另一个。"② 总体思想在道德关系中表现为差异化的思想或者对立的思想。我们在看待法官与当事人关系时,应该尽量避免使用差异化的思想或者对立的思想来看待他们。把法官描述成与当事人"有差异",那就意味着存在某种宏大的客观视角,只有基于此种视角,一些性质才可以被观察和比较;但采用此种视角也意味着法官将会很容易忽视当事人自身的地位和想法。若把法官描述成与当事人"对立",那我们依旧从法官作为"同者"的视角出发,会发现同者仅仅凭借与他者的对立来确立其身份,那他早就是一个包括同者和他者的总体的一部分了。法官与当事人实际上是同一枚硬币的正反两面,他们从对方那里得到自身的定义,法官会发现自己的意义来源于当事人,当事人会发现自己的意义来源于法官,他们由此而归于同样的整体。这便又回到了我们在极力避免的总体思想之中。

(2)以"非对称性道德"克制法官优势地位。法官不仅对当事人负责,也应该对第三方负责。这个第三方有时被称为国家,有时被抽象为社会存在。法官和当事人应是陌生人,他们相互之间不存在体现责任的权利与义务。责任应该从法官与当事人的相互性当中分离出来。法官亦不应该对当事人报以面向国家式的"尊重",因为这种"尊重"就意味着法官期望有所回报,即"有所待",法官的权力至少不应仅体现在对当事人承担相应义务的期待上。尊重将会在没有任何强迫且高度独立的关系中显现。对当事人而言,如果坚守道德是因为其在某个问题上别无选择,或者是因为希望获得某种回报,那么此种道德规范很难证立其正当性。所以法官与当事人之间的道德关系存在非对称性,这种非对称性如同鲍曼所说的,"我乐于为他者而死是一个道德陈述;他应该乐于为我而死则显然不是。"③ 非对称性的道德关系并不是让一方的权力大另一方的权力小,而是说,就权利义务而言,双方所负的对等权利和义务的对象不再是同一场域中的对方。④ 只有这样才能将责任或义务从中抽离,才能将双方的交谈转化为道德陈述,从而在法律解释的场域中克制法官的天然优势。

---

① [英]柯林·戴维斯:《列维纳斯》,李瑞华译,江苏人民出版社2006年版,第45页。
② [英]柯林·戴维斯:《列维纳斯》,李瑞华译,江苏人民出版社2006年版,第45页。
③ [英]齐格蒙特·鲍曼:《后现代伦理学》,张成岗译,江苏人民出版社2003年版,第59页。
④ [法]伊曼努尔·列维纳斯:《总体与无限:论外在性》,北京大学出版社2016年版,第201—203页。

三、持法：法官对法律文本的责任

持法达变是一种解决法律不确定性的新型思维模式。持法，意味着保持法治的稳定，尊重法治的基本要义，保持法律规范的优先适用。① 具体到裁判解释的场景，持法意味着法官需要尽到对法律文本的责任，也即带有道德感情（职业道德应是最低要求）的发动阅读行为，尊重法律文本的自我解释能力。

（一）阅读是解释的前行为

（1）法官阅读过程中的道德责任。解释事件中不仅仅包含有阅读行为，还包括众多辅助行为。米勒认为法官面对法律文本的时候存在阅读行为的"必要性"的问题。具体而言，我们首先需要在法律解释中截取阅读行为，如果把阅读行为的开端定位得过于靠前，例如将其定位到当事人触发解释事件之时，那么我们将不得不面对众多纷繁复杂非解释性道德关系，例如法官开庭前的心情或者身体健康状态等；如果把阅读行为的开端定位得过于靠后，将难以完整表述阅读行为本身。在确定阅读行为开端的定位的过程中，就开始关涉阅读行为的道德性问题。阅读行为的道德性包括阅读产生的道德性和文本自身蕴含的道德性；它一方面展示了阅读行为的内在道德，即法律文本自身所蕴含的道德，其意味着法官对某个具体的法律文本的回应，是法官应当对法律文本所负有的责任；另外也反映了阅读行为的外在道德，即阅读行为本身与周遭政治、道德生活所具有的道德关系。阅读的道德的要求有内心强制的含义，如果法官在阅读的时候不遵循这种思维路径，法官任意、自由地表达超越法律文本的意思，这就违背了解释道德的要求。

（2）阅读中的道德关系是文本责任的基础。承担文本责任时，常会质疑解释最终理由是否经得起推敲；同时，在道德关系之中做出道德判断似乎也难以找到坚实的基础。如果这两个问题难以回答，那法官负有文本责任的观点将会变得毫无根据。这些疑问指向了阅读道德的含义、强制力和必要性问题，米勒对此有过经典的论述，他认为，"阅读的道德不是一种人类有意的解读行为，人们不是依靠解读一部作品里的道德主题或者是借助阅读道德来重申读者已经知道的东西，也不是随意将一种意义塞给读者的过程，它是看待文本的特定方式。阅读之中的道德关系使得文本对读者话语产生强力。这是一种不可抵挡的强力，它塑造了读者对文本的观点，即便读者自身难以接受此种观点，读者也必须承认这种塑造，这种塑造是真实而客观的存在。阅读的道德关系具有道德必要性，这种必要性要求人们无论如何都要以某种方式遵从文本所表达的真理。"② 道德不能指涉自身以外的东西，

---

① 陈金钊：《法律如何调整变化的社会——对"持法达变"思维模式的诠释》，载《清华法学》2018 年第 12 期，第 89 页。
② ［美］希利斯·米勒：《希利斯·米勒文集》，王逢振、周敏主编，中国社会科学出版社 2016 年版，第 21 页。

若没有特定道德关系的要求，道德判断将无法满足正当性的要求。也就是说，道德判断的正当性恰恰是因为其立足的特定道德关系。特定道德关系中的道德责任不仅体现在我们的日常行为之中，还尤其体现在阅读行为之中，对法律文本的理解离不开道德关系。

（二）法律文本解释的道德逻辑

（1）解释行为的逻辑起点是法律文本。探寻影响法律文本的因素，不仅需要观察社会、政治、道德等对法律文本含义的影响，更重要的是关注文本。文本的自主性也即文本的真正自我表达能力是解释理论的关键。解释应从文本和阅读行为开始，最终再回到文本和阅读行为本身。文本是法律解释正当性的重要基础之一，正当性是法律适用的过程中"既具有内部自洽性又具有合理的外在论证，同时保证法律的确定性和法律的正确性。"[1]不论是趋向于确定的法律实证主义，还是趋向于开放的法律现实主义，都没能解决正当性问题。法律实证主义忽视了疑难案件中正当性难题，并且从根本上误解了法律解释的性质；法律诠释学和法律现实主义则把法律解释变成了法官造法的过程，鉴于法官并非民选产生，这无疑更加凸显了整个司法的正当性危机。在对文本含义的探讨方面，通过上帝、社会劳动、历史发展或作者心理等法律文本以外的内容来选择和确定法律文本的意义，这就模糊了法律文本的内容。

（2）道德关系是理解法律文本的关键。法律文本难以理解，根据哈特对法律概念的剖析，法律文本所使用的语言总是存在中心情形和边缘情形。在边缘情形中，语言总是倾向模糊，但即使我们没有办法真正明晰语言所要表达的含义，并不妨碍我们对语言的持续重视。即使我们永远无法到达真理，我们至少也应该去为它而奋斗。为此，法律采取的形式是：我们强迫自己给出道德判断，然后进入一个循环，"道德判断→发出命令→作出承诺→然后将'游戏'继续下去"，就好像意思可以被传达，就好像我们可以通过语言准确表达思维。即使立法者的意图难以捉摸，我们也必须将法律条文的解释工作继续下去。一个细心的读者会发现自己可能永远无法正确理解法律文本，进而惊讶地发现每一个法律文本的"不可读性"——阅读不能找到法律文本的真相。法律解释被人接受的重要理由是法官阅读法律文本时作出了道德判断。

（3）法律解释的建构性与法律文本存在平衡关系。法律文本难以自行解释，它必然需要求助法官，文本分析是法官解释的逻辑起点。饱受争议的法律解释，很大程度上在于评价解释结果"良善"标准的丧失，而非法律文本的误导。维特根斯坦在早期的语言理论中试图通过准确判断法律文本含义的"正确性"，以此作为衡量法官解释客观性和中立性的标准，但是这种观点遭到了后世的质疑：第一，法律文本不具有提供正确解释的基本结

---

[1] 唐丰鹤：《司法的合法性危机及其克服——基于哈贝马斯的研究》，载《政治与法律》2012年第6期，第66页。

构；第二，将标准视为客观和中立的观点本身具有误导性。因而，法律文本含义"正确性"难以构成一个足够直观的标准。法律解释理论的目标已然不再是建构一套完整、严谨的解释方法，而是谋求一个正当的解释结果。这种批评固然有道理，可是问题的关键在于谋求解释结果的正当化过程离不开描述性语言文本，我们依旧无法忽视文本在解释中所做的贡献。无论是否遵循结果导向，无论是否存在"正确性"的标准，我们都在文本的基础上探讨法律的内容。文本是"经济基础"，解释的道德关系是"上层建筑"，也许这个比喻不甚恰当，但是足够形象地说明这个问题。

"法律文本是法律规范的载体，表达了立法者的意志，是社会成员都必须遵守的准则体系，对于建立一个国家的法治秩序而言，它是最直接，甚至是唯一的依据，其重要性不言而喻。"[1] 出于裁判需要，法官必须在开放的裁判论据中寻找"开题"的可能。[2] 一旦法官实施了"阅读行为"[3]，法官与文本即进入了解释道德的规制之中。读者在阅读文本过程中，在最大程度尊重文本自身意图的同时，读者能够且应当让文本保持一种开放结构（open texture）。尊重文本意味着让法律条文自己来表述自身的意思，通过在解释行为发生之前所预设的一系列解释规则对待文本，也就是说在法条明晰之处，法律反对解释。[4] 正如菲尼斯所言，"法律调整自己的创造物"[5]，文本也调整着未来对自己的解释。若在准备开始解释时再来设计解释规则，那对法律文本的尊重就荡然无存了。文本责任是解释场域中的道德要求，如果失去了对文本的尊重，那么任何解释都将是不适当的。

四、达变：法律解释的道德"接口"形态

达变既包括法律意义的变化，也包括在法律调整下持续变动的社会关系。[6] 法律用语和生活用语的差异越大，越是凸显法律用语的专业化和技术化的程度，便越是凸显法律解释的责任。被赋予了法律意义的语言文本，不仅需要内行运用它，也需要外行理解它。内行的运用水平和专业化程度有关，外行的理解水平则受法律规范和道德规范共识性内容的影响，也即两种规范共识越多，法律规范的外行可理解性、可接受性就越强。涂尔干曾提到，法律规范和道德规范存在一些共同内涵，也就是规范存在自我统一性。[7] 正是这种自

---

[1] 夏正林：《论法律文本及其公布》，载《政治与法律》2021年第1期，第78页。
[2] 吕玉赞：《如何寻找"裁判理由"：一种系统化的操作》，载《东方法学》2020年第3期，第107页。
[3] 文章中的"阅读行为"就是法官进行阅读的行为化表述，阅读一词本身就有行为的意蕴，之所以单独将行为拿出来，只是起提醒强调作用。
[4] 杨铜铜：《法治反对解释——一种法治建设的权宜之计》，载陈金钊、谢晖主编《法律方法》（第16卷），山东人民出版社2014年版，第437页。
[5] [美] 约翰·菲尼斯：《自然法与自然权利》，董娇娇、杨奕、梁晓晖译，中国政法大学出版社2005年版，第216页。
[6] 陈金钊：《法律如何调整变化的社会——对"持法达变"思维模式的诠释》，载《清华法学》2018年第12期，第79页。
[7] [法] 埃米尔·涂尔干《社会分工论》，渠敬东译，生活·读书·新知三联书店2000年版，第17页。

我统一性使得法官可以在具体的法律解释中，在理解法律规范的基础上，根据预先设定的法律规则，接入道德规范。简言之，法律解释扮演了耦合法律规范系统和道德规范系统的"接口"角色。

（一）复杂社会中法律解释的道德资源

传统中国的社会结构相对较为简单，古代知识分子通常是法律、道德和社会常识的综合体，其可以在法律专业语言和一般道德语言之间自由切换。① 现代社会是一个复杂巨系统，每一个人的异质性不断增强，我们越来越难以熟识他人。在社会场域中，主体的利益不断分化、摩擦甚至冲突。卫生系统、文化系统、教育系统、规范系统、权力系统等表现出互相叠加和随机扩散的样态。社会信息总量愈发庞大，但我们对信息的认知和把握能力却未能跟上，这使得人们即使借助最先进的计算系统也没有办法准确、完整地描述社会事实。在这样的社会中，法律语言与社会语言开始分化，法律更加追求抽象、理性与形式，法律专业术语越来越多。而专业术语在加强同行沟通效率的同时，也造成了内行和外行的沟通壁垒。另外，即使在法律系统内部，专家也仅能掌握特定领域的法律知识，没有人能够完满掌握整套法律体系。② 吉登斯将这种状态的法律制度描述为"脱域机制"与"抽象体系"，法律不再要求时间、地域的在场感，法律由面对面的互动和承诺变成了依靠象征符号和专家知识的非当面承诺。③

道德知识贴近社会常识，甚至可以凝聚某种社会共识，比如禁止作恶。在规范和事实之间，法律人需要保持法律系统和社会系统的沟通，因而在法律解释的时候若将专业的法律用语转换成大众的道德语言，将是一种更为廉价且有效的沟通方式。因此，法律系统的"再道德化"不失为一种解决方案。④ 法律与道德都是司法活动的重要资源，既要敢于将道德问题司法化，以法律解释的方式解决道德领域的突出问题，发挥法律的底线作用，保障社会优良道德的实现；也要在裁判说理中明确道德的价值指向，及时引入较为成熟，操作性强，广泛认同的道德原理。⑤ 司法的人民性强调法律的解释不应当远离人间烟火，也不应该冰冷的输出法条。法律解释的道德面向是人民群众心中那杆秤，是人民群众的"是非曲直观念"。⑥ 法官在依照长久的审判经验和深厚的知识积淀对社会常理、常情和常识融入法律解释中时，将会感受到道德情感在法律解释中的分量。

这种法律解释的道德情感有"历时性"面向：法官的道德情感源自上千年的文明积

---

① 伍德志：《文盲、法盲与司法权威的社会效力范围变迁》，载《法学家》2019 年第 3 期，第 14 页。
② ［德］尼克拉斯·卢曼：《法社会学》，宾凯译，上海世纪出版集团 2013 年版，第 303 页。
③ ［英］安东尼·吉登斯：《现代性后果》，田禾译，译林出版社 2000 版，第 18、30、72~74 页。
④ 伍德志：《文盲、法盲与司法权威的社会效力范围变迁》，载《法学家》2019 年第 3 期，第 19 页。
⑤ 方乐：《以人民为中心司法理念的实践历程及其逻辑意涵》，载《法律科学（西北政法大学学报）》2021 年第 4 期，第 10 页。
⑥ 江国华：《论司法的道德能力》，载《武汉大学学报（哲学社会科学版）》2019 年第 3 期，第 128 页。

淀，法官可以借助深厚的文化力量形成司法品性。如果在法律解释的过程中忽视了人文因素，那有可能会陷入文本解释的"塔西佗陷阱"，进而损害解释的权威，甚至损害司法公信力。同时，这种法律解释的道德情感也有"共时性"面向：法律解释也应注意当下的道德关怀，"司法的价值"和"司法的价值导向"并不一致，前者更偏向于法律的理性，后者则指向社会效果。在彭宇案中，法律的解释曾经展现了惊人的理性，其维护了司法的安定性价值却失去了司法引导社会公众的价值导向。法官和其他社会成员共处同一个社会共同体之中，如果不注重司法的价值导向，法官就有可能变成社会的"局外人"，貌似公正的法律解释真正变成了没人听没人信的独白。在法官和当事人的沟通中，法官一方面应传达法律的意志，另一方面也应讲述温情的道理。在2021年评选的全国优秀法官中，很多法官的介绍与感言都提到"把法庭搬到群众身边""调和好法理情的关系"。这些都在传递着同样的信息：法律解释是法律和道德的复合场景，在复杂的社会结构中处理法律问题离不开道德。道德/情感仍然是中国社会秩序原理的重要诉求，[①] 道德是法律解释的重要资源支撑。

（二）法律解释内化道德规范

在谈到法律解释吸收道德说理时，法律人在担心什么？或许有观点认为，法律不需要且也没有能力在意识形态和道德层面奖赏当事人，更不应该对当事人提出过高的道德期待。[②] 当年的"二奶继承案"尤其体现了法律人对道德的警惕，法律人以坚守"据法而断"的名义质疑法院"据德而判"。[③] 毫无疑问，在当下中国，这种质疑是重要的现实考虑。一方面，法学界对中国传统裁判说理有一种"远离法律，亲近道德"的偏见，过去百年的司法转型和西学东渐更是加重了道德裁判的心理阴影；另一方面，当下法律解释的道德内化水平未能达到法学家们的期待。判决书中一旦出现了道德话语，就很容易陷入道德说理压制法律说理的怪圈。一些裁判文书中也确实存在法官仅使用"社会风气""社会公德""有碍公序良俗"等含糊词汇填充甚至替代法律规则同时并不解释背后义理的现象。在这种笼统引用的情况中，法官忽视了道德规范的"说理"性质。也就是说，无论裁判文书引用法律规范抑或通过法律规范（例如公序良俗）引用道德规范，都离不开陈述"义理"。若不断坚持描述道德和法律的距离，这会使得人们滋生对法律的蔑视和不信任，把

[①] 侯明明：《转型时期中国社会的司法回应：原因、机理与控制》，载《甘肃政法学院学报》2019年第2期，第56页。

[②] 莫良元、夏锦文：《司法场域中热点案件的事实真相认定：彭宇案的法社会学解读》，载《法律科学（西北政法大学学报）》2012年第5期，第170页。

[③] 这种争论集中体现在2009年孙海波与何兵、萧瀚、宋功德、杨利敏、程金华、黄卉、叶逗逗和陆宇峰等人的讨论和争辩之中，其中许多真知灼见至今仍有指导意义。具体参见何海波：《何以合法？对"二奶继承案"的追问》，载《中外法学》2009年第3期，第439页。

法律视为一种和正义与道德相异甚至敌对的东西。①

另外，当前的裁判说理也存在一些道德说理形式化的现象，例如针对并不信教的当事人引用了《圣经》的规训；或者将违反科学常识的古训视作一般性道德观念。赡养类案件常引用"乌鸦尚知反哺，羊羔尚知跪乳"，在尊重科学的唯物主义者看来，乌鸦反哺和羊羔跪乳只是纯粹的动物行为，很难类比人类的道德情感。法官引用这些规训的解释效果很弱，甚至会激起当事人逆反心理。② 还存在一些较为极端的情况，一些法官变成了道德裁判官，裁判文书通篇都是感情说教，不见法律解释，这种情况在婚姻家庭裁判中尤为常见。③ 在比较法视野中，有人提出将道德规范变成法律解释内容的一部分并不会促进公民的自我道德反省。④ 这种疑问涉及"道德目的"问题，社会制定道德规范并非为了增进个体利益，相反，绝大多数道德规范都在压制个人的欢愉和利益，道德规范的唯一目标是增进社会整体福利。因而，从发生学角度来看，道德规范是否有助于增进个人反省意识并不重要，社会才是最重要的直接目的。另外，法律解释的道德说理还涉及自由主义和法律道德主义之间的争辩，这种争论在哈特的三次论辩中已为学界熟悉，不再多做引申。以上现实情况可能是法律人质疑法律解释接纳道德说理的理由，但伴随着诸多建设性质疑，法律解释的实践似乎越来越欢迎道德说理。

在司法实践中，越来越多的裁判说理在解释法律时候会寻求道德规范，补强论证水平。在裁判文书网分别键入本案中涉及的"传统美德"和"社会主义核心价值观"两个关键词。从2001年到2011年，法律解释中较少引用传统美德，2008年以前引用量仅个位数，2011年到2014年实现爆发式增长，2014年达到2852次，2015年以后缓慢增长基本维持在4000次左右。2012年中共十八大报告明确提出"社会主义核心价值观"之后，各类裁判文书出现少量引用，2020年引用量为2290次，2021年则达到了21395次。⑤ 这种跳跃式增长可能与2021年准立法层认可了"社会主义核心价值观"在法律体系中的指导作用有关。⑥ 除此之外，笔者在案件分析时发现，部分判决书直接引用了《圣经》《孝经》《弟子规》《论语》中的道德话语。尽管采用道德说理的判决书占全年绝对总量依旧较低，但这种增长趋势至少可以说明，在具体个案的法律解释中，法官并不拒斥额外的道德说

---

① [美]本杰明·卡多佐：《司法过程的性质》，苏力译，商务印书馆2006年版，第83页。
② 杜健荣：《论司法判决中道德话语的运用偏差及其校正》，载《理论导刊》2017年第10期，第101页。
③ 王国庆：《伦理道德在家事裁判文书说理中的技术应用》，载《人民司法》2021年第31期，第46—47页。
④ 孙海波：《法律能强制执行道德吗？——乔治〈使人成为有德之人〉介评》，载《政法论坛》2020年第4期，第160—162页。
⑤ 数据最后查看时间是2022年8月1日。
⑥ 2020年9月，中央宣传部、中央政法委、全国人大常委会办公厅、司法部印发《关于建立社会主义核心价值观入法入规协调机制的意见》。实务部门普遍认为建立社会主义核心价值观入法入规协调机制，是深入贯彻落实习近平总书记关于把社会主义核心价值观融入法治建设重要指示精神，认真贯彻落实《社会主义核心价值观融入法治建设立法修法规划》的重要举措。

理。法律解释的道德说理具有文明共通性,在法学院的经典案例里格斯诉帕默尔案①中,卡多佐认为不能允许犯罪者从犯罪中获利,②德沃金认为要考虑规则背后的真实含义③,后世之人都不约而同地指向了道德原则。

撇开国家强制力的维度,仅从规范本身出发,道德大于法的外延,道德较法律更为普遍和一般,法律较于道德更为特殊和个别。立足道德与法律规范整体性的视角,正如耶林所说"法是道德的最低限度""底线道德的主要内容几乎等同于法律的要求"。④ 最低限度的道德和法律是同一规范,但实现方式不同,法律依靠权力,道德依仗良心与舆论。法律是道德的一部分,居于道德下位。在这种结构中,法律为执行道德规范留下了法律解释的"接口"。通过这个"接口",法律规范与道德规范实现交融,法律甚至可以通过宽泛解释诸如"公序良俗"这类的道德词汇来强制执行道德规范。法官有权力⑤遵循习惯性道德对法律解释的影响,这远不是要毁灭法律规则,而是在个案中,以个人的正义感,以善良人的评断来作为替代。⑥法官在"接口"中具体处理法律与道德关系时,需在技术层面处理好自由裁量与依法裁判、法律效果与社会效果、裁判理由与裁判根据、个体道德与公共道德的关系。⑦ 在引起社会广泛争议案件中,法官更要注重平衡严格的文本解释与道德认同,平衡法律实质合理性和形式合理性,自觉将社会主义核心价值观和传统美德作为裁判结果的检验和矫正工具。另外,除非出现帕默尔案那种适用法律将会极端不公正的情况,或者如同"江歌案"中法官出现了"顽强的道德直觉要求法官必须判决刘暖曦支付江母一笔赔偿金,但搜索所有法律条文之后,却找不到一条合适依据"⑧的情况,否则就应当保证法律字面意思的绝对优先性。也即,法律语言优先道德语言,如果确需道德规范的参与法律解释,那也应当以维护法律权威为目的。总而言之,道德支持法治。在具体案件中,法官可以巧妙利用法律和道德的"接口"——法律解释,来融合法律规范和道德规范。

结 语

正当性是在寻求和检验特定法律制度是否建立在社会大多数人公认的基本价值观念基础之上。寻求正当性论证的意义在于"帮助社会成员取得共识,并在共识的基础上建构对

---

① 案件内容可参见郭义贵:《西方法律名案讲座(近现代部分)》,广西师范大学出版社2019年版,第151页。
② [美]本杰明·卡多佐:《司法过程的性质》,苏力译,商务印书馆2006年版,第23页。
③ [美]罗纳德·德沃金:《法律帝国》,李常青译,中国大百科全书出版社1996年版,第14—19页。
④ 何怀宏:《底线伦理》,辽宁人民出版社1998年版,第6页。
⑤ 有时候甚至也是有义务。
⑥ [美]本杰明·卡多佐:《司法过程的性质》,苏力译,商务印书馆2006年版,第85页。
⑦ 孙海波:《裁判运用社会公共道德释法说理的方法论》,载《中国应用法学》2022年第2期,第74页。
⑧ 桑本谦:《"过错冗余"与"有难同当"——以"江歌案"一审判决为例》,载《探索与争鸣》2022年第4期,第112页。

法律的信。"① 法律解释的义理就是在追寻法律解释的正当性。这种正当性蕴含在法官、当事人、文本的诸主体和行为之中。如果想要理解文本的意义，应当去认识到解释的逻辑结构，法官的解释总是带着自己的前理解去解释，此种前理解与法官所预设的阅读方式有关，也与他自己所在的历史传统有关。② 根据奎因的说法，解释行为在道德关系中表现为双层结构。第一层面向文本，理解其所表达的意思；第二层超越文本，应用其所理解的意思。③ 法官和当事人都应该作为读者直面文本自身，着力理解文本所表达的含义，这种理解包含着一种强制性的意味在其中，"法律解释规则包括必须遵守的规则，可以选择的规则以及优先适用的规则。"④ 也即，这种强制性意味着"必须"，文本责任承担的强制性也肇始于学者们表达的"必须"，此种"必须"是法官面对文本时告诫自己要遵循特定思维进路的应当性。

但"必须"只是一种姿态上的开端，一旦下沉到实践操作之中，仅仅依靠阅读文本依旧难以解决法律背后的社会问题。立法者在制定文本时无法预测到未来解释文本时公众情感、历史因素和政治力量等现实因素。这便要求法官在承担文本责任的同时，求助于道德、政治诸多领域。总的来说，一旦解释行为开始，法官不仅要面对文本所带来的实践差异性，同时也将与当事人共处于同一时空场景之下。法官转向面对当事人之时，解释行为就超越了简单的双边道德关系，法官在关注案件本身的时候也开始关注到当事人。法律解释嵌于道德关系之中，"文义解释不能孤立地使用，语义的选择以正当化使用法律语词为目标。"⑤ 如果每一个解释都是法官在特定时间上做出的选择，那么选择就意味着责任。法官刻意选择了文本其中的一个含义，而这个选择，将是在道德意义上是可以区分好坏的选择。法律解释的正确与错误可以归结为道德标准之下的善与恶。一个好的解释意味着这个解释是有根据的、彻底的、清晰的，但是这些标准也充满着主体道德关系色彩。有些学者将标准概括成三点内容：第一，法官对文本的尊重；第二，法官与当事人对于文本的恰当理解；第三，法官做出良好而公正解释的意愿。⑥ 从道德的角度出发，一方面可以评估和限制对法律的解释，另一方面也可以证成法律解释的正当性。当我们用道德关系的分析方法来看待法官在法律解释中涉及的相互关系之时，它的义理就明晰了许多。

（编辑：吴冬兴）

---

① 管伟：《论司法裁判正当性的考量标准》，载陈金钊、谢晖主编《法律方法》（第6卷），山东人民出版社2007年版，第431页。
② ［德］汉斯·格奥尔格·加达默尔：《真理与方法》，洪汉鼎译，上海译文出版社1999年版，第465页。
③ Quinn W S. *Truth and Explanation in Ethics* J. Ethics, 1986. p：524-544.
④ 陈金钊：《法律解释规则及其运用研究（中）——法律解释规则及其分类》，载《政法论丛》2013第4期，第72页。
⑤ 陈金钊：《法律解释规则及其运用研究（中）——法律解释规则及其分类》，载《政法论丛》2013第4期，第74页。
⑥ Lindroos-Hovinheimo S. *Justice and the Ethics of Legal Interpretation* M. 2013. p.121.

部门法方法论

私法中理性人建构的困境与出路*

李 鼎**

> **摘 要** 理性人建构方法必须包含价值判断、理性人自身状况和案件环境三部分。现有研究集中于理性人自身状况而忽略了其他两个因素,导致理性人建构方法无法有效限制自由裁量权的行使。现有理性人建构方法以个体为中心,只能解决个体的道德抉择问题,不能解决社会合作中个体之间的权利划分问题。私法中需要建构的是"合理人"而不是理性人。"合理人"的建构应当结合社会契约思想,以维系不同平等主体之间的社会合作为目的。案件环境因施加风险的方式而对"合理人"的判断产生影响。如果行为人带来的风险是共同体之间相互施加的对称风险,则在该风险范围内行为人不承担注意义务。如果是行为人单方面施加的风险,则行为人应当承担注意义务,避免损害发生。两种风险的界限通过社会习惯区分。
>
> **关键词** 社会契约 理性人 合理人 社会合作 注意义务

一、理性人建构面临的困境

理性人建构方法在私法的法律解释和漏洞填补中均具有重要地位。特别是在侵权法上,往往通过"注意义务"划定行为人的自由边界。"过错""安全保障义务"等词汇的判断均以注意义务的判断为前提。这些不确定概念在个案中的适用完全依靠理性人建构方法,要求法官在思维中以社会一般人的角度寻求行为人应然的义务类型,进而判断行为人

---

* 基金项目:本文受国家建设高水平大学公派研究生项目(编号:202107070039)、中国政法大学博士生论文资助项目"体系融贯视角下受害人过错抗辩的区分与协同"(2022BSLW26)资助。

** 李鼎,男,内蒙古包头人,中国政法大学与德国波恩大学联合培养博士研究生,研究方向为民法学、民法方法论。

注意义务的边界。① 通过建构理性人，法官可以寻找社会中一般人在待决案件的场合下将会做出什么决定，并借此评价待决案件中行为人的行为是否符合社会正义，将不确定概念在待决案件中确定化。因此，理性人建构方法的设计是用于在司法裁判中起到限缩自由裁量权的作用。但由于学理上的理性人建构方法集中于理性人本身（能力和知识），忽略了理性人的价值观，对理性人所面对的案件环境关注不够，使得司法实践中理性人建构方法的适用过度依赖法官的直觉（先前理解），没有为法官跳出个人经验提供足够的理论反思，不能发挥其预定的理论功能。

（一）司法实践中理性人建构容易沦为法官的直觉判断

司法实践中，理性人②应当如何建构，大多取决于法官的直觉判断。最典型的就是过错。根据《民法典》第1165条，行为人因过错侵害他人民事权益造成损害的，应当承担侵权责任。判断该条所指的"过错"，需要首先判断行为人的注意义务。但注意义务是行为主体在行为时对其他人负担的损害避免义务，没有明确的外延，不能直接涵摄，需要法官结合案件环境利用理性人建构方法予以确定。但目前理性人建构方法并不能限缩法官的自由裁量权，裁判结果仍然依赖法官的个人直觉。最高人民法院颁布的指导性案例作为具备权威性的样板案例、模范案例，能够集中反映这一情况。如果指导性案例中尚且存在这一问题，那么其他各级法院的判决则不言而喻。指导性案例143号中，因祛斑美容导致纠纷。顾客在业主小区群中发布了有关美容院及其从业人员的侮辱性话语。法院认为，赵敏对该美容院员工发表了明显带有侮辱性的言论，使用黄晓兰的照片作为配图，表达了对兰世达公司的贬损性言辞，无法证实言论的客观真实性。赵敏将上述不当言论发至两个微信群，其主观过错明显。该判决中，根据案情叙述，直接得出了"主观过错明显"这一结论，明显假设了一个裁判大前提："顾客在微信群中以贬损性言辞和配图表达对美容院的不满是名誉权侵害"。那么为什么理性人建构技术能够支持这一结论呢？这一大前提是《民法典》第1165条无法直接提供的。事实上，顾客将自己对美容院的不满发到微信群中，在法律上可能是言论自由的行使，也可能是名誉权的侵害。法官为何将其认定为名誉权侵害？法官依赖直觉和经验进行说理，本质上是一种隐性修辞方法，以共感共情代替了利益衡量。③ 在这种思维模式下，理性人判断方法并没有提供有效的反思机制修正法官的先前理解，其结论可能合理，也可能不合理，是法官根据直觉进行独断论的结果。

（二）司法实践中的直觉主义来源于理论支持之不足

以上问题的核心在于，"过错""注意义务"等不确定概念并无固定所指，需要法官

---

① 参见叶金强：《私法中理性人标准之构建》，载《法学研究》2015年第1期，第101-103页。
② 现有研究不区分理性人和合理人，两者混用，一般用理性人者居多。本文进行此类区分，在陈述有关理性人的研究时，保持既有表述不变；而在使用本文提出的合理人一次时，均加引号，使用"合理人"，以示区分。
③ 参见武飞：《法律修辞应用研究》，知识产权出版社2020年版，第147-149页。

通过价值补充予以确定。① 如果想要建构裁判大前提，进而演绎出裁判结果，就必须首先确定概念的外延。没有确定的外延就不能产生可演绎的裁判大前提。② 此时就需要理性人建构技术，判断待决案件中行为人应然的行为模式，进而打通规范与事实之间的通道，将待涵摄事实背后的规范提炼出来。但注意义务的判断需要价值判断、理性人自身状况和案件环境三个方面。在理性人自身状况之外，尚需赋予理性人的价值判断，并对案件事实进行评价，才能形成裁判大前提。但现有研究没有同时兼顾这三个要素。根据现有研究，首先，具有不同能力的人，其承担的义务不同。如果行为人是未成年人、老年人、残疾人，由于自身生理的限制，不可能与健全成年人承担相同的注意义务。此时构建的理性人就应当考虑到行为人不同的"理性程度"，降低判断力标准，以此减轻行为人的注意义务。③ 其次，建构理性人还需要结合理性人的知识。不同的知识含量意味着不同的注意义务标准。有着更深的学习经历和职业体验，就应当承担更多注意义务。例如，具备专业知识的人，如医生、律师等从业人员，为其所建构的理性人就应当附加足够的专业知识，提高其注意义务标准。④ 同样是救治溺水患者，经过专业训练的医生和见义勇为的路人不能适用同样的注意义务标准。医生应当承担更高的注意义务。最后，理性人建构必须考虑到案件环境。不同场合下，行为人面对的环境不同，应当做出不同的应对方法。例如，在遭遇"紧急状况"时，理性人的判断能力和水平要比一般情况下更低。⑤ 可见，现有研究在形成理性人自身素质（能力和知识）方面形成了丰硕的成果，但忽视了理性人的价值观和案件环境两个重要的内容，无法提供有效的反思机制修正法官的先前理解。

1. 现有研究对理性人的价值观问题关注不够

现有研究部分提到了理性人的价值观问题，但没有提供有效答案。例如，冯·巴尔指出，法官建构的理性人并不是社会上实际存在的个人，也并非寻找社会中依然存在的"平均类型"（即所谓"平均人"），而是加入了价值判断，虚构一个并不存在的理性人。⑥ 叶金强认为，理性人并非冷冰冰的"纯理性"，而是加入了部分感性化色彩，与社会现实生活相对接，防止对行为人的苛责。因此，理性人并无统一的价值观，而需要根据个案进行判断。⑦ 即使如此，能力和知识都是理性人的自身素质，其与案件事实的结合并不能直接创造出注意义务。即使确定了行为人的能力和知识，在涉案场合下到底应当如何行为，仍

---

① 参见［德］卡尔·拉伦茨：《法学方法论》，黄家镇译，商务印书馆2021年版，第605–606页。
② 参见［德］乌尔里希·克卢格：《法律逻辑》，雷磊译，法律出版社2016年版，第122页。
③ 参见叶金强：《信赖合理性之判断：理性人标准的建构与适用》，载《法商研究》2005年第3期，第97–98页。
④ 参见王灏：《专业人士过失侵权责任论——以普通法系侵权法为视角的实证研究》，载《东方法学》2017年第6期，第47–50页。
⑤ 参见郑永宽：《论侵权过失判定标准的构造与适用》，载《法律科学》2013年第2期，第133–136页。
⑥ ［德］克雷斯蒂安·冯·巴尔：《欧洲比较侵权行为法（下卷）》，焦美华译，法律出版社2004年版，第298页。
⑦ 参见叶金强：《私法中理性人标准之构建》，载《法学研究》2015年第1期，第108–109页。

然没有准确的答案。

然而,"进行个案判断"实质上等于逃避了问题,将问题留给了法官。例如,判断行为人是否存在过失时,主要考察理性人在案件环境下对损害的可预见性和可避免性。① 如果不预先确定理性人的价值观,如何能确定什么"可预见"和"可避免"?"可预见性"的判断存在多个标准,可以是对损害的抽象预见,也可以是具体的预见。对损害抽象的预见并不要求行为人预见到损害的发生过程,只要能够预见损害发生的概率即可。在现代科技的帮助下,借助大数据和统计学技术,损害的发生概率很容易被计算出来。② 如果采取抽象的可预见性标准,由于损害发生的概率总是可以预见的,那么行为人就永远需要承担侵权责任。相反,如果认为可预见性是对具体损害的预见,那么行为人必须能够预见到损害的具体发生过程,会将过失限制到狭窄的范围内。③ 哪个才应当是理性人应当预见的内容呢?

可避免性的判断也存在相似的困难。如果认为可避免性的判断受到行为人实际能力的限制,甚至考虑到行为人的经济能力,则许多损害的发生都会被认定不存在可避免性,进而行为人不存在注意义务。但如果可避免性的判断不考虑具体行为人的实际能力,施加以客观标准,甚至要求行为人不从事某种行为,或者终止已经从事的活动,则行为人就需要承担更为沉重的注意义务。④ 在个案中,被建构的理性人应当如何选择呢?这就要求理论研究不能回避理性人建构的价值问题。

2. 现有研究并不注重理性人对案件环境的反应

现有研究明确提出案件环境问题的学者是叶金强。其认为,法官并非对个案环境的机械复制,而应当是"场景重构",是理性人在其价值观指导下的信息筛选。⑤ 但如何筛选呢?由于叶金强认为理性人的价值观需要根据个案判断,"场景重构"彻底变成了个案问题。最终仍然将问题推给了法官。因此,建构理性人后,到底环境如何影响理性人所承担的注意义务,需要更细致的分析。由于对外部环境的不同裁剪,提炼不同评价点会影响到理性人对案件环境的反应,这就应当对案件环境进行分类,提炼不同案件环境为何对理性人产生了不同影响,并进行体系化。但这当然以赋予理性人价值观为前提。

当然,即使理性人建构方法包含了价值判断、理性人自身状况和案件环境方面也不可能完全摒弃法官的自由裁量权。事实上任何法律规则都不可能做到这一点。但法律的意义在于能够尽可能压缩法官的自由裁量权,促成合理裁判结论的形成。如果理性人建构方法

---

① 参见郑永宽:《论侵权过失判定标准的构造与适用》,载《法律科学》2013年第2期,第134页;龚赛红:《论民法上的过错——以过失程度及其判断标准为核心》,载《中国社会科学院研究生院学报》2008年第5期,第75页。
② 参见[英]珍妮·斯蒂尔:《风险与法律理论》,韩永强译,中国政法大学出版社2012年版,第33页。
③ 手嶋豊、中川淳:《過失一元論》,法律時報64卷(1992)9号(通卷791号)36-46頁参照。
④ 野澤正充:《過失の構造》,法学セミナー通号666号(2010)85-90頁参照。
⑤ 参见叶金强:《私法中理性人标准之构建》,载《法学研究》2015年第1期,第109-110页。

仅建构理性人自身状况,并不针对其他方面,则等于对自由裁量权并无束缚,并不利于合理裁判结论的产生。

为解决以上问题,本文首先探索赋予理性人价值观为何困难重重,总结理性人建构技术中存在的固有缺陷——以个体的伦理判断代替社会的价值判断;然后,通过社会合作的理念,用"合理人"代替理性人,赋予"合理人"以稳定的价值观;最后,通过"合理人"对损害风险的价值判断,确定外部环境对"合理人"产生的不同影响。

二、为理性人赋予价值内涵存在的学理难题

既然理性人建构方法遗漏了理性人的价值观问题,这是否意味着可以直接赋予理性人以某种价值内涵,进而完成问题的解决?这并不可行。现有研究并不支持将某种价值唯一化的判断。

(一) 基于直觉主义建构理性人之不足

直觉主义感受到了道德世界的复杂,认为可以不能把全部道德问题予以体系化。因此,直觉主义不能提出明确的外在标准,依靠行为人内心的感觉作为判断标准。如果拒绝在形式化标准之外另立实质标准,放弃建立统一的价值原则,即使没有明确表示,这种观点也潜移默化地接受了直觉主义的观点。[1] 既然事实上不存在"社会一般人",那么"社会一般人"就依赖于法官的价值想象。如果失去了统一价值理论的指导,何谓"社会一般人"就变成了法官个人直觉的结果。

以直觉主义建构理性人是不可取的。道德直觉能够为价值判断提供启示,但不能提供足够的正当性。以直觉主义作为价值根基,充分意识到了社会中所存在的道德争议,但在争议之外,并没有对直觉予以充分反思,无法凝聚共识。[2] 而任何裁判理论的目的在于能够为裁判提供一个客观标准。[3] 如果存在多种解释路径时,应当对路径的选择提供合适的理由。单纯的直觉主义并不能有效提供这一判断标准。由于每个人的直觉不同,无统一标准予以验证,使得该理论架构并不稳定。即使构建两个相互对立的原则,并进行"权衡",最终原则之间如何互相"击败"也只能依靠直觉判断,具有极高的主观性。[4] 如果对裁判结果存在纷争,直觉主义能够为任何结果提供理由,也无法有力地证明任何结果。单纯依靠法官的直觉作出判断,会导致裁判结果与社会价值脱钩,演变为赤裸裸地行使权力。

---

[1] [美] 约翰·罗尔斯:《正义论(修订版)》,何怀宏等译,中国社会科学出版社2009年版,第27页。
[2] 参见 [美] 约翰·罗尔斯:《正义论(修订版)》,何怀宏等译,中国社会科学出版社2009年版,第31页、33页。
[3] [美] 罗纳德·德沃金:《身披法袍的正义》,周林刚、翟志勇译,北京大学出版社2014年版,第40页。
[4] 参见于飞:《诚信原则修正功能的个案运用——以最高人民法院"华诚案"判决为分析对象》,载《法学研究》2022年第2期,第65-68页。

(二) 基于自由主义建构理性人之弊端

自由主义的最大特点在于对自由的格外珍视。自由主义从行为人的角度进行观察，注重行为人的个人能力和个人选择，最大程度上扩张了行为人的行为边界。因此，以自由主义作为价值基础，注意义务的强度必须保持在个人能力的范围内，积极的、主动的自由受到更为周延的保护。相反，作为被动的静止的自由（安全）在利益衡量中就处于次要位置。既有研究经常不自觉地使用自由主义的思维方式。例如，侵权法中常见的利益衡量方法就是"加害人自由与受害人权益保护"之间的衡量。同时，在衡量过程中赋予加害人自由以更高的权重。[①] 典型的是"汉德公式"。该公式来源于美国汉德法官在审理"United states v. Carroll Towing Co."一案中针对驳船失控导致其他船舶损害所作的判决。该判决中认为，船主防止损害发生的责任由三个变量决定：（1）损害发生的可能性 P；（2）造成的损害 L；（3）采取预防措施所需的费用 B。只要 $B<PL$，则预防该损害就是合算的，就应当采取预防措施。如果 $B \geq PL$，则预防该损害是不合算的，不应当采取预防措施。[②]"汉德公式"经常被视为以经济分析方法确定注意义务的经典理论。经济分析学者亦多持此观点。[③]

学理上总是误认"汉德公式"是功利主义的体现。但"汉德公式"内置了加害人视角，完全站在加害人预防成本的角度思考问题，实际上是自由主义的。功利主义要求的是社会财富最大化，而不是加害人财富最大化。加害人不对损害进行预防，就会要求受害人投入资源预防损害。按照"汉德公式"，B 与 PL 的比较只体现了加害人的预防成本，没有考虑到对受害人的预防成本。如果受害人的预防成本高于加害人的预防成本，那么社会就没有实现效率最大化。同时，该公式只局限于预防成本，没有衡量行为本身的效益。造成事故的行为本身也会产生效益。"社会财富最大化"不仅仅是指"社会事故最小化"，也应当将行为产生的效益考虑进来。因此，汉德公式是自由主义的。

但以自由主义方法建构理性人，不仅会减损社会功利，而且违反平等原则。平等原则要求平等对待加害人和受害人。作为的自由和不作为的自由都需要法律保护。平等意味着

[①] 这一衡量方式例如：王泽鉴：《侵权行为（第三版）》，北京大学出版社 2016 年版，299 页；周友军：《侵权责任认定》，法律出版社 2010 年版，第 242-243 页；曹昌伟：《侵权法上的违法性研究》，中国政法大学出版社 2017 年版，第 256-259 页；朱虎：《过错侵权责任的发生基础》，载《法学家》2011 年第 1 期，第 73-74 页。

[②] See United States v. Carroll Towing Co. United States Circuit Court of Apples, Second Circuit, 1947, 159F. 2d. 169.

[③] 如［美］理查德·波斯纳：《法律的经济分析（第七版）》，蒋兆康译，法律出版社 2012 年版，第 239-241 页；简资修：《经济推理与法律》，北京大学出版社 2006 年版，第 100-101 页；汤自军：《法经济学基础理论研究》，西南交通大学出版社 2017 年版，第 130-131 页；肖鹏：《过错的经济分析》，载《云南师范大学学报（哲学社会科学版）》2009 年第 2 期，第 91-92 页；卢臻、杨静毅：《法经济学视角下的医疗过失判断标准》，载《湖北社会科学》2013 年第 10 期，第 168-169 页。

行为利益和安全利益处于平等的地位。① 加害人与受害人的固有行为模式决定了，加害人往往是积极自由，受害人是消极自由。如果偏重保护加害人自由，其实是将行为自由放在了安全之上，并没有坚持加害人与受害人的同等对待，过于优待加害人。在社会生活中，任何主体不仅需要行为，同样也需要安全利益。两者的矛盾对立也是相对的：如果不存在安全利益，行为后果充满不确定性，也就不存在个体的行为自由。如果完全摒弃行为自由，个体无法在社会中生活，也就无所谓安全利益。以自由主义建构理性人将存在这一固有缺陷。

（三）基于功利主义建构理性人存在的不足

1. 理性人不追求社会福利最大化

功利主义的利益衡量重点在于社会功利的最大化。按照此观点，法律的目标仅在于提高效率，增加集体财富。功利主义最著名的代表者为边沁。边沁认为，人类的全部行动都是构建在苦乐大厦之上的。任何人的行为都是为了增加快乐并减少痛苦。共同体的目标就在于促进共同体的快乐和幸福。那么应当如何确定社会功利呢？边沁认为，考量共同体的利益，只需要挑出任何一个人来考察。② 基于这种客观主义，边沁将快乐分为14种，将痛苦分为12种，并对每种快乐和痛苦均有进一步的分类。③ 但边沁也注意到了每个人的不同，并列出了可能的32种情况。④ 萨维尔在建构理性人时进行的分析最接近于功利主义。其在分析过失的认定中提到，单纯考量事故的避免成本，就会忽略行为本身带来的社会效益。一些行为本身就是不效率的，只要存在就会妨碍社会效益最大化。应当对这些行为施加足够的成本，阻止行为人选择这些行为。但由于行为的效益很难衡量，只能根据避免事故的最佳注意来判断过失。⑤

以功利主义作为判断注意义务的基础并不可靠。首先，想要量化功利，进而谋求最大化，必然需要以单一的标准进行计算，实际上是将整个社会视为了一个人。⑥ 这就实际上

---

① ［美］戴维·G. 欧文：《侵权法中过错的哲学基础》，戴维·G. 欧文主编：《侵权法的哲学基础》，张金海等译，北京大学出版社2016年版，第209页。
② ［英］边沁：《道德与立法原理导论》，商务印书馆2000年版，第65页、89页。
③ ［英］边沁：《道德与立法原理导论》，商务印书馆2000年版，第91－99页。快乐的类型包括：感官之乐、财富之乐、技能之乐、和睦之乐、名誉之乐、权势之乐、虔诚之乐、仁慈之乐、作恶之乐、回忆之乐、想象之乐、期望之乐、基于联系之乐、解脱之乐。痛苦的类型包括：匮乏之苦、感官之苦、棘手之苦、敌意之苦、恶名之苦、虔诚之苦、仁慈之苦、作恶之苦、回忆之苦、想象之苦、期望之苦、基于联系之苦。
④ ［英］边沁：《道德与立法原理导论》，商务印书馆2000年版，第100－102页。这32种情况分别为：健康、体力、耐力、身体缺陷、知识质量、智力、坚毅、稳定、取向、道德情感、道德偏向、宗教情感、宗教偏向、同情心、同情偏向、厌恶心、厌恶偏向、精神错乱、癖好、财务状况、同情性联系、厌恶性联系、身体原质、精神原质、性别、年龄、地位、教育、气候、血缘、政府状况、宗教信仰。
⑤ 以上内容见［美］斯蒂文·萨维尔：《事故法的经济分析》，翟继光译，北京大学出版社2004年版，第30－31页、36－37页、39－40页。
⑥ ［美］约翰·罗尔斯：《正义论（修订版）》，何怀宏等译，中国社会科学出版社2009年版，第23页。

抹杀了个体的独特性。其次，功利主义是典型的"大中取大"式决策，不关心社会总财富如何在个人之间进行分配。甚至，只要有利于效率，可以用一些人得到的利益来补偿另外一些人，通过剥夺少数人的自由来最大化大部分人的财富。① 这意味着，能够高效创造财富的行为人，对他人承担的注意义务越少；相反，越是弱势群体，行为创造财富的可能性越低，越承担沉重的注意义务。这是让人难以忍受的。

正是因为功利主义的固有问题，很少有学说运用功利主义建构理性人。经济分析方法常被误解为功利主义，或许源于经济分析厌恶哲学分析，企图用货币来计算一切社会效用。② 但经济分析不同于功利主义。经济分析作为"有用性"的代表，并不参与目标的决定问题，也不能直接和功利主义挂钩。"有用性"本身永远无法成为一个标准。它总是指向某种利益，所谓有用性无非只是促进这种利益的手段而已。③ 所谓"效率最大化"只是描述了目的和手段之间的单位投入 – 产出比。决定其是自由主义还是功利主义的却是其目的。因此，经济分析可以是功利主义的，也可以是自由主义的。

2. 理性人不追求损害风险最小化

功利主义存在一种"变异形式"，即"反面功利主义"。"反面功利主义"并不重视社会财富最大化，而更为重视安全。④ 由于将分析目标定位于"事故风险最小化"，"反面功利主义"认为，"避免成本往往就意味着财富极大"⑤，实际上是要求最小化损害的风险，是一种风险厌恶型决策。与功利主义"最大化最大值"的决策不同，"反面功利主义"并不考量行为本身所带来的效益，而注重避免损害，是一种"最小化最大值"的决策。

卡拉布雷西在分析过失判断时就利用"反面功利主义"建构了理性人。按照该观点，侵权法的目标在于减少首要事故成本（损害的数量和严重程度）、次要事故成本（尽量向社会分散事故成本）和管理成本（行政、司法管理成本）加总得出的社会总成本。⑥ 由于追求以最低成本规避损害，这一理论建构的理性人更接近"反面功利主义"。

但"反面功利主义"的假定也是存在缺陷的。任何获得效益的行为都必然包含一定的风险。由于完全不考虑行为效益，这种决策会导致不可忍受的低效。鉴于此，一般认为，反面功利主义所代表的"最小化最大值"决策存在以下三个前提：（1）可备选情形的概率是高度不确定的；（2）除了小中取大，备选方案中最坏的情形是不可接受的；（3）在

---

① ［美］约翰·罗尔斯：《正义论（修订版）》，何怀宏等译，中国社会科学出版社 2009 年版，第 21 页。
② 参见［美］盖多·卡拉布雷西：《事故的成本——法律与经济的分析》，毕竞悦等译，北京大学出版社 2008 年版，第 22 – 23 页。
③ 参见［德］莱茵荷德·齐佩利乌斯：《法哲学（第六版）》，金振豹译，北京大学出版社 2013 年版，第 210 页、116 页。
④ 参见［德］阿图尔·考夫曼：《法律哲学（第二版）》，刘幸义等译，法律出版社 2011 年版，第 196 页。
⑤ 熊秉元：《正义的效益——一场法学与经济学的思辨之旅》，东方出版社 2016 年版，第 40 – 41 页。
⑥ 以上见［美］盖多·卡拉布雷西：《事故的成本——法律与经济的分析》，毕竞悦等译，北京大学出版社 2008 年版，第 25 – 26 页、211 页、260 页。

评价最小值的改进时,对高于小中取大规则所确保的最小值改进评价不高。① 在没有评价改进值之前,直接采取"最小化最大值"决策,这种衡量方式本身需要进一步反思,不能用来建构理性人。

三、解决之道:以"合理人"代替理性人

(一) 私法中应当建构的是"合理人"而不是理性人

上述理论问题的根源在于,其所建构的理性人(rational man)往往被假定为一个孤零零的个体。因此其假定的价值选择必然是唯一的。但社会本身是宽容的,能够容忍各种价值。以孤零零的个体来代替整个社会进行选择就会使个人判断凌驾于社会之上,不能包容社会个体的不同价值选择。此时,理性人以个体的道德选择作为着眼点,只能解决个体的伦理问题。法律要解决的是主体之间的权利问题,是不同个体之间如何合作的问题。② 以个体化的道德选择来正当化社会合作制度,必然存在无法解释的间隙。理性人作为理性的个体,具有自身的价值偏好,并不一定考虑其他人的利益。理性人之间是相互冷淡的,很少主动关心他人,不会存在共同理想。③ 相反,社会的存在并非仅仅为了保护行为自由或者追求财富最大化。不能将某些个体的选择强加于整个社会。法律是为了保障基本的社会合作,让个体能够自由追求自己的价值,兼容不同个体之间的自由选择。因此,解决个体伦理问题的哲学理论必然不能代替社会政治理论。法律的目标是达成共识,维护一种彬彬有礼的合作生活。④ 个体正是为了互相合作而结成社会契约,让渡自己的部分自由。在结成社会后,私法规范代表着一个社会维度。规范目的并非在于澄清个体的伦理道德问题,而是为人和人之间界定行为自由的边界。⑤ 社会存在多个个体,任何行为都可能对他人产生影响。不能根据某一种单一的价值假设来建构理性人。限于道德的自主性,固守个人道德会导致各种规范相互冲突,进而社会混乱失序。过于强调个体的绝对自由,就会导致罔顾他人权利,肢解社会合作。如果想要在多个主体之间达成平衡,理性自我必然服从与他人共同达成的社会契约。⑥ 必须从社会契约的角度才能真正解决注意义务的判断问题。

---

① [美] 肯·克雷斯:《异常危险活动的损害严重性论点》,戴维·G. 欧文主编:《侵权法的哲学基础》,张金海等译,北京大学出版社2016年版,第297页。
② See. Gregory C. Keating, Reasonableness and Rationality in Negligence Theory, 48 *Stan. L. Rev.* 311 (1996), P. 312.
③ [美] 约翰·罗尔斯:《正义论(修订版)》,何怀宏等译,中国社会科学出版社2009年版,第99页、111页。
④ [英] 尼尔·麦考密克:《法律制度——对法律理论的一种解说》,陈锐、王琳译,法律出版社2019年版,第380页。
⑤ [德] 莱茵荷德·齐佩利乌斯:《法哲学(第六版)》,金振豹译,北京大学出版社2013年版,第210页。
⑥ [英] 尼尔·麦考密克:《法律制度——对法律理论的一种解说》,陈锐、王琳译,法律出版社2019年版,第379页。

因此，判断注意义务需要建构的并不是理性人，而是"合理人"（reasonable man）。[1]"合理人"与理性人最大的区别并非思考程序的不同。"合理人"也需要建构能力和知识，结合个案环境进行判断。但是两者的价值目标是根本不同的。"合理人"并非孤单的个人，而是群体的存在。"合理人"会注意到周围其他人的利益，而不仅实现自身的人生目标。在自身利益之外，"合理人"是宽容和友善的，不仅会适当帮助他人，而且能够容忍他人享有与自身不同的价值选择。[2] 目的总是威胁着自我，重新界定自我的界限和范围。[3] 由于价值选择的不同，"合理人"和理性人虽然共享相似的建构方法，但在具体环境中的选择会存在实质不同。本文希望在价值层面给"合理人"的建构提供标准。既有研究也经常使用"合理的注意义务""合理注意义务"等词[4]，但"合理"一词只提供了限制直觉的动机，没有提供具体的价值观，与"合理人"存在实质不同。既有研究中也偶有使用"合理人"一词，但其建构仍依靠直觉，本质上仍然是一种理性人建构方法。[5]

（二）建构"合理人"之价值导向与具体标准

1. "合理人"是自律与他律的结合

作为个体的行为人，有其自主意志，希望按照自己的规划安排生活，具有自律的特征。但不同个体结合成社会契约后，为了维持社会合作，必须保持个体之间最基本的互相尊重。因此，行为人必须意识到自己行为对他人产生的影响，限制自己的自由，对其他社会成员承担注意义务。这与功利主义和自由主义都存在实质差别。功利主义着眼于整体，只观察到了注意义务的他律特性，以共同目标掌控个体行为，抹杀了个人的选择权利；而自由主义则着眼个体，只关注了注意义务的自律特征，轻视行为人对他人产生的影响。而社会合作要求个体在保有自身价值偏好的前提下适应社会既有规则，是自律与他律的结合。

同时，社会共同体是主体理解自己价值选择进而完善理性的路径。通过群体价值和个

---

[1] 参见［美］葛瑞高瑞·C. 克庭：《意外事故侵权法的社会契约观念》，格瑞尔德·J. 波斯特马编：《哲学与侵权行为法》，陈敏、云建芳译，北京大学出版社2005年版，第30页。

[2] See Gregory C. Keating, Reasonableness and Rationality in Negligence Theory, 48 *Stan. L. Rev.* 311 (1996). P. 318.

[3] ［美］迈克尔·J. 桑德尔：《自由主义与正义的局限》，万俊人等译，译林出版社2011年版，第173 - 174页。

[4] 参见陈绍玲：《短视频版权纠纷解决的制度困境及突破》，载《知识产权》2021年第9期，第17 - 18页；蔡元臻：《论合理使用对滥用通知现象的遏制——美国"跳舞婴儿案"的启示与反思》，载《知识产权》2019年第1期，第25 - 26页；施小雪：《论出版者的合理注意义务》，载《中国出版》2018年第11期，第46 - 47页等等，不胜枚举。

[5] 郑永宽教授全文使用了"合理人"一词。参见郑永宽：《论侵权过失判定标准的构造与适用》，《法律科学》2013年第2期，第134 - 40页。叶金强教授将"rational man"翻译成为合理人，将"reasonable man"翻译成了理性人，其所指"理性人"实际上是"合理人"，与本文恰巧相反。这个翻译和英文原意有背离，所以为本文所不采。参见叶金强：《私法中理性人标准之构建》，载《法学研究》2015年第1期，第192页。

体目的之间进行循环关照，个体借此不断反思自己的价值，明确自己身上存在的个性与共性，形成自己的目的和选择。这时候个体才知道我真正是谁，我真正需要什么。① 完全脱离社会合作，个体无法建构自身的个性，不能有效行使自身的自由。民法上的注意义务可以约束个性，将社会个体之间的共性显现出来。个体与整体之间的矛盾通过理性的互相限制而达成妥协。

因此，对个体施加注意义务的正当性在于"合理人"对自身自由的可能约束。为了达成社会合作，"合理人"必须尊重他人，限制自己的自由。否则在没有平等的前提下，无法维持社会合作。"合理人"的自由虽然被限制，但其自由意志并没有被简单否定，没有陷入完全他律。意志所服从的规则是由外来意志所决定的地方，他律都发挥着主要作用。② 但是"合理人"对自己施加的义务限制并非纯粹的他律，而是社会契约的结果。出于主体之间的相互依存，不同个体奉献出自己的部分自由，在共同利益的帮助下获得了更大的自由。个体之间互相施加的注意义务是在理性和应然层面上达成的社会契约，而不是外在个体强制施加给个体的义务。如果正义的原则是从理性中推出的，使主体在自我选择过程中遵从正义自由就具备了客观性，与理性不存在矛盾。如果有主体违反了共同的正义观念，那么我们可以强迫他遵循。③ 因此，注意义务是个体在理性的支配下使自身趋近于"合理人"的结果，是理性对自身施加的限制。如果注意义务保持了其合理性，则注意义务是个体理性达成社会合作的必然选择，是自身自由意志的体现。

2. "合理人"建构应当以整体性价值为导向

以社会合作为既定目标，则应当兼顾整体财富与个体命运等多种价值。为了允许社会中的个体能够最大程度上实现自身的价值选择，各个价值之间必须被整体地、解释性地理解。④ 这同样意味着，各个价值之间并不存在固定的价值位阶。下位价值的目的不仅仅是提升上位价值，而是共同服务于社会合作。各个社会价值交织为一个良性的网络，形成促进关系。例如，谦虚的存在并不只是为了促进爱与友谊。事实上爱与友谊也可能促进谦虚。⑤ 各个价值构成整体性秩序，而并非强调单一价值的贯彻。正是各个价值的统一完成了正是通过社会联合，每一个人才能分享其他人实现出来的天赋才能。人们可以计划和训练运用自己的天赋，实现人生方案。⑥

---

① [美] 迈克尔·J. 桑德尔：《自由主义与正义的局限》，万俊人等译，译林出版社2011年版，第203页。
② [英] 尼尔·麦考密克：《法律制度——对法律理论的一种解说》，陈锐、王琳译，法律出版社2019年版，第370页。
③ 参见 [美] 约翰·罗尔斯：《正义论（修订版）》，何怀宏等译，中国社会科学出版社2009年版，第408-410页。
④ [美] 罗纳德·德沃金：《身披法袍的正义》，周林刚、翟志勇译，北京大学出版社2014年版，第184页。
⑤ 参见 [美] 罗纳德·德沃金：《身披法袍的正义》，周林刚、翟志勇译，北京大学出版社2014年版，第183页。
⑥ [美] 约翰·罗尔斯：《正义论（修订版）》，何怀宏等译，中国社会科学出版社2009年版，第414页。

功利主义或自由主义只体现了某种价值偏好，是部分个体的价值选择，将之视为整个社会的价值选择有违平等原则。平等的重要性是不言而喻的。罗尔斯在论证正义原则时，将平等作为原初状态中纯粹的假设。① 这就说明了，平等具有普遍接受性，无需论证，可以通过假定的方式直接出现。平等原则可以分为形式平等与实质平等。前者站在抽象层面，强调法律对不同个体的平等对待；后者则更为注重不同主体之间的"结构性差距"，补足弱势一方在能力上的不足。② 在价值层面，平等的重要性在于将人本身视作目的。平等意味着人格之间并无优劣之分。任何理性存在者都以理性本身作为目的，不仅仅是实现其他意志的手段。③ 由于不能将他人视为手段，理性要求社会中每一个个体将其他个体作为目的对待，按照行为人在对方面临的境况下也愿意遵循的规则选择自己的行为。④ 也就是说，在将自己作为行为目的时必须将他人也作为行为目的，让他人可以成为自己的邻居。⑤ 因此，在多个理性者组成的社会中，由于每个理性者都是目的，就不能以某个个体的价值作为判断标准，而应当兼容多个个体的理性选择。如果以某个个体的价值偏好作为社会的目的，进而强迫所有人遵循，实际上就违背了主体之间的平等性，将个体视为手段而不是目的。

功利主义或自由主义即使唯一化了"自由""功利"等价值，为了保证其合理性，也必然将"自由""功利"等概念处理成"解释性概念"，通过添加其他价值内容以凝聚共识。⑥ 此时，"自由""功利"所反映的已经不是某一个唯一价值，而是多个价值的集合体了。每一个价值是"善"产生的不同面向，是某种角度的描述，而不是美好生活的唯一手段。⑦ 因此，合理人必然不存在唯一化的价值选择，必然偏好整体性价值。通过整体性价值，主体把社会合作和行为自由联系起来。整体性价值重塑了个体的行为目的，施加给了个体义务。

3. "合理人"在自由与安全之间的偏好选择

自由与安全孰轻孰重是注意义务判断的难题。按照平等原则，加害人和受害人必须受到同等对待。也就是说，加害人和受害人都应当像对待自己一样对待他人。因此，确定自由与安全之间的实现比例时，必须同时符合加害人和受害人的价值偏好。这就要求从"合理人"的角度评价自由与安全。本文认为，"合理人"在可能产生财产损害和轻微人身损害的场合偏重于自由；在可能产生严重人身损害的场合偏重于安全。

---

① ［美］约翰·罗尔斯：《正义论（修订版）》，何怀宏等译，中国社会科学出版社2009年版，第10页。
② 参见易军：《民法基本原则的意义脉络》，载《法学研究》2018年第6期，第56页。
③ 参见［德］康德：《道德形而上学奠基》，杨云飞译，人民出版社2013年版，第62页。
④ ［德］康德：《道德形而上学奠基》，杨云飞译，人民出版社2013年版，第52页。
⑤ 参见［德］施塔姆勒：《正义法的理论》，夏彦才译，商务印书馆2016年版，第178-179页。
⑥ 参见［美］罗纳德·德沃金：《身披法袍的正义》，周林刚、翟志勇译，北京大学出版社2014年版，第13页。
⑦ ［美］罗纳德·德沃金：《身披法袍的正义》，周林刚、翟志勇译，北京大学出版社2014年版，第181页。

从经济分析（如汉德公式）的角度来看，行为带来的损害为损害严重性和发生概率之积（贝叶斯定理）。按照这一思路，损害的严重性和发生概率在评价中处于同等地位。发生概率高但损害不太严重和发生概率低但很严重的损害可能被评价为相同。这无异于将自由与安全全部换算为金钱，实际上将二者同等对待。该评价策略明显是以财产损害为原型建构的，存在问题。在受害人受到人身伤害的场合，严重的伤害（甚至死亡）可能会永久性损伤受害人实现人生目标的能力。受害人不可能想要随时承受如此沉重的风险。如果损害后果非常严重，不能仅仅因为损害的发生概率很低就受到与轻微损害后果相同的评价。任何受害人都不想要负担毁灭自己人生的风险。① 因此，受害利益的重要性在评价中要重于其发生的概率。

对此可以通过一则博弈论游戏予以解释。俄罗斯手枪游戏中，左轮手枪共有六个弹孔，只有两个弹孔当中装有子弹。游戏者轮流向自己开枪，如果侥幸生存，就可以得到一大笔奖金。如果按照贝叶斯定理的逻辑，奖金的数额是与损害严重程度与发生概率之积相匹配的，这类游戏势必被大多数人所接受。只要奖金的数额超过了损害的估价，理性的人就应当接受这一游戏。但实际上并非如此。大多数人都会厌恶这一游戏。原因在于，对损害的严重性和发生概率同等对待，实际上假定了主体的永久存续。贝叶斯定理之所以会认为大多数人会参加这一游戏，是假设了不论出现什么后果，主体都可以永远参加游戏。只有随着游戏频次的增加，才会让承受了坏运气的主体通过未来可能的好运弥补当前的损失。但生命不可重新来过，只要出现了一颗子弹，则主体灭失，游戏必然终止。终止之后，主体也失去了继续参加游戏获得奖金的机会，未来获得奖金的概率失去了全部意义。因此，对于严重的损害特别是生命的失去，"合理人"永远都处于保守态度。

但相反，如果将此时俄罗斯手枪游戏的代价换为头发，则接受该游戏的人会明显增加；如果进而将游戏的代价更换为一定价值的金钱，则该游戏的接受范围势必更广。赌博游戏的经久不衰证明了这一点。因此，损害的严重性要比损害的概率在评价中占有更重要的位置。②"合理人"在评价自由与安全何者更为重要时，实际上与行为所带来的可能后果有关。在可能产生财产损害和轻微人身损害的场合自由更为重要；而在可能产生严重人身损害的场合安全更为重要。

现实中的法律制度潜意识中接受了这一结论，但仍然不够彻底。民法中将损害分为人身损害与财产损害，为受害人人身权益提供更为充分的保护。例如，根据《民法典》第1167条，在人格利益遭受侵害时，即使没有损害，也可以主张防御性请求权。根据《民法典》第1183条的规定，侵害人身权益可能受到精神损害赔偿的保护，而财产权则被排

---

① 参见［美］葛瑞高瑞·C. 克庭：《意外事故侵权法的社会契约观念》，格瑞尔德·J. 波斯特马编：《哲学与侵权行为法》，陈敏、云建芳译，北京大学出版社2005年版，第43页。
② ［美］肯·克雷斯：《异常危险活动的损害严重性论点》，戴维·G. 欧文主编：《侵权法的哲学基础》，张金海等译，北京大学出版社2016年版，第282页。

除在外。对于此类严重的损害后果，不仅要在事先为加害人提供更多避免损害的激励，而且在事后要让受害人获得更多的补偿。之所以采取此种利益衡量结论，就是因为严重的身体伤害以及生命侵害会严重限制主体在社会生活实现自身价值的能力。但如上所述，轻微的人身损害并不会彻底影响主体实现自身价值的能力，应当将轻微的人身损害与财产损害同等对待。

(三) 以客观标准建构"合理人"的能力和知识

建构"合理人"时，与建构理性人相同，都需要建构在具体案件环境下"合理人"的能力和知识。但问题在于，这种应然的规范建构是否会受到行为人实然状况的影响？也就是说，是否应当考虑到加害人实际的能力和知识？根据肯定和否定两种回答，可以将"合理人"的判断标准分为主观标准和客观标准。主观标准要求根据行为人的实际能力和知识进行判断；而客观标准要求根据抽象人（由于既有研究仍然使用理性人的表述，下文在介绍既有研究时，只能保持这一表述，但现有研究之外仍使用"合理人"）的能力和知识进行判断，与行为人实际能力脱钩。

最能体现这一不同的是主观过失和客观过失之争。主观过失理论认为，注意义务判断是考量行为人具体能力的结果，其建构的理性人是主观的。只有在行为人对其行为的性质和意义具有认识和判断的能力时，法律才责令行为人对其行为后果承担侵权责任。主观责任重视行为的教育和惩罚功能，能够有效预防侵权行为的发生，但会导致差别待遇。[1] 客观过失是指，在特定情形下，行为人的行为偏离了一般理性人的行为标准。对一般理性人的行为标准偏离越明显，过错程度越严重。[2] 客观过失要求以特定地点、特定区域或者特定职业领域通常之行为标准来确定注意义务。据此，第一天拿到驾照的司机与具有多年驾驶经验的司机适用同等的标准；高度紧张的实习医生与熟练的外科医生适用同等的标准。如果因为自身能力和知识的欠缺没有达到通常的行为标准，仍然可以构成过失。此时具有决定意义的是交易安全。尽管欠缺必要的能力，但既然行为人承担该项工作，就必须按照通常标准提供服务。[3]

现代国家普遍以客观化的方式建构理性人，不再要求严格的主观过错，主要原因有三：首先，刑法是为了制裁犯罪，而民法则更多地以填补和修复损害为原则。在民法领

---

[1] 张民安、杨彪：《侵权责任法》，高等教育出版社2011年版，第166页。

[2] [瑞] 海因茨·雷伊：《瑞士侵权责任法（第四版）》，贺栩栩译，中国政法大学出版社2015年版，第227页。

[3] 参见 [德] 迪特尔·梅迪库斯：《德国债法总论》杜景林、卢谌译，法律出版社2004年版，第241-242页。

域，主观可责性并非必要；① 其次，采用客观标准能够更好保护社会交往中的信赖和安全；② 最后，主观标准的认定存在技术障碍，会导致加害人逃脱侵权责任，对受害人存在不公。③

但这三个理由并不充分。不论客观过失如何占据主流，仍然无法有力应对主观过错的诘难。较为有力的批评认为，建构客观的理性人含有结果责任的性质，与严格的个人责任未尽相符。有些人再怎么努力也无法达到相应的注意水平，容易导致"实际上的无过错责任"。④ 例如，天生弱视的人因为其视力不足而在驾驶汽车时总需承担责任。⑤ 因此，主观标准也有死灰复燃之势。例如，有学者表示，民法所谓过错，是指行为人在从事违法行为时的心理状态。⑥ 也有学者认为，主观说才揭示了过错的本质和内容。客观说实际上是判断有无过错的问题。⑦ 甚至奥地利的司法实践在判断过失时仍然践行主观标准。⑧ 问题的症结在于，自己责任是否意味着加害人只对与其判断能力相适应的损害负责？只要不能有效回应这个问题，客观说就不能有稳定的理论根基。

这一争议会继续到"合理人"的建构中。可以看出，客观标准明显具有优势，但是必须有效回应主观标准的诘难。本文认为，主观标准自始就是对哲学学说误读的结果，不具有合理性。人只对自己理性的选择承担道德责任，源自康德的学说。但康德恰巧是反对主观标准的。康德的自由主义只针对"纯粹理性"的个体，不掺杂任何私欲、好恶，其判断是个体仅通过理性进行道德判断的结果。其主张的所谓"自由"实际上是"理性选择的自由"。并非自然人出于私欲的任何想法与选择都能够被康德的"自由"所包括。例如，康德表示，理性的主体是独立自主的，必须按照理性行为。意志必须从一切对象当中抽离出来，以致任何经验的对象对意志没有任何影响。以关心他人为例：如果增进他人幸福是出于自己的关爱、同情等自然情感，并非出于理性，那么这种关爱对证明其道德性没有任何意义。相反，关爱他人必须来自理性判断才具有道德意义。根据理性形成"在道德上应当照管他人利益"，进而关爱他人，这种行为才是道德的。⑨

因此，根据康德的学说，自己（个人）责任存在一个明确前提：行使自由必须完全依

---

① [瑞] 海因茨·雷伊：《瑞士侵权责任法（第四版）》，贺栩栩译，中国政法大学出版社 2015 年版，第 229 页。
② 参见周友军：《侵权责任认定》，法律出版社 2010 年版，第 242-243 页。
③ 参见胡雪梅：《"过错"的死亡——中英侵权法宏观比较研究及思考》中国政法大学出版社 2004 年版，第 228-231 页。
④ [瑞] 海因茨·雷伊：《瑞士侵权责任法（第四版）》，贺栩栩译，中国政法大学出版社 2015 年版，第 231 页。
⑤ 参见王泽鉴：《侵权行为（第三版）》，北京大学出版社 2016 年版，第 299 页。
⑥ 王家福主编：《民法债权》，法律出版社 1991 年版，第 236 页。
⑦ 彭俊良：《侵权责任法论——制度诠释与理论探索》，北京大学出版社 2013 年版，第 84 页。
⑧ [奥] 伽布里茲·库奇奥等：《奥地利民法概论》，张玉东译，北京大学出版社 2019 年版，第 58 页。
⑨ 以上内容参见 [德] 康德：《道德形而上学奠基》，杨云飞译，人民出版社 2013 年版，第 76 页、81 页、83 页。

靠理性。如果判断和选择并非来自理性，就没有道德意义。这和主观标准说所指的自己责任存在实质区别。主观标准说针对作为经验存在的自然人。作为活生生的人，任何决定必然受到自己性格、欲望、冲动的影响，不可能时时刻刻保持冷静和清醒。因此，主观标准所针对的个人都不是理性的个人，选择并非仅仅出自理性，如何能要求其只能对自己的理性选择承担责任？相反，根据康德的假设，主体被削弱为"理性主体"，个性化因素被大幅度删减，实际会导致个体之间高度雷同，是一种客观标准。这种冷冰冰的理性人是否真的保有自己的个性进而安排生活计划都值得疑虑。① 以康德的理论并不能证成主观标准的判断方法，反而为客观标准提供了论据。

由此可见，主观标准是根基不稳的，其对客观标准的责难并不成立。但客观标准的适用并非意味着社会中的全部主体承担完全相同的义务。这是不可能的。康德的理性是纯粹的，不掺杂任何个体色彩，因而高度统一。这种判断标准不能容忍任何个体色彩的存在。此时所指的理性人仍然是孤零零的个体，没有结成整个社会，与本文在所谓"合理人"仍然存在距离。纯粹的理性人来自单一的价值选择，是唯一的，因此可以得出唯一的客观标准；而社会合作必然允许一定范围内不同的价值选择，允许多种不同特质的理性人得以共存。针对某一特定类型的行为人，应当施加不同程度的注意义务。例如年龄、职业、经历甚至某些情况下的性别，均会影响到具体案件场合下"合理人"的建构，进而影响到注意义务的判断。② 所以，"合理人"存在多个类型，而不仅仅存在一个"标准模型"。事实上，传统上所讲的"客观过失"也并非是唯一化的注意义务。客观过失的标准经常是普通注意、恰当注意或者合理注意的标准，考量行为主体的某些特质。③ 此时虽然整体上采纳客观标准，但保留了一定个性化因素，所以才需要结合具体案件环境确定行为人的能力和知识。

四、依据风险施加方式确定"合理人"的自由边界

上文从价值判断角度为"合理人"的建构提出了具体标准。但还没有分析案件环境对确定注意义务的影响，仍然不能帮助法官确定个案中行为人的自由边界，划定个体的注意义务范围。本文认为，根据平等原则进行推理，案件环境对注意义务的影响主要是通过风险施加方式完成的。

平等原则要求确定注意义务时平等对待每个社会个体。但作为形式规则，平等本身没

---

① [美] 迈克尔·J. 桑德尔：《自由主义与正义的局限》，万俊人等译，译林出版社 2011 年版，第 201 页。
② [瑞] 海因茨·雷伊：《瑞士侵权责任法（第四版）》，贺栩栩译，中国政法大学出版社 2015 年版，第 230 页。
③ 参见 [美] 丹·B. 多布斯：《侵权法（上册）》，马静等译，中国政法大学出版社 2010 年版，第 246－247 页。

有指出标准。① 何时属于"同等情况",何时属于"不同情况",并没有固定的标准。如果从抽象的角度来看,如果并不附加任何身份与资源,每个主体应当承担的注意义务是相同的。但现实中具体的个体是带有身份和资源的,在社会中扮演不同的角色,每时每刻每个主体所处的环境也是迥然不同的。如果让所有主体承担完全相同的具体义务,就没有考虑到他们占有资源的不平衡,反而是不平等的。因此,平等必然奠基于分配秩序之下。通过既有的分配秩序,个人的尊严作为他们本身中的每一个目的再一次被表达和维护。② 此时,如果违背分配秩序伤害了他人,就获得了超越其他个体的优越地位,造成了不和谐的后果。为了恢复社会分配秩序,就应当按照矫正正义予以重新分配。③ 因此,关键问题在于,分配秩序如何分配每个人的义务呢?

(一) 个体对互相施加的对称性风险不承担注意义务

分配秩序是社会契约的结果,确立了社会合作。为了维持生存,所有社会中的主体都必须进行一定的行为,衣食住行都会以某种方式与外界发生联系,影响着他人利益,也包含着损害风险。即使 A 只从 a 点移动到了 b 点,也使得 B 不能从 c 点移动到 b 点。究其原因,是因为时空内的所有资源都是有限的,A 与 B 不可能永远占有相同的资源,一定会产生部分冲突。但如果这种轻微的影响都不予以容忍,社会中的个体是没办法共存的。如果为了维持社会合作,就必须一定程度上容忍他人对自己产生的影响,认同行为中所含有的部分损害风险。④ 既然所有行为都会对他人影响,也必然受到他人行为的影响,只有互相宽容,才得以共存。相反,无视他人的存在,赋予自身特权,就严重违反了平等原则,社会合作必然无法维持,造成失序。

在社会分工后,这一特征更为明显。社会合作必然要求社会分工,要求资源分配的专业化和集中化,为人与人之间不同的行为模式创设了基础。特别是在有机团结中,社会分工进一步发展,个体之间通过专业化分工和自愿交换被紧密地联系起来。⑤ 单一化的分工迫使个体依赖其他个体的专业技能,通过合同各取所需,使各方紧密地联系在一起。⑥ 根据个体的分工,个体拥有了不同的专业知识和价值观构成,代表了不同的生活和行为方式。同时,个体只有与他人进行交换才能充分获得自己所需要的资源,不能脱离他人而存在。这使得每个人的行为不仅服务于自身,而且服务于社会中的其他人。这些差异使得每

---

① [德] 莱茵荷德·齐佩利乌斯:《法哲学(第六版)》,金振豹译,北京大学出版社 2013 年版,第 210 页。127-128 页。
② 参见 [英] 约翰·菲尼斯:《法哲学》,尹超译,中国政法大学出版社 2017 年版,第 372-373 页。
③ [美] 朱尔斯·L. 科尔曼:《矫正正义的实践》,戴维·G. 欧文主编:《侵权法的哲学基础》,张金海等译,北京大学出版社 2016 年版,第 54 页。
④ [美] 戴维·G. 欧文:《侵权法中过错的哲学基础》,戴维·G. 欧文主编:《侵权法的哲学基础》,张金海等译,北京大学出版社 2016 年版,第 210 页。
⑤ [法] 爱弥尔·涂尔干:《社会分工论》,渠敬东译,商务印书馆 2020 年版,第 233 页。
⑥ [法] 爱弥尔·涂尔干:《社会分工论》,渠敬东译,商务印书馆 2020 年版,第 279 页。

个社会个体从他人的行为中获益，也要求社会个体必须对他人行为一定程度上予以宽容，不能要求他人保持与自己相同的行为方式。特别是上文已经提到过，"合理人"对自由和安全的偏好是随着损害风险的增大而变化的。损害风险越大，则"合理人"越偏向于安全，越不能容忍行为人的行为。而损害风险越小，则"合理人"越偏向于自由，越能接受行为人的行为。虽然每个社会个体只能在某一时空从事一种行为，但是未来这些社会个体可能希望转而从事其他行为。因此，对其他主体现在的限制，就是对行为主体未来的限制。对每个个体尊严的保护，实质上也是在表达和维护其他个体相同的权利。① 如果想要最大化社会自由，就应当允许在"合理人"的容忍范围内的一切行为。在社会个体互相容忍的范围内，行为人是完全自由的，不应当承担任何注意义务。那么，社会个体容忍的范围是什么呢？

社会个体容忍的风险一般均具备足够的相互对称性。② 平等原则要求，每个社会个体应当获得平等对待。如果在现有秩序下，不存在合理的理由，某些天赋相关的活动被限制，某些天赋相关的活动被提倡，就会导致不同个体之间的差别对待。对某些活动的限制就会使得某些个体的天赋不能得到发挥，在社会中处于不利状态。同时，这些被限制的主体还必须忍受其他主体的天赋获得张扬，进一步压缩自己的行为自由。此时处于劣势的个体会排斥社会合作，导致共同体的解体。因此，承认他人行为自由的前提必然是自己的自由也获得了认可。承认他人天赋的前提是自己的天赋也可以发挥。享有不同天赋的行为人，通过社会分工，可以通过允许他人天赋的发挥，以换取他人允许自己发挥天赋。按照上文的结论，这些天赋的发挥都伴随一定的损害风险。但每个人都一定程度上威胁了他人的安全，却也同时被他人所威胁。在承担损害风险的同时被获得的自由所补偿。如果个体与他人互相施加了对称性风险，由于以承受他人施加的类似风险为代价，实际上并没有获得额外利益，不会损害平等原则。③

这一结论对侵权法的解释具有重要意义。例如，《民法典》第1175条规定，行为人因过错侵害他人民事权益造成损害的，应当承担侵权责任。那么什么才叫作"侵害他人民事权益"呢？是否所有对权利的侵害都应当赔偿？如何确定对利益的侵害呢？这就应当结合行为人对他人施加风险的方式。如果行为人对他人施加的是对称性风险，则并非属于"侵害他人民事权益"，不应当承担侵权责任。例如，邻里之间经常会互相造成轻微的损害，法律就要求近邻之间应当互相容忍，不能请求损害赔偿。④ 再如，言语伤人实属不可避

---

① ［英］约翰·菲尼斯：《法哲学》，尹超译，中国政法大学出版社2017年版，第372页。
② See. Gregory C. Keating, Reasonableness and Rationality in Negligence Theory, 48 *Stan. L. Rev.* 311 (1996). P. 313.
③ 参见［美］史蒂芬·R. 佩里：《结果责任、风险与侵权行为法》，格瑞尔德·J. 波斯特马编：《哲学与侵权行为法》，陈敏、云建芳译，北京大学出版社2005年版，第91—92页。
④ 参见［奥］海尔姆特·库齐奥：《侵权责任法的基本问题（第二卷）——比较法的视角》，张家勇等译，北京大学出版社2020年版，第71页。

免，社会生活中个体之间需要宽容一般的精神损害。因此《民法典》1183条要求"严重精神损害"才能获得赔偿，需要"情感利益的明显失衡"，考量疼痛的严重程度、持续时间以及伤害的长期后果等多种因素综合判断。① 最后，社会生活中任何人都不能避免对他人利益产生影响，因此利益也属于对称性风险的范围，作为利益的纯粹经济损失原则上不能获得赔偿。②

（二）个体对单方面施加的危险应当承担注意义务

并非所有个体施加给他人的风险都具有对称性。有些行为可能过于异常，并非大部分个体所能或所愿意从事。此时，由于其他人几乎不可能从事相关危险活动，具备特殊能力的行为人就对他人施加了单方面风险，获得了优于他人的特权，应当承担更高的注意义务。否则，就应当承担民事责任。

有些单方面施加的风险不属于共同体所互相施加的风险范围，超出了社会成员的容忍限度，不具备正当性。首先，如果行为人意图损害他人，就超出了共同体允许的行为边界，获得了高于其他主体的特权。这一特权的存在意图通过自己的意志支配他人，将他人视为自己目的的工具，直接违反了平等原则。如果行为人漠视他人权利，忽视自己可能对他人造成的损害，虽然缺乏伤害的意图，但仍然超出了共同体允许的行为边界，给他人施加了不正当的风险。如果其他主体应当保持在共同体允许的行为边界内，而行为人可以超出这一边界，这仍然等于行为人获得了特权地位，有伤平等原则。此时，应当通过矫正义务恢复矫正正义。例如，虽然汽车的存在会提高整个社会受伤害的风险，但由于任何人都可以选择乘坐汽车，并因此而获利，因汽车导致的风险就具有相互对称性。但即便如此，社会只认同有足够驾驶技术的司机所施加给社会的风险，却不会负担不会开车的司机为社会造成的风险。这种异常风险是不会开车的司机单独施加给其他人的。如果不能熟练驾驶汽车，就应当选择其他交通工具。同样，如果甲作为天生弱视的人，并非一定要以自己驾车的方式达成出行的目的。弱视仅存在于甲这一特殊群体，并非社会的普遍特征。甲完全可以通过乘坐出租车的方式安排自己的生活计划。允许甲驾车就等于让甲施加给了其他人异常的损害风险，超出了对称性风险的范围。即使甲天生弱视，其避免损害的能力存在缺陷，也应当对造成的损害承担赔偿责任。因此，《民法典》第1165条规定的"因过错侵害他人民事权益"，主要就是指虽然行为人从事的是普通活动，但行为对他人所施加的风险超出了对称性风险的范围，应当对他人承担侵权责任。

有些单方面施加的风险行为是社会分工的结果，但个体对此也应当承担赔偿责任。在技术化、信息化的现代社会，一些高风险的社会活动能够大幅度提高公众的生活质量。但

---

① 王军：《侵权损害赔偿制度比较研究》，法律出版社2011年版，第97页。
② 于飞：《侵权法中权利与利益的区分方法》，载《法学研究》2011年第4期，第107页。

是由于资本、技术等门槛,这些活动是高度封闭的,并非任何个体可以从事的。原子能、电力、高速铁路行业等都属于此类。这些活动属于异常风险活动。此时,只有部分人能够从事这些行业,施加给其他主体风险,其他人却可能永远没有机会对其施加对等的风险。可以说,这些风险不是加害人和受害人互相施加的,不会增加受害人的行为自由。风险具有不对称性。①但因社会分工导致的单方面风险往往有利于受害人的长远利益。即使受害人永远都不能从事有关原子能、电力、高速铁路相关的行业,施加给他人相似的风险,却因这些行业的存在而提高了生活质量,受有一定的利益。因此,这些社会活动虽然会单方面给他人施加风险,却有存在的价值,并不应当完全禁止。

两相权衡之下,这些单方面给他人施加风险的活动虽然超出了共同生活的一般风险,却仍有开展的必要。但由于这些风险的存在严重影响了受害人的人身安全,必须通过严格责任予以限制,施加更为沉重的注意义务。通过严格责任,行为人会承担因风险导致的全部损害成本,能够有效激励其避免损害。除此之外,严格责任还会促使损害风险的分散。虽然此类活动有利于全社会,但发生损害时,却针对的是一个或数个受害人,损害被不正当地集中了。②根据前文所述的安全偏好假设,合理人此时会谋求风险的分散而不是集中于某一个个体。从事此类活动的加害人在承担赔偿责任后,可以在商品和服务中通过价格来转嫁损害的成本,谋求风险的分散。特别是保险业的存在,加害人可以通过购买保险分散损害,避免损害集中于没有足够分散能力的受害人。③因此《民法典》第1166条规定"行为人造成他人民事权益损害,不论行为人有无过错,法律规定应当承担侵权责任的,依照其规定。"此时行为人从事的是带来异常风险的活动,所施加的风险是单方面的,却又被社会生活所允许,因此以赔偿责任来补偿其他民事主体,使双方重归平等。

因此,注意义务的范围应当结合风险分配予以判断。如果行为带来的风险属于共同体成员互相施加的风险范围之内,则行为人不应当额外承担注意义务,不存在注意义务违反;如果行为带来的风险属于共同体互相施加的风险范围之外,是行为人单方面施加给其他共同体成员的风险,则行为人应当承担额外的注意义务,否则就应当承担侵权责任。

(三)对称性或单方面施加的风险范围应当从社会习惯中提取

既然判断注意义务最重要的是共同体所面对的风险类型,那么这两者的边界应当如何认定?例如,在指导性案例140号中受害人私自攀爬景区杨梅树摔下导致死亡,法院认为景区没有违反注意义务。此时,种植杨梅树并开放景区应当属于哪种风险?景区中种植杨

---

① 参见[美]史蒂芬·R.佩里:《结果责任、风险与侵权行为法》,格瑞尔德·J.波斯特马编:《哲学与侵权行为法》,陈敏、云建芳译,北京大学出版社2005年版,第91-92页。
② [美]葛瑞高瑞·C.克庭:《意外事故侵权法的社会契约观念》,格瑞尔德·J.波斯特马编:《哲学与侵权行为法》,陈敏、云建芳译,北京大学出版社2005年版,第52页。
③ [美]葛瑞高瑞·C.克庭:《意外事故侵权法的社会契约观念》,格瑞尔德·J.波斯特马编:《哲学与侵权行为法》,陈敏、云建芳译,北京大学出版社2005年版,第50页。

梅树，是否会诱使他人爬树，进而给他人施加了不正当的风险？是否在种植杨梅树之外，需要另外张贴告示牌予以警示，才能有效将行为的风险降低在相互对称性的风险范围之内？是否还需要进一步建立围栏，才能使种植杨梅树处于共同体所认可的对称性风险的范围之内？到底哪种选择才是共同体可能认可的呢？似乎每种选择都具备一定的可取性，但针对其他选择均没有压倒性的优势。有些场合，多种选择甚至都是成立的，但共同体只能坚持某一种选择。例如，在行车时应当靠右行驶还是靠左行驶？确定固定行驶方向的目的在于稳定行车秩序。靠右行驶或者靠左行驶都会带来相同的秩序。但即便两种选择都是可以的，共同体也只能做出一种选择，否则就会导致行车秩序的混乱。那么，此时应当做出哪种选择呢？如何确定注意义务的内容？这一标准并非先天生成的，而是后天通过对社会习惯的习得而获取的。本文认为，应当结合共同体的既有社会实践，通过社会习惯予以确定。

想要构成社会习惯，共同体必须首先存在统一的汇聚行为，在外观上遵守同样的规则；其次，共同体对汇聚行为具备同样的内部视角，对汇聚行为具有相同的看法，构成对规则的共识。[1] 即使多个规则互有优劣，高下难分，不能从价值论上得出绝对的标准，但通过社会习惯，共同体已经对互相竞争的多个规则进行了选择。共同体通过一致的汇聚行为形成了统一的行为方式，而通过内部视角完成了对统一行为方式的内心认同。[2] 这种选择并非先天的、绝对的，而是历史的、经验的，是某一特定共同体在特定条件、特定时期价值偏好的结果。这种偏好通过社会习惯完整地表现了出来。在驾驶机动车时，到底确定向左行驶还是向右行驶更优，在逻辑上是不能给出答案的。但是通过社会习惯，就能够给出确定的答案。在我国，由于社会习惯的存在，向右行驶是更合理的；而在伦敦，由于相反的社会习惯，向左行驶是更合理的。

社会习惯的认定必须确定共同体的范围。作为一般结合关系，注意义务不分人种、国别、地域和性别的限制。任何人之间只要产生联系，就会产生民事关系，需要有规范界定双方之间的权利义务。一个人在决定采取一项对他人的利益有这样重大影响的步骤以前，有义务把这一切情况都考虑在内。如果对这些利益不予应有的重视，就应当由于错误而负道德责任。[3] 但即使都要发生联系，不同个体之间距离不同，信息沟通不同，预见性不同，行为对他人产生的影响也就必然不同，发生的联系必然是不一样的。必须根据双方的特性来认定社会习惯的范围，更合理地界定注意义务。随着社会的发展，联系越来越密切，主体之间的注意义务程度也就越来越高。例如，最早的"邻人原则"要求必须存在某种使行为人承担义务的法律关系；后扩及至"合理可预见"的范围内都应当承担注意义

---

[1] 参见［英］哈特：《法律的概念》（第三版），许家馨、李冠宜译，法律出版社2018年版，155–156页。
[2] 参见［美］朱尔斯·L. 科尔曼：《原则的实践——为法律理论的实用主义方法辩护》，丁海俊译，法律出版社2006年版，110页。
[3] ［美］约翰·罗尔斯：《正义论（修订版）》，何怀宏等译，中国社会科学出版社2009年版，第124页。

务;最后采"密切关联性"标准进行判断。① 本文认为,为解决这一问题,应当根据涉案双方的群体身份来确定注意义务。随着身份的加减,个体被赋予了不同的共同体价值,也就承担着不同的注意义务。只有将自己理解成某一家庭、共同体、国家、民族的一员,才能解释忠诚和友爱这样的价值。② 身份是通过行为获取的,也意味着责任和义务。如果将社会中主体与其他人的关系以圈子表示,主体就为圈子的中心。随着身份和主体之间的距离不同,注意义务也存在差别。如果不顾这些差别将注意义务认定为同一的,反而是一种不平等。③ 所以,根据双方关系的不同,社会习惯造就的注意义务是不一样的。一种关系中合法的义务可能在另一种关系当中是欺诈的。例如,在有偿合同中,双方当事人对轻过失负赔偿责任;在更近的个人关系或者以此个人关系为条件的合同中,比如合伙和嫁资,则应当根据"善良管理人"标准界定注意义务。④

社会习惯还会将公法规范所规定的义务转化为民事注意义务。例如以行政法规范认定民事注意义务的方法。从法律目的上看,行政法所施加给行为人的义务与民事注意义务是存在实质区别的。前者意在维护社会秩序,对社会进行管理,施加给个体的是公法义务;而后者意在保护私人权利,意在协调不同个体之间的自由,维护私法自治,施加给个体的是私法义务。既然规范指向不同的法律目的,那么行政法上所规定的义务就不能当然应用于民事领域。⑤ 但事实上将行政法上的义务直接转化为民事义务的做法并不罕见。尤其是在交通事故案件中,根据双方违反道路交通规则所制作的《道路交通事故责任认定书》意图针对双方在行政责任上进行划分,却大多直接被认定为民事责任的划分依据。据此认定责任比例大多数情况下不会让人觉得"有失公平",往往能够被诉讼双方所接受。原因在于,虽然行政法意图于管理,但却塑造了共同体的行为模式。随着时间的推移,共同体逐渐接受了这种权利义务的分配方式,相应行为风险的忍受程度发生了变化。行政法所规定的行为标准就变成了共同体所认可的风险分配方式,也可以用于民事领域。但这种转化并不是绝对的。并非所有的行政法规范都会最终转变为民事领域的注意义务。行政法通过对个体施加管理,只能在外观上创造汇聚行为。在汇聚行为之背后,是否存在一致的内部视角(共识)才是决定性的。如果通过行政法的施行,共同体对行政法所规定的行为标准予以认可,将其转化为民事注意义务,则行政法规范就可以作为民事注意义务的判断标准;如果行政法只在外观上迫使共同体达成汇聚行为,共同体实际上对注意义务的标准持怀疑

---

① 参见陈聪富:《论侵权行为法上之过失概念》,《侵权归责原则与损害赔偿》,北京大学出版社2005年版,第8-19页。
② [美]迈克尔·J.桑德尔:《自由主义与正义的局限》,万俊人等译,译林出版社2011年版,第202页。
③ 参见[德]施塔姆勒:《正义法的理论》,夏彦才译,商务印书馆2016年版,第234-235页。
④ 参见[德]参见鲁道夫·冯·耶林:《罗马私法中德过错要素》,柯伟才译,中国法制出版社2009年版,第96-99页。
⑤ 参见陈聪富:《论侵权行为法上之过失概念》,《侵权归责原则与损害赔偿》,北京大学出版社2005年版,第38页。

甚至反对态度，则不能转化为民事注意义务。

结 论

完整的理性人建构方法应当包含价值判断、理性人自身状况和案件环境三个方面。由于理性人只能解决个人道德判断问题，不能解决社会个体之间的行为边界问题。只有将建构目标从理性人变为"合理人"，才具有足够的包容性。"合理人"以维持社会合作为目标，不仅肯定自身的个体选择，而且尊重他人安排生活规划的自由。"合理人"自身状况的建构与理性人无实质区别，采取的也是客观标准。其中，案件环境主要根据施加风险方式的不同对"合理人"的价值判断产生影响。如果是共同体之间相互施加的对称风险，则在该风险范围内行为人不承担注意义务；如果是行为人单方面施加的风险，特别是异常风险，则行为人应当承担注意义务，避免损害的发生。应当结合社会习惯判断两种风险的边界。

（编辑：戴津伟）

"客观情况发生重大变化"的教义学阐释[*]

张珍星[**]

摘　要　依对《劳动合同法》第40条第3项所涉案例的分析可知，各地司法裁判的实质分歧在于"客观情况发生重大变化"应否适用不可归责性要件，形成了主观、客观两种裁判模式。从解释论视角，这可归因于各地法院囿于偏重文义解释、主观解释而未综合运用传统解释方法，存在超越客观情况的文义射程范围，失之主观随意的问题和有违《说明》第26条第4款强调不可归责性的立法原意。展开体系解释可知，第39～41条所选择的三元制解雇体系的内在逻辑表明第40条的体系定位是无过错解雇，对第40条第3项适用不可归责性符合对第40条的体系解释和当然解释结果，而主观模式构成体系违反。依目的解释，第40条第3项实质是异常风险合理分担机制，为契合其功能、解雇限制理念及劳动关系的从属性，须适用不可归责性要件来限制解雇的任意性。总之，第40条第3项的规范内涵宜限于不可归责于劳资双方的二者无法控制的外部事实，实质衡量要素为非主观可控。

关键词　不可归责性　无过错解雇　客观情况发生重大变化

引　言

在经济新常态下，尤其是受新冠疫情及其常态化防控措施所造成的企业生产经营严重

---

[*] 本文系中央高校基金"劳动者个人信息保护的综合路径研究"（SK2022021）、中国博士后基金第69批面上资助项目"民法典实施背景下劳动者个人信息保护与用工管理权的平衡机制研究"（2021M692539）研究成果。

[**] 张珍星，女，江西赣州人，法学博士，西安交通大学法学院助理教授。研究方向：民法、劳动合同法。

困难甚至是破产倒闭风险的影响,[1] 为谋求更大的生存与发展空间,企业常依据《劳动合同法》第40条第3项基于"客观情况发生重大变化"的规定来行使单方解雇权,对劳动就业岗位带来重大影响,因此引发层出不穷的劳动纠纷。然而,我国现行法律法规尚未对"客观情况发生重大变化"的判断标准作出明确规定。笔者就此选取了103则相关案例[2]以作考察,发现实务界表面上对逐利性调整、经营不善、企业迁移等各类情形是否构成"客观情况发生重大变化"分歧甚大,但细加审视却发现,各地司法裁判的实质分歧在于"客观情况发生重大变化"应否适用不可归责性要件,形成了主观、客观两种裁判模式:(1) 前者认定第40条第3项除调整不可抗力等情形外,还调整用人单位基于盈利最大化、获取竞争优势等内部原因主动对其机构、人员、业务进行调整或其他以其主观意志为转移的情形。[3] 部分地方法院裁判指导意见对之予以支持,如《广东省高级人民法院关于审理劳动争议案件疑难问题的解答》[4] 第9条规定"即便因企业内部主观因素所引起的搬迁也可认定为客观情况发生重大变化"。(2) 后者认定第40条第3项仅适用于不以劳资双方的主观意志为转移的情形,也即此变化的发生不可归责于二者,具有非主观可控性。[5] 这亦得到地方法院裁判指导意见的支持,如依《北京市高级人民法院、北京市劳动人事争议仲裁委员会关于审理劳动争议案件法律适用问题的解答》[6] 第12条的规定,用人单位迁移、资产转移或停产、转产、转改制等情形的适用应具备不可归责于劳资双方的"法律、法规、政策变化所导致"这一前提条件。

从解释论视角,这可归因于地方法院囿于偏重文义解释、主观解释而未综合运用传统

---

[1] 据国家统计局数据显示,1—2月份全国规模以上工业企业实现利润总额4107.0亿元,同比下降38.3%,载国家统计局官网 http://www.stats.gov.cn/tjsj/zxfb/202003/t20200327_1735114.html,最后访问日期:2022年6月10日。

[2] 笔者在北大法宝案例数据库以"《中华人民共和国劳动合同法》第四十条第三项"为关键词、选定搜索截止时间为2019年11月23日、案由为民事—劳动争议与人事争议,共搜索出法宝推荐案例239个,其中关涉不可归责性适用分歧的案例是103个。

[3] 此模式的关键特点是认定第40条第3项的规范内涵不要求适用"不可归责性"要件。在关涉不可归责性要件适用分歧的103个案例中,共有36个案例持此模式,占比35%。例如:罗振彪与深圳天祥质量技术服务有限公司广州分公司等劳动纠纷上诉案 (2016) 粤01民终17682号;张德盛与抚顺抚连劳务有限公司劳动争议二审民事判决书 (2016) 辽04民终1595号;甘路明上诉纯钧(广州)贸易有限公司劳动争议案 (2016) 京03民终7547号;上诉人南京艺房匠商务信息咨询有限公司与被上诉人王忠强劳动争议一案的民事判决书 (2019) 苏01民终5074号;上诉人浙江锦华通信设备有限公司、浙XX易通信设备服务有限公司因与被上诉人盛红丽劳动争议纠纷一案 (2019) 苏13民终388号;合肥惠而浦企业管理服务有限公司与王小辉劳动争议二审民事判决书 (2019) 京03民终6110号等。

[4] 粤高法发 [2017] 147号。

[5] 客观裁判模式的关键特点是认定第40条第3项的内涵构成包括不可归责性要件。在关涉不可归责性要件适用分歧的103个案例中,共有67个案例持此模式,占比65%。例如:赛门铁克软件(北京)有限公司与沈露劳动争议二审民事判决书 (2019) 京01民终2052号;北京大宝化妆品有限公司与刘雅莹劳动争议二审民事判决书 (2017) 京02民终11011号;雀巢(中国)有限公司南昌分公司与宗竑劳动争议二审民事判决书 (2019) 赣01民终492号;威海瑞京服装有限公司、王太祥劳动争议二审民事判决书 (2019) 鲁10民终2063号;天津迈凯电子有限公司、吴鹏劳动合同纠纷再审审查与审判监督民事裁定书 (2019) 津民申439号等。

[6] 京高法发 [2017] 142号。

解释方法，扩大了该条款的应用，出现很多侵害劳动者正当权益情形。遗憾的是，学界尚未识别出此实质分歧，对当前司法实践在解释方法运用上的片面性尚未给予必要关注，①个别文献仅停留于讨论个案情形的认定，②而这只触及问题的表象。为回应现实关切，克服既有裁判实践拘泥于文义角度作阐释的机械性，形成统一有效的裁判标准，下文将综合运用传统解释方法来作阐释，即以法律文本为依据，遵循逻辑与体系要求来逐一分析客观情况的文义特点，如何理解该条文的内在逻辑与体系特点及其应有功能，最终回应客观情况发生重大变化的内涵构成应否包括不可归责性要件这一问题。

之所以需作综合阐释，源于文义解释、体系解释、历史解释、目的解释这四种传统解释方法并非各自为战的孤立方法，而是相互为用、相互补充、支撑，始终共同发挥作用。③文义解释是一切法律解释的起点，④法律条文是由文字语词所构成，欲探求"客观情况发生重大变化"的立法原意，应先从对其所使用语词文义的解释入手。然而，正如上段分析所指出，一味从文义角度阐释该条文的含义，扩大了该条款的应用，还可能有违法律体系和法律目的。⑤因此，当规则本身不完备或相互冲突，从而出现体系违反的情形时，应运用体系解释规则探求法律内部的逻辑关系。⑥质言之，应对《劳动合同法》第39条、第40条第2项、经济性裁员规定作体系解释，探求其与"客观情况发生重大变化"之间的内部逻辑关系。须注意的是，体系解释不能孤立使用，"只有追溯到制定法的目的、制定法赖以为基础的决定性的价值决定以及原则构成的'内部'体系"，⑦才能全面完整地理解法律内部的逻辑关系。可见，目的解释亦不可或缺。学界曾对目的解释中"目的"的理解存有分歧，存有主观说、客观说两说，但客观说在今日已成为通说，⑧而主观说又具有一定合理性，对此，在探求"客观情况发生重大变化"本身的社会功能或固有的规范目的时，还应借助历史解释，参考有关立法史料，依社会现有观念对立法者的主观意图予

---

① 关于此主题的学术论文属凤毛麟角，新近一篇深具研究价值的论文主要在分析该条文的法理依据是否为情势变更、解雇前企业是否需同员工协商一致还是拥有单方变更权、该条文与经济性裁员规则的关系，参见王倩：《论基于"客观情况发生重大变化"的解雇》，载《法学》2019年第7期，第178–191页；另有一篇论文则在简要讨论情势变更原则适用于劳动合同的特点，参见王林清：《论情势变更原则在劳动合同法中的适用》，《法律适用》2009年第7期，第76–78页。同时，劳动法专著通常只在"预告性辞退"项下对该条文予以简要介绍，参见林嘉：《劳动法的原理、体系与问题》，法律出版社2016年版，第211页；参见董保华：《劳动合同立法的争鸣与思考》，上海人民出版社2011年版，第586页；参见郑尚元：《劳动合同法的制度与理念》，中国政法大学出版社2008年版，第270页；参见王全兴：《劳动合同法条文精解》，中国法制出版社2007年版，第150页。
② 参见白金城：《用人单位改变内部组织架构不属于客观情况发生重大变化》，载《人民司法》2018年第14期，第49–51页。
③ 参见［德］卡尔·拉伦茨：《法学方法论》（第六版），黄家镇译，商务印书馆2020年版，第399–436页；参见梁慧星：《民法解释学》（第四版），法律出版社2015年版，第215–248页。
④ 参见王利明：《法律解释学》（第2版），中国人民大学出版社2016年版，第136页。
⑤ 参见陈金钊：《目的解释方法及其意义》，载《法律科学》2004年第5期，第38页。
⑥ 参见梁慧星：《民法解释学》（第四版），法律出版社2015年版，第220页。
⑦ ［德］卡尔·拉伦茨：《法学方法论》（第六版），黄家镇译，商务印书馆2020年版，第413页。
⑧ 参见王泽鉴：《法律思维与民法实例：请求权基础理论体系》，中国政法大学出版社2001年版，第217页。

以评估，进行价值判断。

一、"'客观情况'发生重大变化"之解释存在的问题

依上文分析可知，各地法院对第 40 条第 3 项应否适用情势变更中的不可归责性要件存有主观、客观两种裁判模式。从解释论视角，这可归因于地方法院拘泥于偏重文义解释、主观解释而未综合运用传统解释方法。下文将阐明传统偏重主观解释、文义解释的裁判做法存在的问题。

（一）偏重主观解释模式超越"客观情况"的文义射程

第 40 条第 3 项基本沿袭 1994 年《劳动法》第 26 条第 3 项的规定，但既有法律法规或司法解释尚未对"客观情况"的内涵做出明确界定，而部分地方规范文件对"客观情况"所作列举性规定存在规定不一、规范性效力太差并已失效的问题。例如，《杭州市劳动合同条例》第 31 条第 2 款、《海南省劳动合同管理规定》第 20 条第 7 项和《辽宁省劳动合同规定》第 20 条第 3 项等地方性规定存在较大差别。同时，立法机关人士对《劳动合同法》所做释义也未能确切界定出客观情况的内涵，主张客观情况是指"履行原劳动合同所必要的客观条件，因不可抗力或出现使劳动合同全部或部分条款无法履行的其他情况，如自然条件、生产设备条件、原材料供给条件、企业迁移、企业资产转移等，并且排除用人单位濒临破产进行法定整顿期间和生产经营状况发生严重困难的客观情况"。[①]

鉴此，为探究客观情况的内涵，下文将从语义学、民法一般原理的视角予以解读。首先，从语义学视角来看，客观情况的字义应被解读为不依赖于劳资双方主观意识而存在的外部事实，实质衡量要素是非主观可控。质言之，它独立于劳资双方行为之外，并非二者行为所派生，不包括可归责于劳资双方的原因所造成的履约条件的重大变化。依《现代汉语词典》，"客观"作为形容词被定义为"在意识之外，不依赖主观意识而存在的"。[②] 同时，依《布莱克法律词典》，客观情况指"父母一方或双方的身体、心理或经济状况发生重大变化，以至于有必要修改监护或赡养令，尤其是非自愿发生的情况（involuntary occurrence）将会导致法院颁布不同的令状（decree），就像非自愿失业导致需要修改法令以减少子女抚养费一样"。[③] 可见，两部权威词典在界定客观情况时，均强调非主观可控性、不可归责性。

此外，依民法的一般原理，客观情况的规范内涵包括不可归责性或者说非主观可控

[①] 杨景宇、信春鹰主编：《中华人民共和国劳动合同法释义》，法律出版社 2007 年版，第 128 页；本书编写组主编：《〈中华人民共和国劳动合同法〉条文释义与案例精解》，中国民主法制出版社 2007 年版，第 179–180 页。

[②] 中国社会科学院语言研究所词典编辑室主编：《现代汉语词典》（第 7 版），商务印书馆 2016 年，第 741 页。

[③] Bryan A. Garner, *Black's Law Dictionary*, St. Paul: West Publishing, 2004, p. 247.

性。这体现为两方面:(1)关于不可抗力、情势变更的域外规定在界定二者概念时通常强调不可归责性要件,而二者是客观情况的下位概念及主要规范情形。客观情况这一概念常被用于界定情势变更、不可抗力规则,例如十二三世纪注释法学派所编著的《优帝法学阶梯注解》中的"情势不变条款"(Rebus Sic Stantibus)将情势界定为"作为合同成立基础的客观情况",《国际商事合同通则》第6.2.2条将艰难情形界定为"客观情况或事件"以及《合同法》第117条第2款将不可抗力界定为"不能预见、不能避免并不能克服的客观情况"。在界定二者的概念时,域外规则通常要求适用不可归责性要件。例如,《国际商事合同通则》第6.2.2条规定"客观情况不能为处于不利地位的当事人所控制",这表明情势变更的发生不可归责于当事人,"若情势的变更可由受不利影响方的控制,则其发生直接表明该当事人具有过错,自应遭受其损失,并无特殊保护的必要"。①又如,《德国民法典》第275条第1款规定"只要给付对于债务人或者任何人是不可能的,给付请求权就被排除",第276条第1款进一步规定"债务人必须对故意和过失负责任"。②可见,第275条第1款规范的事由为不可归责于债务人的事由,而"不可归责于债务人的事由包括不可抗力"。③再如,《欧洲合同法原则》第6:111条和《欧洲民法典草案》第3-1:110条等国际立法文件均要求情势的变更是当事人缔约时不可预见的并且不可归责于双方当事人。(2)我国民法学界通说认为,客观情况指"须独立存在于人的行为之外,既非当事人的行为所派生,亦不受当事人意志左右或者同当事人的主观意志无关"。④质言之,对于当事人主观可控的行为,抑或当事人故意或疏于应有注意所做出的行为,民法学界通常不会认定为客观情况。

可见,从语义学、民法一般原理的视角可知,客观情况的通常语义蕴含不可归责性。然而,偏重主观解释的裁判模式对"客观情况发生重大变化"的认定却甚为轻率,超越了"客观情况"最初的文义射程范围,有随意解释之嫌。质言之,该模式将原有文义所欲表达的"客观性"改成了"主观可控性",对其内涵予以目的性扩张,认定企业基于主观可控的内部事由所造成的岗位取消等情形构成客观情况发生重大变化。依对依循主观裁判模式的35个案件的分析可知,多数判决认定,当企业基于经营管理需要或经营严重困难而

---

① 韩世远:《情事变更原则研究——以大陆法为主的比较考察及对我国理论构成的尝试》,载《中外法学》2000年第4期,第452页。
② 参见陈卫佐:《德国民法典》(第四版),法律出版社2015年版,第92—93页。
③ 参见焦富民:《中国合同责任制度研究》,江苏人民出版社2003年版,第124页。
④ 参见佟柔主编:《中国民法》,法律出版1990年版,第574页;参见王利明:《合同法研究·第2卷(第三版)》,中国人民大学出版社2015年版,第534—536页;参见崔建远:《合同法(第六版)》,法律出版社2015年版,第244页。

关闭分公司、分店；① 基于经营需要将企业搬迁至外地；② 基于市场客观情况或经营管理的重大变化、严重亏损或用人单位的整体利益等所进行的公司组织结构调整、业务外包、部门裁撤、人员调整等；③ 基于业务调整使公司内部工作部门与其他公司合并等；④ 这些情形均属于企业用工自主权的表现，因此导致工作岗位取消或劳动合同难以履行的，只要查明不违反法律规定或公平、诚信原则，应认定为属"客观情况发生重大变化"。总结而言，这些案例的特点有二：一是将基于经营需要、追逐利润、改善公司经营状况或应对市场衰退等事由所进行的搬迁、组织结构调整等情形认定为"客观情况"，而这些事由的发生通常是企业可自主决定的，具有较强的主观可控性，并非不得已而为之；二是回避变化发生的原因，即并未对组织结构调整、业务调整、企业搬迁等情形发生的原因可否归因于企业予以探究，而是仅以结果为导向，当确认前述变化引发了岗位取消或部门撤销的事实时，便认定构成客观情况发生重大变化。

总之，偏重主观解释的裁判模式对"客观情况发生重大变化"规则的理解存在解释范围过于宽泛，失之主观随意的问题。此种轻率任意的做法可能会对"劳动合同的解除开凿出一个'危险的黑洞'"，⑤ 有违倾斜保护劳动者的立法宗旨。相较而言，其适用门槛明显低于传统民法中的情势变更原则。⑥ 情势变更原则的适用须经严格的实体审查，⑦ 并层报

---

① 甘路明上诉纯钓（广州）贸易有限公司劳动争议案（2016）京03民终7547号、上诉人南京艺房匠商务信息咨询有限公司与被上诉人王忠强劳动争议一案的民事判决书（2019）苏01民终5074号等。
② 魏丽娜诉楼氏电子公司劳动合同纠纷案（2016）苏05民终3275号、北京丰东建通工业炉科技有限公司与李桂军劳动争议二审民事判决书（2016）京02民终10527号。
③ 王明德与国美电器有限公司劳动争议二审民事判决书（2016）京03民终12322号、崔洋与永旺资讯服务（深圳）有限公司劳动争议二审民事判决书（2018）粤03民终16364号、郭林林与广州利凌电子有限公司劳动争议二审民事判决书（2019）粤01民终3298号、咸宁恒信南方汽车销售服务有限公司与胡慧云劳动争议二审民事判决书（2018）鄂12民终998号、徐某与广州德爱康纺织内饰制品有限公司劳动争议二审民事判决书（2019）粤01民终13164号等。
④ 再审申请人何军红因与被申请人深圳安吉尔饮水产业集团有限公司劳动争议一案（2017）粤民申9010号。
⑤ 何建华、杨伟良、杨鹏飞：《供给侧改革背景下的劳动关系与就业前沿研究》，上海大学出版社2017年版，第345页。
⑥ 参见王倩：《论基于"客观情况发生重大变化"的解雇》，载《法学》2019年第7期，第180页。
⑦ 参见《最高人民法院关于当前形势下审理民商事合同纠纷案件若干问题的指导意见》（法发〔2009〕40号）第1条、第2条和第4条和公报案例"成都鹏伟实业有限公司与江西省永修县人民政府、永修县鄱阳湖采砂管理工作领导小组办公室采矿权纠纷案"（2008）民二终字第91号以及经典案例"李金容等诉林沛森等房屋买卖合同、居间合同案"（2011）中一法民一初字第180号、"李昌斌、李明顺诉屠庆山农村土地承包合同纠纷案"（2010）船民一初字第207号。

高级人民法院或最高人民法院批准,① 并且最高人民法院在《全国经济审判工作会谈纪要》② 指出,只有因不可归责于当事人的原因致使合同缔约基础丧失而严重破坏当事人之间的利益均衡关系时,才能适应情势变更制度。同时,学界通说亦主张不可归责要件不可或缺,即双方当事人对情势变更的酝酿、发生都没有过错。③

近年来企业滥用无过错解雇权现象频发,例如借机构精简,撤销、合并岗位之名,行解雇之实。④ 对此,笔者认为,为弥补主观裁判模式随意解释的不足并契合倾斜保护劳动者的立法宗旨,防止无过错解雇的任意性,不宜随意扩张客观情况的固有内涵。在理解与适用第 40 条第 3 项时,须注意"发生重大变化的情况应分为客观、主观两类,客观情况应限于不可抗力或不以劳资双方的意志为转移的情形,对主观情况发生重大变化,即便导致劳动合同给付不能,也不能适用第 40 条第 3 项,而应通过劳动合同变更的方式来解决"。⑤ 质言之,虽然企业可依自身业务变化行使自主经营权,对劳动者的岗位进行调整,但是不能以损害劳动者的基本劳动权益为代价,⑥ 不能随意扩大其适用范围。⑦

(二) 拘泥于文义解释有违不可归责性的立法原意

依对依循主观裁判模式的 35 个案例的分析可知,除偏重主观解释之外,其还过分偏重文义解释而忽视参照劳动部办公厅《关于〈劳动法〉若干条文的说明》(以下简称《说明》) 第 26 条第 4 款⑧来解读第 40 条第 3 项的规范内涵。例如,在杨广占诉亿滋食品企业管理(上海)有限公司劳动合同纠纷案⑨中,二审法院仅仅依赖文义解释而未参照《说明》第 26 条第 4 款来片面认定企业主动对经营模式及组织架构进行的调整构成"客观情况"及其解雇行为合法,严重侵犯员工的就业权。须指出的是,尽管既有立法或司法解释

---

① 参见《关于正确适用〈中华人民共和国合同法〉若干问题的解释(二)服务党和国家工作大局的通知》(法〔2009〕165 号)第 2 条第 2 款规定:"对于《合同法司法解释二》第 26 条,各级人民法院务必正确理解、慎重适用。如果根据案件的特殊情况,确需在个案中适用的,应当由高级人民法院审核。必要时应提请最高人民法院审核。"

② 参见 1993 年 5 月 6 日最高人民法院发布的《全国经济审判工作会谈纪要》(法发〔1993〕8 号文)指出"由于不可归责于当事人双方的原因,作为合同基础的客观情况发生了非当事人所能预见的根本性变化,以致合同履行显失公平的,可以根据当事人的申请,按情势变更原则变更或解除合同"。

③ 参见崔建远:《情势变更原则探微》,载《当代法学》2021 年第 3 期,第 8 页。

④ 参见郑尚元:《劳动合同法的制度与理念》,中国政法大学出版社 2008 年版,第 270 页。

⑤ 周国良等:《劳动合同解除权的行使——客观情况发生重大变化的讨论》,载《中国劳动》2012 年第 3 期,第 51 页。

⑥ 孙锦宏、威富(上海)采购咨询有限公司广州分公司劳动争议二审民事判决书(2019)粤 01 民终 13596 号。

⑦ 天津塘沽阀门有限责任公司、马学兴劳动争议二审民事判决书(2018)津 02 民终 6899 号;邱丽红与参天制药(中国)有限公司劳动合同纠纷再审案(2017)吉民再 296 号。

⑧ 《说明》(劳办发〔1994〕289 号)第 26 条第 4 款规定:"本条中的'客观情况'指:发生不可抗力或出现致使劳动合同全部或部分条款无法履行的其他情况,如用人单位迁移、被兼并、用人单位资产转移等,并且排除本法第二十七条所列的客观情况。"

⑨ (2019)沪 01 民终 2056 号。

尚未明确界定客观情况的内涵,但《说明》第 26 条第 4 款对客观情况的外延作出较为笼统的列举性规定。对此,在审判实践中还须参照该规定来解读第 40 条第 3 项的规范内涵。依该列举性规定,客观情况可分为两类:一是不可抗力,它与客观情况之间为属种关系;二是其他使劳动合同全部或部分条款无法履行的情形。从体系解释角度,此处列举的几种情形应具有与不可抗力情形相等同的不可控制、不可预见、不能避免性。[①] 那么,《说明》第 26 条第 4 款的立法原意是否强调适用"不可归责性"呢?

为合理解读出第 26 条第 4 款的立法本意,须结合《说明》出台的历史背景和立法目的来予以理解。《说明》印发于 1994 年 9 月 5 日,当时的历史背景是我国正由计划经济体制向市场经济体制过渡,所调整的用人单位主要是国家所有或控制的国有企业。因此,可推知第 26 条第 4 款所列"迁移"一般应指基于某些自然原因、宏观政策变化等外部事由,使得原企业不得不做出搬迁的决定,并且多为政府的决定;"被兼并"指多由政府出面协调决定某些濒临破产的国有企业的兼并事宜;"用人单位资产转移"则指上级主管部门通过划拨方式将国企的资产转移至其他企业。[②] 可见,该列举性规定的立法原意限于企业外部环境发生的其自身无法控制或决定的事实发生异常变动,是企业不得不面对的客观事实。这不同于现下企业基于利润最大化、节约成本等主观可控的原因所做企业搬迁、业务或组织结构调整等情形。

基于此,笔者认为,依据《说明》出台的历史背景和立法目的,它的立法本意应以非主观可控性或不可归责性为标准来界定"客观情况"。那么,将基于经营需要、追逐利润、改善公司经营状况或应对市场衰退等事由所进行的搬迁、组织结构调整等可为企业自动决定、具有主观可控性的情形认定为"客观情况"的做法,有违《说明》第 26 条第 4 款的立法原意。同时,"为破除计划经济思维,尊重企业经营自主权,法院在适用该规则时应与时俱进,将企业主动解除原因考虑在内"[③] 的观点亦是站不住脚的。相反,依循客观裁判模式的案例认定用人单位基于商业利益最大化、公司内部运营调整、业绩下滑、长期亏损、生产经营严重困难、削减开支等内部原因所采取的业务调整、公司重组、减员、组织结构调整等情形,属于企业自主决定的自发行为而非企业外部环境发生其自身无法改变或控制的重大变故,这符合《说明》第 26 条第 4 款的立法原意。[④]

与此同时,为满足经济新常态下企业实现产业结构优化升级、技术创新的客观需要,

---

① 中国国际航空股份有限公司、宋世怀劳动合同纠纷二审民事判决书(2019)川 01 民终 7073 号。
② 参见白金城:《用人单位改变内部组织架构不属于客观情况发生重大变化》,载《人民司法》2018 年第 14 期,第 49－51 页。
③ 参见吴勇:《德国基于经营原因的解雇规制及借鉴》,载《南京大学学报(哲学·人文科学·社会科学)》2021 年第 1 期,第 148 页。
④ 赛门铁克软件(北京)有限公司与沈露劳动争议二审民事判决书(2019)京 01 民终 2052 号、雀巢(中国)有限公司南昌分公司、宗弘劳动争议二审民事判决书(2019)赣 01 民终 492 号、威海瑞京服装有限公司、王太祥劳动争议二审民事判决书(2019)鲁 10 民终 2063 号、天津迈凯电子有限公司、吴鹏劳动合同纠纷再审审查与审判监督民事裁定书(2019)津民申 439 号等。

宜对客观情况的外延作扩张解释。这意味着，《说明》第26条第4款所列情形之外的其他客观情形的异常变动导致劳动合同无法继续履行，只要具备不可归责性等适用要件，便可认定为客观情况发生重大变化。近年来，我国进入经济新常态，产业结构、产业政策不断发生变化，对企业经营环境产生较大影响。然而，《说明》的立法背景使其难以预见到在高度繁荣、复杂多变的市场经济体制下企业经营环境如何变化。对此，为保障企业的经营自主权，宜在经济新常态下扩张解释客观情况的外延范围。这也是合理可行的，因为该款规定的性质是示范式列举条款而非穷尽式，即该款对"出现致使劳动合同全部或部分条款无法履行的其他情况"所规定的是"如用人单位迁移、被兼并、用人单位资产转移等"，这显然属示范式列举而非穷尽式，其他情况的外延范围并非封闭性的。学界亦多持肯定说，例如，林嘉教授认为，当前我国社会经济正历经深度变革，对该条文的解读不应拘泥于原1994年《说明》所列举的情形，而应依个案做出客观准确的解释。[1]

二、对"客观情况发生重大变化"的体系解释展开

为探求"客观情况发生重大变化"的内在逻辑与体系特点，下文将对《劳动合同法》第39条、第40条第2项、经济性裁员规定进行体系解释，探求这三者与该条文之间的内部逻辑关系。

（一）无过错解雇的内在逻辑体系表明第40条第3项内含不可归责性

我国企业单方解雇的正当理由分别规定于《劳动合同法》第39条、第40条，二者的规范对象及立法理由截然不同。依对第39条的文义解释，除劳动者在试用期不符合录用条件而被企业解雇外，其他法定情形，例如严重违反用人单位的规章制度、严重失职、被依法追究刑事责任等，皆因员工过错行为所致，系可归责于员工的情形。可见，第39条所规范的是可归责于员工的解雇事由，学理上常将之称为过错解雇或惩戒性解雇。对此，当具备"员工存有法定过错情形"这一充分条件时，企业可行使即时解雇权，毋需预告或给付代通知金。可见，该条的立法本意是赋予企业在不经预告或给付代通知金情形下享有即时解雇存有过错员工的权利。

依上段对第39条的解释可知，员工存有法定过错情形是企业毋需预告或给付代通知金的充分条件，即P→Q，那么符合充分条件关系的反向推理结果是，当企业需预告或给付代通知金时，就意味着不存在员工存有过错的情形，即非Q→非P。显然，第40条已明文规定企业解雇员工时需提前预告或给予代通知金，这是企业解雇员工的前置性义务。依循体系解释和该形式逻辑推理结果可知，已要求"预告或给予代通知金"（非Q）的第40条所规范的应是"不存在员工存有过错的情形"（非P）。质言之，由于企业需预告或给予

---

[1] 参见林嘉：《劳动法的原理、体系与问题》，法律出版社2016年版，第211页。

代通知金，意味着第 40 条所规范的是不可归责于员工的解雇事由。

此外，第 40 条第 2 项所规范的"不能胜任工作"应限于客观不能而不包括主观不能。单从第 40 条第 2 项前半句的"不能胜任工作"的字面含义，无法判断出"不能胜任"仅指员工的知识、技能、品性等客观能力无法胜任工作的情形还是包括能而不为或工作态度消极、懈怠的主观不能情形。第 40 条第 2 项后半句进一步规定的是"经过培训或调整工作岗位"，而对不能胜任工作的员工进行培训的立法原意应在于提升员工的职业技能，调整工作岗位的原意是考虑员工的知识、技能等客观能力无法胜任原工作岗位而做出调整。① 如若不然，对存有主观懈怠这一过错情形的员工，企业并不会大费周章地对之进行培训或调整工作岗位，并且若要求企业在解雇存有主观懈怠的员工时须进行预告和给付经济补偿金，显然有违公平、诚信原则。可见，第 40 条第 2 项的立法本意应是规范员工客观不能胜任工作的情形而不包括员工存有主观懈怠的过错情形。对此，为维护第 40 条所规范的三种情形在内在逻辑体系上的一致性，宜将"客观情况发生重大变化"解读为由不可归责于员工的事由所造成。

依上文对第 39 条、第 40 条第 2 项的体系解释可知，第 40 条所规范的三种情形均由不可归责于员工的事由所造成，第 40 条的体系地位应为无过错解雇。那么，其是否同样要求不可归责于企业自身呢？对此，法律并无明文规定。依对第 40 条第 3 项的解释可知，企业在单方解雇无过错的员工时须具备严格的实体、程序要件，并且还须符合第 42 条不得对特定人群使用无过错解雇的规定和依第 46 条第 3 项给付经济补偿金，否则便构成违法解雇。可见，其内含的假设前提是"员工一般不得因过错以外的原因被解雇"，② 唯有如此才能防止无过错解雇的任意性。既然企业在解雇无过错的员工时尚须满足种种严格的条件，依"举重以明轻，举轻以明重"的法理，符合第 40 条规范目的的当然解释结论是：除不可归责于员工外，第 40 条三种规范情形的发生同样不可归责于企业。否则，若企业对可归责于自身的情形享有单方解雇权，将严重违背公平诚信原则及其所遵循的解雇限制立法理念和实现劳动关系稳定和谐的立法宗旨。

（二）第 40 条第 3 项与经济性裁员的二元并轨特点表明前者内含不可归责性

我国对第 40 条第 3 项与经济性裁员选择的是二元并轨制调整模式，二者的规范事项与立法理由迥异，其中前者规范的是不可归责于劳资双方的解雇事由。这主要体现为如下三点：

一是经济性裁员规则的历史演变过程表明，它与第 40 条第 3 项的规范事项逐渐由相互混同变至相互分离，其立法意图旨在对二者的规范事由做出明确区分。须先指出的是，

---

① 参见刘志鹏：《劳动法理论与判决研究》，元照出版社 2000 年版，第 151 页。
② 参见董保华：《劳动合同立法的争鸣与思考》，上海人民出版社 2011 年版，第 587－588 页。

第40条第3项沿用了《劳动法》第26条第3项的规定，并且它在《劳动合同法》前后四次审议稿中几无变化。相反，经济性裁员规则历经多次调整，在前后四次审议稿中变化较大。起初，《中华人民共和国劳动合同法（草案）》（以下简称"一审稿"）第33条对经济性裁员解雇事由的规定同"一审稿"第32条对客观情况发生重大变化解雇的规定几乎一致，只增加了裁员人数须达50人以上的数量门槛，即"劳动合同订立时所依据的客观情况发生重大变化，致使劳动合同无法履行，需要裁减人员五十人以上的……"。① "一审稿"公布后，法律委员会经同国务院法制办、劳动保障部、全国总工会研究，建议将"一审稿"的规范情形修改为"依照企业破产法规定进行重整的、生产经营发生严重困难、因防治污染搬迁等客观经济情形发生重大变化"。② 《中华人民共和国劳动合同法（草案二次审议稿）》（以下简称"二审稿"）第41条第1款采纳了这一立法建议，同时《全国人民代表大会法律委员会关于中华人民共和国劳动合同法（草案三次审议稿）》（以下简称"三审稿"）在第41条第1款中增加了"企业转产、重大技术革新、经营方式调整"这一情形。③

可见，不同于"一审稿"将二者相互混同的做法，"二审稿"和"三审稿"已有意对二者做出区分，并且四审稿和最终定稿除删掉"因防治污染搬迁"这一情形外，其他规定基本沿用"三审稿"的做法。同时，《说明》第26条第4款更是明确指出《劳动法》第26条第3项所规范的"客观情况"并不包括《劳动法》第27条所规定的裁员情形，即"用人单位濒临破产进行法定整顿期间、生产经营发生严重困难"。参与《劳动合同法》先后四次审议全程的学者郑功成亦指出，第40条第3项所规定的"客观情况"并不包括第41条所列情形。④ 由此可得出的结论是，立法者有意将第40条第3项与经济性裁员规则的解雇事由做出区分。

二是前者所规范的是不可归责于劳资双方的解雇事由，而后者适用于企业基于自身经济情况发生重大变化，主动或被动适应市场变化所采取的组织结构调整等情形，属企业自主经营的范畴。例如，在北京《瑞丽》杂志社等上诉劳动争议案⑤和碧辟（中国）投资有限公司北京分公司与孟永红劳动争议案⑥中，法院均认定客观情况一般是指除劳资双方主动采取行为之外的不以双方主观意志为转移的情形，而企业主动适应市场变化所做的生产

---

① 《中华人民共和国劳动合同法（草案）》，载中国人大网 http：//www. npc. gov. cn/zgrdw/npc/xinwen/lf-gz/flca/2006 - 03/20/content_ 347910. htm，最后访问日期：2020年11月27日。

② 《全国人民代表大会法律委员会关于中华人民共和国劳动合同法（草案）修改情况的汇报——2006年12月24日在第十届全国人民代表大会常务委员会第二十五次会议上》，载中国人大网 http：//www. npc. gov. cn/wx-zl/gongbao/2007 - 08/14/content_ 5374711. htm，最后访问日期：2020年11月27日。

③ 《全国人民代表大会法律委员会关于中华人民共和国劳动合同法（草案二次审议稿）修改情况的汇报——2007年4月24日在第十届全国人民代表大会常务委员会第二十七次会议上》，载中国人大网 http：//www. npc. gov. cn/wxzl/gongbao/2007 - 08/14/content_ 5374710. htm，最后访问日期：2020年11月27日。

④ 参见郑功成：《中华人民共和国劳动合同法释义与案例分析》，人民出版社2007年版，第142页。

⑤ 北京《瑞丽》杂志社等上诉劳动争议二审民事判决书（2017）京02民终1681号。

⑥ 碧辟（中国）投资有限公司北京分公司与孟永红劳动争议二审民事判决书（2015）三中民终字第13574号。

经营调整并非客观情况而是第 41 条所规范的经营自主情形。又如，有判决指出，"第 40 条第 3 项的变动是由不可归责于当事人的事由所致，而因企业转产、重大技术革新或者经营方式调整以及其他因客观经济情况发生重大变化时用人单位采取的应对举措，系用人单位为追求企业利润而主动采取的适应市场变化的经营行为，故不属于与劳动者在订立劳动合同时无法预见的、不以双方主观意志为转移的'客观情况'范畴"。①

三是二者的价值追求并不相同。前者的价值追求旨在实现异常风险的合理分配和契约正义，而下文将对之予以详论，在此先不予赘述。与之不同，后者旨在保障企业的经营自主权和防范企业任意进行经济裁员。用工自主权是企业经营自主权的重要内容，若企业在生产经营困难等情形下无法裁员，企业的经营自主权就无法落实，也会使企业背上冗员的包袱，无法适应市场经济对高效、公平竞争的要求。有关判例即认为，法律之所以允许企业进行经济性裁员，来源于企业享有经营自主权。② 时任劳动部部长李伯勇在 1994 年 3 月 2 日第八届全国人民代表大会常务委员会第六次会议所作的《关于〈中华人民共和国劳动法（草案）〉的说明》指出，经济性裁员规则是法律对企业经营自主权的进一步确认。③ 立法机关人士在立法后所作释义亦指出，为保障企业的经营自主权，第 41 条允许企业在确属生产经营严重困难、长期亏损等情形下采取裁员的方式来压缩人力成本、优化企业组织结构。④

综上，第 40 条的体系定位宜是无过错解雇，为符合对第 40 条的体系解释和当然解释结果，第 40 条第 3 项所规范的事由应是不可归责于劳资双方的解雇事由，即"存在着不可归责于双方当事人的原因，使劳动合同形成所依赖的客观情况发生了当事人不能预见的变化"。⑤ 可见，主观裁判模式尚未遵循前述规则的内部逻辑与体系特点，其将可归责于用人单位的主观事由所引发的组织结构调整、迁移等情形认定为客观情况发生重大变化，这构成体系违反。

三、"客观情况发生重大变化"之目的解释规范进路

（一）第 40 条第 3 项旨在实现异常风险的合理分配

前文分析指出客观目的论方法已是今日之通说，其"要求解释者考察法律规定本身的

---

① 上诉人北京蓝天航空科技股份有限公司（以下简称蓝天航空公司）与上诉人李政源因劳动争议一案（2019）京 01 民终 5771 号。
② 原告张斌与被告南京爱立信熊猫通信有限公司经济补偿金纠纷案（2016）苏 0115 民初 16418 号。
③ 《关于〈中华人民共和国劳动法（草案）〉的说明》，载中国人大网 http://www.npc.gov.cn/wxzl/gongbao/2001-01/02/content_5003185.htm，最后访问日期：2020 年 10 月 26 日。
④ 参见全国人大常委会法制工作委员会行政法室主编：《最新中华人民共和国劳动合同法解读与案例》，人民出版社 2013 年版，第 166-167 页；参见杨景宇、信春鹰主编：《中华人民共和国劳动合同法解读》，中国法制出版社 2007 年版，第 130 页。
⑤ 董保华：《劳动合同立法的争鸣与思考》，上海人民出版社 2011 年版，第 587 页。

合理目标或社会功能"。① 拉伦茨指出，"所有在法条中被应用的概念最终都是规定功能的概念"。② 这是目的论意义上的功能，那么"客观情况发生重大变化"在劳动法律体系中所承载的功能何在？

依对第40条第3项的文义解释，其所规制的问题是客观情况异常变动导致劳动合同无法履行时劳动关系如何存续及劳资双方之间的权利义务如何分配。从功能主义视角来看，此问题实质是关于劳动合同无法履行时的风险负担问题。所谓风险负担，是指"因不可预见的异常风险导致合同不能履行时的不利益由一方当事人承担或双方当事人合理分担的制度"。③ 异常风险是非市场系统所固有、通常无法事先预见或控制的风险，其溢出了"商业风险"的范畴，应由"客观情况发生重大变化"予以调控。对此，笔者认为，客观情况发生重大变化的功能旨在对无法预见的异常风险进行合理分配，具体而言，从该条文的法效果来说，无论是协商变更，还是合同解除，均体现出对异常风险合理分配的功能。

首先，协商变更的核心功能在于由劳资双方自主低成本地进行风险分配。第40条第3项之所以引入协商变更，一方面是考虑到单方解雇的"他治"色彩和解雇后果的严重性，旨在通过协商变更最大限度保障劳资双方的意思自治和维护劳动关系的和谐稳定，另一方面也便于节约交易与司法成本。

协商变更是实现当事人意思自治的有力保障。当劳动合同无法履行时，劳资双方有权自主决定有无必要重新协商、如何协商及如何变更。无论是调岗，还是调整工作地点、薪酬等，双方均可合意达成变更协议，以应对劳动合同无法履行带来的履约风险。关于协商变更的性质，仅从实现双方自治的角度来看，其不应被视为一种义务，劳资双方能否达成风险分配的合意，取决于双方的意思自治和个案情形下当事人的利益状态，难以将之视为义务。然而，劳动关系是劳动者的安身立命之本，④ 劳动合同法不仅要保障劳资双方的意思自治，还应承担向弱势劳动者提供必要社会保护的功能。因此，在确立协商变更的法律性质时必须考虑劳动关系的社会保护功能，宜将之定位为风险分配的强制性前置程序。遗憾的是，当前司法实践并未就协商变更是否为解雇的必然前置条件达成一致：持肯定模式的法院认定双方事先未曾针对调岗事宜进行过充分协商，阿桑娜公司径直以高峰拒绝接受调岗为由解除劳动合同，系违法解除；⑤ 持否定模式的法院认定协商变更并非解雇的必然前置条件。⑥

作为风险分配的工具，协商变更具有效率与低成本优势。若第40条第3项未设置协商变更这一风险分配工具，意味着企业在异常风险致劳动合同无法履行时可任意解雇员

---

① 陈金钊：《目的解释方法及其意义》，载《法律科学》2004年第5期，第41页。
② ［德］卡尔·拉伦茨：《法学方法论》，陈爱娥译，商务印书馆2002年版，第357页。
③ 崔建远：《风险负担规制之完善》，载《中州学刊》2018年第3期，第57页。
④ 参见［德］瓦尔特曼：《德国劳动法》，沈建峰译，法律出版社2014年版，第173页。
⑤ 北京阿桑娜商贸有限公司与高峰劳动争议二审民事判决书（2019）京02民终11294号。
⑥ 甘路明上诉纯钓（广州）贸易有限公司劳动争议案（2016）京03民终7547号。

工，这必然会加剧履约障碍，增加履约成本。相应的，任意解雇还会侵犯员工的就业权、劳动报酬给付请求权等正当权益，引发层出不穷的劳动纠纷，免不了增加纠纷解决成本或诉讼成本。相较于企业径直解雇而言，优先由劳资双方通过合意变更合同的方式来分配风险，有利于保障合约的履行和就业稳定。同时，有无必要及如何达成合意，也取决于双方意愿，这种更为和缓的方式可减少劳资纠纷，降低诉讼成本。

此外，合同解除实质亦是分配风险的工具。依对第40条第3项的文义解释，企业在解雇无过错员工时须具备如下要件：一是前提条件，即客观情况发生异常变动；二是结果条件，即客观情况的异常变动致使出现"劳动合同无法履行"这一给付不能的结果；三是程序性条件，即企业先须同员工协商变更合同而非径直解除合同；四是前置性义务，即向员工提前预告或给付代通知金。当满足前述适用条件后，便会产生此终极性法律后果：一方面企业可解除合同，员工的工资请求权就此消灭，工资支付的风险由员工承担，相应地，企业的劳务给付请求权也归于消灭，劳务给付的风险将由企业承担；另一方面员工有权获得预告或代通知金以及第46条第3项的经济补偿金。

从风险分配的视角来看，合同解除的法效果体现出合理分配风险的特点，综合考虑了利益平衡和社会保护必要性因素。依市场交易的一般规则，在因异常风险导致劳动者不能提供劳动时，工资支付风险应由劳动者承担，即"无劳动无报酬"。然而，劳动合同深具特殊性，属于有组织生产的合作关系，以企业提供劳动条件、组织生产作为劳动给付的必要前提。当客观情况发生重大变化导致企业无法提供劳动条件或组织生产，进而使劳动者无法提供劳动时，若一味要求由员工承担工资给付风险，企业却只享有权利而不承担风险，将使劳资双方利益严重失衡。同时，基于劳资双方地位和力量的严重不对等，劳动合同还应承担向处于弱势地位的劳动者提供必要社会保护的功能。对此，有必要融合利益平衡、社会保护必要性和组织因素，对劳动合同履约障碍风险分配中的交易因素予以修正。[①] 显然，合同解除的法效果融合了这三方面因素，呈现出的风险负担特点是：异常变动所致劳动合同无法履行的后果并非由企业或员工自行分担，而是由二者合理分担。质言之，当异常风险导致合同难以存续，其并未强制企业继续履行，否则有违公平，但此情形下的工资风险并非完全由员工承担，员工享有提前预告和给付经济补偿金的必要社会保护，同时企业须相应承担劳务给付的风险。

总之，该条文的核心功能在于实现异常风险的合理分担，在解释该条文的规范意义时不得随意扩大其范围，应确立异常风险是由不可归责于劳资双方的事由所产生，否则有违公平和诚信原则。

此外，立法机关释义书、被立法条文采纳的学者意见等材料基本可从侧面辅助、印证

---

① 参见沈建峰：《疫情防控背景下劳动合同不能履行时的风险负担规则研究》，载《比较法研究》2020年第2期，第42页。

笔者对第40条第3项的功能理解的准确性：

一是依立法机关人士对该条文的解读，其立法本意并非片面地保障用工自主权或劳动权，而是旨在平衡因自然、社会、经济等客观情形的异常变动所引起的劳资双方利益失衡，即在法律框架下由劳资双方来合理分担由于异常损害所造成的风险，以实现公平诚信原则。[1] 可见，该解读表明其旨在实现劳动关系上的公平与正义，实质适用标准是客观情况的异常变动所引发的劳资双方利益严重失衡状态。

二是从有关学者对该条文的解读来看，该条文的功能定位与情势变更原则相一致，即旨在矫正基于债发生时的客观情况所作利益分配失去平衡的情形。立法条文是否采纳有关专家学者的立法建议是理解立法精神的关键一环，那么，深度参与立法的学者董保华依据情势变更原则，提出了"劳动合同订立时所依据的客观情况发生重大变化致使原劳动合同无法履行，经协商无法达成变更协议的"可以解除劳动合同的立法建议。[2] 他指出，《劳动法》在实际起草过程中采纳了前条立法建议，遵循情势变更原则对第26条项下的三种不同情形进行整合，而这三种情形的共同特点之一是由不可归责于双方当事人的原因，使合同订立所依据的客观条件发生了当事人难以预见的重大变化。[3] 显然，《劳动法》第26条对客观情况发生重大变化作出规定的最终文本与前项立法建议并无二致，表明立法者最终采纳了该项立法建议，有意对劳动合同中的情势变更予以调整。笔者在此无意对第40条第3项与情势变更原则的关系予以深入辨析，但认同二者在功能定位的一致性，即二者均是对风险自负原则的矫正机制，据此合同解除后当事人所受损失的分担便应依风险公平分配理念进行，以便实现妥善合理的分配结果。[4]

（二）解雇限制理念及劳动关系的从属性要求第40条第3项适用不可归责性要件

立法目的的确定是一个动态的建构过程，法律文件名称、立法目的条款、制定法由来、个别规范的基本价值判断等都对个别规范目的的建构颇有助益。[5] 因此，在理解第40条第3项的社会功能时还需综合考虑劳动合同法的立法目的条款，二者相辅相成，即前者须契合后者并对之进行价值补充。《劳动合同法》的立法目的条款是该法第一条，其中

---

[1] 参见杨景宇、信春鹰主编：《中华人民共和国劳动合同法释义》，法律出版社2007年版，第128页；参见全国人大常委会法制工作委员会行政法室主编：《最新中华人民共和国劳动合同法解读与案例》，人民出版社2013年版，第165页；参见本书编写组主编：《〈中华人民共和国劳动合同法〉条文释义与案例精解》，中国民主法制出版社2007年版，第179－180页。

[2] 参见董保华：《劳动合同研究》，中国劳动社会保障出版社2005年版，第426页。

[3] 参见董保华：《劳动合同立法的争鸣与思考》，上海人民出版社2011年版，第586－587页。

[4] 参见尚连杰：《风险分配视角下情势变更法效果的重塑——对〈民法典〉第533条的解读》，载《法制与社会发展》2021年第1期，第171页。

[5] 参见刘翀：《论目的主义的制定法解释方法——以美国法律过程学派的目的主义版本为中心的分析》，载《法律科学》2013年第2期，第37页。

"完善劳动合同制度、明确劳动合同双方当事人的权利和义务"是直接目的,"保护劳动者合法权益、构建和发展和谐稳定的劳动关系"是最终目的,二者共同对该法中的其他条文发挥着指导或规制作用。

之所以确立倾斜保护劳动者和稳定劳动关系的最终目的,直接原因是《劳动合同法》制定背景中面临的最突出问题之一是劳动者权益频遭侵犯尤其是劳动合同短期化问题严重,劳动关系的稳定性差。① 至于二者得以确立的内在深层原因,则源于劳动关系的本质属性为从属性,② 它是劳动关系认定过程中的关键标准,③ 其独特的价值追求在于实现对劳动者的倾斜保护和实质正义。在深具从属性的劳动合同中,工作是员工安身立命之本,被解雇的员工不仅会被剥夺经济生活基础,其社会地位、人际关系也将受到直接影响。然而,由于我国解雇保护立法付之阙如,对劳动者职业稳定的保护近乎全依赖于对劳动合同解雇的限制,④ 使得强化解雇限制成为稳定劳动关系的核心。⑤ 对此,《劳动合同法》确立了具有鲜明的公权力干预特征的解雇限制制度,其凸出特点是在权衡劳资双方利益的基础上来倾斜保护劳动者,使企业不享有任意解雇权,只有符合严格条件才可进行单方解雇,以保障员工的生存权与职业稳定。

相较而言,要求适用不可归责性要件的客观裁判模式更为契合上述理念,它强调造成劳资双方利益失衡的原因应不可归责于双方,相对偏重保护劳动权。这意味着,企业不得对解雇事由的产生存有过错,亦不得以损害员工的劳动权为代价来行使用工自主权。如此,便可大为削弱企业解雇的主观随意性,有助于在平衡劳资双方权益关系的基础上实现倾斜保护劳动者的宗旨。正如有判决所指出,劳动法的立法目的主要是更好地保护劳动者的合法权益不受侵害,因此在适用法律时须在权衡劳资双方利益的基础上,尽可能保护处于相对弱势的劳动者的合法权益,不应对"客观情况"进行扩大解释。⑥ 相反,片面强调保障经营自主权的主观裁判模式较易诱发企业做出投机行为,无疑会放纵企业恶意地利用组织架构调整、岗位撤并、减员等手段来解雇员工,即以精简机构之名来行解雇之实,从而损害劳动者所享有的生存权,任意剥夺其经济生活基础。可见,主观裁判模式有违解雇限制理念及劳动关系的从属性特点。

综上,为契合该条文的社会功能、解雇限制理念及劳动关系的从属性特点尤其是员工对企业的经济依赖性和人力资源的专用性,宜在权衡劳资双方利益基础上,适用不可归责性要件来防止预告解雇的任意性,保障员工的劳动权。

---

① 参见《〈劳动合同法〉立法的背后》,载中国人大网 http://www.npc.gov.cn/zgrdw/npc/xinwen/lfgz/lfdt/2007-07/10/content_368699.htm,最后访问日期:2022年6月10日。
② 参见谢增毅:《互联网平台用工劳动关系认定》,载《中外法学》2018年第6期,第1548页。
③ 参见林嘉:《劳动法的原理、体系与问题》,法律出版社2016年版,第84页。
④ 参见郑尚元:《劳动合同法的制度与理念》,中国政法大学出版社2008年版,第243页。
⑤ 参见董保华:《劳动合同立法的争鸣与思考》,上海人民出版社2011年版,第573页。
⑥ 天津塘沽阀门有限责任公司、马学兴劳动争议二审民事判决书(2018)津02民终6899号。

结　语

在审查《劳动合同法》第 40 条第 3 项的规范内涵时，各地司法裁判的实质分歧在于"客观情况发生重大变化"应否适用不可归责性要件，形成了主观、客观两种裁判模式。从解释论视角，这可归因于各地法院拘泥于偏重文义解释、主观解释而未综合运用体系解释、历史解释、目的解释等传统解释方法，存在超越客观情况的文义射程范围，失之主观随意的问题和有违《说明》第 26 条第 4 款强调不可归责性的立法原意。展开体系解释可知，第 39-41 条所选择的三元制解雇体系的内在逻辑表明第 40 条的体系定位是无过错解雇，对第 40 条第 3 项适用不可归责性符合对第 40 条的体系解释和当然解释结果。依循目的解释规范进路，第 40 条第 3 项的功能及其印证结果表明其旨在实现异常风险的合理分配，为契合该功能、解雇限制理念及劳动关系的从属性，须适用不可归责性要件来限制解雇的任意性。总之，在解释与适用第 40 条第 3 项及《劳动合同法》的其他条文时，各地法院应综合运用传统解释方法来作阐释，即以法律文本为依据，遵循条文的内在逻辑与体系特点及其应有功能来作解读。

（编辑：戴津伟）

论违约方合同解除权的规范定位与法律适用[*]

李晓旭[**]

摘 要 在"新宇公司诉冯玉梅案"中，法院依据《合同法》第110条支持了违约方合同解除的请求，此后大多数类似案件均参照适用该案判决说理。但是违约方解除合同的法律依据、性质界定、适用条件等皆有不清晰之处。在争议之外，违约方不应当享有一般意义上的合同解除权是各界共识。《民法典》第580条第2款赋予了违约方合同解除权，为违约方脱离合同提供了正当路径。学界与司法实践中对于该权利性质的争议以及对《民法典》颁布前后的案例对比表明，赋予违约方合同解除权更为高效合理，同时，违约方行使合同解除权并非是任意的，要符合合同无法继续履行、违约方给予损害赔偿、向人民法院或仲裁机构提出申请等限制条件。

关键词 合同解除 合同僵局 效率违约 违约方合同解除权

引 言

2006年最高人民法院第6期公报案例——新宇公司诉冯玉梅商铺买卖合同纠纷一案中，法院以《合同法》第110条第2款为依据支持了违约方解除合同的请求，这是我国司法实践中首次判决支持违约方解除合同的经典案例。尽管《合同法》第110条第2款实际上赋予的是违约方对守约方强制履行的抗辩权，而非合同解除权，支持违约方解除合同的行为也无明确的法律依据，此后司法实践中仍出现了大量支持违约方解除合同的案例，判

---

[*] 本文系国家社会科学基金项目"《民法总则》与公司决议制度适用对接问题研究"（项目编号：18CFX045）的阶段性研究成果。

[**] 李晓旭，女，辽宁朝阳人，西南政法大学经济法学院研究生，研究方向为合同法、公司法。

令支持违约方解除合同也多是以《合同法》第 110 条为依据，认为我国没有法律明确表示违约方不能解除合同，在金钱补偿可以满足当事人利益时，一味地坚持继续履行并没有实际意义。①

事实上，在《民法典》颁布之前，是否支持违约方解除合同，法院作出的判决及说理各不相同，是否赋予违约方合同解除权，学界与实务界亦是争论不休。亟需明确的法律依据、统一的裁判立场来指导违约方申请合同解除纠纷。

《民法典》在编纂过程中对此作出回应。《民法典合同编》一审稿、二审稿中均设置了关于违约方申请解除合同的条款，一审稿第 353 条第 3 款规定："合同不能履行致使不能实现合同目的，解除权人不解除合同对对方明显不公平的，对方可以向人民法院或者仲裁机构请求解除合同，但是不影响其承担违约责任。"增设了违约方向人民法院或仲裁机构申请解除的权利。二审稿采用了更为严谨的措辞，规定："合同不能履行致使不能实现合同目的，有解除权的当事人不行使解除权，构成滥用权力对对方显失公平的，人民法院或仲裁机构可以根据对方的请求解除合同"。但是将"滥用权利""显示公平"等本就不确定的概念叠加，导致的只能是适用上的困境，也因此遭到了广泛批评。2020 年 5 月 28 日十三届全国人大三次会议表决通过了《中华人民共和国民法典》（以下简称《民法典》）。其中第 580 条继承了《合同法》第 110 条的规定，并在此基础上增加了有关合同终止的第 2 款，"有前款规定的除外情形之一，致使不能实现合同目的的，人民法院或仲裁机构可以根据当事人的请求终止合同义务关系，但是不影响违约责任的承担。"确立了实际履行被排除后的合同终止规则。

对于违约方合同解除权，学界长期以来主要持两种论点，即肯定论者与否定论者。肯定论者支持违约方合同解除权的理由主要有以下三点：一能提高效率。在合同无法继续履行的情形下，继续维系合同并不利于保护双方的利益，也不利于社会资源的有效分配。② 二是维护诚信。在合同僵局中非违约方有解除权却不行使，是对权利的滥用、对诚信原则的破坏。③ 三则法律效果好。自新宇公司诉冯玉梅案后，各地法院出现的支持违约方解除合同的案例均取得了较好的法律效果，避免了资源闲置浪费，打破了合同僵局，并没有对合同秩序造成破坏。④

否定违约方合同解除权的主要理由有：（1）不符合合同体系与基本原则。持此种观点

---

① 参见程晓红与周芹房屋租赁合同纠纷上诉案，江苏省连云港市中级人民法院民事判决书（2014）连民终字第 0035 号；张正伟与牛永成房屋租赁合同纠纷上诉案，甘肃省白银市中级人民法院民事判决书（2016）甘 04 民终 512 号；张艳祥等与陈盛房屋租赁合同纠纷上诉案，湖北省武汉市中级人民法院民事判决书（2016）鄂 01 民终 7144 号。
② 参见孙良国：《违约方合同解除的理论争议、司法实践与路径设计》，载《法学》2019 年第 7 期，第 52 页。
③ 参见刘凯湘：《民法典合同解除制度评析与完善建议》，载《清华法学》2020 年第 3 期，第 176 页。
④ 参见张素华、杨孝通：《也论违约方申请合同解除权兼评〈民法典〉第 580 条第 2 款》，载《河北法学》2020 年第 9 期，第 19 页。

的学者认为立法与司法应当发挥引导作用，赋予违约方合同解除权，是对合同严守原则的颠覆，对诚信原则的蔑视，也不符合合同法"鼓励交易"的价值取向。①（2）可能引起诚信危机。该权利带有鼓励解除合同的倾向，当违约方意识到违约所获得的收益大于履行时，难免会故意选择违约，置交易安全于不顾。

肯定论者与否定论者并非绝对地针锋相对，潜在共识在于：不能在普遍意义上赋予违约方合同解除权，违约方若想脱离合同必须具备严格的适用条件。

在《民法典》第580条第2款的背景之下，违约方合同解除权是否已经为法律所明晰、其性质与适用条件又如何确定，将会是理论界与司法实践中共同面临的问题。基于此种背景，再结合《民法典》实施前后的司法案例，试图对《民法典》第580条第2款的规范定位及司法适用做法教义学解构，找寻《民法典》背景下违约方解除合同权潜在的解释路径与适用条件。

一、《民法典》第580条第2款规范定位的学理与实践争议

《民法典》第580条第2款出台后，争议焦点集中在违约方是否拥有合同解除权，具体而言，该权利到底是当事人解除权还是法院或仲裁机构的权利？

（一）学理争议

1. 司法解除权

司法解除源于1804年《法国民法典》第1227条规定："任何情况下，当事人均可请求法院解除合同。"通过司法判决解除合同，当事人有权提起解除合同之诉，而法院享有判定能否解除的权利。王利明教授主张无须赋予违约方解除权，可以参考法国的"司法解除"制度，一般情况下不应当允许违约方解除合同，特殊情况下有必要肯定，但应当通过司法解除。② 在法国法的语境中，通过司法裁判方式解除的合同，并不被认为是行使形成权的结果，法院并非对合同的解除事实作出事后的确认，而是对合同是否解除作出综合的判断。③ 这与全国人大法工委认为的《民法典》第580条第2款所规定的只是"司法终止权"④ 不谋而合，即违约方仅仅拥有提出解除合同申请的权力，解除与否以及解除时间由司法机关确定。司法机关更具权威性与可信度，由法院和仲裁机构掌管该权利，在当事人提出诉讼的前提下，对纠纷作出全面审查，判定是否解除，能够彻底解决双方争议，实现利益最大化。张素华、杨孝通认为司法解除具有终局效力，由法院或仲裁机构对合同是否

---

① 参见蔡睿：《吸收还是摒弃：违约方合同解除权之反思——基于相关裁判案例的实证研究》，载《现代法学》2019年第5期，第167页。
② 参见王利明：《合同编解除制度的完善》，载《法学杂志》2018年第3期，第19-20页。
③ 李贝：《法国债法改革对我国民法典制定的启示意义》，载《交大法学》2017年第2期，第64页。
④ 参见朱虎：《解除权的行使和行使效果》，载《比较法研究》2020第5期，第97页。

接触作出最终裁判，有利于提高司法效率。① 石佳友、高郦梅则从道德层面出发，认为采取司法解除在警惕行为人策略性选择和道德风险问题上具有明显优势。② 法谚云："任何人不得因主张其恶行而得利。"即便是守约方享有的解除权，行使起来仍有诸多限制，违约方既已出现道德瑕疵，仍直接赋予合同解除权难免会削弱法律的约束力。司法解除让法院或仲裁机构成为守门人，降低了直接赋予违约方解除权的道德可非难性。

2. 违约方解除权

崔建远教授认为应当承认违约方享有解除权，违约方请求解除合同是法院介入的起点，无论承认违约方有解除权还是仅承认由法院或仲裁机构裁判解除，在形式与结果上是一致的。③ 孙良国教授主张赋予违约方解除权能够更便捷有效地解决问题，规定严格的适用要件可以解决对当事人投机主义的忧虑。④ 法国所使用的"司法解除"有其固有的法律规则依据，我国民事诉讼中法院的角色仅仅是中立的裁判者，不实际享有民事权利义务，贸然将"司法解除"移植到我国的司法土壤，可能会适得其反。《民法典》采用"可以"的表述意在将该权利限定为违约方选择的自由，若双方对于解除合同没有争议自然可以破解合同僵局，若产生纠纷，基于给定的合同解除规则，预估成本与收益决定是否诉诸法律，不失高效便捷。

3. 两种观点分歧所在

持两种观点的学者产生分歧源于以下两点：一则赋予违约方合同解除权是否会引发道德风险；二则过度强调效率，是否是效率违约理论的体现。

坚持实行司法解除的学者认为，违约方作为具有道德瑕疵的主体，若获得合同解除权，极易触发投机心理，从而引发道德风险。存在过错的一方援引其过错而获利，突破了合同法的道德价值，无异于鼓励当事人任意违约。秉持赋予违约方合同解除权的学者认为违约未必是不道德的。简单地将所有违约行为划定为违反道德的行为，而不考虑其背后动因以及可能引发的结果，是不公平也不科学的。如商铺受到疫情影响经营不善，租户提出解除合同，虽然也是违约行为，但不能绝对说这样的行为非道德的。更何况违约方合同解除权是特殊规则，其适用要符合严格的限制条件，某种程度上缓解了可能引起的道德危机。即使违约方如愿解除了合同，也要承担对守约方造成的损失，当事人必然要考虑诉讼所带来的成本，削弱了该权利对违约方恶意解除合同的激励性。在支付期望损害赔偿的语境下，如果法律还坚守"违约损害赔偿以受害方的损害填补"为中心，那么违约方从某种

---

① 参见张素华、杨孝通：《也论违约方申请合同解除权兼评〈民法典〉第 580 条第 2 款》，载《河北法学》第 38 卷第 9 期，第 25 页。

② 参见石佳友、高郦梅：《违约方申请解除合同权：争议与回应》，载《比较法研究》2019 年第 6 期，第 39 页。

③ 崔建远：《关于合同僵局的破解之道》，载《东方法学》2020 年第 4 期，第 116 页。

④ 孙良国：《违约方合同解除的理论争议、司法实践与路径设计》，载《法学》2019 年第 7 期，第 52 页。

消极事实状态中摆脱出来而避免进一步的损失,这也是一种"利"。①

另一方面,效率违约理论的核心要义在于,只要违约是有效率的,其就有权以支付损害赔偿的代价不履行合同,排斥对方继续履行的权利。② 违约方合同解除权存在的依据无疑包含效率,但并非是以"效率违约理论"为基础。虽然效率几乎是法律经济学最重要的价值,但效率违约理论受到了道德价值和其他价值的否定性评价,因为我国法律中奉行将实际履行作为违约方承担责任的主要方式,实际履行可以塑造允诺的道德性以及道德上体面人的实现追求。③ 效率违约理论排除实际履行是因为履行经济效果不佳,当事人为求更大利益主动违约,而违约方合同解除权是因为实际履行已无可能。违约方合同解除权是违约方戴着"镣铐"的舞蹈,与冠以"效率"之名行违约之实的效率违约理论截然不同。效率违约理论以"成本—收益"作为效率判断标准,违约方合同解除权在考虑是否无法继续履行时,同样会参考适用该标准,但不同的是,诚信与公平原则发挥着重要作用,避免了违约方合同解除权走向仅重效率的极端。违约方合同解除权在严格限制下的实现能够打破合同僵局,避免资源浪费,立足于效率又回归于效率,与效率违约理论没有必然联系。

(二)《民法典》颁布前后的案例分析对比

必须中说明的是,《民法典》颁布前后,法院判决说理相去无几,这是违约方合同解除权存在较强的功能性造成的。新宇公司诉冯玉梅案是实践中确认违约方合同解除权存在的起点。虽然最高法对于违约方解除合同曾出现过截然相反的判决④,且在理论上指导性案例仅仅是非正式的、辅助性的法律渊源,但其对后续类案裁判的影响实际远不止于此,⑤ 法院关于此问题的态度从否定逐渐转向了肯定。从个案到类案,最终形成法律规范,是司法先行的显著特点。尽管立法活动是一种自我指涉,但立法者在立法活动中的决策并不应是单纯的自我决定。立法本身即是一种知识开放的学习机制,是与整体社会价值进行互动的产物。⑥

违约方合同解除权在正当化之前,已在实践中得到充分验证,并逐步形成了具有普遍指导意义的违约方解除合同规则。典型个案与判例链条及法律规则的印证,形成的是灵活贯通的规则,而不是僵硬的条文。

对《民法典》颁布前后的案例进行分析对比,着重探究的是《民法典》背景之下,

---

① 孙良国:《违约方合同解除的理论争议、司法实践与路径设计》,载《法学》2019年第7期,第51页。
② 参见孙良国:《效率违约理论研究》,载《法制与社会发展》2006年第5期,第104页。
③ Seana Valentine Shiffrin: The Divergence of Contract and Promise, Havard Law Review, 2007, p.722-724.
④ 2005年最高法公报案例第3期"万顺公司与永新公司等合作开发协议纠纷案"中,最高法以合同解除权的行使须以解除权成就为前提的理由否定了违约方解除合同的请求。
⑤ 参见吴飞飞:《论股权转让合同解除规则的体系不一致缺陷与治愈——指导案例67号组织法裁判规则反思》,载《政治与法律》2021年第7期,第124页。
⑥ 周宇骏:《从德性内在到审慎行动:一种立法者的方法论》,载陈金钊、谢晖主编:《法律方法》(第35卷),研究出版社2021年版,第209页。

违约方合同解除权的适用条件具体发生的变化及其背后原因指向，以期为其解释适用找到落脚点。

1. 《民法典》颁布之前的司法案例分析

通过北大法宝检索适用《合同法》判决的违约方解除合同案件，约有270件支持违约方解除合同的有效案例，在这些案例的裁判说理中"履行费用过高"出现了166次，"不能实现合同目的"出现了144次，"合同僵局"出现30次，"显失公平"出现了23次，"避免资源浪费"出现了20次。整理得出法院支持违约方解除合同的理由有以下几种：

（1）履行费用过高，继续履行显失公平。

以新宇公司案为例，裁判观点认为，当违约方继续履行所需的财力、物力超过合同双方基于合同履行所能获得的利益时，应该允许违约方解除合同。尽管新宇公司在该案中违反了合同约定，但其支付履行费用过高，应当允许其用赔偿损失代替继续履行。此后多数类案参照使用该裁判规则。"葛冀荣、麻城市融辉商场管理有限公司房屋租赁合同纠纷"案中，葛冀荣与融辉商场管理公司签订商铺租赁合同，葛冀荣在合同期限尚未届满前以经营困难为由要求解除合同。再审法院认为虽然葛冀荣是违约方，但是要求其继续履行租赁合同，则葛冀荣必须向融辉商场管理公司支付融辉商场管理公司提出的合同约定下欠的租金37.4万余元，支付的履行费用过高，对葛冀荣显失公平。[1] "张正伟与牛永成房屋租赁合同纠纷"案中，租户牛永成经营不善，欠缴租金，作为违约方在租赁合同履行期内提出了解除合同的要求，房东张正伟作为守约方则要求继续履行合同。法院表示合同应否解除应当考虑违约方继续履约所需的财力、物力是否超过了合同双方基于合同履行所能获得的利益。[2]

为平衡双方利益并解决合同纠纷，防止资源浪费，避免损失扩大化，支持违约方解除合同是正确合理的，也符合公平原则。在这些案件中，法院强调不解除合同的行为要符合"显失公平"，但是"显失公平"本身存在一定的抽象性，实践中并无明确的判断标准。法院实际上借助了利益衡量标准使其具象化。以成本—收益的具体判断标准弥补"显失公平"的不确定性。

（2）出现合同僵局，不能达到合同目的。

合同僵局主要是指在长期合同中，一方因为经济形势的变化、履约能力等原因，导致不可能履行长期合同，需要提前解约，而另一方拒绝解除合同。[3] 合同并非绝对不能履行，也不属于情势变更，但由于违约方的原因难以继续履行，而非违约方又拒绝解除合

---

[1] 参见葛冀荣、麻城市融辉商场管理有限公司房屋租赁合同纠纷再审案，湖北省高级人民法院民事判决书（2020）鄂民再35号。

[2] 参见张正伟与牛永成房屋租赁合同纠纷上诉案，甘肃省白银市中级人民法院民事判决书（2016）甘04民终512号。

[3] 王利明：《论合同僵局中违约方申请解约》，载《法学评论》2020年第1期，第30页。

同,致使合同处在无法继续也无法解除的僵局状态。守约方享有解除权却不解除合同,违约方无法从合同中获益却不得不继续背负合同负担。守约方也可能出现机会主义行为,不考虑对方当事人利益滥用权利而消减社会利益。合同法的一个基本目标就是威慑机会主义行为,鼓励最优地安排经济活动和避免采取成本高昂的自我保护性措施。① 允许违约方解除合同也是赋予其脱离合同僵局的救济手段。

"王桂华诉李雪买卖合同纠纷案"中,法院认为,在履行该合同中陷入僵局时,通过合适的方式解除,使当事人在合同目的不能实现时,解除现有权利义务关系的束缚,也属于民事合同救济的方式。② 法院支持合同僵局中违约方的解约请求多是基于诚实信用等基本原则,在合同未明示合同陷入僵局时违约方可解除合同的情况下,就双方对合同条款性质的争议,法院应运用诚信解释的基本原则,认定违约方可在承担违约责任的前提下依据约定解除合同。③ "张艳祥等与陈盛房屋租赁合同纠纷"案中,法院认为,继续履行不能实现合同目的,双方当事人对合同解除不能达成一致的情况下,根据公平原则,为防止损失不必要的继续扩大,应当解除合同。④ "郭东芳与山东朝阳房地产开发有限公司商品房销售合同纠纷"案中,法院认为,公平原则和诚实信用是合同法的基本原则,既是履约的保障,也是在对方当事人违约时获得赔偿的保障。⑤ 合同目的能否实现与违约程度正相关,违约行为严重影响了合同的履行可得利益、导致双方失去信任基础、违反了合同约定的主要义务,都会导致合同目的的不能实现。在案例中,"失去信任基础""履约能力下降"等都构成合同目的不能实现。⑥

(3) 强调维护社会利益,避免资源浪费。

合同无法继续履行,可能会造成资源的闲置与浪费。如在租赁合同中,承租人因陷入经营困难请求解除合同,但是出租人以合同未到期为由不同意解除,导致出租物空置,不能物尽其用,公共利益也可能受到损害。"伊春市金山热力有限公司与黑龙江省双丰林业局林业承包合同纠纷案"中,金山公司因与双丰林业局之间的合同纠纷退出供热厂,由双

---

① Richard A. Posner: *Economic Analysis of Law* (English Edition), Wolters Kluwer Law &Business, 2011, p.177.

② 参见王桂华诉吕雪房屋买卖合同纠纷案,黑龙江省讷河市人民法院民事判决书 (2020) 黑0281民初154号。

③ 参见北京红山宏源物业管理有限公司诉逸途 (北京) 科技有限公司房屋租赁合同纠纷案,北京市第三中级人民法院民事判决书 (2019) 京03民终5827号。

④ 参见张艳祥等与陈盛房屋租赁合同纠纷上诉案,湖北省武汉市中级人民法院民事判决书 (2016) 鄂01民终7144号。

⑤ 参见郭东芳、山东朝阳房地产开发有限公司商品房销售合同纠纷案,山东省滨州地区中级人民法院民事判决书 (2019) 鲁16民终828号。

⑥ 参见青海汇通物业管理有限责任公司、廖志妍房屋租赁合同案,青海省西宁市中级人民法院民事判决书 (2021) 青01民终2620号;王勇杰、广州虎牙信息科技有限公司合同纠纷案,广东省广州市中级人民法院民事判决书 (2020) 粤01民终5456号;广州欢聚传媒有限公司与贺星月网络服务合同纠纷案,广东省番禺市 (区) 中级人民法院民事判决书 (2020) 粤0113民初8877号。

丰林业局接管并实际经营，法院认为，该合同已经失去了继续履行的现实基础与客观条件，强行履行反而会损害社会群体利益。[1]"吉林省吉某工贸有限责任公司与吉林省巴黎春天百货有限公司房屋租赁合同纠纷"案中，法院在说理中表示判断履行费用是否过高，不应仅从一方因履行获得的利益与一方因履行承受的不利益比较，还应从社会总体利益的角度出发，减少财产浪费，有效利用资源。[2] 在市场经济环境中，尽管合同具有相对性，但也不能断定为只与合同双方有利益关系，合同继续履行与否对公共利益也有深刻影响，要考虑对社会经济发展的辐射效果。

通过这些案例可以看出，法院对违约方解除合同的申请并非无条件支持，虽然裁判结果大致相同，但是予以支持的理由与所依法律不尽相同。过去法院常以《合同法》第110条为法律依据支持违约方解除合同，但是第110条无论是内容抑或体系，都无法证明与合同解除权有必然联系。其规定情形限于债务人的抗辩事由，拥有抗辩事由是对债权人继续履行抗辩权的排除，不等同于拥有了合同解除权。正如崔建远教授所言："总的来说，《合同法》第110条本身是针对强制履行的，并不直接是合同解除制度的范畴。"[3] 法院在司法实践中将其作为违约方解除合同的法律依据，是立法空白导致的无奈之举。但是违约方实际上既没有约定解除，也不构成法定解除，尽管得到法院的支持，不构成违约方合同解除权的规范基础。

2.《民法典》颁布以后的案例分析

在没有明确法律依据的前提下，仍然有大量违约方解除合同的诉请被支持，反映出填补该立法空白的迫切需求。在《合同法》第110条庇佑之下，违约方只能在被守约方追责时作出被动、消极的抗辩，没有积极主动脱离合同束缚的能力。而《民法典》第580条第2款正是违约方解除合同权正当化的新路径，它让违约方获得积极主动权，不仅从解释层面肯定了违约方合同解除权，更是在理论层面为违约方合同解除权提供了新的理论支撑。[4]《民法典》第580条承接《合同法》第110条的规定，进而在第2款中强调了违约方解除合同的条件与程序，颁布以后，违约方解除合同的案件有了具体的法律依据，法院在说理上也产生了变化。法院支持违约方解除合同的理由实际上就是违约方得以解除合同的条件。

(1) 合同目的不能实现，无法继续履行。

《民法典》第580条的理论创新在于通过第2款赋予违约方合同解除权来破解合同僵

---

[1] 参见伊春市金山热力有限公司、黑龙江省双丰林业局林业承包合同纠纷再审案，最高人民法院再审民事裁定书（2019）最高法民申2905号。
[2] 参见吉林省吉某工贸有限责任公司与吉林省巴黎春天百货有限公司房屋租赁合同纠纷案，吉林省高级人民法院民事判决书（2020）吉民终409号。
[3] 参见崔建远：《合同法学》，法律出版社2014年版，第275页。
[4] 王俐智：《违约方合同解除权的解释路径——基于〈民法典〉第580条的展开》，载《北方法学》2021年第2期，第19页。

局。合同法定解除的条件以"合同目的不能实现"为重心，合同僵局也以"合同目的不能实现"为核心条件。以"合同目的不能实现"为媒介，破解合同僵局构成了合同解除的目的。当事人订立合同均是为达到一定目的，房屋租赁合同中，出租方的目的是获取租金，承租人的目的获得房屋使用权，若承租人租赁房屋用于经营，当其因疫情或其他经济因素影响经营不善时，其合同目的便已无法达到。"张童、谭昌万租赁合同纠纷"案中，承租方张童受疫情影响无力经营，提出解除合同，法院认为双方租赁合同目的已无法实现，解除合同更具合理性。① 具有人身性的合同合作配合是继续履行的重要因素，即使合同事实上仍可以继续履行，强行履行也难免达不到预期效果，合同目的也无法实现。"徐中凯、中山市坦洲镇唯音音乐培训室教育培训合同纠纷"案中，徐中凯参与59节课程后，认为唯音音乐培训室存在教学提升效果小，教学方式不适合学员等问题，故主张解除涉案合同。对此，唯音音乐培训室认为培训有瓶颈期，需时间培训，不同意解除合同。一审法院认为徐中凯解除合同的请求证据不足，不予支持。上诉后二审法院在判决中表示，教育培训合同具有人身依附性，若接受培训方表示已无法继续接受教育，无法达到提升能力的合同目的，应当允许违约方解除合同。②

刘贵祥大法官认为，在合同不能实际履行时由违约方行使解除权，这是一种优化市场资源配置的及时处理方式。③ 在"李海龙、李海波等房屋租赁合同纠纷案"中，好莱坞公司提起诉讼要求解除与李海龙签订的房屋租赁合同，因新冠肺炎疫情影响的原因造成经营困难，实在难以持续，明确作出不愿继续履行合同的意思表示，而李海龙、李海波要求继续履行合同。双方之间的合同已陷入僵局。二审法院认为，继续履行不仅房屋处于闲置状态，好莱坞公司要承受租金损失，李海龙也失去了租金收益保障。好莱坞公司将设施大部分搬离，以实际行为表明不愿继续履行合同，在此种情形下，双方之间已然不具备继续履行合同的可能性，也不适用于强制履行。应当准许解除房屋租赁合同。④ 合同继续履行的前提是当事人有意愿履行且有实际履行的条件，如果失去了这个前提，合同的意义也已不复存在。强行要求履行只会两败俱伤，浪费社会资源。"朱志扬、金美菲等与金华市百事达市场开发有限公司委托合同纠纷"案中，法院对百事达公司无力支付租金而又无法解除合同的情形，表示被告百事达公司无力履行合同义务，合同陷入僵局应当允许解除，有利于充分发挥物的价值。⑤ 继续履行不仅增加违约方的经济负担，对守约方也没有积极意

---

① 参见张童、谭昌万租赁合同纠纷案，四川省广安市中级人民法院民事判决书（2021）川16民终751号。
② 参见徐中凯、中山市坦洲镇唯音音乐培训室教育培训合同纠纷案，广东省中山市中级人民法院民事判决书（2021）粤20民终4168号。
③ 参见刘贵祥：《最高人民法院第一巡回法庭精选案例裁判思路解析（一）》，法律出版社2016年版，第180-181页。
④ 参见李海龙、李海波等房屋租赁合同纠纷案，新疆维吾尔自治区阿勒泰地区中级人民法院民事判决书（2021）新43民终642号。
⑤ 参见朱志扬、金美菲等与金华市百事达市场开发有限公司委托合同纠纷案，浙江省金华市婺城区人民法院民事判决书（2021）浙0702民初767号。

义，应当允许违约方从难以继续的合同中跳脱出来。① 通常合同僵局中，违约方已经没有实际履行的能力，或者实际履行成本过高，远远超出履约后守约方所获得的利益。通过成本-利益的对比，可以判定是否无法继续履行。

(2) 违约方非恶意违约，且承担损害赔偿责任。

否定违约方合同解除权的学者所持理由之一即产生道德危机，危害诚信原则，认为一旦当事人拥有合同解除权，当违约利益大于履行成本时就会立即选择违约，让市场秩序处于混乱与不稳定之中。事实上并非所有的违约行为都具有道德可非难性，其次法院以及仲裁机构有审查违约方主观意图的义务与能力。从实践中来看，不少法院在裁判说理中强调了违约方的违约行为应无主观恶意，以此避免该权利被滥用，成为故意违约的获利工具。② 在"陈刚华、段贵成买卖合同纠纷案"中，陈刚华按合同约定支付了定金和首付款，亦按合同约定申请按揭贷款，但因按揭贷款未获审批而无力支付剩余房款，因此申请解除合同。二审法院认为陈刚华解除合同的请求并无主观恶意，合同解除后，段贵成亦可以通过追究违约责任等方式要求陈刚华承担替代责任，据此支持了陈刚华解除合同的请求。③ 通过解除合同来平衡双方当事人的利益，减少违约方损失，防止守约方损失扩大。同时违约方承担违约责任，赔偿守约方损失，实现实质正义。④

3. 共识与差异

无论依据《合同法》还是《民法典》，各级法院共识在于违约方一般不享有合同解除权。⑤ 不鼓励轻易行使解除权，防止交易预期彻底落空造成经济资源浪费，是法律的基本立场。最高人民法院认为，合同解除制度的首要之意固然在于赋予守约方合同解除权，使其能够获得以解除合同为补救方式的特殊救济，解除合同本就不是违约情形下唯一的救济手段，更不是当然的救济手段。若合同动辄可以解除，交易关系动辄可致流产，则必将引发市场秩序的混乱、交易成本的虚高和资源配置效率的低下。⑥ 法院支持违约方解除合同必然会限制相应的条件，掌控双方利益平衡。

差异在于：

---

① 参见贾明洁、程子航房屋租赁合同纠纷案，江苏省无锡市中级人民法院民事判决书（2021）苏02民终5809号；樊彩琴与金华市百事达市场开发有限公司委托合同纠纷案，浙江省金华市婺城区人民法院民事判决书（2021）浙0702民初543号。

② 参见张童、谭昌万租赁合同纠纷案，四川省广安市中级人民法院民事判决书（2021）川16民终751号。

③ 参见XX华、段贵成买卖合同纠纷案，江苏省常州市中级人民法院民事判决书（2021）苏04民终5360号。

④ 参见刘文东、保亭新星德旺石料有限公司合同纠纷案，海南省第一中级人民法院民事判决书（2021）琼96民终2218号；张童、谭昌万租赁合同纠纷案，四川省广安市中级人民法院民事判决书（2021）川16民终751号。

⑤ 参见高成筛等与邓洪义房屋买卖合同纠纷案，上海市第二中级人民法院民事判决书（2021）沪02民终11330号；

⑥ 参见汾州裕源土特产品有限公司与陕西天宝大豆食品技术研究所技术合同纠纷再审案，最高人民法院民事判决书（2016）最高法民再251号。

（1）《民法典》颁布以后，违约方解除合同的路径正当化，法院有了明确的法律依据，适用条件与理由更充分，裁判尺度更为一致。减少使用概念不清的裁判理由。如显失公平几乎不再作为裁判理由出现。显失公平的认定不仅要求利益显著失衡的结果条件，还要求对方处于危困状态或者缺乏判断能力的主观条件。[①] 不行使解除权的行为虽然造成利益失衡，但不符合相应的主观要件。引用"显失公平"不能完全契合合同僵局的情形。反之在主观上强调对当事人解约意图的判断以及赔偿责任的承担，可以缓冲可能引起的诚信危机，预防恶意违约的情形。

（2）《民法典》颁布以后，诚信原则仍然在说理中占据一席之地，但诚信原则在实践中发展出新的含义：违背诚信原则的债权人不应当再行使权力令债务人做不利给付。允许债权人长时间无缘由地不行使解除权，债务人就不得不承担合同义务，例如房东不解除合同，已不再使用房屋的租户却要继续支付租金，这显然只对背离诚信原则的债权人有利。违约方合理信赖守约方不行使解除权的，应当允许其脱离合同。

（3）违约方合同解除权的出现同时表明立法机关对合同解除功能产生新的认识：在《合同法》中，合同解除权是救济守约方、惩罚违约方的手段，到了《民法典》，在客观合理的情况下，违约方正当脱离合同的途径得到重视。合同解除权设立目的是及时消灭"半死半生"的合同，绝非简单地惩罚违约方。从《合同法》到《民法典》，解除权的变迁或可提炼为：从基本上承载价值理性的权利转向了兼具价值理性与技术理性的权利。[②]

二、《民法典》第580条第2款的法教义学定位

（一）违约方合同解除权之定位

首先，该条款是违约方解除权而非司法解除权。理由如下。

其一，司法机构的介入不代表对权利的享有。当事人享有合同解除权不等同于只要向法院或仲裁机构申请，其诉求就会得到支持，无需担心引起交易不稳定及权力滥用，类比撤销权，法院虽不是撤销权的享有者，在当事人以欺诈为由请求撤销合同时，法院也要对是否构成欺诈以及能否撤销进行审查。法院和仲裁机构能居中裁判源于其裁量权，将法院裁量权与当事人权利混淆，推导出"当事人只要起诉，请求就必被支持"的结论是片面的。再者而言无论违约方有无解除权，提出申请是司法机构介入的必然前提。民法典第580条第2款中表述为"人民法院或者仲裁机构可以根据当事人的请求终止合同义务关系"，实际上是对当事人实现权利的程序约束，不是对司法解除权的承认。通过该程序性要件为违约方实现权利附加条件，以规制违约方违反诚信原则恶意违约。

[①] 武腾：《显失公平规定的解释构造——基于相关裁判经验的实证考察》，载《法学》2018年第1期，第134页。

[②] 谢鸿飞：《〈民法典〉法定解除权的配置机理与统一基础》，载《浙江工商大学学报》2020年第6期，第24页。

其二，赋予违约方合同解除权能够更有效地解决合同纠纷。《民法典》采取"可以"的措辞，意图指明诉讼或仲裁不是解除合同的必由之路，在拥有解除权的前提下，若双方对解除合同达成共识，可以自行协商解约，无需再浪费司法资源。违约方有合同解除权便有与守约方协商的资本，否则守约方很可能利用主动地位，维持合同僵局，造成资源浪费。若解除权人对其持有的解除权置之不理：既不行使也不放弃，而对于相对方而言合同存在随时被解除的风险，这与《民法典》所提倡的维护社会经济秩序稳定是明显相悖的。解除权实际上是违约方协商的筹码，若违约方没有该解除权，可能很难与守约方达成协议。即使是推崇司法解除的法国民法也不得不重视经济效率的地位，"受允诺人解除合同更加快捷、容易和便利是改革的目标，这能够归结为法国法促进经济效率的期望。"[1]

其三，违约方解除合同的权利绝非一般性权利，具有严格的限制条件，在这些条件的束缚下，当事人投机心理难以实现，违约方滥用权利谋取利益的空间很小。对于道德风险的担忧，多是基于"违约方随意解除合同"等前提，采用道德主义的分析方法对违约行为进行否定，在严格的条件限制下，赋予违约方解除权与实行司法解除在防止权利被滥用、维护诚信原则方面有同样的法律效果。社会成本控制理论也要求社会利用资源最大化，"合同严守"仍然是重要原则，但在实践中的运用愈发灵活。针对合同僵局，用理智化解，及时止损，让停滞的资源重新流回市场，创造新的价值。与其在形式上反对违约方解除权，不如承认并加以程序限制。

其四，违约方合同解除权是形成诉权。违约方合同解除权具有与普通民事实体权利不同的程序性与救济性，将之定位为形成诉权更便于理解适用。与之类似的是《民法典》第147条至151条关于可撤销法律行为的规定，学界均承认在可撤销法律行为中当事人享有撤销权，但是在我国的法律体系下这种撤销以形成诉权为表现形式，需要通过诉讼或仲裁程序行使。[2] 违约方合同解除权由实践问题催生而来，功能性很强，行使的限制条件诸多。如前所述，为防止权利被滥用，违约方合同解除权不适用通知解除。通知解除是当事人以合法手段实现权利，无需司法机关的参与，可以视为是私力救济；当事人向人民法院或仲裁机构提起诉讼从而解除合同是借助于公力救济。公力救济是私力救济的延伸与最后一道防线，二者可以相互转化。对于违约方合同解除权而言，在有公力救济的渠道之下，双方当事人可能更易于达成纠纷解决方案，从而转化为私力救济。违约方解除合同可以向法院或仲裁机构申请，法院或仲裁机构审查请求也是其权利的行使终点。

最后，违约方合同解除权破解了合同僵局。合同僵局状态下，合同无法继续履行而当事人又难以摆脱合同束缚，造成资源的闲置浪费。以往难以承认违约方享有合同解除权主

---

[1] Solène Rowan：The New French Law of Contract, International and Comparative Law Quarterly, 2017, p. 823-824.

[2] 薛军：《论可撤销法律行为撤销权行使的办法——以中国民法典编纂为背景的分析》，载《法学家》2016年第6期，第46页。

要原因在于合同严守原则——依法成立的合同,对当事人具有严格的法律约束力,任何一方在没有法定或约定解除权且未达成协议解除的情形下,不得擅自变更或者解除。只有守约方拥有合同解除权,才能促使违约方考虑违约后果,严格谨慎履行义务。但是实践中层出不穷的案例敦促我们在《民法典》时代重新正视违约方在合同中的正当权益。

在《民法典》之前,《合同法》第110条是司法实践中最常见的法律依据,该条款规定了对于非金钱给付的债务,当违约方履行不能时,可以引用的抗辩理由,提供了违约方拒绝履行的抗辩权。但是对继续履行的抗辩是该条文为违约方所能提供的终极能力,并不能使违约方从合同中脱离。法院在审判中只能依据该条款支持违约方拒绝履行的请求,不能直接支持违约方解除合同。违约方虽然被赦免继续履行合同,解除合同的主动权仍掌握在非违约方手中。面对无法继续履行的合同,违约方想解除合同却无法可依,只能抗辩履行,手持解除权的非违约方又拒绝解除,合同僵局犹如违约方的不治之症,只能束手无策。

《民法典》第580条第2款正是为了解决合同僵局的问题,将该条款置于违约责任章节,而非合同权利义务终止一章,意味着从合同法体系来看,它归于违约救济措施的内容。合同僵局中,执意遵守合同严守原则,对双方当事人均有弊无利,原交易无法继续,替代交易不能发生,甚至堵塞上下游相关交易,不利于资源流动与市场发展。不如双方各退一步,在限定条件下,让违约方有退出合同的权利,也是打破合同僵局的最佳方式。

(二)"终止合同权利义务关系"的解释论立场

《民法典》第563条规定的合同法定解除权使用的表述为"解除合同",而第580条第2款规定违约方合同解除权使用表述为"终止合同权利义务关系","解除合同"指有效成立的合同在满足合同解除条件下,因当事人的意思表示而使合同法律关系溯及既往的消灭或者仅指向未来的消灭行为,而"合同终止"指合同的权利义务停止,当事人之间的合同关系在客观上不复存在。虽然二者同为解除权,但却采用不同的表述,追根溯源是因为二者所包含情形不同。在《民法典》中,合同解除位于合同编第七章"合同的权利义务终止",可以推断立法者实际上将合同终止作为合同解除的上位概念。合同解除主要因违约产生,合同终止则既适用于违约行为也适用于非违约情形,如双方协商一致终止合同。违约方合同解除权使用"终止合同权利义务关系"的表述,强调了违约方在合同中的道德不可非难性,其基础不在于违约方的违约行为,而是合同僵局导致的合同难以继续。

再者,《民法典》第580条第2款采用"终止合同权利义务关系"的表述体现了合同解除功能的转换。合同终止制度淡化了"违约方"这一消极词汇带来的道德反感,表现出对合同解除制度的慎重,也是正当化违约方合同解除权的苦心孤诣。传统观点认为解除合同是对违约方不履行合同义务的惩罚,惩罚说的要义是守约方通过解除合同剥夺违约方继续履行可能获得的履行利益,进而惩罚违约方。[1] 但是解除合同的结果恰恰是某些违约方所追求的,解除合同不仅不能惩罚违约方反而使其从中获利。而近年来出现与不同于惩罚说的观点——义务解放论,认为合同解除的目的在于使当事人摆脱合同的束缚。从违约方合同解除权来看,将解除合同的功能重点由惩罚违约方转向了解放合同僵局中的违约方,正是对义务解放论的认证。

最后,违约方合同解除权在适用上不同于普通的法定解除权。一般的法定解除权,适用的是通知解除规则,即解除权人可以直接通知对方解除合同,通知到达对方时合同即解除,无需通过法院或仲裁机构。违约方合同解除权有其特殊性,普遍意义上讲,违约方在合同中存在一定的道德瑕疵,若允许其通知解除,无异于给予违约方任意违约的自由。陈述为"终止合同权利义务关系"避免了不必要的错误引导。对于"终止合同权利义务关系"进行的解释,绝非是出于达到目的的单方面臆想,法律条文不会"死"在解释者的理解当中,也不会因为解释者的理解而变得"面貌全非"。正是从法律最终要通过理解来实现自身价值这一点来考虑,法律文本的表达就变得意义重大。[2]

三、《民法典》第 580 条第 2 款的具体适用

违约方合同解除权是救济性权利,是为解决实践中广泛存在的合同僵局问题而诞生,有很强的功能性,不同于自然权利具有天然逻辑性与普遍适用性。通过法院的判例我们也可以看出,违约方解除合同需要足够的事实理由。《民法典》颁布前后,法院所采取的说理角度同中有异,共同指向该权利适用的条件与边界,不同则是第 580 条第 2 款所带来的实践上的新依据。《民法典》第 580 条第 2 款是违约方行使解除合同权的正当化路径,其具体适用也是该权利的最终落脚点。如不将违约方合同解除权限于特定语境,则容易被滥用,成为违约方谋取利益的工具。

(一)"合同目的"之限缩

《民法典》第 580 条第 2 款规定,在非金钱债务履行被排除时,解除合同需要满足合同目的不能实现的条件。"合同目的"在合同法中是非常重要的概念,是当事人从合同中可以获得的根本利益,该根本利益必须在合同内容中有所体现,而非纯粹动机中的利益。[3]

"合同目的"是一个高度不确定性的概念,王利明教授在对《民法典》草案的修改意见中提出,将《草案》第 353 条的第 1 款第 1 项"不能实现合同目的"修改为"不能履

---

[1] 陆青:《论解除效果的意思自治》,载《西部法律评论》2012 年第 6 期,第 66 页。
[2] 陈克铭:《论法律解释的确定性》,载陈金钊、谢晖主编:《法律方法》(第 37 卷),研究出版社 2022 年版,第 195 页。
[3] 武腾:《民法典实施背景下合同僵局的化解》,载《法学》2021 年第 3 期,第 88 页。

行",理由在于"其他客观原因不能实现合同目的的情形很多,此种表述会使当事人的解约权过大,可能使合同的效力、合同关系的稳定性和拘束力受到影响,因此,建议将其限定于致使合同不能履行"。① "合同目的不能实现"界限较宽,情形较多,在司法实践中难以认定。全国人民代表大会常务委员会法制工作委员会民法室对合同目的不能实现的举例也可以印证:"《合同法》第 94 条第 4 项所谓不能实现合同目的,应是违约行为造成较为严重的后果情形:履行期限构成合同的必要因素,超过期限履行将严重影响订立合同所期望的经济利益;继续履行不能得到合同利益;债务人拒绝履行合同的全部义务;履行质量与约定质量严重不符,无法通过修理、替换、降价的方法予以补救。"② 另外,在买卖合同、租赁合同等典型双务合同中,双方当事人基于合同产生的根本利益内容不同、方向相反,必须分别考察其各自的合同目的能否实现,这类合同无法纳入《民法典》第 580 条第 2 款的固有适用范围。③ 因此单纯地以"合同目的不能实现"作为限定条件是不够的,应进一步细化,使该条文的运用控制在正义限度内。

(二) 违约方合同解除权适用的限制条件

1. 合同无法继续履行

违约方行使合同解除权前提是继续履行请求权被排除,二者是互斥关系。若合同有继续履行可能,则无必要解除合同。之所以在合同目的不能实现时允许债权人解除合同,是因为债权人基于合同产生的根本利益已经不可能获得,合同的存续对债权人已经失去意义。当合同失去继续履行的现实条件时,解除合同对双方来说都是一种救济途径。但是"合同目的"这一概念范围较大、不确定性较强,合同法鼓励的是交易而非解约,合同若仍可以履行,则违约方不必申请解除,因此将"不能实现合同目的"限缩为合同无法继续履行,适用上更为清晰。

(1) 继续履行失去现实条件。

理论上称为"客观不能"。④ 客观来看合同已没有履行空间,或者说依据客观事实不能履行,而非当事人不愿履行、拒绝履行。如房屋租赁合同中房屋被损毁,使用租赁物的目的无法达到,不能继续履行。"成都张大千画院、四川新华海颐酒店有限公司陕西街蓉城分公司等房屋租赁合同纠纷"案中,新华海颐蓉城分公司与张大千画院签订《长包房协议》,将涉案房屋转租给张大千画院。而后该房屋由于文物部门进行修缮被业主方收回,业主方与新华海颐蓉城分公司签订《房屋租赁合同》补充协议,明确案涉房屋修缮竣工

---

① 王利明:《关于〈民法典分编(草案) – 合同编〉的意见》,载民商法律网 https://www.civillaw.com.cn/zt/t/? id=34837,最后访问日期:2022 年 7 月 9 日。
② 参见胡康生:《中华人民共和国合同法释义》,法律出版社 2013 年版,第 178 页。
③ 陆青:《论解除效果的意思自治》,载《西部法律评论》2012 年第 6 期,第 89 页。
④ 参见史尚宽:《债法总论》,中国政法大学出版社 2000 年版,第 380 页 – 381 页。

后，由业主方收回，原合同关系解除。张大千画院因此起诉要求继续使用该房屋，履行合同义务。法院认为该房屋原产权人文旅物管公司与新华海颐蓉城分公司之间的租赁关系已经解除，新华海颐蓉城分公司已经不具备将案涉房屋出租给张大千画院的权利基础。案涉房屋因业主方与承租方协商解除租赁合同，且已经实际出租给案外人，导致承租方与次承租方的转租合同因承租方的解除行为而无法履行，因此，新华海颐蓉城分公司与张大千画院的《长包房协议》已经没有继续履行的基础。[1]

（2）有继续履行的可能，但是履行费用过高。

即"经济不能"。"所谓履行费用过高，是指有时候标的物要强制履行，代价太大……立法者考虑到这样会使债务人为了履行合同付出很大代价，而相反直接支付违约金的赔偿还不会花太大的代价。"[2]"新宇公司案"强调的即违约方履行成本与合同双方获益的对比，这种情形下，强行履行会产生不合理的后果，给履行方带来不必要的损失与资源浪费。"贵州益巽房地产开发有限公司、贵阳市白云区自然资源局等建设用地使用权出让合同纠纷"案中，贵州益巽房地产开发有限公司与贵阳市白云区自然资源局签订《国有建设用地使用权出让合同》，约定由后者为前者进行土地征收。合同履行过程中，益巽房开已按约支付了土地出让价款，自然资源局未按约定交付土地，其行为已构成违约。自然资源局未完成剩余42栋签约房屋的征收工作，还需约7,518万余元，相较于合同中原本约定的2,250万元土地出让金而言费用明显过高，且该区财政已经无力承担。因此自然资源局诉请解除双方合同。法院认为本案征收工作尚未完成，益巽房开要求自然资源局交付土地的债务标的不适于强制履行，合同继续履行费用明显过高，不适于强制履行和履行成本较高。[3]虽然守约方仍有可期待利益，但从实际履行所需成本出发，违约方继续履行的负担过重，远远超出合同履行后守约方所能获得利益，不利于社会资源的有效配置，失去了经济上的合理性。

2. 违约方非恶意且给予守约方相应赔偿

尽管《民法典》背景下违约方拥有解除合同的权利，但如果违约方故意违反合同以谋取利益，或因重大过失违约，不应支持其终止合同的请求，而是让其承受自己行为的不利后果。这符合民法的内在道德要求。所谓"恶意"即禁止当事人恶意毁约，为追求更大的利益主动毁弃合同。从《民法典》第580条来看，也对防止恶意违约做出束缚：规定"人民法院或仲裁机构可以根据当事人请求终止合同义务关系"是从违约方角度出发，而"不能实现合同目的"是考虑到公平原则，区别于效率违约理论以违约方角度为违约行为"辩

---

[1] 参见成都张大千画院、四川新华海颐酒店有限公司陕西街蓉城分公司等房屋租赁合同纠纷案，四川省成都市中级人民法院民事判决书（2021）川01民终9034号。
[2] 参见韩世远：《合同法总论》，法律出版社2011年版，第769页。
[3] 参见贵州益巽房地产开发有限公司、贵阳市白云区自然资源局等建设用地使用权出让合同纠纷案，贵州省贵阳市中级人民法院民事判决书（2020）黔01民初170号。

护",第 580 条第 2 款令违约方与守约方立场双向奔赴寻找中点,平衡双方利益。对于违约方主观无恶意的要求也符合诚信和公平原则。"庞廷权、尹泽庆租赁合同纠纷"案中,尹泽庆与租用庞廷权自建自用的矿山公路、高压线路,租赁合同履行过程中,因遇国家和陕西省对煤矿进行清理整顿关闭取缔的大环境,镇巴县人民政府对上诉人开办的松树坡矿井进行关闭,因袭庞廷权申请解除双方租赁合同。法院认为,庞廷权请求解除合同虽无法定或约定的解除事由,但考虑到其对于合同无法继续履行的事实并无主观恶意,且客观上已无法通过租赁物获取利益,应当允许解除合同。①

民法是救济法、补偿法,合同解除不意味着对违约方义务的免除,否则违约方行使合同解除权不能实现实质正义反而会使其从中获利。经济分析法学派的代表人物波斯纳认为,债务人可能会仅仅由于他违约的收益将超出他履约的预期收益而去冒违约的风险,此时,可以通过损害赔偿给予债权人充分的救济,法律就不应该要求债务人实际履行合同,这种有效率的违约被称为帕累托较优状态。② 对守约方遵守合同的期待利益,违约方应当进行填补,损害赔偿理想状态是等同于合同实际履行情况下非违约方可以获得的利益。根据法律规定,损失赔偿金额应当为违约造成的损失以及可预期收益,但不得超过订立合同时可预见到的或应当预见的因违反合同可能造成的损失。违约方承担损害赔偿可以弥补守约方的损失,破解合同僵局,符合公平原则与效率价值。《民法典》第 580 条第 2 款也强调解除合同"不妨碍承担违约赔偿责任",一方面是对守约方合法利益的赔偿,另一方面降低了违约方的道德可非难性,防止出现投机行为。还要考虑到非违约方是否存在背离诚信原则的行为,一味地让违约方承担全部责任不利于利益均衡。

3. 违约方须向人民法院或仲裁机构申请

违约方解除合同的权利不能等同于一般的法定解除权,法定解除权人可以直接通知对方解除,通知到达时合同即解除,无需通过法院或仲裁机构。违约方合同解除权因其特殊性,若通知解除,则当事人违约成本极低,难免影响交易安全。《民法典》第 580 条第 2 款对此作出规定,要求违约方通过向法院或仲裁机构提起申请的方式行使权利,以程序限制,使人民法院或仲裁机构介入其中,能够更好地保证当事人在合同中的利益,维护交易的安全与稳定,实现实质正义。违约方合同解除权就像已有多年驾驶经验却没获取驾照的司机,行驶在路上时,虽然已经驾轻就熟,仍需要作为"安全员"的法院或仲裁机构控制刹车,才能确保万无一失。

违约方提起解除合同的请求时,法院或仲裁机构主要从以下几个方面审查判断合同应否解除,一是否形成合同僵局。一些学者曾提出直接适用情势变更原则来解决违约方申请解除合同的问题,但是情势变更与合同僵局适用范围并不重合。情势变更针对的是出现了

---

① 参见庞廷权、尹泽庆租赁合同纠纷案,陕西省汉中市中级人民法院民事判决书(2021)陕 07 民终 818 号。
② [美] 理查德·波斯纳:《法律的经济分析》,蒋兆康译,法律出版社 2012 年版,第 167 页。

订立合同时无法预见的、不属于商业风险的重大变化且排除当事人的主观过错,处理情势变更根据的是公平原则进行补偿金即可,违约方解除合同要承担相应的违约责任。二则有无打破该合同僵局的必要。这是一个价值判断的过程,合同僵局中非违约方坚持不解除合同是否已经侵害公平原则、合同继续履行成本是否合理等等,综合评估合同的履行意义。三则法院应对违约方赔偿金额进行控制。既要确保非违约方得到应当地赔偿,也要杜绝"敲竹杠"的行为。实践中,一方当事人经济负担较重,但是相对人执意不解除合同要求巨额赔偿的情况屡见不鲜。这类行为非但背离了诚信原则,也损伤社会效率。法院在进行审理时,应当确保赔偿金额处于合理范围内:使非违约方的现实既得利益不因合同解除而减少,那么违约方解除合同就不是非道德的。

赋予违约方合同解除权既有关双方意思自治,又与社会公共利益密切相关,反对该权利的人认为违背了"任何人不得因其恶行而得利"的法理,容易被恶意滥用造成道德危机。但是通过请求法院或仲裁机构解除合同的程序要件,在警惕行为人策略性选择和效率违约上有显著效果,更利于实现合同双方利益均衡。消解赋予违约方合同解除权可能带来的道德危机,防止当事人任意违约。对是否解除合同作出评判的同时,也能审查违约方是否主观恶意以及损害赔偿责任的具体承担,从而做出公平合理的判决。

结 语

无论对于守约方还是违约方,解除合同目的在于维护合法权益,促进交易流通。合同解除制度涉及社会生活与司法实践等诸多方面,其变化直接影响着司法实践中相关案件的处理,赋予违约方合同解除权为合同僵局的打破提供了路径与救济手段,这是为司法实践所验证的,也是社会实践所需要的。对尊重当事人意思自治、保障交易与平衡合同双方利益大有裨益。《合同法》以其严谨的规定在实践中发挥过重要作用,但是无论是法律理论抑或司法实践都步履不停向前发展,复杂化的社会生活对立法也提出了更高的要求。立法基于市民社会产生实际问题,最终又要对这些问题作出回应。违约方合同解除权并非无条件得到支持,对其适用的严格界限体现了对诚实信用原则、公平原则的尊重。《民法典》第580条第2款弥补了合同法定解除与约定解除在实践中可能的漏洞,彰显了民法典的创新精神与对现实生活和司法实践的回应,也将会因司法实践的进一步发现而逐渐尽善尽美。

(编辑:杨知文)

罚金刑量刑失衡问题实证研究

——以诈骗罪为切入点

宋久华[*]

> **摘　要**　量刑规范化改革开展已十年有余，但罚金刑的规范化却始终没有真正提上日程。以诈骗罪裁判文书为样本进行实证研究发现，实践中罚金刑量刑失衡问题较为严重，最高院司法解释及量刑指导文件所规定的"以犯罪情节为根据，兼顾犯罪人的缴纳能力"原则也并未真正得到贯彻执行。通过对少数省份制定的罚金刑适用规定进行比较可以发现，为实现量刑均衡，契合"以犯罪情节为根据"，以主刑作为罚金数额的参照标准更为可取，在此前提下如何根据主刑确定罚金的具体数额，需要结合实践对现有的几种裁量模式加以检验。而不论最终采用哪种模式，前提都是要准确掌握被告人的财产状况，将财产调查制度落实到位，唯有如此法官裁量罚金刑时才能做到"兼顾犯罪人的缴纳能力"。
>
> **关键词**　罚金刑　量刑失衡　犯罪情节　缴纳能力　实证研究

引　言

我国自推行量刑规范化改革以来，不论是最高司法机关颁布的量刑指导文件，还是各省份制定的量刑实施细则，均是围绕有期徒刑的裁量而展开，罚金刑的规范化适用尚未真正提上日程。事实上，我国刑法中半数左右的罪名设置了罚金刑，且罚金刑的适用同样会对公民的合法权益产生重大影响，因此，立足司法现状探讨如何规范罚金刑的适用，对于约束法官的自由裁量权、促进量刑均衡和公正具有重要意义。另外，《刑法》第52条规定：判处罚金，应当根据犯罪情节决定罚金数额。最高院颁布的《关于适用财产刑若干问

---

[*]　宋久华，女，山东济宁人，中央司法警官学院讲师，刑法学博士，主要研究方向为刑法学和监狱学。

题的规定》（法释〔2000〕45号）进一步规定：人民法院应当根据犯罪情节，如违法所得数额、造成损失的大小等，并综合考虑犯罪分子缴纳罚金的能力，依法判处罚金。这种"以犯罪情节为根据，兼顾犯罪人的缴纳能力"的原则在最高人民法院、最高人民检察院联合颁布的《关于常见犯罪的量刑指导意见（试行）》（法发〔2021〕21号）中得以进一步确认。然而，在实然层面，罚金刑的适用状况如何？法官在裁量罚金数额时是否充分考虑了"犯罪情节"和"缴纳能力"这两个因素？据此，本文的研究目标有两项：

一是求证罚金刑适用是否均衡。最高人民法院历次颁布的量刑指导文件对于有期徒刑的适用规范了量刑方法和步骤、统一了量刑标准和尺度，量刑失衡、量刑不公问题得到明显改善。然而，一些学者以个罪为切入点求证量刑规范化改革的成效，却得出了"个罪量刑仍然存在失衡"的结论。[①] 有期徒刑尚且如此，量刑指导文件未做规定的罚金刑适用状况如何，便可想而知。

二是探讨哪些因素对罚金刑的裁量具有显著影响。如前所述，根据《刑法》及最高院的相关司法解释，犯罪情节和犯罪人的缴纳能力应当成为法官确定罚金数额的重要依据。然而，法官在办案过程中能否严格落实上述规定？犯罪数额等犯罪情节以及被告人的缴纳能力在多大程度上影响罚金刑的裁量？法官在量刑时主要考虑什么？这些问题的答案将有助于解释罚金刑量刑状况形成的原因。

围绕上述目标，本文将采用实证方法呈现罚金刑适用的实际状况，揭示实然与应然之间的距离，并立足实证发现思考未来应如何规范罚金刑的适用才能实现量刑的均衡与公正。

一、罚金刑量刑失衡的表现

笔者以诈骗罪为切入点展开研究。之所以选择该罪名，主要基于两点考虑：一是《刑法》第266条为诈骗罪设置了无限额罚金制。该种罚金模式在刑法中所占比重最大，且法官拥有不受限制的自由裁量权限，因而最有规范的必要；二是诈骗罪是典型的数额犯，数额作为最重要的犯罪情节，是影响量刑的决定性因素，且数额的特性决定了其易于进行量化分析，而研究诈骗数额与罚金数额的比例关系、以及诈骗数额对罚金数额的影响，借此求证实践中罚金刑的适用是否均衡和统一，正是本文的重要任务之一。

[①] 如赵学军博士选取北京市2000年–2017年之间的4354份刑事判决书做样本，通过单因素方差分析、两两比较的方法，发现北京市中心区和远郊区之间的量刑结果存在显著性差异。参见赵学军：《量刑偏差的司法表现与量刑规范的实现路径——基于抢劫罪刑事判决书的实证考察》，载《天津法学》2019年第3期，第58–59页。白建军教授以2000年至2016年的14万余件交通肇事罪判决书为样本，通过回归分析发现，自从全面实施量刑指导意见之后，量刑情节对于刑期的解释力有了明显提升，但是仍然存在一定数量的量刑过于偏轻或偏重的个案。此外，其分别计算了全国各省法定量刑情节对量刑结果的解释率，即量刑模型的R^2，从0.78至0.354不等，其中江西、黑龙江等明显低于全国平均水平0.511，说明全国各地的量刑确实存在一定的差异。参见白建军：《基于法官集体经验的量刑预测研究》，载《法学研究》2016年第6期，第143–151页。

罪名确定之后，笔者进一步明确了研究时段和地域：研究时段为2017年至2021年上半年。因为2017年以来，全国法院的量刑规范化改革进入深入推进阶段，在此背景下研究诈骗罪罚金刑的量刑问题，对于下一步完善量刑指导文件、深化量刑改革具有重要意义；研究地域方面，为确保样本的代表性，笔者依据诈骗类型的不同分别加以选择。传统诈骗犯罪的数额标准是在司法解释规定的数额幅度内由各省份自行确定，这种情况下，如果选取不同省份的传统诈骗犯罪裁判文书作样本，很可能因量刑标准的不一致而造成统计过程的麻烦与统计结果的混乱，故该部分样本的来源限定于北京。而电信网络诈骗犯罪的数额标准实现了全国范围内的统一，所以该部分样本可以出自不同的省份。基于发案率、地理位置、以及经济发展水平等因素的考虑，最终确定了北京、广东、河南、四川四个省份作为样本来源。

完成上述工作之后，笔者从中国裁判文书网随机下载了728份文书，共涉及2010名被告人。剔除情节加重犯（以"有其他严重情节""有其他特别严重情节"作为法定刑升格条件，具有非典型性）以及被判无期徒刑、免于刑事处罚从而罚金数额为零的情况，共有1879例被告人被判处罚金，其中传统诈骗827例，电信网络诈骗1052例。尽管抽样过程中进行了多方考虑，但是，以这样一个样本作为研究对象，仍然不能保证全面准确地再现"总体"，特别是如果样本表明罚金刑的适用较为均衡，并不能当然推导出我国总体上罚金刑规范化水平较高这一结论。然而，如果随机选取的样本反映出罚金刑的适用存在失衡、不规范等问题，则可在一定程度上说明我国罚金刑适用情况并不乐观。

（一）诈骗数额较大样本的罚金情况

诈骗数额较大区间共468个样本，其中罚金数额最小值是1千元，最大值是9万元，均值约8千元。具体来说，罚金数额为1万元的样本最多，所占比例达20%，其次为5千元、2千元、2万元、1千元、3千元，这六种数额的样本所占比例累积高达83%，由此可见法官倾向于选择几个特定的数额作为罚金数额，而对于6千元、7千元、8千元、9千元、1.1万元这样的数字则很少问津。

1. 以诈骗数额为参照

在数额较大区间内，通过进行相关性检验，考察诈骗数额与罚金数额之间是否相关，结果显示：$r=0.341$，$p<0.001$，说明二者虽然相关，但是关联度不强。进一步计算每个样本中罚金数额与诈骗数额的比例关系，发现罚金数额占比最低的仅为2%，占比最高的达405%，平均占比为46.78%。其中在诈骗数额的10%~20%之间裁量罚金数额的最多，共计96人，其次是20%~30%、2%~10%比例区间。罚金数额低于诈骗数额的40%以下的样本占到了58.5%。89.5%的情况下罚金数额小于诈骗数额。

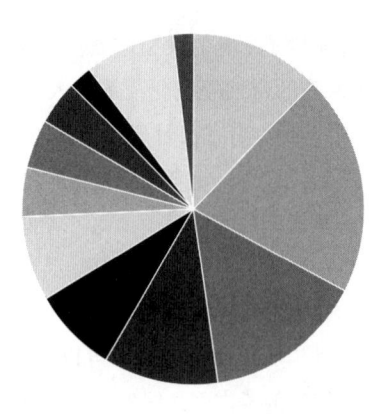

图 1　数额较大区间内罚金数额占诈骗数额比重饼状图

2. 以主刑刑期为参照

为考察罚金数额与主刑刑期的关系，以主刑刑期为横轴，以罚金数额为纵轴制作散点图，其中每一个散点对应的是每个被告人的主刑刑期及罚金数额，实线表示的是根据主刑刑期与罚金数额所得出的线性公式，即用线性方程描述二者的关系，R^2表示线性方程的解释率。如下图所示，主刑刑期对罚金数额的解释率约为29%，即在诈骗数额较大的情况下，根据主刑刑期，可以预测罚金数额的准确率约为29%。

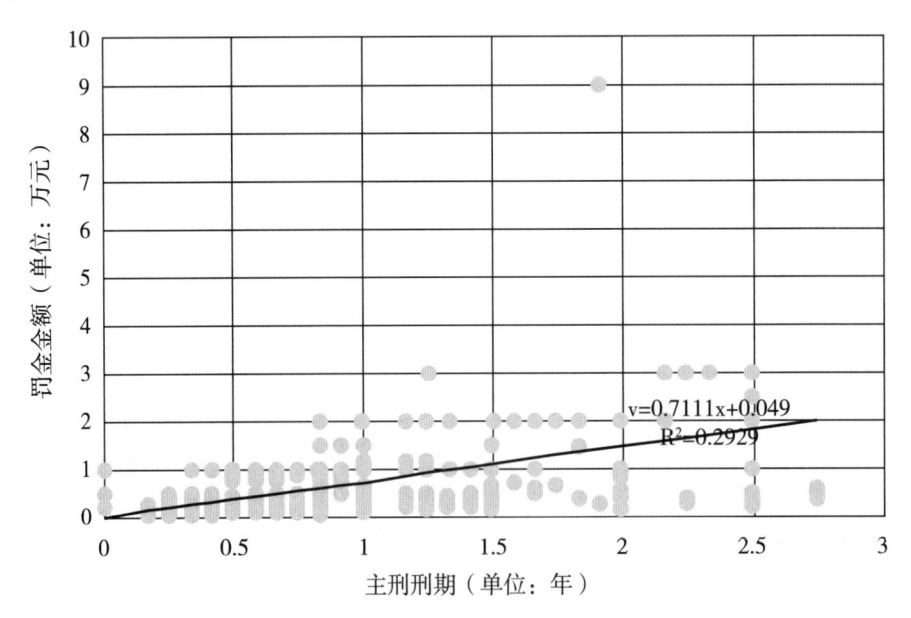

图 2　数额较大区间内罚金数额与主刑刑期散点图

总体来看，在诈骗数额较大区间内，无论是以诈骗数额还是主刑刑期为参照，都无法有力地解释司法实践中罚金数额是如何确定的。罚金数额虽然与诈骗数额相关，但是关联程度较低，各样本罚金数额占诈骗数额的比重相差悬殊，从2%到405%不等；罚金数额虽然与主刑刑期相关，但是仅根据主刑刑期也难以准确预测罚金数额。这说明该区间之内法官裁量罚金刑具有一定的任意性，甚至表现出对特定数字的倾向，均衡程度远远不够。

(二) 诈骗数额巨大样本的罚金情况

706个诈骗数额巨大样本中，罚金数额最小值是1千元，最大值是20万元，均值约3万元。具体数额分布较为分散，法官在量刑实践中倾向于选择1万元、2万元、3万元、4万元、5万元这几个整数作为罚金数额（这五种样本累积382例，所占比例高达54%），抑或是2千元、3千元、5千元这几个较低的数额，而对于其他数额则很少采用。

1. 以诈骗数额为参照

在数额巨大区间之内，对诈骗数额与罚金数额进行相关性检验，结果显示：r = 0.243，p < 0.001，说明二者呈现弱相关。进一步计算每个样本中罚金数额与诈骗数额的比例关系，发现罚金数额占比最低的仅有0.43%，占比最高的达118%，平均占比为17.37%。其中在诈骗数额的0.43%–10%之间裁量罚金数额的最多，共计251人，其次是10%–20%、20%–30%比例区间，在诈骗数额30%以下裁量罚金数额的比率累计达84%，在诈骗数额40%以下裁量罚金数额的比率累计达92%。罚金数额高于诈骗数额的情况仅有1例。各占比区间内的样本分布依次递减。

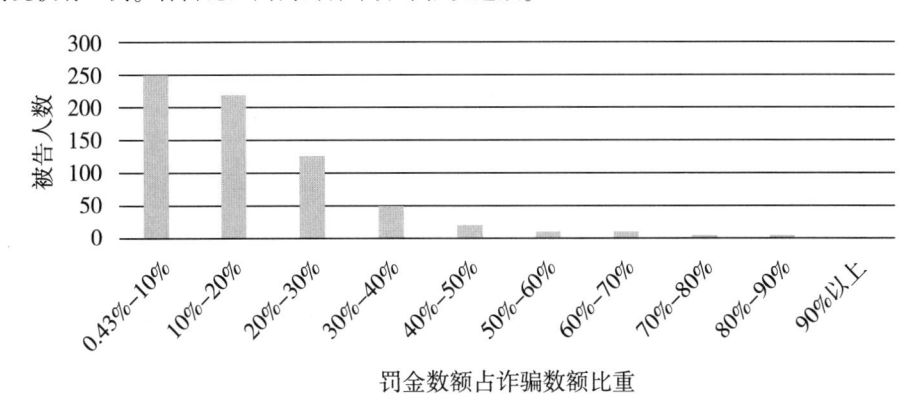

图3 数额巨大区间内罚金数额占诈骗数额比重柱状图

2. 以主刑刑期为参照

用散点图和线性公式表示主刑刑期与罚金数额的关系，如下图所示，R^2仅为29%，说明在诈骗数额巨大的情况下，根据主刑刑期，可以预测罚金数额的准确率约为29%。

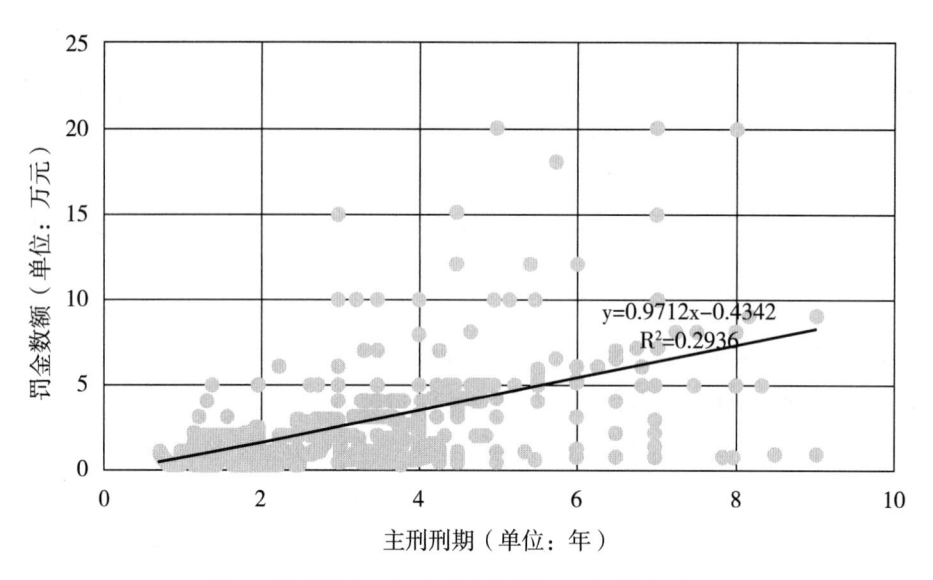

图4　数额巨大区间内罚金数额与主刑刑期散点图

总体来看，数额巨大样本中，以诈骗数额、主刑刑期为参照点，均难以发现法官计算罚金数额的奥秘。罚金数额与诈骗数额呈弱相关，各样本罚金数额占诈骗数额的比重存在重大差异，从0.43%到118%不等；主刑刑期对罚金数额的解释力不足30%。这说明该区间之内罚金数额与诈骗数额或主刑刑期之间并不存在明显规律，罚金刑量刑均衡性不足。

（三）诈骗数额特别巨大样本的罚金情况

705个诈骗数额特别巨大样本中，罚金数额最小值是2千元，最大值是500万元，均值约为10万元。其中罚金数额为10万元的样本最多，所占比例为7.9%，其次为5万元、11万元、3万元、1万元、2万元，这六种数额的样本累计264例，所占比例为37%。由此可以看出，该部分样本中罚金数额分布更加分散，没有太明显的集中现象，相较而言，法官在量刑实践中倾向于选择10万元、5万元、11万元、3万元等几个整数数额作为罚金结果。

1. 以诈骗数额为参照

在数额特别巨大区间之内，对诈骗数额与罚金数额进行相关性检验，结果显示：$r = 0.230$，$p < 0.001$，说明二者呈现弱相关。进一步计算每个样本中罚金数额与诈骗数额的比例关系，发现罚金数额占比最低的仅为0.014%，占比最高的达88%，平均占比为4.8%。其中在诈骗数额的1%–10%之间裁量罚金数额的最多，共计422人，其次是1%以下区间，为175人。在诈骗数额的10%以下裁量罚金数额的比率高达84.7%。罚金数额全部低于诈骗数额。

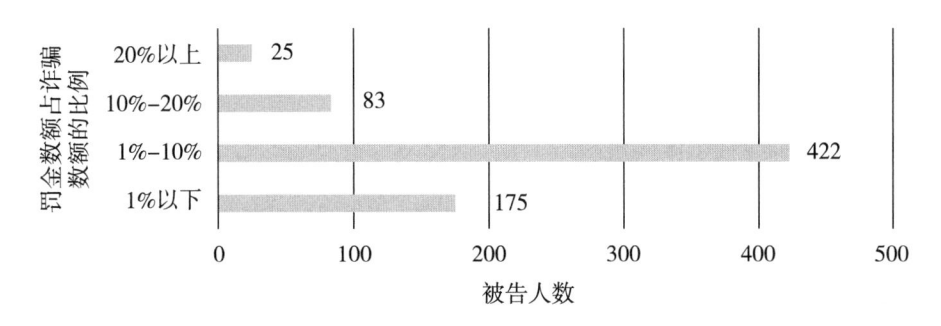

图5 数额特别巨大区间内罚金数额占诈骗数额比重柱状图

2. 以主刑刑期为参照

用散点图和线性公式表示主刑刑期与罚金数额的关系，如下图所示，散点分布混乱，且存在个别过于分散、所代表的罚金数额畸高的现象。R^2仅为9%，说明在诈骗数额特别巨大的情况下，根据主刑刑期，几乎无法准确预测罚金数额。

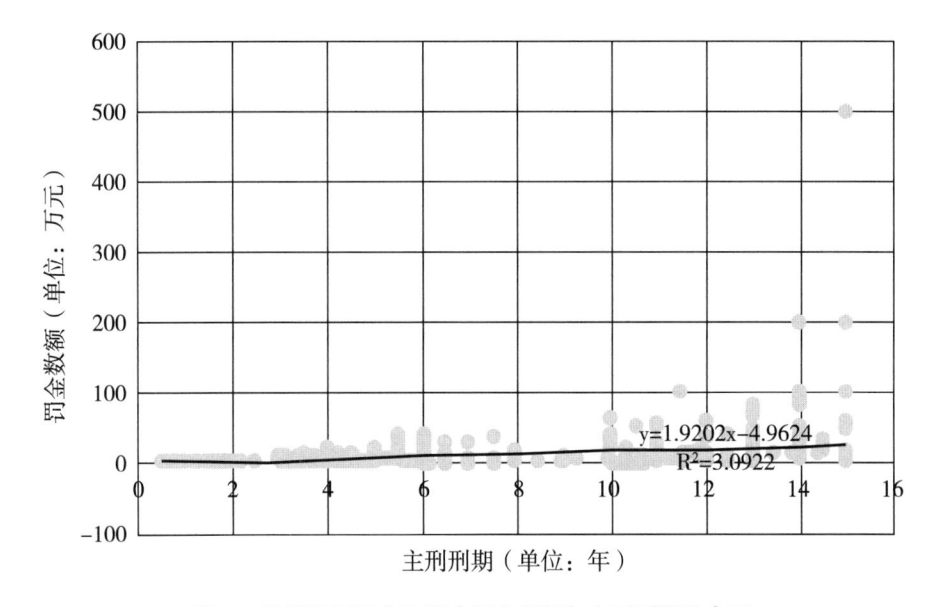

图6 数额特别巨大区间内罚金数额与主刑刑期散点图

总体来看，数额特别巨大样本中，法官倾向于在诈骗数额的10%以下确定罚金数额。然而，该区间内诈骗数额分布极其分散，从50万元至5000万元不等，虽然总体来看罚金数额占诈骗数额的比例比较集中且控制在较低水平，但是由于基数过大，所以实际上的罚金刑适用并不均衡：诈骗数额相似的，罚金数额从几千元到几十万元、几百万元不等；罚金数额相同的，其所对应的诈骗数额同样是从几十万元到上千万元不均。这说明该区间内诈骗数额与罚金数额相关程度很低，如果以诈骗数额为参照点，可以发现罚金刑的适用严重失衡，以主刑刑期为参照点，更是如此。

综上，在实然层面，法官普遍倾向于选择某几个特定数字作为罚金数额；罚金数额与犯罪数额关联程度不强，主刑刑期对诈骗数额的解释力较弱。总体而言，罚金刑的适用不均衡，法官的自由裁量权没有受到有效的约束。

二、罚金刑罪刑失衡的原因

在前述研究结论的基础上，需要进一步探究造成罚金刑量刑失衡的原因——法官在裁量罚金数额时究竟考虑哪些因素？犯罪情节和缴纳能力是否受到应有重视？法官们在裁量罚金时是否形成了较为一致的集体经验？

（一）检验方法与实证发现

笔者根据最高人民法院的量刑指导文件及诈骗罪相关司法解释的规定，结合司法实践，梳理出诈骗数额、是否多次诈骗、是否从犯、是否存在未遂情节、是否取得被害人谅解、是否挽回全部经济损失、是否通过发送短信、拨打电话或者利用互联网、广播电视、报刊杂志等发布虚假信息从而对不特定多数人实施诈骗等19个可能影响量刑的因素作为自变量，以罚金数额为因变量，采用相关性检验与回归分析相结合的方法展开分析。

1. 相关性检验

实证研究贵在实事求是，因此，在得出结论之前，笔者不主观臆断，而是将19种量刑影响因素全部作为自变量纳入分析范围，与罚金数额进行相关性检验，根据相关性检验结果，剔除与因变量不具有显著相关性的因素。

表1 各因素与罚金数额的相关性检验结果

量刑影响因素	显著性（双侧）	Pearson 相关性
诈骗数额	.000	.316
是否多次	.444	.018
是否从犯	.000	-.103
是否存在未遂情节	.658	-.010
是否取得被害人谅解	.002	-.071
是否挽回全部损失	-.071	-.090
通过发送短信、拨打电话或者利用互联网、广播电视、报刊杂志等发布虚假信息，对不特定多数人实施诈骗	.166	.032
是否诈骗残疾人、老年人或者丧失劳动能力的人的财物	.516	.015
是否冒充司法机关等国家机关工作人员	.018	.055
是否在境外实施电信网络诈骗	.241	.027
是否累犯	.701	-.009

续表

量刑影响因素	显著性（双侧）	Pearson 相关性
是否自首	.983	.000
是否立功	.990	.000
是否坦白	.025	-.052
是否认罪	.000	-.089
是否认罪认罚	.259	-.026
是否有律师参与	.015	.056
是否被羁押	.000	.103
是否外来人口	.119	.036

根据上述分析结果，可以发现诈骗数额、是否从犯、是否取得被害人谅解、是否冒充司法机关等国家工作人员、是否坦白、是否认罪、是否有律师参与、是否被羁押这8个因素与罚金数额显著相关。

2. 多元线性回归分析

为了进一步确认这些因素对罚金数额究竟是否具有影响力以及影响力的大小，接下来将以这8个因素为自变量，以罚金数额为因变量进行多轮多元线性回归分析，[1] 逐步剔除不显著因素，最后计算出以下模型：

表2 诈骗罪罚金数额多元线性回归分析结果

模型		非标准化系数		标准系数	t	Sig.
		B	标准误差	Beta		
自变量	诈骗数额	.011	.001	.326	14.443	.000
	是否从犯	-26055.793	6422.778	-.102	-4.057	.000
	是否认罪	-28821.044	7521.448	-.092	-3.832	.000
	是否被羁押	53345.209	5133.925	.295	10.391	.000

Adjusted R Square = 0.202

根据该结果，诈骗数额、是否从犯、是否认罪、是否被羁押这四个自变量的 Sig. 值小于0.05，对罚金数额的多少表现出显著的关联性，其余变量对此没有显著影响。其解释力大小按标准化系数 Beta 值的顺序依次为：

第一位的影响因素是诈骗数额，Beta 值为0.326，说明诈骗数额越多，所判处的罚金刑越重；第二位的影响因素是羁押状态，Beta 值为0.295，说明被告人被羁押的，比没有

---

[1] 多元线性回归分析用于检验多个自变量对定距因变量的作用，主要观察 P 值和标准化回归系数 Beta 值。

被羁押的,更可能判处较高的罚金;第三位的影响因素是是否从犯,Beta 值为 -0.102,说明被告人是从犯的,比非从犯更可能判处较低的罚金;第四位的影响因素是是否认罪,Beta 值为 -0.092,说明被告人认罪的,比不认罪的更可能判处较低的罚金。

此外,模型的 Adjusted R^2 为 0.202,意味着上述模型仅能解释约 20% 的罚金刑量刑,解释力比较弱,说明罚金刑在量刑上普遍存在较大的随意性,法官裁量罚金数额时所考虑的因素并不统一,从而导致了罚金刑量刑失衡的局面。

(二) 对实证发现的解读

1. 犯罪情节在罚金数额的确定方面作用有限

最高司法机关虽然没有为罚金刑制定具体的适用规范,但是其希冀法官们在裁量罚金数额时以犯罪情节为基本依据。事实上,在罪责刑相适应原则的指导下,也确实应当将犯罪情节作为确定罚金数额的基础,做到"重罪重罚、轻罪轻罚",以充分体现罚金刑的正当性根据——报应;在此基础上再根据犯罪人的财产状况予以调整,防止空判。如果失去了犯罪情节这个基本标尺,罚金刑的适用将陷入混乱,为法官滥用自由裁量权打开方便之门。这里的"犯罪情节"既包括作为诈骗罪构成事实的诈骗数额,也包括其他量刑情节,比如手段、是否造成被害人损失、是否从犯等。

根据多元线性回归分析结果,对罚金数额具有显著影响力的犯罪情节包括诈骗数额、从犯、认罪三个因素。无论是理论上还是实践中,诈骗数额都是上述犯罪情节最主要的内容,因为其直接决定了罪行的轻重及法定刑幅度。脱离了诈骗数额这个基本轨道裁量罚金数额,不论是对于被告人、还是对于整个司法实践而言,都是弊大于利的。因此,总体来看,诈骗数额对于罚金数额的确定有着重要意义。然而,不得不承认,诈骗数额与罚金数额的关联程度比较弱(笔者对全样本的罚金数额与诈骗数额进行相关性检验,结果显示,$r = 0.316$,$p < 0.001$),且不同案件中罚金数额占诈骗数额的比例相差悬殊。至于如何评价这种情况,笔者认为应当客观分析:一方面,应当承认审判实践中确实存在个案之间罚金失衡的现象。比如在张某等人诈骗案和张某某等人诈骗案中,二者都是在境外实施电信网络诈骗,冒充司法工作人员拨打电话,且都是从犯,前者参与诈骗一千万余元,后者参与诈骗五六十万元,而法院均判处罚金两千元。[①] 另一方面,量刑情节特别是从犯等具有减轻处罚功能的量刑情节的存在,在一定程度上打破了诈骗数额与刑罚的固有关系,冲淡了诈骗数额对于刑罚的决定作用,影响了法官对于罪行轻重的评价。比如有的案件诈骗数额很大,但是被告人在其中所起的作用很小,属于从犯;有的案件诈骗数额不大,但是被告人曾因诈骗受过刑事处罚等,法官根据犯罪数额和其他量刑情节综合衡量犯罪的严重程度,进而判处相应的罚金,这些情况下诈骗数额与罚金数额的固有关系就受到了削弱。

---

① 参见裁判文书(2018)京刑终 25 号和裁判文书(2018)京 01 刑终 607 号。

总体来看，尽管实证分析结果显示诈骗数额、从犯情节在罚金数额裁量中具有显著影响力，但是由于该分析模型的解释率较低，说明犯罪情节对罚金数额的确定所发挥的作用极为有限。这从罚金数额与主刑刑期的关系中也可以得到印证。主刑刑期是犯罪情节在刑罚方面的综合体现，如前所述，在诈骗数额较大、数额巨大、数额特别巨大三个区间内分别建立模型，发现主刑刑期对罚金数额的解释率很低，特别是在数额特别较大区间，R^2仅为9%，说明犯罪情节对于罚金刑的确定并没有发挥出预期的影响力。

2. 被告人的缴纳能力并未充分纳入法官的考虑范围

犯罪情节在罚金刑适用中未充分发挥应有作用，一个比较合理的解释是法官较多地考虑了被告人的缴纳能力，故而削弱了犯罪情节对罚金数额的影响。事实上，在适用罚金刑时，确实应当充分考虑刑罚的个别性，以被告人的缴纳能力为考量因素，让那些实施了相同犯罪行为但经济背景不同的被告人，具有同样的刑罚感受。[1] 最高人民法院《关于适用财产刑若干问题的规定》对此进行了规定，此外，最高人民法院《关于刑事裁判涉财产部分执行的若干规定》（法释［2014］13号）也在程序上作出要求：人民法院刑事审判中可能判处被告人财产刑、责令退赔的，刑事审判部门应当依法对被告人的财产状况进行调查。然而，笔者翻阅所收集的全部样本，没有一份裁判文书中有关于被告人财产状况的记载，只有少量文书提及"被告人已经预缴罚金"。基于此，笔者对一些基层法官进行访谈，求证裁量罚金刑时是否履行了财产调查职责，答案是预料之中的。在案多人少矛盾日益突出、法官工作压力日益加大的情况下，绝大多数案件是没有时间和条件开展该项调查的。至于"预缴罚金"，笔者有一个疑问，还未宣判，被告人如何得知预缴多少罚金呢？经过访谈得知，法官结合日常办案经验，在正式宣判之前通常便对案件的罚金数额形成了一个基本判断，因此，被告人预缴的罚金与判决的罚金数额在多数情况下是一致的。特殊情况下，被告人预先缴纳的罚金数额少于判决的罚金数额，需要判决之后进行补缴。事实上，被告人预缴罚金，更多地是表达其主动接受处罚的主动性和自愿性，体现其认罪悔罪的态度，以此来换得法官从宽量刑。

笔者认为，实践中疏于对被告人财产状况进行调查的做法是值得反思的。如果仅根据犯罪情况裁量罚金数额而不考虑被告人的承受能力，那么罚金刑的威慑和预防效果将因被告人经济状况的不同而呈现重大差异。特别是对于那些经济能力较弱的被告人，过重的罚金使其原本贫困的生活雪上加霜，"执行难"不可避免；更重要的是，近年来在刑罚执行领域建立了财产性判项与减刑假释联动机制，意味着如果犯罪人有能力缴纳而拒不缴纳罚金，将失去假释的机会，减刑也会变得艰难。然而，由于实践中信息甄别方面的低效，难以准确判断犯罪人客观上是否具有履行能力，所以该机制在现实操作层面已经从惩罚犯罪

---

[1] 陈帅：《无限额罚金刑量刑失衡问题与规制——以S市258篇数额特别巨大诈骗案件判决书为样本》，载《上海法学研究》（闵行区法院卷）2019年第12卷，第1296页。

人有能力履行但拒不履行的主观状态异化为惩罚犯罪人不积极履行的客观行为。[①] 因此，一旦罚金超出犯罪人的履行能力导致履行不能，将很有可能影响到后续的减刑假释，从而不利于其在服刑期间安心改造，同时对监狱管理也造成不小的压力。为了减少甚至避免上述后果，建立和完善被告人财产状况调查制度，合理裁量罚金势在必行。

3. 羁押状态对罚金刑的裁量产生了不当影响

多元线性回归分析结果显示，羁押状态对罚金数额的影响力排名第二，说明其在司法实践中起到了影响刑罚幅度的作用。罚金数额本应根据犯罪情节和缴纳能力而确定，但实践中却深受羁押状态影响，被羁押的被告人所面临的罚金刑重于未被羁押的被告人，这显然是混淆了二者之间的关系，违背了刑事诉讼法设置强制措施的初衷，使其承担了本不应由其承担的实体性功能。强制措施的价值仅仅在于保障刑事诉讼顺利进行，对判决结果不应有任何作用或影响。但是在司法实践中，对于公安机关提请批捕的案件，检察机关决定是否批准逮捕时着重考虑的并非刑事诉讼能否顺利进行，而是犯罪嫌疑人的行为是否构成犯罪，基本上是"够罪即捕"，致使逮捕率长期居高不下。而一旦逮捕，除了少数犯罪嫌疑人、被告人通过羁押必要性审查程序变更强制措施之外，绝大多数情况下都是一押到底。而法官在作出刑事判决时，通常将羁押情况考虑在内，[②] 这就导致刑事强制措施对于宣告刑具有预判效应，一旦被告人在审判前处于羁押状态，那么其将来很有可能面临较重的刑罚后果，不论主刑还是附加刑，均是如此。

综上所述，在罚金刑裁量过程中，犯罪情节并没有发挥出应有的作用，被告人的缴纳能力也没有真正进入法官的视野，而羁押状态这种与案件无关的因素却对量刑产生了不当影响，这说明最高司法机关关于罚金刑的适用要求在实践中并未得到有力地贯彻和执行。之所以出现这种情况，根源在于立法层面的粗疏——无限额罚金制，以及司法层面的缺失——缺乏具体的量刑指导，从而使得法官根本不受"以犯罪情节为依据，兼顾犯罪人的缴纳能力"原则的约束。法官在判处罚金时，结合个人的工作经验，根据犯罪事实和情节进行综合判断，采用"估堆法"量刑，以致出现了罚金刑适用不均衡、不统一的局面。

三、罚金刑量刑均衡的实现

司法实践中，不论是司法工作者还是被告人、被害人，对于罚金刑给予的关注远远比不上主刑。然而，罚金刑是以被告人合法财产为适用对象的，而合法财产凝结着其一定期限的体力及脑力劳动，同样值得司法的尊重和保护，事实上，这种尊重和保护最重要的体现就是实现罚金的规范化、精细化、均衡化，使被告人充分理解和认同罚金结果的科学性、合理性。与以往量刑指导文件中对罚金只字不提相比，最高人民法院、最高人民检察

---

① 劳佳琦：《财产性判项与减刑假释的联动机制》，载《中外法学》2018年第3期，第713页。
② 赵学军：《抢劫罪量刑经验研究》，法律出版社2019年版，第436页。

院联合颁布的《关于常见犯罪的量刑指导意见（试行）》（法发〔2021〕21号）规定了"判处罚金刑，应当以犯罪情节为根据，并综合考虑被告人缴纳罚金的能力，依法决定罚金数额。"具体到诈骗罪，就是"根据诈骗的数额、手段、危害后果等犯罪情节，综合考虑被告人缴纳罚金的能力，决定罚金数额。"① 不可否认，该规定只是对"以犯罪情节为依据，兼顾犯罪人的缴纳能力"原则的进一步肯定，而且由于其过于抽象，在实践中根本无法发挥应有的指导作用。但是最高院、最高检印发通知明确要求各省份制定《关于常见犯罪的量刑指导意见实施细则》，重点细化的内容之一就是罚金的适用，这说明最高司法机关已经充分认识到规范罚金刑适用、实现罚金刑量刑均衡的必要性和紧迫性。接下来本文将结合各省份制定的量刑实施细则思考如何实现罚金刑的均衡性问题。

（一）罚金数额的参照标准

笔者收集了各省近几年制定的量刑实施细则，发现仅江苏、湖北、四川、河北等少数省份涉及罚金刑的规范化。就无限额罚金制而言，首先要解决的就是罚金数额的参照标准问题。拥有了一个科学、稳定的参照标准，才有可能实现量刑均衡。经过梳理，上述文件提供了两种思路：

一种是以犯罪数额为标准。如河北省规定，对盗窃、诈骗、抢夺等几类犯罪，罚金不超过犯罪数额的二倍；② 江苏省规定，法条未作数额幅度规定的经济犯罪案件，单处罚金数额不少于涉案金额的1倍。③

另一种是以主刑为标准。如江苏省规定，对于并处罚金，而法条未作数额幅度规定的，个罪基准刑为三年以上有期徒刑的，以有期徒刑三年并处罚金5500元为基数，每增加一年，罚金增加2000元；个罪基准刑为三年以下有期徒刑的，以有期徒刑六个月并处罚金3000元为基数，每增加半年，罚金增加500元；个罪基准刑为拘役刑的，每处拘役一个月，并处罚金人民币500元；个罪基准刑为管制刑的，以管制三个月并处罚金人民币1000元为基数，刑期每增加三个月，罚金增加500元。④ 而湖北、四川分别规定了罚金刑适用的基本原则以及若干种罪名的罚金刑适用具体规则，这些具体规则主要是以主刑为参照加以细化的。⑤

关于这两种思路孰优孰劣，文姬教授曾以盗窃罪为样本，分别构建了罚金刑的涉案金额公式和自由刑公式进行验证。经过比较认为，自由刑公式表达更为简便，计算结果更加符合盗窃罪的实际罚金数额变化规律，并且理论上可能对罚金刑有影响的积极缴纳罚金或

---

① 最高人民法院、最高人民检察院于2021年发布的《关于常见犯罪的量刑指导意见（试行）》。
② 《河北省高级人民法院关于常见犯罪的量刑指导意见实施细则》（2014年）。
③ 《江苏省各中级人民法院刑事案件判刑量刑标准指导意见》（2010年）。
④ 《江苏省各中级人民法院刑事案件判刑量刑标准指导意见》（2010年）。
⑤ 《湖北省高级人民法院关于扩大量刑规范化罪名和刑种的量刑指导意见（试行）》（2016年），《四川省高级人民法院关于〈常见犯罪量刑指导意见（试行）〉实施细则（试行）》（川高法〔2022〕178号）。

者财产保证、退赔退赃等情节不需要独立于自由刑单独列出,从而只有自由刑、行为人年收入对罚金刑产生影响。所以,在自由刑得到规范化的情况下,罚金刑的基准事实应当是自由刑。[1] 笔者也认同这种观点,理由如下:

一是从理论层面讲,无论是刑法,还是最高人民法院制定的规范性文件,都要求罚金数额应当以犯罪情节为根据。而犯罪数额仅是犯罪情节的一个方面,尽管其在诈骗、盗窃等数额犯中非常重要,但是也可能因从犯、未遂等量刑情节的存在而受到削弱,故以犯罪数额为依据确定罚金刑,难以做到罪责刑相适应。更何况并不是所有设置了罚金刑的犯罪都涉及犯罪数额,所以犯罪数额标准并不具有普遍适用性。相比之下,根据罪责刑相适应原则,主刑能够全面、准确地反映罪行的严重程度,是各种犯罪情节在量刑上的综合体现,故以主刑为标准裁量罚金数额更加符合"以犯罪情节为根据"这一基本要求。

二是从实践层面,根据主刑判定罚金数额已经成为一些省份不成文的做法。笔者在录入数据的时候,直觉上发现北京地区判决存在一个现象:即一年有期徒刑通常搭配罚金一万,两年有期徒刑通过搭配罚金两万,以此类推。此外,有期徒刑刑期非整数的,通常搭配与其相近似的整数罚金数额,如有期徒刑14个月的,通常搭配罚金一万元;有期徒刑20个月的,通常搭配罚金两万元或者一万元。为了进一步确认该现象的存在,笔者对样本中北京地区所有的有期徒刑判决进行验证,发现32%的样本存在"判几年、罚几万"这种精准对应的情形,34%的样本存在非整数刑期搭配近似整数罚金数额的情形。笔者就该发现向北京市基层法院的法官进行求证,法官们表示,这种情形并没有明文规定,也并非硬性要求,但确实是北京市基层审判工作中法官们的倾向性选择。客观来看,"判几年、罚几万"这种数量对应关系其实并没有充足的科学依据做支撑,并且其未将被告人的缴纳能力纳入考察范围,因而是片面的,也是不利于后期执行的。但是,其能在法官群体中推而广之,说明以主刑为参照标准的罚金刑裁量模式具有一定的实践基础,容易获得法官的接受,湖北、四川、江苏三省的相关规定也进一步印证了这一点。其中四川省的实施细则明确指出:"罚金刑的适用应当坚持罪责刑相适应的原则,与主刑相适应,并对主刑起一定的调剂作用,实现政治效果、法律效果与社会效果的统一。"[2]

综上,以主刑为罚金数额的参照标准,不失为一种简便易行且又符合"以犯罪情节为根据"要求的做法。在该前提下,如何根据主刑确定罚金数额,以及如何兼顾犯罪人的缴纳能力,则是罚金数额的具体裁量方法中所要考虑的问题。

(二)罚金数额的具体裁量方法

在以主刑为参照标准的前提下,关于无限额罚金制中罚金数额的具体确定方法,目前

---

[1] 参见文姬:《盗窃罪中罚金刑裁量规则研究》,载《南大法学》2021年第4期,第55–61页。
[2] 《四川省高级人民法院关于<常见犯罪量刑指导意见(试行)>实施细则(试行)》(川高法[2022] 178号)。

共有两种模式：

第一种模式是直接规定与主刑刑期相对应的罚金数额幅度。如四川省规定，构成合同诈骗罪的，根据诈骗手段、犯罪数额、损失数额、危害后果、社会影响、涉众情况等犯罪情节，综合考虑被告人缴纳罚金的能力，决定罚金数额。具体裁量方法如下表所示：

表3 四川省合同诈骗罪罚金刑适用规定[①]

区间	主刑	罚金
数额较大	无	单处5万元至15万元
	拘役或者1年以下有期徒刑	5千元至5万元
	一年以上三年以下有期徒刑	3万元至20万元
数额巨大或有其他严重情节	三年以上不满五年有期徒刑	5万元至15万元
	五年以上不满七年有期徒刑	10万元至20万元
	七年以上十年以下有期徒刑	15万元至30万元
数额特别巨大或者有其他特别严重情节	十年以上不满十二年有期徒刑	20万元至35万元
	十二年以上十五年以下有期徒刑	30万元至50万元

该模式和美国联邦量刑指南的规定有着异曲同工之处，后者将罪行分为若干等级，针对不同的等级确定其对应的罚金范围。考虑到被告人的给付能力天差地别，罚金范围设置的比较大，且不同等级的罚金范围互有重叠。[②] 该模式的优点是简单明了易操作，在规定的罚金范围内赋予法官一定的自由裁量权，法官可结合被告人的缴纳能力确定适当的罚金数额。

第二种模式是规定罚金刑的计算步骤。如湖北省规定，对合同诈骗罪，应当根据诈骗数额、损害后果、赃款退缴等情况，综合考虑犯罪情节以及被告人缴纳罚金的能力，判处适当的罚金数额。具体裁量方法如下表所示：

表4 湖北省合同诈骗罪罚金刑适用规定[③]

区间	罚金范围	主刑	罚金
数额较大	五千元至十万元	无	单处二万元至十万元
		一年以下有期徒刑或者拘役	五千元至二万元
		一年以上三年以下有期徒刑	一万元以上五万元

[①] 《四川省高级人民法院关于〈常见犯罪量刑指导意见（试行）〉实施细则（试行）》（川高法〔2022〕178号）。
[②] 彭雅丽：《量刑指导意见的司法实践与重构》，载《法学研究》2021年第4期，第188页。
[③] 《湖北省高级人民法院关于扩大量刑规范化罪名和刑种的量刑指导意见（试行）》（2016年）。

续表

区间	罚金范围	主刑	罚金
数额巨大或有其他严重情节	二万元至五十万元	三年以上十年以下有期徒刑	判处三年有期徒刑的,在二万元至八万元幅度内确定罚金起点。在起点基础上,主刑每增加一年刑期,可以增加一万元至六万元的数额
数额特别巨大或者有其他特别严重情节	五万元至五十万元	十年以上有期徒刑	判处十年有期徒刑的,可以在五万元至十五万元幅度内确定罚金起点。在起点基础上,主刑每增加一年刑期,可以增加二万元至七万元的数额

根据上表,第二、三量刑幅度内,罚金刑的裁量实际上是参照有期徒刑的规范路径,首先规定量刑起点,通常以一定幅度形式呈现,然后在起点基础上,主刑每增加一年,罚金刑也随之增加一定的数额,该数额仍然是以一定幅度的形式存在。经过计算,总体上不能超出主刑所对应的罚金范围。与第一种模式相比,该模式之下,一定主刑刑期所对应的罚金范围更大,法官的自由裁量空间更广,其将被告人缴纳能力纳入罚金起点和所增加刑罚量的选择之中,财产状况较好的,可就高选择,财产状况较差的,可就低选择。

比较这两种模式,最大的不同在于如何将被告人的缴纳能力纳入罚金刑的裁量之中:前者体现在法官对某个罚金范围内特定数额的选择上,后者体现在法官对罚金起点和增量的选择上。需要注意的是,这两种模式并不是截然对立的,而是可以相互结合的。如前所示的湖北省合同诈骗罪罚金刑适用规定,第一量刑幅度采用第一种模式,第二、三量刑幅度采用第二种模式。除这两种模式之外,有学者还提出了在裁量罚金刑时引进"行为人年收入"这一要素,将其作为预防刑情节。当行为人年收入高于当地年均收入时,属从重预防刑情节;当行为人年收入低于当地年均收入时,属从轻预防刑情节。具体的从重和从轻幅度,可以进行分段规定。具体来说,是通过实证研究得出罚金数额的自由刑公式,该公式代表了社会平均经济水平下相应自由刑判决所对应的罚金刑。在此基础上,再考虑行为人经济水平加以调节,即罚金数额 = f(自由刑)(1 + 行为人年收入的调节比例)。其中,罚金刑的上限为 f(自由刑上限),"行为人年收入"作为预防刑情节,不能突破罚金刑的责任刑上限。①

对于这几种模式,单从理论上难以判断高下,必须付诸较长时期的实践检验,才能客观准确地掌握每一种模式的利弊,进而加以选择、改良或者融合。但是,不论采取哪种模式制定罚金刑具体裁量方法,前提都是要准确掌握被告人的财产状况,将最高人民法院

---

① 文姬:《我国罚金刑裁量方法的改进》,载《清华法学》2021 年第 6 期,第 58 - 59 页。

《关于刑事裁判涉财产部分执行的若干规定》中的财产调查落实到位。只有这样,才能保证法官能够在罚金数额范围,或者罚金起点和增量幅度、抑或行为人年收入调节比例方面准确行使自由裁量权,进而确保罚金刑"罚其当罪",真正解决后期的"执行难"问题;同时也才能确保罚金规则的制定和执行契合"以犯罪情节为根据,兼顾犯罪人的缴纳能力"原则。

结　语

综上,面对罚金刑量刑失衡现象较为严重的现状,如何规范罚金刑的适用从而实现量刑均衡,是量刑规范化改革需要探索的问题,同时也是比有期徒刑的规范化更为复杂的问题。故罚金刑的量刑规范化任重道远,自上而下推行尚无实践基础,只能从基层法院开始,逐步摸索、小范围磨合,达到相对大范围的统一。[①] 在当前有期徒刑适用比较规范、一些法院开始对罚金刑的规范化进行试点的背景下,可以逐步总结经验和做法,将罚金刑的均衡、规范适用提上日程。我们相信,随着国家量刑规范化改革进程的深化以及被告人权利意识的不断增强,罚金刑量刑失衡问题将逐步得到解决,罚金刑的裁量应当也必将向着更为规范、均衡的方向发展。

(编辑:蒋太珂)

[①] 汤建国、张桂林:《论刑事审判中财产刑的细化与均衡——兼谈姜堰市人民法院试行〈规范量刑指导意见〉中财产刑的适用》,载《法律适用》2004年第10期,第69页。

刑法解释视角下国家禁止进出口的货物、物品的理解

池梓源[*]

摘 要 未经许可进出口国家限制进出口的货物、物品构成犯罪的，以走私国家禁止进出口货物、物品罪定罪处罚属于实质解释。采取实质解释立场不仅更符合刑法的规范保护目的，也没有完全超出概念的可能语义，并且加上"构成犯罪"的要求更能起到限制刑罚过于扩张的作用。对于走私国家禁止进出口的货物、物品罪及其司法解释的兜底条款应当适用同质性解释规则，该规则要求不论是从形式还是实质角度，特定犯罪与列举项的性质特征完全等同。通过适用同质性解释规则，可以得出禁止进出口的货物、物品不仅指未经国家有关部门批准，并取得相应进出口证明的货物、物品，还包括没有经过安全检测或是出于治安管理的需要而被禁止进出口的货物、物品。

关键词 兜底条款 解释立场 同质性解释规则 禁止进出口的货物、物品

一、引言

自 2001 年 12 月 11 日，我国正式成为世界贸易组织（WTO）第 143 个成员国后，我国的进出口贸易额逐年递升，稳居世界前列。在经济快速发展的同时，也有不少不法分子浑水摸鱼，企图通过进出口的方式，实现自己的犯罪目的。立法者将此类犯罪行为集中归入《刑法》第三章破坏社会主义市场经济秩序罪之中加以规制，这些罪名中便包含本文拟着重讨论的走私国家禁止进出口的货物、物品罪。近年来，此类走私犯罪案件的数量逐年攀升，经过笔者在北大法宝中的关键词检索，2020 年司法机关以走私国家禁止进出口的货

---

[*] 池梓源，女，上海人，华东政法大学博士研究生，研究方向为刑法学。

物、物品罪定罪处罚的案件数量比2019年增加近40%。随着犯罪案件数量的攀升以及该罪名于2009年《刑法修正案（七）》的修正，走私国家禁止进出口的货物、物品罪在理论界和实务界都引起了讨论和关注，尤其是在司法实践中如何理解"国家禁止进出口的其他货物、物品"存在不小的争议。最主要的争议点集中在：第一，走私限制进出口的货物、物品是否包含在禁止进出口的货物、物品的范围之内。如果包含，这种解释方法是否过于扩张本罪刑罚的适用。第二，走私国家禁止进出口的货物、物品罪在刑法条文的表达中包含兜底条款，2014年最高人民检察院、最高人民法院颁布的《关于办理走私刑事案件适用法律若干问题的解释》（以下简称"《解释》"）中对其进行解释的条文里也包含兜底条款，这种"双兜底"条款中"国家禁止进出口的货物、物品"的本质内涵又是什么？为了正确理解该条款、维护刑法公正实施，本文将从以上两个争议点入手，从刑法解释的角度分析该罪名中国家禁止进出口的货物、物品的含义。

二、"限制"与"禁止"解释之争的学理评析

早在1979年《刑法》中就有关于走私犯罪的规定："违反海关法规，进行走私，情节严重的，除按照海关法规没收走私物品并且可以罚款外，处三年以下有期徒刑或者拘役，可以并处没收财产。"但是当时的立法者并未将走私国家禁止进出口的货物、物品罪单独规定，而是将其统一纳入走私罪之中。直到1997年立法者才依据走私对象的不同，分别规定了12个走私犯罪罪名，并于2009年通过《刑法修正案（七）》将原刑法第151条第三款规定的走私对象从"国家禁止进出口的珍稀植物及其制品"修改为"珍惜植物及其制品等国家禁止进出口的其他货物、物品"，增加了走私国家禁止进出口的货物、物品罪。然而，随之而来的争议便是，刑法中并没有走私国家限制进出口的货物、物品罪这一罪名，那么行政法中认定为走私限制进出口的货物、物品的行为应当在刑法中如何评价？究竟应以走私普通货物、物品罪还是走私国家禁止进出口的货物、物品罪定罪处罚，抑或是直接不认定为犯罪？在两高于2014年出台的《解释》给予明确规定前，有不少学者认为，限制进出口的货物、物品不同于禁止进出口的货物、物品，未经许可走私国家限制进出口的货物、物品，如果限制进出口的货物、物品属于涉税货物、物品的，应以走私普通货物、物品罪定罪处罚；属于非涉税货物、物品的，可不作为犯罪处理。[①] 也有学者认为，走私国家禁止进出口的货物、物品罪是非常典型的法定犯，由于其二次违法性的特点，在定罪量刑时不可避免要以行政法规作为基本依据。为了避免前置法与刑法之间适用同种概念时产生的不便，应当对《刑法》条文进行再次修正，增加"走私限制进出口的货物、物品罪"。

---

① 裴显鼎、苗有水等：《〈关于办理走私刑事案件适用法律若干问题的解释〉的理解与适用》，载《人民法院报》2014年9月10日。

然而，两高出台的《解释》并没有采取上述的观点，而是在第 21 条中明确规定：未经许可进出口国家限制进出口的货物、物品构成犯罪的，以国家禁止进出口的货物、物品罪等罪名论处。取得许可，但超过许可数量进出口国家限制进出口的货物、物品构成犯罪的，以走私普通货物、物品罪定罪处罚。由此可见，对于走私国家限制进出口的货物、物品，同样可以构成走私国家禁止进出的货物、物品罪，并且在分类方式上刑法摒弃了行政法中按照法律法规规定的目录范围进行区分的标准，而是通过是否经过国家有关部门批准进行区分。

从解释论的角度分析，笔者认为这一司法解释主要采用的是实质解释论的立场，且该规定具有一定合理性。其实，形式解释与实质解释之争在刑法学界已经被众多学者广泛研究并讨论过，其最早可以追溯到 1997 年我国现行《刑法》颁布之后，罪刑法定原则被广为提倡，围绕刑法解释立场的争论逐渐显现。随着陈兴良教授和张明楷教授在 2010 年发表于《中国法学》上的两篇论文问世，形式解释论与实质解释论之争被推向了高潮。形式解释论可以确保刑法的确定性、客观性和可预见性，在刑法解释过程中强调先进行形式判断，尊重法条的通常含义。但是这种解释立场会导致法律的僵化，无法适应复杂多样的现实社会。相反，实质解释论主张以犯罪本质为指导来解释刑法规定，强调在处罚必要性观念指导下先进行实质解释。这一立场虽然可以灵活适用于多数复杂疑难案件中，但也难免会出现解释结论超出国民预测可能性的情况，反而更不利于保障人权。在两种学说尚未达成统一之时，《解释》采用了实质解释论的立场，从行为的禁止性进行实质判断来确定走私物品是否属于刑法意义上的禁止进出口的货物、物品，这种选择难免会引发形式解释论支持者的反对意见，但是笔者仍然认为《解释》中将未经许可进出口的国家限制进出口货物、物品纳入禁止进出口的货物、物品中是合理的。

首先，这一规定更符合刑法的规范保护目的。尽管作为典型的法定犯罪名，走私国家禁止进出口的货物、物品罪在定罪量刑时离不开对行政法律法规的参考，但是由于刑事惩治与行政管理的目的并不完全相同，刑法与行政法的规范保护目的也各有侧重。因此，在借助行政规范来解释刑事规范时，刑事规范又具有一定的独立性。"法定犯罪与非罪的认定除了考虑'前置法'的违法性判断之外，还要依据刑法的规范保护目的作独立的实质性判断。"[①] 走私国家禁止进出口的货物、物品罪是规定在《刑法》第三章破坏社会主义市场经济秩序罪中的，其所保护的法益是社会主义市场经济秩序，具体而言是海关的监管秩序，并非维护国家关税的征收制度。这一特点也可以从刑法条文的具体表述中得出，在第二节走私罪的所有具体罪名中，偷逃税款并不是每个罪名定罪量刑时需要考量的必要构成要件，仅有个别罪名在条文中明确提及，如走私普通货物、物品罪。因此，有的学者提出用是否偷逃税款作为区分行政违法和刑事犯罪的标准，看似有一定道理，但是这与刑法设

---

① 吴锎飞：《法秩序统一视域下的刑事违法性判断》，载《法学评论》2019 年第 3 期，第 55 页。

立走私罪的规范保护目的并不完全符合。相比之下，现如今通过《解释》第 21 条所明确的以是否经过许可作为判断标准与维护海关管理秩序的目的更为接近。

其次，限制进出口货物、物品和禁止进出口的货物、物品有一定同一性。从经济的角度出发，限制进出口货物、物品管制的目的主要在于创造良好的经济发展环境，主要通过控制国内外市场需求保证国内市场供应充足，同时长久促进进出口贸易平衡，使国内市场、民族工业免受外部市场冲击。但是，限制进出口的货物、物品种类繁多庞杂，出于经济目的而进行限制进出口的情况仅仅只占一小部分。"为维护国家安全、社会公共利益或者公共道德；为保护人的健康或者安全；为保护动物、植物的生命或者健康，保护环境；为实施与黄金或者白银进出口有关的措施"等都是国家对特定货物、物品限制进出口的目的。① 这其中便与禁止部分货物、物品进出口的目的有一定同一性。例如对于来自境外疫区的动植物及其产品。"这类物品可能含有危害公共卫生安全的致病细菌和病毒，一旦走私进入我国，可能会引起传染病传播或者重大动植物疫情，严重威胁我国人民群众的生命安全和身体健康"，② 因此国家也将其列入禁止进出口的货物、物品之中，而禁止这类货物、物品进出口的目的与限制进出口中"为保护人的健康或者安全"完全重合。并且，全国人大常委会法工委刑法室在回复有关单位的意见时也指出："《刑法》第一百五十一条规定的走私国家禁止进出口的珍贵动物、珍稀植物及其制品的行为，是指走私未经国家有关部门批准，并取得相应进出口证明的珍贵动物、珍稀植物及其制品的行为。"其与限制进出口的货物、物品中"未经许可"的要求相似。所以，在刑法中将限制进出口的货物、物品部分包含在禁止进出口的货物、物品中并非毫无理由，在此处选择实质解释论的立场也因此并不会违反罪刑法定原则。这一规定将限制进出口的货物、物品解释在禁止进出口的货物、物品之中并没有超出国民预测可能性。形式解释论和实质解释论也并不是水火不容的互斥关系，两者之间是可能达到相互统一关系的。虽然《解释》主要站在了实质解释论的立场要求对走私行为进行实质判断，但是也并没有完全抛弃形式解释论的要求，即完全超出概念的可能语义。

最后，"构成犯罪"的要求可以有效避免本罪刑罚的过分扩张。由于实质解释论者是通过处罚必要性所代表的实质判断决定概念的可能语义边界，所以往往会出现扩张解释的现象，而形式解释论者由于受到文本本身含义的限制，一般会排斥扩张解释。因此，形式解释论者认为《解释》中将限制进出口的货物、物品纳入禁止进出口的货物、物品罪这一规定的主要问题在于其通过司法解释扩大了走私禁止进出口的货物、物品罪的刑罚适用，甚至可能会出现类推解释的现象。但是，这一问题完全可以通过对"构成犯罪"的合理解

---

① 王佩芬：《走私犯罪的罪名设置与刑罚配置问题研究》，载《上海海关学院学报》2011 年第 2 期，第 25 页。

② 裴显鼎、苗有水等：《〈关于办理走私刑事案件适用法律若干问题的解释〉的理解与适用》，载《人民司法》2015 年第 3 期，第 18 页。

释与正当限缩加以解决,以社会危害性与刑事违法性共存的角度明确"构成犯罪"的解释适用。行为人在未经有关部门许可的情况下进出口国家限制进出口的货物、物品,这一行为本身是被法所禁止的。然而,被禁止的行为不一定构成犯罪,还有可能仅违反行政法。只有当行为人未经许可走私国家限制进出口的货物、物品满足一定的数量、金额的要求才能构成犯罪,而数量、金额等量刑要求则需要参照《解释》第11条的相关规定。换言之,只有当《解释》第21条所规制行为的危害程度与第11条所规制内容相当时,才能满足"构成犯罪"的要求。这种限缩要求极大地遏制了适用实质解释而可能导致的刑罚过度扩张的趋势。

三、国家禁止进出口的货物、物品兜底条款的解释规则

在明确未经许可进出口的国家限制进出口货物、物品也可能包含在禁止进出口的货物、物品之中,且量刑标准应适用《解释》第11条的规定后,随之而来的问题便是究竟应当参照适用第11条中的哪一款,尤其是在《解释》第11条中包含兜底条款的情形下,国家禁止进出口的货物、物品应当如何理解。对于兜底条款通常语义的解释都离不开一个特殊的规则:同质性解释规则。但是将这一解释规则具体运用于走私国家禁止进出口的货物、物品罪的兜底条款之前,仍然有三个基础性问题需要明确:同质性解释规则是否可以满足解释兜底条款的需求?同质性解释规则中"同质"的列举项包含哪些?"同质"的判断标准又是什么?

(一)同质性解释规则可以满足兜底条款的解释需求

自现代刑法确定罪刑法定原则以来,刑法就被认为应当是普遍、明确、具体的规范。然而,随着立法技术的不断提高,立法绝对明确化的观点已经逐渐被立法者摒弃,立法的相对明确化渐渐取而代之。这种观点主张用部分的立法明确性换取司法工作人员相对的自由裁量权,这对于人权保障与实质司法正义是十分有利的,而绝对的立法明确性以及绝对的司法统一性则往往会忽视这一点,仅仅只是对形式正义的维护。因此,立法者会在订立刑法条文时使用诸如"等""其他"之类的模糊用语,学界通常称为"兜底条款"。兜底条款主要是为了弥补列举式立法模式的弊端而设立,通过明确的列举项以及紧随其后的概括规定,使刑法更有弹性空间。换言之,由于列举式立法模式难以将社会生活中应受法律规制的行为全部一一列举,当因为社会发展而出现新情况时,列举式立法的条文无法适用,此时立法者需要用兜底条款弥补刑法漏洞,纾解在立法时带有局限性的认知所带来的困境。在兜底条款给司法工作人员带来一定裁量空间的同时,有不少学者提出:"基于当前司法实践中,兜底条款的扩张趋势愈发凸显,考虑到兜底条款弹性较大,本身就容易出现兜底空间被司法无限扩张的冲动与可能。做好兜底条款的解释工作,明确兜底条款所能

涵盖的行为类型便显得至关重要，也是理论与实务需要共同关注与解决的课题。"① 而对于兜底条款的解释，无一例外离不开同质性解释规则，这一规则在国内最早由储槐植教授提出，并逐渐得到理论界的广泛认同。它一般是指在理解与适用兜底条款时，兜底条款中所包含的事项或行为，应当与列举项具有相同性质。② 尽管在刑法解释论中，有人质疑这一规则的适用性是否过于单一化，但是笔者认为其完全可以满足兜底条款的解释需求。

首先，从语义学以及日常用语的表达和理解方面看，同质性解释规则对于兜底条款的解释具有天然的优势。因为在列举事项之后使用诸如"等""其他"之类的模糊用语，本身就是用来表示对无法穷尽列举的事项的一种补充和完善。③ 在我们的日常用语中，当无法穷尽列举所有事项时，往往也会使用列举项加"等"的表述方式。例如，奥运会的比赛项目有乒乓球、羽毛球、游泳等项目，此时在理解"等项目"时自然需要结合列举项进行判断是否属于同类，而这种解释规则在法律解释中则被学者称为"同质性解释规则"。

其次，从刑法解释学的角度看，该规则更符合法的内在统一性，也被国内外不同法域的学者广泛接受。有学者研究表明："同类解释最早在罗马时期就已经作为一种法的解释规则被认可，即如果在法律或者契约中，在一些列举事项之后再添加兜底事项，这个兜底事项就必须限定于列举事项保持同种类别，或者只允许参考同种类的因素。"④ 尽管国内的学者对同质性解释规则的讨论较晚，但是仍受到大部分学者的支持。上文提及对解释立场争论激烈的陈兴良教授和张明楷教授在此问题上基本达成一致，对同质性解释规则的运用持肯定态度，他们认为同质性解释规则是在解释兜底条款时一种较为特殊的解释规则，应当与具体列举的人或物属于同一类型。⑤而应当"同一类型"这一要求恰恰可以满足法的内在统一性要求。美国学者富勒在论述法治时就明确提出："符合法治道德的法律应当具备8个要素：一般性、公开或公布、可预期、明确、无内在矛盾、可遵循、稳定性和一致性。"⑥ 相较于适用其他解释规则，在对兜底条款进行解释时适用同质性解释规则完全符合"一致性"的要求，通过对列举项特征的归纳总结，判断待确定项是否与列举项"同质"，如果"同质"则可以使用该法条定罪量刑。这一规则能有效避免解释结论超出法条规制范围的现象产生。

最后，同质性解释规则的适用并不会违反刑法基本原则，也不会加剧罪名的"口袋化"。需要明确的是解释规则并不等同于学界广泛讨论的解释立场。有学者可能会以解释立场来否定同质性解释规则存在的意义和价值，认为解释立场完全可以取代这一规则。这

---

① 黄何：《刑法兜底条款解释研究》，南京师范大学2020年博士毕业论文，第6页。
② 参见储槐植：《刑事一体化与关系刑法论》，北京大学出版社1997年版，第358-359页。
③ 参见张建军：《论刑法中兜底条款的明确性》，载《法律科学》2014年第2期，第92页。
④ 黄何：《刑法兜底条款解释研究》，南京师范大学2020年博士毕业论文，第65页。
⑤ 参见陈兴良：《口袋罪的法教义学分析：以以危险方法危害公共安全罪为例》，载《政治与法律》2013年第3期；张明楷：《刑法分则的解释原理》（第二版），中国人民大学出版社2011年版，第59-60页。
⑥ ［美］富勒：《法律的道德性》，郑戈译，商务印书馆2005年版，第46-50页。

明显是对两种概念的混淆。"刑法解释是以刑法的目的为主导,探求刑法规范法律意义的一个思维过程,由于不同的解释方法立足于不同的价值基础,具有不同的功能,如果任由解释者随意选择解释方法,势必会得出五花八门的解释结论,而这种状况终将影响刑法安定与正义价值目标的实现。"①因此,为了防止解释方法的随意选用,在确定解释方法之前,首先需要确定的是解释方法所立足的"价值基础",即解释立场。而同质性解释规则需要在解释立场的引领下,对兜底条款进行解释。因此,同质性解释规则虽然被称为"一种特殊的规则",但是在运用时并非毫无限制,其仍然需要受到解释立场和解释原则的制约。

(二) 同质性解释规则中列举项的范围与理解

在运用同质性解释规则时,确定"同质"的"参照物"是前提,即需要明确列举在附随概括性词语之前的确定性列举项。但是,在具体运用过程中,会发现对于不同的犯罪类型,可能会发生列举项较为模糊的现象。由于自然犯与法定犯的特征差异,法定犯具有明显的二次违法性,这也决定了在解释法定犯的兜底条款时需要进行特殊处理,在确定列举项时需要参考其他法律法规等规范性文件才可以明确。例如,刑法条文中明确规定:"走私珍惜植物及其制品"的行为属于走私国家禁止进出口的货物、物品罪,但是究竟何为"珍惜植物及其制品",其范围包含哪些植物?这些问题则都需要参考行政法规进行判断。然而,在司法实践中参考这些行政法规时往往会出现两大困境:

第一,刑法条文未变动,但是前置法的规定却经常会有所变动,这必然会导致实质上犯罪范围的变化。例如,国家禁止进出口货物目录的种类繁多,国家发展和改革委员会、生态环境部、商务部及海关总署等有关部门作为进出口货物、物品的监督管理部门,根据国内外具体情况及相关政策会及时对禁止进口货物、物品目录进行更新。此时,应当将这种变动理解为客观事实的变化,而非刑法条文的变化较为合适。因为此类前置性法规是用来补充刑法中犯罪构成的事实内容,并非有关刑事的基本法律。纵使其发生变更或废止,对其行为时的犯罪构成要件及其刑罚的判断而言,并不产生影响。倘若将前置法的变更等同于刑法规范的变更,则不利于刑法的稳定性。刑法作为一部能剥夺行为人自由甚至生命的法律,发挥其规范作用的前提便是具有稳定性。只有这样行为人在实施犯罪行为之前,才有可能预测到自己在特定情况下实施这种行为是否具有合法性。

第二,由于前置性规范复杂多样,行为人在实施行为前无法准确确定其行为是否包含在"同类"之中,从而影响其对行为违法性的判断。此时,这种现象在刑法理论界被称为"违法性认识错误",违法性认识错误通常包括:对相关法规范的无知,误认为法规范已经

---

① 程红:《论刑法解释方法的位阶》,载《法学》2011年第1期,第41页。

失效；对法规范的适用范围产生错误理解；对正当化事由的存在或界限发生认识错误。[①] 相较于故意杀人罪、抢劫罪、强奸罪等传统的自然犯，违法性认识错误在法定犯中十分常见。尤其对于非从事特定行业或专业的行为人来说，仅期待他们依靠伦理道德观念或朴素价值观是较难避免违法性认识错误的。并且，前置法往往出于特定时期、特定环境、特定领域的行政管制需求，具有较大的不稳定性，要求行为人对所有前置法的修改都能及时了如指掌未免过于严苛。例如，对于木炭（包括原木烧制的木炭和机制炭）的进出口规定前后经过多次变化调整，在这些修改前后，行为人对于木炭进出口的违法性认识需要一个变化适应的过程，行为人在进出口时并不知道出口原木木炭可能触犯法律的情况时有发生。对于这种案件，其处罚必要性是否还与列举项同质，值得讨论。当然，在以违法性认识错误为辩由为行为人出罪的同时，也要警惕行为人以此作为逃避法律制裁的借口。如何通过主客观相结合的标准对司法实践中涉及违法性认识错误的案例予以判断，是当下回应违法性认识错误处理方式上亟需解决的技术问题。对此，哈尔滨市中级人民法院曾在沈何淑芬走私国家禁止进出口的货物、物品罪一案中提出一种较为可行的判断标准，本案行为人在哈尔滨暂住期间将从古玩市场收集的大量古生物化石未经政府主管部门批准且未向海关如实申报，以邮寄"石头"为名交付邮政快递托运至中国台湾，最终被认定为构成走私国家禁止进出口的货物、物品罪。在案件审理期间，行为人以违法性认识错误作为辩护理由，但是经调查发现行为人在邮寄古生物化石前已向专业人员进行了咨询，在对违法性认识存疑的情况下有查明法律的可能性，行为人却没有进行查明，因此本案是具有刑罚可罚性的。从这一案件中，可以得出当行为人具有认识能力并对违法性认识存疑的情况下，还需要厘清他是否据此付出了查明法律的努力。对于本有机会避免但因行为人未付出查明法律的努力而产生的法律认识错误，属于可以避免的认识错误，进而对行为人仍具有非难可能性。

（三）同质性解释规则中"质"的判断标准

在确定同质性解释的"参照物"——列举项之后，还需要对兜底条款与其列明的事项做是否"同质"的判断，那么同质性解释的"质"应当涵盖与指向的内容有哪些。有观点认为，此处所说的"质"应当指的是二者的犯罪构成，即以主观犯罪构成与客观犯罪构成为内容的犯罪构成。[②] 也有观点认为，同质性中"质"的判断可综合以下五个方面：（1）行为造成的危害后果；（2）行为本身的危险性程度；（3）行为造成危害结果的盖然性；（4）行为与危害结果间是否存在介入因素以及介入因素对危害结果原因力的大小；

[①] 参见车浩：《法定犯时代的违法性认识错误》，载《清华法学》2015年第4期，第23页。
[②] 参见王崇青：《"抢帽子"交易的刑法性质探析——以汪建中操纵证券市场案为视角》，载《政治与法律》2011年第1期，第48页。

(5) 行为的普遍性与否。① 还有观点认为应当从刑法分则中"行为"的角度来进行同质性解释中"质"的判断。② 笔者认为这些判断标准的不同,主要是由于兜底条款自身分类存在不同之处,正因为兜底条款有不同种类,在对其进行同质性判断时也应当有所区分。例如本文所讨论的"禁止进出口的货物、物品",它属于非常典型的行为对象型兜底条款,对于此类兜底条款,同质性解释中的"质"应当指的是行为对象的属性。只有完全在能够达到同质才可适用该法条,即特定犯罪的实质与该罪明示的行为类型性质特征完全等同。③ 然而,将行为对象的属性仅仅做形式理解过于浅显,对于其属性的判断,还可以参照最高法在王力军涉嫌非法经营罪一案中的再审决定得出更进一步的判断标准,即对"质"的理解,不应当局限于兜底条款文义本身,而应当坚持实质解释方法对兜底性规定进行解读。④ 据此,不难发现同质性解释规则在判断是否"同质"时不仅会进行形式判断,同时也会将待确定项是否具有刑罚处罚必要性等实质判断纳入考量范围之内。这样能够在灵活解释兜底条款的基础上,限制其"口袋化"的趋势。

四、国家禁止进出口的货物、物品兜底条款的理解

(一)《刑法》中兜底条款的认定

走私国家禁止进出口的货物、物品罪属于法定犯,《刑法》第151条的法条表述是:"走私珍稀植物及其制品等国家禁止进出口的其他货物、物品"。虽然《解释》第11条对《刑法》第151条第三款进行了概括性分类,但是这些分类中具体包含哪些货物、物品则需要结合前置法进行确定。如果前置法明确对走私某些货物、物品放弃追究法律责任,说明前置法的立法者认为这些行为尚未达到刑法处罚的程度,或者没有必要通过刑法手段来加以惩治。对于这一观点,有学者提出质疑,行政法规与刑法基于法律体系内在统一的要求,对相关条文对象的表述具有一致性是正常现象,但是并不能对行政法规盲从。⑤ 应当尽量避免将刑事不法的认定依赖于行政不法的认定,例如在赵春华非法持有枪支案中,一、二审法院就对"枪支"的概念产生了分歧,是否将其在刑法中的概念认为与行政法中

---

① 参见何荣功:《刑法"兜底条款"的适用与"抢帽子交易"的定性》,载《法学》2011年第6期,第158页。
② 参见张明楷:《刑法分则的解释原理》(第二版),中国人民大学出版社2011年版,第60-61页。
③ 参见刘宪权:《操纵证券、期货市场罪"兜底条款"解释规则的构建与应用》,载《中外法学》2013年第6期,第1181页。
④ 最高人民法院决定再审的理由为:在对非法经营罪中的兜底性规定进行解释确定时,必须特别注意。纳入兜底条款打击的行为必须要具有与前三项内容相当的社会危害性和刑罚必要性,不可以错误地以刑罚手段打击一般的违反行政法律的行为。
⑤ 参见于冲:《行政违法、刑事违法的二元划分与一元认定——基于空白罪状要素构成要件化的思考》,载《政法论坛》2019年第5期,第96页。

的"枪支"概念一致,会导致不同的判决结果。① 对此,笔者认为对于行政不法的过度依赖的确可能会导致个案不公的存在,但是这种不公现象完全可以通过后续实质解释中对行为是否当罚的判断予以出罪。因此,在此阶段参照前置法中关于"国家禁止进出口的货物、物品"的规定是合理的。

对于具体应当参照哪些前置法的问题。其实在《海关法》中并没有明确的"禁止进出口的货物、物品"这一概念,只有"禁止或者限制进出境的货物、物品"的表述。② 但是可以确定的是走私国家禁止进出口的货物、物品包括了禁止进出口货物目录和禁止进出境物品表中规定的货物、物品。而根据全国人大常委会制定的《对外贸易法》第18条的规定,国务院对外贸易主管部门会同国务院其他有关部门有权制定禁止进出口货物、物品的目录。③ 但是国务院有关部门确定范围时并非没有限制,而是需要在《对外贸易法》第16条、第17条规定的范围内作出细化规定。具体而言,"为维护国际和平与安全、国家安全、社会公共利益或者公共道德,为保护人的健康或者安全,保护动物、植物的生命或者健康,保护环境,为实施与黄金或者白银进出口有关的措施,为有效保护可能用竭的自然资源或者国内供应短缺的资源等原因,依照法律、行政法规以及我国缔结或者参加的国际条约、协定的规定,方能制定禁止进出口的货物目录。"④ 因此,在判断被查处的走私货物、物品是否属于国家禁止进出口的其他货物、物品时,需要判断其是否在部门规章中的目录名单中,对于目录以外的特定货物则需要判断其是否因为符合上述目的而被国务院有关部门临时禁止。需要注意的是,由于刑法走私国家禁止进出口的货物、物品罪中并没有"违反国家规定"这类要求,本罪并不受《刑法》第96条的限制,⑤ 即国家禁止进出

---

① 参见天津市河北区人民法院刑事判决书(2016)津0105刑初442号;天津市第一中级人民法院刑事判决书(2017)津01刑终41号。
② 《海关法》第82条走私规定和第83条准走私规定。
③ 《对外贸易法》第18条:"国务院对外贸易主管部门会同国务院其他有关部门,依照本法第十六条和第十七条的规定,制定、调整并公布限制或者禁止进出口的货物、技术目录。国务院对外贸易主管部门或者由其会同国务院其他有关部门,经国务院批准,可以在本法第十六条和第十七条规定的范围内,临时决定限制或者禁止前款规定目录以外的特定货物、技术的进口或者出口。"
④ 参见《对外贸易法》第16条:"国家基于下列原因,可以限制或者禁止有关货物、技术的进口或者出口:(一)为维护国家安全、社会公共利益或者公共道德,需要限制或者禁止进口或者出口的;(二)为保护人的健康或者安全,保护动物、植物的生命或者健康,保护环境,需要限制或者禁止进口或者出口的;(三)为实施与黄金或者白银进出口有关的措施,需要限制或者禁止进口或者出口的;(四)国内供应短缺或者为有效保护可能用竭的自然资源,需要限制或者禁止出口的;(五)输往国家或者地区的市场容量有限,需要限制出口的;(六)出口经营秩序出现严重混乱,需要限制出口的;(七)为建立或者加快建立国内特定产业,需要限制进口的;(八)对任何形式的农业、牧业、渔业产品有必要限制进口的;(九)为保障国家国际金融地位和国际收支平衡,需要限制进口的;(十)依照法律、行政法规的规定,其他需要限制或者禁止进口或者出口的;(十一)根据我国缔结或者参加的国际条约、协定的规定,其他需要限制或者禁止进口或者出口的。"《对外贸易法》第17条:"国家对与裂变、聚变物质或者衍生此类物质的物质有关的货物、技术进出口,以及与武器、弹药或者其他军用物资有关的进出口,可以采取任何必要的措施,维护国家安全。在战时或者为维护国际和平与安全,国家在货物、技术进出口方面可以采取任何必要的措施。"
⑤ 《刑法》第96条:"本法所称违反国家规定,是指违反全国人民代表大会及其常务委员会制定的法律和决定,国务院制定的行政法规、规定的行政措施、发布的决定和命令。"

口的货物、物品的范围可以超出法律、行政法规规范范畴,依照部门规章的规定判断货物、物品是否属于国家禁止进出口的货物、物品也是合理的。因此,对于《刑法》第151条第三款的兜底条款列举项范围,应当以《解释》第 11 条的分类罗列为准,具体货物、物品则要参照前置法的规定。

(二)《解释》中兜底条款的认定

除了法定犯需要参考前置法的规定这一问题之外,在具体适用《解释》第 11 条的量刑标准时可以发现《解释》第 11 条第一款第六项也存在兜底条款,对于其列举项的范围确定在司法实务中同样存在争议,并且由于《解释》第 11 条是对《刑法》第 151 条第三款的解释和罗列,其第一款第六项兜底条款的列举项范围也直接影响着对《刑法》第 151 条第三款兜底条款的理解。

具体而言,《解释》第 11 条第一款第六项中兜底条款的列举项是包括《解释》第 11 条第一款的全部内容?还是仅包括"旧机动车、切割车、旧机电产品"?[①] 对于其列举项的选择不同,会导致司法工作人员在实践过程中对于同样货物、物品产生截然不同的结论。以纯碱为例,如果认为《解释》第 11 条第一款第六项中兜底条款是对《解释》第 11 条全部列举内容的兜底,则逃证走私 30 吨纯碱将可能构成走私国家禁止进出口的货物、物品罪,但是如果认为《解释》第 11 条第一款第六项中兜底条款是对《解释》第 11 条第一款第六项的兜底,纯碱则明显与旧机动车、切割车、旧机电产品不同质,则可能不满足《解释》第 21 条中"构成犯罪"的要求。司法实践中,此类矛盾也屡见不鲜。例如,广东省高级人民法院认为在判断行为人走私硅铁是否构成犯罪时,应当参照《解释》第 11 条第一款第六项的量刑标准,即与"走私旧机动车、切割车、旧机电产品或者其他禁止进出口的货物、物品"的量刑标准相一致。[②] 此时,硅铁显然与旧机动车、切割车、旧机电产品不同质,可以推出该法院认为《解释》第 11 条第一款第六项是全部第 11 条列举项的兜底。但随后在广东省高级人民法院审理的另一起案件中,该法院则认为行为人走私氧化镁的行为适用《解释》第 11 条第一款第五项的量刑标准,即与"走私木炭、硅砂等妨害环境、资源保护的货物、物品"的量刑标准一致。[③] 此时,该法院并没有采取与之前相同的认定方式,而是将氧化镁认定为与木炭、硅砂同质。硅铁、氧化镁都属于出口许可证管理货物,即属于本文第一章所讨论的限制进出口的货物、物品,行为人在都没有经过许可进行进出口行为时,应当属于走私国家禁止进出口的货物、物品罪,其量刑标准也应当参照《解释》第 11 条中的规定,但是广东省高院却对同类货物、物品,选择参照不同的量

---

① 《解释》第 11 条第一款第六项:"走私旧机动车、切割车、旧机电产品或者其他禁止进出口的货物、物品二十吨以上不满一百吨,或者数额在二十万元以上不满一百万元的。"
② 参见广东省高级人民法院刑事判决书(2018)粤刑终 422 号。
③ 参见广东省高级人民法院刑事判决书(2019)粤刑终 445 号。

刑规则，显然存在矛盾。

笔者认为对于这一争议，应当将该兜底条款认为是对《解释》第11条第一款第六项的兜底较为合适。有学者可能会提出相反观点，因为《解释》第11条第一款第六项在"其他禁止进出口的货物、物品"前运用的是"或者"一词，代表着其他禁止进出口的货物、物品应当与《解释》第11条第一款第一至六项是并列关系，只有像第11条第一款第五项"等……货物、物品"才表示仅为第五项的兜底。这一理由未免有些咬文嚼字，并且"等……货物、物品"中的"等"同样也可以代表并列关系。因此，笔者认为，对于《解释》第11条第一款第六项中列举项的确定应当回归到基本原则上。"司法解释是对立法宗旨的确认和深化，对罪刑法定原则的恪守是刑法解释的底线。"[①] 司法解释不应过于扩大国家禁止进出口的货物、物品的范畴，从而变成超出预测范围的扩大解释。兜底条款本身带有天然的扩张性和不确定性，对于兜底条款的解释则应当进行一定限制，将《解释》第11条第一款第六项限制在对第六款本身的兜底更为合适。

综合归纳第六项中货物、物品的共同属性可以发现，虽然在国内市场中并未完全禁止流通，但由于其不符合产品检验的要求而存在适用的风险，走私此类货物、物品会侵害到国家禁止进出口的监管秩序，所以没有经过安全检测的货物、物品也属于禁止进出口的货物、物品。此外，《解释》第5条还规定"走私国家禁止或者限制进出口的仿真枪、管制刀具，构成犯罪的，依照刑法第一百五十一条第三款的规定，以走私国家禁止进出口的货物、物品罪定罪处罚。具体的定罪量刑标准，适用本解释第十一条第一款第六、七项和第二款的规定。"从这一条款可以看出仿真枪、管制刀具本身具有严重的社会安全隐患，并且极易滋生抢劫、故意伤害等上下游犯罪，如将其随意进出口会对社会公共安全及个人财产安全造成直接影响或危害。需要注意的是，出于治安管理的需要而被禁止进出口的货物、物品虽然在定罪量刑时适用《解释》第11条第一款第六项，但这并不能代表《解释》第11条第一款第六项是全部国家禁止进出口货物、物品的兜底。将仿真枪、管制刀具等出于治安管理的需要而被禁止的货物、物品纳入国家禁止进出口的货物、物品之中，也不是对行为人不利的扩张解释。因为《解释》是对《刑法》条文的解释而不是修正或立法，不论是《解释》第5条还是第11条都是对《刑法》第151条第三款的注意规定。从《解释》第5条的规定可以得出仿真枪、管制刀具是与旧机动车、切割车、旧机电产品并列的列举项，对其进行归纳总结则可以看出其共同属性是没有经过安全检测或是出于治安管理的需要而被禁止进出口的货物、物品。将出于治安管理的需要而被禁止进出口的货物、物品也纳入走私禁止进出口货物、物品并非没有明文规定，也没有超出一般国民接受的文义理解范围。在理解《解释》第11条第一款第六项的"其他禁止进出口的货物、物品"时，也应将第5条的仿真枪、管制刀具纳入列举项的范围之内，并得出没有经过安全

[①] 郑伟、葛立刚：《刑行交叉视野下非法经营法律责任厘定》，载《法律适用》2017年第3期，第74页。

检测或是出于治安管理的需要而被禁止进出口的货物、物品属于国家禁止进出口的货物、物品之结论。

综上所述，对《刑法》条文中走私国家禁止进出口的货物、物品罪的兜底条款以及《解释》中的兜底条款应当适用同质性解释规则，立足于法律条文本身，遵循兜底条款与之前的列举项之间的同质性，通过归纳总结可以得出，禁止进出口的货物、物品不仅指"未经国家有关部门批准，并取得相应进出口证明"的货物、物品，还包括没有经过安全检测或是出于治安管理的需要而被禁止进出口的货物、物品。对于刑法兜底条款的解释，在找到列举项的共同特征之后，还需要确定待判断的走私行为与之前的列举项是否有相当的处罚必要性，否则极易引发刑法的失控，甚至颠覆公民的法感情。因此，对没有处罚必要性的行为人予以出罪处理，以此来避免该罪名在司法实践中日益"口袋化"的趋势。

（编辑：蒋太珂）

编造、故意传播虚假信息罪认定标准之考辩

安　然[*]

>　　**摘　要**　编造、故意传播虚假信息罪作为刑法规制虚假信息的专有罪名，存在入罪认定标准不清的问题，这严重限制了本罪的司法适用，削弱了虚假信息刑法治理的效果。在人类社会已不可逆转地进入网络时代的语境下，对"严重扰乱社会秩序"的认定不应墨守成规，网络秩序的法益属性应被认可。在既有理论中，"现实秩序说"对网络秩序的法益属性认识不足、过于保守，不当限制了编造、故意传播虚假信息罪的规制范围，"立法修订说"的理论旨趣较为激进，过分超前于当下的犯罪治理需求。"双层标准说"对编造、故意传播虚假信息罪的司法实践具有更强的解释力，但有待进一步梳理与体系化构建。在"双层标准说"的基础上构建编造、故意传播虚假信息罪的认定标准体系，能够为本罪的司法适用提供更加全面系统的助益。
>
>　　**关键词**　虚假信息　刑法规制　编造、故意传播虚假信息罪　认定标准

自 2020 年以来，新冠疫情肆虐全球，对人类生活与社会秩序带来了重大挑战。我国疫情防控工作卓有成效，但在战"疫"工作紧张开展的同时，大量的虚假疫情信息汹涌而至，严重干扰了疫情防控工作的有序开展。有鉴于此，严厉打击编造、故意传播虚假信息犯罪的相关政策陆续颁行，以期有效维护社会秩序，切实保护民众生命健康安全。[①] 在诸多与虚假信息相关的罪名中，编造、故意传播虚假信息罪中的虚假信息范围被明确地界定

---

[*] 安然，男，山东济南人，曲阜师范大学法学院副教授，华东政法大学博士后，研究方向刑法学。
[①] 参见最高法、最高检、司法部、公安部联合下发的《关于依法惩治妨害新型冠状病毒感染肺炎疫情防控违法犯罪的意见》，山东省公安厅下发的《关于依法严厉惩处涉疫情防控违法犯罪行为的通告》、辽宁省公安厅下发的：《关于依法严厉打击新冠病毒肺炎疫情防控期间违法犯罪行为的通告》，等等。

为"险情、疫情、灾情、警情",使本罪当之无愧地成为疫情防控中惩治虚假信息最为精准的刑法武器。然而,自《刑法修正案(九)》增设了本罪以来,其入罪认定标准问题久拖未决,严重限制了本罪司法效能的发挥。虽然学界对于本罪的认定标准问题已投入了相当的学术精力,但尚未达成较为统一的认识。在此次新冠疫情背景下,编造、传播虚假信息罪的认定标准之重要性更加凸显,究竟如何科学地划定虚假信息刑法规制的边界,在保障民众言论权利与加强网络空间的刑法治理间取得合理平衡,颇值深入探讨。

一、编造、故意传播虚假信息罪认定标准的理论争鸣

随着网络时代的来临,虚假信息对社会秩序的破坏力愈加增强,引起了立法者的高度重视。我国早在《刑法修正案(三)》中就增加了编造、故意传播虚假恐怖信息罪,正式拉开了刑法打击虚假信息的帷幕。2013年是我国刑法惩治网络虚假信息发展历程中具有里程碑意义的一年,两个重要司法解释①为网络诽谤、网络寻衅滋事等网络犯罪的入罪认定给出了清晰的标准。2015年施行的《刑法修正案(九)》对刑法惩治虚假信息的罪名库又进行了扩容,增加了编造、故意传播虚假信息罪。然而,作为虚假信息罪名家族中最年轻的面孔,编造、故意传播虚假信息罪的认定标准却最不清晰,引发了诸多争论,至今大致形成了"双层标准说""现实秩序说""立法修订说"三类观点。

双层标准说是互联网时代已然来临背景下的有力学说。自1994年首次接入互联网后,经过二十余年的发展,互联网已牢牢嵌入中国民众办公、教育、娱乐、社交、购物等生活侧面。②据此,有学者指出:"网络空间与现实空间正逐步地走向交叉融合,'双层社会'正逐步形成",③"'网络空间'中'公共秩序严重混乱'的判断标准,应当以'现实社会'和'网络社会'同时存在的'双层社会'为背景,避免判断标准和判断视角的错位。"④基于双层社会的理论语境,认定严重扰乱社会秩序应以"'网络空间秩序混乱'为主要标准,同时兼顾现实空间中的传统标准。"⑤质言之,双层标准说以网络秩序与现实秩序的双元社会秩序为依据,将网络秩序被侵害作为严重扰乱社会秩序的入门标准,将现实社会秩序被侵害作为从严处罚的认定标准。这意味着,仅造成网络秩序混乱的编造、传

---

① 《最高人民法院、最高人民检察院关于办理利用信息网络实施诽谤等刑事案件适用法律若干问题的解释》(以下简称《解释一》)开启了刑法惩治网络诽谤、网络寻衅滋事等网络犯罪行为的时代,"转发500次"入刑成为社会的流行语。《最高人民法院关于审理编造、故意传播虚假恐怖信息刑事案件适用法律若干问题的解释》(以下简称《解释二》)则为编造、故意传播虚假恐怖信息罪提供了清晰的认定标准,将虚假信息的刑法治理推向了一个高潮。

② 参见中国互联网络信息中心(CNNIC)第44次《中国互联网络发展状况统计报告》。中国网信网:http://www.cac.gov.cn/2019zt/44/index.htm. 最后访问时间:2022年8月23日。

③ 于志刚:《"双层社会"中传统刑法的适用空间——以"两高"〈网络诽谤解释〉的发布为背景》,载《法学》2013年第10期。

④ 于志刚、郭旨龙:《"双层社会"与"公共秩序严重混乱"的认定标准》,载《华东政法大学学报》2014年第3期。

⑤ 同上注。

播虚假信息行为也可以认定为"严重扰乱社会秩序",也可以进行入罪处理。双层标准说敏锐地捕捉到网络时代社会秩序的嬗变,也为相关司法解释提供了正当性论证,得到了较多拥趸。①

现实秩序说对严重扰乱社会秩序采取了较为传统的解释立场,主张"社会恐慌现实化"是"严重扰乱社会秩序"的核心特征,否定网络秩序的法益属性。现实秩序说认为网络秩序不属于公共秩序的范畴,② 主张对"严重扰乱社会秩序"进行限缩解释并将其界定为社会管理意义上公共秩序的严重破坏,将公权力运行秩序和公众生活秩序作为理解社会公共秩序的两个维度,而社会恐慌现实化则是虚假信息严重扰乱公共秩序的核心特征:"只有当编造或故意传播的虚假信息真正对现实生活中由公权力和社会公众共同参与形成的社会秩序造成破坏时,才应当认为达到严重扰乱社会秩序的状态。"③ 在确定了社会恐慌现实化的认定标准后,该说还明确反对将损害行政区域和国家机关形象评价为严重扰乱社会秩序,反对将虚假信息的传播广度作为严重扰乱社会秩序的判断依据。④

立法修订说别出心裁地提出将编造、故意传播虚假恐怖信息罪修订为抽象危险犯,从而将《解释二》中该罪的认定标准适用于编造、故意传播虚假信息罪。"立法修订说"首先指出,编造、故意传播虚假信息罪与编造、故意传播虚假恐怖信息罪同属刑法第二百九十一条且后者的法定刑高于前者,因此,编造、故意传播虚假信息罪中"严重扰乱社会秩序"的认定标准至少不应低于《解释二》对编造、故意传播虚假恐怖信息罪的要求,但这种诠释似乎仍不清晰,不具备司法实践中的可操作性。本说因此提出,由于虚假恐怖信息的严重危害性,宜将编造、故意传播虚假恐怖信息罪规定为抽象危险犯,在界定"虚假恐怖信息"的基础上,行为人一经实施编造、传播虚假恐怖信息的行为即可入罪,而将《解释二》的认定标准适用于编造、故意传播虚假信息罪。⑤ 立法修订说没有囿于网络秩序与社会秩序的争论框架,其所提出的修订立法并将《解释二》的认定标准适用于编造、故意传播虚假信息罪是一种较为彻底的解决方案。按照本说的主张,编造、故意传播虚假信息罪中"严重扰乱社会秩序"的认定在实质上仍是一种以现实社会秩序被侵害为主要判准的方案,但将编造、故意传播虚假恐怖信息罪改造为抽象危险犯的做法似有激进之嫌,

---

① 参见陈洪兵:《双层社会背景下的刑法解释》,载《法学论坛》2019年第2期;戴烽、朱清:《"双层社会"背景下无特定指向虚假新闻的刑事规制思路》,载《当代传播》2016年第4期;郭旨龙:《"双层社会"背景下的"场域"变迁与刑法应对》,载《中国人民公安大学学报》2016年第4期;刘夏:《双层社会背景下刑法思维之转型》,载《时代法学》2016年第4期。

② 参见孙万怀、卢恒飞:《刑法应该理性应对网络谣言——对网络造谣司法解释的实证评估》,载《法学》2013年第11期。

③ 马路遥:《编造、故意传播虚假信息罪中"严重扰乱社会秩序"的认定标准探析》,载《西部法学评论》2019年第3期。

④ 同上注。

⑤ 参见苏青:《网络谣言的刑法规制:基于〈刑法修正案(九)〉的解读》,载《当代法学》2017年第1期。

很容易引发不当扩大刑法规制圈的质疑。

表1 认定"严重扰乱社会秩序"既有理论概览表

现实秩序说	双层标准说	立法修订说	
理论主张	社会恐慌现实化是核心特征，侵害网络秩序、损害国家机关形象、虚假信息的传播广度均不是认定标准	网络秩序与现实秩序为双重标准，以网络秩序被侵害为主要判断标准，现实秩序被侵害为从严认定标准	将编造、故意传播虚假恐怖信息罪修订为抽象危险犯，将《解释二》适用于编造、故意传播虚假信息罪的认定
理论旨趣	保守 ──────────────────→ 激进		

综上可见，学界对编造、故意传播虚假信息罪中"严重扰乱社会秩序"的认定问题进行了较为充分的探讨。表1概括了既有三种学说的核心主张与理论立场。在回溯了既有理论后，为了验证诸学说的解释力，本文将对司法实践如何认定编造、故意传播虚假信息罪进行实证考察。

二、编造、传播虚假信息罪司法适用的实证考察

通过在中国裁判文书网上进行搜索，我们得到有效的编造、故意传播虚假信息罪一审判决书共37篇。① 结合本文主题，本文将其中与虚假疫情相关的11个案例情况进行汇总，如下表2所示：

表2 虚假疫情相关案例汇总

	案件编号	虚假内容	传播渠道	行为后果	判罚结果
1	（2020）苏0481刑初73号	与确诊者密切接触	两个公司微信群	与被告人密接的47人被隔离，公司停工	拘役3个月，缓刑6个月
2	（2020）辽0303刑初56号	鞍山所有高速公路口、全城封路	微信朋友圈	占用大量公共资源，严重扰乱单位正常办公秩序和社会秩序	有期徒刑1年6个月
3	（2020）辽0283刑初127号	编造大连市、丹东市延迟企业复工的指挥部令	多个微信群、朋友圈传播	大连市新闻办公室进行辟谣	拘役6个月
4	（2020）湘1302刑初160号	谎称自己是新冠肺炎患者	微信群	疫情防控指挥部采取紧急应对措施	有期徒刑1年

---

① 中国裁判文书网，http：//wenshu.court.gov.cn/，最后访问时间：2022年8月23日。由于某些判决书的内容没有公开或信息不完全，如（2018）川05刑他31号、（2019）京0108刑初1370号、（2020）辽1403刑初109号，无法纳入分析。

续表

	案件编号	虚假内容	传播渠道	行为后果	判罚结果
5	（2020）京0112刑初229号	谎称自己是新冠肺炎患者	微信朋友圈、1个微信群、2个微信好友及3个QQ群，直接覆盖人员共计2700余人	相关职能部门采取紧急应对措施	有期徒刑8个月
6	（2020）粤0881刑初222号	谎称他人是新冠肺炎患者	拨打120电话	相关职能部门采取紧急应对措施	有期徒刑10个月
7	（2020）赣0703刑初181号	谎称女朋友是新冠肺炎患者	手机拨打派出所值班电话	相关职能部门采取紧急应对措施	有期徒刑1年
8	（2020）陕0502刑初200号	模仿制作近期政府发布的疫情通报图片	4个微信群，1665人范围内传播	相关部门采取公告辟谣等紧急措施	免于刑事处罚
9	（2020）京0101刑初432号	编造并传播北京王府井百货大楼虚假疫情信息	微信群	造成社会恐慌	有期徒刑6个月
10	（2020）桂0103刑初567号	编造广西医科大学第一附属医院已确诊10例病例	微信群，得到广泛传播	公安机关采取紧急应对措施，间接导致医院部分工作人员因误解与恐慌无法回家，部分患者取消看病预约	有期徒刑6个月
11	（2020）京0105刑初2184号	编写确诊患者的虚假行程	发到工作微信群中，后被广泛转发，阅读量达375250次	未载明	有期徒刑6个月

通过实证考察可知，虽然编造、故意传播虚假信息罪并没有明确指出规制的是网络虚假信息，但几乎所有案例中的虚假信息都是通过信息网络传播的，民众耳熟能详的微信等社交软件是虚假信息类犯罪的重灾区，淋漓尽致地体现了网络时代下虚假信息传播的行为方式。然而，在五年的司法实践中，本罪得到刑事惩罚的案件仅有三十余件，似乎与我们日常对虚假信息充斥着网络的观感有较大出入。

就"严重扰乱社会秩序"的认定而言，在多数既判案件中，行为人确实侵犯了现实社会秩序，如使管理部门采取应急措施、相关人员被隔离、单位停工、干扰了防疫工作的正常秩序等。除此之外，还有一部分案件是由于虚假信息在网络上的广泛传播而被认定为

"严重扰乱社会秩序"。① 是故，司法机关对"严重扰乱社会秩序"的认定，实际上与"双层标准说"的处理方式十分相近。据实而论，当前司法机关对"严重扰乱社会秩序"的认定方式虽不尽善尽美，但总体上仍值得充分肯定。无论理论上的争鸣如何精彩，一线的司法者往往会选择较为折中与稳妥的方式进行实务上的处理。网络时代的来临已是无可争议的事实，许多新型犯罪都是网络时代的产物，网络虚假信息犯罪即是其中的典型示例。离开了网络传播的迅疾速度与无限的传播广度，编造、传播虚假信息的行为恐怕很难达到刑法需要创设罪名对其进行规制的危害程度。某些编造、故意传播虚假信息的行为，虽然没有造成物质性的社会损失，但并不意味着没有"非物质性"的损害结果。② 因此，采用"双层标准说"对"严重扰乱社会秩序"进行认定是更加科学且富有可操作性的方式。

三、网络秩序法益属性的理论诠释

在人类生活已无法与互联网"脱钩"的现实背景下，网络秩序无论被视为现实社会秩序的重要组成部分抑或被视为一种与现实社会秩序并列的人类生活秩序，其法益属性均应被认可。

（一）网络秩序业已成为人类生活利益的重要组成部分

当前，网络空间的社会性愈加显著。③ 无论是政务、商务还是娱乐，网络都在按自己的特点形塑着人们的行为方式与关系形态。④ 网络"既以人类社会为摹本，又具备自身独特的本质，它被人类创造出来的同时，也在不断地塑造着人类"，⑤ 在一种"集体无意识"状态下的渐进式演化中，网络已与人类生活密不可分，稳定良好的网络秩序已成为人类生活利益的一部分。

---

① 由于疫情防控工作事关重大，相关部门对稍有影响力的网络虚假信息几乎都采取了应急措施。而在编造、故意传播虚假信息罪的其他案件中，仅造成网络秩序混乱的案例更多，可以占到本罪案件总数的四成左右，大多数判决书还用定量的方式载明了虚假信息的传播情况，作为认定"严重扰乱社会秩序"的标准或佐证。例如，（2017）苏0722 刑初 54 号、（2017）吉 0211 刑初 196 号、（2017）吉 0221 刑初 199 号、（2017）粤 0306 刑初 2760 号、（2018）吉 0211 刑初 117 号、（2019）粤 0104 刑初 443 号、（2019）浙 0382 刑初 603 号。

② 早在 2013 年，最高人民法院在解读《解释二》的制定时，就提出要规范网络秩序，营造健康、有序的网络环境。在此背景下，将社会秩序限缩为现实社会秩序的观点难以符合我国当前的社会发展特征与犯罪治理需求。参见《最高人民法院关于审理编造、故意传播虚假恐怖信息刑事案件适用法律若干问题的解释的解读》，http://www.scxsls.com/a/20130929/97022.html. 最后访问时间：2022 年 8 月 23 日。

③ 参见刘艳红：《网络犯罪的刑法解释空间向度研究》，载《中国法学》2020 年第 1 期。

④ 2018 年，我国数字经济规模高达 31 万亿元，占全国 GDP 的三分之一。截至 2019 年 6 月，我国互联网的普及率为 61.2%，网民的数量已达 8.54 亿，人均周上网时长为 27.9 小时。参见韩鑫：《我国数字经济规模去年达 31 万亿元》，载《人民日报》2019 年 4 月 3 日，第 2 版。中国互联网络信息中心（CNNIC）第 44 次《中国互联网络发展状况统计报告》。中国网信网 http://www.cac.gov.cn/2019zt/44/index.htm. 最后访问时间：2022 年 8 月 23 日。

⑤ 周蜀秦、宋道雷：《现实空间与网络空间的政治生活与国家治理》，载《南京师范大学学报（社会科学版）》2015 年第 6 期。

刑法的任务是保护法益，而法益的实质是人类的生活利益。[1] 在时下的日常生活中，良好的网络秩序是正常生活的重要保障。一旦网络出现问题，小到无法进行电子支付，大到资金安全隐患、政令下达的延误，人们的生活都会受到不同程度的影响。[2] 信息网络对人类生活的重要性在此次疫情中得到了淋漓尽致地体现。一方面，在防疫工作需要人们减少出行的期间，网络生活极大地充实了人们的精神世界，通过网络社交、网络娱乐舒缓了疫情带来的精神压力，另一方面，在疫情防控最紧张的时期，我国有超过百万中小学生进行"线上"开学，两亿人进行网络复工。[3] 如果没有一个规范的、良好的网络秩序，人们的有序生活将难以想象。

关于网络秩序是否具有法益属性的问题，曾引起学界的较大争论。有支持者认为"伴随着网络的快速普及与深度社会化，以及传统社会关系在网络中的转移和再造，网络的空间属性日益明显……在三网融合的时代，网络的秩序性价值凸显"，[4] "在互联网高度普及、网络用户迅速增长的社会大背景下，应该承认网络空间秩序的独立刑法法益属性。"[5] 而反对者则认为网络空间秩序不属于公共秩序范畴，如果肯定网络空间公共秩序的独立法益地位，网络聊天行为也可能构成聚众扰乱公共场所秩序、交通秩序等罪名，在虚拟空间杀人、抢劫的行为甚至可能构成故意杀人罪、抢劫罪，这显然是十分荒诞的。[6]

虽然在经典的定义中，公共秩序是指现实公共空间中应该存在的某种程度的一致性、连续性、确定性和规则性，[7] 而信息网络具有的自由性、多元性、流动性、多变性等不可预测的属性和特点，使其虽然具有公共性，但不等同于公共秩序。[8] 然而，用公共秩序的传统定义与标准来考量网络秩序，这种判准似乎从起点就存在一定偏颇。尤其是在信息的传播方面，网络的自由性、流动性等特点是不可否认的，然而，信息在互联网上的传播并非没有规则，至少对于虚假信息传播，几个主要网络平台都有严格的信息发布规则，网络的自由性并非不受限制，国家也陆续发布了多个互联网内容的管理规定。[9] 在行业规则、行政规定不足以规制某些恶劣干扰网络秩序的行为时，刑法对其进行规制是理所应当的。

---

[1] 参见张明楷：《法益初论》，中国政法大学出版社 2000 年版，第 167 页。

[2] 参见《支付宝故障引恐慌》，https://www.sohu.com/a/16767460_132788；《上海移动崩了！网友：整个都是崩溃状态》https://news.online.sh.cn/news/gb/content/2019-05/30/content_9297635.htm；《电信骨干网断线，粤西北地区网络全崩溃》http://news.zol.com.cn/633/6334367.html。最后访问时间：2022 年 8 月 23 日。

[3] 殷呈悦《复工！线上线下一同"战疫"》、刘冕：《百万中小学生 17 日"线上"开学》，载《北京晚报》2020 年 2 月 3 日，05 版；东方网：《"2 亿人线上复工"是全民战"役"中的主力军》，http://n.eastday.com/pnews/1580866006018177。最后访问时间：2022 年 8 月 23 日。

[4] 于志刚：《网络"空间化"的时代演变与刑法对策》，载《法学评论》2015 年第 2 期。

[5] 苏青：《网络谣言的刑法规制：基于〈刑法修正案（九）〉的解读》，载《当代法学》2017 年第 1 期。

[6] 参见孙万怀、卢恒飞：《刑法应该理性应对网络谣言——对网络造谣司法解释的实证评估》，载《法学》2013 年第 11 期。

[7] 参见[美] E. 博登海默：《法理学：法哲学与法律方法》，邓正来译，中国政法大学出版社 1999 年版，第 119-120 页。

[8] 参见马长山：《法律的空间"穿越"及其风险》，载《苏州大学学报（法学版）》2014 年第 4 期。

[9] 参见《网络信息内容生态治理规定》《互联网直播服务管理规定》《互联网信息服务管理办法》。

反对网络秩序具有法益属性的观点固然有其可取之处，但承认网络秩序具有法益属性并不意味着无限扩大刑法对网络秩序的保护，而是寻找网络秩序最脆弱之处进行合比例的防护。

此外，由于网络是当下虚假信息的首选传播渠道，其影响范围与治理难度均不亚于现实社会秩序。如在"毕节幼女被性侵"案中，由于内容足够吸引眼球，该虚假信息一天之内的阅读量就达到了3000余万次，在两周时间内的阅读量甚至达到了惊人的8.3亿次并获得了30余万次的讨论。① 这种传播效率在前网络时代是难以想象的，而被告人的犯罪工具仅为几部手机与电脑，几乎没有犯罪成本。② 虽然本案的被告人受到了刑事处罚，但该案在现实社会中的影响很难完全消除，8.3亿次阅读量背后的受众们能否全部得知该案的真实情况与判罚结果，答案恐怕是否定的。网络时代的信息传播是无限裂变式的，网络秩序无论从危害范围还是恢复难度绝不亚于现实社会秩序，其法益属性值得肯定。

（二）网络秩序是维护社会资本的重要保障

资本是为人熟知的概念，来源于经济学研究领域。20世纪中后期，西方社会学家提出"社会资本"的概念。有学者指出，社会资本是指："一个群体的成员共有的一套非正式的、允许他们之间进行合作的价值观或准则……信任恰如润滑剂，它能使任何一个群体或组织的运转变得更加有效。"③ 自20世纪80年代以来，社会资本理论被社会学家、经济学家、政治学家以及法学家广泛引用，成为重要的理论推进器。在我国的法学理论研究中，社会资本理论的身影也频频出现，被用于不同部门法领域问题的解释。④

简而言之，社会资本是社会秩序的精神基础，是构成社会秩序最重要的非物质资源，可以增强社会信任与社会凝聚力，强化民众的规则意识并减少社会摩擦。⑤ 我国作为一个具有数千年历史的文明古国，社会资本的存量不可谓不丰厚，但在社会转型不断深入的语境下，社会不平衡不充分发展的矛盾不断凸显，以传统风俗、习惯、道德为主要内容的社会资本存量受到极大冲击。而网络时代的来临，使信息传播的匿名性、自由性、不可预测性大大增强，社会资本的增量也受到了消极影响。⑥

---

① 参见（2019）黔0502刑初592号。

② 犯罪成本极低在其他编造、故意传播虚假信息案件中亦有体现，犯罪工具通常是1-2部手机或电脑。参见（2019）粤0104刑初443号、（2019）浙0382刑初603号、（2019）云0425刑初61号。

③ ［美］弗朗西斯·福山：《大分裂：人类本性与社会秩序的重建》，刘榜离等译，中国社会科学出版社2002年版，第18页。

④ 参见汪明亮：《基于社会资本解释范式的刑事政策研究》，载《中国法学》2009年第1期；姜涛：《社会资本理论的入径及对刑事政策实施的意义》，载《政法论坛》2010年第5期；郭海霞：《当代中国的社会资本重建与协商民主的实质化践行》，载《浙江社会科学》2016年第3期。

⑤ 参见郭海霞：《司法改革中的社会资本重建》，载《学术交流》2015年第6期。

⑥ See Kraut, R., Patterson, M., Lundmark, V., etal. (1998) Internet Paradox: A Social Technology That Reduces Social Involvement and Psychological Well-Being? *American Psychologist*, 53, 1017-1031.

社会资本是一种非物质资源，很难时刻对其进行精准的测定，但社会资本在网络时代面临着前所未有的挑战是有目共睹的。随着互联网的发展，社会关系与社会结构的"去中心化"趋势已不可逆转，信息的生产与传播高度离散化，管控难度极大。充斥着网络的虚假信息，其内容往往是社会丑闻，从明星八卦到政府黑幕，虚假信息的编造者与传播者们为了吸引关注与实现自身利益的最大化，可谓无所不用其极，严重破坏了社会信任与正常的信息传播秩序。① 虚假信息在网络时代如虎添翼，正所谓"造谣一张嘴，辟谣跑断腿"，各种五花八门的虚假信息每天推送至各种移动电子终端，使得民众人心惶惶，极大地侵蚀着宝贵的社会资本。众所周知，破坏容易建设难，虽然良好的网络秩序可以促进社会资本的积累，但恶劣的社会秩序会迅速将来之不易的社会资本侵蚀殆尽。根据美国学者的研究，社会资本的流失是过去四十年里导致政府信任下降的主要因素。② 因此，为了维护社会资本、增强社会凝聚力，网络秩序的法益属性应得到认可。

（三）网络秩序是现实社会秩序的重要保护屏障

随着虚假信息的迭代与发展，无特定指向虚假信息带来的危害愈显严重。无特定指向虚假信息不具有直接的犯罪对象，③ 但"正是这种'冤无头债无主'的状态，更容易引发造假者无所顾忌造假和网民集体非理性，破坏网络空间秩序，乃至现实空间秩序"，④ 某些虚假信息的传播甚至到达了"以假致真"的效果，导致现实社会秩序混乱的严重后果。

在此次疫情防控中，国家对民众基本生活物资的保障是十分及时到位的，但关于物资紧缺的虚假信息却屡屡出现，加剧了社会的恐慌情绪，导致了部分民众进行物资的抢购与囤购，恰如银行挤兑一样，反而导致一些地方出现区域性、暂时性的短缺。⑤

与网络诽谤不同，虚假缺货信息是较为典型的无特定指向虚假信息，没有直接的被害人。在疫情来势汹涌的背景下，在虚假缺货信息的蛊惑下与众口铄金的氛围中，民众的恐慌情绪一下子被点燃，在宁可信其有的心理驱使下开始抢购物资，使原本充足的物资储备在抢购潮中反而真的出现了短缺，一方面扰乱了社会正常的物资调配工作节奏，另一方面

---

① 为了应对网络虚假信息，新浪微博甚至开通了专门的微博辟谣账户。在疫情防控期间，仅2020年2月7日，微博辟谣的官方账户就进行了55条虚假信息的辟谣，从特效药的研制到自来水水质问题，从肺炎患者持刀上街头到红绿灯全部改为红灯、机动车全面禁止上路，层出不穷的虚假信息汹涌而来，令人应接不暇又颇感无奈。新浪微博 https://weibo.com/weibopiyao?refer_flag=1005055010_&is_all=1. 最后访问时间：2022年8月23日。
② 参见［美］卢克·基尔：《社会资本及政府信任动态研究》，蒋林、章莉译，载《国外理论动态》2012年第12期。
③ 参见［美］凯斯·桑斯坦：《网络共和国——网络社会中的民主问题》，黄维民译，上海人民出版社2003年版，第47页。
④ 戴烽、朱清：《"双层社会"背景下无特定指向虚假新闻的刑事规制思路》，载《当代传播》2016年第4期。
⑤ 参见谢锐佳：《抢购制造恶性循环，囤货者也会成为受害者》，新华网 http://www.xinhuanet.com/mrdx/2020-01/29/c_138740587.htm. 最后访问时间：2021年2月23日。

似乎又增强了虚假信息的可信度。如此往复，无论网络秩序还是现实社会秩序将会遭受极大破坏，使人手足无措。更值得注意的是，从此次疫情的网络舆论情况来看，绝大多数虚假信息并没有得到刑法的惩治。以虚假缺货信息为例，如单纯以干扰网络秩序对其科处刑罚，缺乏量化的认定标准是明显的掣肘，虽然在部分地区引发了抢购现象，在一定程度上干扰了现实的社会秩序，但却很难判定二者之间具有清晰可罚的因果关系，这是网络虚假信息屡禁不止的重要肇因。我们如能对网络秩序进行有效的防控，或者将损害限制在网络秩序中，现实社会秩序则可以得到更好的保护。因此，网络秩序的法益属性不仅应得到承认，还应为其配套相应的量化认定标准。惟其如此，我们才有可能将虚假信息对社会的冲击尽量限制在网络秩序内，从而更好地保护现实社会秩序。

四、"严重扰乱社会秩序"认定标准体系之构建

在网络时代，"信息爆炸"成为每个人都要面对的境况。在中国社会不断自由开放的背景下，最高人民法院指出："试图对一切不完全符合事实的信息都进行法律打击，既无法律上的必要，更无制度上的可能，甚至会让我们对谣言的打击走向法律正义价值的反面。"① 在网络时代试图对信息传播进行全方位管控甚至消除虚假信息的目标显然是不现实的，如何在保障民众言论权利与保护社会秩序间划定科学的界限才是重中之重。在既有"现实秩序说""双层标准说"与"立法修订说"中，"现实秩序说"过于保守，不当地限缩了刑法适用范围；而"立法修订说"较为激进，将编造、故意传播虚假恐怖信息罪修改为抽象危险犯的做法会引发新的问题，实不可取。"双层标准说"虽在网络秩序认定标准的层次、网络秩序与现实社会秩序认定标准的协调、但书的运用等方面仍有不足之处，但其兼顾了网络秩序与现实社会秩序维护的理论取向是值得肯定的。是故，我们应在"双层标准说"的基础上为虚假信息的入罪与出罪构建一种认定标准体系，通过体系化的认定标准推动编造、故意传播信息罪司法适用的精细化，从而在实践中释放本罪应有的司法潜力。

（一）网络秩序标准：定量化的认定标准亟待制定

对严重干扰网络秩序行为之入罪进行定量化的认定已有先例。在2013年两高颁布的网络诽谤刑事案件认定标准中，同一诽谤信息被转发500次或点击、浏览5000次即可认定为犯罪。该标准瞬间成了社会的关注焦点，有学者认为《解释一》已超出了法律解释的界限，而是一种对法律的补充，违反了宪法规定的权力框架。② 还有学者指出《解释一》实际上将第三方的行为来判断一个人是否构成犯罪，"不符合我国刑法罪责相当、罪责自

---

① 唐兴华：《武汉8人散布的"虚假信息"非完全捏造应予宽容》，http://finance.sina.com.cn/wm/2020-01-29/doc-iihnzhha5222346.shtml，最后访问时间：2022年8月23日。

② 参见尹培培：《"诽谤信息转发500次入刑"的合宪性评析》，载《华东政法大学学报》2014年第4期。

负和主客观相统一的基本原则,也违背了犯罪构成的基本原理。"① 而支持者则认为《解释一》具有合理性,其目的是为了增强司法实务的可操作性,而量化认定标准属于刑法中的客观处罚条件,是责任原则的例外,并不存在突破司法权能或违宪的问题。② 还有学者为《解释一》提出了优化方案,认为量化标准在适用时必须明确转发者是自然人而不是机器人。③

随着时间的推移,在不同意见的争鸣中,为侵犯网络秩序的行为进行量化认定的做法逐渐得到了更多的支持者。事实上,在传统犯罪尤其是财产犯罪的认定,量化标准是必备的,数额就是认定财产犯罪与否的核心指标。而在网络时代,网络犯罪的认定标准应该具有符合时代特征的判断方式与指标体系,不应拘泥于与传统标准的相似性。编造、故意传播虚假信息罪问世已多年,在司法实践中仅仅适用了三十余次,缺乏清晰的认定标准是该罪名适用阙如的重要原因之一,同时,缺乏量化的认定标准还导致编造、故意传播虚假信息罪案件的量刑无法统一规范。本文十分赞同有学者从网络平台、虚假信息数量、信息反响程度等维度对严重干扰网络秩序的行为给出的定量认定标准,如"在5个以上微博等网络平台发布虚假信息""6个月内编造虚假信息10条以上""转发500次"等。④ 笔者认为,严重干扰网络秩序具体的定量认定标准仍会以司法解释的形式出现,值得研究者重视的并不在于"转发500次"或"转发1000次"的具体数字之争,而在于严重干扰网络秩序的量化认定标准也应有双层次的体系。质言之,编造、故意传播虚假信息罪有两档法定刑,如果"转发500次"可认定为"严重扰乱社会秩序"并可判处三年以下有期徒刑,我们应同时给出"造成严重后果"可判处三年以上有期徒刑的认定标准。原因在于,某些虚假信息的传播极为广泛,对社会带来的负面影响很难用传统方式量化,但并不意味着其危害不足以判处三年以上有期徒刑,构建双层的网络定量认定标准有助于严密法网。

(二) 现实秩序标准:对现有相关标准进行适当调整

有学者提出由于二者同属刑法第二百九十一条,编造、故意传播虚假恐怖信息罪的法定刑更高,举重以明轻,故意传播虚假信息罪的认定标准至少不应低于前者。以下是《解释二》对编造、故意传播虚假恐怖信息罪给出的认定标准:

---

① 李晓明:《诽谤行为是否构罪不应由他人的行为来决定——评"网络诽谤"司法解释》,载《政法论坛》2014年第1期。
② 参见杨柳:《"诽谤信息转发500次入刑"的法教义学分析——对"网络诽谤"司法解释质疑者的回应》,载《法学》2016年第7期;曲新久:《惩戒网络诽谤的三个刑法问题》,载《人民检察》2013年第9期;刘艳红:《刑法解释原则的确立、展开与适用》,载《国家检察官学院学报》2015年第3期。
③ 参见刘期湘:《人工智能时代网络诽谤"积量构罪"的教义学分析》,载《东方法学》2019年第5期。
④ 参见于志刚、郭旨龙:《"双层社会"与"公共秩序严重混乱"的认定标准》,载《华东政法大学学报》2014年第3期。

严重扰乱社会秩序	五年以下有期徒刑从重处罚	五年以上有期徒刑
（一）致使机场、车站、码头、商场、影剧院、运动场馆等人员密集场所秩序混乱，或者采取紧急疏散措施的； （二）影响航空器、列车、船舶等大型客运交通工具正常运行的； （三）致使国家机关、学校、医院、厂矿企业等单位的工作、生产、经营、教学、科研等活动中断的； （四）造成行政村或者社区居民生活秩序严重混乱的； （五）致使公安、武警、消防、卫生检疫等职能部门采取紧急应对措施的； （六）其他严重扰乱社会秩序的	（一）致使航班备降或返航；或者致使列车、船舶等大型客运交通工具中断运行的； （二）多次编造、故意传播虚假恐怖信息的； （三）造成直接经济损失二十万元以上的； （四）造成乡镇、街道区域范围居民生活秩序严重混乱的； （五）具有其他酌情从重处罚情节的	（一）造成三人以上轻伤或者一人以上重伤的； （二）造成直接经济损失五十万元以上的； （三）造成县级以上区域范围居民生活秩序严重混乱的； （四）妨碍国家重大活动进行的； （五）造成其他严重后果的

由上观之，编造、故意传播虚假恐怖信息罪的认定标准是较为传统的"线下"标准，具有很强的司法指导意义。将该标准适用于编造、故意传播虚假信息罪并非完全没有可行性，如致使职能部门采取紧急应对措施、造成学校教学活动中断等标准即可适用于编造、故意传播虚假信息罪的认定。但毕竟是不同的罪名，现有《解释二》的认定标准是针对虚假恐怖信息及其后果制定的，与编造、故意传播虚假信息罪中的"险情、疫情、灾情、警情"造成的结果无法完全吻合。当然，现有标准对编造、故意传播虚假信息罪的认定也具有相当的参考价值，我们可以从职能部门是否采取应急措施、对企事业单位工作生产秩序的影响、造成的经济损失等方面考量编造、故意传播虚假信息行为的刑事责任。鉴此，在暂无新司法解释施行的情况下，通过解释论的努力可以将编造、故意传播虚假恐怖信息罪的认定标准适用于编造、故意传播虚假信息罪。结合当前网络虚假信息呈现出的泛滥之势，两高宜尽快颁布编造、故意传播虚假信息罪的专有解释。

（三）但书标准：发挥刑法应有的谦抑绩效

我国尚处于剧烈的社会转型期，犯罪化已成为当前刑法的主要发展方向，"网络时代的多元价值观造成非正式的社会统制力减弱，不可避免地产生通过扩大刑罚处罚范围以保护法益的倾向。"[1] 然而，在刑法的犯罪化时代，刑法更应具有谦抑性已成为社会各界的共识。诚然，刑法具有谦抑性绝不意味着刑法的处罚范围越小越好，刑法谦抑的内容应随

---

[1] 参见张明楷：《网络时代的刑法理念——以刑法的谦抑性为中心》，载《人民检察》2014年第9期。

着时代变迁而更新,"对刑法的解释不能只单纯强调限制处罚范围,而应当强调处罚范围的合理性、妥当性……换言之,我国刑法应当从'限定的处罚'转向'妥当的处罚'。"①近年来,针对某些曾受到刑事政策重点关注的热点罪名,如污染环境罪、危险驾驶罪等,在最新的司法解释或量刑意见中均有"但书"的条款,试图在司法实践中贯彻刑法的谦抑原则,以期获致更好的法律效果与社会效果。②保护法益与保障人权是现代刑法的两大支柱,尤其在当今公民言论自由权利被高度重视的社会氛围中,对编造、故意传播虚假信息罪认定标准的讨论不应局限在对入罪标准的片面探讨中,为避免"客观归罪",在给出定量的入罪标准时,还应从主客观统一的实质角度考量编造、故意传播虚假信息行为的危害性,给出本罪的"但书"标准。

我们可以对编造、故意传播虚假信息行为的时机、地点、内容性质、主观目的、传播速度与广度、社会影响、是否初犯、悔罪态度等因素进行评价,综合考量后才可得出是否具有刑事可罚性的结论。对于"自来水需放置两小时才可使用"③"多吃草莓可以预防新型冠状病毒肺炎""大蒜水可以治好冠状病毒肺炎"④等内容荒诞类的虚假信息,虽传播范围较广,但主观恶性较小且危害性亦尚未达到适用刑罚的程度,应以科学引导与知识普及为主要应对方式。对于在抗击疫情的关键时期,编造或故意传播"自称感染病毒回乡报仇"⑤"解放军进城全面接管"⑥或故意编造夸大疫情死亡人数、污蔑国家防控工作等性质恶劣的虚假信息则应严厉打击。⑦究其原因,在疫情来势凶猛的现实面前,此类虚假信息的主观恶性较深,极易造成社会恐慌或剧烈侵蚀国家公信力,刑法应坚决予以处罚。

(四)指导性案例标准:为司法者提供具体运用指导

我国的案例指导制度发展迅速,对统一司法尺度、提高审判质量和效率、维护司法公

---

① 张明楷:《网络时代的刑法理念——以刑法的谦抑性为中心》,载《人民检察》2014 年第 9 期。
② 参见两高《关于办理环境污染刑事案件适用法律若干问题的解释》第五条:"行为人及时采取措施,防止损失扩大、消除污染,全部赔偿损失,积极修复生态环境,且系初犯,确有悔罪表现的,可以认定为情节轻微,不起诉或者免予刑事处罚";最高人民法院《关于常见犯罪的量刑指导意见(二)(试行)》中关于危险驾驶罪:"对于醉酒驾驶机动车的被告人,应当综合考虑被告人的醉酒程度、机动车类型、车辆行驶道路、行车速度、是否造成实际损害以及认罪悔罪等情况,准确定罪量刑。对于情节显著轻微危害不大的,不予定罪处罚;犯罪情节轻微不需要判处刑罚的,可以免予刑事处罚。"
③ 参见《北京自来水中加入大量氯气需要静置两小时?假的!》http://news.youth.cn/sh/202002/t20200208_12189302.htm。最后访问时间 2022 年 8 月 23 日。
④ 参见《扩散!这 14 个谣言 大家千万别再转发了!》https://zj.zjol.com.cn/news.html?id=1373669。最后访问时间 2022 年 8 月 23 日。
⑤ 参见《男子编造谣言"从武汉逃回沂南,要回来报仇"》https://www.sohu.com/a/370869515_560724。最后访问时间 2022 年 8 月 23 日。
⑥ 参见《刑拘!编造"解放军进城"谣言,元凶火速落网》,http://finance.sina.com.cn/wm/2020-02-05/doc-iimxxste8912060.shtml。最后访问时间 2022 年 8 月 23 日。
⑦ 参见:《网传"长沙出现首例肺炎疫情死亡病例"系谣言》http://www.hn.chinanews.com/news/shsh/2020/0206/378921.html;《自称感染肺炎后要故意传染他人 造谣男子被警方刑拘》http://www.chinanews.com/sh/2020/01-29/9072237.shtml。最后访问时间 2022 年 8 月 23 日。

正发挥了积极作用。正所谓"一个案件胜过一打文件",[①] 指导性案例是最为生动鲜活的法治教材,其最大使命在于应用、最大价值在于指导。[②]

相较于刑法或司法解释,指导性案例具有发布及时、内容鲜活与指导具体等特征,是规范司法实践的重要力量。"疑难复杂或者新类型的""多发的新类型案件或者容易发生执法偏差的"是指导性案例的重要遴选标准。在网络时代,虚假信息的编造与传播形式可谓变化莫测,从文字、图片到视频令人应接不暇,仅依靠刑法或司法解释对其进行认定,即使具备了定量的认定标准,仍不足以保障司法尺度的统一,尤其对某些虽满足形式标准但实质上危害不大的行为之出罪不好把握。因此,我们应发挥案例指导制度的应有作用,通过发布编造、故意传播虚假信息的指导性案例,力避司法者对本罪的理解出现偏差,帮助司法机关统一本罪名的适用标准。通过发布有针对性的指导性案例,可以将司法者对编造、故意传播虚假信息行为的裁判方法、思维方式展现出来,不仅有助于赢得网络时代的社会理解,更有助于加强社会对本罪名司法适用的监督,更好地贯彻刑法谦抑精神。此外,除了指导性案例,如两高发布的典型案例也有较强的司法指导价值。以本次疫情为例,最高人民检察院短时间内连续发布的数批"妨害新冠肺炎疫情防控犯罪典型案例"为广大司法者提供了非常及时的智识支持与信心支撑。通过对涉疫情典型案例的发布,有效地加大了司法引导的力度,使身处战斗一线的司法者能够更加明确地把握编造、故意传播虚假信息罪等罪名的刑事责任界限,同时也彰显了国家司法机关维护社会秩序的坚定决心。因此,两高发布的典型案例也颇值重视,具有重要的实践指导价值。

(编辑:戴津伟)

---

① 参见卢志坚、臧宏年、王绪:《一个案例胜过一打文件》,载《检察日报》2018年4月8日,01版。
② 参见《指导性案例要真正用起来》,载《检察日报》2019年4月1日,01版。

被害人教义学视角下故意伤害罪中被害人过错实证研究

江 雪[*]

摘 要 被害人在刑事犯罪的产生和发展中扮演着重要的角色。传统的刑法理论却聚焦于犯罪人的刑事责任,严重忽视犯罪被害人,既无法掌控实际的犯罪事实,更无法有效抑制犯罪,难以看清犯罪的本质。实证研究证明,目前的司法裁判对于被害人过错的适用存在着界定过于模糊、过错程度表述不一、没有申明裁判依据、量刑从宽幅度不一等问题。为此需要在被害人教义学的视角下重新审视被害人过错这一因素,阐释其理论基础和刑法意义,客观、公正、全面地对犯罪事件进行评价,提出被害人过错的立法完善建议,并最终恰当地量定被告人的刑罚,以重塑社会交往行为模式。

关键词 被害人教义学 故意伤害罪 被害人过错 实证研究

传统的刑法理论聚焦于犯罪人应当承担的刑事责任,却未对受害人给予足够关注。从被害人教义学角度看,只有犯罪人与被害人形成互动关系,犯罪事实才能够最终成立,若是仅聚焦于犯罪人而忽略被害人,既无法掌控案件的犯罪事实,难以看清案件的本质,更无法有效抑制犯罪,而且导致实务中"同案不同判"现象频繁发生。为此,需要在摸清被害人过错司法适用的前提下,从被害人教义学角度出发,以刑事政策为导向综合考虑被害人过错对于量刑的影响,以重塑社会交往过程中理性人的行为模式。

---

[*] 江雪,女,山东大学法学院博士研究生,主要研究方向为刑法学、计算法学。

一、被害人过错的司法适用现状

(一) 实证研究样本的选取

被害人过错广泛存在于不同类型的刑事犯罪案件内,比较常见的包括交通肇事案件、故意伤人案件等,其犯罪性质、犯罪人及被害人过错的表现形式、程度等都不同,若探讨普适的被害人过错认定标准对不同类型犯罪的量刑认定会有一定偏差。本文通过对司法裁判网调取的带有关键词"被害人过错"的刑事案件中,有2096件为故意伤害案件,其被告人或其辩护人提出被害人有过错的辩护理由。通过数据及人工比对,最终过滤出法院认定的594件案件,在双方互动过程中,被害人的确存在先行错误行为,应当考虑对被告人进行从轻处罚,酌情降低被告人的量刑处罚。从中我们能够看出,人民法院针对故意伤害罪的判罚,百分之七十以上的案件,被害人均存在不同程度的过错。由此,本文选取广泛存在被害人过错的犯罪——故意伤害罪作为研究对象,运用实证研究方法,以刑事政策为导向影响互动双方当事人的行为规范,探求被害人过错影响刑事立法、司法以及量刑的规范化限制,从而达到抑制犯罪的效果。

我国的犯罪统计特别是被害统计资料比较缺乏,一些相关的数据可能会因为各种原因而未能全面公开。此样本通过选取"中国裁判文书网"自2013年至2020年期间发布的共计2096个涉及被害人过错故意伤害案件的裁判文书进行处理分析,剔除法院不予认定的被害人过错案件,对剩余案件进行进一步研究。最终纳入统计分析范围的涉及被害人过错个案的有效司法文书为594份,个别司法文书由于信息不全未被纳入在内。

统计数据显示,法院认定被害人不存在刑法意义上的过错案件为921件,占被害人过错案件的81.29%;法院认定被害人有刑法意义上的过错案件为594件,仅占被害人过错案的28.0%;作为罪轻情节予以采纳共594件,占被害人过错案的28.0%;被害人过错作为无罪案件处理为零。通过对以上信息数据分析可以看出:在如此多的涉及被害人过错的案件中,法院最终认定的占比并不高。由此看来,被害人过错这一现象已广泛存在与故意伤害案件中,但法院在对这一情节的认定上较为谨慎。

(二) 被害人过错的整体情况

1. 被害人过错程度

表1 被害人过错程度

程度	被害人轻微过错	被害人一般过错	被害人重大过错
比例(%)	10.40	81	8.6

在判断被害人过错程度时，根据被害人教义学理论研究者门德尔松、法塔赫、谢弗等学者的分类方法，通常将被害人的责任分为完全无辜的被害人、有责任的被害人和有罪的被害人。①目前，专业领域参照过错严重性，对被害人过错进行分类，其包括无过错、轻微过错、一般过错、重大过错以及完全过错五种类型。②从样本研究结果中能够看出，案件中被害人有轻微过错的为62起，占比10.4%；被害人被认定为有一般过错的481起，占比81.0%；被害人被认定为有重大过错的为51起，占比8.6%。在法院认定的涉及被害人过错的案件中绝大多数被判定为具有一般过错。

2. 被害人过错类型

表2 被害人过错类型

类型	迫发	引发	激化
比例（%）	1.17	60.90	37.80

根据门德尔松、法塔赫、谢弗等分类方法，可将根据案件受被害人的影响程度对其进行划分，其包括由于被害人的侵权行为引发了犯罪人实施自我保护行为，其属于"迫发"类型；被害人的行为是导致错误行为产生的主要因素，其属于"引发"类型；由于被害人做出了激怒或挑衅犯罪人的行为，而导致犯罪结果形成，其属于"激发"类型。③由统计数据看出，其中被害人迫发④犯罪人犯罪的案件仅有7件，占比1.17%；较为普遍的是由被害人引发和激化的犯罪行为与危害结果的发生分别占比为61.3%和38.4%。

3. 被害人过错对最终判决结果存在一定影响作用

表3 被害人过错对判罚结果的影响

	无影响	从轻处罚	减轻处罚	免于处罚
比例（%）	9.10	85.90	4.00	1.00

---

① 参见刘军：《事实与规范之间的被害人过错》，载《法学论坛》，2008年第9期。
② 本文在判断被害人是否具有重大过错时，综合考虑了如下三个标准：（1）法院的刑事判决书对被害人过错程度的认定；（2）被害人的过错是否对犯罪人犯罪行为的发生、发展起到了迫发或促进犯罪行为生成的作用；（3）作为酌定量刑情节的被害人过错是否足以影响犯罪人的量刑。如果对犯罪人的量刑发生了重大影响，例如因被害人过错的存在导致犯罪人的刑罚被判法定刑以下有期徒刑，那么在没有相反的量刑情节的情况下，就将被害人的过错认定为重大过错。特做如上说明。
③ 参见刘军：《刑法学中的被害人研究》，山东人民出版社2010年版，第32-45页。
④ 本文中的"迫发"是指被害人的严重侵犯行为迫使犯罪人做出防卫性的侵害行为，即正当防卫或防卫过当。在此情形下，犯罪人与被害人相互转化，犯罪人已经成为刑事诉讼中的被告人。作为法定情节的正当防卫比作为酌定情节的被害人过错的成立条件更为严格。因此，一般意义上的被害人过错是狭义上的被害人过错，不包括正当防卫或者防卫过当。本文仅探讨一般意义上的被害人过错。

从上述分析结果中我们能够看出，如果刑事案件中，被告人实施犯罪行为主要是由于被害人存在过错而导致的，则法院会对被告人实施从轻处罚，此类案件占比为85.90%，说明被害人过错作为酌定量刑情节能够对被告人的量刑起到一定影响。对于无影响的量刑中，被害人过错的存在都是轻微过错，部分过错轻微可忽略不计，判定轻微过错的案件相对较少；在极个别免于处罚的案件中，具体表现为被告人情节较轻或具有限制能力，结合被害人过错从轻处罚最终判定为免除处罚。此外，涉及被害人过错的案件中出现减轻处罚这一表述，被害人过错目前仍属于酌定量刑情节下，不应出现此种表述。①

4. 被害人过错程度与量刑是否从轻相关性

表4 被害人过错程度与量刑相关性

		被害人过错程度	被害人过错影响量刑
被害人过错程度	皮尔逊相关性	1	.604**
	Sig.（双尾）		.000
	个案数	594	594
被害人过错影响量刑	皮尔逊相关性	.604**	1
	Sig.（双尾）	.000	
	个案数	594	594

研究客观事物的相互关系，定量分析也是必不可少的。相关分析是确定变量之间是否具有依存关系的重要统计方法之一。②可从下表中看出，被害人的过错程度与其是否能够影响量刑有非常显著的相关性，即被害人过错程度能够影响犯罪人的宣告量刑。通过SPSS统计分析出594件案件中，被害人过错程度与量刑判定呈正相关关系，且相关性非常显著，达到了0.604**。此项说明法院认定的被害人存在过错的案件，基本判决结果都会受到一定影响，大部分情况下，被害人存在事实过错，被告人的判决结果均会相对更轻。

（三）被害人过错判决存在的问题

1. 基于判决表述的被害人具有刑法意义上的过错的界定模糊

通过对此594件裁判文书的分析，根据极大部分裁判文书的判定，只有被害人的过错达到某种程度时，才会影响被告人的量刑。例如，邻里之间因琐事争吵，在此过程中被害人出言辱骂，被告人殴打被害人的情况。此种一般性的邻里矛盾，在一般人能忍受限度之

---

① 此问题将在下文中讨论。
② 相关系数判断方式为：$-1 < r < 1$，其绝对值越趋近于1表明相关程度越高，绝对值越趋近于0表明相关程度越低。相关系数的正负号代表相关方向，即正相关或负相关。**．在0.01级别（双尾），相关性显著。

内，因此法院判定并不构成刑法意义上的过错。因此，只有当被害人过错行为超出法律法规或社会伦理道德限度，才具有刑法意义上的被害人过错责任，此种情况下才能够对被告人的刑罚量定产生实质性影响。①例如，因妻子出轨，丈夫为此殴打辱骂妻子，致其重伤。关于刑法意义上的被害人过错，选取的裁判文书样本表述不尽相同。其中裁判文书中表述为"被害人过错"的居多，也有表述为"刑法意义上的过错责任"。②通过对裁判文书进行梳理发现，法官在相关判决中对涉及被害人过错的观点如下：

（1）被害人先行实施了违反法律法规或社会伦理道德的行为。③

（2）被害人先行实施（1）的行为，损害被告人的合法权益，并且达到一定程度的行为"。④

（3）被害人出于故意先行实施（1）的行为，对被告人合法权益造成损害，引发或在被告人被激怒后出现了后续违法犯罪行为。⑤

2. 法院对被害人过错程度的判断始终未能设定统一参照条例

法院只是从比较笼统的角度对被害人过错严重性进行评估，而且表述不一，并且没有说理的裁判文书占比较大，无法判定被害人过错的严重性与错误行为类型之间所存在的具体作用关系；因此也不能参照被害人过错严重性，决定从轻判决程度。这一实践中的缺陷，模棱两可的表述犯罪互动双方的行为模式，在一定程度上不符合刑事政策导向的被害人过错，进而无法对犯罪行为的产生形成一定约束力。虽然法律判决书中强调被害人在整个案件发展过程中存在过错行为，但对被害人过错的表述方法并不一致，例如，认为被害人的行为对案件的发生起到一定影响或案件起因与被害人相关，以及被害人在案件中存在明显过错行为等。对过错程度的表述，有"重大过错""明显过错""一定过错"等方式。如何界定"重大""明显"等词语？文书中并没有解释说明，由此可见，立法规定中存在明显漏洞。

大部分裁判文书中，有一般过错的被害人，通常情况下，认定为被害人的过错能够直接引起犯罪事件的发生，并且对双方矛盾的激化负有直接责任。在统计的案例中，一半以上被判定为被害人一般过错。而一般过错中，因婚姻介入纠纷导致矛盾激化的案件较多。对于被害人具有严重过错的认定，则应是对应具有社会危害性、刑事违法性和应受惩罚性等犯罪行为。⑥在594件案件中，有51件法院判定为被害人具有重大过错。在法院判定被害人重大过错案件中，绝大多数都与正当防卫法定免责事由、防卫过当法定量刑情节发生

---

① 参见陈俊秀：《故意杀人罪中被害人过错的认定——基于刑事案例裁判观点的法律表达》，载《法律适用（司法案例）》，2017年第2期，第107 – 108页。
② 甘肃省高级人民法院（2015）甘刑一终字第32号刑事裁定书．高振中故意杀人案刑事裁定书。
③ 重庆市云阳县人民法院（2017）渝0235刑初64号刑事判决书．肖万均故意伤害罪刑事判决书。
④ 安徽省合肥市中级人民法院（2014）合刑初字第00104号刑事判决书．龚文峰故意伤害罪刑事判决书。
⑤ 北京市怀柔区人民法院（2016）京0116刑初128号刑事判决书．巩志刚故意伤害罪刑事判决书。
⑥ 参见高维俭：《试论刑法中的被害者过错制度》，载《现代法学》2005年第3期，第123 – 128页。

竞合，同时符合被害人过错、正当防卫或被害人过错、防卫过当的情形。此时，法院判定优先适用正当防卫或防卫过当的规定减免刑事责任。

3. 大部分案件在判定被害人过错从轻处罚时没有申明量刑依据

在实证调研的案件中，大部分的判决书并没有申明对于被害人过错从轻处罚的量刑依据，仅仅表达"因被害人过错从轻处罚"，仅有个别案件根据当时出台的法律法规或司法解释来说明被害人过错行为严重性以及其所应当承担的具体责任等，例如，判决书中明确表示，由于被害人存在过错行为，或者对矛盾的激化需要承担一定责任，综合考虑客观情况，对判决结果进行商议，如果确定被害人的明显过错行为是直接导致被告人实施犯罪行为的主要原因，则对被告人的减刑率可以在百分之十五到百分之三十之间，如果被害人只是一般过错，或者对矛盾激化负有次要责任，被告人的减刑幅度基本在百分之十五以内。[①]被害人过错并非法定情节，我国早期的规定仅仅散见在司法解释以及最高人民法院公布的刑事审判案例中，但却没有法律明确规定。除此之外，对被害人过错的认定标准没有明确规定。关于被害人过错并没有明确告知认定方法、判定程度以及制定其他可量化实施的指标等，进而导致同案不同判现象出现。

4. 存在因被害人过错影响量刑而导致减轻处罚的情形

目前，在我国司法中，被害人过错仅作为酌情从轻的量刑情节，但部分裁判文书中有存在因被害人过错而减轻被告人刑罚的情况，不同案件表述也不一致，其中有"因被害人重大过错可适当减轻被告人刑罚"，也有"因被害人一般过错对被告人减轻处罚"等表述。如，因被害人盗窃在先，法院判决表述为"综合考虑本案案发原因、被害人过错的程度，对被告人依法减轻处罚"[②]的表述。

以上问题的出现，究其原因，首先，被害人过错在我国刑法中仅作为酌定量刑情节，且没有统一的认定标准，导致法官在做出判决时主观意识较强，不能够清晰、具体地说明因被害人过错原因减少犯罪人刑罚幅度大小，因此，对此类案件的判决较为模糊。其次，法官在做出判决时并未将被害人教义学视角纳入其视野当中，仅仅局限于对犯罪人量定刑罚，忽视了被害人在案件中的重要作用，没有依据"行为人——被害人"二元主义视角进行判断，当然也就无法做到从根本上抑制犯罪。从被害人角度来讲，在被害人预防犯罪发生方面的过错，如"贪利、炫耀以及伦理方面问题等，都能够刺激行为人进行犯罪，因此，在被害人教义学视角下，被害人同样具有自由意志，承担着不同责任，如何通过降低被害人的被害性，在其做出意志决定时施加影响，从而预防犯罪发生的思路也便顺理成章地产生。被害人的责任是一种加权责任，或者说是一种原因责任。[③]这种被害人责任的界定有利于司法机关全面真实地考察犯罪案件发生的前因后果，恰当地界定犯罪人和被害人

---

① 辽宁省高级人民法院《关于常见犯罪的量刑指导意见》实施细则（一），2009年。
② 桃江县人民法院（2013）桃刑初字第238号，胡建强、胡正春故意伤害罪刑事判决书。
③ 参见刘军：《论被害人加权责任的概念》，载《求是学刊》2010年第2期。

对于事件发生所起的作用和承担的不同责任,以便该当性地量定犯罪人的刑事责任。从刑事政策的视角,这种刑事责任的界定过程不但是符合案件发生的事实的,而且更重要的是,能够重塑犯罪人和被害人的行为模式,防止社会行为滑向犯罪行为。

二、被害人教义学视角下的被害人过错

(一) 被害人过错的理论基础

从实际发展状况来看,被害人过错的相关理论研究一直以来都受到刑法学家们的广泛重视。自20世纪40年代以来,德国犯罪学研究逐渐出现和分离出以被害人为研究对象的被害人学,并对刑法学和犯罪构成理论产生了深远的影响,被害人教义学或者被害人解释学(Viktimodogmatik)应运而生,[①]不但持续发展了被害人学的理论,被告人与被害人互动理论以及共同责任理论等,而且回应了刑法教义学或者刑法解释学的诉求,完善了刑法解释的理念与实践。

被害人教义学从根本上来讲是一个重要的指导观点,其将被害人因素考虑进犯罪构成要件当中,旨在研究在犯罪行为发生过程中被害人的作用以及是否应当同样承担相应的刑事责任,从而排除或减轻犯罪人的行为的可处罚性。[②]被害人学的研究者冯·亨梯(Hans von Henting)认为在"行为人——被害人"二元主义视角中,行为双方的关系是动态变化的,被害人并不一定是消极的客体,相反在可能犯罪过程中作为积极的主体推动行为人进行犯罪。[③]以色列学者门德尔松首次提出,犯罪是在行为人与被害人的互动过程中完成的,并不仅仅局限于犯罪人归责。[④]当某些犯罪行为是由被害人引发或挑衅激发时,行为人的责任应当得到相应地减轻或消灭,即被害人具有一定过错,同样应当进行责任分担,[⑤]甚至会出现行为人与被害人角色互换的情况。如昆山反杀案当中,被害人刘海龙先行挑衅并持刀追砍行为人于海明,在打斗过程中于海明提刀反击将刘海龙反杀。此案中被害人才是犯罪开始时的行为人,具有严重过错,于海明在保护自己的情况下将其杀害,实为正当防卫。刘海龙作为最后的被害人,其法益应当有着刑法的受保护性,但是随着其不法行为的逐渐升级,受保护性应当随之降低甚至消灭。[⑥]

从被害人教义学的角度看待被害人过错,在其他影响量刑变量不变的情况下,被害人过错越严重,被告人承担的刑事责任越小。如果被害人实施了不具有社会相当性的行为损

---

① 参见刘军、王艺:《被害人教义学及其运用》,载《法律方法》第24卷,第390-391页。
② 参见申柳华:《德国被害人信条学研究》,人民公安大学出版社2011年版,第104-105页。
③ 参见郭研:《德国被害人教义学理论阐释及其在我国的应用》,载《中德法学论坛》第14辑,第83-84页。
④ 参见车浩:《被害人教义学在德国:源流、发展与局限》,载《政治与法律》,2017年第10期,第2-16页。
⑤ 参见申柳华:《德国被害人信条学研究》,人民公安大学出版社2011年版,第34页。
⑥ 参见刘军、王艺:《被害人教义学及其运用》,载《法律方法》第24卷,第395页。

害了他人的法益，就应当承担相应的被害人过错责任。对此学者尝试从不同研究视角入手，针对被害人承担过错责任的法律依据进行深入探究，集中体现为以下两种主要观点：责任分担说和责任性降低说。责任分担说主张任何行为人都应为自己的过错行为负责，刑事法律可平衡利益，如果被害人对犯罪结果具有引发甚至迫发作用，以及在犯罪发生过程中存在相应的过错，那么被害人必须为其所实施的错误行为承担相应责任，此外，对被告人犯罪行为的处罚程度也应当有所下调，从而达到罪责刑相平衡。国内学者所提出的"过错相抵"理论相对更为详细，案件双方的过错都可以相互抵消、抵减，从而达到平衡和保护各方利益的目的。① 责任性降低说来源于期待可能性理论。在存在被害人过错案件内，由于被害人实施的相关行为已经对被告人主观意识造成一定影响，进而导致犯罪行为的实施。被害人的过错是引发案件形成或者案件升级的主要因素，则被告人的处罚程度一定有所下降。此种状态下，被害人错误程度是影响判决结果的关键性要素。

　　无论是何种学说，都是基于惩罚犯罪的目的。从被害人教义学视角出发，根据被害人主观过错开展刑事判决活动，简单理解即是案件的产生主要由于被害人的主观错误而导致，因此对被告人的判决程度会有所降低，谴责程度也会得到适当控制。②惩罚犯罪并不是刑罚唯一目的，当被害人具有主观过错时，是否需要其承担相应的责任？如何减轻犯罪人的责任？在当前具有被害人过错的案件中，被害人无须因其过错承担刑事责任。其次，一味强调对犯罪人的刑罚却忽视了从根源上解决问题，即从被害人角度出发预防或抑制犯罪。每个人都应该承担自己的社会责任，对自己的行为负责。双方在保持互动阶段内，彼此行为方式、被害人有无过错、其过错责任如何分配以及如何正确匹配犯罪人的刑事责任都是值得思考的问题。

　　在众多的刑事案件中，除所谓无被害人的犯罪之外，都存在着犯罪人与被害人的互动过程，③要达到刑事政策抑制犯罪的目的，不仅仅需要从犯罪人视角来看待犯罪现象，更需要站在被害人方面考虑问题。④由此，应从被害人教义学与刑事政策交叉展开，以预防和抑制犯罪为目的，考虑在所有行为人与被害人具有互动关系的案件中被害人是否具有过错以及其过错程度、是否应当给予刑法保护的必要性，从而影响犯罪人与被害人互动过程中的双方行为模式的塑造。参照具体研究理论，如果刑事案件中被害人存在过错，则案件双方必然保持动态关联关系。对于此类犯罪案件的预防，不应采取单边预防措施，而应采取双边预防的措施，即预防犯罪和预防被害：一方面，需要采取措施预防犯罪人犯罪；另

---

① 参见高铭暄、张杰：《刑法学视野中被害人问题探讨》，载《中国刑事法杂志》2006年第1期，第11–16页。
② 参见徐志鹏：《许霆案重审判决的法律经济学分析——以被害人过错责任为视角》，载《福州大学学报（哲学社会科学版）》2010年第2期，第58–62页。
③ 参见郭建安：《犯罪被害人学》，北京大学出版社1997年版，第129页。
④ 参见刘远、刘军：《刑事政策的理论与实践》，载《中国刑事法杂志》2004年第2期，第3–12页。

一方面，从降低被害人的被害性的角度出发预防犯罪的发生。①被害人在与犯罪人的互动过程中应当提高防范意识，尽量降低或者消除各种主动的、过失的或者状态的被害性，从预防被害的角度预防犯罪。在双边预防情形下，能够产生"对双方都有效预防的激励机制"，②即限制或重塑双方互动的行为模式，从而达到抑制犯罪的目的。

(二) 被害人过错的刑法意义

被害人过错定义最早出现在犯罪学研究领域内，主要是指由于被害人的行为对被告人产生了激怒、引诱等效果，最终导致犯罪行为的产生。简单理解即是被害人行为对犯罪行为实施起到一定催化作用，或者达到了激化、推进效果，而被告人在当时环境下实施的行为是符合客观事实发展规律的。③被害人过错与被告人刑事责任的判定有着直接关系，与刑事政策和罪责刑相适应原则紧密关联。一个具有法律依据的审判结果不仅能够让犯罪人幡然醒悟，而且能够让被害人充分意识到自身存在的问题，最终达到有效防范效果。从目前发展状况来看，刑事被害人过错并没有一个权威性的认定标准，虽说不同学者对此有不同见解，但也有其共性，认为只有具备明显的不当或不良或主观上明显故意情况，才构成刑法学意义上的犯罪被害人过错。

本文通过对理论中对刑法意义上的被害人概念的梳理，结合本次实证研究样本中的判决观点，根据被害人过错程度、责任的大小，试图归纳出基于实践中被害人过错的认定及其表达方式。认定刑法意义上的被害人过错，条件如下：(1) 过错行为由被害人先行引起。(2) 行为违法或者有违公序良俗、社会伦理。在判断是否违反社会道德方面，判断的标准可以为被害人对案件的起因是否有责任、其行为的侮辱性程度、凶器的有无等方面。因生活琐事辱骂、争吵等引发的不宜认定为被害人过错。(3) 行为是出于主观故意。(4) 其过错达到"一般"或"严重"的程度。(5) 其行为侵犯了被告人的正当法益。(6) 被害人的过错行为以及直接诱发犯罪行为产生，两者之间存在明显的因果关系。只有具备以上条件，才能够判定在刑事案件中，被告人的确存在一定过错。

此外，被害人过错的类型应与被害人过错程度相对应，在实务中将对法官进行被害人过错的判定具有参考意义。绝大部分涉及被害人过错的刑事案件中，被害人过错类型与程度的判定模棱两可，难以真正达到刑事政策的目的。本文认为，在实务中，被害人具有"一般过错"与"重大过错"对案件的影响较大，因此可以将"被害人过错程度"作为参考标准，提取此种程度的量刑情节看作是主要参考依据。不仅如此，从上文分析中能够得

---

① 参见刘军：《刑法学中的被害人研究》，山东人民出版社2010年版，第25页。
② 参见蒋鹏飞，《作为辩护理由的被害人过错、概念界定、理论基础与认定标准》，载《中国刑事法杂志》2009年第2期，第26–38页。
③ 肖中华、张少林：《论刑法中的被害人行为的效力依据》，载《刑法论丛》2010年第1期，第98–127页。

出,被害人过错类型具体包含引发、诱发以及激发的被害人过错三种类型,且此三种类型的作用程度存在较大差异。其中,激发的被害人过错,可包括被害人挑衅,相比引发和诱发的被害人过错,对犯罪人的忍耐性挑战度高很多,因此其程度应最高。再次,被害人挑衅是犯罪人有犯意的直接激发因素,具有极强的道德谴责性,因此应将此过错类型与"被害人重大过错"的量刑情节相对应。与此相比,引发和诱发犯意的被害人过错可与"一般过错"相对应。

被害人对于犯罪的发生和发展起到了引起、促进或者挑衅的作用需要承担的责任,就是被害人过错责任,从根本角度来看,其属于加权责任管理范畴。如果打破传统刑法在被害人过错责任理论方面存在的限制,需要适当转换视角,从被害人角度出发,着眼于对未来社会交往行为模式进行重新塑造,最终为预防犯罪发挥一定影响作用。

三、被害人过错的立法完善与刑罚量定

(一) 被害人过错的立法完善

从立法角度分析,我国刑法典中并未针对被害人过错进行明确规定,只是在允许范围内仅包括正当防卫、防卫过当或者酌定量刑情节中可能存在适用被害人过错的情形,但也并未明示。从司法解释的层面来看,适当的减轻判罚只是出现在司法解释或者个别法院审判的刑事案件中,而且时间久远,导致司法裁判的大部分被害人存在过错的案件中,均不具备可参照的量刑依据。

被害人过错最早见诸 20 世纪末颁布的《全国法院维护农村稳定刑事审判工作座谈会纪要》,在故意杀人及故意伤害罪中进行说明:被害人存在过错而导致矛盾被激发,或者被害人过错引发犯罪事件的形成,可以对被告人进行从轻处罚,一般不应处以死刑立即执行。[1] 最高人民法院在量刑规范化改革中发布的规范性文件中,出现了被害人过错的规定,但是也存在反复的情形。《人民法院量刑指导意见》在 2010 年之前的版本,曾经将"一般过错的被害人"和"有严重过错的被害人"作为被害人过错认定及其程度的基本分类;[2] 2010 年版的量刑指导意见涉及的被害人过错仅仅只存在于故意伤害罪中,规定"因被害人过错引发犯罪或对矛盾激化引发犯罪负有责任的"可减少基准刑的 20%;[3] 但是到了 2017 年版的《关于常见犯罪的量刑指导意见》,被害人过错的相关内容已经去除,而调整为法官根据实际情况酌情处理。

我国刑法暂未针对被害人过错制定明确规定,虽然司法解释以及最高法公布的指导性案例并不具有普适性,但毕竟还是提供了一些方向性指导,目前来看这种方向性指导也不

---

[1] 全国法院维护农村稳定刑事审判工作座谈会纪要. 1999 年。
[2] 人民法院量刑指导意见(试行)2009 年 4 月修订。
[3] 人民法院量刑指导意见(试行)2010 年 10 月。

再明确。适用被害人过错并不存在法律参照条件的情况，最终对司法实践活动开展产生不良影响，甚至出现了部分案件对此酌定情节做出对犯罪人"减轻处罚"量刑决定。这一现象说明，被害人过错在司法实践的具体运用中仍然存在很多问题，具体标准难以把握；从另外一个侧面也说明了，被害人过错在理论上仍然亟需深入研究，以为司法适用提供指导。

相比较而言，大陆法系国家通常在刑法典中对被害人过错内容进行阐述。举例说明，《德国刑法典》第213条：故意杀人案件中，如果被害人或其家属对被告人进行虐待或严重羞辱，惹怒对方以后实施了杀害行为，可以酌情降低判决结果，一般刑期在一年到十年之间；①《俄罗斯刑法典》第61条规定，如果被害人在案件发展过程中存在违法或者有失道德的行为，可对被告人从轻处罚。②在英美法系国家，英国刑法强调，如果刑事案件的形成原因是由被害人的错误导致，则可以减轻被告人的罪行。美国的《联邦量刑指南》包含了明确的被害人过错条例。其表示，如果被害人的错误是直接导致范围行为产生的原因，则可以根据实际情况，降低对被告人处罚的严重程度。具体量刑阶段内，法官还要综合考虑以下几方面问题：第一，被害人与被告人之间的身体差异，包括其他身体特征等；第二，被告人伤害行为的持续周期以及被告人为了控制矛盾而进行的争取；第三，被告人是否有效进行风险的感知，包括其是否存在暴力倾向等；第四，被害人能够对被告人造成一定风险；第五，任何被害人能否引发危险行为的产生。③美国的很多州均对被害人过错提出明确要求，例如，《伊利诺伊州刑法典》即提出由于被告人错误而导致刑事案件产生，可适当降低处罚程度。④由此可看出，国外立法虽对被害人过错的表述不一，但大多数都明确表示被害人过错行为属于违法行为，同时也丧失了道德伦理，而且对不同罪名的具体量刑标准进行了详细阐述。

对比之下，我国相关司法解释中，被害人过错只是量刑参考的一项依据，相关规定少之又少，也并不能够对具体罪名产生较大影响，更是没有明确量刑。由此看来，被害人过错仍需法定化。为此，我国也应当对被害人过错进行立法，并从法律角度对其实施过程进行保护，以解决当前司法实践中对于被害人过错量刑标准所存在的多种问题。可以通过立法方式确定最终的量刑条件，尝试在刑法第21条紧急避险之后新增刑法第21条之一，规定被害人过错可以影响违法性大小，"被害人对于犯罪的发生和发展有明显过错的，根据其在犯罪过程中所起作用的大小，可以对被告人从轻或者减轻处罚"以更加恰当地量定被告人的刑事责任，同时以刑事政策为导向，重塑社会交往行为模式。

---

① 《德国刑法典》，徐久生、庄敬华译，中国法制出版社2000年版，第35页。
② 《俄罗斯联邦刑法典》，黄道秀译，北京大学出版社2008年版，第23页。
③ 美国量刑委员会：《美国量刑指南》，量刑指南北大翻译组译，北京大学出版社1995年版，第404页。
④ 李洁辉：《被害人过错对定罪量刑的影响》，载《法律适用》2016年第2期，第101–107页。

(二) 被害人过错的量刑影响

在被害人教义学当中，重视被害人在犯罪过程中的作用，重大意义在于通过刑事政策杠杆，逆向地思考犯罪人刑事责任的匹配对于行为人模式的影响，重塑社会交往过程中的理性人的行为模式。为此，需要综合考虑被害人过错的具体适用。

故意伤害罪中被害人过错作为犯罪侵害行为的发生或激化原因，理应作为量刑影响因素，亦即在量刑过程中应当充分考虑被害人过错对于宣告刑的影响。司法实践中，法官们对其适用非常谨慎，导致被害人过错量刑空间变换较大，无法满足统一化管理要求。从目前发展状况来看，我国缺乏明确的被害人过错量刑依据，而且量刑浮动空间也并不一致，在被害人教义学基础上，从刑事政策框架入手。在刑事政策框架中，刑罚的施加应为报应和预防，从而抑制犯罪。[1]出于报应目的，法院可通过司法权威对犯罪被告人的既定犯罪事实施加刑罚；而出于预防目的，法院可对是否存在被害人过错进行判定，并根据实际情况适当减少对被告人判决的严厉程度。以刑事政策为导向，与被害人教义学相结合，重新考虑被害人的行为、过错在量刑阶段内所具备的实际特征以及具有过错的被害人的刑法可保护性，重新打造被害人过错在量刑中的具体适用具有重要作用。

犯罪事件是被害人与犯罪人在动态互动中共同形成的。在结果一定的情况下，被害人过错越严重，被告人承担的刑事责任越小。即在不考虑其他量刑影响条件情况下，被害人的过错越严重，犯罪人的刑事责任就越小，其减轻刑罚的幅度就越大。[2]但是目前因我国刑法典中并无相关规定，被害人过错行为仅仅能作为一个酌定量刑情节对量刑产生影响。当前，虽然学界对被害人过错责任程度做了一些具体的界定，但是依然没有提出可行的上升为法定量刑情节的措施及方法。[3]由于被害人行为已经触犯了被告人的合法权益，其过错行为应当对应不同程度上的责任。基于前文所述，"激发的被害人过错"可对应程度为"被害人重大过错"，"引发和诱发犯意的被害人过错"可与"一般过错"程度相对应，由此来判断对被告人的从轻处罚的幅度。在犯罪过程中被害人自身行为的缺失的情况，在现实社会生活中是非常普遍的，可能对犯罪人造成精神或身体上的打击或刺激。例如酒后发生冲突、因伦理道德问题引发斗殴或蓄意报复等等情况。被害人的行为导致了犯罪案件的产生，而且属于先行行为，因此对被告人的具体量刑可以设置一定的浮动空间，这样一般过错也可以适当降低处罚严重程度。

在筛选出的案例中有29件案件判决因被害人过错而对被告人进行减轻处罚，目前看

---

[1] 徐岱、巴卓：《中国本土化下被害人权益保护及延展反思》，载《吉林大学社会科学学报》2019年第2期，第32－40页。

[2] 林燕燕、林锦尚：《论我国被害人过错制度的困境与出路——以被害人过错对量刑之影响为分析视角》，载《集美大学学报（哲学社会科学版）》2011年第2期，第105－108页。

[3] 潘庸鲁：《被害人过错认定问题研究》，载《法学论坛》2011年第5期，第156－159页。

来并不应该对酌定量刑情节进行法定刑以下的减轻。该论题研究过程中，由于被害人主观方面存在严重错误，由于其挑衅、激怒了对方才导致犯罪行为实施，或被害人的迫发导致被告人的出手还击等行为，所以一定要从公平公正的角度给予判决。如果被害人在主观意识作用下，导致被告人合法权益受损，那么此时被告人的犯罪行为是不具备期待可能性的，在互动过程当中，被害人也自觉或不自觉的参与了此次犯罪过程。例如，被害人主观故意对犯罪人进行殴打或挑衅，则可视为具有重大过错，被告人受谴责程度与刑罚力度均会有所下滑。在此种被害人具有重大过错的情况下，应当考虑对犯罪人进行减轻处罚。

被害人的迫发行为即是指由于被害人对被告人实施了严重暴力行为，被告人为了进行自我保护而对其造成伤害。此种状态下，被告人的行为则是防卫行为，若是"超过必要限度造成重大损害"则构成防卫过当，此时被害人具有重大过错，应当承担大部分责任，而被告人因危险迫发而进行防卫。由于犯罪行为并不是被告人主观情愿发生的，属于典型的被迫行为，所以被害者在该案件中负有主要责任，被告人应当判定为防卫过当。我国刑法已明确规定防卫过当应予减轻或免除处罚，此情节是被害人过错的特殊表现形式。刑罚适用中根据该案件的实际情况，直接免于刑事处罚，或者参照基准量刑幅度，达到减轻判罚的效果。

当被害人与犯罪人角色互换时，即为正当防卫，被害人对犯罪人的犯罪行为负完全责任。例如A先行伤害B，B因维护自身正当法益反抗，在反抗过程中致使A受伤。在此种情形中，A的身份角色是最初欲实施犯罪的人，遭到B即最初被害人的反击，从而转变为既成案件事实的被害人，而B在则转变为最终的犯罪人。因此，犯罪人为维护自身法益，可谴责性大幅度降低，被害人的受刑法保护性也随之减轻直至消失，此为正当防卫。对于此类案件，我国刑法已明确规定应予减轻或免除处罚，或在基准刑的幅度之下予以减轻处罚。

从以上对被害人过错的探讨中可以发现，被害人过错因素，不管是在理论上还是实际运作过程中，都具有不可忽视的重要地位。要达到刑事政策预防和抑制犯罪的目的，有必要开阔视角，从被害人角度出发，考虑如何预防犯罪行为的发生，对被害人过错程度以及类型进行合理判断，在量刑过程也需要考虑被害人过错形式及程度问题，从而做到客观、公正、全面地对犯罪事件进行评价，才能对被告人的刑罚裁量做出合理的解释。以被害人教义学为视角，考虑影响互动双方当事人的行为规范、被害人的刑法保护可能性，构建不同层级被害人过错程度及其相对应的责任划分判断体系，探求被害人过错影响刑事立法、司法以及量刑的规范化限制，从而加深对刑事政策的理解，达到预防和抑制犯罪的效果。

（编辑：蒋太珂）

法秩序统一视角下贪贿犯罪从宽处罚规定的冲突与化解

郑 慧[*]

> **摘 要** 我国现行刑法、监察法和刑事诉讼法等均对贪污贿赂犯罪规定了诸多法定从宽情节,其中存在刑法总则与分则、刑法与监察法、刑法与刑事诉讼法等相关规定的冲突问题。要调和当前贪污贿赂犯罪从宽处罚规定的冲突,需在厘清造成法律冲突的深层次关系基础上,认清这些冲突并非表象冲突,而是必须予以化解的实质冲突,立足法秩序统一性原则研究化解冲突的基本路径。建议解释论优先,坚持体系解释方法调和现实冲突,通过司法解释对监察调查阶段的从宽认定予以细化,通过监察法规明确有限的值班律师介入程序。无法通过解释方式化解的冲突,必须诉诸立法,其中需要在刑法层面化解的问题,建议将认罪认罚从宽在刑法总则中予以确认,取消贪污贿赂犯罪的特别从宽规定;需要在前置法环节化解的问题,应当简化监察机关的从宽建议流程。
>
> **关键词** 贪污贿赂犯罪 从宽处罚规定 法律冲突 法秩序统一性

宽严相济是我国的基本刑事政策,运用宽严相济政策有效惩治和预防犯罪也是反腐败领域永恒的主题,随着刑法和刑事诉讼法修改、监察法出台,国家反腐败政策不断调整更新,关于贪污贿赂犯罪从宽处罚规定的法律冲突现象日渐显现。法律冲突是指两个或两个以上的不同法律同时调整一个相同的法律关系,从而在这些法律之间产生矛盾的社会现象。[①] 法律冲突概念原是在国际法领域使用的,近年来随着国内法律规范增多,冲突随之而起,法律冲突概念被引入国内法领域。我国刑法总则和分则以及刑事诉讼法、监察法中

---

[*] 郑慧,女,山东烟台人,华东政法大学刑法学博士研究生,研究方向为经济刑法。
[①] 韩德培主编:《国际私法》,高等教育出版社、北京大学出版社2000年版,第85页。

有大量关于贪污贿赂犯罪从宽处罚的条款，基于刑事政策的需要，一些其他犯罪中的酌定从宽情节在贪污贿赂犯罪领域成为法定从宽情节，且这些规定之间具有高度相似、交叉但又不完全重合的特点，这使得调和贪污贿赂犯罪从宽处罚规定之间的冲突成为棘手的问题。

一、贪贿犯罪从宽处罚规定冲突的类型和具体表现

（一）刑法总则与分则规定的冲突

基于刑法总则对刑法分则的指导约束作用，我国现行刑法第67条、68条关于自首、特别自首、坦白和立功的规定，应然适用于贪污贿赂犯罪。相比其他类型犯罪而言，刑法分则在贪污贿赂犯罪一章多个罪名设置了特别从宽情节，刑法第383条、390条、392条分别有关于贪污罪、受贿罪、行贿罪、介绍贿赂罪的特别从宽规定，从中也可以看出宽严相济刑事政策对治理贪污贿赂犯罪的倾斜力度。

总则与分则规定的冲突主要表现在三个方面。一是与刑法平等原则相违背。刑法总则规定坦白可以从轻处罚，因如实供述避免特别严重后果发生的，可以减轻处罚，而刑法分则将原本只能从轻处罚的情节规定为从轻、减轻甚至免除处罚，突破了刑法总则对分则的指导制约作用，破坏了刑法体系内在的和谐性。[①] 且在贪污罪、受贿罪中将其他罪名只能从轻处罚的悔罪、退赃等酌定情节法定化，即便在贪污贿赂犯罪内部相近的罪名之间如受贿罪和利用影响力受贿罪，行贿罪和对单位行贿罪等，都无法做到一把尺子相平衡，违反刑法的平等原则。二是认定时间上的随意性。总则没有特别限定坦白行为构成的时间点，从"犯罪嫌疑人虽不具有前两款规定的自首情节"表述来看，进入审判阶段前都可以认定为坦白，而贪污罪、受贿罪规定"提起公诉前"，行贿罪、介绍贿赂罪规定"被追诉前"，按照2012年两高《关于办理行贿刑事案件具体应用法律若干问题的解释》，被追诉前指检察机关对行贿人的行贿行为刑事立案前，上述规定造成坦白时间适用上的混乱。三是适用上既排斥又交叉。刑法分则第383条规定"如实供述自己罪行、真诚悔罪、积极退赃，避免、减少损害结果的发生"4种特别从宽情形，从文字表述和标点符号使用来看，4种情形须同时满足方能适用特别从宽规定，从宽处罚条件的叠加与总则自首、坦白等制度设计相冲突；同时规定贪污罪、受贿罪数额特别巨大或情节特别严重的，如实供述只能从轻处罚，即使有因如实供述避免特别严重后果发生情形，也无法获得刑法总则规定的刑罚优惠，这些规定似乎比总则严格。综合各种情形可以发现，所谓的特别从宽有时比一般从宽的处罚结果还要严厉，但特别条款又并非完全排斥普通条款，如2012年两高《关于办理行贿刑事案件具体应用法律若干问题的解释》就规定，行贿人被追诉后如实供述自己罪行

[①] 参见卢建平、朱贺：《酌定量刑情节法定化的路径选择及评析》，载《政治与法律》2016年第3期，第2页。

的，适用刑法第 67 条第 3 款的规定。

（二）刑法与监察法相关规定的冲突

2018 年全国人大通过《中华人民共和国监察法》并由此创设了监察权，监察法采取综合性立法的方式，既有组织法的内容，又兼具实体法和程序法的特点，监察法第 31 条、32 条关于被调查人、涉案人员的从宽处罚规定与刑法相关规定并不完全一致，监察机关对符合特定条件的贪污贿赂犯罪被调查人、涉案人可以提出从宽处罚的建议，这在监察法出台以前是没有过的。

监察法颁布给贪污贿赂犯罪从宽认定带来的冲击主要表现为以下三个方面。首先，监察权运行给自首的认定带来更多不确定性。2009 年两高《关于办理职务犯罪案件认定自首、立功等量刑情节若干问题的意见》规定，犯罪事实或者犯罪分子未被办案机关掌握，或者虽被掌握，但犯罪分子尚未受到谈话调查、讯问，或者未被宣布采取调查措施或者强制措施时，向办案机关投案的，是自动投案。在此期间如实交代自己的主要犯罪事实的，应当认定为自首。司法解释在当时使用"办案机关"而没有使用"司法机关"表述，也是考虑到将当时的纪检监察机关囊括在办案机关之列，在监察权运行后监察机关直接对职务犯罪开展调查，"办案机关"的表述更加名副其实，向监察机关投案认定自首在理论和实践中均不存在障碍。2009 年两高司法解释同时还规定，没有自动投案，在办案机关调查谈话、讯问、采取调查措施或者强制措施期间，犯罪分子如实交代办案机关掌握的线索所针对的事实的，不能认定为自首。自首的本质在于犯罪人主动将自己置于刑事指控的境地，而纪检监察机关在对有关问题线索初核后，对涉嫌违纪违法犯罪的办理立案手续，这里的立案是党纪政务立案而非刑事立案，因此即使纪检监察机关立案也并不必然将犯罪人投入到刑事案件中，纪检监察机关纪法双施的特点无疑给自首的认定带来了更多不确定性。其次，监察权运行使特别自首认定的语境发生变化。在检察机关原反贪部门负责侦查贪污贿赂犯罪时，适用特别自首的"被采取强制措施的犯罪嫌疑人如实供述司法机关还未掌握的本人其他罪行"情形，职务犯罪调查权划转监察机关后，带来特别自首的"强制措施""司法机关"语境发生根本改变。2010 年最高法《关于处理自首和立功若干具体问题的意见》在论及特别自首时还以受贿罪与渎职罪举例，"犯罪嫌疑人、被告人在被采取强制措施期间如实供述本人其他罪行，该罪行与司法机关已掌握的罪行属同种罪行还是不同种罪行，一般应以罪名区分。虽然如实供述的其他罪行的罪名与司法机关已掌握犯罪的罪名不同，但如实供述的其他犯罪与司法机关已掌握的犯罪属选择性罪名或者在法律、事实上密切关联，如因受贿被采取强制措施后，又交代因受贿为他人谋取利益行为，构成滥用职权罪的，应认定为同种罪行"。职务犯罪的调查权虽然划转，从特别自首的立法原意和政策价值来看，被监察机关采取留置措施期间的被调查人如实供述监察机关还未掌握的本人其他罪行的，应然成立特别自首，但亟须刑法从源头上解决监察机关留置措施期间成立特别自首的正当性问题。最后，从宽处罚建议的监察中心主义与审判中心主义相冲突。基于纪检监察机关纪律和法律两把尺子一体双施的特殊地位，以及程序上党纪、政务立案有明确界限而刑事立案没有专门手续等实际情况，监察法赋予监察机关在移送审查起诉时提出从宽处罚的建议权是十分必要的，因为在案件调查过程中监察机关是否处于刑事调查阶段、哪些罪行系被调查人主动交代但监察机关尚未掌握等外界很难评判，监察机关最有发言权。不足在于被调查人在监察调查阶段的表现与将来移送起诉和审判阶段的表现并不必然一致，即便一致，检察机关、审判机关也不是必须采纳监察机关的从宽处罚建议，监察法第 31 条、第 32 条均规定监察机关提出从宽处罚建议的程序为"经领导人员集体研究，并报上一级监察机关批准"，一方面这一程序非常繁琐复杂，使本就不充裕的 3 个月留置期限更为紧张，监察机关很可能出于报批时效考虑而不提出从宽处罚建议，另一方面设计如此复杂的集体决策和报批程序，虽是出于谨慎考虑，但容易造成监察机关的建议具有最终决定性的假象[①]，与审判为中心的诉讼制度相背离。

（三）刑法与刑事诉讼法相关规定的冲突

为进一步深化落实宽严相济的刑事政策，2016 年全国人大常委会授权两高在部分地区开展刑事案件认罪认罚从宽制度试点，2016 年 11 月两高三部出台《关于在部分地区开展刑事案件认罪认罚从宽制度试点工作的办法》，以最高法规范性文件的形式率先确定了认罪认罚从宽制度。经过两年的试点，2018 年全国人大常委会通过修改刑事诉讼法以法律形式正式确立了认罪认罚从宽制度，并以较多的笔墨对认罪认罚作了详细规定。刑诉法第 15 条明确了认罪认罚的概念，即符合自愿如实供述、承认指控的事实、愿意接受处罚三个条件。第 120 条、第 173 条、第 190 条等分别规定了在侦查、审查起诉和审判阶段认罪认罚从宽适用的程序要求。2019 年 11 月两高三部出台《关于适用认罪认罚从宽制度的指导意见》，这一配套法规明确认罪认罚从宽制度中的"认罪"，是指犯罪嫌疑人、被告人自愿如实供述自己的罪行，对指控的犯罪事实没有异议；"认罚"是指犯罪嫌疑人、被告人真诚悔罪，愿意接受处罚；"从宽"既包括实体上从宽处罚，也包括程序上从简处理。监察法立法中也使用了"认罪认罚"字眼，中央纪委国家监委法规室编写的《〈中华人民共和国监察法〉释义》将监察法第 31 条解读为，本条规定与最高人民法院、最高人民检察院、公安部、国家安全部、司法部于 2016 年印发的《关于在部分地区开展刑事案件认罪认罚从宽制度试点工作的办法》作了衔接。[②] 然而监察法第 31 条列举的自动投案，真诚悔罪悔过的、积极配合调查工作，如实供述监察机关还未掌握的违法犯罪行为的、积极退赃，

---

① 参见陈巧燕：《〈监察法〉与〈刑法〉相关制度的错位与矫正》，载《福建警察学院学报》2019 年第 6 期，第 22 页。

② 中央纪委国家监委法规室编写：《〈中华人民共和国监察法〉释义》，中国方正出版社 2018 年版，第 160 页。

减少损失的、具有重大立功表现或者案件涉及国家重大利益等4种认罪认罚情形,涉及刑法中的自首、立功、特别自首、坦白、特别从宽情节以及刑诉法的认罪认罚从宽等诸多方面,其内涵与刑诉法中的认罪认罚从宽无法完全契合。冲突主要表现为,一方面认罪认罚从宽本质上是一种刑法规范,"认罪认罚"指向的是犯罪人犯罪后的一种表现,"从宽"则是在定罪、量刑、行刑上的一种宽缓处置,① 因此这一制度所产生的法律效果仅仅靠程序运行是无法实现的,应然属于刑事实体法的规制范畴。我国刑事诉讼法率先将认罪认罚从宽制度予以落地,且刑事诉讼法第201条通过排除式即规定哪些情形下不适用认罪认罚从宽的方式鼓励适用,而刑法乃至监察法都是采用正向列举式对可以适用从宽处罚的情形严格收口。通过程序法确立的认罪认罚从宽制度一定程度上突破了刑事实体法关于刑事责任轻重的制度框架。另一方面认罪认罚制度适用于整个诉讼阶段,《关于在部分地区开展刑事案件认罪认罚从宽制度试点工作的办法》规定,在侦查过程中,侦查机关应当告知犯罪嫌疑人享有的诉讼权利和认罪认罚可能导致的法律后果,听取犯罪嫌疑人及其辩护人或者值班律师的意见,犯罪嫌疑人自愿认罪认罚的,记录在案并附卷。犯罪嫌疑人向看守所工作人员或辩护人、值班律师表示愿意认罪认罚的,有关人员应当及时书面告知办案单位。对拟移送审查起诉的案件,侦查机关应当在起诉意见中写明犯罪嫌疑人自愿认罪认罚情况。刑事诉讼法也规定,侦查人员在讯问犯罪嫌疑人的时候,应当告知犯罪嫌疑人享有的诉讼权利,如实供述自己罪行可以从宽处理和认罪认罚的法律规定。而刑法中的从宽处罚规定大多有严格的时间界限,如自首、特别自首等都要求特定阶段的相关行为才能认定。

作为监察机关管辖的罪名,贪污贿赂犯罪认罪认罚从宽的适用在刑事诉讼语境下还有诸多需要理顺的方面。一是监察法中认罪认罚从宽制度的衔接尚不到位。监察机关对贪污贿赂犯罪的调查虽未纳入刑事诉讼程序,但确立于刑事诉讼法的认罪认罚从宽制度,是宽严相济刑事政策的生动实践,从办理贪污贿赂犯罪案件节约资源、提高效率的角度考虑,被调查人在监察调查阶段对抗性最强,越早认罪认罚越容易实现案件政治、纪法和社会三个效果的统一。二是认罪认罚从宽与自首、坦白、特别从宽情节等交叉的评价规则尚不完备。《关于适用认罪认罚从宽制度的指导意见》的解读认为,认罪认罚从宽中的"如实供述",可以参照自首关于"如实供述"的把握。也就是说,尽管认罪认罚从宽在法律政策层面独立于自首、坦白,但实体认定上与自首、坦白有所重叠是不可否认的,再加上贪污贿赂犯罪的特别从宽情节,相同或相近情节交织的评价规则尚不完备,依赖于审判人员的自由裁量。天津市高级人民法院在关于两高2016年贪污贿赂犯罪司法解释实施情况的报告中提到,不同法院、不同审判人员之间对于犯罪数额相当、量刑情节类似的案件量刑结果差别过大,存在忽视量刑情节的唯犯罪数额论或者过度放大情节对量刑调节幅度等问

---

① 熊秋红:《认罪认罚从宽的理论审视与制度完善》,载《法学》2016年第10期,第97页。

题。例如，有的案件中只根据犯罪数额确定刑期而未能充分考虑案件中存在的法定、酌定量刑情节，最终导致量刑不够合理；有的案件中又过分突出了量刑情节的调整作用而造成量刑轻重失衡。[1] 三是贪污贿赂犯罪认罪认罚从宽的适用还存在操作层面的一些障碍。从统计数据来看，职务犯罪案件适用认罪认罚从宽制度的数量并不高，约占同期认罪认罚从宽案件总数的 0.4%，从司法实践来看，各地司法机关普遍对职务犯罪案件适用认罪认罚从宽制度存在疑虑，主要是认为职务犯罪案件多系疑难复杂案件，影响面大、社会关注度高，如适用认罪认罚从宽容易引起不必要的关注和炒作。[2] 另外认罪认罚从宽制度通过程序法面目示人，在确立之初即把值班律师作为制度实施的重要要件，监察调查并非刑事诉讼侦查阶段，贪污贿赂犯罪调查过程中律师的缺失也成为适用认罪认罚从宽的程序障碍。

二、化解贪贿犯罪从宽处罚规定冲突的基本立场

贪污贿赂犯罪的法定从宽情节众多，对不同法律不同条款从宽处罚规定的适用纷繁复杂，因此实践中从宽情节运用不平衡的现象一直比较突出，也成为社会公众对贪贿犯罪裁判结果颇多质疑的重要症候。通过抽丝剥茧，笔者试图对造成法律冲突的深层次关系进行厘清，从而把握化解贪贿犯罪从宽处罚规定冲突的基本立场。

（一）这些冲突不是表象冲突，而是必须予以化解的实质冲突

在 1997 年刑法典颁布前，我国的刑事立法模式是多元分散型的，除刑法典外，还有大量的单行刑法、附属刑法存在，大陆法系很多国家也是采用这种立法模式。[3] 1997 年刑法典修订的指导思想是，要制定一部统一的、比较完备的刑法典，将刑法实施 17 年来由全国人大常委会作出的有关刑法的修改补充规定和决定研究修改编入刑法；将一些民事、经济、行政法律中"依照""比照"刑法有关条文追究刑事责任的规定，改为刑法的具体条款；将拟制定的反贪污贿赂法和军委提请常委会审议的惩治军人违反职责犯罪条例编入刑法，在刑法中规定为贪污贿赂罪和军人违反职责罪两章；对于新出现的需要追究刑事责任的犯罪行为，经过研究认为比较成熟、比较有把握的，尽量增加规定。[4] 自此，我国刑事立法迈入集中统一型模式，除了 1998 年《关于惩治骗购外汇、逃汇和非法买卖外汇犯罪的决定》作为单行刑法外，至今共出台 11 个刑法修正案来充实刑法典内容。因此，笔

---

[1] 天津市高级人民法院：《关于〈最高人民法院、最高人民检察院关于办理贪污贿赂刑事案件适用法律若干问题的解释〉实施情况的报告》，载最高人民法院刑事审判第一、二、三、四、五庭主办：《刑事审判参考》（总第 106 集），法律出版社 2017 年版，第 201 页。

[2] 参见郭慧、牛克乾：《职务犯罪审判与国家监察工作有机衔接的若干建议》，载《法律适用》2018 年第 19 期，第 28 页。

[3] 参见张明楷：《刑事立法模式的宪法考察》，载《法律科学（西北政法大学学报）》2020 年第 1 期，第 54 页。

[4] 参见王汉斌 1997 年 3 月 6 日在第八届全国人民代表大会第五次会议上《关于〈中华人民共和国刑法（修订草案）〉的说明》。

者认为要化解当前贪污贿赂犯罪从宽处罚规定之间的冲突，必须立足我国犯罪和刑罚由刑法典一体化立法、而非散见于各领域的附属刑法这一实际，清醒地认识到这些冲突直接影响贪污贿赂犯罪罪刑的实质均衡，影响社会公众对反腐败公平正义的感受度，并不是表象冲突，而是必须予以化解的实质冲突。

首先，贪污贿赂犯罪特别从宽情节的设置存在弊端。有学者认为，刑法的立法态度与打击重点在不同时期因社会现实需求而有所侧重，基于现阶段对贪污贿赂犯罪的刑事政策，设置特别从宽条款进行细化规定具有现实必要性，其性质上属于对刑法总则自首、坦白与立功等制度的补充规定，有利于发挥补强的政策性功能。① 但4个罪名的特殊规定使得贪污贿赂犯罪从宽处罚的认定在一部法律范畴内就相当复杂，甚至出现总则与分则的对立和冲突。而且关于贪污贿赂犯罪从宽处罚问题上刑法总则与分则并非简单意义上的严格与宽松、普通法与特别法的关系，而是多种复杂的情况交织在一起，进而引起理论上的冲突和实践中的混乱，引发对特别从宽处罚规定设置的必要性和合理性的质疑，因此需要从全局和体系角度全面审视这一立法设计。其次，监察权运行给贪污贿赂犯罪从宽认定带来实质性冲击。监察法的颁布是我国以法治思维和法治方法提升反腐败能力的重要体现，由此创设的监察权是中国模式腐败治理体制的自我完善与系统升级。新法的出台必定伴随着与其他法律的衔接问题，监察法虽然是一部监察领域的基本法，但由于它构建了一个全新的国家监察体系，所以对现有的法律、法规形成了很大的冲击。刑法和监察法在位阶上都属于全国人大制定的法律，层级地位较高。监察法的性质地位决定其并不附属于现有刑法，却在一定程度上突破了现有刑法的内容，是1997年刑法典颁布后第一个直接指向定罪量刑内容的非刑法范畴的法律。制定时间上监察法晚于刑法，因此也有学者提出监察法相对于刑法的新法地位决定其在适用上的优先性，当监察法与刑法在有关职务犯罪的规定上出现冲突时，监察法须根据新法优于旧法的原则优先适用。② 监察法与刑法规制的领域虽内容有交叉，但仍属于两个不同维度的基础性法律，监察法与刑法的冲突，从理论层面并不能以新法优于旧法简单解决，从实务而言亦不能要求法官运用监察法审判职务犯罪案件。监察权作为全新的权力体系，在反腐败的道路上并不是孤军奋战，监察法施行之初与旧法磨合在所难免。据了解，现在全国人大一共制定了260多部法律，为了配合监察法的实施，需要修订的相关法律就有160多部，达到了现有法律的三分之二。③ 例如为配合监察权运行，刑诉法首先作了大幅度的调整。最后，程序法确立的犯罪从宽制度，因没有得到实体法的确认而具有不稳定性。我国刑法学界对于认罪认罚从宽制度的认识尚不统一，主要有3种观点。一是独立的量刑情节说，认为推行认罪认罚从宽制度的目的是为了在自

---

① 参见曹玉琪：《贪污贿赂犯罪特别从宽条款的适用研究》，载《昭通学院学报》2018年第1期，第62页。
② 参见李阳阳：《〈刑法〉与〈监察法〉在职务犯罪从宽规定上的衔接》，载《重庆理工大学学报（社会科学）》2019年第12期，第124页。
③ 徐浩程：《马怀德：配合监察法需修订现有三分之二法律》，载《廉政瞭望》2018年第11期，第24页。

首、立功、坦白等之外,再基于认罪认罚给予行为人以从宽优惠,继而激发行为人认罪悔罪的积极性,最终实现促使行为人回归社会的效果,因此应将认罪认罚从宽视为自首、坦白等之外的独立量刑情节。① 二是既有制度重复说,认为认罪认罚从宽制度是我国刑法中既有的内容,并不属于一种制度创新,因此将其定位为对我国刑法中既有制度的重申更合适。② 三是制度创新说,认为认罪认罚从宽制度兼具程序与实体双重价值,既是刑事诉讼中简易程序、速裁程序与刑事和解程序等的配套制度,也是对我国刑事实体法中既有量刑情节或制度的确认与突破。从实体法维度看,认罪认罚的内涵包含但不限于坦白、自首等刑法中既有的情节,且认罪认罚的从宽幅度大于单纯的自首、坦白等的从宽幅度。③ 最高检相关负责人对《关于适用认罪认罚从宽制度的指导意见》的解读基本认同制度创新说的观点,指出认罪认罚从宽是独立于其他体现认罪从宽的坦白、自首等全新的法律制度,是集实体规范与程序规则于一体的综合性法律制度,带有其他从宽制度所没有的广泛覆盖性。从适用范围上看,贯穿刑事诉讼全过程,不受罪名和可能判处刑罚的限制;从量刑情节上看,可能涉及所有法定、酌定的从宽情节。④ 认罪认罚从宽规定虽是诉讼领域出于节约司法成本、提高司法效率的初衷而确立的制度,但却实实在在地影响了实体法的量刑体系,最终得出实体法才能达到的从轻、减轻甚至免除刑罚的结果。备受争议的余金平案件,余金平犯交通肇事罪并认罪认罚,检察机关提出有期徒刑三年缓刑四年的量刑建议,一审法院判处余金平有期徒刑二年,二审法院判处余金平有期徒刑三年六个月。争议的矛头大都指向了认罪认罚从宽制度下法检两家的紧张关系,笔者看来深层次的原因恰恰在于犯罪从宽的冲突如不能从实体法根源上进行解决,类似余金平案件的一波三折不会成为偶然事件。

(二)化解这些实质冲突,应当坚持法秩序统一性原则

首先,坚持法秩序统一性原则化解冲突,是对刑法谦抑精神的维护。法律是规范公民行为、调整社会生活最重要的手段,各个法域之间各有分工,相互配合,形成了较为稳定的法秩序,而国家即是这一法律秩序的人格化体现。⑤ 由于现实中并不存在由一个全能视角的抽象立法者来通盘考虑所有法律的协调性,不同法域的规范极有可能产生冲突,法秩序统一性原理就是在此背景下提出的。⑥ 法秩序统一性原理作为一项被普遍接受的处理法域关系的原则,要求法律适用中贯彻体系化的思考方式,使属于整体法秩序的所有规范达

---

① 樊崇义:《认罪认罚从宽与自首坦白》,载《人民法治》2019 年第 1 期,第 54 页。
② 参见王飞:《论认罪认罚协商机制的构建——对认罪认罚从宽制度试点中的问题的检讨与反思》,载《政治与法律》2018 年第 9 期,第 150 页。
③ 周光权:《论刑法与认罪认罚从宽制度的衔接》,载《清华法学》2019 年第 3 期,第 28 页。
④ 参见苗生明、周颖:《认罪认罚从宽制度适用的基本问题——〈关于适用认罪认罚从宽制度的指导意见〉的理解和适用》,载《中国刑事法杂志》2019 年第 6 期,第 3 页。
⑤ 参见 [奥] 凯尔森:《法与国家的一般理论》,沈宗灵译,中国大百科全书出版社 1996 年版,第 203 页。
⑥ 参见 [奥] 恩斯特·A. 克莱默:《法律方法论》,周万里译,法律出版社 2019 年版,第 55 页。

成彼此的协调。① 刑法理论上将犯罪分为自然犯和法定犯，其中自然犯是指违反公共善良风俗和人类伦理的传统性犯罪，譬如故意杀人、抢劫、强奸、放火、爆炸、盗窃等犯罪，其行为本身就自然蕴含着犯罪性，人们根据一般的伦理观念即可对其作出有罪评价。法定犯又称行政犯，是指违反行政法规中的禁止性规范，并由行政法规中的刑事法则所规定的犯罪，譬如职务犯罪、经济犯罪等即属于此类。② 在传统刑法中，自然犯的规定占绝对比重，随着现代国家治理能力不断提高，行政犯的比重逐渐升高甚至超过自然犯，贪污贿赂犯罪就是一类特殊的行政犯。刑法作为最后一道屏障，在其管制的很多领域都有相关前置的部门法，如证券法、公司法、物权法、税法等等，行政犯必定是违反行政法和刑法的"二次违法"行为。多年来我国在法律层面还没有反腐败领域的前置法，尽管也有理论和实务界人士多方呼吁出台反腐败法，③ 却一直没有成形。刑法的谦抑精神决定，贪污贿赂犯罪同样需要细化于刑法的前置法规定，国家监察法是一个良好的开端，监察法较之前的行政部门法有些特殊，尤其是在实体与程序兼具方面更突出程序规定，但广义来说也可以将其视为反腐败领域前置的行政法。当刑法、前置行政法和程序法规定同时指向贪污贿赂犯罪从宽处罚时，不仅仅涉及工作程序上的衔接，刑法如何尊重、协调其前置法、程序法关于贪污贿赂犯罪从宽处罚的规则和价值理念，法秩序统一视角下实体规定的矛盾冲突需予以关注和化解。

其次，坚持法秩序统一性原则化解冲突，与以审判为中心的诉讼制度相契合。党的十八届四中全会提出以审判为中心的诉讼制度改革，当时针对的是以侦查为中心，强调侦查和起诉要面向审判而相应地提出一些事实和证据要求。国家监察体制改革与审判为中心的诉讼制度改革并不矛盾，监察机关办案也强调以审判为中心。监察法第33条规定，监察机关在收集、固定、审查、运用证据时，应当与刑事审判关于证据的要求和标准相一致。以非法方法收集的证据应当依法予以排除，不得作为案件处置的依据。2019年中央纪委国家监委印发的《监察机关监督执法工作规定》也提出强化法治思维，在措施使用、证据标准上主动对接以审判为中心的刑事诉讼制度改革，与刑事诉讼法、刑法等国家法律有效衔接。同时，监察法第47条还规定，人民检察院经审查，认为需要补充核实的，应当退回监察机关补充调查，必要时可以自行补充侦查。对于补充调查的案件，应当在一个月内补充调查完毕。补充调查以二次为限。监察机关将贪污贿赂犯罪案件移送起诉后，检察机关的工作就是将案件达到司法审判标准后交给法院，在这个过程中检察机关依法退补退查也是以审判为中心的具体体现。以审判为中心的实质在于，通过审判来倒逼调查、侦查和审查起诉阶段，实现证据、证明标准的统一性。监察机关办理的案件敏感度高，更加追求政

---

① 陈文涛：《犯罪认定中的法秩序统一性原理：内涵澄清与规则构建》，载《华东政法大学学报》2022年第2期，第58页。
② 刘宪权主编：《刑法学》，上海人民出版社2016年版，第74页。
③ 参见刘武俊：《反腐败立法刻不容缓》，载《人民政坛》2013年第3期，第40页。

治效果、纪法效果和社会效果的统一，除了言词证据外必须按照以审判为中心的要求将其他客观证据做扎实，才能避免被调查人在后期审查起诉和审判阶段思想上出现反复。宪法和监察法都明确规定，监察机关在办理职务违法和职务犯罪案件中，应当与司法机关互相配合，互相制约。以审判为中心体现了审判权对监察权的制约，既然是以审判为中心，审判机关依据刑法实体法断案，那么对案件的认定必然是以刑法为中心，对于存在冲突的贪污贿赂犯罪从宽处罚的实体认定规则，则必须在法秩序统一视角下予以解决。

最后，坚持法秩序统一性原则化解冲突，将整体提升反腐败法律体系的协调性。刑法是规定犯罪以及刑罚的法律，罪刑法定原则奠定了我国当代刑事法治的基石，是依法治国思想在刑法领域的重要体现。其内涵"法无明文规定不为罪，法无明文规定不处罚"中的"法"在我国毫无疑问是指刑法，即刑法是司法机关认定犯罪、处以刑罚的唯一依据。除了刑法范畴的规范性文件，再无其他可以直接产生定罪量刑效果的法律。其他法律可以规定犯罪行为，但必须得到刑法的采纳认同，才能真正发挥实际效果。2003年我国签署《联合国反腐败公约》，2005年全国人大常委会批准加入公约，根据国际法及我国的承诺，全国人大批准通过的国际条约对我国具有约束力，视同我国法律，但此时条约中很多我国承诺作为犯罪处理的行为并没有得到刑法的采纳认同。为了兑现承诺，我国先后出台一系列刑法修正案，将当时刑法尚未规制但公约明确应予刑事打击的腐败行为规定为犯罪，如2006年《刑法修正案（六）》增加了公司、企业以外的其他单位人员作为受贿主体，相应的罪名调整为非国家工作人员受贿罪和对非国家工作人员行贿罪；2009年《刑法修正案（七）》增设利用影响力受贿罪；2011年《刑法修正案（八）》增设对外国公职人员、国际公共组织官员行贿罪；2015年《刑法修正案（九）》增设对有影响力的人行贿罪。[①] 以上设立犯罪和确定刑罚都是刑法规制的范畴，其他法律并不能直接、独立发挥惩治犯罪的作用。还有立法解释、司法解释、刑事政策等等，尽管涉及定罪量刑，但都不是法律层面的规范，必须依托刑法、在刑法的限度内发挥作用。在刑法规制的众多犯罪类型中，贪污贿赂犯罪无疑是刑事政策最为密集、复杂的领域，历史上也不乏刑事政策先于或代替刑法反腐败的时期，刑事政策反腐固然具有短平快的目的优势，但在正当性方面无疑是缺失的。刑法是刑事政策不可逾越的藩篱，历史发展到现阶段，我们更加强调社会治理体系和治理能力现代化、用法治思维和法治方法治理腐败，反腐败领域的刑事政策应更多通过宏观指引和立法渗透与刑法体系融合，实现刑法目的性与正当性的统一。近年来也可以看到宽严相济、行贿受贿一起查等刑事政策通过刑法修正案进入贪污贿赂犯罪体系。可见，我国刑法体系具有封闭性的特点，不允许刑事政策通过刑法以外的其他法律形式影响定罪量刑，贪污贿赂犯罪的从宽处罚亦不例外。2019年10月全国人大常委会表决通过了《关于国家监察委员会制定监察法规的决定》，明确国家监委可以就执行法律、履行职责事项制定监察法

---

① 参见秦新承：《40年腐败犯罪刑法规制与反腐政策的演进》，载《犯罪研究》2019年第4期，第26页。

规，监察机关今后制定的规范性文件经过授权真正成为法的渊源，位阶与司法解释相当。从未来整个贪污贿赂犯罪法律体系协调性考虑，当下解决法律层面的冲突也显得尤为迫切。

三、化解贪贿犯罪从宽处罚规定冲突的基本路径

（一）解释论优先，坚持体系解释方法调和现实冲突

大的改革推进过程中必然涉及法法衔接，体系解释是法秩序统一性原则的实践运用，坚持体系思维是化解现实冲突的良法。体系，是指若干有关事物或某些意识相互联系而构成的一个整体，[1] 体系解释原指根据法律条文的前后文进行系统关联解释，刑法作为规范社会公众行为的最后保障法，与其他部门法之间必然有着千丝万缕的联系，在对贪污贿赂犯罪从宽处罚规定进行解释、对法律规定之间的矛盾进行调和时，仅仅局限于考察某一部法律条文内部还远远不够，尤其是监察权的介入使贪污贿赂犯罪治理的原有语境发生改变，因此法秩序统一视角下，对贪污贿赂犯罪从宽处罚规定的解读要协调好刑法与监察法、刑诉法等其他部门法，总则与分则以及贪污贿赂犯罪条文之间的关系，本文对体系解释作上述广义理解。尤其监察权运行之初，涉及贪污贿赂犯罪从宽处罚规定的一些现实冲突，只有运用体系解释思维才能有效化解，以实现贪污贿赂犯罪处罚罪责刑相均衡的目标。

（1）通过司法解释对监察调查阶段的从宽认定予以细化。监察权运行开辟了诉讼程序之外贪污贿赂犯罪调查新的维度，因此对于监察机关调查贪污贿赂犯罪过程中自首、立功、特别自首、坦白等的认定均需在新的维度内重新建立细化规则。贪污贿赂犯罪和其他犯罪的调查和侦查分别受监察法和刑事诉讼法调整，但涉及从宽处罚实体认定的，均由刑法调整，刑法司法解释应对监察调查阶段的相关认定予以细化。如关于自首的认定，在监察机关调查一般职务违法过程中，被调查人主动供述职务犯罪事实，将自己置于刑事指控境地的，应认定为自首；没有自动投案，在监察机关立案调查、讯问、采取留置措施期间，被调查人如实交代监察机关掌握的犯罪事实的，不能认定为自首。再如特别自首的认定，鉴于讯问手段是处理一般职务违法与职务犯罪的重要界限，建议将讯问期间作为认定监察阶段特别自首的节点，即规定被调查人在被监察机关讯问期间，如实供述监察机关还未掌握的本人其他罪行的，以自首论。被调查人在被监察机关讯问期间如实供述本人其他罪行，该罪行与监察机关已掌握的罪行属同种罪行还是不同种罪行，一般应以罪名区分。虽然如实供述的其他罪行的罪名与监察机关已掌握犯罪的罪名不同，但如实供述的其他犯罪与监察机关已掌握的犯罪属选择性罪名或者在法律、事实上密切关联，如因受贿被采取留置措施后，又交代因受贿为他人谋取利益行为，构成滥用职权罪的，应认定为同种罪行。

（2）通过监察法规明确有限的值班律师介入程序。从当前的司法实践来看，认罪认罚从宽成为刑事检察业务的一个亮点和增长点，甚至可以说大部分、绝大部分案件要适用这

---

[1] 中国社会科学院语言研究所词典编辑室编：《现代汉语词典》，商务印书馆2005年版，第1343页。

一制度,① 尽管贪污贿赂犯罪适用认罪认罚从宽存在种种障碍和顾虑,导致实际适用比例不高,但宽严相济是反腐败实践的永恒主题,监察调查阶段的贪污贿赂犯罪并非法外之地,监察调查阶段之后贪污贿赂犯罪与其他犯罪是殊途同归的。"三不腐"一体推进背景下,纪检和监察机关合署办公,纪检监察机关负责调查违纪、职务违法和犯罪三项内容,而不单单是职务犯罪,对三类问题的调查交织在一起同步进行,这是监察调查阶段不允许律师参与的主要原因。但认罪认罚从宽既然在监察法中明确规定,则对于监察机关来讲,既是权力也是义务,如果被调查人做到其中一种情形,比如退赃、重大立功等,监察机关应当告知被调查人享有认罪认罚从宽的权利,并记录在案。建议由监察法规对实践中的具体问题作出及时回应,探索有限的值班律师制度,明确在监察调查阶段结束前,被调查人和监察机关达成认罪认罚合意、愿意启动认罪认罚从宽程序的,可以由值班律师给被调查人提供法律帮助和咨询,这样能与审查起诉阶段更好地进行衔接。

(二) 无法通过解释方式化解的冲突,必须诉诸立法

我们似乎永远也不可能期待"神明"来为我们制定一部"垂范久远"的一成不变的法典,这就需要我们尽可能地将能解释的交给解释本身,极尽解释所不能时就呼唤立法者的进一步完善。②

(1) 需要在刑法层面化解的问题:建议将认罪认罚从宽在刑法总则中予以确认,取消贪污贿赂犯罪的特别从宽规定。两高三部《关于适用认罪认罚从宽制度的指导意见》明确提出,认罪认罚从宽既包括实体上从宽,也包括程序上从简,程序上的问题由程序法设计,实体上的问题程序法又如何能够胜任解决。修正后的刑事诉讼法通过反向列举的排除方法,鼓励认罪认罚从宽制度的适用,包含整个诉讼阶段和所有的犯罪类型,即从可能判处拘役的轻罪到可能判处死刑的重罪均不抵触认罪认罚从宽的适用。虽为程序制度的改革,但改革的支撑来源于实体法上的优待,更何况这一优待的规则如果不能通过实体法予以明确,执行者无法可依容易造成量刑失衡,犯罪人因法律的不明确而没有充分的心理预期,在没有明确的认定规则、主要靠自由裁量的情况下,劝导趋利避害的犯罪人"早认罪优于晚认罪、彻底认罪优于不彻底认罪、稳定认罪优于不稳定认罪"的依据何在,热议的余金平案件就是程序法不足以自行的最好例证。作为犯罪人的大宪章,只有刑事实体法的明确规定能给犯罪人和法律执行者都吃下定心丸,因此笔者建言,必须由刑法在总则中为认罪认罚从宽制度的落实提供实体法保障,再通过法律解释对具体从宽的幅度予以明示,防止实践中因标准不统一造成量刑畸轻畸重。刑法总则确立认罪认罚从宽是刑法体系对刑事政策的吸收,标志着刑事案件办理过程中对认罪认罚从宽的普遍和平等适用,刑诉法中

---

① 参见张军:《认罪认罚从宽:刑事司法与犯罪治理"中国方案"》,载《检察日报》2020 年 11 月 6 日。
② 参见李翔:《论〈监察法〉实施对刑事实体法的影响及完善》,载《东南大学学报(哲学社会科学版)》2019 年第 1 期,第 103 页。

的程序性规定则成为辅助条款,这也是该制度设计的初衷和原意。贪污贿赂犯罪相比其他犯罪而言,监察机关与被调查人在博弈过程中更加需要认罪认罚从宽制度发挥引导作用,虽然调查阶段不纳入刑事诉讼环节,但其实体依据仍然是刑法,且认罪认罚从宽的最终落脚点是在审判环节,监察调查和审查起诉阶段仅仅是铺垫,因此刑法确立这一制度后消除了监察机关调查职务犯罪阶段适用认罪认罚从宽所固有的程序性障碍。总则确认认罪认罚从宽后,分则中贪污贿赂犯罪的特别从宽情节就没有设定的必要性了,当前关于平等适用的疑虑也可以自然消除。

(2)需要在前置法环节化解的问题:应当简化监察机关的从宽建议流程。监察调查阶段具备适用从宽处罚规定的实际需求,一是有利于全面提升反腐效果。从监察调查阶段认罪认罚从宽适用的现实需求来看,是非常必要的。国家监察体制改革以前,侦查阶段将贪污贿赂犯罪金额查多高、刑罚判多重作为追求目标之一,改革后惩前毖后、治病救人是最终目标,案件事实清楚、证据确实充分、被调查人认罪伏法则是监察调查阶段追求的目标,越早阶段做好认罪认罚从宽会比后一阶段做认罪认罚从宽效果更好,因此监察机关有动力对被调查人适用认罪认罚从宽。二是有利于实现法法衔接。2018年刑诉法修改的目标之一是为了推行认罪认罚从宽制度,在侦查、审查起诉、审判阶段都可以做认罪认罚,认罪认罚从宽没有做阶段区分。公安机关对大部分罪名以及检察机关对十四个职务犯罪罪名的侦查阶段,均适用认罪认罚从宽,贪污贿赂犯罪的监察调查阶段如果不适用,之后案件移送进入刑事诉讼程序,与后面的审查起诉阶段明显衔接不上。三是有利于进一步规范贪污贿赂犯罪从宽处罚。监察法中规定的4种认罪认罚情形中,如第三种退赃情形在实践中非常普遍,国家监察体制改革后办理贪污贿赂案件的一个明显变化是,监察机关非常注重做被调查人的思想政治工作,因此被调查人的思想转变、认罪态度明显提升,很多人积极退赃。监察机关对被调查人的情况最为了解,从监察调查阶段适用认罪认罚从宽,可以从源头上保持对贪污贿赂犯罪从宽建议的手势一致,有利于解决从宽处罚规定在贪污贿赂犯罪中适用不平衡的问题。监察机关提出从宽建议既要求集体研究,又须经上级批准,严格的审批程序保证了认罪认罚从宽建议的公正和合理,防止认罪认罚从宽建议的滥用。但监察调查阶段认罪认罚只是一个初始阶段,最后是不是能够真正从宽要经过审查起诉、审判阶段才能完成,如被调查人在审查起诉阶段翻供,那么监察机关出具的认罪认罚从宽建议效力就不存在了。且监察机关并不像审查起诉机关有具体的量刑建议权,监察机关的从宽建议只能是从轻、减轻或者免除处罚的概括性建议。因此,为使监察权运行能与以审判为中心的诉讼制度相对接,基于监察机关从宽建议的初始性和概括性,建议监察法关于贪污贿赂犯罪从宽处罚的建议流程简化为经监察机关集体研究即可向检察机关提出,而不需要报上一级监察机关批准。

(编辑:吕玉赞)

特殊职责人员自我避险行为研究
——以《刑法》第 21 条第 3 款为中心

徐长江[*]

摘　要　刑法规定职务、业务上负有特定责任的人，不得适用紧急避险条款来保全自身法益。然而，对于此类特殊职责人员的范围，刑法没有明示，有必要进一步探究；从法理的角度出发，一概禁止特殊职责人员实现自我保全亦不具有合理性。对此，应当区分"躲避"与"紧急避险"在刑法上的意义，保障特殊职责人员在执业中的人身安全，并在结合刑法相关条文之立法目的、紧急避险的合法性根据等学理基础上，对法条作重新解读，在有限地承认特殊职责人员自我避险行为合法性的前提下，实现学理与法条文义的充分衔接。

关键词　特殊职责人员　紧急避险　违法阻却事由　期待可能性　合理躲避

一、问题的提出

刑法第 21 条第 3 款规定，本条第 1 款中关于避免本人危险的规定，不适用于职务上、业务上负有特定责任的人。据此似乎可以直接得出，在职务、业务上负有特殊职责的人，一概不得为保全自身法益而实施紧急避险。在我国的一些刑法教科书中，行为人不具有特殊职业身份也被视为紧急避险的主体条件。[①]

但是，对于该规定的解读仍然问题重重：其一，何谓职务、业务上负有特定责任的人？黎宏教授在评析《刑法修正案（十一）》时提出，在矿难发生有工人被困在井下时，地面上的现场指挥人员基于救人要紧的考虑，在不明确矿难发生原因，亦来不及排除井下

---

[*] 徐长江，男，中国人民大学刑事法律科学研究中心 2020 级博士研究生，研究方向为中国刑法学。
[①] 如张小虎：《刑法学》，北京大学出版社 2015 年版，第 164 页；黄明儒主编：《刑法学》，湖南人民出版社 2003 年版，第 155 页等。

安全隐患时，组织人员紧急下井冒险抢救的行为可以成立紧急避险，而不应以组织他人违章冒险作业罪论处。① 那么，参与临时搜救的工人，是否属于此处的特殊职责人员？其在井下面临危险时，是否同样不允许其实施紧急避险？

其二，对于警察等特殊职责人员而言，一概禁止其自我避险似乎又难谓公平，也难以在逻辑上自洽。例如警察在执行职务时，偶遇路边汽车刹车失灵而不得已进入他人住宅中躲避的，即便承认其属于紧急避险也不会令人难以接受；再如，当他人指使恶犬攻击行为人时，行为人将恶犬击杀，学理一般承认此举同时成立对人的正当防卫，及对物（恶犬）的紧急避险。如果该恶犬系警察执行职务时击杀，且认为警察不得对之紧急避险，要么得出警察不能采取此举实现正当防卫的结论，要么陷入该行为仅因"警察不能实施紧急避险"而不再成立紧急避险的怪圈。这反而更令人难以接受。

其三，刑法原文毕竟是紧急避险的规定"不适用"于特殊职责人员的自我避险，在文义上仍保留了为此类行为出罪的可能性。因此，对于特殊职责人员的自我避险问题仍有必要作进一步探究，应对特殊职责人员的内涵、自我避险行为之合理性与合法性进行界定，并对刑法第 21 条第 3 款的规定作出更加合理的解释。

二、特殊职责人员的成立范围

从法条规定来看，首先要明确的是特殊职责人员的范围问题。在国内刑法教科书中，一般以列举法对其加以说明，军人、消防员、医护人员等均属于此处的特殊职责人员。②

但是，单纯的列举无法揭示此类人员的共性，在具体情境中仍会产生判断疑难，故有学者对此进行了提炼，从社会分工的角度将职业与业务上的特别义务分为两类：一类是源于公法条文的强制性规定，军人、警察、消防员即属此类；另一类则源于私人合同所建立的特定主体间的法律关系，私人保镖、家庭保姆即属此类。③ 目前，军警人员等受公法强制性约束的从业者属于刑法第 21 条第 3 款之特殊职责人员几乎不存在争议，但上述私人合同雇员是否属于特殊职责人员就存在不同见解。

否定说认为，紧急避险条款中指涉的特殊职责人员仅限于公法上有特定要求的从业者，而不包括私人合同雇员。理由在于：其一，根据合同，雇员仅对雇主负有保护义务，不对雇主实施紧急避险即为足够，而刑法第 21 条第 3 款禁止的是对全体民众实施的紧急避险，其保护义务面向全体国民，若认为私人雇员也属于特殊职业者，其义务范围就有自相矛盾之嫌；其二，私人合约的内容各不相同，有的可能允许行为人在危险达到一定程度

---

① 参见黎宏：《安全生产的刑法保障——对〈刑法修正案（十一）〉相关规定的解读》，载《中国刑事法杂志》2021 年第 2 期，第 9 - 10 页。
② 参见高铭暄、马克昌主编：《刑法学（第八版）》，北京大学出版社 2017 年版，第 140 页；刘宪权主编：《刑法学（第四版）》，上海人民出版社 2016 年版，第 184 页。
③ 参见魏超：《刑法视域中特殊职业者的义务界限与避险范围》，载《清华法学》2020 年第 6 期，第 101 - 102 页。

后便可紧急避险，有的可能约定在任何情况下都不得避险，若将之一视同仁，有悖民法的意思自治原则。①

本文认为，否定说的理由难以成立：其一，即便是法定人员，在避险对象上也可能存在限制，刑法第 21 条第 3 款的规定并非当然地赋予行为人保护全体国民的义务。应当认为，刑法设置本款的目的在于保障职业义务的顺利履行，② 若要承认特殊职责人员实施自我避险的权利，其至少要以该行为不违背职业义务为底线。据此，消防员在救火任务中实施的紧急避险，也暗含了这一条件：其不得以正在执行同一任务的其他消防员为避险对象，否则就属于违背职业要求的不法行为。申言之，论者所担忧的，在私人合同关系中存在的义务范围之矛盾，在公职法律关系中同样存在。既然公职人员无可争议地属于特殊职责人员，那据此断言私人雇员不属于特殊职责人员就并不合适。

其二，意思自治也有其限制，其不得违反法律、行政法规的强制性规定。根据《民法典》第 153 条规定，违反法律、行政法规的强制性规定的民事法律行为无效。此处的"法律"律当然包括刑法。因此，若某位私人雇员在刑法上确实负有对特定法益的保护义务而不得实施紧急避险，则即便合同约定可以避险，也可能因违反刑法的规定而归于无效。因此，并非刑法对私人雇员的紧急避险设置统一评判标准就违反意思自治原则，而是刑法必须设立相应标准，为意思自治原则确立应有的边界。

其三，从比较法的角度来看，德国刑法学中区分了正当化的紧急避险和免除罪责的紧急避险。其中，有观点认为，除了面临特定职业危险的从业者之外，父母作为法律义务的承担者，也不得援引正当化紧急避险的规定，拒不履行救助子女的义务。③ 究其原因，父母对子女处于保护性保证人地位，刑法理当要求其容忍一定危险，以确保义务的履行。应当认为，该观点具有合理性，不作为犯罪的存在要求行为人积极履行救助义务，防止对法益存在威胁的各种危险现实化为损害结果，这就不可避免地要求行为人在一些情形下置身危险之中。若行为人以紧急避险为借口，在力所能及的情况下仍不履行救助义务，仍然成立不作为犯罪。但问题在于，既然德国理论通说认为父母对子女的保护义务并非形式上的法律义务，而是源于其对子女法益的支配、控制地位，④ 那么，对于其他处于法益控制地位的行为人，就同样应排除其援引正当化紧急避险的权利，无论该地位背后是否存在合同约定。例如，当保姆受合同约定照看小孩时，其处于与父母相同的保护性保证人地位，此时就不能在禁止父母为保全自身法益而实施紧急避险时，允许保姆实施此类避险行为。

---

① 参见魏超：《刑法视域中特殊职业者的义务界限与避险范围》，载《清华法学》2020 年第 6 期，第 101 - 102 页。
② 参见高铭暄、马克昌主编：《刑法学（第八版）》，北京大学出版社 2017 年版，第 140 - 141 页。
③ 参见［德］克劳斯·罗克辛：《德国刑法学总论（第 1 卷）》，王世洲译，法律出版社 2005 年版，第 486 - 487 页。
④ 参见［德］克劳斯·罗克辛：《德国刑法学总论（第 2 卷）》，王世洲等译，法律出版社 2013 年版，第 540 页。

综上所述，在解释刑法中的特殊职责人员时，将私人合同从业者一概排除在外是不合适的。应当认为，"职务上、业务上负有特定责任的人"既包括公法上受特别要求的从业者，也包括基于合同而承担保护义务的私人雇员。据此，军警人员、私人保镖以及家庭保姆，其紧急避险权都应受到一定限制。至于前文提到的参与施救的矿井作业人员，因为参与救援并非矿工的职业要求，其工作合约中也不包含对工友的保护义务，因而不属于特殊职责人员，在其下井施救面临危险时，可以实施紧急避险。

三、特殊职责人员紧急避险合理性之辨析

在确定特殊职责人员的范围之后，需要进一步明确是，此类人员实施的自我避险行为，是否完全没有成立刑法上紧急避险的可能性？关于特殊职责人员实施紧急避险的问题，德日刑法学中已开展过较为翔实的分析，可以先从比较法的角度吸取经验。

（一）比较法上的借鉴

日本刑法中也存在对特殊职责人员限制适用紧急避险的条款，其法条完整的表述为："为了避免对自己或者他人的生命、身体、自由或者财产的现实危难，而不得已实施的行为，如果所造成的损害不超过其所欲避免的损害限度时，不处罚；超过这种限度的行为，可以根据情节减轻或者免除刑罚。对于业务上负有特别义务的人，不适用前项规定。"①

从形式上理解该法条，同样可以得出在业务上负有特殊义务的人，在任何情况下都不可以实施紧急避险的结论。但对此，学界亦存在不同看法。早在民国学者翻译的《日本刑法通义》一书中，牧野英一教授就指出，特殊职业者即基于法令规定，当赴紧急状态之人，包括巡警、兵士、船长、救火夫等，此类人员在其业务上的特别义务范围之内，不得实施避险行为，否则仍然成立犯罪。但若危险在其义务范围之外，如巡警在救火时为了防止引火上身而损害他人建筑以避难的，不成立犯罪；船长在海难时，已经采取足够且必要的手段保护人命、船舶、货物，且使其他船上人员顺利离开后，为了保全自身而毁弃旅客部分财物的，亦不成立犯罪。② 换言之，只要避险行为无碍于义务的履行，或与其开展业务并不矛盾，就允许特殊职责人员实施紧急避险。山口厚教授也持此见解，其同时指出，对特殊职责人员而言，在危险程度高到不能再期待他们加以忍受时，就可以允许其对此等危险实施紧急避险。③

川端博教授亦认为，诸如自卫官、警察官、船长、医师等基于自身业务性质，负有应当置身于一定危险义务的人，不能与一般人同样实行紧急避险。但这些人员可以实行为了

---

① 《日本刑法典》，张明楷译，法律出版社1998年版，第20页。
② 参见[日]牧野英一：《日本刑法通义》，陈承泽译，李克非点校，中国政法大学出版社2002年版，第52-54页。
③ 参见[日]山口厚：《刑法总论（第3版）》，付立庆译，中国人民大学出版社2018年版，第159页。

救护他人法益的紧急避险，也应当在一定限度内承认其为了保护自己法益的紧急避险。[①] 松宫孝明教授也持类似见解，在其看来，日本刑法的相关规定实际上是紧急避险被认为是责任阻却事由，而非完全的合法行为之时代的遗物。在特殊职责人员的生命有紧迫危险的场合，以及为了第三人的显著优越利益而实施避险等场合，可以援引紧急避险条款阻却行为违法性。否则，警察职务执行法第7条关于紧急避险时允许使用武器的规定就变得毫无意义。[②] 松原芳博教授也指出，特殊职责人员在挽救第三者法益的场合、保全了生命等自己的极其重大的法益的场合，肯定其避险行为正当性并无不当。[③]

由此可见，即便日本刑法也明确规定特殊职责人员不适用紧急避险的规定，但学界仍倾向于肯定在部分场合中，特殊职责人员之行为成立紧急避险（而阻却违法性）。但是，法条中毕竟没有规定任何例外情形，如何协调学理观点与法律文本之间的关系就成为一大难题。当前，较为常见的有如下两种意见：一种意见认为，刑法条文的规定存在明显疏漏，规定过于僵化，应当予以删除；[④] 另一种意见则认为，刑法规定的只是排除紧急避险的适用，类似行为可以通过职务行为加以正当化。[⑤]

上述第一种意见可谓是典型的逃避式见解，将问题推诿于立法，而未能在司法适用上提出可行的思路，参考价值十分有限。第二种意见虽在一定程度上可以缓和理论与法条的紧张关系，但也存在诸多问题：（1）特殊职责人员并非一概是公职人员，私人雇员作为特殊职责人员，无法将职务行为作为正当化事由。换言之，该说存在明显的适用范围受限问题，虽然私人雇员和公职人员在法律地位上同属于特殊职责人员，但社会对公职人员赋予的，要求其忍受风险的期待相对更高。此时，若仅允许公职人员在保护自身法益时实施紧急避险，却又无法为私人从业者实施此类行为获取正当化依据，难言公平。（2）职务行为作为公权行为，其正当化要经受比例原则的审查。例如，警察的职务行为就必须符合严格的必要性与比例性要件。必要性要件，是指在可以不损害公民利益的情况下，不得损害公民的利益；比例性要件，是指在具备必要性的情况下，所实施的职务行为不得超过合理的限度。[⑥] 然而，紧急避险是一项"正对正"的犯罪阻却事由，其背后都存在着对其他公民的权益侵害。由于特殊职责人员在任何情况下都可以选择自己忍受损害，来替代对公民权

[①] 参见［日］川端博：《刑法总论讲义》，成文堂1997年版，第363页。转引自马克昌：《紧急避险比较研究》，载《浙江社会科学》2001年第4期，第96页。

[②] 参见［日］松宫孝明：《刑法总论讲义（第4版补正版）》，钱叶六译，王昭武审校，中国人民大学出版社2013年版，第121页。日本《警职法》第7条规定，当满足紧急避险的情形时，也允许警察使用武器对他人施加危害。

[③] 参见［日］松原芳博：《刑法总论重要问题》，王昭武译，中国政法大学出版社2014年版，第147页。

[④] ［日］浅田和茂：《刑法总论》（补正版），成文堂2007年版，第247页。转引自陈家林：《外国刑法理论的思潮与流变》，中国人民公安大学出版社2017年版，第333页。

[⑤] ［日］小田植树：《特别义务者与紧急避险》，载《变动期的刑事法学·森下忠先生古稀祝贺（上）》，成文堂1995年版，第295页。转引自陈家林：《外国刑法理论的思潮与流变》，中国人民公安大学出版社2017年版，第333页。

[⑥] 参见张明楷：《刑法学（第五版）》，法律出版社2016年版，第233页。

益的损害,故其自我避险行为必然与上述原则相违背。若坚持以职务行为来检视特殊职责人员的避险活动,只能得出一律禁止此类人员自我避险之结论,这显然与该理论的初衷是矛盾的。(3) 此外,职务行为只要有合法的程序外观,就应被推定为合法,而特殊职责人员实施的自我避险,依法条规定应被首先被推定为违法,二者在合法性的检验顺序上存在抵牾,也难以在具体情境中完全匹配。正如火情危急,消防员不得不暂时撤退时,其行为虽可被评价为"避险",却难以说是在"执行职务"。此外,特殊职责人员为了他人利益而实施的避险行为,也可能与其职务无关,若完全否定紧急避险适用的可能性,反而会使这一理论广泛认可的正当化情形受到刑法的诘难。

反观德国刑法学,学界近乎一致认为,特殊职责人员也可以为避免本人危险而实施紧急避险。例如,罗克辛教授强调,特殊职责人员所承担的危险义务并非是确定的牺牲义务,而仅仅是一种忍受风险的义务,在其确切地或及其可能地预见到死亡或者一种对健康的严重损害时,躲避这种危险也成立阻却违法的紧急避险。[①] 耶赛克教授也指出,基于职业而应当忍受危险的行为人,其可期待性也存在上限,在履行义务必然意味着死亡的情形下,便无法再期待其继续容忍该危险。言下之意是特殊职责人员所实施的紧急避险可以免除责任。[②]

从比较法中可以得知,即便法条在形式上禁止了特殊职责人员援引紧急避险的可能性,但特定情形中,容许此类人员采取避险措施而不追究其刑事责任更加合乎法理。只是,对于此类避险行为的性质,以及如何处理学说与法条的关系,学界尚未形成一个统一的、具有说服力的解决方案,这在解读我国刑法中的紧急避险制度时务必予以重视。

(二) 我国刑法学的相关争议

和日本、德国的法条规定有所不同,我国刑法在形式上仅要求特殊职责人员不得为避免本人危险而实施避险行为。因此,学界通常认为特殊职责人员为他人利益、国家和社会利益实施的紧急避险可以正当化。[③] 但对此类人员能否为保全自身法益而实施紧急避险,学界存在不同看法。

1. 肯定说及其主张

肯定说的支持者,如马克昌教授认为,在立法上,对紧急避险作出身份限制是有必要的,但在具体运用这一规定时,需要根据紧急避险的根本精神处理,而不应绝对化。例

[①] 参见 [德] 克劳斯·罗克辛:《德国刑法学总论(第1卷)》,王世洲译,法律出版社2005年版,第486页。

[②] 参见 [德] 汉斯·海因里希·耶赛克、托马斯·魏根特:《德国刑法教科书(上)》,徐久生译,中国法制出版社2017年版,第650-654页。

[③] 参见高铭暄、马克昌主编:《刑法学(第八版)》,北京大学出版社2017年版,第140页。

如，为了不让绑匪杀害人质，不得已释放了已经抓住的重罪嫌疑人，若否定其成立紧急避险就有失妥当。① 这一观点的不足在于，该例中的行为人并非是为了自己利益而实施避险行为，故可以直接援引刑法第 21 条第 1 款的规定而正当化；但其至少表明，对于特殊职责人员自我避险行为作全盘否定的"一刀切"做法是不合适的。高铭暄教授也认为，刑法第 21 条第 3 款的确切含义是指职务和业务上负有特定责任的人，不能为避免本人所面临的危险而不履行排险职责或义务。故在本人的人身、财产和其他权利遭受危险时，只要避险行为与其所承担的特定责任不相冲突，就可以实施紧急避险。法律作出该禁止规定并不意味着负有特定职责的人一概不能避险，在排险过程中，应当容许特殊职责人员为避免本人危险而采取一定的避险措施。②

近来，也有学者在借鉴德日刑法学的基础上，力倡将紧急避险区分为阻却违法的紧急避险和阻却责任的紧急避险，进而认为特殊职责人员在避免本人危险时实施的避险行为不阻却违法，但阻却责任，最终不成立犯罪。如付立庆教授认为，尽管刑法规定特殊职责人员不得以避免本人利益受损为由进行紧急避险，但在危险会导致此类人员的重大利益受损时，出于"法不强人所难"的精神，不应完全否定紧急避险的适用空间。只是特殊职责人员所实施的紧急避险不阻却违法，属于免除罪责的紧急避险。③ 张明楷教授亦认为，特殊职责人员实施的紧急避险不具有期待可能性，对此应理解为超法规的责任阻却事由。④

2. 否定说及其主张

否定说坚持对刑法第 21 条第 3 款作平义解释，认为特殊职责人员在任何情况下都不得为自身法益实施紧急避险。例如，刘宪权教授认为，特殊职责人员即使在无法排除和避免正在发生的危险时，也不能进行紧急避险，他们还得依据自己特定的义务，积极地履行职责同危险作斗争。正如军人在面对枪林弹雨时，仍需奋勇向前，消防员在面对熊熊烈火时仍需奋力救火等，若此类人员面对与自己职务、义务有关的危险而擅离职守，造成严重后果的，须承担相应的法律责任。⑤ 张小虎教授亦认为，特殊职责者的自我避险应当禁止，因为许多职务、业务的设置本就以抗击危险为宗旨，若允许这些特殊主体在遭遇与职责相关的危险时，能以紧急避险的名义而放弃义务履行，那么该职务或业务就失去了存在的意义。特殊职业者在面对危险时，宁可牺牲自身法益也不能放弃职责履行。⑥ 此外，周光权教授也表示，基于法律对特定义务人的特别要求及期待，应禁止其为了避免本人危险而进行相关避险行为，否则会使国家期待落空，相关义务要求也将无从实现。⑦

---

① 参见马克昌：《紧急避险比较研究》，载《浙江社会科学》2001 年第 4 期，第 96 页。
② 参见高铭暄、马克昌主编：《刑法学（第八版）》，北京大学出版社 2017 年版，第 140 - 141 页。
③ 付立庆：《刑法总论》，法律出版社 2020 年版，第 179 页。
④ 参见张明楷：《刑法学（第五版）》，法律出版社 2016 年版，第 218 页。
⑤ 参见刘宪权主编：《刑法学（第四版）》，上海人民出版社 2016 年版，第 184 页。
⑥ 参见张小虎：《刑法学》，北京大学出版社 2015 年版，第 164 页。
⑦ 参见周光权：《刑法总论（第三版）》，中国人民大学出版社 2016 年版，第 218 页。

本文认为，否定说的观点难以成立，有悖于法治国的基本精神，而应有限度地承认特殊职责人员之自我避险行为的正当性，至少否定其成立犯罪。具体而言：

（1）特殊职责人员相比于一般公民，其特殊性仅在于负有法律上的救助义务，及其基于专业知识而负有的比一般人更强的救助能力，故完全可以在不真正不作为犯的框架中考察其行为模式。在（不真正）不作为犯罪中，行为人虽负有救助义务，却不具有施加救助的现实可能性时，不成立犯罪。例如，当子女落水时，法律不会强制要求其不会游泳的双亲下水施救；即便该父母是游泳健将，当水势汹涌，下水施救无异于自杀时，其不作为也因不具有救助可能性而不成立犯罪。可见，行为人的救助义务和救助能力并不能得出其在任何时候都要无视自身安危去履行义务之结论。当特殊职责人员面对确定会牺牲的危险时，若法律强制要求其牺牲，甚至不允许其实施紧急避险，实在有违"法不强人所难"的精神。

（2）执行职务时实施的避险行为未必与履行职业义务相矛盾，允许特殊职责人员有限度地实施自我避险，有时能使其职务更加顺利地执行。例如，士兵虽然有奔赴战场，完成作战任务的义务，但是面对火力包夹时，也应当允许其积极寻找掩体进行躲避。在枪林弹雨中，一味要求士兵冒死冲锋且不得躲避，其造成的人员伤亡反而不利于作战任务的实现。

（3）应当认为，国家要求特殊职责人员忍受职业危险的正当性，在根本上源于此类人员对危险的同意和接受。也即，行为人在选择该行业时，已经对其所伴随的危险有明确认识，并基于理性，愿意在危险中从事工作。① 然而，根据被害人承诺的基本原理，生命安全等重大法益并不能由被害人自由处分，即便特殊职责人员在入职时承诺牺牲，也难以认定其具备法律效力。当前，我国通说认为安乐死等帮助他人自杀的行为成立犯罪，甚至有观点提倡增设自杀参与类犯罪，② 这都表明生命法益在我国法律体系中的重要性。因此，国家不能一方面禁止公民对生命的自愿放弃，一方面又要求部分公民以牺牲的方式自愿放弃生命，这在逻辑上存在明显的矛盾。

因此，在法理上，应当允许特殊职责人员所实施的必要的自我避险行为，否定其成立犯罪。在我国学界，也有观点据此主张修改，乃至直接删除刑法第 21 条第 3 款的规定。③ 本文认为，既然特殊职责人员的紧急避险权利应当得到有限承认，删除该条款就不存在理论障碍。实际上，部分学者所担忧的特殊职责人员以紧急避险之由逃避义务履行的诸多情形，都可以通过严格考察紧急避险的成立条件来实现妥当处理。例如军人为了保全自身性命而逃离战场，消防员为了自身健康而拒不救火等，此类行为根本不成立紧急避险；一方

---

① 参见魏超：《刑法视域中特殊职业者的义务界限与避险范围》，载《清华法学》2020 年第 6 期，第 102 - 103 页。

② 参见周光权：《论增设新罪实现妥当的处罚——积极刑法立法观的再阐释》，载《比较法研究》2020 年第 6 期，第 46 页。

③ 参见刘明祥：《紧急避险研究》，中国政法大学出版社 1998 年版，第 74 页；谢雄伟：《紧急避险基本问题研究》，中国人民公安大学出版社 2008 年版，第 203 页。

面,在该人员切实履行职务之前,其法益尚未处于紧急避险所要求的"紧迫威胁"① 之中;另一方面,该人员也可以在执行任务时采取防护措施,尽可能保全自身法益,临阵脱逃亦不符合紧急避险的"不得已"要件,而应以相应犯罪论处。

但是,既然当前刑法保留了第 21 条第 3 款之规定,当前最重要的任务仍然是对该条款进行合理解释,以协调学理与法条的紧张关系。不过在此之前,仍有必要明确,特殊职责人员的自我避险行为究竟应被视为完全合法的行为,还是如部分论者所主张的违法但不免责行为?对此尚需进一步分析。

四、特殊职责人员自我避险合法性之证成

在肯定特殊职责人员自我避险的学说内部,也存在具体立场的不同,大体可概括为合法行为说和免责事由说的对立。尽管二者在最终结论上均为无罪,但其会导致不同的法律后果,必须谨慎甄别:若认为此类行为不具有违法性,则他人不得再对之实施正当防卫,被避险人也应当忍受损害;若认为此类行为仅仅阻却责任,则不但可以肯定他人制止此类行为的正当性,被避险人的不忍耐也不会受到法律的追究。本文认为,整体上应将特殊职责人员的自我避险理解为违法阻却事由。

(一) 免责事由说之不足

在前文介绍的免责事由说中,其观点也存在些微的差异:第一种观点在坚持紧急避险二分说的基础上,仍将特殊职责人员之自我避险行为纳入紧急避险的框架中考察,认为其不成立阻却违法的紧急避险,但因不具有期待可能性而成立阻却责任之紧急避险。② 第二种观点则将期待可能性作为独立的责任阻却事由,直接用于考察特殊职责人员的自我避险行为。③ 二者皆以期待可能性为理论基础,但在对法条的理解中产生分歧。根据前者,必须将刑法第 21 条第 1 款关于紧急避险的基本规定理解为同时包含合法的紧急避险和免责的紧急避险;而后者则倾向于将该款的规定理解为合法的紧急避险,同时强调特殊职业者的自我避险行为虽不成立刑法上的紧急避险,却因缺乏期待可能性而不成立犯罪。然而,无论采用哪种见解都难以令人信服,其问题主要在于:

1. 难以协调法条文本

该问题主要出现于紧急避险二分说及其对应的主张中。具体而言包括如下两个方面:其一,刑法第 21 条第 3 款明确指出,特殊职责人员的自我避险"不适用"第 1 款的规定,若认为该规定同时包含合法的紧急避险与免责的紧急避险,就意味着特殊职责人员的自我避险既不属于合法的紧急避险,又不属于免责的紧急避险,将之归入免责的紧急避险根本

---

① 张明楷:《刑法学(第五版)》,法律出版社 2016 年版,第 219 页。
② 参见付立庆:《刑法总论》,法律出版社 2020 年版,第 179 页。
③ 参见张明楷:《刑法学(第五版)》,法律出版社 2016 年版,第 218 页。

无从谈起。

其二，德日刑法中的紧急避险二分说有其法条基础，难以简单套用到我国刑法之中。德国刑法典第34条和35条明确对紧急避险的性质作出了区分，故二分说的立场几乎不存在争议；日本刑法第37条也表明，只要避险行为造成的损害"不超过"所欲避免的损害时就不处罚，原则上肯定了生命冲突时紧急避险的非犯罪属性。然而，鉴于生命法益的特殊性，以他人生命为代价来保全自身法益之行为难以获得法秩序的认同，故不得不借助免责的紧急避险来对法条不处罚此类行为的原因作出解释，在肯定此类行为违法性的同时，以不具有期待可能性为由排除刑罚。而在我国刑法中不存在这样的前提，从刑法关于避险过当的规定出发，由于生命法益具有最高地位，且是宪法中一切人权的基础，故以生命为对象的紧急避险行为总是超出了法条所要求的"必要限度"，需要承担刑事责任，无需强行为其出罪寻找"借口"。

其三，即便承认紧急避险的性质在不同法域内可能因法传统、公民普遍法感情等因素而存在差异，也丝毫不影响其在我国应被视为完全的合法行为。早在1988年最高人民法院印发《关于贯彻执行〈中华人民共和国民法通则〉若干问题的意见（试行）》的通知中就已经指出："因紧急避险造成他人损失的，如果险情是由自然原因引起，行为人采取的措施又无不当，则行为人不承担责任。受害人要求补偿的，可以责令受益人适当补偿。"这一规定被现行《民法典》吸收，其在第182条第2款中重申道："危险由自然原因引起的，紧急避险人不承担民事责任，可以给予适当补偿。"由于补偿并非违法行为导致，其在严格意义上不属于民事责任，而更接近于社会公平正义观念而产生的道义义务，① 故只能认为紧急避险在民法上不具有违法性。若要强行将一个于民法上合法的行为评价为违反刑法，便有违法秩序体系性协调之要求，不值得鼓倡。

2. 理论基础过于薄弱

免责事由说在理论根基上几乎不存在差异，即都借助期待可能性来对特殊职责人员的自我避险行为进行说明。但是，暂且不说期待可能性理论在其发源地德国已经退化为一个"无从轻重的概念"之事实，② 将其用于解释特殊职责人员的自我避险本就存在现实困难：

其一，刑法在形式上禁止特殊职责而人员自我避险的理由，正是源于其对特殊职业者在执行任务时临危不惧、迎难而上之姿态的期待。③ 既然生命危险与此类行业相伴相生，就难以否认国家期待特殊职责者在必要时献出生命；而当特殊职责人员拒绝容忍生命危险，以避险行为实现自我保全时，法律又"转头"认为该行为不具有期待可能性，这就陷入了自相矛盾的境地。

---

① 参见张新宝、宋志红：《论〈侵权责任法〉中的补偿》，载《暨南学报（哲学社会科学版）》2010年第3期，第35页。
② 参见王钰：《适法行为期待可能性的中国命运》，载《政治与法律》2019年第12期，第108页。
③ 参见周光权：《刑法总论（第三版）》，法律出版社2016年版，第218页。

其二，特殊职责人员的自我避险有时更有利于执行职务，若允许他人对该行为实施正当防卫或紧急避险，则基于对正当化行为的忍受义务，特殊职责人员难以采取任何适法的反制措施，只得任由职业行为中断，被迫违背职业义务，这反而与刑法第 21 条第 3 款的立法初衷背道而驰。例如，当警察追捕持枪歹徒，为躲避子弹而临时躲入他人后院进行躲避时，若行为人对其拳打脚踢并将其赶出后院，最终导致警察中弹而无法继续执行追捕任务的，认定行为人成立正当防卫便难以令人接受。

（二）合法行为说及其困境

合法行为说坚持特殊职责人员自我避险行为的正当性，但对刑法第 21 条第 3 款的规定亦存在不同的解释路径。有观点认为，"不适用"并非明文禁止，刑法的规定只是表明特殊职业者的自我避险行为无法援引紧急避险来阻却违法性；若该行为满足职务行为或正当业务行为之要求，同样具备正当性，从而化解法条对紧急避险的主体限制。[①] 刘明祥教授更是直接指出，当前教科书中常见的紧急避险行为，如消防员救火时为防止火势蔓延而拆除相邻住房、船长在暴风雨中为了保全船只而抛弃货物等，其实都是在依法执行职务，若其行为超出避难的必要限度造成了不应有之危害，也不能按避险过当处理，充其量只能成立相应的职务或业务犯罪，如玩忽职守罪。[②]

另有观点认为，可以将职业身份和职业义务区别开来，在个别应当允许特殊职业者自我避险的情境中，可以认为特殊职业者不再负有风险忍受义务，而不再将其解释为"职务、业务上负有特定责任的人"，由此肯定其适用紧急避险的余地。[③] 本文认为，上述两种路径的合理性都值得商榷。

1. 正当业务行为说之缺陷

如前所述，在承认私人从业者也可能属于特殊职责人员的情况下，单以职务行为处理其自我避险问题存在明显的缺陷。因此，正当业务行为可谓是对其的一种补充。所谓正当业务行为，是指虽然没有法律、法令、法规的直接规定，但在社会生活上被认为是正当的业务行为。[④]

将特殊职责人员的自我避险行为归入正当业务行为同样是值得怀疑的。首先，正当业务行为的正当性基础本就不甚明朗。张明楷教授曾指出，正当业务行为的正当性意味着行为本身是在维护正当利益，并非所有业务行为都不成立犯罪，只有其具备了正当性才能阻

[①] 参见汤磊、魏东：《特定责任人员紧急避险行为研究》，载《广西政法管理干部学院学报》2020 年第 4 期，第 80 页。
[②] 参见刘明祥：《论紧急避险的性质》，载《法学研究》1997 年第 4 期，第 100 页。
[③] 参见魏超：《刑法视域中特殊职业者的义务界限与避险范围》，载《清华法学》2020 年第 6 期，第 106 页。
[④] 张明楷：《刑法学（第五版）》，法律出版社 2016 年版，第 236 页。

却违法。① 但是，由于缺少对"正当利益"的进一步解释，正当业务行为与不法行为的边界仍然十分模糊。以拳击比赛等竞技体育为例，选手明明对对方的身体进行了伤害，若要坚持认为其保护了正当利益，就只能认为该利益指代的是某种抽象的体育秩序或体育精神。但是现实体育比赛中，不少伤病是由选手恶意犯规导致的，不但没有维护体育精神，甚至不能认为其遵守了竞技体育规则，却极少听闻运动员受到刑事处罚，实在令人费解。

其次，若认为正当业务行为的合法化根据在于"保护优越利益原则"与"因被害人同意而缺少要保护性原则"之结合，② 也难以为特殊职责人员自我避险的正当性作出合理说明。一方面，在极端情况下，特殊职责人员的避险行为涉及自身生命与其他公民生命的冲突，无法认定特殊职责人员的生命更为优越；另一方面，正当业务行为中的"被害人"是指从业者本人，也即特殊职责人员，而非被避险人，更非受特殊职责人员保护的其他公民，因而难以解释被避险人的忍受义务。

最后，将正当业务行为之合法化根据归于社会习惯的做法，③ 也不具有说服力。一方面，赵春华非法持有枪支案④中，射击游艺摊系公众耳熟能详的娱乐项目，被告人经营此类摊位理应依据习惯成立正当业务行为，但法院仍认定其成立犯罪，表明习惯法的出罪路径已为实务所否定；另一方面，单从学理上对特殊职业者自我避险问题存在的诸多争议中就可以看出，几乎没有一个约定俗成的规范可以证明特殊职责人员的自我避险行为是在习惯法上为普罗大众所认可的行为。因此，以正当业务行为对此类行为进行处理，不具有可操作性。

2. 职业身份、义务二分说之不足

职业身份、义务二分说坚持在紧急避险的框架内探讨特殊职责人员自我避险问题，在总体上值得肯定，但论据尚不够充分：仔细分析论者的观点，该二分法在本质上是将"作为义务"与"作为可能性"这两种在通说看来属于不同范畴的内容一体化。也即，在特殊职责人员面对确定死亡的危险，而不具有作为可能性时，便不再认为其负有义务而无法完成，而是直接承认其不再需要承担该义务。论者还以义务冲突为例解释其合理性：义务冲突作为一项违法阻却事由，必然意味着行为人对其中一项法律义务的违背。而一个违反法律义务的行为却被认定为合法，存在评价上的自相矛盾。相比之下，更合适的结论是认定义务冲突中行为人只有一个作为可能性，故自始至终仅负有一个作为义务，其救助另一人的行为并未违反该义务，所以才具备合法性。⑤

---

① 张明楷：《刑法学（第五版）》，法律出版社2016年版，第236页。
② 参见［日］西田典之：《日本刑法总论（第二版）》，王昭武、刘明祥译，法律出版社2013年版，第167页。
③ 参见王皇玉：《刑法上的生命、死亡与医疗》，承ախ出版文化有限公司2011年版，第167页，转引自钱叶六：《竞技体育伤害行为的正当化根据及边界》，载《法学家》2017年第3期，第102页。
④ 见（2017）津01刑终41号刑事判决书。
⑤ 魏超：《刑法视域中特殊职业者的义务界限与避险范围》，载《清华法学》2020年第6期，第108页。

本文认为该说法难以成立：(1) 区分作为义务和作为可能性时有必要的，这是为了实现刑法行为规范属性的必然要求。只有承认义务的普遍存在，才能要求行为人保持必要的谨慎，进而防止社会生活中的各种危险现实化为法益损害结果。例如，父母在上班时，不得不将幼儿留在家中，在幼儿面临危险时，父母虽不具有现实的救助可能性，但因其保护义务的存在，其至少要在离家前排查各种安全隐患，如确保煤气关闭、将儿童不宜接触的物品放置于安全区域等。在其离家后，其也应当与幼儿保持必要的通信，以确保其没有受到伤害。此外，作为义务的存在还会要求行为人在不具有直接施救的可能性时，采取其他一切可能的措施，尽量防止损害结果的发生或扩大。例如，在子女落水时，法律虽然不要求不会游泳的父母下水施救，但其仍应拨打求救电话，或寻找木棍等其他可能帮助子女脱离水域的物品。换言之，作为义务的存在要求义务人为了避免损害结果而作出诚挚的努力，如果认为行为人不具有作为可能性就直接否定其作为义务，就会导致刑法的行为指引机能沦为空谈。

(2) 与义务冲突相似，紧急避险在本质上也可以被理解为一种法律义务的违反，其违反的是公民不得侵入他人法权空间之义务。① 只是基于利益衡量原理，紧急避险被认为在总体上有利于社会，故其合法性得到认可。② 同理，义务冲突作为基于利益衡量（或言法益衡量）而阻却违法性的事由，③ 其合法性不会因为行为人在实施过程中不得不违反某些法律义务就陷入评价的自我矛盾；相反，正是该违背义务之行为在总体上合乎利益衡量原理，法律才例外地肯定了其合法性。若仅因义务冲突时行为人必然违背法律义务就否定其合法性，则紧急避险的合法性就同样不应被承认，而这恰恰是与论者的基本立场相矛盾的。

因此，只有在特殊职责人员完成职业义务后，才可认为其不再负有职业上的特别责任；仅因其不具有完成任务的可能性，就否定其存在作为义务的论证思路不具有可行性。

(三) 修正之合法行为说——理论完善及教义学路径

1. 合法行为说之完善——区分"合理躲避"与"紧急避险"

基于上述分析，本文认为应当在坚持我国刑法中的紧急避险系违法阻却事由的前提下，为特殊职责人员之自我避险寻求恰当的出罪路径。但是，既有学说有将"紧急避险"与"逃避义务"混为一谈的趋势，并将一些本不应被视为紧急避险的合理躲避认定为紧急避险，导致特殊职责人员的避险权益不当受限，应当加以厘清。除紧急避险之外，有必要对"合理躲避"赋予独立的刑法意义，当特殊职责人员为了妥当执行职务而对即将发生的

---

① 参见陈璇：《紧急权：体系建构、竞合适用与层级划分》，载《中外法学》2021年第1期，第30页；[德] 米夏埃尔·帕夫利克：《刑法科学的理论》，陈璇译，载《交大法学》2021年第2期，第42页。
② 参见高铭暄、马克昌主编：《刑法学（第八版）》，北京大学出版社2017年版，第137页。
③ 张明楷：《刑法学（第五版）》，法律出版社2016年版，第231-239页。

损害结果进行临时回避，例如在火势凶猛且不稳定时，消防员临时避开涌向自身的火焰；再如军人在战场冲锋陷阵时利用沙丘等自然地形躲避炮火攻击时，应当认为此类行为不属于刑法中的紧急避险，而是为了保证职务顺利执行而应被正当化的"合理躲避"行为。

将"合理躲避"与紧急避险相区分有其理论依据，主要有如下几点：

（1）在学界讨论对无责任能力者的正当防卫时，就已经使"躲避"与"紧急避险"之间的区别初露端倪。例如，有观点提出，公民针对精神病人的侵袭时也可动手防卫，但其防卫权应受到合理限制，其必须先行躲避，即便被迫反击也应尽量避免造成对方重伤、死亡。① 至于后续的反击行为究竟成立正当防卫，还是紧急避险，学界存在争议，② 但可以肯定的是，此处的"躲避行为"，既不成立正当防卫，也不属于紧急避险。理由在于：其一，若躲避行为可成立正当防卫，则不止是在侵害人系无责任能力者的案件，而是在所有案件中都应要求防卫人以躲避的方式面对不法侵害，一旦实施人身反击就可能成立防卫过当。然而，正义无须向不法让步，在正当防卫中要求防卫人躲避既不符合正当防卫的成立条件，亦有违背宪法上的人格平等之嫌。③ 其二，若躲避行为即属于正当防卫，则可以直接断言对于无责任能力者实施的侵害可以进行正当防卫，而无需声称行为人在"采取回避措施不存在特别负担的情况下，不宜进行正当防卫"④。其三，若该躲避即成立紧急避险，就意味着躲避是此种情形下行为人所能实施的唯一一适法手段，其之后的反击措施就在正当性上存在疑问。需要说明的是，在多数紧急避险的情境中，"躲避"被视为行为人实施紧急避险的前提，而非紧急避险本身。在部分文献中，行为人对危险的避让甚至被视为紧急避险中的一项前置义务。⑤

（2）躲避行为不符合紧急避险的成立条件，也难以用紧急避险的正当化依据加以说明。一方面，躲避并非是在紧急状态下才能采取的行动，而是在任何情况下都可采取，来达到缓解事态的作用，因而并不符合紧急避险中的不得已要件。另一方面，躲避在许多情况下是行为人对危险的本能反应，难以证明其具备紧急避险的主观条件。但若据此认定行为人的躲避行为可能成立犯罪，同样有碍于刑法规范指引机能的发挥。⑥

至于紧急避险的正当化依据，在当前学界还存在法益衡量说和社会团结义务说的对

---

① 参见陈兴良：《正当防卫论》，中国人民大学出版社2017年版，第83-84页；张明楷：《刑法学（第五版）》，法律出版社2016年版，第199页。

② 参见赵雪爽：《对无责任能力者进行正当防卫——兼论刑法的紧急权体系》，载《中外法学》2018年第6期，第1614-1615页。

③ 参见陈璇：《正当防卫与比例原则——刑法条文合宪性解释的尝试》，载《环球法律评论》2016年第6期，第41-43页；陈璇：《正当防卫、维稳优先与结果导向——以"于欢故意伤害案"为契机展开的法理思考》，载《法律科学（西北政法大学学报）》2018年第3期，第78-80页。

④ 张明楷：《刑法学（第五版）》，法律出版社2016年版，第199页。

⑤ 参见赵雪爽：《对无责任能力者进行正当防卫——兼论刑法的紧急权体系》，载《中外法学》2018年第6期，第1614-1615页。

⑥ 同样是出于发挥刑法规范指引机能的考虑，不应认为偶然避险属于紧急避险。偶然避险具备行为不法，至少应作犯罪未遂处理，故与本文所主张的合理躲避也存在本质区别。

立。但无论采取何者,都难以说明躲避行为的适法性,因为躲避行为不可避免地会造成误伤事件,而在极端情形中,这些事件难以用法益衡量的原理加以说明,也超出了团结义务的忍耐上限。例如,当行为人为了保护手中文物不被持枪歹徒射击破坏时,对子弹进行闪躲,导致子弹击中路人致其死亡时,由于生命权优于财产权,根据法益衡量说难以认定其成立紧急避险;从团结义务的角度出发,被避险人之所以要忍受损害,是因为自己也可能在未来的其他场合遇险,为了避免自己将来无处避险,有必要接受他人避险带来的损害,以换取在未来保全自我的机会。① 然而,一旦被避险人失去了生命,就不可能有机会行使避险权利,因而牺牲生命不在团结义务的应然范围之内,故团结义务说也无法为上述行为提供支持。但是,在面对此类不法侵害,且行为人难以实施正当防卫时,若刑法连基本的躲避行为都不支持,就又在实质上造成了合法者向不法者妥协的尴尬局面,有违宪法中人格平等的基本理念。②

(3) 当前,在学界一种有力的见解将紧急避险区分为攻击型紧急避险和防御型紧急避险,其中,前者是指对无辜第三者实施避险,以攻击他人法益来实现风险转嫁的行为;③而后者是指对正在引起现实危险的危险源进行攻击,以避免危害结果发生的行为。④ 可见,无论是何种情形,紧急避险在外观上都应表现出一定的"攻击性",而将单纯的躲避解释为攻击性行为,可能超出了语义的边界。

(4) 从学界对紧急避险之法律效果的讨论中,也可以发现"躲避"与"紧急避险"存在本质差异。例如,有观点指出,在面对合法避险行为时,若被避险人未主动加害于避险人,而是将可供避险的财物撤离或见他人被狂犬攻击却关闭大门令其无从躲避时,这种单纯的"不忍耐"或"躲避"行为,在刑法缺乏见危不救罪等类似罪名的前提下不成立犯罪;而当被避险人主动加害于避险人,或再次进行紧急避险时,就可能成立犯罪。⑤ 这种定性上的差异足以表明,"躲避"与"紧急避险"在规范上具有不同含义。

因此本文认为,在认定特殊职责人员自我避险问题时,也应当从"合理躲避"与"紧急避险"的区别出发,实事求是地寻求对刑法相关条文的合理解释。

2. 修正合法行为说的教义学思考

在明确"合理躲避"与"紧急避险"存在差异后,本文认为,应在此基础上对特殊职责人员的自我避险情形作出区分,寻求出罪的合适依据,并对刑法第 21 条第 3 款的文

---

① 参见蔡桂生:《避险行为对被避险人的法律效果——以紧急避险的正当化根据为中心》,载《法学评论》2017 年第 4 期,第 109 – 110 页。
② 参见陈璇:《正当防卫与比例原则——刑法条文合宪性解释的尝试》,载《环球法律评论》2016 年第 6 期,第 41 – 43 页。
③ 参见方军:《紧急避险的体系再定位研究》,载《现代法学》2018 年第 2 期,第 132 页。
④ 参见黎宏:《安全生产的刑法保障——对〈刑法修正案(十一)〉相关规定的解读》,载《中国刑事法杂志》2021 年第 2 期,第 38 页。
⑤ 参见蔡桂生:《避险行为对被避险人的法律效果——以紧急避险的正当化根据为中心》,载《法学评论》2017 年第 4 期,第 111 – 114 页。

义作合理考察，得出妥当的解释结论，具体而言：

（1）当行为人在面对确定死亡的危险时，选择放弃执行任务，没有履行职业义务。例如，当雪山救援人员突遇雪崩，强行开展救援无异于自杀时，暂时选择放弃救援。此时，鉴于前述法条解释路径均存在种种缺陷，不如大方承认此类行为不具有援引紧急避险的可行性，转而通过刑法理论，以否定个罪之构成要件要素的方法实现出罪。例如，在玩忽职守罪等犯罪中，可以认定行为人不具有结果回避可能性而否定其过失；在一些具体的不真正不作为犯中，以行为人不具有作为可能性来排除犯罪的成立。

（2）行为人所面临的只是较为常见的非典型职业危险，其虽然实施了避险行为，但其目的是为了更加顺利地完成任务，客观上也没有影响职务的履行。例如，在消防员实施救火工作时，遇到疯犬袭击，为顺利扑火而将该犬打死。此时，由于完成救火工作保护了公共安全，且防止火灾受害者的损失进一步扩大，完全符合紧急避险的利益衡量原理，且没有违背刑法第 21 条第 3 款的立法初衷，故可直接将其解释为是在"为了他人的人身、财产和其他权利"而实施紧急避险，援引刑法第 21 条第 1 款排除行为违法性。

此外，当行为人在执行职务时，临时躲避该职业的典型危险，并随即继续开展工作时，如前文所述的消防员躲避火焰，军人躲避子弹时，可以认定其成立"合理躲避"，本就不属于刑法上的紧急避险，从而无需受到刑法第 21 条第 3 款的制约。

（3）行为人在执行完全部职务后，遭遇危险时实施紧急避险。例如消防员在完成灭火后，准备返回时遭遇疯犬袭击，而不得已将其打死。由于消防员已经完成了灭火任务，职业义务已经履行完毕，只有在这时才能不再视其为特殊职责人员，应直接肯定其实施紧急避险的权利。或者，可以认为保证消防员的人身安全可以确保其他消防任务的正常进行，从整体来看有利于维护公共安全，故将此类行为解释为为了"国家利益"或"公共利益"而实施紧急避险，从而继续援引刑法第 21 条第 1 款的规定。

五、结语

特殊职责人员的自我避险问题在刑法条文中被简单处理，导致相关的学理解释存在疑难。应当认为，基于现代法治国之基本理念，以及不作为犯罪的相关法理，不宜一刀切地将此类行为都认定为犯罪。经过分析，特殊职责人员应当指基于公法规定或合同约定，而对相关主体负有保护义务的从业者；将此类人员之自我避险行为作为免责事由的做法不具有可行性，将其理解为职务行为或正当业务行为也存在一定难处。相比之下，应当坚持认为我国刑法第 21 条第 1 款中的紧急避险系阻却违法的紧急避险，在有必要容许特殊职责人员自我避险的场合，可以视具体情境，将之优先解释为"为了国家、公共利益"或"他人的人身、财产和其他权利"而实施紧急避险，肯定其合法性。此外，应当正视"躲避"与"紧急避险"之间的差异，当特殊职责人员为了顺利完成职务而临时躲避与其职业相关的典型危险时，可以认定其属于正当化的"合理躲避"行为，而非紧急避险；在特殊职责人员面对确定会死亡的危险时，也可以行为人"不具有作为可能性"或"不具有结果回避可能性"等为由，在构成要件阶层出罪，放弃考察紧急避险是否成立。

(编辑：蒋太珂)

美术作品刑法保护中复制行为的实质性相似标准界分

孙 宇[*]

摘 要 将实质性相似标准引入到刑事不法认定的作法，体现了法秩序统一性原则的要求，对于保护被害法益，避免刑事处罚漏洞，具有积极意义。但实质性相似规则发源于民事裁判，美术作品又有其独有特性，引入刑事司法后尚未明确其适用标准，导致了裁判不能统一以及对新型案件难以应对的困境。在美术作品实质性相似的认定标准中，需要结合刑法自身的规范目的，以足以使公众产生难以区分的误解为基础，以多种视角考察美术作品特有元素、作品整体表达的相似性，综合认定

关键词 美术作品 实质性相似 侵犯著作权罪 公众误解

一、问题的提出

对于画作、立体雕塑、家具珠宝等具有艺术美感，而用商标法、专利法无法契合其实际保护需求的商品种类，以及服装设计等具有时效性的美术作品的合法权益保护，作为创作完成即能获得保护的权利的美术作品著作权具有重要的现实意义。在刑事领域，对于美术作品著作权的保护主要靠侵犯著作权罪来完成。作为惩罚措施最为严厉的法律手段，刑法并非规制所有侵犯著作权的行为，只针对侵害美术作品"复制、发行"以及"通过信息网络向公众传播"权利的行为。原因是这三种侵权方式对于著作权的侵害最为严重，除了会损害著作权人的著作财产权，还影响了国家对于知识产权市场的管理秩序，具有极大的社会危害性。因此，界定何种行为为"复制、发行及通过信息网络向公众传播"对于准确

---

[*] 孙宇，男，安徽利辛人，华东政法大学诉讼法学专业博士研究生，研究方向为刑法、刑事诉讼法。

的定罪量刑具有重要意义。而本文讨论的重点为其中的"复制"行为,复制行为通常也是发行行为的基础和前提。虽然当前刑法条文以及相关的司法解释,并没有对复制关系认定的法定标准和程序,但一些刑事司法判决将源自民法的实质性相似规则引入到侵犯著作权罪的认定。

不可否认,在复制行为多样化的实践下,引入实质性相似规则,的确化解了应对更"高级"复制行为案件的裁判难题。但对于有着最严厉的惩罚措施的刑事司法而言,是否构成复制关系,是是否构成犯罪的直接条件,因而也更应具有严谨性。直接将民法中的标准引入到刑事违法的判断是否允当,需要进一步论证。事实上,实质相似标准虽然具有妥当性,但鉴于刑法和民法存在差异,其在刑法领域的运用需要做进一步限定。

二、实质性相似裁判规则在侵犯著作权罪中的运用

(一) 民事裁判中已对适用实质性相似裁判规则达成共识

对于侵犯著作权的认定,学说上主张"利用他人的智力成果,如果构成'实质相似+接触'的要件,即可能被认定为侵权行为";[①] 在司法实践中,"接触+实质性相似"规则的适用也获得较普遍接受。[②] 依照实质性相似理论,即使两部作品内容并非完全相同时,在接触过原作品的前提下,后续的作品在内容上与原作品达到实质性相似,也可以成立侵权。对于其具体的判定方法,主要有"整体感官法"以及"抽象分离法"两种。"整体观感法",是指以普通观察者对作品整体上的内在感受来确定两部作品之间是否构成实质性相似;而"抽象分离法"是指通过将作品中非表达性的元素以及通用元素等剥离开来,仅对核心表达部分进行对比,从而判定两部作品是否构成实质性相似。

当前司法实践中,法院通常会选取两种方法之一来判断实质性相似。如深圳铂晶公司诉程某著作权侵权案中,法院在认定两作品是否构成复制关系时,指出:"从整体上看,程某在网店网页上展示商品的图片及销售的被控侵权商品,与涉案两幅美术作品在线条、布局、图案及组合方式等均相似,只在个别细节上存在细微差别。同时,两者在原料选择、外部形态以及线条走向上也基本一致,总体构成实质性相似",[③] 在小穿服饰有限公司网络侵权案中,法院指出:"被诉侵权产品童装图案与案涉美术作品细节略有差异,但卡通猪的整体形象、线条表达与两原告的作品基本相同,构成实质相似。"[④] 以上判决均将外部整体观察对比的相似性作为判断复制关系的主要依据。对于"抽象分离法"的运用,实践中也不乏实例,如奥飞公司诉荣华塑料厂著作权侵权纠纷一案中,法院未认定涉

---

① 吴汉东:《论"实质性相似+接触"的侵权认定规则》,载《法学》2015年第8期,第63页。
② 李国泉、寿仲良、董文涛:《实质性相似加接触的侵权标准判断》,载《人民司法·案例》2010年第16期,第38-39页。
③ 浙江省绍兴市中级人民法院(2022)浙06民终2780号民事判决书。
④ 浙江省湖州市吴兴区人民法院(2020)浙0502民初1510号民事判决书。

案的两产品构成实质性相似关系。理由是,虽然通过智力劳动获得的独创性表达需要得到保护,但是对于涉案两产品最主要的相似点即玩具鸭的头、身、脚等部位,由于都是模仿的自然界的鸭子,上述部位是艺术创作中的通用元素,不可被原告奥飞公司独占。而刨除上述通用元素,对比两者的色彩、立体造型,可发现两者塑造了形象存在较大差异的鸭子玩具,不能认定两者相同或者实质性相似。①

由上述案例可以看到,在民事司法实践中,对判定复制关系的规则已无过多争议,但是对于实质性相似规则的判定方法的选用及具体判定结论的获得,仍要依靠法官的个人裁量。当然,这种局面和版权法上固有的合理使用原则有一定的关系。合理使用原则的开放性也导致了复制关系的判定上本来就存在较大的自由裁量空间,尤其对于本文讨论的非文字形式的美术作品相似性判定,需要考虑的因素则更加复杂。虽然实质性相似规则的运用考验着法官的专业素养,但在当前著作权侵权案件井喷,复杂案件频发,以及国家越发重视著作权保护的大环境下,实质性相似规则的引入在民事司法实践中还是发挥着不可替代的作用。

(二) 刑事司法实践中引入复实质相似性规制的根据

与民事司法实践不同,在当前的刑事司法实践中,没有明确的法律文件指引复制关系的认定,若完全依靠法官的自由裁量,必然会因法官的意见不统一而导致裁判不能统一。完全不确定的裁判规则在刑事裁判中明显是难以接受的。面对实务中日趋复杂的新情况,特别是本文中重点讨论的美术作品著作权保护之需要,当前一些法院已经在刑事司法实务中借鉴了"实质性相似"的判定规则。具有代表性的如上海市浦东新区人民法院判决的"潘某某侵犯著作权罪案"②。法院在判决理由当中载明:被告人潘某某未经涉案作品著作权人的许可,委托他人制造模具并大量生产手机数据线保护套后对外销售,其生产、销售的产品的外观形象、轮廓线条等方面均与权利人作品基本相同,构成实质性相似,最终认定李某某构成侵犯著作权罪。在刘绪国等侵犯著作权案中,法院指出:"经对该两款游戏的客户端程序运行后分别与《诛仙》《笑傲江湖 OL》游戏进行比对鉴定,客户端程序结构构成实质性相似,且相应客户端程序链接服务器后运行投射的登录界面与操作模式选择界面相同、运行内容一致,结合客户端程序与服务端程序的对应关系,足以认定三被告人……的行为符合侵犯著作权罪所规定的"复制发行"的要求,该行为未经著作权人许可。"③此外,

---

① 广东省广州市中级人民法院(2018)粤 01 民终 1594 号民事判决书。
② 上海市浦东新区人民法院(2020)沪 0115 刑初 1687 号刑事判决书。
③ 四川省成都高新技术产业开发区人民法院(2019)川 0191 刑初 322 号刑事判决书。

也有的司法机关采用了"基本相同"的表述，①但其本质上还是对实质性相似规则的借鉴。将实质相似性规则引入到侵犯著作权罪的认定之中，具有妥当性。

首先，引入实质相似性规则，可以合理避免处罚漏洞。如果仅依靠《著作权法》对于复制行为的描述，从文意理解上，则以印刷、复印、等方式将作品制作一份或者多份的行为，应当限定为针对涉案产品对权利作品百分百复制的行为。但实践中存在大量行为人对原作品做了一定加工和创作，但是又未达到形成新作品的程度，而此种行为产生的社会危害性和完全复制通常又是相当的。如果行为已经产生了对法益的严重侵害，却因缺乏相应的入罪标准而难以规制，必将造成刑事打击的失准。此外，在实践中，相较于本来意义上的复制行为，为了打擦边球或者误导一般公众，犯罪人更为经常做的则是，为了规避侵权责任而对涉案产品故意作出部分修改，试图逃避法律的打击，尤其对于美术作品而言，行为人对原作品进行简单修改的成本并不大，如果不采用实质性相似的判断方式，必然导致行为人故意利用规则漏洞，也将大大削弱刑法对相关犯罪行为威慑力。

其次，在美术作品著作权的保护上，民事和刑事手段所维护的都是著作权的合法权益。如果对于复制关系认定标准不统一，在刑事案件追诉标准设定过低的情况下，很有可能造成在民事法或者行政法领域不构成民事（行政）违法的行为，反而被认定违反刑事法律的局面。毕竟，在法秩序统一性原理之下，对刑民（行）关系的处理，尤其是刑事违法性的确定需要顾及民法、行政法等前置法，民法、行政法上不违法的行为，不应当作为犯罪处理。②此外，刑法具有担保法属性，刑法的担保法属性意味着，"刑法的定位在于，以规定权利之产生、适用、消灭的私法等法规范的存在为前提，为了保护对该社会而言必须且不可或缺的基本权利，在明确且必要的限度之内，惩罚对权利的侵害或危险"。③在民、刑两部门法中，对于侵权著作权行为的调整目的也均是为了厘清著作权权属、激励创造，同时也要避免出现权利的不当扩张限缩了再创造的空间。因此，刑法中的复制概念的界定，至少在理论逻辑上应当与著作权法等前置法维持一致。

最后，从相关法律条文的表述上看。民、刑两部门法对著作权的保护基础均来源于《著作权法》的规定。《著作权法》中并未就复制一词在民事和刑事司法中设定不同含义。而且根据其五十三条之规定，对于"未经著作权人许可，复制、发行、表演、放映、广播、汇编、通过信息网络向公众传播其作品的，应承担民事责任……构成犯罪的，依法追究刑事责任"，可见对侵犯复制权的行为，是视其侵权行为的严重程度大小，责任上从民事至刑事递进，针对的行为显然是同一种。因此，在复制行为为同一概念的情况下，相同

---

① 如（2021）沪03刑终57号刑事判决书，法院以经中国版权中心版权鉴定委员会鉴定，查扣的玩具形象与对应权利人的玩具形象基本相同，构成复制关系来认定被告人犯罪行为的构成。但其鉴定过程为通过轮廓比对、叠化测试、判断比对，双方作品的整体轮廓、造型、配色、细节设计基本相同，整体观感相同，从而得出双方作品基本相同、构成复制关系的结论，实际上是运用了"整体观感"法进行的实质性相似的判断。
② 周光权：《法秩序统一原理的实践展开》，载《法治社会》2021年第4期，第12页。
③ 王昭武：《法秩序统一性视野下违法判断的相对性》，载《中外法学》2015年第1期，第182页。

的判定标准也应当为同一概念。但应当注意的是，对侵害权利人复制权进行规制的罪名中，均有远高于承担民事责任的限制条件，比如行为人需以营利为目的等，这也提示了在刑事司法中更应注意刑法的特有原则，包括严谨性和考虑行为对法益侵害是否达到严重的程度，以最终认定是否有使用刑事手段惩处该类行为的必要性。

因此，基于上述实践和理论上的原因，笔者认为在刑事司法当中应当引入实质性相似规则来进行复制关系的判断，且根据刑法的严谨性以及法秩序统一原则的要求，其标准应当更加明确以及应当相应的严于民事司法的认定标准。

三、实质性相似标准在刑事司法实践中存在的问题

作为著作权保护的组成部分之一，有鉴于此，刑事司法中也急需实质性相似或者近似的规则。但当前，对于民法和刑法两个不同法律部门，两者在复制行为的内涵是否通用问题上也未有明确的观点。不仅在实务界未见有确定的规定或者指导意见，在理论界也缺乏此规则讨论。诚然，也有理论观点认为两者的含义应当是通用的。即只要均通过实质性相似规则认定构成复制关系，民事侵权和刑事犯罪的转化只需要非法经营罪数额、违法所得等达到相应的入罪条件即可①。

但如前所述，实质性相似理论来自于民事司法实务，鉴于两部门法惩罚原则的区别，民事司法中对于知识产权侵权行为的认定标准通常会低于刑事裁判；而且"实质性相似"在民事领域中也并非完全是作为认定侵犯权利人作品复制权的标准。② 而上文中提及的潘某案中，法院的裁判中直接引用了实质性相似的表述来认定两种玩具的复制关系，在缺乏明确说理的情况下，此实质性相似和民事裁判中是否采用同一标准、何种程度的相似才能构成侵犯著作权罪中的复制关系、实质性相似规则可适用的美术作品范围等问题都没有明确的答案，没有给后续的裁判留下足够的借鉴，这也是实质性相似规则在被刑事司法借鉴后，因未被明确界分标准而产生的主要疑问。目前对于实质性相似规则标准的讨论更集中于民事司法裁判中。③ 对该标准在刑事司法实践的运用并没有过多的讨论，而针对于美术作品著作权的适用可参考的文献更是有限，以至于该规则想全面推行还面临着种种难题。

（一）缺乏明确的判定标准导致司法实践中难以做到统一裁判

任何一种裁判都需要明确统一的裁判规则和标准，但实质性相似规则作为来自民事裁判领域的"舶来品"，在当前刑事司法领域的应用上显然尚待明确其具体标准。

---

① 沈忆佳：《网文时代侵犯著作权犯罪中"实质性相似"的判定研究》，载《上海法学研究》集刊2020年第15卷，第173页。
② 如"琼瑶诉于正案"中，裁判最终认定于正侵犯了琼瑶的享有著作权的改编权。
③ 冯颢宁：《论版权法中实质性相似认定标准的选择》，载《中国版权》2016年第6期，第77页；孙松：《论著作权实质性相似规则的司法适用》，载《中国版权》2016年第1期，第62页。

其中首要的问题为,在以"相似"为基础的判定规则中,何种程度的相似才算是具有"实质性"并能等同于"相同"并未明确。尤其对于美术作品等纯艺术品而言,"究竟哪一部分是不应当受到著作权法保护的'思想,哪一部分是必须予以保护的'独创性表达',相对于文字作品而言实际更难以分清,因而也很容易致使法院审理结果之间发生冲突"。① 对于实质性相似的判断,将两作品进行相似度的直接对比是一种最直观且可以量化的认定标准,实践中也最为常用。在侵犯计算机软件著作权的案件中即有对相似程度做对比的先例。如"余刚等侵犯著作权案"中,对于实质性相似的认定上即对比了涉案程序和原作品文件的相似程度,在认定了两作品的文件目录结构相似度为80%以上之后,将其认定为了对原作品进行了复制。② 与此相类似的,在文字类作品的实质性相似对比中也通常采用重合比例的方式。但在美术作品复制关系判定中此方式并非完全可效法,第一,基于作品的特性,计算机软件、文字作品在内容上可以做到准确的对比,而构成美术作品的轮廓、线条、色彩等要素并不能做到,例如相同的轮廓下可能存在不同的大小、比例,即使相同的颜色也存在一定的色差等;第二,美术作品不同于其他作品,其创作目的为产生相应美感,较为抽象,因此即使有时去故意改变原作品一定外观,也并不影响其整体美感和观感,由此某些行为人故意去改变作品细节,以至于相似度虽然得以降低,但对于原作品独创性的抄袭性质却没有改变。因此,仅仅简单从复制比例的角度,无法准确地判定行为的本质;第三,即使是相对较容易进行比对的计算机软件,不同的案例也并未将某固定的相似比例作为判定复制的标准,以往的裁判案例中既有采用相似度80%以上的标准,也有达到70%即认定为复制关系的先例③,即使公报案例也有以两软件在目录结构和文件存在"大量相同"为理由认定构成复制关系④,有意去模糊相同部分的比例,以至于司法实践中未形成统一的标准。因此,以相似度比例来认定侵犯美术作品著作权刑事犯罪案件不具有较大的借鉴价值。而除此之外也没有公认较为客观的方法和标准进行判断,以至于最终的认定过于依赖司法者的主观判断,明显不利于裁判的统一作出。

(二) 实质性相似界限不明导致美术作品新类型侵权行为规制的困难

随着美术作品种类的创新,对特定美术作品的仿冒行为如何认定复制关系也考验着司法者的智慧。对于司法实践而言,实质性相似规则在应对新的复制形式上应当具有较大的

---

① 巢玉龙:《纯艺术品侵犯改编权认定之困境及其突破》,载《科技与法律》2016年第3期,第546页。
② 参见《刑事审判参考》2014年第1集(总第96集)942号案例,载上海法院知识产权司法保护网 http://www.shcipp.gov.cn/shzcw/gweb/xxnr_view.jsp?pa=aaWQ9MjczNTEzJnhoPTEmdHlwZT0xz,最后访问日期2022年5月22日。
③ 上海市徐汇区人民法院(2013)徐刑(知)初字第20号刑事判决书。
④ 参见《中华人民共和国最高人民法院公报》2010年第09期(总第167期)公报案例,载中华人民共和国最高人民法院公报网 http://gongbao.court.gov.cn/Details/6ac9047084c03e4d9470b06b6b4e70.html,最后访问日期2022年5月22日。

灵活性，但目前标准界限的不明也削减了其功能的发挥。

例如在"李某1侵犯著作权罪案"中，L公司系世界著名拼装玩具生产企业，创作了多款具有美术作品著作权的拼装玩具，L公司根据该作品制作、生产了系列的拼装玩具并在市场上销售。2015年-2019年间，李某1雇佣他人在拆分L公司销售的拼装玩具后，通过电脑建模、复制图纸、委托他人开制模具等方式，生产、复制数百款L公司生产的拼装积木玩具产品，并通过线上、线下等方式销售。① 本案中涉及的拼装玩具具有以下特点：玩具的成品并非直接是立体的形态，而是数量众多的待拼装的塑料组件，且这些塑料组件大部分是拼装玩具行业通用的组件，并非是L公司独创的作品，单纯从涉案玩具的最初形态来看，并不和L公司的玩具形成复制关系，且如果不按照说明书的步骤进行拼装，也不能得到和L公司生产的玩具相近的形态。针对软件的复制，司法实践中就有判决指出："由于不同的源程序通过编译可能得到完全相同的目标程序，实现相同的功能，因此目标程序代码100%的相同比率，不足以认定两者构成实质性相似"。② 因此，单单终局形态类似未必就能直接肯定具有实质相似性。拼装玩具行业在全球玩具市场的占有量巨大，很多享有玩具成品著作权的企业大多面临类似的问题。此种需经过消费者自行组装的才会构成产品相同的行为是否构成复制关系也需要作出较为合理的解释。

对于上述案件，显然更无法通过直接对比两种产品的外形、细节进行实质性相似的认定。虽然案件通过司法机关对于证据的缜密收集，充分咨询了专家学者的意见，对于其中的复制关系有无等进行了论证，也起到了较好的案件审理效果，并且均列为了相关类型案件典型案例。但依然缺乏对于美术作品实质性相似标准的详细说明，对于指导后续类似案件的裁判以及可能出现的新的类型案件的指导意义还是有限。而实践中，服装成衣、家具、陶瓷工艺品、手工制品等多类型美术作品也同样面临着被侵害复制权的现象，上述裁判对此类案件的参考价值更是有限。由此暴露出的，在缺乏实质性相似判定统一标准和方法的情况下，虽然可以利用多种方式以及调动司法官的能动性去论证复制关系，但最终相关经验和方法可能只能应用于个案，不能达到以个案推动普遍规则的推广的良好效果。

（三）判定标准的缺失导致裁判过分依赖鉴定意见

实务中，司法机关也注意到了复制关系认定中涉及的专业性和难度，因此在进行认定的过程中通常会借助鉴定意见来证明涉案作品是否与原作品构成实质性相似，以有资质的专业的机构出具的意见辅助标准不明的事实认定。不可否认的是，鉴定意见中的专业结论通常具有客观性和权威性，尤其在计算机软件作品侵权案件中，专业的鉴定意见甚至是必不可少的。

---

① 上海市高级人民法院（2020）沪刑终第105号刑事裁定书。
② 上海市高级人民法院（2009）沪高民三（知）终字第62号裁定书。

鉴定机构给出的意见确实能从专业的角度分析美术作品的相似之处，但当前的问题在于绝大部分美术作品的受众并非是专业人士而是社会大众。在难以进行量化的美术作品相似程度比较过程中，即使是专业人员，也难免过分关注于作品专业的表达元素，以及片面的从专业欣赏的角度去对比作品整体观感的相似度，从而陷入主观判断的误区。而侵权作品危害之一，是窃取作者运用在作品表达上的劳动，混淆作品使受众将侵权作品误认为是原作者的作品，从而与原作品产生竞争，不合理的侵害原作品在市场上可以给权利人带来的利润。[1] 因而普通消费者的视角通常非常之关键。由此可知，鉴定意见中的专家意见依然只能作为参考，并不应被无条件采纳。而在没有强制且统一的判定标准的情况下，极易导致司法机关直接将鉴定意见作为最终结论，改变了司法者机关应作为案件判断主体的地位，从而对案件的公平处理产生不好的影响。

四、刑法中对于美术作品实质性相似标准的认定标准

在刑法修正案（十一）中，刑法条文对于侵犯著作权罪行为的规定明确列举了美术作品的著作权，体现了对于美术作品著作权重要性的肯定。但相应的司法解释没有及时跟进对复制关系的理解，尤其对实质性相似规则的处理。笔者认为，借鉴现有的知识产权保护领域其他权利保护的详细规定，以及结合美术作品的特点，对于刑法中的实质性相似规则界限探索可从以下几点着手。

（一）将以足以对公众产生误导而难以区分作为实质性相似的基础

从美国司法实践中首先启用此规则至今，实质性相似规则已逐渐形成了多种判定的方法，我国法院常用的为"整体观察法"、"抽象分离法"。在刑事司法中也面临着判定方式的选择，为了使实质性相似规则更符合我国司法实践，更具本土化，首要的是使其判断方法不背离我国的立法精神，即应当有其判定的基础。在我国著作权法中，复制的本意为完全相同的复制，但基于客观实际，刑事司法裁判中的复制关系可归结为"实质性相同"，即从一般受众的感官上认为是相同的即可。[2] 虽然现行法律文件中对于著作权实质性相似没有明确规定，但参照类似的权利的相关法律文件也可对"实质性相似"规则作出基本的归纳。

现有关于假冒注册商标罪中相同的商标的规定，即为实质性相似规则的基本原则提供了较为有意义的参考。按照最高法、最高检《关于办理侵犯知识产权刑事案件具体应用法律若干问题的解释》中规定，《刑法》第213条规定的"相同的商标"，是指与被假冒的注册商标完全相同，或者与被假冒的注册商标在侵犯著作权罪之复制发行的司法认定视觉

---

[1] 梁志文：《版权法上实质性相似的判断》，载《法学家》，2015年第6期，第43页。
[2] 霍文良、冯兆蕙：《侵犯著作权罪之复制发行的司法认定》，载《知识产权》2017年第10期，第57页。

上基本无差别、足以对公众产生误导的商标。后续的司法解释中对于相似商标的常见表现形式做了列举,并进一步强调了"足以对公众产生误导的商标"的观点。有鉴于此,对作为著作权的美术作品而言,实质性相似或者相同也可参照此"足以对公众产生误导"的标准,作为认定实质相似的判定的原则和基础。

前文中提到的"整体观感法"中,也提到以普通观察者对作品整体上的内在感受为判断标准,暗含了公众的对两作品观察上的体验判断。为符合刑事司法严谨性要求,对于观察体验判定的标准应当设定在较为严格的程度。通常来讲,刑事案件中认定的侵权产品需使观察者几乎不能分辨两作品的差异,误认为两者完全相同或者至少产生侵权产品是同一作者作品的简单改良版本的感受。在实践中,部分侵犯著作权罪案件在出售侵权美术作品时甚至以"百分百复刻"为噱头,目的就是为了凸显其产品对原作品复制的程度,如果不是专业的人员几乎无法分辨出两者的差别,当然,这也是上述产品具有相当的社会危害性的体现。反之,即使两作品存在外形的相似性,但由于尺寸、关键部位的差异,不足以误导公众使之难以区分,则不能将其提升至刑法规制的范围之内。

(二)针对美术作品的特征设定专属且统一的判定标准

在民事领域,对美术作品的实质性相似对比中,有观点认为需要从抽象的"量"和"质"两方面进行比较,即将美术作品特有的表达元素进行归类,并进行要素数量相似度比较;同时,对于美术作品创作的核心部分,即其"质"进行比较,若两者均具有较大的相同或者相似则可以认定为实质性相似。① 比如在"迪士尼企业公司、皮克斯与被告厦门蓝火焰影视动漫有限公司等著作权侵权、不正当竞争纠纷一案"② 中,法院的裁判认为:"两个作品保留了赛车图形的基本结构,如车身、车窗、车灯、尾翼等。在拟人化的设计上均利用了赛车的车灯、进气格等要素。此外也均通过车身颜色的涂装显示了赛车拟人化后的性格特点、用外部的轮廓显示了拟人化后的国籍等表达。虽然简单的设计思路作为思想不应被垄断,但各种综合性的特点结合了拟人化的表达之后,此设计组合即进入独创性表达的范畴。本案原告"动画形象通过拟人化的眼部、嘴部以及特定色彩的组合,构成独创性表达,而被告在上述设计组合上复制了原告。基于上述理由,法院最终认定被告与原告的作品构成实质性相似。即在"量"上的元素展示高度相同,在"质"上的车辆部件拟人化设计的表达上也复制了原告的思路。

基于前述论断,虽然笔者并不赞成以简单的数量对比作为美术作品实质性相似的评判标准,但上述理论和裁判观点提供了在认定复制关系的可借鉴的思路,即有针对性的分析美术作品特有元素和创作思想,对成品已经造成公众误导的基础上对作品的关键的要素做

---

① 杨雄文、王沁荷:《美术作品的表达及其实质相似的认定》,载《知识产权》2016年第1期,第49页。
② 上海市浦东新区人民法院(2015)浦民三(知)初字第1896号民事判决书。

专业对比。具体来讲，针对不同的美术作品的特点，在剥离了具有公众性的不可避免使用的要素和表达方式后，对于美术作品中经过创作凝结了作者智慧的关键要素进行归类，采用包括但不限于平面对比、色彩对比、轮廓对比、叠化测试等对比去分析要素的相似度，最终落脚在上述要素结合之后表达出的整体观看感受的相似度，亦即虽然"对作品进行一定程度的改变，但保持其内在一致性"。① 该种认定标准不但有利于合理限制刑法的介入，而且也和足以误导大众的原则可相互呼应。如果各要素以及整体上均具有一定比例或者高度的相似，则可以认定为实质性相似。

具体到前文中提到的案例也可以尝试以此方式分析。对于李某1案而言，虽然李某1生产出的拼装玩具的初始形态为塑料组件，L公司对于组件并没有相应的知识产权。理论上而言，通过不同的组装方法或者搭配其他组件，消费者可以创造出任意外形的成品。但是，究其案件细节，其在生产涉案的拼装玩具时，本身即是对L公司产品进行拆分、研究、建模。制造的塑料组件也是按照可以拼接为L公司产品的需求来装配，尤其在体现玩具关键形象的特有组件上几乎完全相同，在特有元素的对比上未见明显差异，也可见其生产过程中并没有借助自身任何的创造。此外，在其商品的成品中会一同将L公司产品的说明书也进行复制并附带在商品包装内，因此也基本否定了消费者自主拼接的空间，而最终组装而成的成品和L公司的权利产品在外表上高度一致。且李某1产品的最终目的也是希望消费者将组件拼接成与L公司产品相同的外形，也体现了其侵犯L公司著作权的主观意图。因此，虽然涉案玩具在初始状态与L公司产品并不构成相似关系，但是综合其关键组件的特征、拼接方案以及最终组装成型成品外形的相似度，足以使公众对两产品产生误解。至于李某1生产的玩具在色彩、组件表面细节、外部贴纸上于L公司作品的差异，均系因做工不精、有意规避相同等原因，不能评价为加入了自己的创作，因此也应当判定其与L公司的作品构成实质性相似。

以上述案例的判定方法进行类推，也可以给当下尚有争议的拼装饰品、服装成衣的侵权问题在刑事司法领域提供较好的判定思路。

（三）针对不同美术作品类型确定不同的公众标准

由上文可知，在美术作品实质性相似的判定中，综合使用了一般大众观察法、整体观感法、抽象分离法。这些不同的认定标准，实际上也表明了在判定中不能以某一种方法或者单一依据进行判断。实践中，美术作品的种类繁多，表达方式各异，面向的受众群体也各不相同。虽然在当前的司法实践中，进入刑事领域的美术作品种类基本集中在立体玩偶、拼装玩具、图像画作等，但鉴于美术作品著作权在权利保护上的优势，以及我国对于知识产权保护力度的加大，未来肯定有更多的美术作品种类侵权行为进入到刑事司法裁判

---

① 周光权：《刑法各论》，中国人民大学出版社2021年版，第351页。

的视野中。虽然该问题依然开放性较大,给予了法官更多的自由裁量空间,但随着对于问题研究的不断深入,在最终的趋势上准确的标准会越发清晰。而在这个过程中则要求司法者穷尽合理的判定方式,全面分析美术作品的特点,听取来自于多方的意见。包括寻找美术作品对应的普通公众,或者虚拟普通的观察者,以其角度考察疑侵权作品对其是否具有误导性,是否达到了足以使其无法分辨两者的程度;听取行业专业人员或专家的意见,确定作品特有的创作元素,在特殊元素的对比上选择何种最优的方式;对于整体观感的感受上,也要综合多角度观测后的意见,以作出全面、客观的判断。避免因为美术作品复制关系认定中不具有明确标准而过分依赖主观判断或某一方法得出的片面结论,也避免过分依赖鉴定意见,造成"鉴定裁判"的局面。

五、结语

对于实质性相似标准在刑事司法实践中的运用,除了考虑以上实质性的标准外,对于实质性相似的认定过程、选定的方式、认定与否理由的说明也应予以重视。不能因其认定具有模糊性故意避而不谈。将过程和理由充分的展示,既能增强当事人服判的概率,同时也可以使实质性相似规则在刑事司法中得到更充分的讨论,对于后续同类型案件的裁判也更具有参考的价值,由此使得此规则在司法实践的应用中进入一个良性的循环。

(编辑:蒋太珂)

附：《法律方法》稿约

《法律方法》是由华东政法大学法律方法论学科暨法律方法研究院编辑出版，陈金钊、谢晖教授共同主编的定期连续出版物。本刊自2002年创办以来已出版多卷，2007年入选CSSCI来源集刊，并继续入选近年来CSSCI来源集刊。从2019年起，本刊每年拟出版3至4卷。作为我国法律方法论研究的一方重要阵地，本刊诚挚欢迎海内外理论与实务界人士惠赐稿件。

稿件请以法律方法论研究为主题，包括部门法学领域有关法律方法的研究论文，稿件正文应在1万字以上。本刊审稿实行明确的三审制度，对来稿以学术价值与质量为采稿标准，并由编辑委员会集体讨论提出相应的最终用稿意见。本刊倡导优良学风，逐步实行国内期刊界倾向的反对在他人论文上挂名的做法，对作者单独完成的稿件优先采用。本刊将不断推进实施用稿与编辑质量提升计划。

一、栏目设置

本刊近几卷逐渐形成一些相对固定的栏目，如域外法律方法、法律方法理论、司法方法论、部门法方法论等。当然，也会根据当期稿件情况，相应设置一定的主题研讨栏目。

二、版权问题

为适应我国信息化建设，扩大本刊及作者知识信息交流渠道，本刊已被《中国学术期刊网络出版总库》及CNKI系列数据库收录，其作者文章著作权使用费与本刊稿酬一次性给付。如作者不同意文章被收录，请在来稿时声明，本刊将做适当处理。

三、来稿要求

1. 本刊属于专业研究集刊，只刊登有关法律方法论研究方面的稿件，故请将这方面的作品投稿本刊。

2. 稿件须是未曾在任何别的专著、文集、网络上出版、发表或挂出，否则本刊无法采用。

3. 来稿如是译文，需要提供外文原文和已获得版权的证明（书面或电子版均可）。

4. 来稿请将电子版发到本刊收稿邮箱falvfangfa@163.com即可，不需邮寄纸质稿件。发电子邮件投稿时，请在主题栏注明作者姓名与论文篇名；请用WORD文档投稿，附件WORD文件名也应包括作者姓名和论文篇名。请把作者联系方式（地址、邮编、电话、电子信箱等）注明在文档首页上，以便于联系。

5. 本刊一般在每年的6月和12月集中审稿，请在此之前投稿。本刊不收任何形式的版面费,稿件一经采用即通知作者,出版后邮寄样刊。

6. 来稿需要有中文摘要(300字左右)、关键词(3-8个)。欢迎在稿件中注明基金项目。作者简介包括:姓名,性别,籍贯,工作(学习)单位与职称、学历和研究方向等。

7. 为方便作者,稿件请采用页下注释,注释符用"1、2、3…"即可,每页重新记序数。非直接引用原文时,注释前需要加"参见",引用非原始资料时,需要注明"转引自"。每个注释即便是与前面一样,也要标注完整,不可出现"同前注…""同上"。正文中注释符的位置,应统一放在引用语句标点之后。

四、注释引用范例

1. 期刊论文

陈金钊:《法治之理的意义诠释》,载《法学》2015年第8期,第20页。

匡爱民、严杨:《论我国案例指导制度的构建》,载《中央民族大学学报(哲学社会科学版)》2009年第6期,第65页。

2. 文集论文

参见焦宝乾:《也论法律人思维的独特性》,载陈金钊、谢晖主编:《法律方法》(第22卷),中国法制出版社2017年版,第119~120页。

3. 专著

参见王泽鉴:《民法思维:请求权基础理论体系》,北京大学出版社2009年版,第165~166页。

4. 译著

[德]卡尔·拉伦茨:《法学方法论》,陈爱娥译,商务印书馆2005年版,第160页。

5. 教材

张文显主编:《法理学》(第4版),高等教育出版社2011年版,第274页。

6. 报纸文章

葛洪义:《法律论证的"度":一个制度问题》,载《人民法院报》2005年7月4日,第5版。

7. 学位论文

参见孙光宁:《可接受性:法律方法的一个分析视角》,山东大学2010年博士论文,第182页。

8. 网络文章

赵磊:《商事指导性案例的规范意义》,载中国法学网 http://www.iolaw.org.cn/showArticle.aspx?id=5535,最后访问日期:2018年6月21日。

9. 外文文献

See Joseph Raz, "Legal Principles and The Limits of Law", *Yale Law Journal*, vol. 81,

1972, p. 839.

SeeAleksander Peczenik, *On Law and Reason*, Dordrecht/Boston/London: Kluwer Academic Publishers, 1989, p. 114 – 116.

Tom Ginsburg, "East Asian Constitutionalism in Comparative Perspective", in Albert H. Y. Chen, ed., *Constitutionalism in Asia in the Early Twenty – First Century*, Cambridge: Cambridge University Press, 2014, p. 39.

引用英文以外的外文文献请依照其习惯。

《法律方法》编辑部

2022 年 11 月